江苏省社会科学院专家文集

披星戴月集

吴功正 著

凤凰出版传媒集团 凤凰出版社

图书在版编目（CIP）数据

披星戴月集 / 吴功正著. -- 南京 : 凤凰出版社, 2010.12
（江苏省社会科学院专家文集）
ISBN 978-7-5506-0167-3

Ⅰ. ①披… Ⅱ. ①吴… Ⅲ. ①美学－文集②文学研究－文集 Ⅳ. ①B83-53②I0-53

中国版本图书馆CIP数据核字(2010)第264461号

书　　名　披星戴月集
著　　者　吴功正
责任编辑　倪培翔
出版发行　凤凰出版传媒集团
　　　　　凤凰出版社(原江苏古籍出版社)
　　　　　南京市中央路165号　邮编 210009
　　　　　发行部电话 025—83223462
集团网址　凤凰出版传媒网　http://www.ppm.cn
照　　排　南京凯建图文制作有限公司
印　　刷　江苏凤凰通达印刷有限公司
　　　　　南京市六合区冶山镇　邮编 211523
开　　本　880×1230 毫米　1/32
印　　张　21.25
字　　数　592 千字
版　　次　2010 年 12 月第 1 版　2010 年 12 月第 1 次印刷
标准书号　ISBN 978-7-5506-0167-3
定　　价　64.00 元
（本书凡印装错误可向承印厂调换，电话：025—57572508）

江苏省社会科学院专家文集

编委会

江苏省社会科学院专家文集

总　序

2010年，我们迎来了江苏省社会科学院建院30周年！

30年来，在江苏省委、省政府的领导下，在社会各界的大力支持下，我们社科院各项事业不断发展，尤其是科研队伍不断壮大，科研成果不断增加、积累，学术影响和地位不断扩大、提升。据不完全统计，建院30年，我院研究人员牵头主持国家社会科学基金课题共63项，牵头主持江苏省社会科学基金课题共208项，共发表学术论文14100多篇，出版学术著作900多部，共有246项成果获得省部级哲学社会科学优秀成果奖和国家、江苏省精神文明建设"五个一工程"奖。这些成果来之不易，是全院广大科研人员勤劳智慧之结晶。

30年不断发展创新的科研过程，形成了我院一大批学者、专家和学科带头人，特别是那些荣获国家"有突出贡献的中青年专家"、国务院"政府特殊津贴"享受者和江苏省"有突出贡献的中青年专家"称号的教授、研究员，他们为我院科研事业发展做出了突出贡献。因此，在庆祝建院30周年之际，我们决定为我院享有以上三类专家称号的教授、研究员出版个人文集，作为江苏省社会科学院专家文集隆重推出，委托凤凰出版社出版，每位专家1本，每本40万字左右，主要汇集已公开发表的学术论文。以后，我们还将为我院上述三类专家称号的新获得者(已出专家文集者不重复出)和学科带头人出版专家文集。

首次列入出版专家文集的这21位专家，涵盖了我院经济学、社会学、马克思主义研究与政治学、文学、历史学、哲学等多种学科，他们在各自的工作岗位辛勤耕耘，在各自的学科领域长期探索，形成了丰富的成果，积累了宝贵的经验，创新了研究方法，走出了一条各具特色的成功的科学研究之路，在全国和江苏省享有较高的知名度，受到社会的广泛称赞和好评。这是我院事业兴旺发达、科研持续发展的一笔宝贵的精神财富，值得全院同志特别是青年科研人员学习借鉴。如今，这些专家，他们中有些年事已高，却依然忙于笔耕；更有不少年富力强者，他们任务重，压力大，积极作为，发挥着学术带头人的作用。

江泽民同志强调社会科学的认识世界、传承文明、创新理论、咨政育人、服务社会等功能作用，强调以科学的理论武装人。胡锦涛为总书记的党中央倡行科学发展观，强调党和国家的各项工作都要以人为本。我们社会科学工作者要深入学习领会中央领导同志的这些重大战略思想，努力把这些重大战略思想贯彻落实到自己的科研实践中去。在我院事业发展的最近十多年的时间里，我们继承发扬我院已有的解放思想、实事求是、重视实际调查和科研团队协作等优良传统与作风，与时俱进，进行一系列新的开拓创新。最近十多年来，我们坚持理论研究和应用研究相结合，贴近现实，贴近决策，努力创建一流的地方社会科学院。我们陆续推出了江苏经济形势分析会、重点课题研究、江苏经济社会形势分析与预测蓝皮书、《咨询要报》、江苏研究报告、江苏研究丛书、院学术文库和青年学者文库、比较优势学科基地建设、研究员论坛、《江苏通史》、《历代江苏名人辞典》、《江苏历代名人传记丛书》等重大科研工程项目与活动，有效调动了全院科研人员的积极性和创造性，科研成果增长加快，成果质量不断提高，社会影响不断扩大，使我们的科研工作让领导满意、学界认同、社会欢迎。这些重要的开拓创新与努力及其形成的成果为我院事业以后的发展打下了深厚扎实的基础。

当前，我国正处在深化改革开放与发展的关键时期，江苏也正处于建设更高水平的全面小康社会进而率先基本实现现代化的关键时期，有大量的理论与实践问题亟待我们社科工作者去研究探索。我们社科院的同志要戒骄戒躁，踏实前进，不断创新，多出成果，多出精品力作，通过多出成果，多出精品力作，而多出人才，多出专家、名家甚至大家。不仅深入研究江苏，而且要重视研究全国性、普遍性的问题，还要有世界眼光，博采众长，兼收并蓄，加强学理性，突出重点，搞好协作攻关，努力提升工作水平，进一步彰显我院的特长与优势，为国家和江苏省的社会主义现代化建设做出更大的贡献。

今天正是30年前江苏省政府批复江苏省哲学社会科学研究所扩建为江苏省社会科学院的日子，仅以上述所言为专家文集总序。

江苏省社会科学院院长、党委书记、教授
宋林飞

2010年6月3日

作者小传

吴功正，1943年10月出生，江苏如皋人。1962年至1963年当小学教师。1963年至1967年在南京师范学院（南京师范大学前身）中文系读书。1967年至1968年，因“文化大革命”在校。1968年至1970年在乡下劳动。1970年至1976年在如皋师范学校教书。1976年至1982年在南通师院（南通大学前身）中文系教书。1982年12月调至江苏省社会科学院，曾历任《江海学刊》编辑、编辑组长、副主编、主编、《江海学刊》杂志社社长兼总编辑，第五、六届院学术委员会副主任。

1980年被评为讲师；1986年越级晋升为研究员；1988年被国家人事部授予“有突出贡献的中青年专家”称号；1991年经国务院批准首批享受政府特殊津贴；1998、2000、2004年获第一、二、三届江苏省优秀哲学社会科学工作者称号；2000年获江苏省优秀出版工作者称号。

长期从事中国文学史、中国美学史研究。曾先后受邀赴台湾进行讲学和美学史研究。在海内外出版个人独撰文学、美学和美学史研究著作23部，其代表著作有：《小说美学》，江苏文艺出版社1985年出版;《明清短篇小说概论》,陕西人民出版社1987年出版;《郭沫若历史剧研究》,重庆出版社1987年出版;《六朝园林》,南京出版社1993年出版;《六朝美学史》,江苏美术出版社1995年出版;《唐代美学史》,陕西师范大学出版社1999年出版;《古今名作美学鉴赏集萃》,台湾建安出版社1998年出版繁体字版;《中国文学美学》(上中下三卷本),江苏教育出版社2000年出版;《宋代美学史》,凤凰出版传媒集团·江苏教育出版社2007年出版。在海内外发表论文400多篇;出版散文集《走进台湾》,获江苏紫金山文学奖,其中《阿里山纪行》被选入中学语文课本多年。另,《〈红楼梦〉的情节波澜》被选入广东中学语文课本多年。

主要获奖成果:《精湛的史诗艺术》,1985年获江苏省哲学社会科学优秀成果三等奖;《小说美学》,1988年获江苏省优秀图书特别奖;《古文鉴赏辞典》,1988年获全国青年之友图书二等奖;《中国文学美学》,1995年获江苏省哲学社会科学优秀成果二等奖;《六朝美学史》,1997年获江苏省哲学社会科学优秀成果一等奖;《唐代美学史》,1999年获江苏省哲学社会科学优秀成果二等奖,2000年获中国图书奖。《宋代美学史》入选国家新闻出版总署第二届"三个一百"原创出版工程。

主编《江海学刊》期间,1999年《江海学刊》同时获首届国家期刊奖和全国百种重点期刊称号,1995、1997、1999年获第一、二、三届江苏十佳社科期刊称号。

其学术成就被载入美国国际名人中心"传记"、英国剑桥国际名人中心"传记"、《中国社会科学家大辞典》、《中国文学家大辞典》、《中国作家大辞典》、《新中国文学词典》、《新时期文学词典》、《中国当代美学名人志》等辞书、传记中。

目　录

第二编　古、近代文学研究

第三编　现、当代文学研究

第四编　文艺评论及其他

第三编 现、当代文学研究

第四编 文艺评论及其他

生命学术与学术生命(代序)*

我把多年来的治学心得概括为：

> 以站在"第一排"的进取精神，"下一部"的追寻意识，"愚公移山""每天挖山不止"的积累方式，刻苦勤奋，自加压力，"披星星，戴月亮"，在学术长旅上埋头前行。

所谓站在"第一排"，是说在学术研究上要努力站在本学科研究的前沿，虽或难至，却心向往之，自己不甘心于站在"第二排""第三排"……这似乎便是进取精神。有了这样的进取精神便有了原动力，从而努力掌握本学科、本专业、本课题的研究动态、动向，始终把目光盯在"第一排"，定位在"第一排"上。

我出版的《小说美学》被著名学者程千帆教授鼓励为："此是开拓新领域之作，学林重视宜也。尤赞成从作品本身抽象出理论之方法，如此作，自异于以教条皮傅者。"中国社会科学院《中国社会科学》杂志等相继刊发书评，称其"是门类美学的新成果，是国内第一部(从理论与实践的结合上)系统论述中国小说美学的专著"。

此后出版《中国文学美学》，香港《大公报》、中国艺术研究院《文艺

---

* 原载于《一个智库学者群体》(社会科学文献出版社 2006 年版)，现作为《披星戴月集》的代序。内容有修改。

研究》、中国作家协会《文艺报》、教育部《中国教育报》等先后载文予以评价。海内外报刊称该著把文学作为美学对象第一次作了系统的研究，率先提出了一个新的学科概念，建构了一门新的学科——文学美学。台湾美学界就以“文学美学”为题举办了大型学术讨论会。我应邀赴会做“中国文学美学之精神本体与结构”的学术讲演，后又到台湾多所大学讲演。可以说，从审美的角度研究文学，从而产生一个“文学美学”完整体系并以八十多万字的规模加以系统表述、最终予以定型化的，我是最早的一人。

出版《六朝美学史》后，著名学者霍松林教授在中国社会科学院《文学评论》杂志撰写长篇书评，称该书“独立建构成一部具有完整体例的美学史著，填补了一项空白。本书在许多方面突破性的研究，提供了撰写美学史，特别是断代美学史的学术经验”“对于断代美学史断而不连的传统史学结构做出了重大突破”“所建构的立体式体例，在史学体例建设上具有特别意义”。《读书》《博览群书》《社会科学》(上海)《社会科学战线》等刊物也相继刊发书评。程千帆教授评价说：“洋洋六十万言，纲目周密，立论精辟，乃我国美学史研究之一里程碑也。”该著作获江苏省人民政府颁发的哲学社会科学优秀成果一等奖。我赴台湾讲学的一项内容就是六朝美学史。我在台北“中央研究院”发表的学术讲演的题目就是《六朝美学之总体特征及其历史地位》。与台湾大学的学者进行了专题交流。

《唐代美学史》出版后，霍松林教授又为此在《文学评论》上发表长篇书评，给予充分评价。程千帆教授说：“新著真有奔佚绝尘之感，穿穴史料，判断精卓，交游中无几人也。”《中国图书评论》《光明日报》《中国文化研究》《苏州大学学报》《南京理工大学学报》等报刊均相继刊发书评，其中刊发于《南京理工大学学报》的书评，还被中国人民大学报刊复印资料全文转载。该著获“中国图书奖”，实现了出版此著作的出版社在全国获取大奖零的突破。

《宋代美学史》一书入选国家新闻出版总署第二届“三个一百”原创出版工程。

从上例可见,所谓站在"第一排",就是勇于争先,敢为人先,富于创新精神,站在本领域、本专业、本课题的前沿位置上,代表了某一时期的学术先进水平,得到了学术界同行的公认,包括海外同行的公认。2003年我应邀赴台湾作较长时间的中国美学史研究,便是其例。我认为,同行公认是对自身学术价值和地位的社会性公平评估。

有了站在"第一排"的理想,便派生出"下一部"的意识。有人问我所出版的著作中哪一部最好?我总是回答说:"下一部。"这是我从球王贝利那里所获得的启迪(贝利回答踢得最好的球是"下一个")。当一部新著出版时,与喜悦相伴相生的则是不满足感,这是每完成一部书稿时的感觉。前一部书的缺憾虽在后一部中得到弥补,但后一部的缺憾又萌生,于是留在再后一部中解决。这便构成了我的著述状态,即处于"未定稿"的状态。我这样做,就是为着不固守住自己,而是自加压力,找出不足,不断寻找"下一部"的奋斗目标,而不致停留在原有水平和现有水平上,作低水平重复。"下一部"意识就是摒弃"一本书主义",不断追寻新的气象、境界。我曾在《六朝美学史》一书的"后记"中总结了自己学术长旅中的进取情形。我说:"我把学术新著的撰写视为一次弹跳,人的生命与学术生命相联结。"我还具体说到从《小说美学》以来的学术"弹跳"的动因和情形。1985年出版的《小说美学》曾产生了较广泛的学术影响。当时似乎站在学术旅程的岔口,是卸甲解鞍,放马南山,躺在这本书上酣然长梦呢,还是继续另辟新径,有所作为?这是对我学术生命力的考验,进而萌发出超越自我的意识。就美学而言,从《小说美学》到《中国文学美学》是弹跳;就美学史而言,从《六朝美学史》到《唐代美学史》到《宋代美学史》也是弹跳。这便构合为"生命学术",从而形成了我的"学术生命"。我一直没有"功成名就"感,而是处于没著述、未成名,起步、进击、弹跳状态中,这是学术生命的体现。

"第一排"精神,"下一部"意识,便提出了加倍刻苦勤奋的要求。有一家电视台记者实地采访我,感叹道:"你真像个高三学生。"这真是知音之言。确实,我每天都像小学一年级的学生那样做"功课"、写"作业",又以临考的高三学生为榜样,因为他们最有希望,也最富挑战性;

最为刻苦，也最有前途。我自认刻苦勤奋，冰冬酷暑，霜晨月夕，“夙兴夜寐，靡有朝矣”（《诗经·卫风·氓》），因为我所怵惕的是站在“第二排”“第三排”……黄宾虹九十二岁大限之时，吟哦生平最喜欢的名联：“何物魅人？二月杏花八月桂。有谁催我？三更灯火五更鸡。”

我不是快手，决非“日拭万言，倚马可待”的捷才。我之所以能写出这些文字，用的是“愚公移山”“每天挖山不止”的方式，蜗行牛步，渐进累砌。“披星星，戴月亮”，积少许而成多许、聚颗沙而成小丘、积跬步而至千里。不跑门子少交际，省下时间自己用。我觉得，实现学术境界需有主体前提。这个前提便是“耐得寂寞”。耐得寂寞，方能不寂寞——学术生命得到弘扬；耐不得寂寞，偏偏寂寞——学术生命萎缩直至被遗弃。一些学者戏称我的著作像“砖头”，是谬奖我的著作部头大、分量重。确实，我不轻易“鸣”，然而一鸣则有响，决不砸自家门牌。寂寞是修炼、是蓄势，希望和理想在寂寞中燃烧。寂寞中包含着期待。希望和期待，构合为人的生命进取形态。

我往往从生活实际中获取生活感受进而凝定这生理生命感受和学术生命感受。都市里能听到布谷鸟声，实为不易，但我每年却能在春意阑珊中、天明破白时听到。一当它那脆润的叫声突然传来，我简直不是用耳听，而是用心听，立刻悚然而起。布谷鸟来而又去，一年一度；“时光容易把人抛，红了樱桃，绿了芭蕉”（蒋捷《一剪梅·舟过吴江》词）。一种时间、生命意识油然而生。这时，我才深切地体验出屈子那“望崦嵫而勿迫”（《离骚》语）的内在意味。它唤起我的不是游戏人生、消遣时光，而是在学术长旅上匆匆赶路，“恐鹈鴂之先鸣”（《离骚》语）。（徐宗文先生以《孤独的前行者——记美学家吴功正》为题，在《文汇读书周报》2008 年 11 月 7 日发表整版文章，就以屈子《离骚》中的四句话为基本内容：“乘骐骥以驰骋兮，来吾导夫先路也”，“邅吾道夫昆仑兮，路修远以周流”，“亦余心之所善兮，虽九死其犹未悔”，“老冉冉其将至兮，恐修名之不立”，对我作了介绍。）把活着的每一天，都看成生命的最后一天。这样，就似乎有了忧患意识、紧迫意识和危机意识，概括起来说，就是生命意识。人被淘汰，往往是自己为自己准备了被淘汰的条件。这里,生命学术与学术生命便出现了联系。

生活要有理想,美学要有理想,学术也要有理想。我认为,人应该立长志,而不是常立志。目标一旦确定,就坚韧不拔地走下去。

治学方法不是一种模式,对于别人适用的方法,我往往徒有临渊羡鱼之情,却无退而织网之意。我从学术长旅中概括出了治学方法的八个字。我感到,这八个字是延长自我学术生命行之有效的方法。它便是:

横征远取,水纹扩散。

所谓"横征远取",就是指:横向——学科贯通;纵向——古今贯通。我研究现、当代文学,则借用古典文学的文笔,便显得语言凝练优美,少了匠作味,多了书卷气。夫子曰:"言之无文,行之不远。"文学是语言的艺术,美学是感性的表征,进而涵茹古典文化的学理和修养;研究古典文学,则吸受现、当代文论意识和话语系统,便显得前卫新潮。诚然,现代分工越来越精细化,社会科学研究越来越趋于专门化,但是要想取得大成果,就必须广采博收,做通才。收纳八面,方有风来。我试图把文、史、哲、美学贯通起来。多种知识拧为一股,善于在完形知识结构的基础上,加以调节,把多种知识融化为一个集合体。例如《小说美学》融化了哲学、历史学、思想史、心理史、中西方美学等;《中国文学美学》运用了文化人类学、神话学、民俗学、宗教学、比较美学等;《六朝美学史》运用了文学、音乐学、舞蹈学、雕塑学、绘画学、书法学、建筑园林学等;《唐代美学史》增加了服饰美学;《宋代美学史》则增加了百戏、体育美学,这是根据不同时代的美学门类的特点所做的增添。增添,意味着知识的增加和扩散。我的方式往往是歙吐、开敛式,时而大至于古今中外,宗教、神话、民俗……尽行罗列,时而小至于一诗一文也细刻深掘。宏观之于渺观,渺观之于宏观,往复运动。治史往往是学术研究的高区段,但是"史"不是资料长编式的。从先秦说到晚清,似不是真正意义上的"史",它还应包括对历史存在现象的支配因素的揭示,对形成现象的原因说明。历史积淀为心理，才是史的真正归宿。史感来之史识，识见是学术和学术史的生命。

“水纹扩散”，就是突破重点，扩大成果，不是猴子掰果，而是投石潭水，形成波纹扩散，涟漪荡漾。

早年我在上海文艺出版社出版过《文学风格七讲》，在风格学上打下基础，然后繁衍，结合不同研究对象，陆续写成和发表《古典风格理论概说》《论鲁迅在文学风格研究和实践上的成就》《论郭沫若历史剧的艺术风格》《论〈李自成〉的艺术风格》等。

在研究小说美学前，先分别选取古、现、当代几十部审美素质最能体现特定时期审美思潮的小说作为重点研究对象，从而具体把握中国小说美学史的几个重要时期。然后又从这几个时期加以拓展，形成水纹形的扩散，上溯下沿，出现中国小说美学创作史的轮廓。对于中国小说美学理论也是用这样的方法。

由文体美学的小说美学到部门美学的文学美学，是一次“水纹扩散”。在《中国文学美学》一书中多处运用史识、史家眼光来看待和论述对象。

史料、史识为美学史撰述做了准备。《六朝美学史》的最后一章“在延伸下的美学史中”说到了唐代美学与六朝美学之关系，于是接下来撰写《唐代美学史》便顺理成章。唐宋相连，《宋代美学史》便是又一个“水纹扩散”的成果。不是横空出世、望空而来，而是脉络相连、沟壑互通。

由写成六朝园林美学的论文，到写成《六朝园林》的专著，到写成《图文版明清园林美学》，再到写成《中国园林美学史》的专著，也是“水纹扩散”。

我像有些小说家那样，从短篇、中篇至于长篇。我远眺着那理想的目标则从眼前当下做起，即令我写单篇鉴赏文字，也是审美鉴赏。这便叫做目标专注、矢向如一，又在累积中形成渐进。终有一日，会突然发生自己所始料不及的飞跃，顷刻间如凌岱岳，见群山奔涌，觉天高地阔。

一匹驽马，每天拉着一辆车，埋头向前走路，时不时抬眼看看日头，“路漫漫其修远兮”（《离骚》语），距离那个遥远的目标，还有多少路程啊！然而，“驽马十驾，功在不舍”(《荀子》语)！这或许是我的对象性写照。

把学术视为生命，才会最终获得学术生命，其学术也才会是有生命力的学术，这是我几十年学术旅程的基本体会。

第一编

美学和美学史研究

建构中国美学史的学科体系

中国美学史研究就其学科史或学术史而言，均较为年轻，比起中国文学史或其他艺术门类史来，就略显逊色，而作为学科的形成和学术积累来说，也确实是有些薄弱。中国美学史研究的成型期是在20世纪的80年代，陆续产生了几部美学史著作（有的虽未标出“美学史”字样，但实际所研究和所涉及的却是美学史，其中有的以通史规模，有的则以断代史形制出现）。这就为建构中国美学史的学科体系提供了经验现象和文本基础。

中国美学史的研究对象、领域

建构中国美学史的学科体系，首先要确定其研究对象和领域。就美学学术史的短暂历程来看，20世纪50年代所发生的美学大讨论，形成了对美是什么的不同讨论和见解，各主其说，诸如美是客观的，美是主观的，美是主客体的统一，美是社会的、实践的等等。一开始的讨论围绕这些题目进行，是必然的，体现了初始阶段的研究特点。后来关于这一问题的讨论，尚存后续，到20世纪90年代还有余烬，但不像当初那么火热和具有学术深度。那场讨论还只是从抽象的概念争议和理论定义出发，实证性不够。虽然在争论时也间或引用了中国美学史上的实例作为论点的支撑，但基本采用的是西方美学的资料。更重要的是，未能对中国美学史本身给予注意，但讨论的非政治化的学术倾向，却是那个时代环境中所少有而难得的。虽然彼此论争的火力很猛，措词尖厉，但双方不伤和气，仍然保持着良好的人际关系，甚至个人私谊，这也是少有和难得的。讨论对整个美学的学科建设，对美学引入广度和深度的层面进行研究发挥了奠基性的作用。

粉碎“四人帮”，实行改革开放的政策，也极大地解放了美学研究的生产力，焕发了人们追求美、研究美、讨论美的热情，当时几乎出现了全民性的美学热潮。美学成为最火爆、最活跃的学科之一。对中国美学史的研究渐渐独立化和自成体系，学科性质、地位也渐渐被赋予和形成。1980 年由中华书局正式出版了（实际上于 1963 年就已完成初稿）北京大学哲学系美学教研室所编《中国美学史资料选编》（上、下册），标志着中国美学史的学科建设已开始形成，有了资料方面的原始积累工作。这和《中国哲学史资料选辑》，在学术目标、功能和作用上是一致的。顺带说一句，到了 20 世纪 90 年代，出版了《中国古典文艺学丛编》，包含有古典美学的因素，实行了另一种资料排列方式。1982 年由文物出版社出版了李泽厚的《美的历程》。虽然此书未标示史，但实际上却是一部中国美学简史。此后，则如前所述，中国美学史著便陆续出版、刊行。它们的学术贡献或是重视审美意识，如李泽厚对先秦美学的研究；或是以范畴作为研究的框架支柱，如叶朗《中国美学史大纲》对历代美学范畴的研究；或是以美学思想为基点，如敏泽《中国美学思想史》的研究。

文化的泛化，一切都贴上文化的标签，都打扮成文化学者；哲学的泛化，什么都“哲学”了，诸如网络哲学、生态哲学、经济哲学、环境哲学……不一而足，本来是超越性质的学科却被拉回到具体的尘俗世界中来；本来是形而上层面的，却被逼入形而下之中。美学也被泛化了，于是，美学消蚀了原初的涵义，美学和美学史失去了它固有或原先的品格与形态。所以，中国美学史研究在如此背景、语境下应当找回自己，以严肃的姿态找到自己的存在和位置。

中国美学史是高学术层次的研究领域，是把过去时代先人们所创造的学术智慧和斑斓多彩的美呈现给今人，描述并进而揭示其发展的历程和经验性现象，以建立起现时代的美学文化体系。这就有研究的品位和研究成果的品格问题，不应该自我贬损和掉价，而应该高抬一眼。

学科体系的建构首先在于学科的研究和叙述对象的确立。中国美学史应当避免中国文学史著中所产生和形成的两种偏颇现象：中国文学史以文学作家和作品为对象，中国文学理论史或批评史就纯然讲述的是文学理论家和文学理论著作了。当前最需要克服的则是把中国美学史写成美学理论史即美学理论的史的偏向。在研究对象上，我通过对中国美学史研究状况的分析和把握，通过自身的断代美学史著研究、撰写的经验概括，认为：应当进行美学思想和审美形态的结合性研究。在我看来，这是中国美学史研究的基点。后者表现于艺术事实中，前者按照一般理解存在于美学理论中，这是对的，但不全是，因为美学思想还体现在审美实践者所创造的感性形态的审美品中，不是直接诉诸明晰的美学理论话语，而是通过或借助于审美品透溢出来或传送出来。这两大基点是不可或缺或偏废的，一部中国美学史如果离开了千姿百态、五彩缤纷的艺术事实，将是何等地缺少血色！当然，艺术事实不是美学史的全部对象和构合内容，但是，千百年来艺术事实所创造出来的美态、美色、美感，正是美学所应加以体认和需要解读的。就美学理论而言，盛唐就薄弱得多，但艺术事实如李白、王维诗，颜真卿字，吴道子画等所焕发出来的光彩却是何等灿烂！从艺术事实出发，概括出各个时代的审美意识、审美理想、审美趣味，进而跟美学理论所揭示的美学思想相比照、相印证、相发明，这样才能产生美学史的稳定坚实的学术框架。中国美学史上有一个现象值得注意，即某一美学门类的形态已经产生和出现，而其理论说明或概括却迟迟没有产生和出现，例如陶器、青铜器。因此，对这些审美现象的解读就无法依靠姗姗来迟的美学理论了。同时，一些个体的美学理论和审美实践往往是错位、不同步的。“说的”和“唱的”不同样好听。例如严羽、戴表元、王士禛的诗美学理论何等精彩，但诗的审美创作实践却逊色许多。胡应麟《诗薮》就曾认为：“仪卿（严羽）识最高卓，而才不足称。”学识和才情不等称。元代戴表元诗作成就与诗论成就不相称。其“无迹之迹，诗始神”论何等高妙，但所作诗却是佳句多而佳作少。王士禛倡“神韵”论，但诗作“神韵”不足。有些论者用“神韵”论解读王诗，认为体现了“神韵”论的真髓，实在是牛靰子不对马笼头。审美理论与审美实践之间有对位的，也有错位的，这就进一步提示人们：不可只专注于美学理论，而忽略艺术事实。所谓艺术事实的解读，就是文本的解读。美学史的文本指实物和纸本。由艺术事实的解读切入，进而探究和把握艺术审美心理和社会心理，进而再由艺术心理和社会心理反观艺术事实及其社会内涵，便成为解读的基本程序。由此，美学理论和艺术事实便构合为美学史的基本框架。

建构中国美学史的学科体系，在确立了基本的研究对象和框架之后，则要建立新的历史观、美学史观。不是人为地改变，进而树立起新的历史观、美学史观，借以别出心裁，而是真正面对美学史上的现象和事实，才会有切实的新历史观、美学史观出现。例如对元代这一时代段的总体评价，目前尚停留在所谓“九儒、十丐”的民族政策的解读上，忽视元代文化的发展、变化过程，初期和中、后期由整个民族政策调整所带来的文化上的变化及其对美学领域的影响作用。从元世祖开始，几代帝王对宋之宗室赵孟頫一以贯之的厚待态度，可以看出这一文化心态的内涵，体现了游牧民族向当时进步的中原文化、农耕文明学习的非保守性和宏大的开放性，就此一端，就应消解对元代统治集团的传统看法。

就史的历程来讲，还有许多空白点和盲区，需要加以填补，例如金代。金接受了北方中原文化—美学的影响，具有北方文化—美学的特征，在文学审美理想上则得苏轼之法，王若虚、元好问的美学思想便具有这方面的特点。这又结合着北方少数民族的审美传统，重劲健之气。金代美学的其他门类也是如此，例如赵秉文的书法美学思想。金代美学不是软弱无力的，而是有着振奋的功能和效用。金代美学思潮出现复古倾向正是在这样的背景下发生的，文学上向建安风骨回归，宗唐复古，白居易地位的提升；绘画、书法上师法古意等等。因此，金代美学不是可有可无的时期，而是有着鲜明的时代特征和丰厚的时代审美内涵。

研究时段和领域的不平衡性。先秦、六朝研究得多，汉研究得少；

唐研究得多，隋研究得少；宋、明、清研究得多，金、元研究得少，而且没有把元剥离开来，形成独立体，赋予独立的应有之地位。从总时段而言，上古研究要多于中、近古。就一个具体的朝代个案为例，如元代，对一些为人所熟知的作家如关汉卿的文学审美成就研究较多，而对一些产生重要影响的美学家和审美实践成果研究较少；对政治、社会与文化、美学的背景研究较多，对美学的本体和文本研究较少；对汉族文人研究较多，对少数民族文化精英如耶律楚材等一批人研究较少。改变非平衡性，把所有美学史段和现象放置在同一个研究平台上，获得同等待遇，这是中国史学的传统态度。只有在平衡状态中才能获得各自公允的评价。

中国美学史的研究观念、内容

在框架、观念、布局问题解决以后，则要回答美学史写什么？大体可概括为：历史复活，现时视界，现象描述，经验揭示。

王国维先生在《最近二、三年中中国新发见之学问》中认为："古来新学问题，大都由于新发见。"他本人就是利用新发现的甲骨卜辞来印证、补正司马迁的《史记·殷本纪》。其《殷卜辞中所见先公先王考》及《续考》，在中国近、现代学术史上具有里程碑的意义。他又作为中国近、现代美学的开山祖，典范性地体现了论者与学者结合的特征，利用学者的发现来为论述服务，运用现代科学的方法论。陈寅恪先生的《〈王静安先生遗书〉序》写道："一曰取地下之实物与纸上之异文互相释证；二曰取异族之故书与吾国之旧籍互相诉证；三曰取外来之观念与固有之材料互相参证。"他认为："吾国他日文史考据之学，范围纵广，途径纵多，恐亦无以超出三类之外。"新的发现是学术创新的前提，如上所述，新的发现有地上的、有地下的，或者说实物、纸本。它们会丰富中国美学史的感性形态，会支撑原有的结论，同时也会改变原有的结论。而随着新观念的产生，又会对美学史研究的具体对象，做出新的解读。1993年10月出土的湖北荆门郭店的楚墓竹简，极大地震动了整个考古界、文化界以及美学界。其《性自命出》,对情感的发生演变做了极其明朗和深刻的揭示,所谓"言斯陶,陶斯奋,奋斯咏,咏斯摇,摇斯舞。舞,喜之终也",而"愠斯忧,忧斯戚,戚斯叹,叹斯抚,抚斯踊。踊,愠之终也"。虽说先秦有过手之舞之、足之蹈之的审美情态的描述,但郭店楚简对喜、愠这一对立情感的审美过程性揭示,却是具有填补空白意义的。

地下的文物、地上的文献,物态的或纸本的,都是死的。这就需要加以复活,即把"史"的过去时态所沉积下来的存在现象和事实复活过来,通俗地说,就是把死人变成活人,把美学理论家,把创造了美的实践者,真正当做生机饱满、生气盎然的活人,始终进行活的描述,使美学史成为活史。其实,他们当初提出某一观念、范畴时,他们创造某一审美形态时,总是充满活力的,这才会有旺盛的生命力,而不是寻求苍白的历史回忆。通过复活,就会出现那个时代的活跃的人物、事件,从而使美学史成为活力的存在。

所谓现时视界,就是以现时代的当下美学史家的主体心态、观念、视阈、方法对待彼时的美学史存在现象。一切历史都是当代史,成为一个普遍认同的命题,其内涵就在于一切历史都是当代人书写的,有着当代人的体认方式和视野,美学史也是如此,从而构合为美学史的当下特征。现时视界所带来的是美学的现代诠释,这是古、今对话的现代主体存在。每一个具体的治史者都有着他所置身的当代的话语色彩和情境,此一时与彼一时不同,因时代文化精神氛围和学术经验不同,在同一个研究主体身上也有前后差异性,要保持同一个基准线,是不可能的。美学史研究应该有现时色彩,应该有当下特色,体现学术的时代印记,并留下进化的轨迹。对于古典话语的现代转换,我是不主张的。那将会销蚀古典话语的原有情境,变得不古不今、非驴非马,我所主张的是用现时视界观照古典美学,用现时的认识高度体认对象,发掘其原初意义和评判其价值。不是把对象转换成现时,而是用现时的认知水平去体认对象。

所谓对象描述,在我看来,美是感性体的现象存在。现象描述有助于历史的审美现象的复活,有助于生香活意的历史审美现象的保鲜。

美学史不仅要让人们看到历史上的人解说了什么，而且要让人们看到他们创造了什么。

所谓经验揭示，是对美学史的发展历程、经验原因、轨迹线索的理性体认，这是美学史的深度所在。一些史著的最大缺陷就是缺乏史识。识，就是史家主体识见的高度和深度凝结。史著变成历史上所曾发生过的现象的堆垛而没有撰述主体的思想，将变得缺少意义。识见，不是价值判断的标志，即不是首先衡量其正确与否，而是考量其所做出的判断是否独抒己见，是否有新识、深见，即使是偏见，也是深刻的偏见。美学史研究需要有深沉的思虑和深邃的智慧。

史应是史象——史的现象与史感——巨大的思想深度的结合。现在的史著包括美学史著最需要加强的就是历史感，而它是以思想深度为内核的。王国维的宋、元戏曲史研究，陈寅恪的传以代史的研究，无不闪烁着史识、史感的光芒。在陈寅恪的柳如是研究中有着多么深隽而潜隐，不为人所易察而又不便明言的感受啊！这才是陈寅恪真正的史学真谛。

史识、史感是对历史事变、事实、事件、人物、思潮等，经过评判、评说所得出的理性结论，在这一点上，20世纪杰出的史学大师是我们效法的榜样。他们的那些精彩的卓识，常常令人“拍案惊奇”。

然而，进入新世纪，网络时代的到来，又对历史及其美学史研究带来新的变革，因此，中国美学史的学科体系建设应适应和依循这一变化了的时代新境。例如，电脑的普及，使得曾经以人工检索资料宏富博多而自炫或他炫的研究方法黯然失色。一个点击，所需资料便顷刻显现出来，可以随意使用。然而，电脑产生不出思想。依靠电脑，只能产生美学史资料长编，产生不了美学史。就美学史而言，美学史研究应该是思想家的美学史研究。

真正的史感是当时性显示和历时性展示的构合，这便是通常所说的共时与历时的结合。人们对前者较为重视，对后者往往忽视。就当时呈示而言，被误解为展览馆，陈列得多，解读得少。应当扣合各个时代的审美特点，在区别而又具体确定的状态中加以研究，具体表现为以下几点。

每个时代有属于自己这个时代的审美形态。诗在唐、词在宋、曲在元,体现了到达顶峰,难乎为继,转而寻找另一种形式,铸合新一类审美形态的要求,因此也就出现了诗衰词兴、词衰曲兴的演变情形。又如绘画美学上,唐代仕女、五代山水、宋代花鸟、元代牧马,每个时代的这些互不混淆的审美形态,成为各个时代的审美"地标",从而据此来解读其美学性质、特征,发掘其审美质素。

每个时代有属于自己这个时代的审美标准、审美理想。书法美学上,有所谓的晋人尚韵、唐人尚法、宋人尚意、明人尚态。这些不同点,有其内在的构合因素和特点,具有审美的时代色彩。就某一个体而言,审美理想也各有差别,如李白与杜甫。这些都是美学史上富于光点之所在。

每个时代的审美形态、审美标准、审美理想都有其形成的条件。其一,社会文化因素。六朝文学的自觉跟哲学的觉醒,跟崇文的社会风气、广泛的社交社团活动、独特的文学教育有着密切的关系,正如《南史·王承传》所说,"时膏腴贵游,咸以文学为尚"。宋代美学的繁荣跟宋代的佑文政策,宋代帝王、宗室尚文相关。其二,美学史与思想史的关系。不同时代的思想、文化精神不同,所孕育的美学精神也不同。例如六朝玄学与美学,隋、唐佛学与美学,宋、元理学与美学。其三,社会、历史变动对审美变化的影响作用。这又取决于历史变动的内涵是什么,其容量有多大,程度有多深。两宋更迭,宋、元易代,明、清换朝,给予人们的社会心态进而审美心态的撞击是巨大的,从而影响其审美性质、特征、形态和质素。

上述的这一切又都凝结于审美主体。任何审美现象都是由审美主体(个体、群体)创造出来的,因此对审美主体的研究就是一个切入点,而审美主体心理又是其核点所在。心理及其结构比例的不同就出现不同的审美兴趣,这是形成千姿百态的审美现象的主体因素。因此,就需研究其心理现象,描述其心理走向,概括不同时代的审美心理及其特征表现,例如魏晋的名士心理、唐人的游侠心理、宋人的闲适心理、明人的赏玩心理。这样，便找到了它们之间通道的联结方式和转换过程。这个方式转换的最终结果是审美心态。这就实现了有描述、有说明；有现象、有原因的现时性解读目的。更主要的是保证了这种现时性解读的动态性质。独立地拈出某一个范畴，加以图解、说明，似乎颇有道理，但只能是讲义式的性质，而不是美学史的性质。所谓史在根本状态上是动态的涵义就是这个意思。徒然作范畴解释，就会把本来是动态的美学史反而恢复成静止的和僵死的。于是，这种解读就变成了解构和消解。其实，某一个范畴的产生和形成，都有特定的思想文化背景和原因，都有具体的内蕴，都有具体的演化过程。这样解读审美范畴就从根本上避免了孤立静止的名词解释现象，真正实现了依照历史自身的方式加以呈现的目标。这一切都要求回到文本——实物、纸本，从而接近历史，走进历史。

在历时性的解读中，首先要明确历时性的地位，它更具有史的本体性意义，因为史是一种进程。还要明确它的两种发展方式：承绪与变异，或同化与异化。对于承绪、同化，人们说得多；对于变异、异化，人们说得少。然而，两者的结合才是历史延续图像的完整展示和正确描述。

审美意识从产生到发展，构合为审美意识史；审美范畴从萌发到衍化，则构合为审美范畴史，它们最终体现为审美观念、形态、趣味、风习等的影响，影响是前结构的沉淀和累积，这便是同化的体现。同化作为承绪的重要体现，是美学史线索的重要表征，人们由此而常常去说历史是怎样发展的。例如北宋所初创、南宋所形成的园林叠山之法，风靡于元、明、清三代；再如元代美学对明、清美学的影响。元四家是山水画史上的一变，极大地影响了明、清文人画的审美趣味。明代吴门画派所延续的正是赵孟頫的画风。元代书画结合对明、清文人画的作用，文采与音律的矛盾性争论对明代汤、沈之争的影响，元人的生活、审美态度对明、清赏玩生活、审美态度的影响，都有具体的实证性的文本和线索。

然而，另一面则有异化，即改变原有的审美观念、范畴、形态、理想等等。它使美学史的发展呈现出复杂状态，不是直线式，而是曲线式。这是特别需要研究者所注意的。文学史演变的描述聚合点往往是复古与革新，雅、俗之争，文体演变，而美学史所着眼的是审美理想、思潮、意识、范畴、形态。例如从“诗言志”到“诗缘情”；例如六朝之于汉是变汉，改变汉的粗犷而至于精约——从汉大赋到六朝小赋，从汉上林苑到六朝的别墅园。隋、唐之于六朝，清算六朝绮靡美学之风。宋代之于唐代，在审美格调上改变唐之博大开阔、沉雄旷放，出现宁静自适、淡泊萧散。经过明末、清初民族主义、爱国主义思潮的激荡与沉寂，热血士子们黍离之思的怫郁情绪的倾露与消歇，整个社会思潮完全不同于明代中、后期那个时代，美学思潮也随之发生变化，清初的美学思潮便是对明代心学的清算。这些都是异化现象的表征。同化和异化体现了历史曲折发展的演进现象，是历时性的美的历程的本体解读。异化最终体现为心理、心态、心性的变异，这样体认就真正落实了美学史是心态史的命题。曲线改变，是相对于直线延续而言的，构合为美学史发展的图式。它使得美学史的发展显得丰富、多样、复杂，同时，何以会出现曲线形式，必然为多种社会、文化、美学条件所赋予，促使直线发展的改道，由此伸展开来的研究又将是广阔而有意义的领域。

然而，异化不是直接完成，需要有中介，初、盛唐的中介是张说，盛、中唐的中介是杜甫。由唐入宋经过了王禹偁、欧阳修等人的反拨性中介，唐音才真正转变为宋调。元初北方书风延续的是所谓宋四家和金代赵秉文之书法，赵孟頫入元后，提出“专以古人为法”的审美主张，倡导晋风、王书，纠正四家之体，他是这一书法美学史曲线发展的中介人物。

所以，同化—中介—异化，才是历时性演进的完整结构。这样，社会史、思想史便凝定为心态史，进而凝定为美学史。

中国美学史的研究方法、立场

在基本的研究方法上，材料与思想、描述与评价、史实与史论、判断与感悟、思辨与体验、个案分析与整体把握、实地考察与资料阐释相结合。它体现了史的本体机制，美学的根本特征，研究主体素质发挥的综合要求。所以,研究方法必须顾及对象与主体、体制与话语。

所谓史的本体机制就是史实与史论的结合,实地考察与资料占有,也就是地下与地上、文物与文献的结合。实地考察的方法甚为重要,到龙门、敦煌、麦积山……俗语所谓百闻不如一见,实际上包含着深刻的视觉感受原理,只有置身在原地,只有亲见到原物如青铜器、汉画像……才能获得原初性感受。其体认的深切程度会更为不同。不见青铜器,则不知狰狞的威压式的美;不见汉画像,则不知奇异的想象性的美……中国美学史资料存在着两大特点:一是资源交叉。在学科归类上,也可以看出来。中国社会科学院哲学研究所、文学研究所均分别有美学研究室,中国艺术研究院也进行美学的专门研究。时至今日,大学教师中研究和讲授美学的,或在中文系,或在哲学系;全国哲学社会科学规划课题中,哲学中有美学,文学中则有文艺美学。中国文化属于浑融性、综合性文化,文、史、哲、美互融互渗,互有交叉,彼此相错,没有纯粹的专一性的美学史资料现成地提供给研究者。这就需要捋撦、遍访四库全书、典藏遗籍、方志地书、稗史谱牒……加以采集、分解、过滤、沉淀,占有第一手资料,形成标准型美学史专门资料。对于那些中国美学史资料选编、类编等资料书籍,有利用价值,但须掌握和寻索原来的文本,因为只有把选文置于原文的语境之中,才能真正把握选文的意思,甚或改变对选文的原初体认。一是存在形式。中国美学史资料不像西方专业性质强,它广泛地存在于各门各类的"话""品""诀"中,有所谓诗话、词话,诗品、画品,书诀、文诀……有序,如欧阳修《〈梅圣俞诗集〉序》等;有跋,如苏轼《跋蔡君谟书》等;有谈话,如《论语》等;有通信,如苏辙《上枢密韩太尉书》等;有评点,如金圣叹评点《西厢记》等;有专著,如计成《园冶》等;有论文,如徐上瀛《溪山琴况》等。或以单独的形式出现,或存录于其他著作中……这就对文献学的研究提出了进一步的要求。中国传统的四种研究基型:知人论世、附辞会意、品藻流别、明体辨法便成为其基本方法。

面对文本。细部、个案的文本解读是全部研究的起点并因之构合为血肉生机。它基于这样一种认识:美学史的现象、经验、历程等凝结、存活于文本之中。美学史不应从预设的理念、概念、理论、框架出发，把丰富多彩的审美形态或削足适履、或拉郎配式地纳入其中，借以印验主观化的设定模式。美学史研究的对象始终应当是生香活意的现象存在，它们蕴藏在繁如星辰的文本之中，因此，文本便成为可把握和可直接触摸的对象。这里所言之"文本"是广义的，既指纸本文献，又指器皿实物；既指理论著录，又指艺术事实。审美的理想、形态、经验以及美学史的发展都在文本中存活和显现。这才能避免美学史研究的空泛化。以文本及其解读为前提和基础，实际上是坚持了实证式和感性化的研究。上世纪 80 年代兴起广泛的"鉴赏热"，上海辞书出版社出版了从先秦到清代的系列性各文体文学鉴赏丛书，其他出版单位亦有多种文学鉴赏和绘画、书法、器物等艺术鉴赏出版物，足以汗牛充栋。它推助了文学艺术包括美学的大普及，极大地提高了人们的审美鉴赏水平。文学艺术鉴赏是文本解读的有效方式，但由于出版物的过量太泛，滥竽充数，远离文学、艺术、美学的特质和特性，便大伤人们的口味，由此便形成了对鉴赏的逆反心理，听到"鉴赏"二字便摇头反胃。其实，中国美学史的研究和书写应是从文本（含器物等）鉴赏开始的。鉴赏亦即品鉴、识赏，是中国文化、美学最普遍的运用方式，最早的还是运用于人物品藻即鉴赏。谢赫《古画品录》，金圣叹评点《水浒传》《西厢记》等包含着丰富、细微的阅读智慧和体验、感受。主体的审美理念、趣味这些审美史中的亮彩在鉴赏中闪射出来或凝定起来。因为谢赫有"画品"，才会有那篇中国绘画美学开山之作的"六法"论；因为钟嵘有"诗品"，才会有那篇中国第一诗美学论——《〈诗品〉序》。门类美学中的"序"如同历史著作中的"序"文一样，是一种体现中国人思维特性的提挈、概括的经验总结。如果说抽象，这就是中国式的抽象。虽非钻天，而是悬落半空，但毕竟出现提升。明、清人对古器物、绘画、法帖的鉴赏有着极高的水平，成为美学史研究极可宝贵的资源和书写方式的启示录。所以，中国美学史诗、文、书、画、器之"品"即鉴赏，即文本解读，便进入中国美学天地的直接通道。这种鉴赏不仅是一般的意象解说，而且是意味深究。

细读文本，不仅会形成和支撑美学史结论，而且会调整阅读视角，重建阅读空间，甚至会改变原有的美学史结论。例如绘画鉴赏家徐邦达先生对藏于伦敦大英博物馆的顾恺之《女史箴图》的鉴赏，得出了非顾氏所绘的石破天惊的颠覆性结论。

对文学审美样式的“词”，李泽厚先生在《美的历程》中说：“‘词境’确乎尖新细窄，不及‘诗境’阔大浑厚……小而狭，却巧而新。”文史家缪钺先生在《诗词散论》中认为：“词之特征约有四端，一曰其文小，二曰其质轻，三曰其径狭，四曰其词隐。”然而，在细读宋词全部文本之后，这些结论就可能被推倒。宋词诚然抒情，但其功能大有扩大。一部宋词简直就是宋代的百科全书。举凡宋代的都市、宫廷、佛殿、道观；市人、细民、歌娃、舞女，九流三教；上元、清明，四时八节，一切自然、社会景观及其生活方式、类别都在宋词中表现和描述尽足，包罗万象，五光十色。诚然有恋情，但也有抗战；作者中诚然有文人，但也有军人；诚然有低唱，但也有呐喊；诚然有小令，但也有长调，以致有三阕四阕，篇制不亚于唐的长篇叙事诗、抒情诗。它在描述都市风光时，恍若城市规划图，汪洋恣肆，俨然赋之“三都”“二京”，初唐四杰的长安诗篇。它不仅跟诗接榫，而且如同大赋一样，体物写志，铺采摛文。柳永《望海潮》把西湖写得令金主完颜亮垂涎三尺。宋词简直就是两宋地方志的形象化体现；宋词又简直就是《东京梦华录》《武林旧事》等的长短句词体体现。这样一解读，对宋词整体上的功能、特征的体认就要另当别论了。对朱熹的体认也是如此。细读朱子文本，就会改变原先的认知定势：道貌岸然、法相森森，排除感性美感。朱熹《康塘三瑞堂记》曰：“余素耽山水之趣，凡有名山大川，无不悉至。则一石一木，可寄游览而助吟咏者，悉皆留情。”朱子有许多对自然美倾心欣赏的文字，如《百丈山记》《武夷山十棹歌》等，他的感性美感竟是那么丰富鲜亮。

无论是支撑，还是颠覆结论，都恰恰在说明着细读文本是中国美学史书写的基础性功能。

美学史的文本解读方式大致可表现为：既对对象（群体、个体）进行审美价值判断，又进行审美感受的体验，如同明代高濂《遵生八笺》鉴赏宋瓷所获的“心目爽朗，神魂为之飞动”的感受一样。后者更能体现美学所固有的特点，而有后者才会有前者的存在，储存了审美经验资源，使审美价值判断显得扎实可靠。美学与美学史相联，撇开或悬置美学，美学史就会成为无名目的类别史。美学史需要回归其本体——审美素质的发掘。只有按照撰述主体的审美感受所体认出的审美对象，才富于主体特征，才接近或吻合于研究和书写对象。

坚守立场。中国美学史的研究、书写包含着历史复原和知性思考两大层面，知性思考属于主体视界范畴。书写方式引入文化、审美理性、理念、理想以及评价态度、批判立场，是精神之提升，是赋予其风骨和内涵。因此，不应限于历史原景的回放和照单收料，使中国美学史书写经过化约成为资料长编和材料堆垛。缺少分析态度、批判立场，导致评价缺席、批评失语的现象，从根本而言，是研究、书写主体性和视域的退席。应当在书写对象与书写主体川流不息的对话中审视、评述，甚至予以批判。书写主体在纷繁万态的历史资源面前，惶乱失措，所谓"五色令人目盲"也就成为这种状态的描述，从而对所有时期的一切审美现象一概照录，给予肯定、赞扬，无分轩轾高下。在这一过程中，美学史家所采取的是既悬置价值判断，又远离审美评价的立场。消解了研究和书写主体的立场，就退居为与研究、书写对象相提并论或等而下之的地位。研究和书写主体的姿态是俯视，不是平视，更不是仰视。缺失主体高屋建瓴的姿态，势必成为一种学术逃避行为。其主要表现有如下几类。

缺乏时段界定，将同一美学精神的前后期历史作用作混一性体认。儒家美学在形成期及其此后的一段相当长的历史时段中生机旺盛，成为中国美学史的主流话语。《论语》中著名的"子路、曾皙、冉有、公西华侍坐章"中孔子"吾与点"（即"暮春者，春服既成，冠者五六人，童子六七人，浴乎沂，风乎舞雩，咏而归"）的人生理想具有审美意味，不无从容、略带散淡的夫子风致。然而，儒家美学那服从于和服务于社会霸权话语的致用理性，遂用自己手造和别人帮造的墙，而层层加固了，部分消泯了它曾经有过的生机，趋于凝固化，甚至庸俗化。对此，美学史评论不应缺乏分析，把前后期儒家美学作等量级和等同性看待。同样，对青铜器等,也不能在美学史上一视同仁。

缺乏性质界定,把非美学理论现象作为美学理论来看待。诚然,刘勰《文心雕龙》中《神思》等篇具有美学的绝大智慧和性质,但整个地将它认同为纯美学著作,则是泛美学观念所致。《文心雕龙》文章学文本解阐、杂文学理念及其中和折衷的态度,都束缚了在纯美学论述上的根本性突破和穿升。

缺乏精神内核的权衡,把同一审美形态作浮泛的同一性体认。将宋代范成大的田园诗审美与陶渊明等量齐观,则忽略了二者在审美主体精神上的差异。范成大的田园诗美远欠陶诗意味的深刻。范诗乃官高禄满后休闲心态的体现,与对象世界,“隔”;陶诗物我俱忘融入对象之中,“不隔”。

缺乏全面观照和审视的态度。对陆游的诗美成就,总是众口一词赞其爱国主义、民族主义精神,却遮蔽其屈节媚权的不光彩行为。《宋史》本传载其“晚年再出,为韩侂胄撰《南园阅古泉记》,见讥时议。朱熹尝言其能太高、迹太近,恐为有力者所牵挽,不得全其晚节。盖有先见之明焉”。南宋权臣韩侂胄,兴庆元党禁,逮捕江湖派诗人,在清流士人中声名极坏。然而,也有拒绝献媚的,这便是杨万里。据《宋史·杨万里传》:“韩侂胄用事,欲网罗四方知名士相翼。尝筑南园,属万里为之记,许以掖垣。万里曰:‘官可弃,记不可作也。’侂胄恚,改命他人。卧家十五年,皆其柄国之日也。侂胄专僭日益甚,万里忧愤怏怏成疾。”所谓“改命他人”,这人便是陆游。杨万里《寄陆务观(陆游)》说:“韩侂胄权臣专权无上,动兵残民,谋危社稷,吾头颅如许,报国无路,惟有孤愤。”于是,在陆游身上巨人与侏儒、伟大与委琐、功名与求媚交织在一起。只有这样,才能认知陆游全人,才能揭示其光环之下的卑俗士节。

躲避崇高,缺略悲情。魏晋名士与晚明名士的文化、审美涵量不是等值的,但常被同等视之。人们满心肯定晚明山水小品的审美价值,却忽视其精神的退化。其文化、审美意识的表征往往是碎光零景,纳入小品之中,短章精粹,或是摄入一片风光,或者表达某种感受。它缺少深刻和经典,没有魏晋之悲情,没有韩潮苏海之气象。它畅达了感性心理的多种形式，无疑开扩了人们的心理空间和审美空间，但弱化了深情、沉思、忧患；诚然潇洒，但缺席的是深邃；令人感官得到满足，却滑走了人文的终极关怀。这是日常生活姿态和趣味经过调整带来的必然结果，从而解构了历史的深度意识。

庸俗社会进化观。它常常成为美学史进化观的思想内核。完整、动态地看待社会的发展，有进化，亦有退化，非线性式发展，美学史也是如此。如，宋代舞蹈的纯审美因素在唐代基础上后退，在世俗文化因素的熏染下，转入戏曲性质。元代人物画呈现衰落趋势，不及前代。明代绣品不如宋，明人高濂《遵生八笺》就曾指出这一点。书法美学中明代“尚态”，迎合大众文化趣味和消费心理，已消解了晋人之“韵”。后期中国工艺美学的装饰性增加，而艺术感下降，精致而少内涵，或缺了中国美学澄怀观道的本体精神。后期中国建筑园林的非文化、审美因素加重，明清特别是清紫禁城的压抑、单调，铺天压地，陈设富丽透溢俗气。私家园林逼仄拥挤，如苏州狮子林，已为园林美学家所诟病。园林的休闲功能取代了中国文化、美学所曾有的艺术精神和宇宙意识的表征性能。仿真园林出现，以皇家园林为盛，模拟天下景致萃集于一园。如避暑山庄的金山寺等，却是画虎不成反类犬，不伦不类，帝王餍足心态挤兑了文化、美学原则。外八庙虽也模真仿佛，给人的只是瞬息间的认同感，但仍觉得造假，远离了原有的生态美学现场，帝王的政治考量压倒了审美目的。颐和园仿西湖苏堤，仿洞庭湖，仿太湖黄埠墩，却使园景比例失调，疏密相悖，破坏协调和谐的审美原理，终成败笔。凡此例证，都说明不能用现象取代评判，用进化论遮蔽批判立场。

中国史学的基本原则是秉笔直书，不加隐晦，保证了真实性品格及其批判精神的实现，从而赢得信任、尊重和道德伦理的崇敬。这是史德高线，也是底线，中国美学史亦如此。中国美学自宋以后贯串着怀疑态度、精神，而不是人云亦云，亦步亦趋，捧场叫好。这是中国美学的基本品格和历史活力。事实上，一部美学史就是书写着的批判史，种种案例，史不绝书，为现今人重返美学史树立了范式。

在解读基础上的评价、批判是研究和书写程序，也是风骨、识见和眼力的显现。批判输入书写，是一种立场，是基于研究和书写本体性质的一种态度。在批判中体现当下的时代审美理想、趣味、愿望和诉求，表征这个时代文化、美学的自信、精神、做派，表明良知尚复存活，理性还未沦丧。

又只有通过批判，才能凸现研究和书写主体的个人审美价值观和风范。它是最具个人魅力的研究和书写亮点，成为美学史最为稀缺的资源。当研究和书写主体像庖丁解牛那样，“提刀而立，为之四顾，为之踌躇满志”时，该是怎样的一种学术风采啊！

陆游《谢王子林判院惠诗编》说：“文章有定价，议论有至公。”《喜杨廷秀秘监再入馆》：“文章实公器，当与天下共。”这是对“文章”的社会地位和使命价值的准确判定。道德人格与美学人格的统一、融合，是中国美学之生命所在。在这个意义上，中国美学是生命美学。因此，须从生命美学的角度解读中国美学的生命意识、生命情调。这样，才能保持中国美学所固有的生命形态。李白是一种生命情调，李贺则呈现另一种生命情调，而明代徐渭的生命情调又更为不同。于是，生命美学便成为中国美学的重要存在和据此加以把握的领域。

中国美学是从艺术欣赏的角度去感受、体验、体认对象的。欣赏者在“拈花含笑”的审美愉悦中获得会心满足的领略。其特点大致有：

一是接受主体的心理经验介入。金圣叹在评点《水浒传》“梁山泊好汉劫法场”一回中说：“吾尝言读书之乐，第一莫乐于替人担忧。”又在第三十六回宋江浔阳江遇险评点中具体说：“一篇真是脱一虎机，踏一虎机，令人一头读，一头吓，不惟读亦读不及，虽吓亦吓不及也。”这里包含着审美接受的心理参与和所获得的影响方式。

二是接受心理的顿悟形式。宋代吴可《藏海诗话》云，自己早年读诗，对“多谢喧喧雀，时来破寂寥”，不解其意，“一日于竹亭中坐，忽有群雀飞鸣而下，顿悟前语，自尔看诗，无不通者”。心理火花突然爆亮，亦即“顿悟”，直逼诗的意象核心。

三是设身处地的体验方式。王夫之《薑斋诗话》说：“‘亲朋无一字，老病有孤舟。’……尝设身作杜陵，凭轩远望观，则心目中二语居然出现。”叶燮《原诗》解读杜甫《玄元皇帝庙作》中的“碧瓦初寒外”说:“设身而处当时之境,会觉此五字之情景,恍如天造地设。”

上述三点,形成批评和创作的同构对应,由此也就确定了中国美学史研究方法的一个重要内容——直觉。直觉思维是从主体对于客体表象特征的体察开始,进入对本体的领略、体悟,这一思维线索可以概括为形下的直观到形上的体悟。这是中国美学史研究中重要的方法论之一。

用中国美学史的思维方式体认美学史,对研究主体提出了审美的诗性体验要求。美学家的美学史研究尚不同于纯学者化的研究,应有审美体验的能力和审美经验的基础。如果说陈寅恪所做的是诗的史学研究,闻一多所做的就是诗的美学研究,他的《唐诗杂论》是何等的美,体验是何等的深啊!朱光潜《谈静》说:“世间天才之所以为天才,固然由于具有伟大的创造力,而他的感受力也分外比一般人强烈。比如诗人和美术家,你见不到的东西他能见到,你闻不到的东西他能闻到。麻木不仁的人就不然,你就是请伯牙向他弹琴,他只联想到棉匠弹棉花。感受也可以说是‘领略’,不过领略只是感受的一方面。世界上最快活的人不仅是最活动的人,也是最能领略的人。所谓领略,就是能在生活中寻出趣味,好比喝茶,渴汉只管满口吞咽,会喝茶的人却一口一口地细啜,能领略其中风味。”对于美学史上的理论存在,所用的是解读;而对于所创造的美的形态,则需要领略,领略美的现象、精神、意味,领略审美主体的心理、经验、趣味。领略是审美创作的经验现象和思维方式,因此,就需要用这样的经验方式和思维方式来对待自身的研究对象。不应把研究一词过于理性化和理念化,研究过程中也有着感性因素的渗入。因为美就是感性的存在,如果采用纯理性的方式和方法岂不是消解了美吗?既然美学史研究的对象是美的存在,那就应当发挥研究主体的审美体验能力,体验对象的心态、心境、心情,感同身受。这就不是外在地,而是内在地体认对象,形成彼此的对话和交流。这样才能进入审美对象的奥区,获得最为真切的把握。由上所述,美学史著的文本话语自然应当是缤纷多姿的,因为对象是美的。把美学还给美吧!

心如枯井的撰述心态,笔如枯木的撰述文字,跟美学史是绝缘的。美学史应当有描述,这种描述应当洋溢着诗性的美和美的诗性。无论如何,美学史研究应当具有和体现个人的学术风采,要有个人独特的体认、领略、把握、感受,甚至是属于其个人的话语。这样,体认方式、框架构造、话语系统等,就会形成不可替代的个人特征,即使匿名,也能判断出作者为谁。也正是在这里才能产生学术名家、大家和大师,否则,只能产生"课题组负责人"。

于是,便以生命体验为底色,以直觉感悟为方式,去参证和悟解人生、宇宙、美学的终极意义。

话语表述方面,美学史著的字里行间分明有春意盎然,或秋气凝霜,是一种富于感受性的叙述。"把美学还给美",就话语文字而言,即指其温度。因此,诗性精神与书写方式也就实现了互动。美学史不是知识点的介绍,也不是对历史事实发生的现时陈列,它应当进行主体的诗性体验。它作为一种体验方式,最符合美学的本体特点。与此同时,诗性体验又应当借助于诗化话语加以表述。因此,个人话语中美的文采、文笔,诗化的文辞、风格是不可或缺的,从而形成诗性体验与诗性话语的圆融化合,构合为一种书写方式。就研究和书写主体的当代美学家而言,应当有宗白华的诗性体验,朱光潜的艺术感悟,李泽厚的思想睿智。这样,美学史切入诗学,出入哲学,融入史学,就进入和臻于研究和书写方式的高端境界:诗性、哲思、史感。

创新是学术的生命和动力。《南齐书·〈文学传〉论》响亮地说:"若无新变,不能代雄。"美学史研究应以创新为目标,包含着对象、体例、方法、手段等方面。

这些还需要与学术规范、学术作风相联结,才能获得最终的成功。学术研究上治史,似乎是高峰阶段、高端境界。人们惋惜陈寅恪先生未写史著,辩解者称陈先生是以传代史。史所面临的对象又是极为纷繁复杂的,有些问题是难以绕道或不可回避的。这便对美学史研究主体提出了学术规范、学术作风的特别要求。先辈提出"十年磨一剑"的要求,现如今一些人却是一年磨"十剑"。学术的浅俗和轻薄是一种致命病，它会销蚀和泯灭学术生命和存在，使其变得粗俗不经。学术有其固有的品位和格调，不应降低而应提升学术的层次，才是学术应有之方向。美学史是学术的"交响乐"，而不是"卡拉 OK"。"史"更应经受史的考验。经过 20 世纪晚期的学术浮躁后，新世纪应当回归沉稳。沉稳的时代应当消解一切领域的泡沫。这给美学史的学科体系建设无疑提供了良好的精神氛围。在这样的文化生态和精神氛围中，其前景又无疑是美好的。

（原载《南通师范学院学报》2004 年第 3 期，人大复印资料《美学》2004 年第 9 期全文转载，《中国社会科学文摘》2004 年第 6 期、《高等学校文科学术文摘》2004 年第 5 期、《北京大学学报》2004 年第 4 期摘载。）

中国美学史与中国思想史

以往的中国思想史研究只是综合了中国哲学思想、逻辑思想、社会思想等,却忽略了中国美学思想及其存在;而中国美学史研究又常常自身"孤岛"化,忽视与中国思想史的勾连。现在的要求和趋向则是把中国美学史与中国思想史加以资源整合,进行内生态建构。

中国美学史与中国思想史的关系总体表述为互动关系,是大语境(中国思想史)与小语境(中国美学史)之关系,进而建立思想史视野下的中国美学史研究。这应该是中国思想史的题内之义,也应该成为中国美学史的研究方向。

美学史内在地进入思想史

物质文明、制度文明、精神文明、心理结构等等都应有思想,都应以思想为基核。没有思想,只能是一具行尸走肉,一堆枯木朽株。思想是灵魂、是境界,思想史就是灵魂史、境界史。思想是内在的灵慧、外在的火把;是凝聚,又是先导。美学也应该有思想,其历程便构合为美学思想史。

思想史包罗广泛,包括哲学、经济、政治、宗教、社会、科学、技术、法律、逻辑、伦理等等思想,还应包括美学思想。毫无疑问,中国美学思想史的缺席,将会使中国思想史显得残缺不全。

事实上,中外都存在着思想史和美学史的联系现象。韦勒克、沃伦的《文学理论》曾就思想史分支之一的哲学史与文学的关系论说道:"英国文学是反映了哲学史的……德国哲学和文学之间的合作常常是极为密切的。”在中国，“文以载道”论就是作为美学分支之一的文学美学与思想史关系的最明白表述。玄学与魏、晋玄言诗，佛学与隋、唐佛教壁画等等，都说明着思想史与美学史联系的直接性质。这种联系形式特别是美学史与哲学史的联系，就出现了美学思想史的色彩。

可以这样说，不懂中国思想史，就不能治中国美学史；反之，不通中国美学史，就无法完整把握中国思想史。中国美学史关涉审美理想、美学思想、审美趣味、审美意识等等，它们本身就属于思想史的大范畴。

中国美学史由两大板块构成：美学理论、审美形态。美学理论是审美理想、美学思想、审美趣味、审美意识等精神层面的审美现象的抽象化、观念化概括；而审美形态则是上述审美现象的感性物化体现，二者缺一不可地成为美学思想史的存在方式，同时也就从总范围上汇入思想史之江河，成为中国思想史的组成部分。必须看到中国美学史与中国思想史之间有着比上述的经济……门类、领域的思想更为直接、紧密的联系。经济……门类、领域的思想是作为中国思想史的组合部分出现的，而中国美学思想不仅具有上述的构置功能，而且最主要的是中国思想史与中国美学史之间具有内在的联结性和深刻的同一性。许多中国思想史上的现象、意识、范畴，就是中国美学史上的现象、意识、范畴，两者的互换率极高。有时甚至无须置换，思想史就是美学史，这就使得中国美学史内在地进入中国思想史。择其要者而言。

——天人合一的基本思想。这是中国思想史的基核。《庄子·齐物论》曰：“天地与我并生，而万物与我为一。”汉代董仲舒《春秋繁露·深察名号》说：“天人之际，合而为一。”对天人合一的思想涵义第一次给予了明确的表述。宋代张载在《正蒙·乾称》中更以直接的话语说：“因明致诚，因诚致明，故天人合一。”思想史上的天人合一精神不仅促进了自然山水审美意识的开发和生长，而且更重要的是使中国美学具备了亲和态度、消融意味。《庄子·秋水》就曾认为：“吾在天地之间，犹小石小木之在大山也。”不是外在于，而是内在于天地自然之中。李白《赠丹阳横山周处士惟长》：“当其得意时，心与天壤俱。”《同族侄评事黯游昌禅师山池二首》(其一):“花将色不染,其与心俱闲。一坐度小劫,观空天地间。”明代袁中道《赠东奥李封公序》云:“与造物者为友,而游于温和恬适之乡……不借力于物,而融化于道。”是心的投入、融入、化入。其对象不限于自然、山水,而是一切外在的存在。如晚明的一些山水游记是诗化的审美形态,成为审美意念的表达。“诗者天地之心”是对此所作的最好表述。天人合一的思想最终沉淀为创作思维心态。它澄明、彻了、沉机而又大圆睿智、万化流行,这是最典型的中国式创作心态,也是中国美学作为古典文化形态的精神基础。明代吴廷翰《醉轩记》写道:

> 吾每坐轩中,穷天地之化,感古今之运,冥思大道,洞览玄极,巨细始终,含濡包罗,乃不知有宇宙,何况吾身,故始而茫然若有所失,既而怡然若有所契。起而立,巡檐而行,油油然若有所得,欣欣然若将遇之。凭栏而眺望,恢恢然、浩浩然不知其所穷。反而息于几席之间,晏然而安,陶然而乐,煦煦然而和,盎然其充然,淡然泊然入乎无为。志极意畅,则浩歌颓然,旋舞翩然,恍然,惚然,不知其所以也。

原“我”消解,变为新“我”,与天地自然融化为一。况周颐《蕙风词话》写道:“吾苍然独立于寂寞无人之区,忽有匪夷所思之一念,自沉冥杳霭中来,吾于是乎有词。洎吾词成,则于顷者之一念若相属若不相属也。而此一念,方绵邈引演于吾词之外,而吾词不能殚陈,斯为不尽之妙。”物我合一、物心融化,于是,由天人合一的思想所规范的中国美学的整体图式便是:天人对应→心物对应→心艺对应。在共感现象上,中国美学史独占世界美学史之翘楚,这是因为作为其思想基础的天人合一论在世界思想史上是独一无二的。正如钱穆在《中国文化对人类未来可有的贡献》中所指出的,天人合一观是“中国文化对人类的最大贡献”“是整个中国传统文化思想归宿处”。其影响及于园林美学,则如李渔《十二楼·三与楼》第一回所说,“最上一层极空旷,除名香一炉、《黄庭》一卷之外，并无长物，是他避欲离器，绝人屏迹的所在，匾额上有四个字云：‘与天为徒’”。

——道器相合的审美追求。《系辞》说：“形而上者谓之道，形而下者谓之器。”这一思想影响并形成了中国美学史道器相合的审美追求：形下的现实性与形上的超验性美学精神并存，具验与超验结合，具象与抽象统一。形上则抽象空灵，羚羊挂角，无迹可寻，有飞动、变幻的审美力量；形下则具象征实，鲜明可感，如在眼前，可以触摸，有凝重、扎实的品格，有具象的实形，具体的质感。它们的结合使得中国美学之精神既非蹈空，亦不胶著，具备了超越具体物象，更超越了具体时空的性质，获得通常所说的永恒魅力。“舍筏登岸”“得兔忘蹄、得鱼忘筌”论便成为中国美学超越性审美追求的思想史基础，其审美范例，代代不绝。

——和谐允中的审美原则。中国美学讲究和谐的原则正来之中国思想史。《淮南子·氾论训》说：“天地之气，莫大于和。和者，阴阳调，日夜分而生物。”这实际上来自先秦的思想，《国语·郑语》中就言道“和实生物”。天地、自然、社会、万物都讲究和谐，美学上也讲究和谐。《尚书·尧典》曰：“诗言志，歌咏言，声依咏，律和声，八音克谐，无相伦夺，神人以和。”《左传·昭公二十年》云：“清浊、小大、短长、疾徐、哀乐、刚柔、迟速、高下、出入、周疏以相济也。”对立两极处在一种良好的平衡状态之中，这样就能出现和谐允中，不走极端、不走边线，没有冲撞、没有裂变。在美学理论上则发展到清桐城派中坚姚鼐所概括，桐城派殿军曾国藩所承继的阴柔阳刚说。姚鼐《复鲁絜非书》就说道：“糅而偏胜可也，偏胜之极，一有一绝无，与夫刚不足为刚，柔不足为柔者，皆不可以言文。”在审美形态上则有触目皆是的绘画、文学中的优美意境、平和状态。

——物我双融的审美行为。中国美学所表述的审美行为方式完全来自中国思想史。第一步，审美行为所需要的心境——澄怀虚静。《老子·十六章》曰：“至虚极，守静笃。万物并作，吾以观复。”《庄子·知北游》引老子之言：“疏瀹而心，澡雪而精神。”庄子把这一虚静现象概括为“坐忘”。《庄子·大宗师》说：“堕肢体，黜聪明，离形去知，同于大通，此谓坐忘。”《庄子·达生》把这种状态表述为:“用志不分,乃凝于神。”刘勰《文心雕龙·神思》就用与思想史相同的话语说明审美心态,道:“陶钧文思,贵在虚静,疏瀹五藏,澡雪精神。”第二步,审美行为所运用的方式——体悟融入。这是从禅宗思想所直接导入的美学思想。宋代韩驹《赠赵伯鱼》曰:“学诗当如初学禅。”金代元好问《赠嵩山隽侍者学诗》写道:“诗为禅客添衣锦,禅是诗家切玉刀。”明代谢榛《周才子见过谈诗》说:“自信诗家半入禅。”多半诗家信奉禅宗思想,那么它到底怎样渗入美学领域,又是如何对诗审美产生影响的呢?还是严羽在《沧浪诗话》中一语道破:“大抵禅道惟在妙语,诗道亦在妙悟。”其交契点在一“悟”字。文学是如此,艺术也是如此。宋代郭若虚《图画见闻志》就曾说到绘画美学也是“灵心妙悟,感而遂通”。第三步,审美行为所达到的境界——身与物化。《庄子·齐物论》中有所谓庄生化蝶之说,庄子称之为“物化”。这是以主体与客体之间刹那间的物我化一现象,形象地描述了一个重要的感觉经验,标示其所达到的境界。它直接移入审美,便有苏轼在《书〈晁补之所藏文与可画竹〉》诗中所言,“其身与竹化,无穷出清新。庄周世无有,谁知此疑神”。显然,他把庄周物化论具体运用于审美之中。陈师道《后山谈丛》卷二曾说到包鼎画虎,“脱衣踞地,卧起行顾,自视真马”,也是这一理论阐述的样态。清代小说评点家就将其具体运用于小说美学。

思想史思潮出现以后,会扩展到美学领域,形成相应的美学思想、精神和形象体现。例如17世纪的启蒙主义运动扩展到18世纪,则有文学的《红楼梦》,作者通过审美手段所塑造的贾宝玉、林黛玉形象就承载了这一思想。

从以上的意义层面可以说,中国美学史思想的母体和根脉便是中国思想史。

美学史的独立品格及其转化机制

中国美学史之于中国思想史又不是被动应对、生吞活剥的。完整地讲，它们间的关系是互动关系，总体表述为：引入思想史是美学史建设的自身诉求，而兼容美学思想又是思想史的建构需要。具体而言，存在于这样几个方面。

中国思想史的疆域引入美学思想，便使其变得更加丰富、美丽而有光彩，因为美学的基点就是美。当美学家们演说着、描述着、创造出美的时候，整个思想史就会是另一番风光了。例如对前述的中和这一思想史的重要原则，明代屠隆《论诗文》所做的是审美化描述和理念确定："新不欲杜撰，旧不欲抄袭；实不欲粘滞，虚不欲空疏；浓不欲脂粉，淡不欲干枯；深不欲艰涩，浅不欲率易；奇不欲谲怪，平不欲凡陋；沉不欲黯惨，响不欲叫啸；华不欲轻艳，质不欲俚野。"尽管是近乎抽象的道理，但经过美学家富于感性色彩地说出，就别是一种风采。刘勰《文心雕龙·物色》说："既随物以宛转，亦与心而徘徊。"把思想家所论的具有本体性内涵的心与物的关系说得多么动听而富于文采。思想家的王弼《老子·十四章注》说："无形无名者，万物之宗也。"苏轼在《送参寥师》中以诗的审美话语说："空故纳万境。"说出了审美中的一个重要思想。美学家的描述、讲说，是带着美所固有的形象感来进行的。清代袁枚《随园诗话》说："凡诗、文妙处，全在于空。譬如一室内，人之所游焉息焉者，皆空处也。若窒而塞之，虽金玉满堂，而无安放此身处，又安见富贵之乐耶！钟不空则哑矣，耳不空则聋矣。"其《续诗品》亦曰："钟厚必哑，耳塞必聋。"对老庄的"空"论①，做了准确而形象生动的表述。唐代司空图的《二十四诗品》、清代黄钺的《二十四画品》全由形象化的画面所组成，明代袁中道的《爽籁亭记》借一则山水小品，言说了一个重要的审美原理。它们补充了中国思想史理性智慧申述之外的感性美丽的世界，增强了思想的广泛可接受性，让人们审美化地感受思想之睿隽。

---

① 《老子·十一章》："三十辐当一毂，当其无，有车之用。埏埴以为器，当其无，有器之用。凿户牖以为室，当其无，有室之用。故有之以为利，无之以为用。"《庄子·天地》："视乎冥冥，听乎无声……无声之中，独闻和焉。"

然而,作为美学史与思想史又处在“离形得似”的状态之中。首先,美学作为独立的人文科学类别,有不可混淆和无法替代的品格,不是对思想史的亦步亦趋。例如对思想史的人格伦理思想,美学史就表现出了独立性。袁枚《随园诗话》说:“凡作人贵直,而作诗文贵曲。”是从形式美的角度着眼的。袁枚在选诗时照常选录巨奸严嵩、阮大铖,不受传统的人格伦理思想所拘囿。清代叶矫然《龙性堂诗话初集》更直截了当地说“诗心与人品不同”。具体而言:“人欲直而诗欲曲,人欲朴而诗欲巧,人欲真实而诗欲形似。盖直则意尽,曲则耐思;朴则疑野,巧则多趣;真实则近凝滞,形似则工兴比。”这是审美的属性规范,不同于思想史所论。

美学是介乎哲学与艺术之间的学科,美学有着与艺术相联系的一面,这就形成了美学的特殊品格。同时,有些美学范畴、形态纯粹是根据审美自身的需要所提出的。例如文学美学中的“诗缘情”,书法美学中的具体书艺,绘画美学中的“金碧山水”“青绿山水”,园林美学中的诗化趋向等等,都是些具体要求。特别是一些细化了的审美经验,例如文震亨《长物志》对居室的要求,李渔《闲情偶寄》对戏曲各类型的规范,金圣叹批点《西厢记》《水浒传》、毛宗岗批点《三国演义》所概括出来的众多之“法”等等,都是就美学而言美学的。因此,不必牵强附会,形成思想史的泛化趋向。

就某些美学思想、思潮的出现而言,也是美学自身运动的结果,例如唐代陈子昂的美学思想。李阳冰《〈草堂集〉序》说:“卢黄门(卢藏用)云:‘陈拾遗(陈子昂)横制颓波,天下质文,翕然一变。’至今朝,诗体尚有梁、陈宫掖之风,至公大变,扫地并尽。”陈子昂提出兴寄、风骨范畴是美学思想自身发展的产物,是其应美学思潮之演化而登台一呼,进而“翕然一变”的。陈子昂在《与东方左史虬〈修竹篇〉并序》中愤然感叹:“文章道弊五百年矣!”“汉、魏风骨,晋、宋莫传”,而“齐、梁间诗,彩丽竞繁,而兴寄都绝”“风雅不作”。陈子昂所要提倡、恢复的正是“汉、魏风骨”的美学传统,并成为唐代美学的规范。陈子昂从东方虬的诗中发现其审美特征:“骨气端翔,音情顿挫,光英朗练,有金石声。”而这恰是正始之音的体现。正始之音在内涵上与建安风骨、兴寄、风雅是完全一致的，并且成为其具体表征形式。因此，这一思想所具有的是美学史的内在演化性质。

愈到中国美学史的后期，思想的个人化趋向就愈明显和突出。清代李渔论曲讲"结构"，金圣叹批《水浒传》讲"部法"，脂砚斋评《石头记》讲艺术"避难法"等，都是这些个人趣味性理论的体现。而个人的理论、提法又往往来自好恶差异，趣味异同，"各师成心，其异如面"①，具有个别性和独立性。特别是金圣叹，这位被称之为"怪杰"的评点家，就有自己不可混淆的个人见解，例如腰斩《西厢记》、《水浒传》。个人化倾向则往往表现为形式主义的非思想化特征。

思想史上的思想因素、范畴变成美学史的思想成果、范畴，须加以转化。不是所有的思想史材料都能转入美学史，这要视美学史的需要而定。美学史有其自身的规定、特征，它对于思想史资源也是按需所取，按照美学史自身的要求去索取，其间有一个转化的程序。这是因为美学史正需要思想史的某些资源，便吻合了它的特征。《庄子·外物》："筌者所以在鱼，得鱼而忘筌；蹄者所以在兔，得兔而忘蹄；言者所以在意，得意而忘言。"《系辞》："书不尽言，言不尽意。"美学史便把"得意忘言"挪用过来，因为它适用于美学的形象与思维、话语与意味的关系表述，但它经过转化，便变成了审美话语。例如唐代释皎然《诗式》："但见情性，不睹文字。"刘禹锡《董氏〈武陵集〉纪》："诗者，其文章之蕴耶？义得而言丧，故微而难能。"直到清代刘熙载《艺概·词曲概》亦言："词之妙莫妙于以不言言之。"又如意境，本来自佛学思想，是一个思想史范畴，但它进而转化为中国美学史上出现频率最高、传播最广的一个美学范畴。由唐代王昌龄在《诗格》中率先完成，所谓"诗有三境"，"一曰物境"，"二曰情境"，"三曰意境"。又经释皎然、刘禹锡的进一步阐释，到

① 刘勰：《文心雕龙·知音》。《左传·襄公三十一年》："人心之不同，如其面焉。"

司空图则加以完整的整合。他在《与王驾评诗书》中说:“思与境偕。”意境作为范畴取得独立的美学史地位后,一直为历代美学家在各门类美学中所沿用,至近代王国维在《人间词话》中运用于词美学。

如果说,中国思想史是中国社会史与中国哲学史的中介,那么中国美学史则是中国思想史与中国各门类文学、艺术史的中介。在审美过程中,思想史中的因素不能直接写在文学、艺术门类中,它须通过美学的中介,形成审美的观念、意识和视角,内化为审美的思想,借助于审美的独特手段表述或传达出来。例如动静。《系辞》言:“动静有常。”到了宋代,张载有系统的解说。动静思想以美学为中介,形成动静美学。于是,审美的创造者便以此观照和描述对象。南朝王籍《入若耶溪》有句“鸟鸣山更幽”,到宋代王安石《钟山即事》则写为“一鸟不鸣山更幽”,虽没有直接的思想史动静概念,但以审美方式所表现的却是这一思想。又如时空。《老子·二十五章》云:“大曰逝,逝曰远,远曰反。”反者,返也。《周易·泰》曰:“无往不复,天地际也。”有去有来、有往有返。李白《秋登巴陵望洞庭》:“来帆出江中,去鸟向日边。”一来一去;李贺《南园》:“窗含远色通书幌,鱼拥香钩近石矶。”一远一近。中国人的观照意识是俯仰自得,《系辞》曰:“仰以观于天文,俯以察于地理。”在文学上则有陶渊明《读〈山海经〉》:“俯仰终宇宙,不乐复何如。”王羲之《〈兰亭集〉序》:“仰观宇宙之大,俯察品类之盛。”它经过审美的中介、过滤,形成绘画美学上宋代郭熙的“三远法”。苏轼所写《书王定国所藏〈烟江叠嶂图〉》题画诗就形象化地表达了这一绘画美学上的“三远法”。首四句:“江上愁心千叠山,浮空积翠如云烟。山耶云耶远莫知,烟空云散山依然。”是“高远”法。次四句:“但见两崖苍苍暗绝谷,中有百道飞来泉。萦林络石隐复见,下赴谷口为奔川。”是“深远”法。再四句:“川平山开林麓断,小桥野店依山前。行人稍度乔木外,渔舟一叶吞江天。”是“平远”法。哲学思想的空间观经过转化后成了绘画上的空间审美观。

所以,把握美学的独立立场和转化方式,是美学史的自身需求和面对中国思想史的巨大存在所寻求的策略。

美学史与思想史的整合、融会

思想史与美学史需要经过整合，才能形成审美的思想、形态、范畴。例如两汉神学与美学整合后产生出神秘怪诞、奇异象征的美学风格，如汉画像石；六朝玄学与美学整合出“妙”的审美范畴，顾恺之《魏晋胜流画赞》言“迁想妙得”，谢赫《古画品录》说：“若取之象外，方厌膏腴，可谓微妙也。”《世说新语·文学》说：“妙处不传。”唐代佛学与美学经过多方面整合，不仅产生出重要的审美范畴“境界”，而且形成了新的审美形态。佛教雕塑美学的黄金时期在唐，有高宗、武后时所开凿的龙门寺奉先寺石窟像群，已改六朝风味，形成唐人气象。玄宗时更有宽装高髻之佛像出现，通体透现出盛唐之美学精神。宋代理学与美学整合出独特的审美范畴是“涵泳”，明代心学与美学整合出的审美范畴是“童心”，清代实学与美学整合则产生出“肌理”。

以上尚属于静态整合的情形，在动态性整合上则是思潮因素发挥了作用，例如明代的心学一美学。这是为了适应革除旧的思想形态，形成新的思想机制的需求。在本体上是对明初以来所实行的思想钳制的颠覆，对其僵直、死寂的思想空气的否定。这场思想运动，具有鲜明的思潮性质、巨大的革新意义和启蒙价值，其思想开发的工具是心学，从而出现了王阳明取代朱熹的思想格局。顾炎武在《朱子晚年定论》中就曾描述了这一思想变动的情形：“自弘治、正德之际，天下之士，厌常喜新，风气之变，已有所自来。而文成(王阳明)以绝世气资，倡其新说，鼓动海内。嘉靖以后，从王氏而诋朱熹者，始接踵于人间。”这场思想革新运动刚刚兴起时，大有“九州生气恃风雷”之势。王阳明在《月夜》诗中呼吁：“何当闻此鼓，开尔天聪明。”惊天动地的鼓声，震撼并开启着人们的心智。改革的关键是人，而人的关键又是心。这就要改变人心，用王阳明著名的话“破山中贼易，破心中贼难”来说，就是“破心中贼”，所以，王阳明的心学及其心学思潮便有着鲜明的实践动因。在这样的思想语境中，经王阳明的整合，形成心学一美学，它从主体出发进行审美观照，进而成为审美本体论,从而改变传统的审美方式和审美程序,这在明代美学史和晚期中国美学史上具有先锋意义、革命意义。从这一层面上,才能对明代的童心说作出正确的解读。

思想家和美学家合一性的扮演角色是完成思想史与美学史整合的基础性因素。从刘禹锡、柳宗元、周敦颐、苏轼、朱熹、王阳明等人身上可以得到充分的验证。刘禹锡宏放通脱的哲学思想熔铸为诗的内涵,便显得畅朗、颖脱。他在《问大钧赋》中说:“以不息为体,以日新为道。”事物的本体和运行规则是生生不息、日新月异的,强调了变化、更新,无疑是相当杰出的。于是,他的诗审美中就充溢着这种思想。例如《乐天见示伤微之敦诗晦叔三君子皆有深分因成是诗以寄》:“芳林新叶催陈叶,流水前波让后波。”《柳枝词》(其一):“请君莫奏前朝曲,听唱新翻《杨柳枝》。”《始闻秋风》:“马思边草拳毛动,雕盼青云睡眼开。”《秋词》:“晴空一鹤排云上,便引诗情到碧霄。”《酬乐天扬州初逢席上见赠》:“沉舟侧畔千帆过,病树前头万木春。”以诗的话语表述着这一思想的精华和昂奋向上的精神文化体验。

王阳明在整合思想史和美学史时,别具只眼地说明了对象与主体之间的关系,成为对审美关系的独特体认。《传习录》有一番记述颇有意思。

先生游南镇,一友指岩中花树问曰:“天下无心外之物,如此花树,在深山中自开自落,于我心亦何相关?”

先生曰:“你未看此花时,此花与汝心同归于寂;你来看此花时,则此花颜色一时明白起来,便知此花不在你的心外。”

花与心,即客体与主体构合为一种关系,这种关系被王阳明整合为审美关系。当花(对象)未曾进入主体视野时,花(对象)对于主体是没有意义的。当花(对象)进入主体视野中,才构合成对象与主体的关系,才被体认。花的颜色是在被发现和体认后获得认知的。它绝非摆脱或脱离对象,也不是将对象独立化和客体化,而是将对象纳入于主体心中。

“此花不在你的心外”，任何客体对象都不能脱离主体而存在，任何客体对象也只有在被主体体认后才能存在。虽说，它体现了以主体为中心的思想，但是，它仍然强调了对象与主体之间的关系，从而构合为美在关系中的思想，各以对方为自己存在的条件。对象物的存在是经过感受和体认了的存在。这是中国美学思想的一次根本性突破，再也不是物感式，存在决定意识的机械性体认方式，而是对审美关系所做的最富于近代色彩的说明。

先秦诸子思想与美学，魏、晋玄学与美学，隋、唐佛学与美学，宋、明理学与美学，清代实学与美学，近代中、西方思想与美学，是重要的整合时期和现象，而经过思想史与美学史的整合，中国美学史便获得了相应的基本性质、品格、精神以及内涵、内蕴、内核，其内涵是内容，内蕴是底色，内核是根基，从而使中国美学形成为生命性美学、思想性美学。儒的人文性，道的超越性，禅的形上性，整合为中国思想史的总体精神，进而与美学整合为中国美学史的基本精神。中国思想史的现实性关怀精神强烈，所谓“天地之大德曰生”“不知生，焉知死”“生生不已”等论，便在精神趋归上不是引入宗教，而是引入美学。思想境界、人生境界就是审美境界，成为中国思想史—美学史的根本属性和特征，例如孔、颜乐处，老子之道，庄子逍遥游等。这是中国美学不同于西方美学之所在，其精神内核正是由中国思想史所派生出来。由此所产生的人与自然的和谐、社会人际的和谐、对象与主体的和谐、情与理的和谐，规范了社会的调节功能、艺术的中和性质。它的最重要的感性化体现是审美。中国美学史上绘画美学中的山水画、诗歌美学中的田园诗，所透发出来的悠闲格调；诗歌美学上描述迎来送往所流露出来的淡远情调，都是以审美的形式所表征的中国思想史的基本内容。中国思想史的精神追寻是圆融、协谐，它是菩萨慈眉的图像，而不是耶稣受难的呈示，美学在经过思想整合后就不是撕肝裂胆的苦难历程和悲惨世界，于是，文艺美学特别是戏曲、小说美学形态上便是代代不绝的团圆性结局，其负面影响也是不必讳言的。中国思想史与中国美学史的整合在思维方式上的最大成果是经验性、体验性审美思维方式的产生，没有西方的纯粹性抽象思辨，而是当下体悟觅得，大量的诗话、词话、曲话和小说评点便是其表征。

这种整合的类型是形态和思维机制。整合的功能是中国美学语系以审美的形式出现，成为独特的话语形态，它们是在互构、互融、互摄过程中完成的。

综上所述，中国思想史使中国美学史获得相应的思想涵值；中国美学史接受了中国思想史的辐射，纳入其容汇百川、汪洋恣肆的沧海之中。中国美学史因有思想史的涵茹，而显得深邃。思想史使一切意识存在得以提升或形成深化。中国美学史琳琅满目的概念、范畴等等，因有思想史的沾溉而成为光点，深刻而启人思索。虽然“思想是灵魂”的说法在中国当代政治话语系统中被庸俗化和霸权化，但其语初意义却是正确地说明和确定了思想的意义和价值，因此，可以说思想史是中国美学史的灵魂。而中国美学史则使得中国思想史具有感性的特质和斑斓的色彩。虽然，中国思想史与中国美学史之间是总体话语与局部话语的关系，有时，中国思想史甚至成为中国美学史的语境，但在根本上它们的关系呈互动状态。

审美理论所阐述的思想显而易见地与中国思想史相通，但不应忽略或漠视审美形态所射露出来的思想光华。它虽然不像理论形态那样成型和完备，但有着跟理论中的思想相同的蕴藉。它虽然被感性形式的彩衣缠裹着，但透溢出来的思想仍然有着跟理论中的思想相等值的涵量。“议论须带情韵以行”，刘勰《文心雕龙》的这句话实际上表述了一个重要的美学思想：理论思想与审美情韵是并辔而行的。感性作品中的思想存在就取这种形式。在实际上，审美创作家在完成审美化的过程中，以思想史为内涵、为内视阈，以此作为观照点，进而用审美形式将思想予以感性形态的表现和承载。于是，以灿烂的艺术、丰富的感性表达睿隽的理性思想是中国思想史与中国美学史相融合的最重要特征。

（原载《南通大学学报》2006 年第 1 期，人大复印资料《美学》2006 年第 5 期全文转载，《新华文摘》2006 年第 10 期摘载。）

中国美学史与中国史学史

如果说对中国美学史与中国思想史所做的是关联—整合研究，那么中国美学史与中国史学史之研究则是寻根——建构研究。广义的中国史学史包纳了中国美学史，是其存活仓和生态场。探寻源远流长的中国史学史为中国美学史所提供的丰饶深厚的资源，揭示其在精神、思维、范畴、价值标准等层面上的转化情形和方式，从而建构成史学—美学范式，便成为一项新的研究命题。

史实之于美学史

传统的文史不分、哲美相混，未能形成独立形态、体制的美学和美学史。对它的称谓是近、现代人按照西方美学观念从繁博的文化、历史现象中剥离、分割、沏滤出来，进而加以学理化建构所形成起来的。传统思维的经验性特征使其审美理论因子作为潜质深埋在林林总总的资料源中。它们不是像西方那样以显性直接的形式出现，提供现成的理论结果和体系，如黑格尔《美学》、鲍桑葵《美学史》等。这样，研究中国美学比起西方美学来就多了一道工序——“学前”工序——资料的采集、割存、归纳工序。这道工序既需要文献功夫，又需要审美眼力，才能使硕存的中国美学及其史的资料板块真正回归本原。

上述原因，使得中国美学及其史的资源存在，呈现出复杂现象。如《建构中国美学史的学科体系》所概括的多种形式，却缺失了一个存在大项：史著、史论。史著、史论有着为别的形式所无法替代的丰富资源，同时因其存在形式的独特——存在于史学史中，其论述着眼点及其与之俱生的深度、厚度，也较其他存在形式，显示出别具一格的特色。

这方面的资料（指的是正史，尚不包括野史等，如《清朝野史大观》）可谓车载斗量，触手即能拈出一例。凡中国美学史上杰出或成名的各门类美学家，史著均列传。以记人为本位的中国史学以传为构成基石和框架，史传便是人传。对传主加以一生记述时，不仅记述其生平大概、典型事例，而且涉及其审美方面的行为、活动、言论、思想等。就知人论世而言，这些史料是第一手的；就美学家评传而言，所进行的评述和定位是权威性或经典性的。值得注意的是，它还成为某些美学史资料的直接或惟一来源。例如研究六朝美学史、研究谢灵运美学思想的那篇不可或缺的《〈山居赋〉序》，不是存在于别的文献中，而是取之于《宋书·谢灵运传》。该序在文体美学和言意范畴美学思想上均具有重大意义，成为六朝美学转型的重要标识。序文表达了向"京都宫观游猎声色之盛"的汉大赋的告别，转而形成"叙山野草木水石谷稼之事"的小赋。谢灵运提出"文体宜兼，以成其美"的审美理想，审美表达亦与之相应："废张、左之艳辞。"变为"寻台、皓之深意"；审美对象上，"山居良有异乎市廛"，成为山水文学审美在六朝勃兴的显示；审美风格上，"顺从性情，敢率所乐"，从主体性情出发，"去饰取素"，回归本色。在言意范畴美学上，同时出现于《宋书·谢灵运传》的《山居赋》自注曰："但患言不尽意，万不写一耳。"该序亦说："意实言表，而书不尽，遗迹索意，托之有赏。"这是王弼与欧阳建言意哲学之争在美学上的产物，前连陆机《文赋》（"恒患意不称物，文不逮意"），后接刘勰《文心雕龙》（"方其搦翰，气倍辞前；暨乎篇成，半折心始"）。而谢灵运从自身的审美创作实践出发，结合自我经验的审美心得加以阐发，便更为切实。

史料不仅存在于叙述文字中，而且独特地体现在传序和传论之中，成为观照当时代美学状况、思潮的窗口。所谓六朝文学走向自觉，其标志是美学。对此，不能不了解齐梁时的萧子显，了解萧子显就不能不了解他所撰《南齐书·文学传》的序和论。就序而言，一是主张文学审美活动的自然性质，所谓"每有制作，特寡思功，须其自来，不以力构"。这和刘勰《文心雕龙·神思》所说的“秉心养术，无务苦虑”，《养气》所说的“率志委和，则理融而情畅”，在精神内涵上具有一致性，非常接近于创作审美的心态和学养，给后代特别是宋代苏轼的文理自然论以深远影响。二是对传统的物感型审美方式所做的诗性化解说和描述。“若乃登高目极，临水送归，风动春朝，月明秋夜，早雁初莺，开花落叶，有来斯应，每不能已也”。在褒衣大袑的正史撰述中，闪现这样一番诗情，令人眼目为之一亮，确实，只有用诗化语言才能解说诗的审美。这与钟嵘《〈诗品〉序》对物感型的解说，可谓出于同一机杼，出现史学与诗学在美学星空中的交相辉映。其文学传论有两大贡献：一是确定文学的根本性质：“文章者，盖情性之风标，神明之律吕也。蕴思含毫，游心落纸，气韵天成。莫不禀以生灵，迁乎爱嗜，机见殊门，赏悟纷杂。”其论述依据不是别的，而是审美。这成为六朝时把文学纳入美学，作为其自觉性的根本说明和体认。由此他认为，审美应是“事出神思，感召万象，变化不穷”。这与刘勰《文心雕龙》的神思论又是相合的。二是提出文学的审美进化观：“习玩为理，事久则渎，在乎文章，弥患凡旧。若无新变，不能代雄。”这是中国文学美学史进化论的最响亮口号，求新求变是其内涵，亦是动力。此论回荡千馀年，时至今日仍保持着新鲜的质地。

另外，史料价值还在于保存了美学论争的生态现场，例如六朝时的声律美学之争。其实际效应是确立了声律在美学中的地位、作用、功能，其深刻影响为后来兴象与声律兼备的盛唐美学做了先声性准备和铺垫。论争的史料存在于《宋书》、《南齐书》、《梁书》以及《南史》之中。其中最重要的是《南齐书》所录存的《〈谢灵运传〉论》、《（陆厥）与沈约书》、《（沈约）与陆厥书》。《梁书》本传载沈约“撰《四声谱》，以为在昔词人，累千载而不悟，而独得胸衿，穷其妙旨”。《宋书·〈谢灵运传〉论》中沈约称“自骚人以来，此秘未睹”，自炫得其声律之诀。但陆厥深持异议，便有前述《与沈约书》，随后则有沈约《与陆厥书》。陆厥认为，声律其实古已有之，只是未能重视罢了，并非“此秘未睹”，由沈约独得。陆厥所言，乃自然性声律；沈约所说，则是人为性声律，即经过规范加工整合的声律。沈约是针对文学审美中所存在的非声律现象提出问题的。

《宋书·〈谢灵运传〉论》就指出:"王褒、刘向、扬、班、崔、蔡之徒,异轨同奔,递相祖师。虽清辞丽曲,时发乎篇,而芜音累气,固亦多矣。"由沈约提出并经这场论争,便构制了在六朝以致中国美学史上具有重要价值和地位的永明体。这首先亦于史书得以传载。《南齐书·陆厥传》:"时盛为文章,吴兴沈约、陈郡谢朓、琅琊王融以声气相推毂,汝南周颙善识声韵。约等文字皆用宫商,将平、上、去、入四声,以此制韵,不可增减,世呼为'永明体'。"《梁书·庾肩吾传》:"齐永明中,文士王融、谢朓、沈约文章始用四声,以为新变,至是转拘声韵,弥尚丽靡,复逾于往时。"具体内容也便如《宋书·〈谢灵运传〉论》所载,"夫五色相宣,八音协畅,由乎玄黄律吕,各适物宜,欲使宫羽相变,低昂互节,若前有浮声,后须切响。一简之内,音韵尽殊;两句之中,轻重悉异。妙达此旨,始可言文"。这就极大地促进了格律诗在声律美学上的形成和发展。

史料的价值还在于为中国美学史存留了第一手资料,这对于研究和撰著美学史弥足珍贵。例如存录于《宋书》本传中南朝刘宋时范晔的《狱中与诸甥侄书》,不仅是范晔美学思想的集中体现,而且是中古美学史的经典文献。其一,首言文意为主的美学思想。范晔说:"以意为主,以文传意。"纵观中国文学美学史,范晔之言是首论,此后才在唐代接其嗣响,杜牧《答庄充书》说:"凡为文以意为主。"范晔理顺了意与文之间的主从关系,摆正了二者的位置,并且赋予"意"为"情志"的内涵,成为对文学审美特质的正确说明。其二,首分文笔界限。文笔之争是南朝文界的重大论争,其意义在于使文学从汉时文笔相混或杂文学中剥离开来,独立成体,具备自家素质,即审美素质,这是六朝文学走向自觉的重大标识。范晔说:"手笔差易,文不拘韵故也。"一句话就把文笔的差异揭示出来了,其差异在韵,即有韵为文,无韵为笔,给其后刘勰《文心雕龙·总术》的相关结论以直接影响。由此可以看出,史实为美学史输送了足可征信的原始资源,具有史料的直接性、惟一性和经典性。

史料对于美学史的提供是全方位的,除文学美学外,绘画、书法、园林、建筑、服饰等诸门类美学均有所载。例如《晋书》《南史》关于书法美学,新旧《唐书》关于音乐、舞蹈、服饰美学,《宋史》关于百戏、体育美学,

《明史》关于建筑、园林美学等等，可谓史不绝书。中国美学史之“九层之台”“起于”史学史之“垒土”。

史撰之于美学史

史著如烟海浩淼，当然覆盖了文学、艺术和美学。这里要说的是史著撰写者的眼光、识见，其富于史学深度和特色的经验概括与理性思考，不仅其本身构合为美学史的涵蕴，而且其史家意识给美学史以深刻启迪意义。现以唐初的八部史著为案例，加以论说。

唐代隋，翦除各路义军后，出现了稳定意义上的统一。艰苦卓绝的战争和马上得天下的艰难使得唐的建国者极其珍惜既得的利益，又极其重视历史经验的总结和接纳诤言。在这样的背景和现实目的催动下，孕育出唐初的史学热。唐初蜂然出现八部史书：《晋书》《南史》《北史》《梁书》《陈书》《周书》《北齐书》《隋书》，在中国史学史上独得先例、后乏援引。唐初在修史、建史过程中把美学作为史的构成内容来看待，撰写者都是一批博古通今的史学家，因此，他们的论析和评价就带有史家意识、观念和视域特征。

其一，宏通深邃的史家眼光。对美学史的发展历程加以描述和评述，《北齐书·〈文苑传〉序》《隋书·〈文学传〉序》《隋书·〈经籍志集部〉序》《周书·〈王褒、庾信传〉论》等，多有涉及。它们具有这样的特点：宏观扫描，上下数千年纵横贯通，具有强烈的史感。《隋书·〈经籍志集部〉序》描述了自屈、宋以来至于齐、梁，旁涉北齐、北魏的文体屡变过程。《周书·〈王褒、庾信传〉论》则扣合作家和时代审美理想、审美风格，淋漓尽致，洋洋洒洒，可说是此前的中国美学史长卷的缩影图，于描述中有评价，富有史家之风范。这种评述又是在社会、历史、文化背景下扣合时代风习进行的。《隋书·〈经籍志集部〉序》：“永嘉已后，玄风既扇，辞多平淡，文寡风力。降及江东，不胜其弊。”这已成为对玄风与玄言诗关系论述的经典之论。史著是延续的，在这些论述中延伸了前代之论，例如《隋书·〈文学传〉序》说：“自汉、魏以来，迄乎晋、宋，其体屡变，前哲论之详矣。”它便进一步下沿到“暨永明、天监之际，太和、天保之间”，进行评述，形成了史的线索的连贯性。

虽然唐初史家在对历代美学史状况和文学家审美风貌评述时跟六朝美学史家所用的话语有所不同，对涉及的对象所作的评价也不尽相类，但其审美视域和审美思维机制却多有相合之处。他们的审美视域是宏放的，从远古一路评述而来，纵深感、历史感极其强烈，这正是中国美学史之论述特色。他们的描述，包含着审美价值、地位的评价，述中有评，结合时代风尚、习俗、社会和审美理想，展开评论，使个体审美风貌显现时代特质。评述时特别注重上述时代风习、审美理想的演变和这种演变所带来的审美个体状况变化情形，而评述所运用的语词高度简括凝练。这些都体现了中国美学批评史的语境特点，唐初史家正是继承了六朝所形成的美学传统。中国美学理论史对此不可加以缺位性对待。

从隋代以来，在对齐、梁文学美学清算时，往往把根源归结于屈原，这一美学思想一直延续到唐初的王勃。其祖王通就曾声色俱厉地进行过这一批判。王勃《上吏部裴侍郎启》写道：“自微言既绝，斯文不振。屈、宋导浇源于前，枚、马张淫风于后。”《隋书·〈经籍志集部〉序》则对《楚辞》做了忠实的美学和美学史评述，不含偏见和偏激情绪。对于《楚辞》之成因，尤指出其“言己离别愁思，申抒其心”，触及抒情美学之本因，独到而深刻。深入其文本，为《楚辞》阐解，概括“其气质高丽，雅致清远”之审美特征，并高度评价其美学史地位——“后之文人，咸不能逮”，不可企及。这便纠偏了王勃等人的观点，使《楚辞》得到了恰当的定位。

其二，把美学作为人文哲学范畴来看待。在中国文化、哲学中人文跟自然相对举。人文观、自然观代表了对于社会、自然的两种不同的阐解及其方式。《晋书·〈文苑传〉序》《梁书·〈文学传〉序》《陈书·〈文学传〉序》《周书·〈王褒、庾信传〉论》《北齐书·〈文苑传〉序》《隋书·〈经籍志集部〉序》《隋书·〈文学传〉序》都无一例外地对人文精神进行了论述，继承了易学的人文哲学观点。唐初以致整个唐代美学之所以有着强烈的人文精神，唐初史家所提供的理论准备不能不说是重要条件。

其三，同时提出教化和审美的双重功能。教化功能的提出仍然源于人文精神，而对美学现实效应的重视又具有唐初的理性特征。然而，在另一方面，唐初的史家又重视文学的审美功能。《隋书·〈文学传〉序》："离谗放逐之臣，涂穷后门之士，道坎坷而未遇，志郁抑而不伸，愤激委约之中，飞文魏阙之下，奋迅泥滓，自致青云。"这样也就回归到文学是心灵抒发、郁抑伸展的审美命题上来了。《晋书·〈文苑传〉论》："夫赏好生于情，刚柔本于性。情之所适，发乎咏歌，而感召无象，风律殊制。"《北齐书·〈文苑传〉序》："文之所起，情发于中。"《周书·〈王褒、庾信传〉论》："原夫文章之作，本乎情性，覃思则变化无化，形言则条流遂广。"这又是对两晋、南朝美学思想的承绪，即认为情为文之根本，为审美之基因。

其四，恰当而有分寸的史学评判。跟隋代李谔、王通一笔撂倒六朝美学的简单粗暴做法不同的是，唐初史家对六朝美学的不同内涵加以区分，对不同时期的美学品格进行界定。例如《隋书·〈经籍志集部〉序》所描述的晋代以降的美学状况，就包含着区别性的评价态度："爰逮晋氏，见称潘、陆，并黼藻相辉，宫商间起。清辞润乎金石，精义薄乎云天。永嘉已后，玄风既扇，辞多平淡，文寡风力。降及江东，不胜其弊。宋、齐之世，下逮梁初，灵运高致之奇，延年错综之美，谢玄晖之藻丽，沈休文之富溢，辉焕斌蔚，辞义可观。"这里所进行的阶段性美学史评估，其出发点不是理性和功利，而是美的感性要求和特征。对具体诗人谢灵运、颜延之、谢朓、沈约的评价也持同一审美标准。

唐初史家对南朝美学的评价以梁大同(公元535～546年)为界，并非对前后代一概而论。对这以前的作家、作品审美评价较高，对此后以萧纲、徐陵等为代表的作家、作品批评较切。《隋书·〈文学传〉序》说："梁自大同之后，雅道沦缺，渐乖典则，争驰新巧。简文、湘东，启其淫放；徐陵、庾信，分路扬镳。其意浅而繁，其文匿而彩，词尚轻险，情多哀思。"其他如《隋书·〈经籍志集部〉序》《北齐书·〈文苑传〉序》《周书·〈王褒、庾信传〉论》也是如此。这种阶段性的美学史评价便坚持了对美学史现象的具体分析，给予恰当的史的定位。

其五，博融的审美理想。唐初史家经过吸收参化，提出了如下的审美理想：一是和而能壮，丽而能典。《周书·〈王褒、庾信传〉论》认为，虽然诗赋与奏议、铭诔与书论之间多有区别，但“撮其指要”，却有共同点，即“以气为主，以文传意”，这是对曹丕、范晔美学思想的运用。“摭六经、百氏之英华，探屈、宋、卿、云之秘奥，其调也尚远，其旨也在深，其理也贵当，其辞也欲巧”。其最终要求是：“文质因其宜，繁约适其变……权衡轻重，斟酌古今，和而能壮，丽而能典，焕乎若五色之成章，纷乎犹八音之繁会。”二是文质斌斌，尽善尽美。《隋书·〈文学传〉序》说：“然彼此好尚，互有异同。江左宫商发越，贵于清绮；河朔词义贞刚，重乎气质。气质则理胜其词，清绮则文过其意。理深者便于时用，文华者宜于咏歌。此其南、北词人得失之大较也。若能掇彼清音，简兹累句，各去所短，合其两长，则文质斌斌，尽善尽美矣。”这里有着鲜明的文化地理学色彩，时至今日，仍被论者所广泛引用。三是汇合前代，结合当代。唐初所建立的审美标准既不同于南朝的轻靡，但又吸收了南朝美学重感性的因子；既不同于隋代的质木，但又吸受了隋代美学重理性的因子。可以说是熔铸前代之所长，避其所短，并结合唐初的社会思潮、审美理想的需要所建立起来的。它从一开始就体现了并进而奠定了唐人对待美学遗产的态度——宽厚、大度。这是唐人的宝贵之处，也是其伟大之处，同时也是唐人能成就中国美学更大辉煌之原因所在。四是融化南、北，铸造新机。南、北美学因各种文化条件而产生差异，出现格调、风貌的不同，但南、北美学的交流、融合又是必然趋势，而它最终是由南地迁至北方之精英文人所完成。南方美学的精细、雅致、文采融合了北方的朴野、刚健、质实，可以看出南方美学的张力和渗透力。南、北美学之融合又应以国土、政局的统一为前提，隋代美学在这一形势下初步得以实现，而唐初史家又在新的背景下提出进一步要求，并且进一步得以实现。

史撰不是史料的罗织、记忆的遗存，追思逝去的历史背景，它应有史撰者的视域、识见，即史学的通行语：史识。灌注着对史象的评价、判断，强化叙述立场，在现场与历程，即共时态与历时态的结合中，表明和体现撰写者的理念和姿态。这是史撰中的思想光链，给中国美学史的撰写以深刻启迪。

史论之于美学史

中国史学史之双翼为史著和史论。唐代刘知几的《史通》是第一部史论著作。此著上、下篇二十卷，对前代史著做了评述，就如何撰史，提出了许多弥足珍贵的见解。《自叙》陈说借鉴刘勰《文心雕龙》而著《史通》，虽然一者论文，一者论史，但也从中看出文史互构的性质和特点。清人黄叔琳《〈史通训诂〉补序》认为，《史通》"允与刘彦和（刘勰）之《雕龙》相匹"。

《史通》顾名思义是言史，又何以关乎文呢？刘知几在《自叙》中表述道："词人属文，其体非一，譬甘辛殊味，丹素异彩，后来祖述，识昧圆通，家有诋诃，人相掎摭，故刘勰《文心》生焉。若《史通》之为书也，盖伤当时载笔之士，其义不纯，思欲辨其指归，殚其体统。夫其书虽以史为主，而馀波所及，上穷王道，下掞人伦，总括万殊，包吞千有，自《法言》以降，迄于《文心》而往，固以纳诸胸中，曾不蒂芥者矣。"以史为主，兼及于文，或者说是以史家眼光看文，这是《史通》的一个重要视点。

史著有其特定的叙述行为方式，刘知几在《史通·叙事》中说："史之称美者，以叙事为先。"其具体要求是："文而不丽，质而非野……辩而不华，质而不俚。"体现了中和、折衷、平衡的观念。而最能代表这种中和之美的是《左传》。《杂说》云："《左氏》之叙事也，述行师则簿领盈视，哤聒沸腾；论备火则区分在目，修饰峻整；言胜捷则收获都尽，记奔败则披靡横前；申盟誓则慷慨有馀，称谲诈则欺诬可见；谈恩惠则煦如春日，纪严切则凛若秋霜；叙兴邦则滋味无量，陈亡国则凄凉可悯。或腴辞润简牍，或美句入咏歌，跌宕而不群，纵横而自得。若斯才者，殆将工侔造化，思涉鬼神，著述罕闻，古今卓绝。"在刘知几对《左传》所做的叙事特征评价中又贯串着审美评定。以《左传》为范式，刘知几的史学叙事观表现出鲜明的色彩和特征。

《史通》对中国美学影响最为直接和最有价值的是小说美学。班固《汉书·艺文志》第一次对小说概念做了这样的界定："小说家者流，盖出于稗官，街谈巷语，道听途说者之所造也。"东汉以降经过魏、晋，小说创作取得很大成就，出现了志人、志怪两大小说系统，但小说美学理论鲜有发展，对小说概念的界定仍未脱《汉书·艺文志》，直到刘知几的《史通》才有重大突破。其《杂述》篇写道：

> 在昔三坟五典，《春秋》《梼杌》，即上代帝王之书，中古诸侯之记，行诸历代，以为格言。其馀外传，则神农尝药，厥有《本草》；夏禹敷土，实著《山经》；《世本》辨姓，著自周室；《家语》载言，传诸孔氏。是知偏纪小说，自成一家，而能与正史参行，其所由来尚矣。

刘知几认为小说"自成一家""能与正史参行"，对于提高小说的史的地位有着极大的作用。他对小说进行分类，不是大而化之，而是细加榷论，这又显示了他对于小说研究的深入。"爰及近古，斯道渐烦，史氏流别，殊途并骛，榷而为论，其流有十焉：一曰偏纪，二曰小录，三曰逸事，四曰琐言，五曰郡书，六曰家史，七曰别传，八曰杂记，九曰地理书，十曰都邑簿"。对十大类别，刘知几又进行细致阐解、说明，都有规定的内容和特征。在具体阐释中，刘知几仍坚持他那"实录"原则，这便使中国小说美学形成了现实性的审美品格。另外，刘知几坚持了小说的审美品位，要求小说有"雅言"，摒弃"鄙朴"。"大抵偏纪、小录之书，皆记即日当时之事，求诸国史，最为实录，然皆言多鄙朴，事罕圆备，终不能成其不刊，永播来叶，徒为后生作者，削稿之资焉"。这样，便推进了小说审美的雅化发展，可以说，唐人传奇就是这种小说审美雅化的体现，其美学史贡献十分显著。

作为跟刘知几《史通》相辉映的中国史论双子星座之一的清代章学诚《文史通义》，其书题，就彰显了将文史打通的学术意图，从而更接近于史学—美学的构建。其内容主要有这样几点。

其一，意象论。章学诚史论中的意象论，最富于美学和美学史论色彩，是其史学—美学的核心，现今的中国美学史研究无不奉此论为圭臬。首先，勾连了象论与传统诗学比兴论的联系，这是一项新的发现，也是章学诚贯通性思维的产物。《易教》说："战国之文，深于比兴，即其深于取象也。"比兴与取象具有内在的一致性，比兴借助于形象，是形象间的内联性结构方式，于是"深于比兴"，就是"深于取象"。他认为："《易》象虽包'六艺'，与《诗》之比兴，尤为表里。"这就触及审美意象即形象为基点的论述层面上，见解十分卓越。其次，在总体确定象的基础上对象加以分解。他认为："万事万物，当其自静而动，形迹未动而象见矣。故道不可见，人求道而恍若有见者，皆其象也。"象是可形可名的，并且处于变动状态中，人们可以循象而觅道。这就把人的认识包括审美认识建筑在取象的基点上。然后，他分解象为"天地自然之象"和"人心营构之象"。前者为物象，客体存在之象，"天地自然之象，《说卦》为天为圜诸条，约略足以尽之"。"人心营构之象"则是通常所说的意象。他具体解释道："人心营构之象，睽车之载鬼，翰音之登天，意之所至，无不可也。"意有着极大的主体能动性质，寻象靠意，这就把审美回归到人心及其意上，是知、情、意的自由性主体活动。这样，也就具备了审美认知论的色彩。他说："然而心灵用虚，人累于天地之间，不能不受阴阳之消息。心之营构，则情之变异为之也。情之变易，感于人世之接构，而乘于阴阳倚伏为之也。""人心营构"就是对客体——象的主体感应和内化，这样也就说明了审美的思维活动及其表现过程。他以佛教中的象为例，指出将其定格为"造作诳诬以惑世"之论的谬误，认为"阎摩变相，皆即人心营构之象"。与之同时，他认为："人心营构之象，亦出天地自然之象。"重视人心，但不玄虚凌空，"营构之象"最终来自"自然之象"，意象便是主客体的融合性产物，这是他审美论的归结点。最后，扩大了象的存在空间。传统之论，以《易》论象。《系辞》："圣人有以见天下之赜，而拟诸其形容，象其物宜，是故谓之象。"而章学诚认为："象之所包广矣，非徒《易》而已，'六艺'莫不兼之。"这就拓展了象的外延。

其二，"十弊"论。章学诚在《文史通义·古文十弊》中指出十类通病:“剜肉为疮”“八面求圆”“削趾适屦”“私署头衔”“不达时势”“同里铭旌”“画蛇添足”“优伶演剧”“井底天文”“误字邯郸”。虽是就史传而言,虽是言史学之论,但因其基本思想是求实性,因此,于美学原理亦相通。

其三,个体论。章学诚虽讲“通”,但不忽视“偏”,这是他甚为了不起之处。讲“偏”是讲个体性,强调个体的存在。他在《文史通义·所见》中以“燕、赵”“吴、越”美学为例。“人情珍其所罕”,求异、追寻新鲜的审美欣赏心理趋向,使得“燕艺游吴门而声增十倍,吴伶至燕市而贾重连城”。为求“通”、求“相济”,“燕人自雄其歌,而欲得吴舞以和其节;吴人自媚其舞,而欲得燕歌以壮其观”,就形成美的交融和丰富。但是,走向另一面,“吴人至燕,舍其吴胜而强学燕歌以求合于燕;燕人至吴,舍其燕奇而强学吴舞以求合于吴”,就是“强己所短而非效人所长”,放弃了自己的长处,效法别人的短处,结果泯没和消解了自己的长处。他认为“但学求同于己而非欲取济于人”的提法是一种错误的美学观。这是他对“和而不同”的传统美学观的新运用和新发挥。求异,“擅其偏”,个体性、特殊性,是美学存在的基点和生命。这一美学思想无疑是杰出的,至今仍保持其光辉。

史论除专门的论著、论文外,还有传序和传论需要提及。它们不仅有前述的提供史实的功能,而且其本身就是史论的存在形式。一般而言,序是对全传所作的提絜,但又不是内容提要,而是给以总体揭示和评价,概括性和历史纵深感强。论是对传主或作传对象所进行的论说和评判,渗透着史撰者的立场、观念,思想色彩浓,其例难以尽述。序、论的共同之处在于高屋建瓴,话语姿态宏远,均属于史论范畴。其史论中的历史感和学理性特别显著。尤其是“文苑”“文艺”“文学”等传的序、论,跟美学的关系更为密切,有些直接是就美学而言的。例如《新唐书·〈文艺传〉序》概括了“唐有天下三百年”“文章无虑三变”的状况,并划分为三个阶段,其依据是文学风尚和美学思潮。对各类别作家加以归类,其内在尺度是思想和审美倾向。三百年历史概括得了了分明,文词简洁而有论述深度。《宋史·〈文苑传〉序》着眼于社会风气,从中寻绎出宋代美学史的演变轨迹,眼界宽又看得深。从世风看文风,复从文风观世风:“南渡文风,不及东都,岂不足以又见世变欤!”堪为不刊之论。《明史·〈文苑传〉序》放眼有明一代的文学、美学的演化历程。明代美学思潮更迭频繁,表现复杂,但短短一序,却概述无遗。“于斯一变”“又一变”,立足于变,在动态中考察,既切合实际,又抓住美学史之症结。非有通盘之把握,则不能得此精当之结论。有些序、论本身就很漂亮,如范晔《后汉书》的《〈逸民传〉论》《〈耿恭传〉论》《〈宦官传〉论》等,既是史论,又是美文。

史论是论史,但在论析和阐述中运用于或联结着美学,能为美学提供一般性原理,或能解析美学的众多现象,厘清美学史的发展脉络,揭示美学史的演变规律,这便为史学—美学的构建打开了通道。

史传之于美学史

历史不是古朴实事的原始记载和刻录,而是以人物及其活动为中心的当时描述,因此,在实际上是人物传记。人物传记后来发展成独立散文样式,兼备史、文双重品格。小说叙述行为方式首先来之于史著,跟它最初作为稗官小说存在的渊源相关。中国史著一直规避着对历史现象简单枯燥的记述。在形成历史事实的文字化、书写化过程中,产生了一种基本范式,在一开始就规范了中国小说的叙事方式。这是史传和小说美学会通的基础。

跟先秦诸子散文并峙在中国文学史上的,是以《左传》为代表的史传散文。《左传》虽是一部编年史,但记述的中心是人,如《郑伯克段于鄢》、《重耳出亡》等等,人事并举,事中述人。史实因素虽重,但刻画的传神却具备了文学审美素质。初始形成的审美结构形态,作为经验,对应了民族的传统心理,又奠定了基础,培植了世代相传的经验体。作为一种形态、氛围,它影响了后来的《史记》、《汉书》、《后汉书》、《资治通鉴》等标准型史著,也影响了传记式散文,如清代邵长蘅《阎典史传》、汪琬《江天一传》、方苞《左忠毅公逸事》等等;还如水渗透般地影响着魏、晋小说,唐人传奇,宋、元话本……以致一些选本,对同一题目的作品,或选入散文,或编进小说。貌似混乱的现象,不是说明了人们文体观念的混乱,而是说明了中国文史相通、史传与小说审美因素相互渗透的特殊现象。

全知视角是历史传记的最大特点,故对传记散文的影响也最大。它表现出叙述者无所不在、无所不知的全知特点,这实在是来之于史传为人立传的叙述行为。为人立传的传记本身就显示出叙述者的姿态:知悉对象的一切,评判传主的是非功过,兼具鸟瞰宏观世界和细察微观细件的多重功能特质。在空间方位上,叙述者能够捕捉并显露出传主的身世历程以致逸闻、隐私,因而,在空间视角的处理上表现得绰有馀裕。这样,大致形成了传记散文叙述视角的基本特征。

小说与历史传记的发展关系,经历了一个过程。譬——比喻,如同嫁接在母枝上,魏、晋小说是萌芽,接受母枝的营养要更多一些,唐代传奇就相对少一些,至宋、元话本则成为独立分枝。魏、晋志人小说,记真人,述逸事,叙述视角以一人为中心,以其事为半径,画出一个封闭式或半封闭式的圆形,人随事俱来,亦随事俱讫。逸事多采传闻,名为小说,视为传记亦无不可。唐人传奇开始了小说自觉的审美行为,留存着从史传向小说演化的轨迹。一方面传统的叙述视角模式沉积其中,如《长恨歌传》、《李娃传》、《莺莺传》、《任氏传》、《霍小玉传》,以传名篇,亦以一人为中心,次第展开。另一方面,言之凿凿,记为真人,但所述却是假事,如白行简《李娃传》尾端交代人、事的来龙去脉,令人信之不疑,但其间所述之事,却多有增饰,以扩其波澜。至于以传名篇的《柳毅传》《南柯太守传》等,真幻交织,完全突破时空限制,神异莫测,更导向小说,并对后代的《聊斋志异》产生了巨大影响。到了宋、元话本,这种审美素质更得到加强。罗烨《醉翁谈录》概括了当时说书艺术的特点:"讲论处不滞搭,不絮烦;敷演处有规模,有收拾。冷淡处提掇得有家数,热闹处敷演得越久长。"显然把传统史传踵事增华的方式加以发展,并愈来愈接近于小说。至于《三国演义》则把这种发展臻于完善地步。在叙述视角时空处理上,在结构组合方式上都是基于史,而又有所摆脱。突出例证有曹操出场、杨修之死的描述,大大突破了史传的时空顺延性和凝固性,更趋于灵动多变。毛宗岗曾在《读〈三国志〉法》中指出,《三国演义》

“合本纪、世家、列传而总成一篇”，触及小说审美的整体性特点。毛宗岗又说：“后人合《左传》《国语》而为《列国志》，因国事多烦，其段落处，到底不能贯串。今《三国演义》，自首至尾，读之无一处可断。”这又触及小说不同于分段、分国的史著而具备有机性的审美特点。在时间的方位、空间的坐标上，《三国演义》虽是“演义”“三国”，但更具备小说的结构形态。《三国演义》虽史有其人，但其事却真真假假、虚虚实实。把“实录其事”“虚资增饰”的史传这两方面特点分别加以延伸，在继承中扬弃，产生出小说所独有的审美素质。延及“金瓶”“红楼”，虽非本于史传，但曹雪芹所明言的“实录其事”，却有着史、文在一般精神上的会通因素，由史传所奠定的传统意识输入到纯文学领域。

说书人或小说家的议论插入，体现了史传渊源。《史记》有“太史公曰”，唐传奇沿用史传体式写小说。例如李公佐《南柯太守传》篇末之论，“前华州参军李肇”之“赞”。《三国演义》有“史官诗赞”，完全以史官身份发表议论。《聊斋志异》488 篇，其中 181 篇篇末有“异史氏曰”。何彤文《〈注聊斋志异〉序》说：“至其每篇后异史曰一段，则直与太史公《列传》神与古会，登其堂而入其室。”赞、论式述评，在史传中表现出撰者的史学观，是对传主的历史功过评价和价值判断。像《史记》一类史传，可谓始于记事而终于议论，全知视角的特点更为显著，总是显示出史撰者的无所不在。小说家对于此，是一般叙述方式、体制上的继承，在运用方法上则有变化——《史记》在篇末，小说或在开头，或在结尾，有的甚或在中间。运用方法的变化，导致多功能性——具备了史传对人物、事件评判的功能；交代了作传缘起，例如白行简《李娃传》。一些传记小说特别交代素材来源足可征信，又沉淀着史学家的实录意识。不管小说本身与信史有多大距离，但小说家总要像历史学家一样言之凿凿，明其不诬。从小说本身的结构属性看，大有蛇足之嫌，但从体式联系上看，则明显受到史传影响。有的篇末论赞还表述了作者的小说观，如《任氏传》写道：“必能糅变化之理，察神人之际，著文章之美，传要妙之情，不止于赏玩风态而已。”其论代表了唐传奇的一个十分重要的小说观念。有的篇末论、赞则成为小说家个人的感慨的发抒，主体的个体性更为强烈，例如《聊斋志异》的“异史氏曰”，有着蒲松龄个人孤愤之情的存在。另外，它脱离史传，灵活地与小说的审美性质相结合，产生了独特的审美间离效果，亦即入乎其中而出乎其外。由人物、事件的叙述突然跳进小说家的议论抑或说书人的评议，作者与故事之间造成疏离，形成作者与读者之间的交流。这没有截断故事本身的完整机体，而是造成艺术的短暂间歇，使得读者或者听众有片刻的回旋馀地，领略其中的审美意蕴，得到审美满足。在疏离之外的另一侧面是作者与读者的交流，共同对故事、人物进行评判，作者与读者之间的距离显然缩短了。中国古典小说家心目中有读者，而读者又有一个稳定的群体，其原因大致在此。

这些现象的形成有其深刻原因。正宗的史书乃史官所为，小说则是稗官所操末业。这种未分化的现象形成小说与史传之间的天然联系。唐传奇中凡是记人的小说均署为传名，这与《史记》《汉书》之传又何其相似乃尔。《四库全书总目提要》史部传记类按语认为“传记者，总名也。类而别之，则叙一人之始末者为传之属，叙一事之始末者为记之属”。可见，传以记述人为本位，遂构成史传与小说的同一性，连后来的长篇大著也有命名为传的，如《水浒全传》。该小说的“武十回”“宋十回”，集中一定数目章回展示一个具体人物的遭遇、生活历程，形成了性格的独立生命。人物在被传述的过程中，性格生机盎然；传述过后，人物的性格生命也就终结，例如林冲。这是“叙一人之始末者为传之属”的特点亦是弱点，形成传体的正负值。罗贯中对人物抑扬的审美评价内核则是其历史观。《儒林外史》不管怎么“外”，终究还是“史”，对史的依附是何等地难以摆脱。在小说的假想性判断中总有着史的如影随形，可以看到史的模式影响之深。当它形成一种文化意态后，总是不期然地左右着小说家的审美行为，或故意用史传装潢门面，以显性的方式来适应这种文化意态。

在审美理论上，宋末的刘辰翁是把史传与小说联结起来的第一人，即把史传视为小说，这在文体美学上是一个重要突破。例如他评《史记·司马相如列传》就直截了当地说：“是一段小说。”他在具体的史传评点中，其人物、情节的评述着眼点，甚至是话语，都用的小说家言。这就从论述系统上进一步实现了史传与小说的链接。

史学—美学之范式建构

中国史学史与中国美学史之间需要加以整合，整合后建构为史学—美学，犹如哲学—美学、艺术—美学、文学—美学等一样，是一种范式，然而又有自身独特的形态和内涵。它是从下述几方面实现和完成的。

审美发生学。创作作为实践活动和行为方式是如何发生的？司马迁《报任少卿书》曰：

> 文王拘而演《周易》；仲尼厄而作《春秋》；屈原放逐，乃赋《离骚》；左丘失明，厥有《国语》；孙子膑脚，兵法修列；不韦迁蜀，世传《吕览》；韩非囚秦，《说难》《孤愤》；《诗》三百篇，大抵圣贤发愤之所为作也。此人皆意有所郁结，不得通其道，故述往事，思来者。乃如左丘无目，孙子断足，终不可用，退而论书策以舒其愤，思垂空文以自见。

这便是著名的发愤著史、发愤著书论。司马迁将其说引进文学领域，在《屈原贾生列传》中对《离骚》做了这样的解读："离骚者，犹离忧也……屈平(屈原)正道直行，竭忠尽智，以事其君。谗人间之，可谓穷矣。信而见疑，忠而被谤，能无怨乎？屈平之作《离骚》，盖自怨生也。"始于史学，再植入美学，发愤抒情便成为中国美学最具民族色彩的审美发生论。在以后史学上，唐代令狐德棻《周书·〈王褒、庾信传〉论》做了相近的阐发："逐臣屈平，作《离骚》以叙志。"在美学上，钟嵘、白居易、韩愈、梅尧臣、欧阳修、苏轼、黄庭坚、刘克庄一直到清代黄宗羲、王夫之、贺贻孙、蒲松龄、陈廷焯等人，都一脉相承了这一思想，并演化为"不平则鸣""诗穷而后工""孤愤寄托"等审美命题。金圣叹批点《水浒传》第六回以直截了当的话语说:“发愤作书之故。”第十八回又批点道:“怨毒著书,史迁不免,于稗官又奚责焉。”这些都正确地说明了审美是主体心态、情绪释放的本体性审美发生论。

史学—美学精神。中国史学精神作为深切的精神文化体验孕育了中国美学精神之硬核,如宋代史学所赞颂和辉扬的淑世精神。《宋史·〈忠义传〉序》:“士大夫忠义之气,至于五季,变化殆尽。宋之初兴,范质、王溥,犹有馀憾,况其他哉!艺祖(宋太祖)首褒韩通,次表卫融,足示意向。厥后西北疆场之臣,勇于死敌,往往无惧。真、仁之世,田锡、王禹偁、范仲淹、欧阳修、唐介诸贤,以直言谠论于朝,于是中外缙绅知以名节相高、廉耻相尚,尽去五季之陋矣。故靖康之变,志士投袂,起而勤王,临难不屈,所在有之。及宋之亡,忠节相望,班班可书。”这种精神滋养了美学,宋人士风特别富于节气,如范仲淹、欧阳修等人。宋人建立了新的士节观,欧阳修《论杜衍、范仲淹等罢政事状》:“士不忘身不为忠。”《与高司谏》:“士有死不失义。”重士气、名节,才会出现辛弃疾、文天祥、郑思肖等爱国志士,以诗、词、画等审美形式畅达其精神。其审美内核有史学精神、凛然节气,遂使审美风骨如铁城铜垣,壁立千仞。于是,冲决原有的审美格局,改变五代以来词风帘翠幕、浅吟低唱的意象,出现天风海雨般的格调;改变词的固有风味,甚至改变文体美学属性,形成呐喊呼叫的抗战文艺、抗战词。在绘画美学领域则将原有的满幅型山水画卷,变为有隐喻意味的残山剩水。

审美原则。史学所述所论,转化和凝定成审美的一般原则,例如园林美学上的“壶中天地”“须弥芥子”论。《后汉书·费长房传》记“壶中天地”,曰:“(费长房)曾为市掾,市中有老翁卖药,悬一壶于肆头,及市罢,辄跳入壶中,市人莫之见,惟长房于楼上睹之,异焉。因往再拜奉酒脯。翁知长房之意其神也,谓之曰:‘子明日可更来。’长房旦日复诣翁,翁乃与之俱入壶,惟见玉堂严丽,旨酒甘肴盈衍其中。”这虽于信史无征,但却奠定了中国园林美学的根本原则。庾信《小园赋》:“一壶之中,壶公有容身之地。”白居易《酬吴七见寄》:“竹药间深院,琴樽开小轩。谁知市南里,转作壶中天。”刘凤浩《个园记》有言:“以其营心构之所得,不出户而壶天自春。”又如“须弥芥子”，也出自史书。《北齐书·樊逊传》：“（樊逊对问释、道两教）曰：‘法王自在，变化无穷，置世界于微尘，纳须弥于黍米。’”“须弥芥子”跟“壶中天地”同样成为中国园林美学的根本原则。明代祁彪佳《寓山注》论之甚详。清代李渔所建园林以“芥子”命名。其《〈芥子园杂联〉序》说：“此余金陵别业也。地止一丘，故名‘芥子’，状其微也。往来诸公见其稍具丘壑，谓其芥子须弥之义。”这里有着中国美学家宇宙观在园林构建中的意识沉淀和体现。

叙事学。中国史学在根本上是叙事学，对中国美学中的叙事类审美产生了深刻影响。第一点是形成了叙事规范。首先是“征实”，这是一个具有传统色彩的命题，既“不虚美”，也“不隐恶”，秉笔直书，如实叙述。真实性是对历史学的本体性要求。刘知几《史通·直书》说：“直书其事，不掩其瑕。”真实性是良史所应具备的基本因素。《载文》批评了五种反真实性现象。真实性引入美学，遂成为审美的基本要求，正因为如此，引发了明、清二代关于历史小说真实性的论争。《三国志通俗演义》最初版本的一序、一引，即庸愚子（蒋大器）之序、修髯子（张尚德）之引启开了论争之端绪。一派是张尚德、林瀚、甄伟、陈继儒、余象斗、可观道人、蔡元放、许宝善等人，其理论主张是恪守正史，把历史小说视为“正史之补”。一派是蒋大器、袁于令、熊大木、李大年、酉阳野史、金丰等人，其理论主张是在重视历史小说忠实于历史真实的前提下，要有必要的审美加工和虚构。不管两派论述分歧有多大，但是，真实性作为前提，却是共同遵守的。真实性的另一层涵义是接近于对象。章学诚《文史通义·古文十弊》说：“传人适如其人，述事适如其事……知其意者，旦暮遇之；不知其意，袭其形貌，神弗肖也。”其次是“尚简”。刘知几《史通》认为史书的叙事方式应当简洁。《表历》说：“文尚简要，语恶烦芜。”《叙事》说：“史之美者，以叙事为先，以简要为主。简之时义大矣哉！”后来的金圣叹批《西厢记》、《水浒传》，毛宗岗批《三国演义》都据此作为叙事审美标尺。最后是“用晦”。刘知几《史通·叙事》对“用晦”作了具体阐解：“然章句之言，有显有晦。显也者，繁词缛说，理尽于篇中；晦也者，省字约文，事溢于句外。”这样，便能“言近而旨远，辞浅而义深，虽发语已殚，而含意未尽”。这跟文学—美学中的“言有尽而意无穷”论如出一辙。这些叙事规范虽主要由刘知几所提出，但因其有概括性，因而有普适度。审美创作家以此为范式，批评家以此为准绳。例如孔尚任《桃花扇·凡例》言其“说白”“不容再添一字”。洪昇《长生殿·例言》谈到“发予意所涵蕴者实多”。

叙事学的另一点是宏大叙事性。宏大性就是全景全程式地展示历史和现实的场景、事件，故事的来龙去脉、人物命运和性格的发展历程等等。它又转化为叙事审美的一种方式，目光四射，节节叙来，交给读者的是完整的情节。事件结局，人物归宿，均无遗漏。其叙事原则和方法究其根源来自史学。具有叙事因素的杜甫《兵车行》《北征》“三吏”“三别”等，就具备了这一特征。白居易《琵琶行》虽限于浔阳江头的场景，却展现了琵琶女从“名属教坊第一部”到“老大嫁作商人妇”的命运历程。《长恨歌》就更有完整叙事、人物命运展示和宏大场面。到了典范型、标志性的长篇小说中则得到完备体现。全过程展现、全方位描述、审美主体全视觉观照、立体式叙事，如《三国演义》。戏剧也是如此，金圣叹《读第六才子书〈西厢记〉法》从叙事学做了这样的概括：“有生有扫”“此来彼往”“三渐三得”“二近三纵”“两不得不然”“实写空写”。由此可见，史学—美学建构中，叙事学是其存在和体现的重要形式。

以史称名的审美价值评判标准。其一，以史作为诗的内核和涵值，是为“诗史”，如杜诗。唐代孟棨《本事诗》言道：“杜逢禄山之难，流离陇蜀，毕陈于诗，推见至隐，殆无遗事，故当时号为诗史。”《新唐书·杜甫传》亦言：“世号诗史。”这是中国文学审美的最高荣誉和境界。到了宋末，文天祥《〈集杜诗〉自序》还说道：“昔人评杜诗为诗史，盖其以咏歌之作，寓纪载之实，而抑扬褒贬之意，灿然于其中，虽谓之史可也。”林景熙《书〈陆放翁诗卷〉后》亦言：“天宝诗人诗有史。”诗史总是产生在国家、民族之大灾难时期，正如李珏《〈湖山类稿〉跋》称宋末汪元量诗乃“宋亡之诗史也”。其二，史是美学的评价标准和坐标。不妨引录下面的论述，李肇《唐国史补》评《枕中记》《毛颖传》：“二篇真良史才也。”凌云翰《〈剪灯新话〉序》：“昔陈鸿作《长恨歌》并《东城老父传》，时人称其史才，咸推许之。”毛宗岗《读〈三国志〉法》:“《三国》叙事之佳,直与《史记》仿佛。”张竹坡《批评第一奇书〈金瓶梅〉读法》:“《金瓶梅》是一部《史记》。”冯镇峦《读〈聊斋〉杂说》:“此予即以当《左传》看。”那么,何以把小说说成史呢? 除了因为历代把小说视为稗史,属于史的门类以及叙事方式一致外,还在于小说和史在教化功能上也是一致的。对此,《〈五虎平西前传〉序》做了解释:“春秋之笔,无非褒善贬恶,而立万世君臣之则。小说传奇,不外悲欢离合,而娱一时观鉴之心,然必以忠臣报国为主,劝善惩恶为先。”文学在思想功能上接近于史。史家有春秋笔法观念,小说家则以史家春秋意识审视社会人生现象,于是在史的层面上,建构出史学—美学。然而,在另一方面,史又需要有文笔、文采。章学诚《文史通义·史德》说:“史之赖于文也,犹衣之须乎采,食之须乎味也。采之不能无华朴,味之不能无浓淡,势也……史所载者,事也。事必藉文而传,故良史莫不工文。”史向文靠拢,在这一层面上,又为史学—美学提供了建构基础。综合起来,则如赵彦卫《云麓漫钞》所说:“盖此等文备众体,可见史才、诗笔、议论。”这便是史学—美学。

主体审美要素。刘知几为史学家所确定的主体素质是:才、学、识。《旧唐书·刘子玄(刘知几)传》载,刘知几在回答礼部尚书郑惟忠关于“自古以来,文士多而史才少”的原因时,说:“史才须有三长,世无其人,故史才少也。”又说:“三长谓才也、学也、识也。”他具体解释道:“有学而无才,亦犹有良田百顷,黄金满籝,而使愚者营生,终不能致于货殖者矣。”另一方面,“如有才而无学,亦犹思兼匠石,巧若公输,而家无楩楠,斧斤终不果成其宫室者矣”。他主张史才须学、才、识三者兼备。《文史通义·文德》说:“史有三长,才、学、识也。”这在中国史学史上极有影响,为史学家们所恪遵,并为之终生努力。《文德》进一步给予确认并展开论述:“夫才须学也,学贵识也。才而不学,是为小慧;小慧无识,是为不才。”又说:“夫识,生于心也;才,出于气也;学也者,凝心以养气,炼识而成其才者也。”三者相连,然而他更重“识”,乃是基于其史论要求。非常值得提起的是,清代美学家袁枚在诗美学中完全接受了刘知几这一史学思想,连话语都惊人一致。袁枚在《随园诗话》卷三中说:“作史三长,才、学、识缺一不可。余谓诗亦如之,而识最先。”其《〈蒋心余藏园诗〉序》说:“才、学、识三者宜兼。”《〈钱竹初诗〉序》又说:“作史三长,才、学、识……诗则三者宜兼。”史家素质位移为诗家素质。而叶燮就审美主体素质提出:才、胆、识、力。从语源上看,显然来自刘知几,尽管略有差异。《原诗·内篇下》一开始就说:“大凡人无才,则心思不出;无胆,则笔墨畏缩;无识,则不能取舍;无力,则不能自成一家。”他并对四者分别做了具体阐释。才、胆、识、力,是完整的机体,构合为美学家的基本素质,虽在表述上与刘知几稍有不同,但其内涵相通。承绪史学,导入美学,在主体素质认知上,构合为从话语形式到意义均十分相近的史学—美学。

史学—美学整合、建构得以实现和完成,成为独立定式,根本原因是中国史学与美学以整一性形式出现。这于纯美学,欠分解,是缺点;就史学—美学而言,则提供了可以整合的基础,是优点。优点和缺点并存并生,遂能互融互渗。知识者在综合联系中可以一并接受,形成交叉、渗透、参和的结构,思维上未加分化的总体观,进而成为其类本能。倘撇开各划畛域的偏颇,就会如章学诚在《论修史籍考要略》所说的那样:“史学、文才,混而为一。”《湖北文征序例》又说到从司马迁和杜甫的文史现象中所获得的认识:“史迁发愤,义或近于风人;杜甫怀忠,人又称其诗史。由斯而论,文之与史,为淄为渑。”二而合一。袁枚《〈蒋心余藏园诗〉序》则一言以蔽之:“作诗如作史也。”儒学祖师孔子修《春秋》,亦删《诗》,成为文史合璧之大家。汉有司马迁,撰《史记》,亦有卓绝的审美见解。南朝范晔、沈约、萧子显,宋代欧阳修、司马光(他就有《温公续诗话》),直至近、现代的王国维、郭沫若、陈寅恪,均是楷范。而能够整合史学与美学,一是要有贯通意识,如章学诚《文史通义·释通》所说:“通者,所以通天下之不通也。”所谓通就是贯通、打通,是整合的一种形式。《文史通义·横通》说:“通之为名,盖取譬于道路,四冲八达,无不可至,谓之通也。亦取其心之所识,虽有高下、偏全、广狭之不同,而皆可以达于大道,故曰通也。”二是要有相应的方法论。方法论是彼此化生的融合剂,例如文史互证的方法。今人文史大家陈寅恪开创此法,《元白诗笺证稿》是传世范本。郭沫若从先秦社会史出发研究青铜器文化美学,而从青铜器的审美造型、纹饰、铭文等,又探寻到先秦的历史、文化状况及其发展情形,一部《青铜时代》已成垂世经典。文史通才们就这样在"大通"思维光照下,游刃有余、举重若轻地进行文化知识结构和方法的奇妙转换、整合、升华、凝定,亦即经过学理化的连手和"光合"作用,终于建构起浑融贯通的史学—美学,成为具有泱泱华夏风采、智慧和涵质的范式。

(原载《南通大学学报》2006 年第 5 期,人大复印资料《美学》2007 年第 1 期全文转载。)

先秦美学（“诗”“骚”）

海内外对《诗》《骚》的谈论，何止千言万语，但还可以再谈下去。人们对它们影响中国诗学的作用，又谈论了何止万语千言，但其着眼点多是《诗》《骚》的艺术表现技巧，却很少从深度层面上去探究、说明，因此，更可以再谈下去。章学诚《文史通义・诗教上》说：“遇有升沉，时有得失。畸才汇于末世，利禄萃其性灵；廊庙山林，江湖魏阙，旷世而相感，不知悲喜之何从；文人情深于诗骚，古今一也。”中国文人何以会钟情于此呢？或者说，《诗》《骚》培养了中国诗学一种怎样的品格呢？又或者说，《诗》《骚》美学之所以被中国文人所接受，并代代相承，其更深之原因何在呢？它们又代表着先秦美学的哪些特征呢？这正是我们所要探讨的问题。

亲和意识的发轫

《诗经》中有不少诗，或通篇、或局部章节地描述了田园牧歌式景象。如：

《豳风・七月》曰：“春日载阳，有鸣仓庚。女执懿筐，遵彼微行，爰求柔桑。”

《王风・君子于役》曰：“鸡栖于埘，日之夕矣，羊牛下来。”

《周颂・载芟》曰：“载芟载柞，其耕泽泽。千耦其耘，徂隰徂畛。侯主侯伯，侯亚侯旅，侯强侯以。有嗿其馌，思媚其妇，有依其士。有略其耜，俶载南亩。播厥百谷，实函斯活。驿驿其达，有厌其杰。厌厌其苗，绵绵其麃。载获济济,有实其积,万亿及秭。”

《小雅·甫田》曰:“或耘或耔,黍稷薿薿。”

《小雅·无羊》曰:“尔羊来思,其角濈濈。尔牛来思,其耳湿湿。或降于阿,或饮于池,或寝或讹。尔牧来思,何蓑何笠,或负其糇。三十维物,尔牲则具。尔牧来思,以薪以蒸,以雌以雄。尔羊来思,矜矜竞竞,不骞不崩。麾之以肱,毕来既升。”

《周南·芣苢》曰:“采采芣苢,薄言采之。采采芣苢,薄言有之。采采芣苢,薄言掇之。采采芣苢,薄言捋之。采采芣苢,薄言袺之。采采芣苢,薄言襭之。”

《周颂·良耜》曰:“畟畟良耜,俶载南亩。播厥百谷,实函斯活。或来瞻女,载筐及筥,其饷伊黍。其笠伊纠,其镈斯赵,以薅荼蓼。荼蓼朽止,黍稷茂止。获之挃挃,积之栗栗。其崇如墉,其比如栉,以开百室。百室盈止,妇子宁止。杀时犉牡,有捄其角。以似以续,续古之人。”

这些写农事、牲畜的诗歌是中国诗的某种发生现象:“饥者歌其食,劳者歌其事”的体现。王质《诗总闻》曰:“两诗(按:指上引的《周颂·载芟》《周颂·良耜》)皆称‘实函斯活’,此非习知田野、深探物情,不能道此语也。”可见,这是直接的劳动生活和情景的审美化。它为中国诗美学提供了两个最重要的审美因子:

(一)审美活动以自身的直接观照对象为对象,经历代诗美学家阐扬,一直发展为王夫之《薑斋诗话》把“身之所历,目之所见”规定为“铁门限”。

(二)审美方式——最基本的诗审美方式——物感式:“触物以起情。”心与物徘徊,景与情同态,并随着对物观察的深入形成心的体验的深度结构。

方玉润《诗经原始》对上引《周南·芣苢》做了富于审美意味的鉴赏性描述:

> 读者试平心静气,涵咏此诗,恍听田家妇女,三三五五,于平原绣野,风和日丽中,群歌互答,馀音袅袅,若远若近,忽断忽续,不知

其情之何以移，而神之何以旷，则此诗可不必细绎而自得其妙焉……今世南方妇女，登山采茶，结伴讴歌，犹有此遗风焉。

古代农桑事的生活图画恍若在即，透现出一种特定的平和、怡然、恬淡的审美氛围。方玉润还认为，《汉广》“即为刈楚刈蒌而作，所谓樵唱是也。近世楚粤滇黔间，樵子入山多唱山讴，响应林谷，盖劳者善歌所以忘劳耳”。

这里提出了两个问题：

第一个问题是，何以“今世南方妇女，登山采茶，结伴讴歌，犹有此遗风”？

第二个问题是，方玉润的《诗经原始》称《豳风·七月》：“无体不备，有美必臻。晋、唐后陶、谢、王、孟、韦、柳田家诸诗，从未臻此境界。”何以后来的田园诗派未能“臻此境界”？

答案是，《诗经》中田园、农事诗是群体生活的写照，显示了最初的农业生产方式。郑玄笺《周颂·良耜》“百室盈止”，提供了一条可供理解的线索：“百室，一族也。”这是一种聚族从事农业生产的方式。“今世南方妇女，登山采茶，结伴讴歌，犹有此遗风”，这是简单农业生产方式未加更换条件下的不变现象。陶、谢、王、孟、韦、柳田家诸诗，未能臻此境界的原因也能从中得到解释。《诗经》显示的是群体生活，后起的田园诗人在一定意义上是反映的个体生活。这种个体生活严格地说，不是田园情景的复现，而是中国士人情感的寄寓、外化或对象化。仕、隐是中国士人品格的一点两层面，不可或缺，又运用得游刃有馀。钟嵘《诗品》评陶潜说：“世叹其质直，至如‘欢言酌春酒’‘日暮天无云’，风华清靡，岂直为田家语耶！古今隐逸诗人之宗也。”文人田园诗是隐逸情绪的外射和定向同构产物，在诗的审美上当然跟《诗经》有别。

归结成一个结论，《诗经》的田园、农事诗是初始农耕文明的审美化晶体。

《论语·宪问》曰：“禹、稷躬稼而有天下。”《孟子·滕文公上》曰：“后稷教民稼穑，树艺五谷，五谷熟而民人育。”农业乃得天下和治天下之大本。《诗经·大雅·生民》描述后稷在农业文明中的成长过程，写道："诞后稷之穑，有相之道。茀厥丰草，种之黄茂。实方实苞，实种实褎，实发实秀，实坚实好，实颖实栗，即有邰家室。"原初农耕文明出现，体现了社会的进步发展，但仍处于简单低下的生产方式之中。以黄河为中心的平原地域，广袤而质朴的结构形态，温湿带的气候土壤所孕育的农耕文明——大陆型农耕文明，形成了中国人"重实际而黜玄想"的务实品格。简单的农业生产所形成的对"天"——自然界的依赖性，形成了中国人对自然界的特殊心态；而实践理性因素的滋长，又使中国人对"天"避免了宗教迷狂，并在世俗实际状态中对待自然界。由此"天人合一"论便产生了，且烙上极厚重的中国农耕文化的印记。这一特点，形成了对"天"的依附性，顺从、亲和态度，心与物交感的特殊机制。明确了这一文化语境，就可以确定《诗经》对自然审美的基本态度。这是大陆农耕文明所孕育出的典型态审美文化，恬适、宁静、亲和。农业生产方式在中国几千年没有发生多少变化，遂形成社会各阶层对农事的特殊稳定态度。"天不变，道亦不变"论从这个意义上加以阐解，则是农耕文化之"道"也没有因之发生改变，并层层淤积为板结土，成为稳态结构。也正是在这里，咏歌最初农耕文明的《诗经》就为中国文学审美积淀了稳定的审美态度、审美文化结构——亲和态度。从这一视角，才可以说陶、王、孟田园诗派受到了《诗经》的影响。

由此，奠定了中国文化、文学审美的精神：

由春花秋实、朝露夜霜、星移斗转，感受到宇宙自然的大化流行；由春雨霏霏、冬雪纷纷、阴阳变迁，感受到宇宙自然的节律和谐，从而创发出天人合一的哲学观，并成为哲学的最高境界，进而成为文学审美的极致境界。

天人合一是一种期待，也是一种态度。这种感受带有浓重的现实感，还不同于庄子为摆脱文明社会必然出现的异化而回复到远古时代的思想。《诗经》所提供的是现实性感受。从感受方式上看，是心境、情绪的领略；从感受内容上看，是天人合一经化合后的宁静、幽美、和谐的氛围。它们最得审美意味，是《诗经》中沁人心脾，使人沉浸醉心之所在,也是在陶、孟田园诗派中最富情调的。在这个意义上,我们又可以说,《诗经》为中国诗美学提供了感受方式、感受内容的基型。

天人合一的亲和态度由《诗经》提供了审美范式,从一个方面铸合着中国的审美心理结构。一直到晚清,还有人运用这一自觉的文化意识来说明诗美学。例如何绍基《与汪菊士论诗》说:

> 此身一日不与天地之气相通,其身必病;此心一日不与天地之气相通,其心独无病乎? 病其身则知之,病其心则不知,由私意物欲蒙蔽所致耳。今想不受其蒙蔽,除却明理,更无别说。虽然,亦有二说焉:读书阅事,看到事物之所以然与天地相通,是一境;清明之气,生于寂处,心光一片,自然照澈透明,亦是一境。此二境者,相为表里;离此二境,非静非动时,但提起此心,要它刻刻与天地通尤要。请问谈诗何为谈到这里? 曰:此正是谈诗。

这是用天人合一的文化精神谈诗美学的心物交感,“此正是谈诗”的深层涵义正在此。

《召南·摽有梅》云:

> 摽有梅,其实七兮。求我庶士,迨其吉兮。
> 摽有梅,其实三兮。求我庶士,迨其今兮。
> 摽有梅,顷筐塈之。求我庶士,迨其谓之。

《左传》杜注:“梅盛极则落,诗人以兴女色盛则有衰,众士求之,宜有及时。”诗中女性的青春、爱情、婚姻的呼喊:“迨其吉兮”“迨其今兮”“迨其谓之”,构成三个渐次递级,愈来愈急切,而这种情感变化又是和自然景物的变化同步、对应的:“其实七兮”“其实三兮”“顷筐塈之”。因此,它在情感现象上是物情相关式,最终是天人合一式。所以,天人合一的亲和态度构成审美态度,对于中国诗美学的影响,就不限于主体和自然的审美关系。其逻辑延伸和发展,则是心物交感、情景交融、意境交合等一系列美学命题的出现。然而,溯其渊源,则是由《诗经》所提供的范式。

天人合一的亲和态度跟人际关系上的和谐融洽又是统一的。《诗经》对亲族融怡等的描述,所充溢的人情味、家常风,正符合中国文化伦常标准。这也为中国古典诗歌的世俗风味提供了情感原型。

审美基型的滥觞

提起《诗经》的基本精神,人们总会不约而同地说到其"风雅"美学精神,由陈子昂、白居易相标举、提倡,经历代诗论家的认同,已成为不可动摇的美学精神和审美原则。

提起《诗经》的基本审美方式,人们又总会异口同声地提到"赋、比、兴"。

人们所熟知的,我们不再费辞。我们所要说的是,《诗经》尽管其初期的质朴形式,缺少后起诗歌的机巧,但这是万里征程的起跑线。它作为最初的诗歌奠定了中国诗美的基本范型。例如:抒情诗、送别诗、哀怨诗、田园诗、爱情诗、军旅诗、弃妇诗等等,这方面我们也不准备逐一引例。前人已从中发现了这条联结着的线索。比如,清代许瑶光《再读〈诗经〉四十二首》写道:"鸡栖于桀下牛羊,饥渴萦怀对夕阳。已启唐人闺怨句,最难消遣是昏黄。"诗是情绪对象化产物,《诗经》的上述审美形式为中国诗美学作出了门类多样的积淀。这仅仅是现象性描述,还需作深入探讨。从四言的基本格式到五言、七言、近体诗的发展,是诗体的进化。进化包含着扬弃。诗体形式被扬弃,但其审美情绪却得到发展,而不是形式连同内容同时被抛掉。从一方面说,原初性情绪、心理是稚嫩的,但又是最顽强的,犹如儿童早期心理因子会在人一生的各个时期闪现一样。情绪、心理铸合成一种结构化形态,就会在文化传播和发展、嬗递历程中沉淀、凝结在人的类意识中,成为集体意识或集体无意识。这就是我们所理解的积淀意义。欧洲艺术史家安德烈·马尔罗《沉默的声音》曾经描述了审美类意识如何支配着个体审美行为,甚至是刹那间行为的情形:"在那一个晚上,当伦勃朗还在绘画的那个晚上,一切光荣的幽灵,包括史前穴居时代的艺术家们的幽灵,都目不转睛地注视着那只颤动的手,因为他们是重新活跃起来,还是再次沉入梦想,就取决于这只手了。而这只手的颤动……人们注视着它的迟疑动作——这是人的力量和光荣的最崇高的表现之一。"艾略特说:"不仅要意识到过去已成既往,而且要意识到过去依然存在。这种历史感迫使一个人在写作时,不仅心中想到他自己的时代,而且想到自荷马以来的整个欧洲文学,他本国的全部文学包括在其中,与之同时并存,并且构成同时性的秩序。"历时性因素转化为同时性程序,遂成为积淀。从另一方面说,积淀是惯性机制,审美原型之所以能沉入审美心理层中,乃是因为整个文化结构(这种结构又首先钻进人的心理层中)基本少有变化所造成的。前引许瑶光诗句"最难消遣是昏黄"乃《诗经·王风·君子于役》所提供的黄昏景象与怀远感伤情调异质同构的审美现象。它一旦成为审美心态结构沉淀在诗人心灵深处,就会使诗人们在看到黄昏暮霭、夕照残留的萧瑟景象时,产生出与《君子于役》相同的几乎是条件反射般的心态反应。这是"原型"的暗示力和启发性。例如曹植《赠白马王彪》写道:"原野何萧条,白日忽西匿。归鸟赴乔林,翩翩厉羽翼……感物伤我怀,抚心长太息。"例如宋词中的句子:"山映斜阳天接水,芳草无情,更在斜阳外""夕阳芳草本无心,才子佳人空自悲""怅望倚会楼,寒日无言西下""醉袖抚危栏……回首夕阳红尽处,应是长安。"例如元曲中的句子"夕阳西下,断肠人在天涯"等等。现今的美学家谈异质同构的"格式塔"现象,大多是描述型的,很少是探究型的;大多是作共时性解释,未能看到共时性的"格式塔"现象离不开历时性积淀。我们可以概括出这样一个命题:"格式塔"现象是历时性心理机制向共时性的转化结果。正是在这一论述层面上,《诗经》对于审美心理功能的积淀有着不可忽视的贡献。

审美积淀只有在相对不变更的文化传统条件下才有可能发生;当总体文化传统出现断裂或局部断裂时,审美积淀层就会出现断层带。由硕人到林黛玉形象演变就是一个颇有历史感的审美现象。《卫风·

硕人》曰:“手如柔荑,肤如凝脂,领如蝤蛴,齿如瓠犀,螓首蛾眉,巧笑倩兮,美目盼兮。”《陈风·泽陂》曰:“有美一人,硕大且卷。”“有美一人,硕大且俨。”《唐风·椒聊》曰:“彼其之子,硕大无朋。”“彼其之子,硕大且笃。”其时对女性的审美标准是高挑、丰满、健壮、洁白。汉武帝“燕瘦”,遂一变;唐玄宗“环肥”,又一变。而《红楼梦》中林黛玉:“两弯似蹙非蹙罥烟眉,一双似喜非喜含情目。态生两靥之愁,娇袭一身之病。泪光点点,娇喘微微。”病态成为曹雪芹的审美对象。可见,积淀也有变异——审美变异,一定文化条件变化引起对传统美学的扬弃。

我们从原型积淀的历史层面上论述“积淀”。在这一意义上,才能从美学层面上说《诗经》开古诗之源。例如语言符号的积淀。这不是符号的简单沿用,符号中已沉淀了审美情绪,因而是情绪化的符号显示,例如《诗经·车攻》有句“萧萧马鸣”,遂有李白《送友人》句“萧萧班马鸣”,杜甫又有《兵车行》句“车辚辚,马萧萧”;《诗》有“式微”,王维有《渭川田家》句曰:“即此羡闲逸,怅然吟《式微》。”这类例子甚多。尽管符号积淀是跨时代的,但情绪的表征却是共同的。再如审美基型的累积,在情爱一类诗中表现得最为显著。方玉润《〈诗经〉原始》说:“此诗(按:指《陈风·月出》)虽男女词,而一种幽思牢愁之意固结莫解,情念虽深,心非淫荡。且从男意虚想活现出一月下美人,并非实有所遇,盖巫山洛水之滥觞也。”姚际恒《〈诗经〉通论》认为:“此篇(按:指《鄘风·君子偕老》)遂为《神女》《感甄》之滥觞,‘山河’‘天帝’,广揽遐观,惊心动魄,传神写意,有非言辞可释之妙。”原型积淀系意象胚胎孕育,是文化因素捏塑出的体现类文化特征的形态。它一开始作为个体现象存在,但由于体现了类文化特征,所以能沉淀在文化层面中,成为类文化构成因子。在相似文化环境中,在面对同一型的审美对象的条件下,其原型因子就会萌生成审美意象。原型离不开最初的文化条件,也离不开文化条件的相承相续,通过文化传播的媒介,转化为人们心理世界中的具象形态。这样,原型的产生及其在后来的新发育,就在一个方面显现出人类文化和审美的现象历史。原型孵化是人类文化的最初资源,也是保证类文化基因不变的条件。例如,姚际恒《〈诗经〉通论》评述《周南·桃夭》道:"桃花色最艳,故以喻女子,开千古词赋咏美人之祖。""桃花—女子"的原型积淀在后来诗歌现象中代不乏例。最著名的有唐代崔护《题都城南庄》,诗云:"去年今日此门中,人面桃花相映红。人面不知何处去,桃花依旧笑春风。""桃花—女子"的意象积淀主要取其色彩艳丽所表征的意象,所谓"桃之夭夭,灼灼其华"是也。秦观《江城子》亦描述道:"桃花香,李花香。浅白深红,一一斗新妆。"桃色暗合女色,李渔《闲情偶寄》认为,桃色为"极纯""极娇""极媚"之色,"酷似美人之面,所谓'桃腮''桃靥'者"。不少中外学者发现了"月亮"在中国诗歌意象群中的特殊地位和出现的高频率,但很少有人从原型积淀的视角去审视这一现象,倒是《焦氏笔乘》发现了这一点:"(《月出》)见月怀人,能道意中事。太白《送祝八》:'若见天涯思故人,浣溪石上窥明月';子美《梦太白》:'落月满屋梁,犹疑见颜色';常建《宿王昌龄隐处》:'松际露微月,清光犹为君';王昌龄《赠冯六元二》:'山月出华阴,开此河渚雾。清光比故人,豁然展心悟。'此类甚多,大抵出自《陈风》也。"

《诗经》中有些审美原型来之于神话原型,例如《周南·汉广》:"南有乔木,不可休思。汉有游女,不可求思。汉之广矣,不可泳思。江之永矣,不可方思。"据刘向《列仙传》所说:"江妃二女者,不知何许人也。出游于江汉之湄,逢郑交甫。见而悦之,不知其神女也。谓其仆曰:'我欲下请其珮。'仆曰:'此间之人皆习于辞,不得,恐罹侮焉。'交甫不听,遂下,与之言,曰:'二女劳矣。'二女曰:'客子有劳,妾何劳之有?'交甫曰:'橘是柚也,我盛之以笥,令附汉水,将流而下。我遵其傍,采其芝而茹之。以知吾为不逊也,愿请子之珮。'二女曰:'橘是柚也,我盛之以筥,令附汉水,顺流而下。我遵其傍,采其芝而茹之。'……遂手解珮与交甫。交甫悦,受而怀之中当心。趋去十步,视珮,空怀无珮。顾二女,忽然不见。诗曰:'汉有游女,不可求思。'此之谓也。"《文选》郭璞《江赋》句"感交甫之丧珮"注引《韩诗内传》:"郑交甫遵彼汉皋台下,遇二女,与言曰:'愿请子之珮。'二女与交甫。交甫受而怀之,超然而去,十步循探之,即亡矣。回顾二女亦即亡矣。"神话原型积淀为诗美意象,诗美意象掺和了神话幻奇因子,更具有审美迷幻色彩和延续性质的拉力。

这是后代相似意象出现的根本原因。

原初意象积淀尚不及原初意识积淀来得深刻。例如情爱意识。《诗经》中的情爱意识及其行为方式具有初期文明的群体生活特点。性爱从自然性中超越出来，进入审美领域，成为审美对象，是人类文明一大进步，但又不可避免地带有群体生活时期的鲜明色彩。例如《郑风·溱洧》《郑风·萚兮》等。《周礼·地官·媒氏》言“仲春之月，令会男女，于是时也，奔者不禁”，颇为开放。随着社会结构的演化，宗法伦理意识滋生、蔓延，社会意识敛缩，情爱也因之封闭。《诗经》中的情爱意识和表达方式也就在基本或大部范围内消失。但民间歌谣和歌谣文人化诗中仍然可以看到它的影子：率直、活泼甚至戏谑。我觉得，应该把《聊斋志异》中的一些爱情小说联结上这条线索。其情爱意识和表达方式是蒲松龄以人鬼狐妖的恋情突破封建意识外壳，向《诗经》的靠近；或者说，是《诗经》的情爱意识和表达方式在蒲松龄心理结构中的积淀并通过特殊的审美方式萌发出来。在戏曲中，金圣叹《读法》就认为：“盖《西厢》所写事，便是《国风》所言事。”

另一个值得注意的问题是，《诗经》也提供了一些女性范型：如《邶风·燕燕》中的“仲氏任只，其心塞渊。终温且惠，淑慎其身”，《小雅·车舝》曰“辰彼硕女，令德来教”，《陈风·泽陂》曰“有美一人，硕大且卷”，等等，以致提出宜室宜家的风范标准。在审美现象背后则是伦理道德力量规范。其规范对中国妇女所形成的显性和隐性的传统制约作用已为人所尽知；它还形成对审美对象进行伦理道德评判的价值标准和走向。

现在该论述屈骚了。屈骚美学对文学审美的最深积淀，不是人们通常所提到的浪漫主义风范，而是人格美铸造。先秦诸子审美观视人格美为审美境界，但无纯文学作品作范本。《诗经》是群体生活的审美对象化，而真正具有个体艺术生命的屈骚出现，才算是完成了审美向个体的演化历程。这是历史性进步。屈骚用审美抒情主人公形象塑造了个体人格美的典型范本。王国维《屈子文学之精神》说：“屈子之自赞曰‘廉贞’。余谓屈子之性格，此二字尽之矣。其廉固南方学者之所优为，其贞则其所不屑为,亦不能为者也。”女媭之詈、巫咸之占、渔父之歌,均不足以动屈原,是屈原在跟虚拟对象间的争辩中所做的自我价值判断和选择。屈原作为一种文化现象,反映了群体生活的文学转变为个体生命的文学后,中国文学家最初的风貌,构成中国士人文学家之雏形。屈子文化精神是在高扬个体人格生命中完成的。人格“廉贞”是个体最可珍贵的存在,因而成为美之所在。个体生命又应该高扬,只有高扬其存在才能得到确定。“举世皆浊”,惟己独清;“举世皆醉”,惟己独醒;一片哓哓声中,“吾方高驰而不顾”。这是中国文人典型的清高意识。而清高不是清狂,乃是意识的高度清醒所产生的行为方式。清高是个体确定和存在的张本。孤高不群是显示个体生命与众不同,但又不是遁世、遗世,其内心深处正联系着、瞩目着、关注着世情、世事。尽管被社会集团所抛弃,尽管为世俗人情所不解,但还是眷顾着自己的祖国,自己所曾服膺的社会集团。个体性和社会性冲突,最终获得统一。“世混浊而莫余知兮”是痛苦的,“九死而未悔”则是崇高的。屈原体现了最初中国文人的心理世界,遂成为千百年来文人的人格范本,只是作为具体行为的方式有所变化。李白高唱“屈平词赋悬日月”,与其说是文学的审美赞颂,不如说是人格的美学向往。即使如陶渊明那样淡泊得臻于极致的诗人,也是“于世事未能忘情”(鲁迅语)。因此,服务于自身的社会理想和社会集团的长远利益,明知不可为而为之。屈原的悲剧在于文人自我意识过于清醒,“不可为”是清醒的,强力“为之”也是清醒的。中国文人的理想和人格要求,就是不要为全身而避祸,明哲保身。当现代青年别上铸有清代郑板桥“难得糊涂”字样的胸章走街过市时,当人们以“难得糊涂”相调侃、解嘲时,又有多少人能够理解、参透它背后深沉的意味啊!

值得注意的是,王逸在《〈楚辞章句〉序》中对班固批评所阐发的思想:

且人臣之义,以忠正为高,以伏节为贤。故有危言以存国,杀身以成仁。是以伍子胥不恨于浮江,比干不悔于剖心,然后忠立而行成，荣显而名著。若夫怀道以迷国，佯愚而不言，颠则不能扶，危则不能安，婉婉以顺上，逡巡以避患，虽保黄者，终寿百年，盖志士之所耻，愚夫之所贱也。

这是对屈原人格精神的最高说明，也是对中国文人的人格精神的最高说明。在先秦士中应该说早就存在了这类人物，先秦诸子在说教中也早作了规范，但以审美具象塑造和个体塑造来体现和完成这一具有社会特征人格形象的，则是屈骚。它之所以那么动人，那么富于撼人心魄的力量，乃是因为始终贯串着、反复交织着感性和理性的矛盾、冲撞、纠葛。心理世界矛盾所产生的丰富复杂的多维形态，第一次显示出中国文学审美心态的复杂美。它更多体现在心理流程而不主要地体现在结果上。反反复复，不惮烦言；升降起落，难以确定。心理冲撞流程，显示了内涵的深刻，也显示了独特的悱恻型美态。这为中国文学审美提供了恒常性心态模式。

屈骚美是实践理性美学成熟后所形成的，没有因社会性消泯了个体性，相反，极大地辉扬着感性；问题又有另一层面，它没有让感性压倒理性。感性和理性、个体性和社会性冲撞中焕激出绚丽的带有痛苦意味的美。屈原的痛苦是反复冲撞的心理所形成的，完整地描述了否定之否定的心理航程，最终以“从彭咸之所居”对人生、人格、理想悲剧作了“谢幕”。这样，便铸造了屈原两个层面的生命形态：

痴愚精神。尽管他明明知道“忠不必用兮，贤不必以。伍子逢殃兮，比干菹醢。与前世而皆然兮，吾又何怨乎今之人”，但总是不超然、不解脱，“想不开”，还是坚执地表示：“路漫漫其修远兮，吾将上下而求索”，“虽体解吾犹未变兮，岂余心之可惩?”感性和理性、个体和社会冲撞：“陟升皇之赫戏兮，忽临睨夫旧乡。仆夫悲余马怀兮，蜷局顾而不行。”冲撞的内涵和方式令人心灵颤动。屈原是在理想人格美——内修——一种独特的审美范畴的塑造中完善自身的：“善不由外来兮，名不可以虚作。孰无施而有报兮，孰不实而有获”，“纷郁郁其远蒸兮，满内而外扬。情与质信可保兮，羌居蔽而闻章。”痴愚精神显示了坚挚、执著的表现特征，其精神的完成靠人格修炼——内修实现。

怨愤意识。屈骚以高频率显示出内心的怨愤。人们用各种各样的说法对《离骚》进行题解，但我以为总不如司马迁说得准确，他的说法切近于屈原的审美心理和社会心理。《离骚》、《哀郢》、《涉江》中的三个句子恰恰组合成了屈原心理世界的结构："哀民生之多艰""哀见君而不再得""哀吾生之无乐"。这种怨愤美，是最早的中国文学审美的人格情绪化和对象化。只有当美学生命形态符合并体现了个体人格生命，这种美才能被体认和确定。也正是在这里，屈骚美学在中国文学审美心理层面上产生了积淀，而不是被扬弃。在这一积淀层面上，排列着一长串作家、诗人：贾谊、李白、杜甫、苏轼、辛弃疾、陆游……

宋人曾季貍说："古今诗人有《离骚》体者，惟李白一人，虽老杜亦无似《骚》者。"[①]这是相当肤廓的看法。把贾谊写过《吊屈原赋》、杜甫《戏为六绝句》曾有句"窃攀屈宋宜方驾"联系起来，也只是一种现象性联系。在深层次上，要看到屈骚精神的心理积淀。它为中国文学提供了永不衰竭的民瘼关注、悲士不遇、忧生之嗟的传统主题精神。我认为，杜甫是集屈骚社会、美学精神之大成者；所不同者，只是杜甫没有采用屈原方式来解决无法克服的悲剧矛盾。

中国文学家群体，对理想的热诚，对国、民的关切，对操守的执著，常常显得愚、痴。愚、痴倒反而是个性的一种存在和表现形式。他们对国事的关切，像屈原那样，表现出特有的敏感、清醒。杜甫对安史之乱的预测即为显例，具有意识超前性。个人遭际关乎审美优劣，形成这样的认知定势：穷而后工。王世贞说："今夫贫老愁病，流窜滞留，人所不谓佳者也，然而入诗则佳。富贵荣显，人所谓佳者也，然而入诗则不佳。"[②]穷达与工拙的人生遭际与审美价值的非正比性反差，是中国社会结构中，文学审美的特殊规律现象。其最早积淀者是屈子心理现象，

① 曾季貍：《艇斋诗话》。

② 王世贞：《艺苑卮言》。

因而，屈子现象遂成为审美形态上的历史意味的现象。在这一层面上，我们才能说是真正认识了屈原，确证了屈骚美学价值。

我们的考察机制：《诗》、《骚》相联，其交切点是原型心理美学积淀。研究中国诗美学，必须溯其原初积淀层。

《诗》、《骚》不同体格，又从反面促使我们把二者联结起来，从互相参照中把握中国诗美学。

审美对象上，《诗》是群体生活，《骚》是个体人格，体现了生命律动之两极。

《诗》是物感式，《骚》是抒泄式，构成中国文学审美方式之二元。

《诗》美学侧重在原型意象上，《骚》美学则侧重在人格形态上。

《诗》美学经过文人化阐释和定向化，整合为个体的审美精神；《骚》美学则直接渗入个体审美中，于是，二元归于一元。几千年的中国诗美学都未脱离这最初的审美精神和范式，因此，便成为跨文化和美学阶段的恒常模态。在这一意义上，原型积淀是意识肇端、文化胚胎、审美核子。

（原载《江汉论坛》1989 年第 12 期）

汉代美学（“汉赋”）

这里所论的“赋”不是指艺术的具体手法，而是指中国文学的一个门类。它成型于西汉，极大地改变了秦代无文学、无美学的野蛮现象。在巨大的美学史顿挫之后，出现了一个直线式大幅度上升的辉煌景象。它上承楚骚，下启六朝、唐、宋，直至清代仍有其流波馀响。它创造了一种独立的为后代所不可企及的美。闻一多说：“汉赋不为文学史家所重视，如以读《天问》观点去读它，便可看出它的伟大实超过其他文体。”[①] 它和后起的词曲小令相比，呈现出完全不同的面貌、风味和格调。

如果把中国文学美学予以视觉化，变为一轴艺术长卷，汉赋的斑斓辉煌和魏、晋的秀骨清像完全是两种不同的审美风貌。如果说魏、晋是人的肖像，汉赋则是物的涂绘。也仅仅是涂绘，而不是细腻的描述；它不是案头的清供，也没有玉雕的精致。它不能放在书斋中细品默赏，只配陈列在现今的候机大厅里引人匆匆一瞥。它没有个体的心灵颤动和细思抽绎，只有社会性群体意志“井喷”式的冲发。它有外观的焕烂的现象美，如入百宝肆中，令人眼花缭乱，头晕目眩，浑然觉得一切都是美的，却又不知何者为美。美反而被泛滥着的美象所淹没，炫博逞奇，恍若巨富们暑天“暴伏”，半是珍爱，半是夸富，尽情玩味，餍足人心。《七发》《天子游猎赋》《西京赋》等均有成批量的现象展览。王充《论衡》数以“赋颂”目汉赋，很有眼光。“颂”也者，歌功颂德是也。社会集团式的

---

① 郑临川述评：《闻一多论古典文学》，重庆出版社 1984 年版，第 65 页。

审美意志淹没了个体的审美心绪。它的内涵不足,恍若除夕元宵的焰火,满天放光,焱焱煌煌,但是一阵烟消火熄之后只留下感觉印象,却不留下使人沉思的意味。然而,它的美就在色彩、声响、气势,遍地爆响、弥天火光上,使人惊心动魄、精移神骇,给人感官以刺激、满足。历史主义地看,它只存在于炎汉那个相对短暂的历史时期内,它显得那样笨拙、古朴、大而化之,但正显示出它独有的时代性质的美。虽然,美学史上汉、唐并提,均为闳放,但风貌不同,唐尚有精致之作,其中一层原因乃六朝美学的渗透使然。汉在秦的一片焦土上营构大厦,可以放手为之,任意开拓,亦是时代使然。

“大就是美”

闻一多说汉赋“凡大为美,其美无以名之”①,确实揭示了汉赋最基本的审美特征,一些人对汉赋审美特征的确定就是以此为据的,并没有超越这个基本见解。

汉赋给予人们最直观的印象感受是其体制之大。堂庑简直无法和后来的“五绝”同日而语。《七发》首创其制,篇幅浩大,嗣后,相如踵武,《天子游猎赋》比之《七发》篇幅更长。鲁迅在《汉文学史纲要》中说相如“不师故辙,自摅妙才,广博宏丽,卓绝汉代”。扬雄早年对司马相如推崇备至,“心壮之,每作赋,常拟之以为式”②,亦是洋洋洒洒的大赋。延及东汉班固,口头上指斥“枚乘、司马相如,下及扬子云,竞为侈丽闳衍之词”③,但下笔又不能自休,《两都赋》竟超过了他所批评的赋家篇幅。张衡超越前贤,仿《两都赋》而10年制成《二京赋》,篇幅更为浩大。汉赋篇幅呈现出愈来愈长、愈演愈烈,毫无退减之趋势。长、大的体制率

① 郑临川述评:《闻一多论古典文学》,重庆出版社1984年版,第65页。

② 《汉书·扬雄传》。

③ 《汉书·艺文志》。

先给人以美的直觉感受,"大就是美"成为审美的体式规范和定向。"后来的《两京》《三都》诸赋,无非仿自《上林》《子虚》,由此可知在当时的人还懂得大就是美,所以那些大赋还能受到称赏"①。到晋代,其风不减,"(左思)欲赋三都……称家京师,诣著作郎张载,访岷邛之事。遂构思十年……(赋成)张华见而叹曰:'班、张之流也。'……于是豪贵之家,竞相传写,洛阳为之纸贵"②,产生了轰动效应,这便成了人们习知的"洛阳纸贵"的典故。这一切又都显示了一种美学风气。然而,我以为,"洛阳纸贵"式的轰动效应往往为当时的社会情绪和美学需要所引发起来。一旦这种情绪、需要销声匿迹,轰动效应也便成为明日黄花。文学的轰动效应一般地说是一种短期行为,因为它提供不了更多的令人回思的意味。文学审美活动应该是寂寞的事业,耐得起历史的沉淀、选择。

汉赋空间对象的实体状态形成对主体的压迫,超越了主体的承受力量,因而把对象实体视为崇峻。汉赋之所以极尽夸饰之能事,创造整体形象的巨伟崇峻,当然有其社会实践原因,是为了显示汉帝国的信心和力量,以整体性力量去征服外部世界。

从现象上看,汉赋似乎相当板实严密,但在实际上却有一定的灵活性。以表达的需要为满足,来最终确定形式,远不像律诗那样形式严酷。刘熙载《艺概·赋概》说得好:

> 赋起于情事杂沓,诗不能驭,故为赋以铺陈之。斯于千态万状,层见迭出者,吐无不畅,畅无或竭。《楚辞·招魂》云:"结撰至思,兰芳假些,人有所极,同心赋些。"曰"至"曰"极",此皇甫士安《三都赋序》所谓"欲人不能加"也。

汉赋之大而美,建构在最基本的构成因子——物象上。汉赋中所

---

① 郑临川述评:《闻一多论古典文学》,重庆出版社 1984 年版,第 65 页。

② 《晋书·文苑传》。

攫取的总是大而无当的物象，即使是采撷小的物象也并不是作为直接的审美对象，而是作为“大”的反衬存在的。在物象上，如枚乘《七发》“观涛”一节，有江水、海水、巨山、白鹭、素车、白马、轻车、波涌、三军、蛟龙、浩蜺、奔马、南山、北岸、丘陵、西畔、陂池等等。在数量上，有司马相如的《天子游猎赋》反复出现极言其多的概指数词：百、千、万。概指数词在特定的审美环境中具有不确定的功能。然而，愈是不确定，则愈见其多，愈见其大。有时体积和数量又是联缀并用的，如：“撞千石之钟，立万石之虡，建翠华之旗，树灵鼍之鼓；奏陶唐氏之舞，听葛天氏之歌；千人唱，万人和；山陵为之震动，川谷为之荡波。”

数量之多、体积之大、幅员之广，显示的是大美的厚度。汉赋还生动地表现出大美的力度，如《七发》所写：“鸟不及飞，鱼不及回，兽不及生。纷纷翼翼，波涌云乱。荡取南山，背击北岸。覆亏丘陵，平夷西畔。”有时，它把群体的力的美萃于个体身上而显示出来，个体的巨力便群体化了，如：“一夫举礧，千夫沉滞；一人奋战，三军沮败。”因此，汉大赋就呈现出巨大、粗重而难以确指的美。这是中国美学史上焱焱煌煌的炎汉气象。

“赋家之心”

《西京杂记》载曰：“其（按：指司马相如）友人盛览，字长通，牂牁名士，尝问以作赋，相如曰：‘合綦组以成文，列锦绣而为质。一经一纬，一宫一商，此赋之迹也。赋家之心，苞括宇宙，总揽人物，斯乃得之于内，不可得而传。’”刘熙载《艺概·赋概》也说：“赋家之心，其大无垠，故能随其所值，赋象斑形。”这是两汉赋论中的一个极为值得重视的见解。这里着重论述“赋家之心”，至于“赋之迹”，留待后文再谈。

司马相如从主体特性上说明了赋的创制源于“赋家之心”，这是最得审美创造真谛的命题。赋之所以能上天穷地，牢笼万物，乃是因为“心”能“苞括宇宙，总揽人物”。“心”之“大”，遂纳“物”之“大”，遂成赋“美”之“大”，从而规范了心态—外物—物化的赋的审美创造路线，体现了审美的基本规律。正因为"赋家之心"是巨大的精神现象,它才能使创作的作品成为巨大的物质载体,络绎奔会着无穷无尽的形象。可以说当时已经产生、出现的宇宙万象,凡赋家之"心"得,靡不毕现。以无穷之"心"包罗无尽之物,并心态化为纷纷扬扬的意象。强调"心"为审美基点,就极大地发挥了赋家的审美想象力,以至于远古以来所积淀的神话形象也被广泛地激活,融入赋的整体意象系统之中,据对张衡的《思玄赋》所作定量分析,神话意象有近60之多。它如贾谊《惜誓》、扬雄《太玄赋》等亦是这样。

尤为引人注目的是司马相如的《大人赋》。据《史记·司马相如列传》载,司马相如呈《天子游猎赋》,汉武帝甚为赞赏。但相如曰:"上林之事未足美也,尚有靡者(按:据颜师古训:"靡,丽也。")。臣尝为《大人赋》未就,请具而奏之。"这是一个不断追寻而又无法穷尽的世界,是"赋家之心"所想象和描述的非物质实证的世界。"世有大人兮,在于中州。宅弥万里兮,曾不足以少留。悲世俗之迫隘兮,朅轻举而远游"。万里之大的世界,尚感到迫促狭隘,于是,"大人"从"世俗"之外轻举远游去追寻。他驾应龙象舆,骖赤螭青虬,使五帝先导,部众神呼拥,命灵娲鼓瑟。他"遍览八纮而观四荒",看到神祖西王母的居所,仍觉不是他寻求的理想"大"境。他嘲笑西王母"皬然白首,载胜而穴处"。最后他到达一个理想的去处:

> 下峥嵘而无地兮,上寥廓而无天。视眩泯而无见兮,听惝恍而无闻。乘虚无而上遐兮,超无友而独存。

无地、无天、无见、无闻,非视、听器官所能感知的世界——"虚无"世界。惟其如此,才能见其"大"——"大美"。这显然是"赋家之心"的心态世界。它直接勾连了老庄美学。"美则美矣,而未大也!"[①]"大美"是没有

---

① 《庄子·天道》。

穷止的无限之美。试看庄子所描述的审美理想:“听之不闻其声,视之不见其形,充满天地,苞裹六极”①,司马相如“赋家之心,苞括宇宙,总揽人物”的表述与之何等相近!这是最高层次的“大美”。还是闻一多说得好:

> 读司马相如《大人赋》,须知它写的是无积的大,庄子的大,为想象的空间的大;而《子虚·上林赋》则是写有积的大,《天问》的大……②

司马相如的这一审美理想由扬雄得到充分发挥。他表述道:

> 言不能达其心,书不能达其言,难矣哉!惟圣人得言之解,得书之体,白日以照之,江河以涤之。灏灏乎!其莫之御也。面相之辞,直适捈中心之所欲,通诸人之嚍嚍者(按:李轨注嚍嚍,犹愤愤也)。弥纶天下之事,记久明远,著古昔之䀮䀮,传千里之忞忞者(按:李轨注䀮䀮,目所不见;忞忞,心所不了)莫如书。故言,心声也;书,心画也。声画形,君子小人见矣。声画者,君子小人之所以动情乎?③

扬雄沟通心、言、书三者之间的联系。“心”通过“言”发露出来,为了“记久明远”,达到传布和流传的目的,则用“书”固定下来。这在实际上是说明了作家的思想情感与语言符号以及文字符号的内在关系。这可以说是中国美学史上对文学艺术的表现功能——表现作家的“心”——审美理想、情感,第一次用最简洁、明了的语言作了确定。它说明了艺术

① 《庄子·天运》。
② 郑临川述评:《闻一多论古典文学》,重庆出版社 1984 年版,第 66 页。
③ 扬雄:《法言·问神》。

审美的基本规律是表现主体意识的,从而把文学艺术回归到审美的基点上来。这和司马相如的“赋家之心”的提法是一致的。至于扬雄提出的“声画形,君子小人见矣”,是说明在文学艺术作品中划清了“君子小人”的区别。这一提法尚有不尽准确和带有简单化的痕印,然而,它体现了中国文艺美学“文品”“画品”见“人品”的传统特征。

现在,继续分析司马相如的论述:“得之于内,不可得而传。”赋既然是“赋家之心”的产物,“得之于内”即得之于主体的思想感情的说法就有其正确性。而“内”是主体存在,从这一视角去理解问题,司马相如的说法便有其合理性。《西京杂记》载扬雄的赞叹:“长卿赋不似从人间来,其神化所至邪?”不正是说明“神化”之品的不可企及、取代,“不可得而传”吗?当然,这一提法没有加以恰当的补充,未免玄秘。再联系魏曹丕《典论·论文》“虽在父兄,不能以移子弟”的说法,美学史上又出现了一条论述线索。

作赋之法

前引《西京杂记》尚有一段关于司马相如作赋情景描述,留在这里分析。“司马相如为《上林》《子虚》赋,意思萧散,不复与外事相关。控引天地,错综古今,忽然如睡,焕然而兴,几百日而后成”。这在实际上是说的审美过程中意兴经过酝酿突然焕发的生动现象。作者是经过“几百日”的殚精竭虑“而后成”的,其间的艰苦不言而喻。《文心雕龙·神思》就曾提示了汉代赋家惨淡经营,几乎是呕心沥血的煎熬情景:“相如含笔而腐毫”“扬雄辍翰而惊梦”“桓谭疾感于苦思”“张衡研《京》以十年”等等,一些史著、笔记对此都有详尽说明。比起后来唐代的苦吟诗人郊、岛来,汉代赋家要苦多了,以致桓谭《新论·祛蔽篇》载相如作赋“思精苦”到“梦其五脏出在地”。中国文学史上的这种炼狱式苦熬现象恐怕莫此为最了。所以然者何?清袁枚《〈历代赋话〉序》认为:“古无志书,又无类书,是以《三都》《两京》,欲叙风土物产之美,山则某某,水则某某,草木鸟兽虫鱼则某某,必加穷搜博访,精心致思之功,是以三年乃成，十年乃成。”袁枚说出了部分原因。如果从审美上说明，则是因为这些赋家在采撷意象，组合意象群体，运用语言符号晶化意象，创造“大美”时，需要付出多少苦心、苦力！以创造“大美”为指归（篇幅的巨制则在其次），也就形成了“赋之迹”的“巨丽”型美学特征。

“巨丽”体现了美多、美大，美的纷纭、美的错综。它幂天匝地，整幅满填，文字的密度难透隙风，意象的排列不能行针走线，它把汉语言文词的结构功能发挥到了极致。这种为后代文人所诟病的饤饾堆垛，恰恰是汉代艺术的一种粗厚美，为汉以后美学所无可替代和追步。它体现了汉代人磅礴的才气。后代美学家对赋的审美特征的概括就是以这种丰富博大的经验现象为基础的。皇甫士安的《〈三都赋〉序》说：“赋也者，所以因物造端，敷弘体理，欲人不能加也。引而申之，故文必极美；触类而长之，故辞必尽丽。然则美丽之文，赋之作也。”刘勰《文心雕龙·诠赋》说赋的特点是“铺采摛文，体物写志”。可见，赋的主要审美特征是铺张、引申、增长、弘扬。刘熙载《艺概·赋概》分别加以概括，赋“纵横自在”“取穷物之变”“曲折尽变”“取乎丽，而丽非奇不显，是故赋不厌奇”等等。

美学家们还在诗、赋的比较中，确定了“赋之迹”的审美特点。葛洪就曾这样说：“《毛诗》者，华彩之辞也，然不及《上林》《羽猎》《二京》《三都》之汪涉博富也。”“若夫俱论宫室，而《奚斯》《路寝》之颂，何如王生之赋《灵光》乎？同说游猎，而《叔畋》《卢铃》之诗，何如相如之言《上林》乎？并美祭祀，而《清庙》《云汉》之辞，何如郭氏《南郊》之艳乎？等称征伐，而《出车》《六月》之作，何如陈琳《武军》之壮乎？则举条可以觉焉。”[①]这就是说，在表现纷纷乱乱、千汇万状的美的对象时，赋确有诗所不可企及的功能，诚如刘熙载《艺概·赋概》所言：“诗不能驭，故为赋以铺陈之。”当然，体制的功能质选择并规范着主体的审美素质，也如刘熙载在《艺概·赋概》中所言：“以赋视诗，较若纷至沓来，气猛势恶。故

---

① 葛洪：《抱朴子·钧世》。

才弱者往往能为诗,不能为赋。”这是需要气猛才强,方能完成的巨大艰难的艺术使命。

前代和当今汉赋研究家对具体的艺术手法问题已经谈得很多了,我们不想再谈。我们准备就汉赋的意象组合结构方式进行探讨,因为这是汉赋“大美”“巨丽”特征的产生基础。个体意象的“大”“丽”只是“大美”的结构因子,只有把结构因子按照特定的方式组合起来,总体才能大于部分的相加总和,产生出整体效应,出现巨硕无朋的美。富于美学眼光的刘熙载在《艺概·赋概》中就曾发现了这一特点:“赋兼叙列二法:列者,一左一右,横义也;叙者,一先一后,竖义也。”他还用析字训义法说明道:“赋从贝,欲其言有物也;从武,欲其言有序也。”其中“有序”观,极有审美价值。“有序”化是美的产生的结构基础;无序的杂陈,只能导向美的反面。汉赋是把铺天盖地而来的意象按照一定的方式和创造“大美”的审美意向加以有序化的组合,即加以新的建构。

意象的跳跃式翻进。例如《天子游猎赋》中的子虚夸楚、乌有先生夸齐、亡是公夸天子上林,均各极其致,驳杂万状的意象纳入“夸”中。从人名“子虚”“乌有”“亡是”中可以看出这是想象性的建构。而三公之夸又不是并列状的,乃是大幅度翻进,以小衬大,却是大中见大。子虚夸“楚有七泽,尝见其一,未睹其馀也。臣之所见,盖特其小小者耳,名曰云梦”。如此云梦,竟有“九百里”方圆,子虚夸饰的楚王游猎云梦之概,足以使人叹为观止,突然翻进到乌有先生贬楚扬齐,齐之渤澥、孟渚北与肃慎为邻,东接日出之处,“吞若云楚者八九于其胸中曾不蒂芥”。如此之大在翻进中压倒了子虚先生的意象群体,似已难乎为继了,却又突然翻进一层,亡是公一笔压倒乌有先生:

楚则失矣,而齐亦未为得也……且夫齐楚之事,又乌足道乎?君未睹夫巨丽也!独不闻天子之上林乎:左苍梧,右西极,丹水更其南,紫渊径其北。终始灞浐,出入泾渭,酆、镐、潦、谲,纡馀委蛇,经营乎其内。荡荡乎八川分流,相背而异态。东西南北,驰骛往来,出乎椒丘之阙,行乎洲淤之浦,经乎桂林之中,过乎泱漭之野……于是乎周览泛观，缜纷轧芴，芒芒恍忽，视之无端，察之无涯。

这是一个包举宇内，既是实体（经过极度夸张），又是非实体（“视之无端，察之无涯”）的意象群体世界。子虚、乌有、亡是公的三级跳，使得意象整合得以实现，愈来愈扩大。不借助逐层压倒式的组合结构，就无法描述出“巨丽”的意象境界，成为“大美”之极致。

全方位的组合式。在中国文学美学中最具备宏观审美描述特征的是赋。赋家的观照方式是宏观式扫描。不是从某一点或局部视角去进行，而是放眼四极，目及八荒，“笼天地于形内，挫万物于笔端”[①]。这是由包括宇宙的“赋家之心”所规范的“作赋之迹”、观照方式、全方位的意象组合结构。全方位推进就能纤宏毕现，发露无遗。它不是表现于某一、二篇赋中，因而，就是具有广泛涵盖面的审美现象。

有以自然的方位来结构的。如《天子游猎赋》写道：“其东则有蕙圃……其南则有平原广泽……其西则有涌泉清池……其北则有阴林……”——东南西北。《七发》写道：“龙门之桐，高百尺而无故。中郁结之轮菌，根扶疏以分离。上有千仞之峰，下临百丈之溪。”——上中下。《七发》写道：“饮食则……衣裳则……出舆入辇……洞房清宫……”——衣食住行。

有按照一定的自然运动方式来组合的。《七发》写道：“其始起也……其少进也……”“初发乎……回翔……衔枚……弭节……通厉……凌……篲……合战于……”

有众多物质现象的纷起纭现。《七发》写道：“熊蹯之臑，勺药之酱。薄耆之炙，鲜鲤之鲙。秋黄之苏，白露之茹。兰英之酒，酌以涤口。山梁之餐，豢豹之胎。”

有众多精神现象的联袂而至。《长门赋》写道：“舒息悒而增欷兮，

① 陆机：《文赋》。

屣履起而彷徨。揄长袂以自翳兮,数昔日之諐殃。无面目之可显兮,遂颓思而就床。"

有多种感受效应的交相迸发。《洞箫赋》曰:"贪饕者听之而廉隅兮,狼戾者闻之而不怼……嚚顽朱均惕复惠兮,桀跖鬻博儡以顿顇。"

因此,汉赋的观照、描述系全方位型,带有现代摄影从直升机俯拍的全景式审美特点,例如《两都赋》有城内,亦有城郊,组合成全景结构:"沟塍刻镂,原隰龙鳞,决渠降雨,荷插成云。五谷垂颖,桑麻铺棻。"城内也是全景图:"披三条之广路,立十二之通门。内则街衢洞达,闾阎且千。九市开场,货别隧分。人不得顾,车不得旋。阗城溢郭,旁流百廛。红尘四合,烟云相连。于是既庶且富,娱乐无疆。都人士女,殊异乎五方。游士拟于公侯,列肆侈于姬姜。"这种全景式的鸟瞰结构具有极大的张力,可以突破时空限制,借助非实有性的现象。有一些在后来已经消失或淘汰了的神话、传说形象,也被赋家们驱遣而来。可以说,为了达到描述的目的,主体的艺术思维是全方位激活。主体的搜索枯肠遂出现了客体的穷形极相,正所谓"惟其有之,是以似之"。

以一物为描述对象的旁逸斜出,即所谓的一物集众物。《七发》《天子游猎赋》《两都赋》《二京赋》等的对象特点从某种程度上规范了全景、多元的意象结构。《蜀都赋》仅千馀字,所涉方面竟达十八个。然而,有的赋文虽是描述的单个形象,但毫无单薄之感,仍然是倾盆而下,满幅而来,如刘胜《文木赋》写木之纹理:"见其文章,或如龙盘虎踞,复似鸾集凤翔,青䯄紫绶,环璧珪璋,匪山累嶂,连波叠浪,奔电屯云,薄雾浓雰,麚宗骥旅,鸡族雉群,蠋绣鸯锦,连薄芰文。"

上述的意象组合结构的全景、多元式,一物集众物属于横向建构,层递大翻进属于纵向建构。然而,它们是常常交互组合的,形成纵横向的组合结构。如《天子游猎赋》《七发》。《七发》由往问楚太子致病原由到"霍然病已",整个意象层次凡七层,音乐及于饮食,及于车马,及于游观,及于畋猎,及于观涛,及于微言妙旨,是有序化的纵式建构,以致后有仿作《七启》《七命》等(收入《昭明文选》),刘勰总结为一种特定的文体“七”。但在《七发》的每一度层面上又是横出伸展，意象层迭。前引刘熙载《艺概·赋概》所概括的“叙列二法”：“列者，一左一右，横义也；叙者，一先一后，竖义也。”乃是对赋的意象组合方式的准确概括。语似溅雨，又似鱼贯。整个意象结构就如同《鲁灵光殿赋》所描述的鲁灵光殿的形象那样。

历代赋美学理论家总不外谈夸饰、想象之类，认为它们形成了赋的大美、巨丽，然而，离开了意象组合结构，只能是皮相之见。同时，具有根本意义的因果关系则应是塑造“大美”、描述“巨丽”的审美定向，调动了赋家的夸饰力和想象力。也正因为如此，才使经过夸饰和想象的新的意象建构组合成序列化的“大美”。我们认为，这才是具有本体意义的“赋之迹”。

炎汉气象

汉赋的美，是大的美、力的美、气势的美，显示了美的数量、力量、运动、速度。这是一种庞大的整体美，而非后代的个体美，它集中代表了汉的丰沛盛壮美和特定的历史气象。这是被时代的气象所焕激起来的无比活跃的审美理想，铸造了“赋家之心”。心纳万物，在审美取向上则是巨物宏象，则是气势奔腾，如上林之河、广陵之江。至于描述天子游猎则更显得直接，如司马相如之《天子游猎赋》，又如班固之《两都赋》所写：“千乘雷起，万骑纷纭；元戎竟野，戈铤彗云；羽旄扫霓，旌旗拂天。”整个时代就是宏阔盛壮的，大汉帝国以空前的壮观而建立，一代雄主的开拓气派，诚然在要求着功利主义的歌赞艺术，然而更重要的是一代雄发的审美理想的建立。

刘氏天下未定，汉家却已广造宫室，史载：

> 萧丞相营作未央宫，立东阙、北阙、前殿、武库、太仓。高祖还，见宫阙壮甚，怒谓萧何曰：“天下匈匈，苦战数岁，成败未可知，是何治宫室过度也？”萧何曰：“天下方未定，故可因遂就宫室。且夫天

子以四海为家，非壮丽无以重威，且无令后世有以加也。”高祖乃悦。①

刘邦，这位靠征伐苦战得帝位的马上天子，尚不知以某些巨大的实体来象征王权的威严。建筑宫室不仅是作为生活环境存在的需要，而且被赋予了象征涵义。因此，浩壮的未央宫就成了刘邦所咏唱的“威加海内”②，萧何所陈说的“天子以四海为家”的王权主义的对象化。“非壮丽无以重威”，反映了中国帝王的心理特征。所以，刘邦才会欣然而“悦”，也才会同意叔孙通定朝仪。“壮丽以重威”，遂以统治集团的功利主义倡导而发展为具有全社会意义的时代审美理想。

最值得注意的是萧何的这句话：“无令后世有以加也。”这充分反映了雄心勃勃、睥睨千古的汉人的历史意识心理：前不见古人，后不见来者。后来者不可超越、无以复加。这是一种历史峰巅的极端意识。于是，它也规范着汉赋具有时代特征的审美理想：“必推类而言，极丽靡之辞，闳侈巨衍，竞于使人不能加也。”③“欲人不能加也”④。在这里，我们不是看到一条炎汉气象所导引的审美理想线索吗？确实，汉赋整体性的“大美”“巨丽”为后代艺术所不能望其项背。

极具美学史家眼识的闻一多对此有精辟的论述：

《上林赋》是司马相如所独创，它的境界极大……后来的《两京》《三都》诸赋，无非仿自《上林》《子虚》，自此可知在当时的人还懂得大就是美，所以那些大赋还能受到称赞。自王仲宣(粲)《登楼赋》出来以后，则以大为美的欣赏风气荡然无馀。这种风气的形成

① 《史记·高祖本纪》。
② 刘邦：《大风歌》。
③ 《汉书·扬雄传》。
④ 皇甫谧：《〈三都赋〉序》。

又是和汉帝国的强盛有关。①

自己既然征服和开拓外部世界取得极大成功，南向而居，万方来朝，气度恢宏，就有一种吸纳百家的宽广胸怀。何以能成其“大”者？“有容乃大”。《淮南子》就曾表述过这类思想。《氾论训》曰：“百川异源而皆归于海，百家殊业而皆务于治。”《修务训》曰：“故秦、楚、燕、魏之歌也，异转而皆乐；九夷八狄之哭也，殊声而皆悲。”

大赋在汉的兴起，又跟统治集团的倡导相关。班固《〈两都赋〉序》写道：“大汉初定，日不暇给。至于武宣之世，乃崇礼官，考文章，内设金马、石渠之署，外兴乐府协律之事，以兴废继绝，润色鸿业。是以众庶悦豫，福应尤盛。白麟、赤雁、芝房、宝鼎之歌，荐于郊庙；神雀、五凤、甘露、黄龙之瑞，以为年纪。故言语侍从之臣，若司马相如、虞丘寿王、东方朔、枚皋、王褒、刘向之属，朝夕论思，日月献纳；而公卿大臣御史大夫倪宽、太常孔臧、太中大夫董仲舒、宗正刘德、太子太傅萧望之等，时时间作。或以抒下情而通讽谕，或以宣上德而尽忠孝，雍容揄扬，著于后嗣，抑亦雅、颂之亚也。故孝成之世论而录之，盖奏御者千有馀篇。而后大汉之文章，炳焉与三代同风。”

源远流长

赋美学是诗、骚以来发展而成的新美学。刘勰《文心雕龙·诠赋》说：“然赋也者，受命于诗人，拓宇于楚辞也。”应该说，楚辞的审美方式，是汉赋形成的近源。因此，屈骚就常被名之为屈赋。贾谊《惜誓》、扬雄《思玄赋》很得屈赋神韵。《惜誓》写道：“飞朱鸟使先驱兮，驾太一之象舆，苍龙蚴虬于左骖兮，白虎骋而为右騑。建日月以为盖兮，载玉女于后车，驰骛于杳冥之中兮，休息乎昆仑之墟。”屈赋对汉赋的直接影响是意象的开拓与组合方式，无羁的想象力和驳杂的色彩感。班固《〈离骚〉

① 郑临川述评：《闻一多论古典文学》，重庆出版社1984年版，第65～66页。

序》就曾看到了这一点，写道：“其文弘博丽雅，为词赋宗，后世莫不斟酌其英华，则象其从容。”

这里要提出一个问题来讨论。美的形成需要有积淀，这就表现为过程。由先秦美学到汉赋美学，中间经过了秦。秦代无文学，亦无美学，成为中国美学史的断裂带。然而，后为秦朝之相，先为战国秦国之客卿的李斯写于秦国时期的《谏逐客书》值得注意。“致昆山之玉，有隋和之宝，垂明月之珠，服太阿之剑，乘纤离之马，建翠凤之旗，树灵鼍之鼓”，“夜光之璧，不饰朝廷；犀象之器，不为玩好；郑卫之女，不充后宫；骏马駃騠，不实外厩”。其意象结构方式已不同于先秦诸子、史传散文，趋向于铺采摛文。我以为，它微露赋体文学之端倪。

更宽泛地说，汉赋美学又渊源于庄子美学。其渊源意义是在审美想象力、气势上获得的，涛飞山走，汪洋恣肆，而不是语言排列本身。有人把屈骚美学别立一宗，视为四大美学流派之一，其实，屈骚美学是儒道美学合流的产物。汉赋美学之于庄子美学有着继承并极大地发挥了其审美方式的外向型和开拓型特征。

汉赋第一次宏阔地发现和体认了外部世界（包括外层空间）的整体美和巨美，第一次把汉语言文字在描述美时的功能发挥到极限，以令人无法招架和不能踵武其后的方式创造了巨丽大美，第一次显示出中国艺术美的巨大张力和潜能，为中国文学美学开拓了宽阔的河床，促进了文学对于艺术审美价值的体认和六朝美学的新觉醒。

汉赋对意象群体独特而极具审美创造力和表现力的建构方式，给后代赋之一脉以深远影响。如晚唐杜牧《阿房宫赋》，虽然文色缤纷，笔势高蹈，恣肆淋漓，但整个意象建构是有序化的纵式逻辑。即使写阿房宫本身亦由外及内，宫貌、宫人、宫藏，鱼贯而下。在横向建构上也是放射型的，如：“明星荧荧，开妆镜也。绿云扰扰，梳晓鬟也。渭流涨腻，弃脂水也。烟斜雾横，焚椒兰也。雷霆乍惊，宫车过也。”“使负栋之柱，多于南亩之农夫；架梁之椽，多于机上之工女；钉头磷磷，多于在庾之粟粒；瓦缝参差，多于周身之帛缕；直栏横槛，多于九土之城郭；管弦呕哑，多于市人之言语。”当然，其蕴含的深沉意味对于汉赋则是一种变易。

当汉赋的审美机制和意象结构方式经过抽象化后，就成为一定的形式规范，渗入其他的审美样式，遂有“以赋入诗”“以赋入词”等（不同于“六义”之“赋”）。我们仅举韩愈一诗证之。《山石》按照时间推移，建构意象。由黄昏入寺，到深夜宿寺，再到天明出寺，一笔不漏。在庙中，既有雨中观景，又有秉烛赏画；在庙外，既有夏色烂漫，又有激流趟水，交错铺扬。就景的类别而言，有芭蕉叶，栀子花，古壁画，百虫绝，清月出，烟雾生，山水如画。就景的势态而言，有峥嵘的山石，有激湍的流水，有肥壮的栀子，对举成画；有百虫绝迹、月色入户的静，有烟雾浮飘、水声激激的动，动静制宜。再就景的色彩而言，黄昏暗，蕉叶绿，月色白，雾如乳，山染红，水似碧，五色俱全，七彩照人，摹写了古寺内外的风姿盛采。这一切都是连连烘染、层层写出，成为“以赋入诗”的范例。

要之，汉赋不仅创造了无与伦比的巨丽大美，而且沾溉着中国文学美学，提供了审美经验。

才情溅发和呕心沥血是赋家的创作心态，穷形极相是其艺术思维的最终目标，它以体物为指归，体物又不达穷形极相而誓不罢休，形成了诗人之赋和辞人之赋，前者丽以则，后者丽以淫的差异。晋代挚虞《文章流别论》曾经说道：“古诗之赋，以情义为主，以事类为佐。今之赋，以事形为本，以义正为助。情义为主，则言省而文有例矣；事形为本，则言富而辞无常矣……假象过大，则与类相远；逸词过壮，则与事相违；辩言过理，则与义相失；丽靡过美，则与情相悖。”它是一种包举一切、囊括无穷的艺术思维方式，它还不知道以点及面的艺术概括化和艺术典型化的审美原理。后来的刘勰提出“以少总多”的审美方法和原则应该说是中国文学美学的理论进步。汉赋的作者可以说是一批大才子，气猛才强、笔遒墨壮，只有大汉气象才能孕育出这样的大才。才情奔涌诚然是其基本的审美素质，但穷形尽相却是一个难以企及的目标。因为人的认识无法穷尽，只能大致接近对象—物象。这种艺术思维目标跟体认力的实际功能之间存在着差异，所以以穷尽对象—物象的体物作为目标，就在艺术构思中出现了搜索枯肠的窘状。刘勰《文心雕龙·诠赋》说：“既履端于倡序，亦归馀于总乱。序以建言，首引情本；乱以理篇,迭致文契。”这只是从文章学的角度阐述问题,而不是从结构性美学上进行回答的。汉赋极大地发挥了中国语言的结构功能,它在现象上是极尽铺张之能事,但又被有序化的机体所制约;在物象的联缀上,纷乱无序,但语言结构却是严格的甚至苛刻的有序化,对应、对衬、对偶甚至押韵。这种结构美学现象——自由和非自由的交织只能发生在中国理性制约、控制感性的文化土壤中。例如扬雄《解嘲》写道:

范睢,魏之亡命也。折胁摺髂,免于徽索,翕肩蹈背,扶服入橐。激印万乘之主,介泾阳,抵穰侯而代之,当也。蔡泽,山东之匹夫也,颔颐折頞,涕唾流沫,西揖强秦之相,搤其咽而亢其气,拊其背而夺其位,时也。天下已定,金革已平,都于洛阳;娄敬委辂脱挽,掉三寸之舌,建不拔之策,举中国徙之长安,适也。五帝垂典,三王传礼,百世不易;叔孙通起于枹鼓之间,解甲投戈,遂作君臣之仪,得也。吕刑靡敝,秦法酷烈,圣汉权制,而萧何造律,宜也。

虽然赋大致有“序”“乱”(并非全是),但这是一种文章型结构,它并无固定的格局如诗之七律者。它的结构的严格在于内部机制。从语言结构体上可以推导出它的思维方式,前述的纵横方向就是其中之一。而其意象的采撷和组合所依据的是经过高度简化了的两极对举型思维。所以,从现象体上看,赋是缤纷如云,但纯化以后却是一个异常简单的结构体。赋作者在穷形极相的艺术思维过程中,往往是先取一端,再根据对举型思维的推导,拈出另一端。对立两极、两端构成一个物象体。例如扬雄《解嘲》所写:“譬若江湖之崖,渤澥之岛,乘雁集不为之多,双凫飞不为之少。”班固《两都赋》所写:“汉之西都,在于雍州,实曰长安。左据函谷二崤之阻,表以太华终南之山。右界褒斜陇首之险,带以洪河泾渭之川。”中国赋结构以中国朴素、原初性简单思维为审美方式的支点,它在六朝赋中以缩短了的高频率出现。它的整饬型形式美,是上述的思维机制所导发的结果。如江淹的《别赋》所写:“剑客惭恩,少年报士,韩国赵厕,吴宫燕市,割慈忍爱,离邦去里,沥泣共诀,抆血相亲。驱征马而不顾,见行尘之时起。方衔感于一剑,非买价于泉里。金石震而色变,骨肉悲而心死。”再如庾信《哀江南赋》所写:“水毒秦泾,山高赵陉。十里五里,长亭短亭,饥随蛰燕,暗逐流萤。秦中水黑,关上泥青。”六朝有抒情小赋,赋的审美功能有了变化,不重在外物的罗列,而重在内心的抒露。欧阳修、苏轼文赋的出现,摆脱传统赋的桎梏,趋于灵活机动。一种审美方式变化以后必将使某一审美门类样式出现变化。所以,考察中国文学的门类美学最终还是要归结到艺术思维机制上。

(原载《求是学刊》1992 年第 2 期,人大复印资料《古近代文学研究》1992 年第 5 期全文转载。收进《20 世纪中国文学史论文精粹》,河北教育出版社 2001 年版。《20 世纪中国古代文学研究史》,东方出版社 2006 年版,对该文加以评述。)

从两汉到六朝美学轨迹

在历史的自然延续过程中，汉后为魏、晋、南北朝。历史的发展包括美学史的发展是在延续与革新，沉淀与变异的运行方式中进行的。六朝之于汉代也是如此。如果把六朝置身于中国美学史长卷中考察，六朝的总地位是：变汉。

汉代美学的基本特征以神学为主调，充满着楚风骚调，创造了美的巨丽形态和粗拙形制。它斑斓多彩、绚丽多姿，把中国美学推到一个最浪漫、最古拙的顶峰。从顶峰再向前走，或是下坡，或是改道，于是魏、晋、南北朝的境域出现了。

从经学到玄学、神学再到人学

两汉经学出现繁盛，这是汉武帝“独尊儒术”所产生的直接后果。《汉书·〈儒林传〉赞》载，自汉武帝立五经博士以来，“百有馀年，传业者浸盛，支叶蕃滋，一经说至百馀万言，大师众至千馀人，盖禄利之路然也”。层床叠屋的烦琐考证和穿凿附会的治学方法，使得这类经学徒有学术，而鲜有思想，遏制了思维的活跃开展和学术的自由发展。汉儒释诗，在表面的繁荣背后却是苍白无力的章句训诂因袭。据《汉书·艺文志》所载，《诗》分六家，四百一十六卷，可谓煌煌。古文学派讲训诂，今文学派重章句，却无美学的专门研究。经学在汉代的兴盛，以致推到登峰造极的地步，已经使得它缺少了生机活力，其内部也就孕育着一种变革。于是，打破经学的坚硬外壳，是玄学的兴起，王弼代替了汉儒。不是自然观的元气论，而是本体观的人格论，是药、酒、谈玄、容止，是思辨哲学。请看何晏、王弼、嵇康的哲学、美学思辨是何等深邃而又何等精彩！

对于窒息人的灵智的汉代治学方法和门径，汉人本身就已看到其致命缺陷，逐步加以限制和改革，为章句化向义理化的历史性进程从内部机制上作了准备。在这一转换过程中又存在着从清议到清谈的重要环节。清议是道德评价，逐渐转为政治非议。《晋书·山涛传》云："至于后汉，女君临朝，尊官大位，出于阿保，斯乱之始也。是以郭泰、许劭之伦，明清议于草野；陈蕃、李固之徒，守忠节于朝廷。"清议中出现汉末的忠节之士，遂招致党锢之祸。在魏代汉、晋取魏的历史取代过程中，大批名士首当其冲，成为政治绞杀的俎上肉，吓破心胆的魏、晋名士不敢再踵武前贤了，只得口吐玄言，崇尚虚无，于是，清议转化为清谈。这里没有了清议的锋芒和政治色彩、激烈言词，重视人的外形、本体人格和玄妙的无为而无不为的理论。《后汉书·郑太传》："孔公绪（伷）清谈高论，嘘枯吹生。"刘祯《赠五官中郎将诗》："清谈同日夕，情盼叙殷勤。"于是诞生了何晏、王弼。王弼在魏、晋玄学中有着极大的影响。这从《晋书·陆云传》一段近乎小说家言的记述中可以见出一斑。"初，(陆)云尝行，逗宿故人家，夜暗迷路，莫知所从。忽望草中有火光，于是趋之。至一家，便寄宿，见一年少，美风姿，共读《老子》，辞致深远。向晓辞去……却寻昨宿处，乃王弼冢。云本无玄学，自此读《老》殊进"。

这个前代思想史的发展过程表现为：清议→品评→清谈玄理。其哲学思想的内涵就是由实证到思辨，由烦琐到灵智。玄言表现得清峻、智慧，富于思想深度，开启人们的智能，没有多少冬烘气。

在文学、美学方面，由于受经学影响，因袭之风大盛。前面已作论及，汉代经学的重要特征是最重师法，在文学、美学上也如此，沿袭成风。《文心雕龙·时序》写道："爰自汉室，迄至成、哀，虽世渐百龄，辞人九变，而大抵所归，祖述楚辞，灵均馀影，于是乎在。"汉文学、美学实际上就是楚文学、美学，具体创作中的因袭现象实多。洪迈《容斋随笔》卷七就曾写道："枚乘作《七发》，创意造端，丽辞腴旨，上薄骚些，盖文章领袖，故为可喜。其后继之者……规仿太切，了无新意。”这是对文学、美学创造性发展的阻隔。要冲破这种阻隔，委实需要一个过程。这个过程是从汉末开始的，是在思想失控，儒学非尊的空生点上形成起来的。今人汤用彤《魏晋玄学与文学理论》写道：“汉末以后，中国政治混乱，国家衰颓，但思想则甚得自由解放。此思想之自由解放本基于人们逃避苦难之要求。故混乱衰颓实与自由解放具因果之关系。黄老在西汉初为君人南面之术，至此转而为个人除罪求福之方。老庄之得势，则是由经世致用至此转为个人之逍遥抱一。又其时佛之渐盛，亦见经世之转为出世。而养生在于养神者见于嵇康之论，则超形质而重精神。神仙导养之法见于葛洪之书，则弃尘世而取内心。汉代之齐家治国，期致太平，而复为魏晋之逍遥游放，期风流得意也。故其时之思想中心不在社会而在个人，不在环境而在内心，不在形质而在精神。于是魏晋人生观之新型，其期望在超世之理想，其向往为精神之境界，其追求者为玄远之绝对，而遗资生之相对，从哲理上说，所在意欲探求玄远之世界，脱离尘世之苦海，探得生存之奥秘。”伴随着由两汉经学到魏、晋玄学，中国文学、美学思想也产生了重大变迁，出现了有无、本末、言意、自然、虚静、神思、感兴等一系列美学范畴。这里没有两汉的铺扬蹈厉的形容，斑驳陆离的描述，过度失实的夸饰，而是“象外”“有无”等一类事外远致的范畴；这里也没有两汉以形容、铺排见长的特点，而是穷追义理、揭旨生光。玄学的最直接的文学产物是玄言诗。许询的玄学五言诗深获时誉。《世说新语·文学》载：“简文称许掾云：玄度五言诗，可谓妙绝时人。”玄言诗受到如此盛赞，标志着当时受玄学影响所形成的评判倾向。《世说新语·文学》记：“谢公因子弟集聚，问《毛诗》何句为佳？遏称曰：‘昔我往矣，杨柳依依；今我来思，雨雪霏霏。’公曰：‘讦谟定命，远猷辰告。’谓此句偏有雅人深致。”遏（即谢玄）所欣赏的《诗》句包含着情景欣赏观，而公（即谢安）所赞美的则包含着玄学义理观。他认为这两句有“雅人深致”，是用玄学家的眼光来看待的，重其义理深长，而不赏情景相生。从经学笼罩的两汉到玄学浸染的魏、晋、六朝，中国美学史出现了一次重大转折。

神学化是两汉的一大思想精神。它是儒学独尊走向极端化的产物，由董仲舒肇其端，从《春秋繁露》到班固的《白虎通义》贯串着这一思想主调。两汉末世已兴谶纬学，汉光武帝“宣布图谶于天下”①，它包含着极其浓厚而又强烈的天人感应色彩。章帝大会群儒，谶纬学，本来跟儒学不相通之神学，都被写进儒学经典之中，于此，“儒者争学图纬，兼复附以妖言”②。

谶纬神学作为一种精神氛围同样影响着汉代的美学思想。神学家认为，上天之神是喜欢热闹、繁华、琳琅满目的“美”的，因此，在“郊坛”上就要陈设“有文章采镂黼黻之饰，及玉、女乐”等的声色之品。既然帝王为天子，承受天命，那么就应“使寮庶百姓复睹羽旄之美，闻钟鼓之音，欢嬉音乐，鼓舞疆畔，以迎和气，招致休庆”③。谶纬神学促使远古巫术文化复苏，并且进一步神异化，如所谓“黄帝坐于扈阁，凤凰衔书至帝前”“伏羲时有天下龙马，负图出于河，遂法之书八卦”等。在这时，一系列经过神话化和想象化、虚幻化的形象出现了，跟中国原生态楚文化相对接。“图仙人之形，体生毛，臂变为翼，行于云，则年增矣，千岁不死”④。有黄帝唐虞、伏羲女娲、龙凤羽人、神木朱雀、白麟赤雁、黄龙凤凰等。于是便有美学的艺术有形载体出现，如南阳汉砖画有伏羲、女娲交尾图等，王延寿《鲁灵光殿赋》更有详尽描述。这是一个斑斓焕发的世界，神、人、鬼、怪集于一体。一切都被阐解为具备着一种神秘性的感应功能。《白虎通》就对宫殿建筑做过具体说明。

但是，在历史的延伸过程中，神学被人学所代替。这种替代由魏晋六朝完成。魏晋风度是对人的外形、气度、丰神所做的概括和赞美。这个过程又是经过了汉末人物品评，最终形成魏、晋、六朝的人物品藻。重视人的任情所为，是对人的本性的本体性体认，一切都是世俗中的现

---

① 《后汉书·光武帝本纪》。

② 《后汉书·张衡传》。

③ 《后汉书·马融传》。

④ 见王充《论衡·无形》。

实的人，不是对天所作感应的人，人的才性、情感、气质、风貌、格调、风度成为人们所关注甚或是效法的目标。《世说新语·识鉴》还说到褚裒在众多的人群中就是根据对方非凡的气度而一眼认出了素不相熟的孟嘉的。那些放浪形骸的举止因为是人的本性的显示，所以得到了赞美，而没有予以礼法的指斥。不是两汉的立业、功名，而是魏、晋、六朝人的思辨、自适。谢尚“企脚北窗下，弹琵琶，故自有天际真人想”[1]。女才人谢道韫“神情散朗，有林下风气”[2]。颜延之“布衣蔬食，独酌郊野。当其为适，傍若无人……又好骑马遨游里巷，遇知己辄据案索酒，得必倾尽，欣然自得”[3]。风度、才性远胜于两汉的伦理、节操。这是对人另一层面的肯定，成为人学主题的组成部分。

人学主题的又一项内容是感伤主义情调的出现和发展。这是从汉代《古诗十九首》就已开始的，是对人的生存意识、生命意识的一种体认，是人的主题的内容之一，是人觉醒后反观自身的一种把握。经过汉末的动乱环境，感伤主义情调沉淀到六朝人的心理结构中，化为动人的悲音。从《古诗十九首》→建安悲慨→正始之音→陶潜自挽，东汉到六朝的这条情感线链，烙上了史的印记。这个过程就是走下神坛，进入人世；汰除神学，建立人学。

从汉代的审美观念到六朝的审美意识

从汉代的审美观念到六朝的审美意识呈现出复杂的状态，既有部分地继承了汉代的审美理想，又有对汉代审美观念的变革，还有以汉代为基础加以新的发展。

从汉代云气画到六朝墓壁装饰画，铺垫了绘画的审美基础，包括审

① 《世说新语·容止》。
② 《世说新语·贤媛》。
③ 《南史·颜延之传》。

美习惯和审美传达手段的延续。汉人对云气的描绘极为生动，表现了对这一最具有变幻性的自然现象的体验之细致，也是汉代元气论产生以后，汉人对元气对象物的云气的一种认知。到六朝，其墓壁的装饰画对云气的描绘就甚得汉人丰神，更重要的是，汉人的云气描绘线条感给六朝人所形成的积淀。

从汉代辞赋到六朝小赋。这里经过了一个敛缩的过程，而不是直线式发展。辞赋本来是从《楚辞》发展形成，在形式机制发展的同时，是继承其抒情传统，所谓“发愤以抒情”是也。大赋出现，铺扬蹈厉，苞括宇宙，劝百讽一，赋的政教功能渐显，其抒情特征日衰。而且大赋结构过于庞大、冗繁、恢宏，思想被形象所淹没。实际上，经学与赋学在思维机制上有相类之处。随着经学、神学的渐衰和创作者对于大赋形制的不堪负荷，辞赋也就面临着必须变革的命运。汉灵帝刘宏于太学之外，另立鸿都门学，提倡辞赋、小说、绘画、书法等，一些具有审美性质的文学、艺术样式逐渐萌生、发展，这是富于新生机的美学乳芽。桓谭《新论》论小说，直接影响了六朝人的小说观念。在书法上，六朝人明显地变革了东汉，并加以新的改造、吸收。辞赋的沿革变迁历程更为显著，它改革并取代了汉代大赋的宏大体制，结为小赋；改变了汉代大赋的体物特征，转入抒情，回归楚骚。

从《淮南子》到顾恺之的“以形传神”论。这里存在着一条联系的线索。《淮南子》重视神的作用、功能和主宰地位，明确认为“神为主”。《原道训》曰：“以神为主者，形从而利；以形为制者，神从而害。”《精神训》云：“心者形之主也，神者心之宝也。”《淮南子》的以神为主论，运用于审美活动的说明，便成了审美论。《淮南子》关于“神”有一个重要的代名词——“君形者”。《说山训》云：“画西施之面，美而不可悦；规孟贲之目，大而不可畏，君形者亡焉。”尽管所画的是稀世美女的形象，却不令人动心；尽管所画的是孟贲的大眼睛，却叫人不可畏，原因是“君形者亡焉”，没有“神”。《说林训》云：“使但吹竽，使氏厌窍，虽中节而不可听，无其君形者也。”符合节奏却无动听之处，也是因为“无其君形”，没有神。重神的内蕴的美学思想给顾恺之的“以形写神”论以深刻影响。

顾恺之提出“传神写照”:“四体妍蚩,本无关于妙处;传神写照,正在阿堵”,提出“悟对通神”。他显然吸收了《淮南子》的美学思想,具体地运用于绘画美学领域。顾恺之说:“以形写神空其实对,则荃生之用乖,传神之趋失矣。”“以形写神”论第一次用明确的语言揭示了“神”与“形”之间的主从关系,确立了“神”在整个艺术中的美学地位。

从王充、《淮南子》到刘勰的《文心雕龙》。《文心雕龙》作为泛美学著作具有集大成性质,除了总结了六朝时文章创作经验、文学审美经验,还广泛吸收了前代特别是汉的美学思想与理论。《淮南子·原道训》说:“神与化游,以抚四方。”又说:“神托于秋毫之末,而大宇宙之总。”这显然被刘勰吸收为神思论,他专列《神思》篇,提出“神与物游”的著名美学命题。而《淮南子·俶真训》所说的“身处江海之上,而神游魏阙之下”的想象论,则被刘勰几乎一字不移地用在《神思》篇首,成为阐解“神思”的最佳注释,所谓“神思之谓也”。《淮南子》的美学支柱是道家的天然论,显然成为《文心雕龙》自然观的基础。

从汉代神学到魏晋六朝人学这个哲学、美学途程中站立着一位重要的中介人物——王充,他是以最激烈的形式、最强烈的呼声反对神学的,但他的《论衡》只是到汉末经过蔡邕的推倡才风行开来。一切都要到汉末才出现凝聚和沉淀,因此,对于六朝来说,最重要的不是整个汉代,而是汉末,是经过汉末的淤合或反拨,最终输入六朝的。

王充的美学思想与刘勰《文心雕龙》的关系不是单一的。一种是《论衡·案书》所说的“物以文为表,人以文为基”的思想影响了《文心雕龙》的思想。王充疾虚崇实的哲学观也给刘勰哲学观进而也给其美学观以影响。

在传统的“真”“善”“美”论中,王充第一次把“真”与“美”联结起来,形成一个完整的独特的审美概念“真美”。这在反对汉代谶纬神学中发挥着极大的作用,表现了哲学的理性特征。他要求艺术、美学要忠实于实际生活及其情景,不可“增益事实,为美盛之语”。这一美学思想既是对神学经学迷雾的廓清,又是对大赋审美倾向的反拨。刘勰《文心雕龙》的写实观,《情采》篇所说“写真”论,就是对王充“真美”观的继承。

《夸饰》反对“事义睽刺”的“虚用滥形”，不满于汉大赋的表现手法“验理则理无可验，穷饰则饰犹未穷”。《文心雕龙·宗经》言：“文能宗经，体有六义：一则情深而不诡，二则风清而不杂，三则事信而不诞，四则义直而不回，五则体约而不芜，六则文丽而不淫。”在这六条中，不是回荡着王充“疾虚妄”“务实诚”的声音吗？但由于刘勰美学观在“真美”论上过于贴近王充，因而其思想观念不免产生偏颇。王充没有正确解释神话中的神异现象，反而一笔否定。例如认为“雷公”形象乃“虚妄之象也”①，这就否定了原始思维所孕育的人类童年期的美好想象。刘勰也曾批评《离骚》那些取之于神话的形象“诡异”“谲怪”。在文质观上，在形式与内容关系观上，王充与刘勰也存在着联系的线索。《论衡·超奇篇》把内容、质，喻为根、核；把形式、文，喻为叶、壳，用以阐释二者之关系，颇具卓识。“有根株于下，有荣叶于上，有实核于内，有皮壳于外。文墨辞说，士之荣叶，皮壳也。实诚在胸臆，文墨著竹帛，外内表里，自相副称，意奋而笔纵，故文见而实露也。人之有文也，犹禽之有毛也。毛有五色，皆生于体。苟有文无实，是则五色之禽毛妄生焉”。与之同时，他又提倡要有“文章”和色彩。《量知篇》写道：“绣之未刺，锦之未织，恒丝庸帛，何以异哉？如五采之巧，施针缕之饰，文章炫耀，黼黻华虫，山龙日月。学士有文章，犹丝帛之有五色之巧也。”刘勰的观点与之相差无几。《文心雕龙》所说的“质附文”“文附质”“为情而造文”“情者文之经，辞者理之纬。经正而后纬成，理定而后辞畅，此立文之本源也”，对文采形式自身的要求，所体现出来的“情”“采”统一观、“文”“质”统一观，都相承于王充。

然而，从王充到刘勰又有变异，刘勰也有纠正王充偏颇的，而使持论趋于公允。《论衡·艺增篇》批评《诗经·小雅·鹤鸣》中的“鹤鸣于九皋，声闻于天”，认为“言其闻高远，可矣；言其闻于天，增之也”，完全是胶柱鼓瑟，实证化了。超常理性化的哲学观，抹煞了感性化的美学

① 王充：《论衡·雷虚》。

观。把艺术、审美中所必须的夸饰一概斥之为虚妄，是王充的偏颇之处。刘勰纠正王充之论，使论述较为公允周密。他特立《夸饰》篇，充分看到夸饰的作用："壮辞可得喻其真。"他经过中和调节，整合出这样一个理论命题："夸而有节，节而不诬，亦可谓之懿也。"对这一命题，清人纪昀评道："彦和不废夸饰，但欲去泰去甚，持平之论也。"①

王充《论衡·薄葬篇》云："事莫明于有效，论莫定于有证。"《知实篇》曰："事有证验，以效实然。"过于理性化和确证化了，哲学上犹可站脚，美学上就明显跛足了。他不无偏激地把婴儿和脏水一古脑儿泼出去，"图仙人之形，体生毛，臂变为翼，行于云"的绘画，因为无"足以验"，被他斥之为"虚图"②，这是反迷信，又是反美学的。他忽视了审美中的一个十分重要的命题：无中生有。魏晋六朝有无之辨所产生的"象外"审美论否定了王充之论。南朝谢赫《古画品录》评张墨、荀勖说："若拘以物体，则未见精粹；若取之象，方厌膏腴，可谓微妙也。"魏、晋、六朝的忘筌之论是对王充征实论的最好否定。艺术审美是无中生有、虚中见实，有限中出无限。从王充到六朝，中国美学史理论上所走过的是一条否定之路，否定王充征实论，使艺术走向虚空。其关捩人物是西晋的陆机，《文赋》云："课虚无以责有，叩寂寞而求音。"这是真正的审美论，此论一直影响到唐代的张彦远，在其《历代名画记·叙画之源流》中对王充进行了全面清算。

从先秦两汉的铺扬风貌到六朝的精约机制

先秦、两汉特别是汉代艺术显得大而无当、繁富不堪，汉大赋就是典型体现，整幅填满，密不透风，难以行针走线。如《西京赋》所说的那样，"植物斯生，动物斯止……伯益不能名，隶首不能记，林麓之饶，无所

---

① 见范文澜《文心雕龙注》下，第612页。

② 王充：《论衡·无形》。

不有”。这体现了汉人征服和占有外部世界的雄心,是“苞括宇宙”的心理对象化,同时也体现了艺术审美上缺乏选择和提纯的粗拙特征。而艺术审美又恰恰需要经过从粗放到精约的敛缩与提炼的过程,这是艺术的逻辑。从汉代到六朝的美学史正体现了这一点,因而它具备了历史与逻辑的统一性。园林艺术的审美历程就是其典型体现。

秦、汉到六朝的园林嬗变,在构置规模上是由大入小。“小”恰成六朝园林之基本特征,从而也构成为中国园林的根本特征。它以小见大,以有限的空间来容纳无限之自然。这标志着中国园林作为门类审美样式,在观念上的成熟和进化,懂得艺术的概括原理和辩证转化逻辑。在再现自然空间时,又以相对小的空间表现无限的涵蕴,再现和表现(以表现为主体功能)的融合和有机把握,是六朝园林的艺术观念。任何艺术在浑浑灏灏的自然对象面前都显得力拙贫窘和微不足道,无法原样不移或分毫不爽地再现自然对象的所有景象、状态。汉代园林主人在暴富和膨胀了的占有欲驱赶下尽情罗列、排设,而不知小中见大、知微显著,咫尺之间见层峦叠嶂、烟波浩荡。这是汉代人审美观念的非成熟性,不能代表精致性的中国美学特征。看看《上林赋》所描述的,举凡天飞地走、河含海孕的所有景象,包括传说中的,都河倾海泻般地尽数迎头泼下。这是美的现象堆垛,缺少选择。同时,汉代园林弥漫着神异氛围。《史记》载,汉武帝刘彻以神话传说,模拟蓬莱、方丈、瀛洲三山,建章宫北有太液池,“以象海中神山”。园居寓示仙居,人象沉淀天象,跟整个汉代的神瑞祯祥意识相关。王延寿《鲁灵光殿赋》曾写该殿绘画:“上纪开辟,遂古之初,五龙比翼,人皇九头,伏羲鳞身,女娲蛇躯,鸿荒补略,厥伏睢盱。”东汉梁冀园林“窗牖皆有倚疏青琐,图以云气仙灵”。到六朝时基本被汰除,代之以明媚天成的自然园林风光,来自于现实自然景象本身,而不是凭借神话传说虚拟构想。六朝园林记载中常用“殆若自然”一类话,就表达了这一思想。

汉代园林重视地表建筑群的营造,如东汉梁冀园林。据《后汉书·梁统列传附梁冀传》,“冀乃大起第舍,而寿(按:冀之妻孙寿,封襄城君)亦对街为宅。殚极土木,互相夸竞”。而六朝侧重于依山傍水和植被栽培，借助于自然风光，以自然风光为园林主体。如《南史》载谢灵运供职期间所筑园，“穿池植援，种竹树果”；时为湘东王的萧绎于江陵营湘东苑“植莲蒲缘岸，杂以奇木”；戴颙私园“植林”；孙绰园有“茂林”。

这一切反映了园林美学观念的变化，即由汉代的神异化到六朝的山林化，汉代的斗富思想到六朝的观赏情趣，汉代的广垒厚积到六朝的随应自然，汉代的粗放型到六朝的精约型。其精约型特征，在园林概念上也可以看出来，如中园、小园等。谢惠连《〈仙人草赞〉序》：“余之中园，有仙人草焉。”庾信有著名的《小园赋》。在园林格调上，六朝人常把园林命为“幽庭”之类，陈代何炯便写有《幽庭赋》。

这是在整个时代精约型文化——审美观念基础上形成起来的，与整个社会风气的走向庶几相关。例如汉代兴厚葬，六朝倡薄葬。《晋书·索靖传附索綝传》载：“汉天子即位一年而为陵，天下贡赋三分之，一供宗庙，一供宾客，一充山陵。”汉代天子的贡赋的三分之一用于死后陵墓上，何等浩糜！在同传中曾记有晋愍帝的惊异之词：“汉陵中物何乃多邪！”长沙马王堆墓葬是汉代厚葬的一个突出例证。到建安时，厚葬风气受到冲击，“建安十年，魏武帝以天下凋蔽，下令不得厚葬，又禁立碑”[①]。《晋书·礼志中》亦有载。《南史》卷四十九《刘怀珍传附刘歊传》载刘歊作《革终论》提到“张奂止用幅巾，王肃惟盥手足，范冉敛毕便葬，爰珍无设筵几，文度故舟为棺，子廉牛车载柩，叔起诫绝坟陇，康成使无卜吉”，都是薄葬之例。他本人则吩咐后事：“气绝不须复魂，盥漱而敛。以一千钱市成棺，单故裙衫，衣巾枕履。此外送往之具，棺中常物，一不得有所施……敛讫，载以露车，归于旧山，随得一地，地足为坎，坎足容棺，不须砖甓，不劳封树，勿设祭飨，勿置几筵。”汉代厚葬根源于神学谶纬之风，而六朝薄葬充分显示了当时人对死亡这一生命的最严峻主题的理性思考和认知。也是在刘歊《革终论》中，他说：“形者无知之质，神者有知之性。有知不独存，依无知以自立，故形之于神，逆旅之

① 《宋书·礼志二》。

馆耳。及其死也，神去此馆，速朽得理。”这种理性认知是薄葬之风最终形成的基础。尽管西汉文帝也诏令薄葬，“不治坟，欲为首”，但随葬之珍宝仍不计其数，这种矛盾现象的产生就在于生死理性主题还没有建立起来。

这反映了整个社会风习，风气变化后遂在美学格调上表现出来。它成形于人的主体心态。六朝人不再像西汉人那样铁马金戈，纵横驰骋，放眼于斑斓多姿的外部世界，充满着征服和占有外部世界的雄心与欲望。汉人是惟大为美，大而无当，非写实因素浓重。汉人把人的自信力推到一个高峰，是那样地确信自己能够支配这个世界，充满着和洋溢着乐观向上、蓬勃旺盛的情调，创造美的“巨丽”形态。而六朝人的心态趋于内敛，人的心态出现变化，没有雄气和魄力，津津乐道周围的生活空间和咀嚼回味心灵的欢乐悲伤，他们不再欣赏汉人的雄大气象和境域，而是以小为美。这一审美理想确定以后，它就表现在许多方面，园林是“小园”，连文学样式也尚“小”。汉是大赋，六朝则为小赋。六朝还出现了“小诗”。“小诗”流变为唐代的绝句。这在文学样式上是一次重大的变化，例如五言小诗中谢朓《玉阶怨》：“夕殿下珠帘，流萤飞复息。长夜缝罗衣，思君此何极。”七言小诗中萧纲《夜望单飞雁》：“天霜河白夜星稀，一雁声嘶何处归。早知半路应相失，不如从来本独飞。”从此，六朝小诗遂定型化。从文体学的角度看，它有其演变成型之原因，而从美学史的角度看，则是因为六朝审美心态变化所致，尚“小”遂有“小诗”。

总之，两汉是繁富，六朝是精约；两汉雄放，六朝精致。它虽无汉之气派，但玲珑剔透。它塑造了自己所独有的美学形象和品格。它似乎突然冷却了两汉，敛缩起来，两汉的“关中大汉”骤变为六朝的“秀骨清像”。由此，一幅美学史的演变轨迹图便昭现出来了。

作为前代美学史中介的西晋之于东晋

六朝，顾名思义是由六个朝代构成。其内部有联贯性的是东晋、南朝,没有前后联贯性的是吴代,它与东晋、南朝之间隔了个西晋。无论是从朝代的延续性,还是从美学史的延续性看,西晋都处在中介地位上,与东晋之美学史关系需要理清。

永嘉之乱,大族如过江之鲫,纷纷南下,带来了中原文化、玄学、贵族艺术。南渡之后犹闻中朝玄音。“王丞相过江,止道声无哀乐,养生,言尽意三理而已”[①]。但是,南渡后的历史、地理、社会、文化时空环境毕竟不同于中朝。这就预示着西晋到东晋将有一段文化、美学的变革。

东晋初期,鉴于西晋灭亡的教训,不少人提出整治社会风气。《晋书·诸葛恢传》载,诸葛恢激烈地说:“今天下丧乱,风俗凌迟,宜尊五美,屏四恶,进忠贤,退浮华。”

渡江之初,士子们还沉浸在所谓“亡国”的悲慨之中,于是便有卫玠的“形神惨悴”“百端交集”,周顗的流泪悲痛,王导的愀然变色,立誓“共戮力王室,克复神州”[②]。

王导虽是玄学领袖,但无空谈玄虚之味,具有政治家的风范。他拥戴琅邪王司马睿建都建康,联络土著大族,促进侨姓士族与吴姓士族的政治联合,形成“王与马,共天下”的政治格局。政治环境中实行“愦愦”而治即宽容政治。鉴于当时国库匮竭,王导主张“俭以足用,以清静为政”[③],他本人首先穿练布单衣。社会已改变了西晋的奢侈之风。随着偏安时间日久,人们的心态逐渐内敛,追求闲静幽雅,佛释的意识增长,更促进了这种心态的内敛化历程。人们更重视逍遥的心境和恬淡的生活情调。于是,西晋到东晋,人们的人生心态、审美心态、美学格调发生明显改变。从西晋的金谷之会到东晋的兰亭之会就清晰地留下了这条线索。

这是两次著名的盛会。金谷之会一方面弥漫着清悲意识,一方面

① 《世说新语·文学》。
② 《世说新语·言语》。
③ 《晋书·元帝纪》。

又充满着富贵气象。前者在深层次上可纳入于后者之中，是富贵难以永恒地维系下去，忧惧豪华凋落的意识体现。在这时期勘破现实人生的意识还不占主导地位，而是享乐、玩味人生。在史的历程上，它处于交错、交叉时期，一方面是士夫文化意识，如赋诗叙怀，一方面则是露富意识。

金谷园“冠绝时辈”的建筑陈设，“昼夜游宴”的游园方式都反映了园主的夸富心理和餍足欲望。在心理转换层面上，还存在着这样的情形：愈是“感性命之不永，惧凋落之无期”，就愈是在现世界，在自身所设置的优裕空间中去尽情享受，反映了西晋上流社会的侧影。在这样的背景下才会有金谷园主石崇与王恺间令人瞠目结舌的斗富。

但是，进入东晋的兰亭会却发生了转折性的变化。金谷有富贵气，而兰亭有文化味。请看金谷园，“时琴瑟笙筑，合载车中，道路并作。及住，令与鼓吹递奏”。鼓吹笙簧，沸反盈天，不绝于道，不绝于时。再看兰亭，“无丝竹管弦之盛”，这个差别，非常值得重视。它昭示了中国文化、审美趣味在六朝的转型特征，不再沉湎于歌舞声乐之中，而是从清幽景色中获得心灵的陶冶和心绪的寄寓，其方式是“一觞一咏”。《〈兰亭集〉序》写道：“是日也，天朗气清，惠风和畅，仰观宇宙之大，俯察品类之盛。所以游目骋怀。足以极视听之娱，信可乐也。”这里最重要的是表述了中国人的时空文化—审美意识：“仰观宇宙之大，俯察品类之盛。”它是六朝人对时空观念表述得最深刻、最富于哲理意味的一句话。中国人正是在俯仰的视觉感受中领略到莽莽宇宙之浩瀚存在和深邃奥义。在“游目骋怀”中“极视听之娱”，领悟和体味到宇宙之真义，其感受深度和所触及的文化涵义要远远超过《〈金谷诗〉序》。如果说金谷园是金碧山水，兰亭则是淡墨山水，格调的变异正显示出中国古时代文化、审美意味的新走向。金谷园居于这个中介地带，到东晋兰亭会，这一转化便得以实现和确定。

处在中介地带上的西晋承担了转折的功能。转折表现在众多层面上，例如文学。西晋左思的《三都赋》乃汉大赋之遗响，亦为绝响。“洛阳纸贵”，只是短暂的辉煌，犹如灯芯将灭前那突然窜起的光焰。《三都赋》虽还像汉大赋那样铺采摛文，却分明显得后乏来者。永嘉之乱造成西晋的彻底崩溃，关中"诸郡，百姓饥馑，白骨蔽野，百无一存"[①]，"长安城中，户不盈百，墙宇颓毁，蒿棘成林"。"公私有车四乘"，竟致"米斗，金二两。人相食，死者太半"[②]。在南方建康建立起来的东晋政权，是由一批北方士族的高级难民组成的，怀着一种客居他乡、寄人篱下的心态。司马睿说："寄人国土，心常怀惭。"[③]草创于南方的东晋王朝国力远非西晋可比，以致为节俭宫前双阙之资，王导借牛首山双峰聊以充当，建康已没有洛阳、长安那样宏大的宫殿建筑群，时代也失去了它那曾经有过的豪华和气派，因此文学的审美活动也就失去了它曾经有过的繁、杂、大、壮的对象。赋尽可以铺扬蹈厉，但失去了特定的对象，又何大之有！人们转而便把审美的触须伸向身边琐事、胸中闲情。士子风流不是吃药、纵酒、愤世嫉俗，而是潇洒风神。东晋名相谢安《给王胡之》的诗集中体现了东晋士人心态："朝乐朗日，啸歌在林。夕玩望舒，入室鸣琴。五弦清激，南风披襟。醇醪淬虑，微言洗心。幽畅者谁，在我赏音。"这样，汉赋之大也就无用武之地了，"小赋"便应运而生，遂有东晋陶渊明《闲情赋》《归去来兮辞》等，并直接通入南朝小赋，如鲍照《芜城赋》、谢庄《月赋》、江淹《恨赋》《别赋》、庾信《小园赋》等。

在文学的审美格调上，西晋之于东晋也是居于中介点上，清代乔亿《剑溪说诗》对西晋诗之地位作了这样的确定："汉诗和平，魏诗激昂，晋诗高处与魏相颉颃，次之则信如刘彦和所谓'轻绮'也。"刘勰(彦和)的"轻绮"说，就是《文心雕龙·明诗》的下列论述："晋世群才，稍入轻绮，张潘左陆，比肩诗衢，采缛于正始，或折文以为妙，或流靡以自妍，此其大略也。"西晋诗的中介内涵就是：其"高处"即高层次的诗上承魏诗风骨，但整个趋向却下启东晋诗风。它"力柔于建安"，这一重要转折始于

① 《晋书·贾疋传》。

② 《晋书·愍帝纪》。

③ 《世说新语·言语》。

傅玄，而张协玄言诗已构成独立机制，这便引入东晋玄言诗的高潮。元好问《论诗三十首》曾经感喟系之曰："可惜并州刘越石，不教横槊建安中。"确实，时代没有提供给他机遇，而在诗坛上，也因而没有能像建安时期那样给予他更多的风云气。这一切都表明有一股力量——时代的审美力在支配着诗人们的审美活动。"力柔于建安"的趋向终于通过西晋的转化发展为东晋的玄言诗风，"江左篇制，溺乎玄风，嗤笑徇务之志，崇盛亡机之谈"①。钟嵘《〈诗品〉序》更直接认为："永嘉时贵黄老，稍尚虚谈，于时篇什，理过其辞，淡乎寡味。爰及江表，微波尚传，孙绰、许询、桓、庾诸公，皆平典似《道德论》，建安风力尽矣。"从"力柔于建安"到"建安风力尽矣"，正是经过西晋的转折到东晋的文学美学演变图。

在美学理论上，陆机的《文赋》居于从魏到东晋、南朝的中间地位上，即成为从曹丕《典论·论文》到刘勰《文心雕龙》、钟嵘《诗品》的中介。建安风骨苍劲，但少有华彩。曹植《洛神赋》的文词犹如赋中所描述的那样："翩若惊鸿，婉若游龙，荣耀秋菊，华茂春松。"它预示着华茂之美学新风即将刮入文坛诗苑。接受到这股风气并从理论上加以概括、提倡，从而改变魏以来质木无文的审美倾向的，就是陆机《文赋》。他第一次从美的视角，以"缘情""绮靡"的美学及其形式特征对文学的审美性质作了确定，改变了此前的哲学、伦理学对文学性质的研究史。清代沈德潜《说诗晬语》说："《文赋》云：'诗缘情而绮靡'，言志章教，惟资涂泽，先失诗人之旨。"朱彝尊《与高念祖论诗书》说："魏晋而下，指诗为缘情之作，专以绮靡为事，一出乎闺房女子之思，而无恭俭好礼廉静疏达之遗，恶在其为诗也？"这种指责，恰恰是《文赋》之贡献所在。他对文学中的一系列创作现象做了心理学美学的阐释，成为文学美学理论的开山祖。萧梁时刘勰就深受其影响，章学诚《文史通义·文德》认为："刘勰氏出，本陆机说而昌论文心。"邓绎《藻川堂谈艺·日月篇》说："彦和之《文心雕龙》，亦多胎息于陆。"他接受了陆机的许多思想，又进行了

① 《文心雕龙·明诗》。

新的开扩。

要之,从汉、魏到六朝的美学史,以西晋为中介、转型期,经过纷乱、错综的变更,才在东晋形成沉淀,进而伸向南朝。这个过程总体上说,是从外扬到内敛,从对外部世界的征服到内心世界的体味,从挥扬蹈厉到潇洒文雅,从大而化之到小巧玲珑,从伦理性的文学到审美性的文学,主体性地位开始在美学中确定。这是一个转折、凝缩进而沉淀的过程,比起前代美学史来更为复杂,也更具美学的本体意义。

(原载《学术季刊》1994 年第 2 期,人大复印资料《美学》1994 年第 10 期全文转载。)

六朝美学*

六朝时期稳定的中国社会结构出现了最不稳定的局面；最讲究大一统的中国却最没有大一统，长期南北对峙。“钟山龙蟠，石城虎踞，帝王之宅”竟是如此宅基不牢、王气不聚。即使同一王朝也是沧海桑田、陵谷巨变。公元453年，宋文帝被长子所杀，其后20多年间，更换了6个皇帝；齐历世仅22年，换了7个皇帝，其中有8年间（公元494年～502年）换了5个。这是一个冲撞、变动的时期，从而规范了它那绚丽和惨淡、悲剧和闹剧、宗教色彩和世俗情调相并存的现象。这才会有萧氏父子至尊身份和轻靡诗风并存的状况（萧衍生活那样清苦而诗情不免风流），才会有萧纲与裴子野的古今新旧之争实际是理性美学与感性美学之争。一切都没有稳定，一切有待稳定，而一切又在向稳定方面发展。这些都使得六朝时期最动乱且又最活跃、最复杂且又最有内容。六朝烟水的迷离，六朝粉黛的靡离，编织成一幅光怪陆离的文化图像。

跟地理状况居中的特点相吻合，它具有南北文化交汇的特征；在文化形态上，它又具备着阴阳文化交感的性质。

它负载的历史内容深厚，具有和吴地姑苏文化相类似的性质。

六朝美学就是在上述总体文化语境中具备了自身的涵质。

---

* 1997年应邀赴台湾“中央研究院”的演讲词

基本估价

六朝是中国美学走向自觉、基本定型的时期。

六朝是中国美学在各个门类领域全面发育的时期。

六朝是审美主体的人的审美器官基本成熟的时期，发现和感受到人的情绪结构的多面性。

我们可以在六朝开列出一长串居于中国美学史前沿、具有一流水平的美学家名单。曹植《与杨德祖书》形容建安文学盛况是“人人自谓握灵蛇之珠，家家自谓抱荆山之玉”，六朝美学家群体状况也正如此。

就形态而言，有理论形态和物化的作品形态，使得中国美学在总体形态上趋于完备，而且两者的发展呈同步趋势。理论形态有四个特点：一是由思辨性进入经验性；二是由抽象议论进入艺术的多种门类研究；三是由创作论进入欣赏论、批评论；四是诞生了“品”的形式。

六朝美学精神比较齐备，包括人文精神、现实精神、悲剧精神、玄远精神、天人合一精神、生命精神、宇宙精神，等等。精神现象的出现反映了精神意识的发育和孵化。

六朝在社会结构与美学的关系上，在哲学与美学的关系上，在宗教与美学的关系上为中国美学史提供了范例。

六朝奠定了中国特色的绘画、书法、园林审美理想，它诞生了一系列新美学范畴，诸如“妙”“气韵”“神似”“风骨”“味”等，具有美学史的阶段性意义和地位、价值。而在六朝的不同阶段又有不同的美学范畴，东晋是“神”“韵”，刘宋是“清”，齐、梁、陈是“艳”，是与宫体之“靡丽”相并存的永明体之“清丽”。在审美范畴演化过程中显示出六朝美学思想的轨迹：由雅入俗，由形上而形下，由纯精神现象超越进入世俗生活的感应和描述。

六朝美学的基本状况是“三色环”，即由贵族美学、通俗美学、金粉美学所交织而成的。它处在中国历史的一个重要时期，这个时期在历史内涵上，互为交错，过渡与沉淀、延续与变异同时存在；在美学上则是精致与板涩并存，出水芙蓉与错金镂彩相生。

六朝是继先秦思想解放后又一次思想纷乱期，人文主义精神重新抬头，也正因为此，使得人们对于自身的体认产生了自觉的意识。这才出现了人对于自身的审美，即所谓人物品藻。而对于人的价值的估价和肯定，并不是人的学问和德行，乃是人的个性、智慧、情感、情调、风度等。《南史》卷五十九写道："二汉求士，率先经术；近代取人，多由文史。"这时期的人知识广博，知识结构比较合理。《南史·顾协传》载顾协"博极群书，于文字及禽兽草木尤称精详"。《南史·刘怀珍传附刘杳传》载刘杳"博综群书，沈约、任昉以下每有遗忘，皆访问焉"。《梁书·范岫传》说范岫"博涉多通，尤悉魏晋以来吉凶故事""多识前代旧事"。《梁书·裴子野传》载："（裴）子野与沛国刘显、南阳刘之遴、陈郡殷芸、陈留阮孝绪、吴郡顾协、京兆韦棱，皆博极群书，深相赏好。"

历史的发展最终体现为人的发展、人的素质的全面提高。而人的素质的重要体现的是审美素质，审美素质是文化的标志。于是，人用审美的眼光看待自然、宇宙、社会，看待自身，人本身也就成了审美的对象物。伴随着人的被发现，人的情感得到了全面发育，情感的多重领域及其形式便成为审美的对象。于是，诞生了六朝抒情小赋，赋由叙事功能转变为抒情功能，其情感类型也丰富多样。

魏、晋、六朝是在汉末动乱对儒学冲击之后重建思想精神格局的，这个精神格局具有多元性特征。不再是以建功立业、皇家盛典、兵血交飞成为审美对象，凡人小事、琐屑情感，以至于夫妇间的闺房之情也成为审美对象。何逊《为衡山侯与妇书》曰：

> 昔人邀游洛汭，会遇阳台，神仙仿佛，有如今别。虽帐前微笑，涉思犹存；而幄里馀香，从风且歇。掩屏为疾，引领成劳；镜想分鸾，琴悲别鹤。心如膏火，独夜自煎；思等流波，终朝不息。始知萋萋萱草，妄忧之言不实；团团轻扇，合欢之用为虚。路迩人遐，音尘寂绝，一日三秋，不足为喻。聊陈往翰，宁写款怀；迟枉琼瑶，慰其杼轴。

情感在审美中占据突出的地位，带动了整个的审美功能的变化。萧子显《南齐书·〈文学传〉论》说："文章者，盖情性之风标，神明之律吕也。蕴思含毫，游心内运，放言落纸，气韵天成，莫不禀以生灵，迁乎爱嗜，机见殊门，赏悟纷杂。""属文之道，事出神思，感召万象，变化不穷。俱五声之音响，而出言异句；等万物之情状，而下笔殊形。"

审美对于主体满足是"畅神"，这是宗炳《〈画山水〉序》所提出的。它是中国美学理论史上的一个重要提法。不再是先秦延伸下来的"比德"说，以善为目的，以人格理想对象化为目的，而是主体个性心灵和精神的畅达与表现。这样，六朝人的美学成果的精神意味比较显著。《世说新语》是名士风度、风韵之记录；六朝书法有韵、有神、有味，是内在丰神的显示和线条化。明代董其昌说："晋人书取韵，唐人书取法，宋人书取意。""气韵"论是六朝最有影响和价值的审美论，就是立足于审美主体的内在精神。六朝美学使审美逐步转向主体、转向内心。而这个内心世界是灵动的、超脱的、自由的、潇洒的，这才是六朝审美进入主体世界的真正特点。审美的对象和审美的表达构成为一个完整的命题。审美以"神明""气韵"为对象，其表达亦如此。《世说新语》的《排调》《贤媛》分别写道：

> 王子猷诣谢万，林公先在坐，瞻瞩甚高。王曰："若林公须发并全，神情当复胜此不？"谢曰："……须发何关乎神明。"

> 王尚书惠尝看王右军夫人，问眼耳未觉恶不？答曰："发白齿落，属乎形骸，至于眼耳，关乎神明，哪可便与人隔。"

以"情""神"为中心，以"钟情"与"抒情""畅神"与"传神"为基本格局，构成了六朝美学的总体框架，其特色也就从这个总体框架中衍生出来。

六朝美学与哲学思潮的联系十分紧密。哲学命题的衍生和变异带来了美学上的许多变化，从而导致人们的认识接近于审美，这是六朝美学的重要进步。正始玄学论辩的最大成果是“无”成为哲学本体的存在,这对于美学是最具影响作用的。从无累于物的哲学论题到超然之美的美学命题,便成为一个顺理成章的转换性问题。《世说新语》所描述的桓子野吹笛,“弄毕,便上车去,客主不交一言”,正是表现了一种无言之美。这种美是审美的最高境界,是老庄哲学在六朝充分发育的成果。

随着哲学思维的发展,对人的体认的深入,六朝审美心理学得到了长足的发展。“神思论”“感兴论”“虚静论”这些最具有审美心理内涵的理论出现在六朝,较之汉、魏是重大的发展。作家心理—创作心理—鉴赏心理所构成的三维心理出现于六朝,使审美心理结构完整化。刘勰所提出的“才性”“神思”“知音”正是对这三维审美心理的概括。“才性”是作家心理素质的概括。创作审美以主体自身为前提和依据,《体性》说:“才力居中,肇自血气;气以实志,志以定言。吐纳英华,莫非情性。”审美来之于作家的“才性”,这是对审美的真正回归。“神思”是六朝美学家对创作心理的深刻体认,刘勰立《神思》专篇,萧子显《南齐书·〈文学传〉论》说:“属文之道,事出神思,感召万象,变化不穷。”在创作心理阐述方面,六朝美学家的突出贡献是揭示了心、物之间的互构交流关系。《文心雕龙》说:“人禀七情,应物斯感。感物吟志,莫非自然。”“情以物兴……物以情观。”“情以物迁,辞以情发。”“随物而宛转……与心而徘徊。”这是六朝美学对心物关系也就是主客体关系的正确揭示。在创作审美过程中,作家的心态处于虚静状态之中。《文心雕龙·神思》明确提出“虚静”:“陶钧文思,贵在虚静,疏瀹五藏,澡雪精神。”《养气》提出:“吐纳文艺,务在节宣,清和其心,调畅其气,烦而即舍。”鉴赏说到底仍然是审美,刘勰提出鉴赏方法是“披文以入情”“沿波讨源,虽幽必显”,鉴赏时“剖情析采”“吟咏滋味”,其主体基础是“观千剑而识器,操千曲而知音”。由此可见,六朝的审美心理包括着整个审美过程,是一个完整化的心理结构。中国的审美心理学至此而真正形成。虽然后代在审美心理学的具体提法上各有不同,但总体框架、结构、心理内涵陈述都沿用着六朝的审美心理学。

审美心理的发展，其最后的成果是体现在创作审美上。它使得六朝诗人、作家审美心理活动更加灵动、活跃，审美心理感觉更加细腻、灵敏。谢朓、鲍照的杰出就在于其审美感觉的细腻。作家之间的区别、作家自身的杰出最终表现为审美心理，表现为审美心理的结构比例。沈德潜《古诗源》曾说："玄晖灵心秀口。"刘熙载《艺概·诗概》认为鲍照这样的诗人，"不可无一，不能有二"。审美心理使得六朝诗人、作家产生了自己的特色。

六朝美学是形态全面发育，范畴基本齐备的时期。绘画、书法、乐舞、雕刻、园林、文学等诸种形态毕备，其中文学美学中诗歌、辞赋、散文、小说(小说中志怪、志人)均齐全。范畴美学中妙、丽、势、言意、气韵、风骨等大量出现。这些范畴开始从哲学、社会学、伦理学中走出来，成为真正的美学范畴。门类美学中的成就都达到了中国美学史上的最高水平。这一切被哺育出来，成型了，或是彻底完型化，或是仅为雏型，留待以后去发展，但都留下了审美的基核。例如清代王士禛拈出"神韵"，以为前所未有，其实正来自六朝的"气韵"。

六朝美学是前代残存而有新的萌生的时期，是定型过渡时期，既积淀了前代又为后代作出新的积淀的时期。

这一时期，人的素质全面发展，审美能力大幅度提高。庄佛合流形成了新的思想趋向，也带来了新的审美趋向。庄学新形态的玄学，在本体上促进了美学向无上性、无穷性、无限性的升腾。玄学使得六朝美学对于美的体认达到一个相当深刻的层次，这就是美是不可言传、言喻的，体认美的方式是得鱼忘筌、舍筏达岸。从以玄对山水到以美对山水，六朝美学经历了一场深刻的新变。佛学精神使美学本体论和形神论等具体理论得到了新的生发和提高，庄学更使自然论在六朝美学中得到了确立。

审美趋于感性化，有色彩，绮靡，缺少建安的风骨，所以钟嵘才会慨叹"建安风力尽矣"。惟其如此，六朝美学也才有了它的特定性。

对中国美学史的贡献

六朝美学对中国美学史的贡献就在于它实现了美学的解放。美学开始从道德、实用中剥离开来，进而沉淀下来，出现了真正意义上的美学。这对于两汉而言，是历史性的进步。

对美学、文学、艺术的重视，是六朝的新气象。诚然它们所依附的社会道德、功利并没有消失，但是纯艺术、文学、美学的欣赏出现了，着重于它们本身价值的赞美。西晋左思《三都赋》使得"洛阳为之纸贵"就是其端倪。东晋、南朝时有这类现象出现。谢灵运"每一诗至都邑，贵贱莫不竞写，宿昔之间，士庶皆遍，远近钦慕，名动京师"[①]。"(刘)孝绰辞藻为后世所宗，世重其文。每作一文，朝成暮遍，好事者咸讽诵写，流闻绝域"[②]。陈代徐陵"颇变旧体，缉裁巧密，多有新意。每一文出手，好事者已传写成诵，遂被之华夷，家藏其本"[③]。时代形成了一种风尚："膏腴贵游，咸以文学相尚。"[④]对文学特别是纯文学性的欣赏(所谓纯文学性正是审美性)，标明了六朝美学的发展。

这种风气的形成跟六朝帝臣好尚与提倡相关。"自宋武爱文，文帝彬雅，秉文之德，孝武多才，英采云构"[⑤]。南平王刘铄，才华横溢，当时人认为能与陆机比美。建平王刘宏有文气，临川王刘义庆既好文义，又善招文士，其《世说新语》为人所熟知。《南史·临川王义庆传》曰："文帝好文章，自谓人莫能及。"《南齐书·王俭传》曰："宋武帝好文章，天下悉以文采相尚。"《宋书·明帝纪》曰："帝爱文义，撰《江左以来文章志》。"《南史·宋本纪中》云，孝武帝"才藻甚美"。

---

① 《宋书·谢灵运传》。
② 《梁书·刘孝绰传》。
③ 《陈书·徐陵传》。
④ 《南史·王承传》。
⑤ 刘勰:《文心雕龙·时序》。

齐武帝萧道成虽出身戎行，但在兵中一篇《塞客吟》却富文采。文惠太子、竟陵王子良、隋王子隆均招集文士，《梁书·武帝纪》："竟陵王子良开西邸，招文学，高祖与沈约、谢朓、王融、萧琛、范云、任昉、陆倕等并游焉，号曰八友。"《南史·刘绘传》："永明末，都下人士盛为文章谈义，皆凑竟陵西邸。"《南齐书·谢朓传》载："（隋王）子隆好辞赋，数集僚友。"

梁武帝"雅好辞赋，时献文于南阙者相望焉，其藻丽可观，或见赏擢"①。而"自晋、宋以来，宰相皆文义自逸"②。昭明太子萧统亦招集、"赏接"文士。

"陈代开国之初，承梁季之乱，文学渐衰，然世祖以来，渐崇文学。后主在东宫，汲引文士，如恐不及。及践帝位，尤尚文章"③。这种状况在中国历史上尚不多见。

君臣的好尚当然也促进了贵族美学的形成和发展，但没有使美学大幅度地向功利化、道德化方向摆动。

六朝文笔之辨，促进了文学从杂文化中分离出来，促进了文学向美学方向靠拢，同时也促进了整个六朝美学的发展。

文、笔具有不同的性质。《南史·颜延之传》载：

> （宋文帝）尝问以诸子才能。延之曰："竣得臣笔，测得臣文。"

可见，文笔有别。《宋书·颜延之传》载道："先是子竣为世祖南中郎咨议参军。及义师入讨，竣参定密谋，兼造书檄。（刘）劭召延之，示以檄文，问曰：'此笔谁所造？'延之曰：'竣之笔也。'又问：'何以知之？'延之曰：'竣笔体，臣不容不识。'"那么，文、笔之别何在呢？刘勰《文心雕龙·总术》的解释是："今之常言，有文有笔，以为无韵者笔也，有韵者文

① 《梁书·袁俊传》。
② 《梁书·何敬容传》。
③ 刘师培：《中国中古文学史》第五课丙《陈代文学》。

也。”黄侃《〈文心雕龙〉札记》说：“文笔以有韵无韵为分，盖始于声律论既兴之后，滥觞于范晔、谢庄，而王融、谢朓、沈约扬其波……然则属辞为笔，自汉以来之通言；无韵为笔，自宋以后之新说。”

刘宋时范晔《狱中与诸甥侄书》写道：

> 常耻作文士。文患其事尽于形，情急于藻，义牵其旨，韵移其意。虽时有能者，大较多不免此累，正可类工巧图绘，竟无得也。常谓情志所托，故当以意为主，以文传意。以意为主，则其旨必见；以文传意，则其词不流；然后抽其芬芳，振其金石耳。此中情性旨趣，千条百品，屈曲有成理，自谓颇设其数。尝为人言，多不能赏，意或异故也。性别宫商，识清浊，斯然也。观古今文人，多不全了此处；纵有会此者，不必从根本中来。言之皆有实证，非为空谈。年少中，谢庄最有其分。手笔差易，文不拘韵故也。吾思乃无定方，特能济（艰）难，适轻重。所禀之分，犹当未尽。但多公家之言，少于事外远致，以此为恨。亦由无意于文名故也。

范晔是结合自己的撰述来辨别文、笔的。其序论无韵故称笔，其赞有韵故称文。他认为自己能“别宫商，识清浊”，故能“济（艰）难，适轻重”。可见，在一开始，韵与非韵是文与笔的区别界限。

《文心雕龙·总术》引刘宋“颜延之以为：笔之为体，言之文也。经典则言而非笔，传记则笔而非言”。颜延之把“传记”亦划入“笔”类，这就使“笔”所包含的类别有所扩大。这一文体观念影响了刘勰，他在《文心雕龙》中把史传、诸子归入笔类之中。颜延之于“文”“笔”之外另立“言”字。范文澜《〈文心雕龙〉札记》说：“此言字与笔字对举，意谓直言事理，不加彩饰者为言，如《礼经》《尚书》之类是；言之有文饰者为笔，如《左传》《礼记》之类是；其有文饰而又有韵者为文。”颜延之重视文学的形式审美机制，成为文笔之辨中的一支突起异军。

刘勰在《文心雕龙·总术》中表述道：

请夺彼矛，还攻其盾矣。何者？《易》之《文言》，岂非言文；若笔果言文，不得云经典非笔矣。将以立论，未见其论立也。予以为发口为言，属笔曰翰，常道曰经，述经曰传。经传之体，出言入笔，笔为言使，可强可弱，六经以典奥为不刊，非以言笔为优劣也。

刘勰在总体认识上，仍然是把文笔划分开来的，《体性》所谓“笔区云谲，文苑波诡”，有韵为文，无韵为笔。

以上文笔之辨的区分标准还在有韵无韵之上，所依据的是声韵标准，还不是审美标准。萧梁时萧绎《金楼子·立言》写道：

古人之学者有二，今人之学者有四。夫子门徒，转相师受，通圣人之经，谓之儒。屈原、宋玉、枚乘、长卿之徒，止于辞赋，则谓之文。今之儒，博穷子史，但能识其事，不能通其理者，谓之学。至如不便为诗如阎纂，善为章奏如伯松，若此之流，泛谓之笔。吟咏风谣，流连哀思者，谓之文……笔退则非谓成篇，进则不云取义，神其巧惠，笔端而已。至如文者，惟须绮縠纷披，宫徵靡曼，唇吻遒会，情灵摇荡。而古之文笔，今之文笔，其源又异。

这是从审美的视角对文、笔的界定，不再仅仅局限于有韵无韵了，而是其内在的审美素质。这个素质是综合性的机制，有“情灵摇荡”“流连哀思”的情感因素，有“宫徵靡曼，唇吻遒会”的声律美感，还有“绮縠纷披”的缤纷藻饰。这是对文学审美属性的基本揭示，也成为六朝美学的重大贡献之一。

声律美学是六朝美学的另一重大贡献。声律美感是作用于人的听觉感受所形成的美感，六朝人重声律美学，是感性主义美学发展和膨胀的必然产物，体现了人的进一步的感性要求。人既需要视觉的审美满足，又需要听觉的审美满足。六朝声律美学是六朝人对汉语言音乐质感的发现、规范、运用，把朴素的声律现象加以审美化，从而产生出声律美学。这与六朝人对美听这一审美特性的深入体认分不开，又与佛教重声韵的影响分不开。近人陈寅恪《四声三问》说:“竟陵王子良大集善声沙门于西邸,造经呗新声,实为当时考文审音之一大事。”

当时对声律的深入研究已具有广泛性。《南史·周颙传》载:“(周颙)始著《四声切韵》行于时。”《南史·陆厥传》载:“时有王斌者,不知何许人,著《四声论》行于时。”《南齐书·陆厥传》云:“时盛为文章,吴兴沈约、陈郡谢朓、琅邪王融以气类相推毂,汝南周颙善识声韵,约等文字皆用宫商,将平、上、去、入四声,以此制韵,不可增减,世呼为‘永明体’。”《梁书·庾肩吾传》云:“齐永明中,文士王融、谢朓、沈约文章始用四声,以为新变,至是转拘声韵,弥尚丽靡,复逾于往时。”钟嵘《〈诗品〉序》云:“齐有王元长(融)者,尝谓余云:‘宫商与二仪俱生,自古词人不知之,惟颜宪之(延之)乃云律吕音调,而其实大谬;惟见范晔、谢庄颇识之耳。尝欲进《知音论》,未就。’王元长创其首,谢朓、沈约扬其波。”这当中,沈约是杰出代表。他的《答陆厥书》说:“自古辞人,岂不知宫羽之殊,商徵之别?虽知五音之异,而其中参差变动,所昧实多。故鄙意所谓此秘未睹也。”沈约在《宋书·〈谢灵运传〉论》中认为:“自骚人以来,此秘未睹。”《梁书·沈约传》说:“(沈约)又撰《四声谱》,以为在昔词人,累千载而不语,而独得胸衿,穷其妙旨。”沈约在《宋书·〈谢灵运传〉论》中具体表述道:

> 夫五色相宣,八音协畅,由乎玄黄律吕,各适物宜。欲使宫羽相变,低昂互节,若前有浮声,则后须切响。一简之内,音韵尽殊,两句之中,轻重悉异,妙达此旨,始可言文。

只有深知声律美学,“始可言文”,这是对声律美学地位的确定。六朝声律即所谓的“四声八病”,它所要求的是有声韵之美,要美听而又声韵和谐,抑扬起伏,疾徐有致。《文心雕龙·声律》具体说:“声画妍蚩,寄在吟咏。吟咏滋味,流于字句;字句气力,穷于和韵。异音相从谓之和,同声相应谓之韵。”对于同声、异韵,都有不同的声律美学要求。其核点在一个“和”字上。他说:“韵气一定,故馀声易遣;和体抑扬,故遗响难契。

属笔易巧，选和至难；缀文难精，而作韵甚易。”又说：“凡声有飞沈，响有双叠，双声隔字而每舛，叠韵杂句而必睽；沈则响发而断，飞则声飏不还，并辘轳交往，逆鳞相比；迂其际会，则往蹇来连，其为疾病，亦文家之吃也。”

沈约等人经过精心编制的“四声八病”说，成为对六朝声律美学的规定。从《梁书·王筠传》的一段记载中可以看出沈约对声律美在具体创作实践中运用的重视。

> （沈）约制《郊居赋》，构思积时，犹未都毕，乃要（王）筠，示其草。筠读至“雌霓（五激反）连蜷”，约抚掌欣抃曰：“仆常恐人呼为霓（五鸡反）。”次至“坠石磓星”，及“冰悬埳而带坻”，筠皆击节称赞。约曰：“知音者希，真赏殆绝。所以相要，正在此数句耳！”

沈约在《宋书·〈谢灵运传〉论》中把声律视为文学属性的重要审美标准。他说：“王褒、刘向、扬、班、崔、蔡之徒，异轨同奔，递相师祖。虽清辞丽曲，时发乎篇；而芜音累气，固亦多矣。”“至于先士茂制，讽高历赏，子建函京之作，仲宣灞岸之篇，子荆零雨之章，正长朔风之句，并直举胸情，非傍诗史，正以音律调韵，取高前式。”

六朝声律美学对促进近体诗的形成，对促进中国诗的美听化，具有不可低估的贡献。

六朝孕生了给中国美学以极大影响之清水芙蓉之美。六朝存在着两种对立的审美形态：清水芙蓉和错金镂彩。“清”是六朝重要的审美标准。谢灵运《石壁精舍还湖中作》有句：“山水含清晖。”“晋宋以还，清音遂畅”[①]，出现了新的审美形态。谢朓诗风有“平秀清发”之称。清思又来自于玄思。玄思澄澈，表现为清的特征。江淹《杂诗》云：“亹亹玄思清，胸中去机巧。物我俱忘怀，可以狎鸥鸟。”以这样的心态去观照对

① 纪昀批点《苏文忠公诗集》卷八。

象就必然会去发现、捕捉和表现清的审美形态。

"清水芙蓉"和"错金镂彩"是六朝并存着的两种审美形态。在趋向上,"清水芙蓉"逐步取代"错金镂彩"。宗白华《中国美学史中重要问题的初步探索》论述道:

> 这两种美感或美的理想,表现在诗歌、绘画、工艺美术等各个方面。
>
> 楚国的图案、楚辞、汉赋、六朝骈文、颜延之诗、明清的瓷器,一直存在到今天的刺绣和京剧的舞台服装,这是一种美,"错彩镂金、雕缋满眼"的美。汉代的铜器、陶器,王羲之的书法,顾恺之的画,陶潜的诗,宋代的白瓷,这又是一种美,"初发芙蓉,自然可爱"的美。
>
> 魏晋六朝是一个转变的关键,划分了两个阶段。从这个时候起,中国人的美感走到了一个新的方面,表现出一种新的美的理想。那就是认为"初发芙蓉"比之于"错彩镂金"是一种更高的美的境界。在艺术中,要着重表现自己的思想,自己的人格,而不是追求文字的雕琢。陶潜作诗和顾恺之作画,都是突出的例子。王羲之的字,也没有汉隶那么整齐,那么有装饰性,而是一种"自然可爱"的美。这是美学思想上的一个大的解放。诗、书、画开始成为活泼泼的生活的表现,独立的自我表现。

因此,如毛先舒《诗辩坻》卷四所说:"'镂金错彩',犹留晋骨;'初日芙蓉',微开唐制。"

在对时间的审美上,六朝人表现出生命意识和对于时光飘逝的深情伤感,富于感染人的力量。六朝人形成了特有的空间审美观念,具有中国美学空间感的典型意义与价值。吴均《山居杂诗》(其一):

> 山际见来烟, 竹中窥落日。
> 鸟向檐上飞, 云从窗里出。

阴铿《开善寺》:“莺随入户树,花逐下山风。栋里归白云,窗外落晖红。”有来有去,有进有出,形成空间的循环往复节奏,它内在地孕含着“无往不复,天地际也”这种中国哲学深刻的空间意识。

《南史》卷四十四《齐武帝诸子附萧贲传》中有一句十分重要的话,这就是:“咫尺之内,便觉万里为遥。”它揭示了中国美学的空间意识,给后代绘画美学的体势论以很大影响。唐代王维《画学秘诀》云:“咫尺之图,写百千里之景,东西南北,宛尔目前;春夏秋冬,生于笔下。”以至于杜甫《戏题王宰画山水图歌》直截了当地说:“咫尺应须论万里。”

史学—美学建构新成就。范晔《狱中与诸甥侄书》对殚精竭虑所撰《后汉书》有一席自我评价之言。这番言论雄视古人,睥睨今人,自言撰述,自视极高,古今未见第二。寻绎其心理动因不外乎:一是自言“狂衅覆灭”,临终当应有所交代,就刑将即,当可直言,所述之心态特别坦然,意态特别自若。胸中有言,一吐为快,并无遮拦顾忌。二是“本未关史书,政恒觉其不可解耳”“恐世人不能尽之,多贵古贱今,所以称情狂言耳”。死期已届,担心身后不被了解、理解,便于生前畅露心志。这是自我评价,述志表白。更重要的是所作自我评估,恰如其分,与所著史书相合,狂而不颠,正所谓如鱼饮水,冷暖自知。

范晔站在一个极高的视点上审视古往今来之史著,便俯仰自如,举重若轻。而他底气十足,便可评说他人,定位自身,所谓“详观古今著述及评论,殆少可意者”。他在体例、传论、赞言三方面立论申论。体例上,“自古体大而思精,未有此也”。他反复就班固《汉书》与自己之《后汉书》作出比较,以确定自身之特点:“班氏最有高名。既任情无例,不可甲乙辨。后赞于理近无所得,惟志可推耳。博赡不可及之,整理未必愧也。”他认为,其“杂传论,皆有精意深旨,既有裁味,故约其词句”。他自我估价“《循吏》以下,及《六夷》诸序论,笔势纵放,实天下之奇作。其中合者,往往不减《过秦篇》”。他又通过与《汉书》比较,“尝共比方班氏所作,非但不愧之而已”。对于“赞”,范晔更为自我称扬,“自是吾文之杰思,殆无一字空设,奇变不穷,同合异体,乃自不知所以称之”。

对照《后汉书》即可“实证”范晔自诩并非虚言。议论风生,词约意丰，辞采缤纷，正有其所言"情志"在、"文意"在，于文学审美上成就极高。

《后汉书》发挥《史记》擅于描述浩大而激烈场面和场面中刻画人物的方式，突破历史著作仅著录事实的局限。如卷一《光武帝纪》中昆阳之战：

> 光武乃与敢死者三千人，从城西水上冲其中坚，寻邑阵乱，乘锐崩之，遂杀王寻。城中亦鼓噪而出，中外合执，震呼动天地。莽兵大溃，走者相腾践，奔殪百馀里间。会大雷风，屋瓦皆飞，雨下如注，滍川盛溢。虎豹皆股战，士卒争处，溺死者以万数，水为不流。王邑、严尤、陈茂轻骑乘死人度水逃去。尽获其军实、辎重、车甲、珍宝，不可胜算，举之连月不尽，或燔烧其馀。

这番文字足以与《史记》所写巨鹿之战相媲美。又如卷九十七《范滂传》母子诀别场面：

> 其母就与之诀，滂白母曰："仲博孝敬，足以供养。滂从龙舒君归黄泉，存亡各得其所。惟大人割不可忍之恩，勿增感戚。"母曰："汝今得与李、杜齐名，死亦何恨。既得令名，复求寿考，可兼得乎！"滂跪受教，再拜而辞。顾谓其子曰："吾欲使汝恶，则恶不可为；使汝为善，则我不为恶！"行路闻之，莫不流涕。

《后汉书》序论确如《狱中与诸甥侄书》所述那样，文气充溢，文势摇曳。如卷一百十三《逸民传》序论：

> 是以尧称则天，不屈颍阳之高；武尽美矣，终全孤竹之洁。自兹以降，风流弥繁，长往之轨未殊，而感致之数匪一。或隐居以求其志，或回避以全其道，或静己以镇其躁，或去危以图其安，或垢俗以动其概，或疵物以激其清。然观其甘心畎亩之中，憔悴江海之

上，岂必亲鱼鸟乐林草哉？亦云性分所至而已。故蒙耻之宾，屡黜不去其国；蹈海之节，千乘莫移其情。适使矫易去就，则不能相为矣。彼虽硁硁有类沽名者，然而蝉蜕嚣埃之中，自致寰区之外，异夫饰智巧之逐浮利者乎！

其行文气势不减贾谊《过秦论》，骈散相合，四六间用，实能鼓荡人心。《后汉书》文笔时有彩藻，以审美文墨为之。如卷七十八《宦官传》序论：

若夫高冠长剑，纡朱怀金者，布满宫闱；苴茅分虎，南面臣人者，盖以十数。府署第馆，棋列于都鄙；子弟支附，过半于州国。南金、和宝、冰纨、雾縠之积，盈仞珍臧；嫱媛、侍儿、歌童、舞女之玩，充备绮室。狗马饰雕文，土木被缇绣，皆剥割萌黎，竞恣奢欲。构害明贤，专树党类。其有更相援引，希附权强者，皆腐身熏子，以自炫达。同敝相济，故其徒有繁，败国蠹政之事，不可殚书。

范晔为序为赞，往往饱和情感，不惟对历史人物、现象加以价值评判，而且进行情感评价。例如卷十九《耿恭传》论曰：

余初读《苏武传》，感其茹毛穷海，不为大汉羞。后览耿恭疏勒之事，喟然不觉涕之无从。嗟哉，义重于生，以至是乎！昔曹子抗质于柯盟，相如申威于河表，盖以决一旦之负，异乎百死之地也。以为二汉当疏高爵，宥十世。而苏君恩不及嗣，恭亦终填牢户。追诵龙蛇之章，以为叹息。

字里行间仿佛能听到声声叹息传耳。既富史思，又有藻翰，文词铿锵，有金石之声。虽是史论，却得文学审美意味，为后世骈文所垂范。

范晔学殖渊厚，素养深广，精思敏锐，尚含一分狂气（《狱中与诸甥侄书》两次言狂："吾狂衅""称情狂言"），遂敢为人先，首言文意为主，首分文笔界限，首以文学审美之法撰写史之传论赞词，开后世之先河。发论与撰述珠联璧合，史思与文情桴鼓相应。实见出史书评价不虚，个人言盛非夸。范晔于中国史学—美学之贡献夥矣大哉！

建立了新变的美学发展观。萧子显《南齐书·〈文学传〉论》响亮地提出："习玩为理，事久则渎，在乎文章，弥患凡旧，若无新变，不能代雄。"体现了急切地寻求审美新变的愿望。萧统《〈文选〉序》写道："若夫椎轮为大辂之始，大辂宁有椎轮之质？增冰为积水所成，积水曾微增冰之凛，何哉？盖踵其事而增华，变其本而加厉；物既有之，文亦宜然；随时变改，难可详悉。"刘勰《文心雕龙》制《通变》篇，所描述的历史发展景象是："黄唐淳而质，虞夏质而辨，商周丽而雅，楚汉侈而艳，魏晋浅而绮，宋初讹而新。从质及讹，弥近弥淡。"在六朝新变与复古的对立中，刘勰取"折衷"之路。他所强调的是美学继承的一面："楚之骚文，矩式周人；汉之赋颂，影写楚世；魏之策制，顾慕汉风；晋之辞章，瞻望魏采。"纪昀评此篇云："齐梁间风气绮靡，转相神圣，文士所作，如出一手，故彦和以通变立论……盖当代之新声，既无非滥调，则古人之旧式，转属新声。复古而名以通变，盖以此耳。"黄侃《〈文心雕龙〉札记》云："此篇大指，示人勿为循俗之文，宜反之于古。"

总之，六朝美学的贡献是多方面的，涉及范畴、形态、意识、理想、形式、发展观等等方面。六朝是美学自由、活跃的时期，"精神是最哲学的，因为是最解放的、最自由的""向外发现了自然，向内发现了自己的深情"①。

美的发展历程

这是一个历史的纵向结构问题。

唐人元稹曾经做过这样的揭示："建安之后，天下文士遭罹兵战，曹

① 宗白华：《美学散步·论〈世说新语〉和晋人的美》。

氏父子鞍马间为文，往往横槊赋诗，故其遒壮抑扬冤哀悲离之作，尤极于古。晋世风概稍存，宋齐之间，教失根本，士以简慢歙习舒徐相尚，文章以风容色泽放旷精清为高，盖吟写性灵流连光景之文也，意气格力无取焉。陵迟至于梁陈，淫艳刻饰佻巧小碎之词剧，又宋齐之所不取也。"①

清代乔亿对六朝诗美学的阶段性特征做过这样的描述："宋诗已有排（俳）句，然骨重体拙，古意尚存；齐诗骨秀神清，而力不厚；梁诗高者可匹宋、齐，下者与陈、隋并入唐律矣；陈诗格最下，前不如梁，后不如隋。"②

近人陈寅恪从历史学角度把六朝分为三个阶段："一为东晋，二为宋、齐、梁，三为陈。东晋为北来士族与江东士族协力所建，宋、齐、梁由此来中层阶级的楚子与南北士族共同维持，陈则为北来下等阶级（经士断后亦列为南人）与南方土著掌握政权的时代。"③

按照我们对六朝审美理想、特征的考察，可以把它划分为东晋、宋、齐梁、陈四大时期。

东晋美学最风流。其风流气韵的最佳载体是书法。一派空灵、一派虚行、一派化机，矫若游龙，翩若惊鸿。它属于从心所欲不逾矩的自由的美。东晋还有绘画。文学成就相对低下，还没有从简单的玄言诗中解脱出来。玄思与玄言有区别。玄言是表达载体，而玄思是思维，是观照的视域和方式。一旦玄思成为人们的内视域，审美就出现了根本性的变化。东晋玄言远不如正始深刻，但玄思带来了晋人的虚灵和潇洒，突破有限走向无限，走向超越。于是，"妙""神""韵""言不尽意"等，才会成为这一时期的审美范畴，它体现于对自然山水的审美，也体现于对人物的审美。

---

① 《元氏长庆集》卷五十六。

② 乔亿：《剑溪说诗》卷上。

③ 《陈寅恪魏晋南北朝史讲演录》，黄山书社 1987 年版。

明人陆时雍《诗镜总论》说："诗至于宋，古之终而律之始也。体制一变，便觉声色俱开。"清人沈德潜《说诗晬语》说："诗至于宋，性情渐隐，声色大开，诗运一转关也。"刘宋是六朝美学史上的转折时期。宋有承晋之一面，形成了晋、宋山水审美意识，成为中国美学史最典范的自然审美意识。晋、宋山水诗的排遣风格，改变了忧伤的情调。它形成了悠游天地的审美态度、"静照"——玄之"虚静"、释之"寂照"的审美心态，与天地相融的审美精神。"山水质有而趣灵""抚琴动操，欲令众山皆响"等等说法和做法，都是这一时期自然审美意识达于一个高端境界的显示，它在山水诗文的文学美学和园林美学中留下了痕印。

另一方面，刘宋美学注重感性，遂致"声色大开"。玄言的影响逐渐弱化，审美的独立性开始显示，注重于"声"与"色"的感觉特征，审美的触须趋于灵便和敏锐，站在这个中介点上的是谢灵运。

齐、梁美学是规范意义的六朝美学的典型期。感性主义全面发育和形成，其代表是"宫体"诗，这是从宫廷发育起来的。《南史·梁简文帝纪》："（简文帝萧纲）弘纳文学之士，赏接无倦……雅好赋诗，其自序云七岁有诗癖，长而不倦。然帝文伤于轻靡，时号'宫体'。""简文文明之姿，禀乎天授……宫体所传，且变朝野。"他就写有《见内人作卧具》、《戏赠丽人》、《咏内人昼眠》、《伤美人》、《美人晨妆》、《夜听妓》等。这些作品形成了艳欲、艳丽的强烈色彩和感觉。

与此同时存在的是"永明体"的清气和幽丽。"永明体"既是指声律美学范畴，又是指美学形态。

刘勰《文心雕龙·明诗》曾经这样描述他所处的当代文学的状况："俪采百字之偶，争价一句之奇，情必极貌以写物，辞必穷力而追新，此近世之所竞也。"骈四骊六，繁声竞彩，追逐新奇，家竞新哇，人尚谣俗。它把美学推向感性主义的高峰，使得美学不再像东晋时那样追求潇洒世界、洒脱人生和悠游天地，它彻底回到了最平俗的日常生活。

在这样的美学背景上，爆发了齐、梁时代持续时间颇长的古今新旧之争即萧纲、裴子野之争，由此产生了第三派的刘勰折衷性美学思想。刘勰的美学思想具有丰富内容，而钟嵘《诗品》关于文学美学思想、谢赫

《画品》关于绘画美学思想，都把齐、梁美学推进到一个更高的阶段。从某种意义上可以说，齐、梁美学是对六朝美学的总结和升华。刘勰、钟嵘、谢赫等人的美学思想对中国美学思想影响甚大。

陈代美学没有什么新的创造，只是发展了齐梁时代浮艳的一面。《诗筏》曰："宫体一出，从风而靡，盖秀才天子也，又降为浪子皇帝矣。"陈后主就是其代表。《隋书·音乐志上》云："及（陈）后主嗣位，耽荒于酒，视朝之外，多在宴筵。尤重声乐，遣宫女习北方萧鼓，谓之'代北'。酒酣则奏之。"宫体诗的艳欲的特征，使诗的表现和审美领域与对象越来越狭小，并且使本来是高雅的美变得平庸、粗俗，变成情欲的表征。它为其本身的变化准备了条件，终于在隋、唐完成了这一进程。

（原连载《中国文化研究》1997 年秋之卷、冬之卷。）

隋代美学

中国历史上的隋代虽是一个短命的王朝，但隋代美学在中国美学思想史上却具有重要的地位。隋代美学是一个充满激愤和偏颇的美学反思时期。

对六朝美学的清算

隋代是在灭陈后建立起来的，在巩固自身政权时当然会把刚刚所取代的王朝作为不远之殷鉴。它对于前代六朝采取一笔否定的态度，正所谓“百代兴亡朝复暮，江风吹倒前朝树”。而它所否定的则是六朝美学的感性和俗丽特征。《陈书·〈帝纪〉总论》从陈后主叔宝亡国得出了这样一个结论：“亡国之主，多有才艺。”所谓“才艺”，当然指审美素质。《隋书·音乐志》记陈后主“尤重声乐，遣宫女习北方箫鼓，谓之《代北》，酒酣则奏之。又于清乐中造《黄鹂留》及《玉树后庭花》《金钗两臂垂》等曲，与幸臣等制其歌词，绮艳极高，极于轻薄，男女唱和，其音甚哀”。这里所说的“哀”不是悲哀，而是指幽婉动人。对陈后主这样一个历史人物应作出何种评价，历史学家们自会有结论。然而就陈后主在文学、美学上的功过是非问题，却是可以细加分析的。他的美学趣味上的俗艳、轻薄，自应汰弃；其“荒于酒色，不恤政事”“妇人美貌丽服、巧态以从者千馀人”。但是他也有着不可抹煞的美学史贡献，即推促了美学的感性发展，使得文学、舞蹈、音乐等文艺形式显得轻快、动听、幽丽。

整个南北朝时期不仅有南朝陈叔宝这样的风流皇帝，而且北朝也是如此。北齐后主高纬"为《尤愁曲》，音韵窈窕，极于哀思，使胡儿阉官之辈，齐唱和之，曲终乐阙，莫不陨涕"。北周静帝"恣情声乐"。因此，南北朝晚期就充塞、弥漫着一种感性主义的轻靡美学风调。

一个王朝的覆灭有着社会、历史等多重原因，而耦合着的因素则是这批亡国之君又偏偏是恣情声乐的(尽管其中确有因耽于声乐而忘怀国是的)，这样就往往会推导出亡国之君，多因文艺的普遍性结论。命题的前提有存在的合理性，但结论却是错误的。卢思道《北齐兴亡论》也曾指斥武成帝之"耆音"、后主之"淫声"。后代在总结前代教训时首当其冲地把矛头指向"文艺"。同时，后代对于所取代的前代王朝过失往往怀着偏激的情绪和偏颇的态度，隋代就是如此。李谔《上隋高祖革文华书》代表了这一心态。崇尚远古教化，认为那时"五教六行，为训民之本；诗书礼易，为道义之门。故能家复孝慈，人知礼义"。但后来出现变化，世风渐衰，尤以六朝为盛。"除及后代，风教渐落。魏之三祖，更尚文词，忽君人之大道，好雕虫之小艺。下以从上，有同影响，竞骋文华，遂成风俗。江左齐梁，其弊弥甚。贵贱贤愚，惟务吟咏。遂复遗理存异，寻虚逐微，竞一韵之奇，争一字之巧。连篇累牍，不出月露之形；积案盈箱，惟是风云之状。世俗以此相高，朝廷据兹擢士。禄利之路既开，爱尚之情愈笃。于是闾里童昏。贵游总丱，未窥六甲，先制五言。至如羲皇、舜、禹之典，伊、傅、周、孔之说，不复关心，何尝入耳！以傲诞为清虚，以缘情为勋绩，指儒素为古拙，用词赋为君子。故文笔日繁，其政日乱。良由弃大圣之轨模，构无用以为用也。损本逐末，流遍华壤，递相师祖，久而愈扇"。李谔锋芒所及，首指齐、梁，概及魏、晋以还的所有文学现象。他对其文学、美学之状况做了淋漓尽致的否定性描述，尤为憎恨所弥散之社会风习，其中所指遍于魏、晋的思想、文学、美学成就，如魏、晋玄学，陆机美学，六朝词赋等。李氏之言所及范围既极广袤，时域又甚深远。它成为隋代对魏、晋美学特别是六朝美学以憎恶式态度加以否定、摒弃的代表性文字。李氏的落脚点是总结六朝的历史教训，但他所选择的入楔点却是文学、美学，这样，就带来了对整个文学、美学声誉、地位的极大影响，进而导致了对文学、美学的根本否定。

王通的《中说·事君》对六朝文学、美学家做了具体分析和评价。"子谓文士之行可见。谢灵运小人哉,其文傲,君子则谨。沈休文小人哉,其文冶,君子则典。鲍照、江淹,古之狷者也,其文急以怨。吴筠、孔珪,古之狂者也,其文怪以怒。谢庄、王融,古之纤人也,其文碎。徐陵、庾信,古之夸人也,其文诞。或问孝绰兄弟,子曰:鄙人也,其文淫。或问湘东王兄弟,子曰:贪人也,其文繁。谢朓,浅人也,其文捷。江总,诡人也,其文虚。皆古之不利人也。子谓颜延之、王俭、任昉有君子之心焉,其文约以则"。这里的评判标准是文品即人品,是人的道德风貌、伦理观念与人的文学、美学风貌具有简单的线性联系。王通所欣赏的三人中,王俭"发言吐论,造次必于儒教",恪遵儒学标准;任昉"行可以厉风俗,义可以厚人伦",也仍然是以儒学为行为和内在规范的。所谓"其文约以则",就是简朴无华,符合规范与准则,而所谓的规范与准则,就是以上述的儒学内容为内涵的。王通对谢灵运、沈约、鲍照、谢庄等人,从文品和人品上加以双重否定,并把文品风貌视为人品所致,他所否定和鄙弃的正是六朝艺术和文学审美所应具备的品质与性质。

总体而言,隋代思想家、美学家对于六朝美学采取的是偏颇的愤激态度,矫枉过正,在方法上则是简单化的,因而无法对六朝美学作出正确的历史性评价。这种激烈的否定内容和方式,往往出现在改朝换代的时期,成为中国历史和美学史上带有规律性的现象,如清代思想家、美学家对于晚明思想、美学的批判。隋代思想家、美学家对于六朝的批评、否定,在历时性的范畴内对于初唐甚有影响。从这种愤激情绪和态度、方法中解脱出来,显示出公允、公道,则是从明代中叶以后才通过李东阳、李梦阳、屠隆,直至清代叶燮得以确定下来。在共时性的范畴内,则是影响了整个隋代的思想、美学方向,使其向政教方向急速滑坡,使文学、美学的功能变得狭隘,遏止了美学的感性发展。如此严厉、苛责,把魏、晋以来一些富于生命力的审美范畴如风骨、神思、缘情等都一概扫汰了,它不是促进了思想史和美学史的发展,而是阻碍了其发展。

隋代美学风貌:斫雕为朴

《隋书·〈文学传〉序》写道:

> 高祖(隋文帝)初统万机,每念斫雕为朴,发号施令,咸去浮华,然时俗词藻,犹多淫丽,故宪台执法,屡飞霜简。

李谔《上隋高祖革文华书》亦言道:"及大隋受命,圣道聿兴,屏黜轻浮,遏止华伪。"为此,采取了一系列的强制性行政措施,"开皇四年,普诏天下,公私文翰,并宜实录",是年九月,"泗州刺司马幼之文表华艳",竟然被"付所司治罪",可见手段之严厉,由此也产生了巨大的震慑效果:"自是公卿大臣,咸知正路,莫不钻仰坟索,弃绝华绮。择先王之令典,行大道于兹世。"但是,在"外州远县,仍踵敝风,选吏举人,未遵典则。至有宗党称孝,乡曲归仁,学必典谟,交不苟合,则摈落私门,不加收齿;其学不稽古,逐俗随时,作轻薄之篇章,结朋党而求誉,则选充史职,举选天朝"。这是因为"县令刺史,未行风教,犹挟私情,不存公道"。面对这种状况,李谔认为自己责无旁贷,"既忝宪司,职当纠察",充当了文化纠察的角色,不惜采取行政法律措施,"请勒诸司,普加搜访",一旦发现情况便"具状送台"。这是中国文化史、美学史上的罕见事例,仅仅为了纠正某种文风便不惜动用行政法律手段。由此也可以看出,隋代为了改变六朝以来的文学、美学风气采取了何等严厉、残酷的手段。当然这也为隋代"斫雕为朴"的美学风格的实现铺平了道路。

这种美学风格首先在文学的诗风中反映出来。代表隋诗风并进而具有转变齐、梁诗风意义的,是边塞诗。六朝时鲍照开边塞诗之新风习,但其边塞诗并不是亲身经历的写照,而隋代的边塞诗则是建立在坚实而鲜活的战争生活基础之上。

如虞世基的一首诗云:

上将三略远，元戎九命尊。缅怀古人节，思酬明主恩。山西多勇气，塞北有游魂。杨桴度陇坂，勒骑上平原。誓将绝沙漠，悠然去玉门。轻赍不遑舍，惊策骛戎轩。懔懔边风急，萧萧征马烦。雪暗天山道，冰塞交河源。雾烽黯无色，霜旗冻不翻。耿介倚长剑，日落风尘昏。

诗人颂扬作为“上将”“元戎”的杨素怀抱志节，率军跨越陇山、平原，直驱塞北之情景。将士们满怀“绝沙漠”的志向“悠然去玉门”。他们有着临战前的紧张，“轻赍不遑舍，惊策骛戎轩”，未及放下行装和安顿住所，便策马驱车赶赴前线。“懔懔边风急，萧萧征马烦”，塞外风急，战马萧萧嘶鸣，一幅战斗景象跃然眼前。“雪暗天山道，冰塞交河源。雾烽黯无色，霜旗冻不翻”，极见塞外环境之凄厉与酷烈。大雪覆盖天山之路，冰冻堵塞大河河道。雪雾笼罩下烽火已黯然失色，旌旗被冻结而不能翻飞，但将士们不为环境险恶所迫，斗志昂扬，在“日落风尘昏”中“耿介倚长剑”。虞世基的边塞诗之所以能把隋代边塞诗审美推进到一个新阶段上，乃是因为主体以亲历、亲见、亲验为文学审美的基础。这在审美基点上给后人边塞诗以影响；在具体语言意象上也可以验证出来。如“霜旗冻不翻”之于岑参《白雪歌送武判官归京》中的“风掣红旗冻不翻”，如“日落风尘昏”之于王昌龄《从军行》中的“大漠风尘日色昏”，虞世基的边塞诗可以说是推陈出新、继往开来之作，从一个方面体现出隋代美学史的地位。再看卢恩道的《从车行》：

朔方烽火照甘泉，长安飞将出祁连。犀渠玉剑良家子，白马金羁侠少年。平明偃月屯右地，薄暮鱼丽逐左贤。谷中石虎经御箭，山上经人曾祭天。天涯一去无穷已，蓟门迢递三千里。朝见马岭黄沙合，夕望龙城阵云起。庭中奇树已堪攀，塞外征人殊未还。白雪初下天山外，浮云直上五原间。关山万里不可越，谁能坐对芳菲月？流水本自断人肠，坚冰旧来伤马骨。边庭节物与华异，冬霰秋霜春不歇。长风萧萧渡水来，归雁连连映天没。从军行，军行万里出龙庭。单于渭桥今已拜，将军何处觅功名？

这首诗不仅有边塞风光的描述，而且有边塞远征中思乡之情的流露。前半部分写边塞风光之凄厉，边塞之酷烈，以“朝见马岭黄沙合，夕望龙城阵云起”引入思念之情的抒发。庭中之树已能攀折，却不见征人归来。白雪刚刚飘落在天山之外，“浮云直上五原间”，寓示着征人的游踪不定。诗中慨叹“关山万里不可越”，对此，“谁能坐对芳菲月”，蹉跎岁月、消耗青春呢？已有耐不得寂寞之感了。“流水本自断人肠”“坚冰旧来伤马骨”，更给人以伤心切骨之痛。随着冬霰秋霜的更迭，边庭物候变异，更增添了思念之情。诗有苍劲之气和怨咽之声，情绪委曲哀婉，被胡应麟《诗薮》称之为“音响格调，成自停匀，体气丰神，尤为焕发”。隋代文学的审美格调富于苍凉悲慨之气，在一定程度上是向建安风骨的回归，是对六朝文学美学的超越。

隋代文学的现实感较强，较之六朝文学是历史性的进步，也带来了审美风调上的古朴苍劲。由于从北入隋，或南人从陈入隋，陵谷沧桑、历史巨变使得诗人们咏唱有情地表达出内心的痛楚或亡国之思，表现出凄婉沉痛的审美情调。例如由陈入隋之许善心，据《隋书》本传载，“及陈亡，高祖遣使告之。善心衰服号哭于西阶之下，藉草东向，经三日”“哭尽哀”“伏泣于殿下，悲不复兴”，对于陈国之灭亡，充满着无穷无尽的哀恸，遂写有《于太常寺听陈国蔡子元所校正声乐诗》：

> 维阳成礼乐，治定昔君临。充庭观树羽，上帝仰拟金。既因钟石变，将随河海沉。湛露废还序，承风绝复寻。衮章无旧迹，韶夏有馀音。泽竭英茎散，人遗忧思深。悲来未减瑟，泪下正闻琴。讵似文侯睡，聊同微子吟。钟秦殊南北，南声异古今。独有延州听，应是亡国音。

亡国之恨、黍离之思的表现内容和表达形式都内在地增添了审美的悲咽情绪。

隋代诗的情感类型较六朝有所拓展，士不遇这一传统主题再次以深沉的形式出现。

入隋的文人其不遇之情往往与王朝更迭的历史沧桑相联结。前朝的显贵往往落泊为本朝的下僚，于是，不遇之情便和故国之思相接和，增添了情绪的凄婉之感。例如由北齐入隋的孙万寿因衣冠不整失仪，配防江南，郁郁寡欢，写有82句长诗《远戍江南寄京邑亲友》。诗人从古代不遇之诗人说起，引为同调，“贾谊长沙国，屈平湘水滨”。又说到自己所去之处，“江南瘴疠地，从来多逐臣”。前景不堪瞻念，满怀忧虑情怀。这两句给唐代杜甫以影响，其《梦李白》中有“江南瘴疠地，逐客无消息”句，可见其情感表现形式的深刻内涵。卢思道在诗中想到自己拙于谋身，遂不得其志，“粤余非巧宦，少小拙谋身。欲飞无假翼，思鸣不值晨。如何载笔士，翻作负戈人”。一介书生，无所伸展，“飘飘如木偶，弃置同刍狗”，饱含着深重的失落感。诗人描述了配防江南中的所见景象，“晚岁出函关，方春度京口。石城临虎踞，天津望中斗”“吴江一浩荡，楚山何纠纷。惊波上溅日，乔木下临云”。虽为描述山水景象，心境却是波澜起伏。虽为运在配防，但志向颇雄，自比为郄超、王粲：“郄超初入幕，王粲始从军。”无限依恋地回忆过去繁华的生活情景：“绕树乌啼夜，雊麦雉飞朝。细尘梁中落，长袖掌中娇。”而眼前却落得如此穷困潦倒，不禁悲思涌发，思乡之情油然而生。“羁游岁月久，归思常搔首。非关不树萱，岂为无杯酒。数载辞乡县，三秋别亲友。壮志后风云，衰鬓先蒲柳”。其辗转生发的抒情表达方式增强了审美效果，为唐人所运用。

特定的历史际遇与身世遭际使得隋代诗人有了现实的生活感受和审美感受。这使得在摆脱大量充斥应制诗的六朝诗风方面，隋诗向前推进了一步。在这样的文学审美总趋向和总氛围中，隋代文学也表现出对于现实的干预倾向。卢思道《劳生论》取《庄子·大宗师》中“大块载我以形，劳我以生”为名，说：“余晚值星辰，遂其弱尚，观人事之陨获，暗时路之遭危。玄冬修夜，静言长想，可以累叹悼心，流涕酸鼻。”他以犀利如戟的文字对趋炎附势、背惠食言、卖友求荣、阿谀奉承等丑恶的社会现象做了淋漓尽致的描画和鞭辟入里的痛斥。

朝露未晞,小车盈董石之巷;夕阳且落,皂盖填阎窦之里,皆如脂如韦,俯偻匍匐,啖恶求媚,舐痔自亲。美言谄笑,助其愉乐;诈泣佞哀,恤其丧纪。近通旨酒,远贡文蛇。艳姬美女,委如脱屣;金铣玉华,弃同遗迹。

这是得势时的一幅群丑献媚图,争相巴结,竞取荣华。紧接着的一幅图恰成强烈反差,权贵者失势,趋贵者则面目陡变,前恭后倨,判若两人。

及邓通失路,一簪之贿无余;梁冀就诛,五侯之贵将起。向之求官买职,晚谒晨趋,刺促望尘之旧游,伊优上堂之夜客,始则亡魂褫魄,若牛兄之遇兽;心战色沮,似叶公之见龙。俄而抵掌扬眉,高视阔步,结侣弃廉公之第,携手哭圣卿之门。华毂生尘,来如缴矢;雀罗暂设,去等绝弦。饴蜜非甘,山川未阻,千变万化,鬼出神入。为此者皆衣冠士族,或有艺能,不耻不仁,不畏不义,靡愧友朋,莫惭妻子。外呈原貌,内蕴百心,由是则纡青佩紫,牧州典郡,冠帻动人,厚自封殖。妍歌妙舞,列鼎撞钟。耳倦丝桐,口饫珍旨。虽素论以为非,而时宰不之责。末俗蚩蚩,如此之敝!

这首诗对势利之徒做了鞭辟入里的揭露和指摘,可谓是痛快淋漓,扒皮认骨,入木三分!具有强烈的讽刺美感效果。六朝到隋代有如此深刻的讽刺美学的,前为南朝刘峻的《广绝交论》,后则是这篇《劳生论》。张溥《〈卢武阳集〉题辞》对两篇文章评述道:"刘孝标伤任昉请于流离,著《广绝交论》,痛言五交三衅,世路险巇,过于太行孟门。子行自慨蹇产,诉斥物情,荣悴冰炭,足使五侯丧魂,六贵试泣。文人之笔,鬼魅牛马皆可画也。"

现实品格和内容的增加是隋代美学特别是文学美学的特征之一,

这是对于六朝美学的进步和发展。斫雕为朴，咸去浮华，以自身的审美特征去显示其特有的风貌，跟六朝美学的雕绘满眼可谓泾渭分明，从而也真正实现了对六朝美学的革新。

隋代美学的哲学基础——王通的哲学思想

《中说》所反映出的王通的思想乃是传统的儒家正宗思想。王通以正统儒学继承者自命，俨然成为周公、孔子以来的第一人。《中说·天地》言："如有用我者，吾其为周公所为乎?"既然千载而下，"吾不得而见""有申周公之事者"，那么"绍宣"他们事业之"吾"便当仁而不让。王通恢复儒学思想不是一般的注经式研究，而是有着鲜明的致用与实用性质，因此他的哲学思想属于实践性哲学的范畴。从这一点出发，他在《中说·周公》中便称注经式研究是"荣华其言，小成其道"，表明了对于经学实用的重视。这样，他的哲学思想便实现了与孔儒的对接。以此来对文学、美学发表议论，王通的文学、美学思想也就鲜明地烙上了上述印记。

王通把《诗经》的社会功能视为政治兴衰的标志，由此来观察社会、历史。这是对文学的非审美性的社会学、政治学体认。《中说·王道》说：

子谓薛收曰：昔圣人述史三焉：其述《书》也，帝王之制备矣，故索焉而皆获；其述《诗》也，兴衰之由显，故究焉而皆得；其述《春秋》也，邪正之迹明，故考焉而皆当。此三者，同出于史而不可杂也，故圣人分焉。

把"经"视为"史"，从而成为现实的观照。孔子所说的"诗"，可以"兴、观、群、怨"，其中之"观"正是指现实的考察功能。

子曰：诗有天下之作焉，有一国之作焉，有神明之作焉。吴季札曰：小雅其周之衰乎？豳其乐而淫乎？子曰：孰谓季子之知乐，小雅乌乎衰。其周之盛乎！豳乌乎乐？其勤而不怨乎！

对于“述《诗》也，兴衰之由显”的传统儒学命题，王通做了具体的阐释。

程元曰：“敢问《豳风》何也？”子曰：“变风也。”元曰：“周公之际，亦有变风乎？”子曰：“君臣相诮，其能正乎？成王终疑，则风遂变矣。非周公至诚，孰能卒正之哉？”地曰：“《豳》居变风之末，何也？”子曰：“夷五已下，变风不复正矣。夫子盖伤之者也，故终之以《豳风》，言变之可正也，惟周公能之，故系之以正，歌《豳》曰：周之本也。呜呼！非周公孰知其艰哉？变而克正，危而克扶，始终不失其本，其惟周公乎？系之《豳》远矣哉！”

“诗”是“风”的标志，以“观”得社会风俗、政治风习，这是中国美学对“诗”的社会功能的传统体认，而王通则做了具体的阐释。既然对“诗”的社会功能做了如此的确定，王通就极为重视其教化作用。《中说·事君》载：

薛收问《续诗》，子曰：“有四名焉，有五志焉。”“何谓四名？”“一曰化，天子所以风天下也；二曰政，蕃臣所以移其俗也；三曰颂，以成功告于神明也；四曰叹，以陈诲以立诫于家也。凡此四者，或美焉，或勉焉，或恶焉，是谓五志。”

《中说·礼乐》记：

程元问六经之致。子曰：吾《续书》以存汉晋之实，《续诗》以辩六代之俗，修《元经》以断南北之疑，赞易通以申先师之旨，正礼、乐以旌后王之失。

文学在移风易俗上，在政教风化上极具作用，风、雅有变，则教化亦变。《中说·事变》记："子曰：变风、变雅作而王泽竭矣；变化、变政作而帝制衰矣。"基于这样的认识，王通根据孔子的兴、观、群、怨诗教说，提出了他的诗教说。《中说·天地》言：

《续诗》可以讽，可以达，可以荡，可以独处。出则悌，入则孝，多见治乱之情。

王通文学、美学思想的极端化是走向内容的绝对化而推斥艺术形式和审美形式。《中说·事君》中，他激赏"美哉乎艺也"，但谈"艺"须在谈"道"之后，"古君子志于道，据于德，依于仁，而后艺可游也"。《中说·天地》说：

李伯药见子而论诗，子不答。伯药退，谓薛收曰："号上陈应、刘，下述沈、谢，分四声八病，刚柔清浊，各有端序，音若埙篪，而夫子不应，我其未达欤?"薛收回："吾尝闻夫子之论诗矣：上明三纲，下达五常，于是征存亡，辨得失。故小人歌之以贡其俗，君子赋之以见其志，圣人采之以观其变。今子营营驰骋乎末流，是夫子之所痛也，不答则有由矣。"

在王通看来，所有的四声八病，刚柔清浊，审美所需要的技巧、手段等等，统统都是"末流"，不屑为之也不屑论之。面对"末流"泛滥，他不禁"痛"而"不答"。他的这一重内容教化轻审美形式的极端主义思想，包含有矫治六朝美学风气的意图，但更作为一个普遍性的命题铺垫了隋代美学的基础。前论隋代文学、美学"斫雕为朴"的美学倾向在这里可以找到其理论根源。

《中说·述史》曾有一段记载，薛道衡对王通说："吾文章可谓淫溺矣。"王通大为欣赏："敢贺大人之知过也。"能闻检己过，薛道衡"喟然而咏曰：'老夫亦何冀，之子振颓纲'"，把力挽六朝文学、美学颓纲的希望寄托在王通身上。

根源于总体美学思想，王通提出了制约论和疏导论。《中说·立命》说："夫教之以《诗》，则出辞气斯远暴慢矣；约之以《礼》，则动容貌斯立威严矣。废其言，察其志，考其行，辨其德。志定则发之以《春秋》，于是乎断而能变；德全则导之以《乐》，于是乎和而知节；可从事则达之以《书》，于是乎可以立制；知命则申之以《易》，于是乎可以尽性。""圣人知其必然，故立之以宗，列之以次，先成诸已。然后备诸物，先济乎近，然后形乎远。"

王通的这些思想就是要求贯道济义，言理而不言文，重理轻文。《中说·天地》记："学者博诵云乎哉，必也贯乎道；文者苟作云乎哉，必也济乎义。"为此，他批评李德林道："德林与吾言终日，言文而不言理。"他认为："言文而不言理，是天下无文也。"这样的话，则"王道从何而兴乎"？为此"归而有忧色"。

王通极端重视诗人、作家的社会人格和道德、伦理思想，他认为人品和文品之间存在着完全一致的关系，人品如是，文品亦如是。前引《中说·事君》对六朝的一批文人的人品与文品的对应性体认，就是基于这一认识论。这从根本上是中国文学、美学批评的传统，基于中国文学是人格、伦理道德对象化的基本认识所形成的。六朝时刘勰《文心雕龙》虽持有风格即人的观点，但他所重视的是作家的审美理想、兴趣与文学美学风格的关系。而王通则完全忽视了这一点，撇开形成文品与文学风格所具有的多重因素，把文品视为人品的单一性表征，就使得他无法对文学风格这一复杂的现象做出正确的说明，而他对六朝时的一批作家、诗人的文品、人品以及二者的关系怀抱着深深的偏见。

前此由颜之推就已把屈原以来至于六朝的作家、诗人一笔撂倒了。《颜氏家训·文章》写道：

> 然而自古文人，多陷轻薄。屈原露才扬己，显暴君过；宋玉体貌容冶，见遇俳优；东方曼倩，滑稽不雅；司马长卿，窃赀无操；王褒过章《僮约》，扬雄德败《美新》，李陵降辱夷虏，刘歆反复莽世，傅毅

党附权门，班固盗窃文史，赵元叔抗掠过度，冯敬通浮华摈压，马季长佞媚获诮，蔡伯喈同恶受诛，吴质低忤乡里，曹植悖慢侵法，杜笃乞假无厌，路粹隘狭已甚，陈琳实号粗疏，繁钦性无检格，刘桢屈强输作，王粲率躁见嫌，孔融、祢衡，诞傲致殒，杨修、丁广，煽动取毙，阮籍无礼败俗，嵇康凌物凶终，傅玄忿斗免官，孙楚矜夸凌上，陆机犯顺履险，潘岳干设取危，颜延年负气摧黜，谢灵运空疏乱纪，王元长凶贼自治，谢玄晖侮慢见及。凡此诸人，皆其翘秀者，不能悉纪，大较如此。

在颜之推自诩"典正"的视界内，中国文学史长卷里的巨子们一个个被描画得面目全非。王通恰恰继承了这一点。

在王通的思想中，在对六朝文学、美学的评价中，在对文学、美学基本性质的体认中，都含有极强的偏执和偏颇。王通把传统儒家美学思想推向极端，不再是儒家最初的温润风调。他和前引的李谔、颜之推的偏激有相近之处。近则反拨，远则绍追，是中国文化清理的一个重要特征。隋取六朝，当然视为正义之举，又当然要在清算前代的过程中为本朝提供借鉴，或者是在激烈否定前代的基础上建立起本朝的权威。因此，这种王通—李谔式的偏激就具有深刻的历史渊源和时代特征，适应了整个隋代建立新的思想系统的需要。

王通具备了完全的用世思想、态度，有为于世，即使身在江湖，亦应心存魏阙。因此他对于放旷隐士陶潜略有微词非意。《中说·立命》载："或问陶元亮。子曰：'放人也。《归去来》有避地之心焉，《五柳先生传》则几于闭关矣！'"对于王绩拟《五柳先生传》而作《五斗先生传》，劈头盖脑地痛责："汝忘天下乎？纵心败矩，吾不与也。"再次强烈地显示出他的美学思想的实践理性与致用理性的性质。

王通所痛恨的是"今之文"即六朝文，所欣赏和向往的是"古之文"。他的复古主义思想根源于对现实即"今之文"的否定。《中说·事君》说："古之史也辩道，今之史也耀文。""古之文也约以达，今之文也繁以塞。"他力图恢复"古之文"以取代"今之文"。他所肯定和推崇的文学、美学风格是“约以达”“约以则”。《中说 · 天地》言：“吾师也(按：指孔子)，辞达而已矣。”“约以达”的“达”即指此。“则”指规范，跟西汉美学中所说的“丽以则”的“则”，都是指的同一种涵义。“约以达”“约以则”的共同点是“约”，简约明了，而又符合典则、规范，为前述的“道”“德”“仁”“义”服务。在《事君》中他认为，曹植“其文深以典”，颜延之、王俭、任昉等人“其文约以则”，这些正是王通所欣赏的榜样，当然也就成为隋代“斫雕为朴”的审美楷模。

王通的上述思想为隋代文学、美学提供了基础，也给后代古文运动以深刻影响。

(原载《吉首大学学报》2002 年第 2 期，人大复印资料《美学》2002 年第 8 期全文转载。)

盛唐美学

盛唐是一个历史区段概念，也是一个美学史区段概念。按照用审美理想、审美特征划分美学史区段的标准，盛唐美学也具备了它的史的区段的独立存在性。它有其独特的美学特征、美学精神。

盛唐人作为“人”的特点

盛唐作为一个历史区段虽然短暂，却有其辉煌。这个区段的社会状貌具有特定的内涵和表现，它在漫长的中国历史上给予人的感受犹如行进在长江大河中一样，这个区段的江面特别开阔，水流特别浩荡，因而使人的身心感到特别舒展。人，所组合成的庞大群体，营造了一定的社会历史氛围，而单个人便在这样的氛围内寻求自身的精神角色、存在和发展。盛唐所营造的社会氛围是宽松、自由、积极、热烈、昂扬、向上，盛唐人也具备了与其相适应的性格、风度、气质。

倚马见雄笔， 随身惟宝刀。

可以说是盛唐人的形象写照，能文又能武，文气且勇敢。“功名只向马上取”，时代精神在马上而不是在闺阁中。这就带来了他们的阳刚之气和积极性质。“倚马见雄笔，随身惟宝刀”，是从众多的盛唐人那里概括出来的。李白《与韩荆州书》就曾同时说到自己“十五好剑术”“日试万言，倚马可待”。王维《送张判官赴河西》也曾写到“慷慨倚长剑”。这是跟药酒的魏、晋风度不同的剑气啸马的盛唐风采。

请看李颀《送陈章甫》对盛唐人那一副肖像描绘：

四月南风大麦黄，枣花未落桐阴长。青山朝别暮还见，嘶马出门思旧乡。陈侯立身何坦荡，虬须虎眉仍大颡。腹中贮书一万卷，不肯低头在草莽。东门酤酒饮我曹，心轻万事如鸿毛。醉卧不知白日暮，有时空望孤云高。长河浪头连天黑，津口停舟渡不得。郑国游人未及家，洛阳行子空叹息。闻道故林相识多，罢官昨日今如何？

陈章甫长相英武，颇有点赳赳武夫的模样、气概，胡须蜷曲、浓眉大眼、额角宽亮。他如李白也是仪表堂堂，双目炯炯有神，开阖之间紫棱闪动。陈章甫满腹经纶，"腹中贮书一万卷"，他像盛唐时的所有士子一样，自视很高，"不肯低头在草莽"，操守又极高。他们一样嗜酒，喝得昏天黑地，"醉卧不知白日暮"；他们又显得胸怀坦荡，"心轻万事如鸿毛"。这些虽以个体形象出现，却体现了盛唐群体的共同特征。

《旧唐书·崔颢传》曾记崔颢"有俊才，无士行，好蒱博饮酒，及游京师，娶妻择有貌者，稍不惬意即去之，前后数四"。这位创作了唐人七律第一——《黄鹤楼》①，令李白叹为观止"眼前有景道不得，崔颢题诗在上头"②的崔颢，如此开放，可见盛唐风习之一斑。然而，社会也改变着一个人的生活道路、个人趣尚、审美风习，"（崔）颢年少为诗，名陷轻薄，晚节忽变常体，风骨凛然。一窥塞垣，说尽戎旅"③。可见，盛唐社会风习有着极强的感召力，规范着人的发展。崔颢的边塞诗《古游侠呈军中诸将》写道："少年负胆气，好勇复知机。仗剑出门去，孤城逢合围。杀

① 严羽：《沧浪诗话》。

② 辛文房：《唐才子传》。

③ 殷璠：《河岳英灵集》。

人辽水上，走马渔阳归。错落金锁甲，蒙茸貂鼠衣。还家且行猎，弓矢速如飞。地迥鹰犬疾，草深狐兔肥。腰间带两绶，转盼生光辉。顾谓今日战，何如随建威。”确是戎旅之状跃然，风骨之气凛然。《赠王威古》也是如此。“三十羽林将，出身常事边。春风吹浅草，猎骑何翩翩。插羽两相顾，鸣弓新上弦。射麋入深谷，饮马投荒泉。马上共倾酒，野中聊割鲜。相看未及饮，杂虏寇幽燕。烽火去不息，胡尘高际天。长驱救东北，战解城亦全。报国行赴难，古来皆共然”，亦是风骨凛然。

也是李颀，又写有《别梁锽》，描绘了梁锽这样的人物：

> 梁生倜傥心不羁，途穷气盖长安儿。回头转眄似雕鹗，有志飞鸣人岂知！虽云四十无禄位，曾与大军掌书记。抗辞请刃诛部曲，作色论兵犯二帅。一言不合龙额侯，击剑拂衣从此弃。朝朝饮酒黄公垆，脱帽露顶争叫呼。庭中犊鼻昔尝挂，怀里琅玕今在无？时人见子多落魄，共笑狂歌非远图。忽然遣跃紫骝马，还是昂藏一丈夫……莫言贫贱长可欺，覆篑成山当有时。莫言富贵长可托，木槿朝看暮还落。不见古时塞上翁，倚伏由来任天作……

这是一位十足的性格化人物，倜傥不羁，无所顾忌也无所畏惧，其形象在回头转眄之间像雕鹗一般，英武无比。抗辞慷慨，勇于犯上，一言不合，则击剑拂衣，意气飞扬。朝朝饮酒，酒酣耳热，则脱帽露顶，大呼小叫，狂放不羁，不遵矩度，然而“忽然遣跃紫骝马，还是昂藏一丈夫”，却是英雄气概，挥斥风雷。这是盛唐人的形象写照，体现了盛唐的时代精神。

盛唐诗人善于交游，诗人之间往往出现全国性或区域性的交往与流动，这便打破了封闭，在诗人间的流动中出现活力。交游除产生情感交流，还产生了文化、美学的交流。每一次诗人们的聚会，就是一次群星间的相聚，成为唐诗美学繁荣的表征，又促进了它的繁荣。例如孟浩然与张九龄、裴迪、王维、王昌龄、李白、崔宗之、房琯、刘昚虚、綦毋潜之间有交游，李颀与高适、王昌龄、王维、崔颢、綦毋潜之间有交游，薛据与高适、王维、岑参、储光羲、刘长卿之间有交游，等等。这些诗人各自之间又有交游，形成网络状的交游系统。其交游活动的主要内容是文学的审美活动。它构成其基础，也成为其方式表现和贯穿着的线索。其中出现了联唱迭和、名动一时的王昌龄、王之涣、崔国辅等人的“旗亭画壁”，出现了高适、岑参、杜甫、薛据、储光羲同登慈恩寺塔的唱和。这些都成为盛唐颇有特色的文学审美活动，唱和形成了情感的沟通，也促进了文学审美的互相攀高。

盛唐诗人善漫游，李白是杰出的代表，“仗剑远游”，游遍名山大川。人们常说的“唐诗之路”就是一条漫游之路。这条唐诗之路的出现有着文化传播、相承的基因。《世说新语·言语》曾说：“从山阴道上行，山川自相映发，使人应接不暇。”“千岩竞秀，万壑争流，草木蒙笼，其上若云兴霞蔚。”谢灵运开发这条旅游线路发挥了首创之功。他写有《初往新安至桐庐口》有句：“江山共开旷，云日相照媚。”何逊《富阳浦口和朗上人》有句：“山烟敛树色，江水映霞辉。”沈约《新安江水至清浅深见底贻京邑游好》有句：“洞澈随清浅，皎镜无冬春。千仞写乔树，百丈见游鳞。”于是从六朝开始便形成了一条漫游之路的文化、美学遗传，是沿途的优美风光的吸引，也是六朝人诗美的感召。由此形成了唐人的漫游，也便出现了“唐诗之路”。孟浩然有著名的《宿建德江》：“移舟泊烟渚，日暮客愁新。野旷天低树，江清月近人。”李白《青溪二首》：“人行明镜中，鸟渡屏风里。借问新安江，见底何如此？”他还写有《送王屋山人魏万还王屋》，云：“万壑与千岩，峥嵘镜湖里。秀色不可名，清辉满江城。人游月边去，舟在空中行……天台连四明，日入向国清。五峰转月色，百里行松声。灵溪恣沿越，华顶殊超忽。石梁横青天，侧足履半月……挂席历海峤，回瞻赤城霞。赤城渐微没，孤屿前峣兀。瀑布挂北斗，莫穷此水端。喷壁洒素雪，空蒙生昼寒。”漫游作为唐人最独特也是最普遍的行为方式，形成了对自然的接近，山水审美意识得以增强和深化。构成盛唐人重要的文化、审美素质的是，山水自然审美意识，然而，山水自然审美意识是伴随着漫游活动产生的。盛唐的那些优秀的并得以传世的山水诗，正是在旅游、漫游过程中产生的。漫游又成为诗人消释内心情绪或表露情绪反应的独特行为方式，例如李白被赐金放还后便开始了十年漫游生活，“一朝去京国，十载客梁园”①。他们在漫游中形成了跟过去生活的“距离”，有助于加以反省、反思和文化回味。漫游当然要远离故土亲人，因此漫游中所表现的忧思之情便特别丰富和缠绵。漫游又是接触社会的特殊方式，增加了他们的生活阅历和社会经验，更深地体验到人情的冷暖和世态的炎凉，有助于他们更深地了解社会、人生，审美中的意味也会更为深邃隽永。李白《赠从弟南平太守之遥》(其一)就曾说道：“一朝谢病游江海，畴昔相知几人在？前门长揖后门关，今日结交明日改。”

盛唐人对社会、对人生充满着热情，整个社会体现出来的希望，对他们形成了感召。他们富于雄心壮志，以天下为己任。如高适“喜言王霸大略，务功名，尚节义，逢时多难，以安危为己任”②。李白“申管、晏之谈，谋帝王之术，奋其智能，愿为辅弼，使寰区大定，海县清一”③。对社会的热情使得他们保持了一种良好的昂扬的精神状态，他们也有哀怨、烦恼，但哀而不伤、低而不沉，没有颓废之意、之态，他们是“少年维特之烦恼”。其烦恼是人生青春期的心绪。

李颀的《缓歌行》可以说是盛唐人形象的画像。“小来托身攀贵游，倾财破产无所忧。暮拟经过石渠署，朝将出入铜龙楼。结交杜陵轻薄子，谓言可生复可死。一沉一浮会有时，弃我翻然如脱屣。男儿立身须自强，十年闭户颍水阳。业就功成见明主，击钟鼎食坐华堂。二八蛾眉梳堕马，美酒清歌曲房下。文昌宫中赐锦衣，长安陌上退朝归。五陵宾从莫敢视，三省官僚揖者稀。早知今日读书是，悔作从前任侠非”。倾家破产，无所忧虑，攀附贵游，结交轻薄，憧憬的是功成名就，钟鼎华堂，美女清曲，然而又是经过自身努力所获得的。理想是灿烂的，可不是空

---

① 李白：《书情赠蔡舍人雄》。
② 《旧唐书·高适传》。
③ 李白：《代寿山答孟少府移文书》。

幻其事，乃以“立身自强”为基础。他们的开初目标不是想当一名诗人，“误作好文士，只令游宦迟”①。

盛唐人有着多方面的文化、美学才能，如王维兼诗兼画兼乐，如李白能诗能书能剑，如李颀有一副“音乐的耳朵”，《听安万善吹觱篥歌》写道：

> 南山截竹为觱篥，此乐本自龟兹出。流传汉地曲转奇，凉州胡人为我吹。旁邻闻者多叹息，远客思乡皆泪垂。世人解听不解赏，长飙风中自来往。枯桑老柏寒飕飗，九雏鸣凤乱啾啾。龙吟虎啸一时发，万籁百泉相与秋。忽然更作《渔阳掺》，黄云萧条白日暗。变调如闻《杨柳》春，上林繁花照眼新。岁夜高堂列明烛，美酒一杯声一曲。

盛唐人的审美成就之所以如此高妙，就是因为他们的综合审美素质高超。

盛唐人开放、自由、大度，有一种有容乃大的气度。思想上包容儒、释、道三家，美学上对六朝汲纳中消化，善于对齐梁美学声律、文辞加以吸受和改造，从而形成富有特定色彩和内涵的盛唐文学美学。在对异族文化的态度上，盛唐人同样表现出了宽阔的气派和态度，从而产生了本土文化、美学与异域文化、美学相融合的景象。正如岑参《与独孤渐道别长句兼呈严八侍御》所写的那样，“花门将军善胡歌，叶河蕃王能汉语”。

在洋溢青春热情的盛唐，人的精神亦焕发出青春的朝气。人的素质表现为高品位和多方面才艺的特征，是向上的、朝前的，而不是衰退、老气横秋。人的素质特征成为时代精神的显示，盛唐人的素质、个性表现特别能调动起人的热情和向上的朝气。

---

① 李颀：《留别王卢二拾遗》。

萧颖士对自己曾有过一番自我描述：

仆有识以来，寡于嗜好，经术之外，略不婴心。幼年方小学时，受《论语》、《尚书》，虽未能究解精微，而依说与今不异，由是心开意适……顷来志若转不耐烦，观围棋，读八分书，亦愦闷。除经、史、老、庄之玩，所未忘者，有碧天秋霁，风琴夜弹，良朋合坐，茶茗间进，评古贤，论释典。已又酒性不多，涓滴辄醉，适情缓饮，则乐在终席……三杯之馀，则任意纵诞，就闲窗或屏风间，曲肱岸帻，怡然自处。或经过广座稠人之中，绮筵四匝，珍馐盈品，爽心翻飞，有时阁箸。若乃筝歌乱奏，继以举白，博弈樗蒱，呼枭争道，优姬艳妓，喧杂左右，易貌变声，千态万曲，即嗒然气尽，无所觉知，心识低徊，魂动神挠，但思临长风一大叫耳。

这又在很大程度上是盛唐人的总体写照，体现了盛唐人的文化、精神、素质的特征。这也是盛唐这一特定历史和美学史区段才有的。

盛唐气象的审美风貌和审美理想

“气象”是对盛唐美学的一种独特概括，也成为其一种审美范畴。宋代叶梦得《石林诗话》说：“七言难于气象雄浑，句中有力而纡馀不失言外之意。”严羽《沧浪诗话》把“气象”作为诗美学的评价、界定标准，其论十分杰出。一个时代、一个史的区段，有其特定的美学及其特征。他认为，唐宋两代诗美的区别在“气象”上，“唐人与本朝人诗，未论工拙，直是气象不同”。他认为“大历以前”“晚唐”“本朝诸公”，“气象”均有区别，他甚至运用审美“气象”论来作考定、考证，“‘迎旦东风骑蹇驴’绝句，决非盛唐人气象，只似白乐天言语”。这是十分杰出的，准确地说明了一个时代有一个时代的美学的原理。

那么，盛唐时代“气象”的基本特征和风貌是什么呢？严羽《沧浪诗话》说：

盛唐诸公之诗,如颜鲁公书,既笔力雄壮,又气象浑厚。

可见,“浑厚”是“气象”美学的基本要求。这一提法以致影响了明、清二代的美学思想,也同样认为,盛唐诗美气象浑成,不可句摘。就是说,盛唐美学是作为一个完整的机体出现的,它是一个不可分割、肢解的整体,它富于美学厚度,浑成一体,如天球不琢;又富于美学力度,具有审美穿透力。它体现于审美的内容及其所包孕的涵义,又体现于它所特有的审美形式。这一时代的审美气象令人感受到它的具体确定性和不可替代性。

盛唐人有着自己的文化、美学追求,他们有着宏大壮远的审美理想,他们所进行的是富于活力和青春气韵的美的创造。他们对现实的热情形成了审美的现实性品格,他们对自己的理想和追求怀抱着极为真率的态度,他们对自己的功名要求毫无掩饰之意,这种真率是那些忸怩作态的士人们所无法比拟的。他们对读书穷经表现了漠视态度,这是因为他们的人生理想和社会理想认为,功名在马上而不是在书斋中,这是时代、社会的价值导向所致。王维《送赵都督赴代州得青字》说:“岂学书生辈,窗间老一经。”李白《答王十二寒夜独酌有怀》说:“吟诗作赋北窗里,万言不值一杯水。”而社会又为他们提供了一条独特的发展之路,这条成功之路在边塞。岑参《送祁乐归河东》就曾说过:“天子不召见,挥鞭遂从戎。”在边塞凭借武力勇敢,建功立业的机遇很多,因此成功的速度也极快,“一从受命常在边,未年三十已高位”[①]。这种精神状态、社会理想通过文学的审美活动表现出来就形成了特有的昂奋格调和激越的情趣。这是盛唐美学富于活力之所在。

现实的审美精神凝定为“风骨”“兴寄”,儒学的用世观念比较显著,但盛唐人的艺术观念又有崇尚“兴趣”“空灵”的一面,这就使艺术出现

① 岑参:《送张献心充副使归河西杂句》。

灵动之美。严羽《沧浪诗话》说:“盛唐诗人惟在兴趣,羚羊挂角,无迹可求。故其妙处,莹彻玲珑,不可凑泊,如空中之音,相中之色,水中之月,镜中之象,言有尽而意无穷。”这是对盛唐诗歌最富于审美意识的评价,严羽所作的这一些描述正是体现了殷璠《河岳英灵集》所说的“兴象玲珑”的内涵。王维《汉江临眺》句,“江流天地外,山色有无中”,王维《终南山》句,“白云回望合,青霭入看无”。刘昚虚《阙题》:“道由白云尽,春与青溪长。时有落花至,远随流水香。闲门向山路,深柳读书堂。幽映每白日,青辉照衣裳。”储光羲《钓鱼湾》句,“潭清疑水浅,荷动知鱼散”。綦毋潜《过融上人兰若》句,“黄昏半在下山路,却听钟声连翠微”。张旭《桃花溪》句,“桃花尽日随流水,洞在青溪何处边”。孟浩然《宿建德江》句,“野旷天低树,江清月近人”。李白《陪族叔刑部侍郎晔及中书贾舍人至游洞庭》(其二):“南湖秋水夜无烟,耐可乘流直上天。且就洞庭赊月色,将船买酒白云边。”这些都显示出盛唐美学的空灵。空灵是一种特殊的诗美形态和表现,它使诗歌的审美素质在不可征实的状态中得以显示,使接受者不可捉摸却又体验得到,不可印验却能体味再三。空灵美是盛唐诗的重要特征,是对六朝诗歌的反拨。六朝美学以形写形的写实主义倾向,使得诗歌缺乏灵动的意味,盛唐诗歌改变了这一倾向,使得诗歌趋于灵动空濛之美,这是诗歌审美形态上的一个重要发展。

空灵美以“兴趣”为主体精神基础,这样在审美创作中就不是完全取决于对象自身,而是从主体的“兴趣”出发。由于不是被客体对象所规范、左右,主体“兴趣”的流变、波荡,便极易产生美的形态的灵动。例如孟浩然《夏日南亭怀辛大》句:“山光忽西落,池月渐东上。散发弄凉夜,开轩卧闲敞。荷风送香气,竹露滴清响。”感觉的通化、细微。王维《书事》:“轻阴阁小雨,深院昼慵开。坐看苍苔色,欲上人衣来。”感觉的幻化、变形。李白《玉阶怨》:“玉阶生白露,夜久侵罗袜。却下水晶帘,玲珑望夜月。”望月而以“水晶帘”相隔,形成感觉的“距离”和审美的“间距”,从而产生出玲珑剔透的意象。李白《访戴天山道士不遇》:“犬吠水声中,桃花带露浓。树深时见鹿,溪午不闻钟。野竹分青霭,飞泉挂碧峰。无人知所去,愁倚两三松。”吴大受《诗筏》评该诗:“无一字说道士,无一句说不遇,却句句是不遇,句句是访道士不遇。”这便是空灵。

盛唐诗的审美感觉不是囿于诗本身或诗面层次,它总是用对象景象来牵引主体情思,而又以主体情思来开扩对象世界的空域。李白《黄鹤楼送孟浩然之广陵》:“故人西辞黄鹤楼,烟花三月下扬州。孤帆远影碧空尽,惟见长江天际流。”目力的不断伸延形成主体情思的伸展和诗美空间的舒张,形成主客体间的交叠以及不断开扩深化的审美效应。

盛唐人往往追寻诗歌意兴瞬间感受的永恒,李白《静夜思》:“床前明月光,疑是地上霜。举头望明月,低头思故乡。”一仰一俯的瞬间涌起情绪的波澜,又表现出人类思乡情感这一永恒的社会、人生、审美主题,出现了瞬间的凝定。而王维对故乡的思念、对故乡的“终极关怀”却显得别具一格。《杂诗》写道:“君自故乡来,应知故乡事。来日绮窗前,寒梅著花未?”故乡故事何其多,但诗人撇开其他,惟独询问寒梅开花与否,这一单一性而又是专一性的发问,恰恰体现了诗人的审美趣味和审美品位。这一发问纯化了许多俗务,净化了人的情感,从而产生了心灵的升华。这是诗人的“兴趣”所致,形成了特有的审美情趣,由此也可以看出盛唐人是在一个很高的审美“兴趣”的起点上进行审美创造活动的。

盛唐人有一个建安“情结”。这是从初唐就已系下的。陈子昂《与东方左史虬〈修竹篇〉序》提出“汉、魏风骨”,殷璠《河岳英灵集》更多地提到“风骨”,李白《宣州谢脁楼饯别校书叔云》说:“蓬莱文章建安骨,中间小谢又清发。”《古风二首》(其一)曰:“自从建安来,绮丽不足珍。”高适《淇上酬薛三据寄郭少府微》说:“故友负灵奇,逸气抱蹇谔。隐轸经济具,纵横建安作。”《宋中别周梁李三子》曰:“感激建安时。”《答侯少府》、《送浑将军出塞》等诗中说:“吾党谢王粲,群贤推郗诜……远别无轻绕朝策,平戎早寄仲宣诗。”建安美学的根本属性则是“风骨”。这一建安“情结”表明了盛唐人审美理想所追寻的境界,是恢复建安美学。从本质意义上说,带有复古主义意味,但是在具体行为上,却不是恢复到建安美学的时代。他们是企图用建安美学最核心的范畴和内容,作为一种美学的楷范和模式为盛唐人所效法、所学习。在清算六朝美学之后，盛唐人还没有找到本时代的美学范畴作为效法的榜样。而建安美学的内涵和特征恰恰是盛唐人所意中的，这样盛唐人便为自己找到自己的旗帜。这是盛唐社会理想、国力，人们的社会心态、文化心理、精神需求众望所归的审美境界。当现成的精神还不具备时，他们便寻找到了自己所对应了的前代的精神，作为现时代的榜样。这是盛唐人建安"情结"出现和人们总是系结着的原因所在。正因为有了建安"情结"，便给盛唐美学注入了活力，形成了新的内涵。这是盛唐诗美精神的灵魂。盛唐人也讲究声律、辞章，但是他们有了建安"风骨"，便有了美的力度和厚度，便明显地跟六朝绮丽美学形成区别。然而，盛唐人的建安"情结"只是审美理想呼唤的对象，不是建安风骨的原样再现。建安风骨尚有凛然有馀而玲珑不足之处。陈子昂诗美不仅在时代上，而且在诗美的形态与美感特征上，介乎建安与盛唐之间。他的诗尚有不够圆熟之处，然而到了盛唐，诗美风貌大为改观，真正实现了建安风骨与兴象玲珑的完美融合。在风骨中有其玲珑，在玲珑中内蕴风骨。这便是殷璠《河岳英灵集》所评赏的盛唐诗人"既多兴象，复备风骨"，而不是他所抨击的六朝诗风"都无比兴，但贵轻艳"。这又表现为一个美学史的历程，是经过初唐的改造和孕育最终在盛唐完成的。殷璠《河岳英灵集》"集论"就曾描述道："自萧氏以还，尤增矫饰；武德初，微波尚在；贞观末，标格渐高；景云中，颇通远调；开元十五年后，声律风骨始备矣。"这是经过几代人努力才在盛唐彬彬大备的美学历史。

这个云蒸霞蔚的美学时代又体现为美学风格的多样化。高棅《唐诗品汇》写道：

> 开元、天宝间，则有李翰林之飘逸，杜工部之沉郁，孟襄阳之清雅，王右丞之精致，储光羲之真率，王昌龄之声俊，高适、岑参之悲壮，李颀、常建之超凡，此盛唐之盛者也。

美学风格可以视为时代性的概念，盛唐时代的风格有其内涵和特征。然而，风格又多指个体，个体的主体精神和审美趣味的区别，遂形成风格的多样化。然而，个体的近似组合则出现流派风格。盛唐最主要的流派风格是：高、岑边塞诗派，王、孟山水田园诗派。胡应麟《诗薮》认为"高岑悲壮为宗，王孟闲淡自得"，是对两大流派风格特征的概括，可以说各得阳刚、阴柔之美。作为流派有其共同与一致之处，而作为个体又有其差异所在。例如边塞诗派中"岑超高实"①，山水田园诗派中王清孟淡。作为具体的个体也体现出风格的多样化审美特征，有几副艺术的笔墨，例如李白。即使是写出《走马川行奉送封大夫出师西征》、《武威送刘判官赴碛西行军》等雄浑边塞诗篇的岑参，也有"风恬日暖荡春光"②的描述，也有"雨滴芭蕉赤，霜催橘子黄"③的富于色彩感的审美涂饰。风格多样化是主体审美成熟的标志，也是时代美学成熟的标志。

李白提出"清水出芙蓉，天然去雕饰"④的审美理想，这一审美理想应该说有着鲜明的盛唐时代色彩。它是以盛唐诗歌创作实际所反映和表现出的美学风格为基础概括出来的，从而也为盛唐美学规范了一种方向。"清水出芙蓉，天然去雕饰"的审美理想其实在六朝时就已经被提出，只是与错彩镂金同时被提出的，这种并存现象正反映了六朝美学形态的基本实际，而清水芙蓉之美则代表了一种方向，这一方向恰恰在唐代被体现和实现。由于它成为盛唐的时代审美理想，因而也就成为盛唐诗的审美评价标准。例如岑参《送张献心副使归河西杂句》说："爱君词句皆清新，澄湖万顷深见底，清光一片水照人。"李白《赠孟浩然》："高山安可仰，徒此挹清芬。"

清水芙蓉的天然之美，是一种本色、原色、生态之美。从根本上说，乃是以老、庄哲学—美学为基础。对于主体自身，是心灵世界的自然表

① 刘熙载：《艺概·诗概》。

② 岑参：《山房春事二首》。

③ 岑参：《寻阳七郎中宅即事》。

④ 李白：《经乱离后天恩流夜郎忆旧游书怀赠江夏韦太守良宰》。

达，不加压抑，不作掩饰，天性如此。他们心口如一，不是"为赋新诗强说愁"，也不是"却道天凉好个秋"，盛唐人还处在人生的青春时期，既不是老气横秋，也不是老于世故。爱什么，恨什么，一一直说；喜怒哀乐，了了分明。这种真率的态度和率直的个性，正是自然本性的表现。这种率情自真的个性得到自由舒展的状况曾令明代的汤显祖羡慕不已。《玉茗堂诗文集》卷三十四《青莲阁记》写道："世有有情之天下，有有法之天下。唐人受陈、隋风流，君臣游幸，率以才情自胜，则可以共浴华清，从阶升，娭广寒。"

他们率情所为、任性使之，李白供奉在唐皇宫的表现：令高力士脱靴、杨贵妃捧砚，就是典型的例证。只要天性发挥，便无所顾忌。他们的生活行为方式就体现了他们的"天然"之性。李白《友人会宿》写道："良宵宜清谈，皓月未能寝。醉来卧空山，天地即衾枕。"以天地为衾枕，正反映了他们归返自然的内心要求。请看李白的与月共舞、共饮图："花间一壶酒，独酌无相亲。举杯邀明月，对影成三人。月既不解饮，影徒随我身。暂伴月将影，行乐须及春。我歌月徘徊，我舞影零乱。醒时同交欢，醉后各分散。永结无情游，相期邈云汉。"

由于从"天性"出发，自己的真实面貌已"去雕饰"，与别人相处所构成的人际关系亦"去雕饰"。孟浩然《过故人庄》："故人具鸡黍，邀我至田家。绿树村边合，青山郭外斜。开轩面场圃，把酒话桑麻。待到重阳日，还来就菊花。"人际关系是何等热络、亲切，又是何等质朴、真挚，这是主客之间朴野之心的交流，从而产生了动人的人情美。正因为他们是君子之交、布衣之交，因而他们也特别重视这种情感的分量，如李白《赠汪伦》："李白乘舟将欲行，忽闻岸上踏歌声。桃花潭水深千尺，不及汪伦送我情。"也正因为是以"天性"真率相交，他们便没有过多的礼节、客套和繁文缛节，如《山中与幽人对酌》："两人对酌山花开，一杯一杯复一杯。我醉欲眠卿且去，明朝有意抱琴来。"《宋书·隐逸传》言："贵贱造之者，有酒辄设。（陶）潜若先醉，便语客：'我醉欲眠，卿可去。'其真率如此。"李白在这首诗中正是体现了陶潜的那份天真、率真的"天性"。这是盛唐美学"天然去雕饰"的人格美学涵义。

“清水出芙蓉”的美又体现于自然山水的审美中。自然山水的审美有其清新滋润的格调，储光羲《钓鱼湾》所勾画的绿湾、杏花、清潭、荷花、绿柳的图景，王维《辋川别业》所渲染的“雨中草色绿堪染，水上桃花红欲燃”的清新秀丽色彩，李白《夜下征虏亭》所表现的“山花如绣颊，江火似流萤”的审美色彩感觉，都是这一审美理想的体现。即使气势飞动如李白《望庐山瀑布》：“日照香炉生紫烟，遥看瀑布挂前川。飞流直下三千尺，疑是银河落九天。”在飞动的气势中仍然有其清新在。祖咏《终南望馀雪》：“终南阴岭秀，积雪浮云端。林表明霁色，城中增暮寒。”据《唐诗纪事》卷二十载，此诗本是应试之作。唐代应试诗格式严格，五言六韵十二句。祖咏写完这四句便交卷了，试官问他为什么不写完，他回答道：“意尽。”这个诗坛趣事，颇能说明祖咏的审美态度，他是以“意尽”神满为目的的。他紧扣题中“馀雪”的“馀”字下笔。由于是“馀雪”，不是纷纷扬扬地下得正紧，因而，远眺终南，阴岭秀色，尽收眼底。这“秀”正是对其审美特征的概括。“积雪浮云端”，既体现了“馀”，也表现了“秀”。雪积得厚，山势又高峻，故景象好似浮动在云端。雪光灿烂和云雾缭绕，构成美的画面，进一步体现了“秀”的审美特征。而“林表明霁色”，大雪消停，天开云霁，阳光照射在树林顶上，明亮闪光，仍然着眼于“秀”的审美描述。“城中增暮寒”，又显然着眼于“馀雪”的威力，“增”字为满城长安平添寒意，表述真切自然。诗人在审美传达时，既用审美视觉又用审美感觉，把对象特征表现殆尽，完成了“意尽”的审美目的。

盛唐诗人自然山水作品之所以出现清水芙蓉的审美特征，根本原因在于他们的美学精神。他们进一步发展了六朝人的山水审美传统，又经过盛唐人所特有的文化心态加以融会，形成了对自然的亲和态度，遂出现了和谐美感。从本体上说，诗人们正是以“天性”来观照自然，遂使自然成为主体对象化的存在。盛唐人中最能体现这一美学精神的便是李白的《独坐敬亭山》：“众鸟高飞尽，孤云独去闲。相看两不厌，只有敬亭山。”

“丽日照残春，初晴草木新”。王维《郑果州相过》的这两句诗可以说是盛唐诗清水芙蓉美的一种感性体现。因此，清水芙蓉美是审美形态，又是审美图像。它总是构造起一种感性的具体的图像让接受者去感应和体验。它又总是内蕴着一种秀丽清新的色调，如李白《望庐山五老峰》："庐山东南五老峰，青天削出金芙蓉。九江秀色可揽结，吾将此地巢云松。"同时，清水芙蓉美又体现为具体感性的审美氛围。也是描述庐山的张九龄的《湖口望庐山瀑布水》："万丈红泉落，迢迢半紫氛。奔流下杂树，洒落出重云。日照虹霓似，天清风雨闻。灵山多秀色，空水共氤氲。"那紫氛秀色，那空水氤氲，简直笼罩在接受者的身心之间，使人浸染于其中。

"清水出芙蓉，天然去雕饰"，更是一种主体情调。例如王维《相思》："红豆生南国，春来发几枝。愿君多采撷，此物最相思。"例如李白《客中作》："兰陵美酒郁金香，玉碗盛来琥珀光。但使主人能醉客，不知何处是他乡。"例如张九龄《望月怀远》："海上生明月，天涯共此时。情人怨遥夜，竟夕起相思。灭烛怜光满，披衣觉露滋。不堪盈手赠，还寝梦佳期。"这些描述都体现了盛唐人清拔俊逸的审美格调，于献身家国的热情之外的雅致深情。

盛唐"清水芙蓉"，既是一种美学理论的提倡，成为一种审美规范、审美理想，又是一种审美实践的成果，出现了审美形态、审美图像、审美氛围、主体审美情调。两者的结合，在盛唐构成了完整的形态。盛唐诗人运用自己大量的审美创作为"清水芙蓉"美的理想做了成功的表征，这样，便使"清水芙蓉"美有了可以感受的对象，而不是流于纸面之上。既有理论倡导，又有实际成果，互为印证，这在中国美学史上堪称范例，而范例的最好体现者则是李太白。

下面特别提到盛唐美学思想的代表人物殷璠。殷璠的美学思想孕生于盛唐，体现了盛唐的时代特点。

其一，体现了盛唐人对待六朝诗美学的科学态度。他批评南朝的美学风习"理则不足，言常有馀，都无兴象，但贵轻艳"。他是以"兴象"作为标准，对南朝美学加以评价的。这样，他对六朝诗歌的评价就不是论乏据缺的。也正因为持论充足，他对于南朝美学弊端的批评就是符合美学史实际的，体现了盛唐时代美学家的眼光和视域。

其二,选诗者的主体自持性、自信力和影响。他的《河岳英灵集》来自盛唐的诗歌丛体,进而成为盛唐诗歌的精品选本,成为盛唐诗歌的标志性体现,为后人留下了盛唐诗歌的影录。他的选诗有着内在的独立性和鲜明的主体意识。在"序"中坚定地表示如果"名不副实,才不合道",纵然是"权压梁、窦",也"终无取焉",自信地表示对于这样的选本,"将来秀士,无致深惑",只有盛唐人才有这样的气魄和气派。确实,后代的唐诗选本总是从中获得许多有益的选诗经验。

其三,对于声律美学给予了恰切的论述和评定。声律美学本来是由南朝人创造的,殷璠并没有在批评南朝美学"都无兴象,但贵轻艳"的倾向时,一概否定声律美学。他在初唐沈佺期、宋之问、杜审言等人的理论基础上进一步加以发展和拓开论述维度。他在集子中有意选择了綦毋潜《题灵隐寺山顶院》、刘眘虚《寄江滔求孟六遗文》、李颀《送庐逸人》、王湾《江南意》等声律和美的律诗。他在"集论"中认为:"昔伶伦造律,盖为文章之本也。是以气因律而生,节假律而明,才得律而清焉。预于词场,不可不知音律焉。"这是对声律在美学中的地位的肯定,然而,殷璠又以美学史家的眼识批评了"齐、梁、陈、隋,下品实繁,专事拘忌,弥损厥道"的缺失。他指出:"夫能文者,匪谓四声尽要流美,八病咸须避之,纵不拈缀,未为深缺。"这显然是指出了沈约四声八病说的偏颇。他指称曹植《美女篇》中的诗句虽然十字皆平,却"雅调仍在"。他提出了如下的声律美学见解:"词有刚柔,调有高下,但令词与调合,首末相称,中间不败,便是知音。"他所重视的是声律的自然美,产生词之刚柔与声之高下的有机融会。这一声律美学观显然是先进的。

其四,熔铸出美学新精神。他在"集论"中坦陈而直率地表述自己的选本特点:"璠今所集,颇异诸家。"有自己独特的跟别人不同的审美标准。这就是:"既闲新声,复晓古体。文质半取,风骚两挟。言气骨则建安为传,论宫商则太康不逮。"既娴熟新声,又通晓古体,把文质、风骚融会起来,达到建安风骨与太康声律的整合。这一审美理想和标准的建立,在内容上、在问题提出的出发点上,都体现了盛唐人的精神和视界、胸怀,体现了他们的宽容和善于互融的特点。

这一审美理想和精神概括为“兴象”与“风骨”，被作为同一性完整命题提出。殷璠虽然常常分别提出“兴象”“风骨”（或用“气骨”范畴），但他是把“风骨”作为这一完整性审美命题的内核确定的。例如：评陶翰：“既多兴象，复备风骨。”

这里需要界定殷璠的“风骨”与陈子昂的“风骨”的区别。虽然他们二人都使用了同一个概念，但其范畴意义却有所不同。陈子昂的“风骨”是指建安时代忧国忧民、梗概多气、慷慨悲凉的现实性美学精神，而殷璠的“风骨”（气骨）范畴所称指的主要是边塞精神，是效命沙场的社会理想和刚劲高骞的美学格调。他用以说明、阐解“风骨”的是边塞诗。他倾心于高适《邯郸少年行》中的句子：“未知肝胆向谁是，令人却忆平原君。”他用以引述崔颢“风骨凛然”的是《古游侠呈军中诸将》“杀人辽水上，走马渔阳归。错落金锁甲，蒙茸貂鼠衣”，是《赠王威古》“春风吹浅草，猎骑何翩翩。插羽两相顾，鸣弓上新弦”等富于边塞雄气的句子。

在审美天平上，殷璠较为偏重于“风骨”。对于蔡隐丘“虽乏绵密，殊多骨气”，却较为欣赏；而对于缺少风骨的诗人则有所批评，如评刘昚虚：“顷东南高唱者数人，然声律宛态，无出其右。惟气骨不逮诸公。”评綦毋潜：“荆南分野，数百年来，独秀斯人。借使若人加气质，减雕饰，则高视三百年以外也。”

如前所述，兴象、风骨是作为完整的审美范畴提出的，是对唐初史学—美学论的发展和完善。《隋书·〈文学传〉序》曾期望：“江左宫商发越，贵于清绮；河朔词义贞刚，重乎气质……若能掇彼清音，简兹累句，各去所短，合其两长，则文质斌斌，尽善尽美矣。”殷璠所论盛唐“声律风骨”齐备的美学，所说的“言气骨则建安为传，论宫商则太康不逮”，正是初唐美学家的期望在盛唐的实现。

盛唐诗人成功而丰富的审美创作实践为殷璠的“兴象”“风骨”审美论提供了概括的基础，而殷璠又有着盛唐人所具备的气度和识见。因此，他便以兼容宏阔的审美态度吸纳前代和当代的审美理论成果，熔铸出新的审美见解。“兴象”“风骨”论是盛唐文学美学实践的提炼和概括，又成为盛唐文学美学思想的规范。这一理论在内涵上不同于唐初的“兴寄”“风骨”说，它作为一个新的审美范畴，自有其具体特点和时代特征。它在一定程度上改变了“兴寄”、“风骨”为现实服务的功能，形成了主客体相融又富于内在力量的审美范畴。这一范畴具有比较纯粹的美学意义，它较为切合盛唐诗美的实际，也有助于唐代诗歌在美学轨道上的发展。殷璠重视“风骨”包含着盛唐审美理想对六朝美学进一步纠正的意向，同时也是进一步确定盛唐美学的特质。殷璠的美学理论表现为对盛唐诗美的描述、规范，又包含着把盛唐诗美向更高层面的提升、发展，这就是使其雅化、警奇。例如评王维：“词秀调雅。”评孟浩然：“半遵雅调，全削凡体。”评李白：“其为文章，率皆纵逸。至如《蜀道难》等篇，可谓奇之又奇，然自骚人以还，鲜有此体调也。”评王季云：“爱奇务险，远出常情之外。”评高适：“至如《燕歌行》等篇，甚有奇句。”评岑参：“语奇体峻，意亦造奇。”雅化与奇化构成了“兴象”“风骨”论的派生性内容，使其审美范畴的文化内涵更为丰厚。于是，殷璠的美学思想对于盛唐美学又起到了导引作用。

盛唐美学体现了风骨与气韵的并存，气势与闲静的共生，它在继承创新上做出杰出的努力，遂使中国美学至此呈汪洋恣肆之美。

盛唐人文精神、美学精神并非都是一派光明，一片天真烂漫。在他们闪动着的双眸里也常有忧思愁绪，他们的忧郁感是时代的忧郁感。“寂寞掩柴扉，苍茫对落晖。”[①]王维的这两句诗与其说是居室环境的描述，毋宁说他面对社会大时局所表现出来的寂寞感和隐隐的忧虑。整个盛唐在上升时期确曾激励和召唤过广大士子的献身精神和建功热情。随着唐玄宗倦于政事和沉溺声色，随着唐代社会内在矛盾的萌生和发展，盛唐的衰迹逐渐显露出来，敏感的士子感受出来了。在他们的视域中，京畿秦川再也不是春光明媚，一派晴和，而是寒色笼罩，李颀《望秦川》便是其写照。“远近山河净，逶迤城阙重。秋声万户竹，寒色

① 王维：《山居即事》。

五陵松”。当一个时代的最高统治者追寻声色犬马，倦于政事；当一个时代以穷奢极侈为时尚，它的衰落将是必然的了。这是从武则天就已开始的叠床架屋的侈丽。《封氏闻见记》卷五《第宅》曾对这段奢侈历史做了如下的记载：“则天以后，王侯妃主，京城第宅，日加崇丽。至天宝中，御史大夫王鉷，有罪赐死，县官簿录鉷太平坊宅，数日不能遍。宅内有自雨亭子，檐上飞流四注，当夏处之，凛若高秋。又有宝钿井栏，不知其价。他物称是。安禄山初承宠遇，敕营甲第，瑰材之美，为京城第一。太真妃诸姊妹第宅，竞为宏壮。”在唐玄宗日趋奢靡化，而“自无学术，仅能秉笔，有才名于时者尤忌之”[①]的奸相权臣李林甫专政期间，人们日趋感到盛唐将衰了。天宝十一年(752)，几位唐代一流诗人同登长安慈恩寺塔时，他们无一例外而又众口一词地预见到盛唐将衰的历史即将到来。岑参说：“秋色从西来，苍然满关中。五陵北原上，万古青濛濛。”高适说：“秋风昨夜至，秦塞多清旷。千里何苍苍，五陵郁相望。”那位站立在介乎盛、中唐之间的杜甫更是意绪深邃地说：“秦山忽破碎，泾渭不可求……回首叫虞舜，苍梧云正愁。”确实，有时候，文学家、美学家比起政治家来，其社会、政治敏锐要强得多、灵便得多。当风流皇帝唐玄宗尚沉醉于霓裳舞曲时，盛唐诸公却是忧心忡忡。这是因为旁观者清，还是因为他们本身就是清醒的用世者？于豪情胜慨之外有深雅情致，于意气风发之外有忧患意识，这便成为盛唐的组合性审美格调。

登慈恩寺塔的衮衮诸公的预感被现实所证验，没有多长时间，那场决定盛唐裂变并使唐王朝命运无法逆转的事变——安史之乱发生了。历史大转折来临之际，把它的历史和美学史的代表人物推到了前列，他便是：杜甫！

（原载《东南大学学报》创刊号[1999 年]）

① 《旧唐书·李林甫传》。

宋代美学*

宋代美学在中国美学史上具有重要的地位，它形成了鲜明的时代审美理想，完整的主体审美意识，繁博的审美形态，独特的风韵格调，彬蔚大备，郁郁乎文哉。它既承绪于前代，又改变了前代，给后代的美学史以深刻影响。宋人富于原创精神，获得了创新性美学成就，提供了一系列前所未有的审美形式和美学理念。宋代社会与宋美学、宋学与宋美学之间存在着密切联系，表征着中国美学史的发展规律。宋人的文化—审美心态和思维机制，宋人所创造的审美形态和由此所形成的审美风貌，构成了一轴灿然瑰丽的画卷，成为后人所神往的美学世界。

宋代文化以及文学、艺术已引起研究界的广泛注意，并已产生了相当数量的优质成果。如何从一个新的视界即美学的视界对其加以观照，从美学史的层面予以整合，便成为一项新的研究课题。本文试图从美学史的纵向与横向的结合、历时性与共时性的结合上对宋代美学的生成、特征、内外部关系等问题加以把握和说明。

宋代美学与唐代美学

宋没有像唐那样开边扩张，但是宋人在历史所赋予的社会条件下，创造了自身的文化与美学，足以跟唐媲美，而且从形态、类别等方面来

---

* 2003年应邀赴台湾淡江大学的演讲词

看,或有过之。于是,宋代美学与唐代美学的关系便是首先需要探讨的问题。

宋代美学与唐代美学之间的关系是:传承、变异进而独立门户。在这个问题上,应该避免把朝代更迭与美学史的时代转换混为一谈。它分属于两个范畴。朝代更迭是政权转换,属于政治学范畴,美学不会像政权更迭那样变化迅速,犹如刀砍斧劈,它有一个相对延伸期和惯性运动期,体现了政治、经济和文化、美学的非同步性。宋代美学对于唐代美学在总趋势上是接近进而摆脱,这在中国美学史上形成了发展性的过程形态。宋代初期受晚唐影响,文学审美领域中便有所谓产生于宋太宗时期而兴盛于宋真宗时期的晚唐体,出现于宋真宗时期而兴盛达三四十年的西昆体、白体诗等。但是,每个时代的美学都有属于自己时代的精神意识和审美形态。前后代影响,只是一段时间,表现为一个过程而已,到了一定时候和一定阶段,自身的条件孕育成熟后就会出现蝉蜕现象,在清算前代美学史弊端的基础上,建立起自己时代的美学。这已成为一种规律性现象,宋代也是如此。王禹偁的苍头突起,柳开矫正五代,穆修反对骈体,石介痛斥西昆,可以说是出现了全面清算晚唐五代美学,清除其影响的势态,从而为后来的那场声势浩壮的诗文革新运动鸣响了前奏曲。

在审美品位的崇尚上,宋代也较唐代有变化。唐代朱景玄提出神、妙、能、逸四画品,逸品居后,但到宋代却做了根本性调整。黄休复在《益州名画录》里把逸品置于首位,称"画之逸格,最难其俦",重视到无以复加的地步:"莫可楷模。"所谓"逸",就是超越、超逸,超越有形、有限而达于无形、无限。宋代书法"尚意"是对唐代"尚法"的反拨和自身审美的确定,在审美内涵上仍然以"逸"为主体。唐诗灿然大备,宋人似乎难以为继,但宋人自有进取和超越精神,有自己的审美理想和审美追求,从而获得创新性成就。清代叶燮《原诗》外篇下说:"自梅、苏变尽昆体,独创生新,必辞尽于言,言尽于意,发挥铺写,曲折层垒以赴之,竭尽乃止。才人伎俩,腾踔六合之内,纵其所如,无不可者。"如果对唐、宋的一些审美形态加以比较,就可以发现,唐诗是经验世界之心灵化,宋诗则是对象世界之人文化；唐文学审美体现了诗与音乐之联系，宋则是体现了词与音乐之联系。如果对唐、宋人的性格、心理、精神，加以大致、轮廓型比较，可以看出，宋人缺少唐人龙城虎将、醉卧沙场的气魄、气派和气势，宋人堂庑确实不如唐人阔大，外部世界便敛缩为内心态势。唐人崇武，宋人尚文，于是形成了唐、宋人之间不同的价值观，关涉其价值评判和价值取向。宋人以艺术为本位的价值观便有助于促进美学的发育。在气质、性格上，唐人臂苍牵黄，裘马清狂，少年英杰；宋人则红烛夜酒，闲云野鹤，中年绅士。这些不同之处当然会在基本的审美精神和风貌上反映出来，从而具有时代差异性质的涵义。

唐代白居易对宋人心态影响甚大。晚年白居易的心态趋于平和、闲适，这正是宋人所需要的，也正符合宋人的心理结构。这在宋初实际上就已确定。林逋《读王黄州诗集》："放达有唐惟白傅，纵横吾宋是黄州。"据《宋史》本传，李昉"为文章慕白居易"[①]。白居易对于中国仕隐文化的最大贡献是提出了"中隐"论，这对宋人心态具有决定性的影响。白居易的《中隐》诗写道：

大隐住朝市，小隐入丘樊。丘樊太冷落，朝市太嚣喧。
不如作中隐，隐在留司官。似出复似处，非忙亦非闲。
不劳心与力，又免饥与寒。终岁无公事，随月有俸钱。
君若好登临，城南有秋山。君若爱游荡，城东有春园。
君若欲一醉，时出赴宾筵。洛中多君子，可以恣欢言。
君若欲高卧，但自深掩关。亦无车马客，造次到门前。
人生处一世，其道难两全。贱即苦冻馁，贵则多忧患。
惟此中隐士，致身吉且安。穷通与丰约，正在四者间。[②]

① 脱脱，等：《宋史》卷二六五，上海古籍出版社、上海书店 1986 年版，第 1025 页。

② 《白居易集》卷二十二，中华书局 1979 年版，第 490 页。

"中隐"是中国文人在仕隐之间所寻求的平衡方式,"丘樊"小隐过于冷落,受不了这份清苦;"朝市"大隐过于喧嚣,同样难以承受。为了吻合中国文人生活要求和心理需求,便出现了不寂不闹的"中隐",这实在是白居易的绝大智慧。这正符合宋人的心态,便纷纷接受。《宋史·张去华传》载张去华"在洛葺园庐,作'中隐亭'以见志。"[①]苏轼《六月二十七日望湖楼醉书》说:"未成小隐聊中隐,可得长闲胜暂闲。"[②]还作有题为《中隐堂》的诗[③]。

以此为基础,宋人对仕隐文化作了最为圆融的组合与配置,他们潇洒地容与在仕与非仕之间、无可与无不可之中。苏轼《灵璧张氏园亭记》:"古之君子,不必仕,不必不仕。必仕则忘其身,必不仕则忘其君……今张氏之先君……筑室艺园于汴泗之间……开门而出仕,则跬步市朝之上;闭门而归隐,则俯仰山林之下。于以养生治性,行义求志,无适而不可。"[④]从心所欲、游刃有馀,可谓进入自由境界。

宋代美学对于唐代美学表现为摆脱前代,进而自立、发展的过程,这在文学美学上体现得尤为显著。北宋美学及其发展历程形成了初宋、中宋、晚宋三个时期,分别代表了三个美学阶段:唐韵浸染期、宋调形成期、宋调鼎盛期,体现出宋代审美精神、思潮、特征、形态的变化情形,印下了宋代美学史的发展路线图。

宋代社会与宋代美学

宋代处在社会结构重大变革时期,商品经济高度发展,城市经济地位得以提高,其商品贸易不同于唐代有规定时间、固定场所,而是夜以

---

① 脱脱,等:《宋史》卷三〇七,上海古籍出版社、上海书店 1986 年版,第 1138 页。

② 陈迩冬:《苏轼诗选》,人民文学出版社 1957 年版,第 59 页。

③ 陈迩冬:《苏轼诗选》,人民文学出版社 1957 年版,第 24 页。

④ 《苏轼文集》卷十一,中华书局 1986 年版,第 369 页。

继日、无有定所。《东京梦华录》载北宋汴京“夜市直至三更尽，才五更又复开张。如要闹去处，通晓不绝”，即使地处远静之所，“冬月虽大风雪阴雨，亦有夜市”。《都城纪胜》记南宋临安，也是如此。“坊巷市井，买卖关扑，酒楼歌馆，直至四鼓后方静，而五鼓朝马将动，其有趁卖早市者，复起开张，无论四时皆然”。都市繁华走向世俗化，市民文艺便得到孕育。人们几乎可以从宋代寻找到所有的通俗性审美意识和审美形式。勾栏瓦肆的出现，百戏艺术的繁荣，对于中国美学史产生了不可估量的影响，影响了审美的观念、形态和趋向。柳永词、话本小说和市肆风俗画便是其代表。绘画长卷《清明上河图》中所蒸发的是世俗市民热腾腾的气息，而没有贵族味。

宋代的佑文政策，促进了文化事业的发展、文化品位的提升、审美文化的发达。一直到南宋，人们仍然在赞赏着这一建国初期的国策。据《宋史·陈亮传》，陈亮就曾说：“艺祖（宋太祖）皇帝用天下之士人，以易武臣之任事者，故本朝以儒立国，而儒道之振，独优于前代。”[①]在这样的文化精神氛围内，文化艺术各门类之间出现了互融互通现象，这是文化艺术发展到一定阶段和层面所必然出现的交叉交融现象。宋代加速了官吏的文士化、学者化历程，加速了文人的文化、审美素质全面提升的历程，他们身上总是兼备数艺、数技。例如作为政治家的范仲淹，既是诗人、词人、散文家，还是音乐美学家。《宋史》本传谓“喜为诗，至于图画、博弈、音律，无不通晓”[②]。他们不是以单一的文化、美学的角色出现，而是文化、美学的全才、通才。

文化、美学的互通现象，促进了相应的美学理论的提出，例如“诗中有画，画中有诗”论才会在宋代出现，由苏轼在《书摩诘蓝田烟雨图》中提出。诗、词、歌、赋、书、画、琴、棋、茶、古玩构合为宋人的生活内容；吟

---

① 脱脱，等：《宋史》卷四三六，上海古籍出版社、上海书店 1986 年版，第 1467 页。

② 脱脱，等：《宋史》卷二八三，上海古籍出版社、上海书店 1986 年版，第 1075 页。

诗、填词、绘画、戏墨、弹琴、弈棋、斗茶、置园、赏玩构合为宋人的生活方式；诗情、词心、书韵、琴趣、禅意便构合为宋人的心态——在本体意义上是情调型、情韵型的宋人心态。他们对于这些文化艺术对象所怀抱的是玩味性、欣赏性（更多的是清赏性）、体验性的态度，这便进入审美层面。于是，审美上便崇尚和追求“韵”。“韵”风行于宋代文化和审美领域，成为对明代中后期美学最具影响力的范畴。解读它，须顾及三点：第一点，它是意义宽泛的审美标准和范畴。它在宋代表征着人体特别是妇女的美。宋代周辉《清波杂志》说：“时以妇人有标致者为韵。”“韵”，便是美；“韵”，便成为美的表征。第二点，它由艺术美学范畴扩衍为文学美学范畴。宋代范温《潜溪诗眼》做了详述，并富于历史感地描述了“韵”的演变过程：“自三代秦汉，非声不言韵；舍声言韵，自晋人始；唐人言韵者，亦不多见，惟论书画者颇及之。至近代先达，始推尊之以为极致。”作为当代人，范温看到了“韵”在宋被美学界所广泛认同、接受，并作为“极致”性审美范畴，得到尊崇的态势：“凡事既尽其美，必有其韵；韵苟不胜，亦亡其美。”[①]“韵”与美相连，“韵”存则美在，“韵”失则美亡。“韵”又“尽美”，是最高层次的美。第三点，“韵”在审美内涵上正是前述的“逸”。“韵味”与“逸气”相通相合。黄庭坚《题东坡字后》道：“东坡简札，字形温润，无一点俗气……笔圆而韵胜。”所谓“无一点俗气”正是“逸气”，于是有“韵”便是有“逸气”。

宋代社会的另一个巨大变化是民族之间的战争，出现了靖康之难，北宋灭亡，宗室南渡，以及蒙元入侵，最终宋朝覆没。历史巨变给社会各阶层特别是士大夫知识分子以极大震撼，民族主义、爱国主义热情空前高涨，产生了陆游、辛弃疾等爱国主义诗人、词人，产生了坐必南向，画兰露根不露土，谓“土为番人夺”走的爱国主义画家郑思肖[②]。南宋残山剩水的绘画形象，“夏半边”“马一角”的绘画布局，都隐含着痛失江

---

① 郭绍虞：《宋诗话辑佚》（上册），中华书局 1980 年版，第 373 页。

② 韩奕：《五言古诗》，《韩山人诗集》，明刻本。

山的悲情伤绪。黄宗羲《〈谢皋羽年谱游录注〉序》说："文章之盛，莫盛于亡宋之日。"终两宋之朝，有识之士，或强谏争辩于朝堂；刚勇之将，或驰马效命于战场。裂变的社会势态给宋人的审美活动提供了丰富的对象：或泼墨于沦陷山河，或哀伤于悲凄难民，或长啸于铁骑沙疆，或洒泪于黍离故园。他们有过"他年要补天西北"的高昂理想，但只能落为"可怜白发生"的悲凄叹息，出现"却将万字平戎策""换得东家种树书"的悲愤感伤。这些都给宋代美学精神带来了前所未有的色彩和格调。王国维的《人间词话》说："北宋风流，渡江遂绝"，他不禁问道："抑真有运会存乎其间耶？"[①]确实，这是时运使然。

宋学与宋美学

宋代是中国文化史上的鼎盛时期。《宋史·太祖本纪》写道："三代而降，考论声明文物之治，道德仁义之风，宋于汉、唐，盖无让焉。"[②]王国维、陈寅恪对此有极高的评价。王国维的《宋代之金石学》认为："天水一朝，人智之活动，与文化之多方面，前之汉唐，后之元明，皆所不逮。"陈寅恪《金明馆丛稿二编·邓广铭〈宋史职官志考证〉序》认为："华夏民族之文化，历数千年之演进，造极于赵宋之世。"宋代文化是中国的典范型、经典性文化。这一文化高峰的出现跟宋几代帝王文化素质和文化提倡、推促，有密切关系。《宋史·〈文苑传〉序》言："艺祖革命，首用文吏而夺武臣之权。宋之尚文，端本乎此。太宗、真宗，其在藩邸，已有好学之名，及其即位，弥文日增。"[③]从下述的资料中可以看出，市民文艺是如何进入皇室，皇室又是如何对市民文艺思潮推波助澜的。笑花主人《〈今古奇观〉序》："宋孝皇以天下养太上，命侍从访民间奇事，日

① 唐圭璋：《词话丛编》(第五册)，中华书局 1986 年版，第 4248 页。

② 脱脱，等：《宋史》卷三，上海古籍出版社、上海书店 1986 年版，第 22 页。

③ 脱脱，等：《宋史》卷四三九，上海古籍出版社、上海书店 1986 年版，第 1474 页。

进一回，谓之说话人。而通俗演义一种，乃始盛行。”宋代是学习型社会。《续资治通鉴》有宋太祖劝宰相赵普读书的两处记载[①]。王禹偁《清明杂事》诗句：“昨日邻家乞新火，晓窗分与读书灯。”晁冲之《夜行》诗句：“孤村到晓犹灯火，知有人家夜读书。”于是，整个文化界知识水平全面提高、审美素质全面发展，文质彬彬，温文尔雅，底蕴深厚。

宋学是独特的文化学范畴，与宋美学有着互涵互摄的关系。它主要体现在以下两个方面：

第一个方面的关系是史学与美学。陈寅恪对宋史学极为称赏。《隋唐制度渊源略论稿·兵制章》：“宋贤史学，今古罕匹。”《寒柳堂集·赠蒋秉南序》：“欧阳永叔少学韩昌黎之文，晚撰五代史记，作义儿、冯道诸传，贬斥势利，尊崇气节，遂一匡五代之浇漓，返之淳正。故天水一朝之文化，竟为我民族遗留之瑰宝。”宋代诞生了欧阳修、司马光两位史学巨匠，在史著撰述、史学思想、治史方法等方面贡献甚大。宋代史学有两大精神：一是用世的现实精神，《资治通鉴》的书题便是证明；二是忧患意识，欧阳修《新五代史·〈伶官传〉序》便是范例。其忧患意识与社会责任感又是联结在一起的，便影响了宋人的审美精神。宋代的金石学与美学之间存在着独特的联系。宋代史家创金石学，朱熹说：“集录金石，千古初无，盖自欧阳文忠公始。”[②]欧阳修以十年之劳，成就了集录千卷金石文的《集古录》。他在《〈集古录〉自序》中曾说到自己的搜集情形：“予性颛而嗜古，凡世人之所贪者，皆无欲于其间，故得一其所好于斯。好之已笃，则力虽未足，犹能致之。故上自周穆王以来，下更秦、汉、隋、唐、五代，外至四海九州，名山大泽，穷崖绝谷，荒林破冢，神仙鬼物，诡怪所传，莫不皆有。”赵明诚涉猎更广，倾其家资所有，集录两千种，撰成《金石录》。在他看来，金石文词为当时人所为，其史的可信度

① 毕沅：《续资治通鉴》（卷四、卷十六），中华书局1957年版，第98、380页。

② 朱熹：《题欧公〈金石录序〉真迹》，《晦庵先生朱文公文集》（卷八二），四部丛刊本。

和价值远甚于后人的文字记载。然而,金石学的功能逐渐加以扩大,在史学功能之外,扩大为广义文化行为,以致审美行为。金石学与收藏学相连,收藏金石本身就是一种文化,体现出文化品位,这是宋文化的标志之一。他们又进一步发展为“玩”,“玩”古玩,遂构合为宋人的文化生活、审美生活的内容之一,形成了清赏的行为方式和清雅的审美情调。李清照那篇著名的《〈金石录〉后序》详尽介绍了自己与丈夫赵明诚如何节衣缩食于市肆中采集古玩的情形,同时描述了夫妇鉴赏古玩的盎然情趣。据《宋史》本传,书画家米芾也是一位金石家,“精于鉴裁,遇古器物书画则极力求取必得乃已”①。又据《宋史》本传,画家李公麟“好古博学,长于诗,多识奇字,自夏商以来,钟、鼎、尊、彝皆能考定世次,辨测款识。闻一妙品,虽捐千金不惜”②。米芾的书法美学成就,李公麟的绘画美学成就跟其金石美学素养有密切关系。

第二个方面的关系是理学与美学。这是宋代美学史最需要研究的问题,犹如六朝玄学与美学、唐代佛学与美学一样。理学改变了人们的审美观照方式,产生了一个独特范畴——涵泳。它不仅仅是一个审美鉴赏问题,而且在涵义上要丰富得多。罗大经《鹤林玉露》说:“杜少陵绝句云:迟日江山丽,春风花草香。泥融飞燕子,沙暖睡鸳鸯……上二句见两间莫非生意,下二句见万物莫不适性。于此而涵泳之、体认之,岂不足以感发吾心之真乐乎!”③“涵泳”遂成为审美的体认方式。同时,它还具有美学史影响,清代王夫之在《薑斋诗话》中说:“从容涵泳,自然生其气象。”④理学造成了审美认知、体认方式、思维机制在宋代的

① 脱脱,等:《宋史》卷四四五,上海古籍出版社、上海书店 1986 年版,第 1488 页。

② 脱脱,等:《宋史》卷四四五,上海古籍出版社、上海书店 1986 年版,第 1488 页。

③ 罗大经:《鹤林玉露》,《宋诗话全编》(卷七),江苏古籍出版社 1998 年版,第 7637 页。

④ 王夫之:《薑斋诗话》,《清诗话》(上册),上海古籍出版社 1978 年版,第 4 页。

巨大变化。

人学—心态—审美

就人学—美学的关系而言，由唐入宋的最重要改变是人，人的文化心态。在审美意象上不再是长河落日、匹马单弓，而是庭院深深、飞红落英。宋代已不见了大漠风尘的生活经历和冲动、欲望、激情，而是在浅斟低酌中寻求心灵的安慰。人生价值不是在马上取，而是在书斋、园林或闺房中得。米芾所作《西园雅集图记》记录了苏轼、黄庭坚、秦观等人雅集的情景，称“人间清旷之乐，不过于此”“汹涌于名利之域而不知退者，岂易得此”。这一经过敛缩了的社会现象和心理状态，便凝定为一个独特的审美概念——“平淡”。这几乎成为宋代标志性的审美理想和审美标准，梅尧臣《读〈邵不疑学士诗卷〉》：“作诗无古今，惟造平淡难。”欧阳修《六一诗话》：“以深远闲淡为意。”“平淡”体现了宋人审美的基本态度和格调。绘画上，宋代并延伸到元代，以平淡以致荒索为基本审美风调，雪山寒林便成为主要的审美对象，从中透现出相应的审美情趣。于是，寒江独钓这一唐人的诗歌主题便成为宋人的绘画审美内容，例如马远的《寒江独钓图》。与瑰丽缤纷的唐三彩不同的是，宋瓷则显得淡雅净洁，官瓷、哥瓷、钧瓷均体现了这一审美总体特征。梁思成《中国建筑史》认为：“宋初宫苑已非秦汉游猎时代林囿之规模，即以盛唐离宫相较亦大不相同。”各类艺术审美事实都从各个侧面演说和印证着宋代美学的基本格调。

宋人的文化、审美心态具有多重组合性。宋人社会角色、身份的多重性规范了心态组合的多重性质：政治家的参与热情与责任心、文士的审美意识、学者的渊深学养。宋代儒、禅、道融合之大势，亦是复合心态形成的重要原因。例如在苏轼、黄庭坚身上很难分出何者为儒、何者为禅、何者为道，而是亦儒、亦禅、亦道。复合心态体现其复杂状况，反映其丰富色彩。

宋人的心态存在着矛盾现象。宋代本身就是一个矛盾的社会，一方面实施佑文政策，另一方面又兴文字狱，乌台诗案中苏轼的遭遇便是例证。一方面是爱国精神、民族情绪高扬，忧患意识深重，另一方面则是禅悦情趣、名士精神盎然。宋人名士派的闲适真是情味十足。例如贺铸《薄倖》词写道："正春浓酒暖，人闲昼永无聊赖。厌厌睡起，犹有花梢日在。"其《清燕堂》诗写道："雀声啧啧燕飞飞，在得残红一两枝。睡思乍来还乍去，日长披卷下帘时。"杨万里《闲居初夏午睡起》："梅子留酸软齿牙，芭蕉分绿与窗纱。日长睡起无情思，闲看儿童捉柳花。"一方面道貌岸然、讲经说法，另一方面则是红巾翠袖、诗酒风流。宋代削减武将兵权，鼓励"厚自娱乐"与宋人享乐意识的形成，存在着密切的关系。《续资治通鉴》卷二载，宋太祖对石守信等人说："多致歌儿舞女，日饮酒相欢，以终其天年。"①这种激励机制，刺激和纵容了奢靡风习的形成和发展。这便改变了社会心态，进而改变了审美心态，晏词中的富贵气象便是体现。

宋人的文化—审美精神、意识，主要有这样几个方面的内容。

怀旧意识。宋人心态比较敏感、脆弱，也就容易伤感。这才能解读两宋出现孟元老《东京梦华录》、周密《武林旧事》等一大批怀旧性文字的原因。国事、家事、隐私事总是引得他们一步三回首。这与历史巨变、个人遭际相关，怀旧意识涵蓄着巨大的历史容量。"四大名臣"之一的赵鼎《鹧鸪天·建康上元作》写道：

> 客路哪知岁序移，忽惊春到小桃枝。天涯海角悲凉地，记得当年全盛时。　　花弄影，月疏辉，水晶宫殿五云飞。分明一觉华胥梦，回首东风泪满衣。

他们泪眼汪汪地频频回首那昔日的汴梁风华，依依不尽地追思那已成粉红色的审美记忆，奏出了半是依恋半是挽歌的凄清曲。到了南宋，就

① 毕沅：《续资治通鉴》（卷二），中华书局1957年版，第35页。

沦为没落感，充满了王朝末日的情绪。张炎《高阳台·西湖春感》：

接叶巢莺，平波卷絮，断桥斜日归船。能几番游，看花又是明年。东风且伴蔷薇住，到蔷薇、春已堪怜。更凄然，万绿西泠，一抹荒烟。　当年燕子知何处？但苔深苇曲，草暗斜川。见说新愁，如今也到鸥边。无心再续笙歌梦，掩重门、浅醉闲眠。莫开帘，怕见飞花，怕听啼鹃。

宋词的审美主题之一是惜春。这在本体上是怀旧意识的体现——怀念那盛春的繁华，从而发出"无可奈何花落去"的低沉叹息。另一个审美主题则是怀念旧有的情人，怀念那昔日的恩爱、缠绵，遂成为挥之不去、悲凄而艳丽的情结。

用世精神。宋人参与现实、干预时事，其议论往往触及时政，遂成政论，气势充畅，锋芒毕现。这便为宋代美学的品格和用世精神找到了答案，同时，也塑造了宋人的人格范式。于是，东汉风骨和宋士风节便出现了精神链接。然而，在思想史上，这又是摆脱五代进行社会精神转换和重塑的过程。《宋史·〈忠义传〉序》写道："士大夫忠义之气，至于五季，变化殆尽。宋之初兴，范质、王溥，犹有馀憾，况其他哉！艺祖首褒韩通，次表卫融，足示意向。厥后西北疆场之臣，勇于死敌，往往无惧。真、仁之世，田锡、王禹偁、范仲淹、欧阳修、唐介诸贤，以直言谠论于朝，于是中外缙绅知以名节相高、廉耻相尚，尽去五季之陋矣。故靖康之变，志士投袂，起而勤王，临难不屈，所在有之。及宋之亡，忠节相望，班班可书。"①宋人重气节，多以道的精神支撑主体，多有精神自持性，遂能直对世事、直面逆境，高扬精神品格力量，不断提升自身意志。欧阳修《与尹师鲁第一书》说道："又常与安道言，每见前世有名人当论

① 脱脱，等：《宋史》卷四四六，上海古籍出版社、上海书店 1986 年版，第 1490～1491 页。

事时，感激不避诛死，真若知义者。及到贬所，则戚戚怨嗟，有不堪之穷愁，形于文字，其心欢戚，无异庸人。虽韩文公不免此累。用此戒安道，慎勿作戚戚之文。”[①]他所追寻的是人格精神的完整性。欧阳修《六一居士传》：“方其得意于五物也，太山在前而不见，疾雷破柱而不惊。”苏轼《墨君堂记》：“群居不倚，独立不惧。”于是他们十分赞赏这种内在的人格—审美精神，黄庭坚就是一位坚持审美风骨价值评价的美学思想家。《跋〈子瞻送二侄归眉诗〉》中称苏轼“风骨巉严”，称苏辙“颀然峻整，独立不倚”，从而把二人“目之为成都两石笋”。在对前代风节之士的赞赏中就包含着自身深刻的认同感。黄庭坚《次韵伯民寄赠盖郎中喜学老杜诗》称杜甫“千古是非存史笔，百年忠义寄江花”。文天祥《〈集杜诗〉自序》认为“集杜诗”的目的“非有意于为诗者也”，而是身世相合的认同——“自余颠沛以来，世变人事，概见于此矣”。在具体的审美活动中实现人格精神和美学精神的整合与统一，欧阳修《夏日学书说》便有生动描述。他说：“但思所以寓心而销昼暑者，惟据案作字，殊不为劳。当其挥翰若飞，手不能止，虽惊雷疾霆，雨雹交下，有不暇顾也。”[②]何等气度，又是何等景象！宋亡时之所以爱国热血志士层出，乃是宋代思想累积的结果，是重名节、重操守的人格精神的必然体现。

实证性、经验性品格。宋人往往用现实中的情景来规范和验证审美中的描述。例如沈括《梦溪笔谈》说：“杜甫《武侯庙柏》诗云：‘霜皮溜雨四十围，黛色参天二千尺。’四十围乃是径七尺，无乃太细长乎？”范镇《东斋纪事》亦持相同看法[③]。这未免胶柱鼓瑟，忽视了审美中所允许的艺术夸张的地位和作用。另一方面则是推促了宋代审美写实性品格的发展。苏轼《书〈黄筌画雀〉》说：“黄筌画飞鸟，颈足皆展。或曰：‘飞鸟缩颈则展足，缩足则展颈，无两展者。’验之信然。乃知观物不审者，

---

① 《欧阳修全集》卷六十九，中华书局 2001 年版，第 999 页。

② 《欧阳修全集》卷一百二十九，中华书局 2001 年版，第 1967 页。

③ 《王直方诗话》232 则，《宋诗话辑佚》(上册)，中华书局 1980 年版，第 86 页。

虽画师且不能，况其大者乎？”与此严格的实证性观念相同记述的，还有苏轼《书〈戴嵩画牛〉》记两牛角斗，牛尾夹入股中，而非翘起；南宋邓椿《画继》载宋徽宗赵佶所说“孔雀升高，必先举左”等。这些记述体现了宋代美学对真实性、经验性的要求，从而构合为宋代美学的要素。

求异思维。宋人的思想属求异型，富于怀疑精神。这是在对传统经学的质疑中所形成的宋学精神。宋人爱做翻案文章，这为宋代美学大异前代、独立建构找到了佐证。唐李白说：“解道澄江净如练，令人长忆谢玄晖。”到宋黄庭坚则说：“凭谁说与谢玄晖，休道澄江净如练。”南朝王籍说：“鸟鸣山更幽。”到宋王安石则说：“一鸟不鸣山更幽。”他们有着独立性的理论品格。北宋诗文运动，韩愈之论成为其经典之论，但王安石却不以为然，其《韩子》诗曰：“纷纷易尽百年身，举世何人识道真？力去陈言夸末俗，可怜无补费精神。”认为韩愈“陈言务去”之论是舍本求末，无补于事。朱熹对已成定论的陶诗平淡论提出不同看法，发表独到见解。他说：“人皆说是平淡，据某看，他自豪放，但豪放得来不觉耳。其露出本相者，是《咏荆轲》一篇，平淡底人，如何说得这样言语出来。”①“陶却是有力，但语健而意闲。”②这一见解独立卓绝，一直影响了现代的鲁迅，他提醒人们注意陶渊明“金刚怒目”一面的见解，就渊源于朱熹。把握了宋人疑经变古、独立自持的文化性格，穷究性理、重视才学的文化追求，敬重古人、崇尚典范的文化心态，就能对宋人一系列审美主张做出恰当的解释。

宋代提供了一些新颖的审美形式和形态。诸如鼓子词、诸宫调、讲史、说经、杂剧、南戏、话本、风俗画等等；词完全成熟和成为标准化形态；宋代的体育，已进入美学领域，无论北宋，还是南宋，均极兴盛，特别是水上体育运动，已成为人们的审美观照对象。《东京梦华录》对北宋汴京金明池竞渡的描述，《武林旧事》对南宋钱塘江弄潮儿弄潮（比现今

---

① 朱熹：《朱子语类》卷一四〇，中华书局1986年版，第3325页。

② 朱熹：《朱子语类》卷一四〇，中华书局1986年版，第3327页。

的冲浪运动更惊绝)的描述,都体现了两宋体育美学的成就、水平。而作为美学门类之一的绘画就有以金明池竞渡为审美描绘对象的。绘有《清明上河图》的张择端又绘有《西湖争标图》(金明池又名西湖,因在汴河之西,故得此称),系院体画,有着画者的一贯审美特色,工笔细绘,具有全景式特点,金明池的景观一一毕现,配以密集的人物,简直是须发毕露,画家以自己所独有的绘画语言进行审美表述。在服饰美学上,宋代也有其别致新样之所在。《岁时广记》卷十一记:"都城仕女有插戴灯球、灯笼……又宜男蝉,状如纸蛾而稍加文饰。"《武林旧事》卷二记:"元夕节物,妇女皆戴珠翠、闹蛾、玉梅、雪柳、菩提叶灯球、销金合、蝉貂袖、项帕,而多尚白,盖月下所宜也。"立春时节,妇女剪彩为花、蝶、燕,插于鬓上,名叫春幡,又名幡胜、彩胜。辛弃疾《汉宫春·立春日》词云:"春已归来,看美人头上,袅袅春幡。"《蝶恋花·立春》词云:"谁向椒盘簪彩胜?整整韶华,争上春风鬓。"如果加以视觉图像的展现,该是何等靓丽、风采!

宋代美学是中国美学史上的重要时期和辉煌区段,有属于自己时代的审美理想、审美形态、审美话语、审美精神,彬蔚大备,深郁潜蕴。既承绪于前代,又改变了前代,并对后代的美学史产生了深刻的影响。

(原载《南京大学学报》2005 年第 1 期,人大复印资料《美学》2005 年第 4 期全文转载。)

元代美学

元祚不长，立国不及百年，又是非汉族政权，受民族偏见影响，其文化、美学遂未得到应有之重视，在总体估价上，还停留在所谓“九儒、十丐”的民族政策的解读，对政治、社会研究较多，对美学研究较少，而且往往宋、元相联，或元、明相合，而没有把元剥离开来，自成一体。

元代美学具有独立性质，这倒不是因为它是独立的历史时代，而是因为它是独立的美学史时代。元代美学有属于自己时代的审美理想、美学理念、审美形态，在承续进而转型再加以创新中，铸就了自身的地位和价值。

元代美学的创新性

元代有独特的审美理想，这便是“元人尚意”。它打破了宋人院体画的形似与格法，求其意趣而不重形似，“尚意”是元代美学的最大特征和具备独立性质的标志。这便有以倪瓒为代表的绘画美学“逸笔”“逸气”论。他在《答张藻仲书》中说：“仆之所画者，不过逸笔草草，不求形似，聊以自娱耳。”又在《跋〈画竹〉》中说：“余之竹聊以写胸中逸气耳，岂复较其似与非，枝之繁与疏，叶之斜与直哉！”倪瓒把主体的“逸气”和笔墨的“逸笔”联结起来，所施用的是“逸”笔，所表达的是主体的“逸”气。这是主体对客体的压倒和撇开，完成了中国绘画美学由客体论到主客体相兼论（所谓“外师造化，中得心源”）到纯粹性主体论的彻底转化，亦即从形似论到神似论的彻底转化。中国绘画美学再也不是对象自身，而是主体自身。主体摒弃甚至漠视了对象和客体,率由自身的表达。主体以一种完全自信和执著的态度表明自己的存在,能否符合日常世界中的对象自身,则完全不予考虑。这是对主体意绪的最高确定。在审美理想和趋向上,宋是"师造化",元是"得心源";宋是"传神",元是"写意"。如同汤垕《画鉴》所说,对元画须"先观天真,次观笔意,相对忘笔墨之迹,方为得趣"。元代是中国文人画的最终形成期。早在北宋初期,欧阳修在《鉴画》中所神往的"萧条淡泊,此难画之意"的境界的实现,不是在两宋,而是在元代。

元代改变中国画意义最大的一件事就是书画融合,这是宋代诗画融合以来的新创意。中国绘画美学史上出现了两次重要的艺术门类间的融合现象,一次是宋代的诗画融合,一次便是元代的书画融合,其总趋势是绘画美学的文人化、文学化,诗画融合诞生了宋代苏轼著名的"诗中有画,画中有诗"论。元代赵孟頫《秀石疏林图卷》题诗则明确地提出:

石如飞白木如籀, 写竹还应八法通。
若也有人能会此, 须知书画本来同。

诗画一体从外在现象上看,是题画诗的审美表现;从内在本质上看,则是画家以诗的审美眼光观照对象并进行审美的描绘,使得绘画成为诗意化的审美载体。它使得绘画更有诗的审美涵量,也使得绘画趋于中国美学所要求的意境世界,成为具有文化意韵和意味的审美世界。而书画一体,在艺术自身的相通上,又有新的发展。从外在现象上看,是元代成熟化的绘画书法题款。这些题款恍若书籍的序言,具有很高的文学品位,用所书的文字来提挈画的文化、审美意义;从内在本质上看,则是书画间具有内在的相合性质。这是书画一体的审美基础,画家与书家同时兼之,成为对中国文人文化、审美素质的根本要求。

明代沈颢在《画麈》中说:"元代前多不用款,款或隐之石隙,恐书不精,有伤画局。后来书绘并工,附丽成观。"这里有一个界限,以元为界,在此以前的题款或是用得不多,或是隐之于石隙之间,原因是担心书法不精美,“有伤画局”。这就提出了“画局”问题。“画局”具有整体美,不可以书伤画,同时书法必须精美,与绘画相得益彰,所谓“书绘并工”。到元代,这一条件便具备了。以明显的位置出现,题款字数也明显增多,为一完整的诗篇或文章。题款本身精美,可作为独立的审美艺术品看待,并与绘画珠联璧合,相得益彰。在绘画创作和鉴赏上,能够透露出画家作画过程的书法线条和运笔趣味,从而成为中国绘画美学的标准范式。

在元代的其他文学领域,也有许多创新性成就。一个时代有一个时代的文学,诗在唐,词在宋,曲则在元。元散曲特别是套曲形式,以其委曲舒展、畅达明快的方式,富于审美节奏感。其显著成就是讽刺喜剧因素的浓化和强化。这在中国总体诗歌美学内涵上是一个重大的进化,可以看出,元曲融会了宋词的长短句形式和宋参军戏的喜剧性特征。例如睢景臣著名的套曲[般涉调·哨遍]《高祖还乡》便是其例。以代言体形式,以农民意识为视阈观照过去曾经共处贫困而今贵为天子的汉高祖刘邦,予以鞭挞。用农民日常所熟悉的形象来比附刘邦的仪仗,显得幼稚而拙朴,从而生发出喜剧色彩。在喜剧性描述中又饱含着讽刺情调,于是便产生出美学上的讽刺喜剧,它填补了过去文学审美的一个重要空白。

即使是小令式的散曲,也显得圆融而精美。例如马致远著名的《天净沙·秋思》:

> 枯藤、老村、昏鸦,小桥、流水、人家,古道、西风、瘦马。夕阳西下,断肠人在天涯。

不依靠任何的形式中介,而是由意象自身的结合,出现一个完整的美的世界。每种单个的意象透现一种色彩和氛围,从而形成具有色彩感的总体图像,采用的是组合型配置方式,在审美上富于创意。

杂剧无疑是元代文学美学的又一项创新性成就,关汉卿是元代最富于现实美学精神的戏剧家，被列为世界文化名人。综合关汉卿和其他剧作家的创作，元杂剧有以下三项主要的创新性审美成就。

一是英雄剧的诞生。关汉卿的《单刀会》所表现的孤胆英雄精神体现了那个时代英雄传奇的理想需要，跟《三国演义》产生在元末的审美原因是一致的。剧中写道：

〔双调新水令〕大江东去浪千叠，引着这小舟一叶。又不比九重龙凤阙，可正是千丈虎狼穴，大丈夫心烈，我觑这单刀会似赛村社。

〔驻马听〕水涌山叠，年少周郎何处也？不觉的灰飞烟灭！可怜黄盖转伤嗟，破曹的樯橹一时绝！鏖兵的江水犹然热，好教我惨切。（云：这也不是江水）二十年流不尽的英雄血。

在此前，还没有哪一个时代像这样重视个人的英雄行为和精神，在这一点跟西方古典英雄主义有相似之处。然而，在个人英雄的行为方式和豪性抒发上则有过之。

二是悲剧审美艺术的涌现。元杂剧巨大的美学史贡献是开创了前所未有的悲剧审美领域。出现了凄惨悲怆的《梧桐雨》，感天动地的《窦娥冤》等。它有三个具体特点：其一是悲剧的彻底性。《梧桐雨》既不像前此的唐白居易《长恨歌》，“在天愿作比翼鸟”，也不像后此的清洪昇《长生殿》终获团圆，而是只写到杨贵妃的死为止。中国悲剧的团圆结局，是一种独特而复杂的审美现象，在一定程度上冲淡了悲剧的审美氛围。像《梧桐雨》那样的彻底悲剧，就是凤毛麟角的了，显示了元杂剧关于悲剧的审美理解。其二是高扬人的道义精神。例如《赵氏孤儿》着力突出程婴、公孙杵臼的自我牺牲行为和道义力量。中国艺术是德性的人格化、对象化范式，元杂剧所完成的悲剧审美目的，不仅是对毁灭了美的黑暗的鞭挞，而且是对于被毁灭了的美的礼赞。其三是寄托着终极关怀。《窦娥冤》一方面表现了最深重的悲剧命运，另一方面又写下了窦娥临刑时的“三愿”，如六月飞雪等。在现实中无法实现的情景却在戏剧中实现了，这就构成了现实的终极关怀是关汉卿人生精神和审美理想的精髓。

三是叙事行为范式的成熟。从金代章宗时董解元的《西厢记》到元代王实甫的《西厢记》体现了中国文学美学的重大发展。首先是抒情性结构体向叙事性结构体的发展；其次是叙事文学审美向结构完整化方向发展，铸合成中国戏剧叙事行为的范式。“王西厢”对于“董西厢”，实现了诸宫调到杂剧的转化，出现了标准形态的戏剧。它是元杂剧最为宏富的一部，长达五本二十一折，突破了通例的四本规模。它融合了人物塑造、戏剧冲突、戏剧语言等因素的戏剧审美机体，以至于今天尚活跃在舞台上。特别是组合了缜密的戏剧冲突，从而使戏剧叙事行为具备了本体特点。从戏剧矛盾的提出，到矛盾的解决，首尾呼应，成一整体。其间，有突转，有危机，有和谐，前浪方平，后浪又起。时而趁水生波，时而翻空出奇，或直或曲，或顺或逆。舞台氛围和观众情绪亦随之跌宕起伏。戏剧冲突的节奏感十分鲜明，转换、衔接得异常紧凑。文场过后是武场，看了前本前折，必欲追看后本后折，获得了吸引人的审美力量，从而为中国戏剧美学理论提供了解读的范本。例如，清代李渔在《闲情偶寄》中所提出的“立主脑”论就是据此而来。

以上这些创新性成就，足以使元代美学在中国美学史上具有不可替代的地位。

元代社会、文化对美学的影响及其整合

元代社会、文化及其精神意识领域有许多新变，从而对美学产生了深广影响，并出现新的整合。主要体现在以下几个方面。

审美领域。元代废除科举取士制达七十馀年，这就改变了中国文人特别是汉族文人的命运、道路，以及生活方式。他们不必沉溺诗文，以求进身之阶，转而进入曲域，去寻找新的寄托，于是散曲便得以发展。王国维在《宋元戏曲考》中说得好：“盖自唐、宋以来，士之竞于科目者，已非一朝一夕之事，一旦废之，彼其才力无所用，而一于词曲发之。”元

代版图辽阔，横跨欧、亚，是当时惟一的超级大国，内部交往、对外交流的频繁，促进了商品经济的发展和繁荣。《马可·波罗行纪》做了真实的记录："城市既大而富，商人众多。"这当然促进了市民文化、艺术、美学的发展和繁荣，也便成为杂剧兴盛在元代的社会原因。它催生了新的审美形式，进一步扩大了审美的题材对象，例如，中亚宗教人物题材画、牧马图等得到突出展现。赵孟頫以画马名世，《浴马图》绘九名马倌在溪边洗马的景象。骏马情态各异，人与马各自形成独立的组合，却又互相间出现呼应，遂使画卷气韵生动。他画马的创作经验十分独特而又富于审美特点，竟然为后代的小说美学家所重视和借鉴。金圣叹批点《水浒传》第二十二回评点写道："传闻赵松雪（按：赵孟頫号松雪道人）好画马，晚更入妙，每欲构思，便于密室解衣踞地，先学为马，然后命笔。一日，管夫人来，见赵宛然马也。今耐庵为此文，想亦复解衣踞地，作一扑、一掀、一剪势耶？"

美学精神。元代社会对美学的影响，最重要的是产生了现实性审美精神。如前述的杂剧，又如张养浩的《山坡羊》："峰峦如聚，波涛如怒，山河表里潼关路。望西都，意踟蹰，伤心秦汉经行处，宫阙万间都做了土。兴，百姓苦！亡，百姓苦！"《叨叨令》也是如此，发扬了唐、宋以来直面现实、直接干预社会的美学精神，而又结合元代社会的实际，在犀利、尖锐程度上或有过之。

人文色彩。由于废行科举，士人不必研习经学，恪守规习，于是，元代的文人化倾向突出，放浪形骸，士大夫知识分子的个性更具有棱角和锋芒，这实际上是元代文人生存方式和人格确定方式的体现。如关汉卿套曲［南吕·一枝花］《不伏老》便以"蒸不烂、煮不熟、捶不扁、炒不爆，响当当一粒铜豌豆"自喻和自诩，前此的唐人之傲聚于此，后此的明人之狂发于此，成为中国文人文化审美品格的自我塑造。又如在关汉卿身上有着强烈的对女性的人文关怀精神。他笔底的一系列女性人物，不同于宋词的代言体的形式，而是直接塑造出丰满的人物形象，获得了独立的美学生命，赋予女性人物以新的性格色素，《救风尘》中赵盼儿的智慧，《望江亭》中谭记儿的胆识，体现了剧作家的生活、审美理想和对女性的独特的人文关怀。元代的人文关怀还体现在对士人精神本身的关切和对士人名节的估评上，成为其特定的精神主题和精神现象。如刘因的《辋川图记》作为一篇画论，不是从纯美学上评价王维的绘画审美成就，而是以人品作为审视点，抨击了王维被安史叛军俘获后接受伪职的劣迹。他认为，“人之大节一亏，百事涂地，凡可以为百世之甘棠者，而人皆得以刍狗之”。人品既不可取，则画品自不待言。此一画论有着强烈的现实意义，反映出元代的美学精神和评价取向。

衰飒意绪。广泛存在于元代多种审美门类中的是萧索意象和衰飒意绪。前引的马致远《天净沙》体现了一种人生的悲苦意味，暗含着元代社会环境中的世态景象。萨都剌《满江红·金陵怀古》虽采用的是唐人刘禹锡诗的意象，但熔铸了词人在现实中的审美感受，“荒烟衰草，乱鸦斜日”，一片颓华。元人以枯荒的意象表征他们的时代，以枯索的心态感应着他们所处的世界。在绘画美学上，从赵孟頫的两首题画诗也可以看出来。《题〈孙登长啸图〉》：“在洞幽人乐考槃，南山白石夜漫漫。空林无风万籁寂，长啸一声山月寒。”《题〈山水卷〉》：“霜后疏林叶尽干，雨馀流水玉声寒。世间多少闲庭树，要向溪水好处问。”元人画作往往萧山寒波、枯木老林，其线条则是简洁萧疏，其笔墨情趣则是萧然淡枯。这种笔墨意象和情趣又与元代的隐逸风气有密切关系。元代的社会环境促使隐逸之风进一步盛行。在元代，五湖烟客的范蠡，躬耕南市的陶潜被广泛重视和欣赏。关汉卿《双调·乔牌儿》说：“这两个谁人似得：松菊晋陶潜，江湖越范蠡。”著名的“元四家”画家中，吴镇一生隐居，绘有《渔父图》、《秋江渔隐图》等。在中国文化—美学意象中，渔父从来便有象征意味，是隐逸精神的形象载体。王蒙号为“黄鹤山樵”，以隐为直接主题的绘画有《青卞隐居图》《夏山高隐图》等。倪瓒则绘有《渔庄秋霁图》。宋元在审美格调上有一致之处：淡泊，但内涵却有区别，宋在淡泊中显平和，元则在淡泊中有悲郁。

复古思潮。元对于前代宋美学，采取的是清理和反拨的态度，这和对宋代政治文化的反思是同步的。在文学上，元初对宋代的江西诗派、四灵派、江湖派进行了广泛的批评，甚至把锋芒指向兴盛于宋代的理学—诗学。袁桷《〈乐侍郎诗集〉序》明确指出:"理学兴而诗始废。"在艺术上,元初的书法之风延续宋代苏、黄、米、蔡四大家和金代赵秉文的审美风习,待赵孟頫进入元廷便加以改变。与之相伴生的,则是复古思潮的兴起。这是在回归传统儒学的总体思想文化背景下产生的,也是清理和反思宋美学的需要所运用的工具和打出的旗号。诗美学上宗唐复古,即古体恢复汉、魏,近体取宗唐代,绘画美学上取"古意",赵孟頫《跋〈幼舆丘壑图卷〉》说:"余自少爱画,得寸缣尺楮,未尝不命笔模写,此图是初傅色所作,虽笔力未至,而粗有古意。"书法美学上,赵孟頫提出"专以古人为法"的艺术主张,直追晋、唐,转变南宋书风。

心学—美学。元代美学思想的主要特点是实现了心学—美学的整合,于是出现了下述的美学理论。

郝经的"内游"说。郝经在《内游》中所提出的"内游"说有着鲜明的时代美学特色。心成为美学之本,心学也就成为美学的本体。有此基本体认,郝经便对传统的审美体认论作出重新解构,对传统的外物规范论、江山之助论予以颠覆。对于人们把司马迁的成就归结为行万里路的看法,郝经进行了大胆的怀疑和进行了批评。在郝经看来,司马迁是外游,"其游也外,故其得也小,故其失也大"。"外游"所失则大,为此他便提出"内游"。所谓"内游"就是心游,心灵的远游。其方式是"身不离于衽席之上,而游于六合之外;生乎千古之下,而游于千古之上"。心游方式有着独特的效应,"因吾之心,见天地鬼神之心;因吾之游,见天地鬼神之游"。在动止久速上有着极大的机动性和自由度。这便是主体的自主功能。他对于刘勰《文心雕龙》中的"江山之助"的美学思想的完全否定,体现了审美主体的确定和审美心理在审美中地位的确认。这是心学之于美学的重要理论转换,成为元代心学—美学关系整合的重要体现。

方回的"心境"说。方回在《心境记》中就心与境的关系,作出了自己的论述。他认为:"心即境也,治其境而不于其心,则迹与人境远,而心未尝不近;治其心而不于其境,则迹与人境近,而心未尝不远。"心就是境,回归内心也就是回归审美主体,而审美的方式就是从内心出发,进而形成审美的实际行为。主体之“心”是圆心、是核心，又是发散点，于是便产生了典型的审美主体性。方回的“心境”论和郝经的“内游”说有其一致之处，都是主体论的体现和发扬。元代心性之学是对人的心灵世界的精微说明和深细体认，使得人的体认基点和方式产生了重大变化，为审美寻找到一条新的途径。这条途径具有重要的美学思想史意义，是心学在美学上所结成的真正果实。

文化—美学的多民族融合

元代是多民族并存的历史时期，作为统治、执政的蒙古族惊风飙雨般的马蹄侵掠中原大地、南国山川，是其一面；网罗汉族知识、文化精英，是其另一面。宋之宗室而入元任要职的赵孟頫是一个个案。据《元史》本传，他是在元廷“搜访遗逸于江南”中被征召而来的。

元世祖还给予赵孟頫特殊待遇——“有旨，令出入宫门无禁”。元仁宗亦“眷之甚厚，以字呼之而不名”，把他称之为“唐李白、宋苏子瞻”，认为其“博学多闻，书画绝伦，旁通佛、老之旨，皆人所不及”，评价极高，并力排众议，坚持给以信用。这不应视作单纯的文化策略，而是寻求多民族的文化交流、融合，体现了游牧民族向当时先进的中原文化、农耕文明学习的非保守性和宏大的开放性。从元世祖开始几代帝王对赵孟頫一以贯之的态度可以看出这一文化心态的连贯性，反映了元代最高统治者的雄放视野和开放精神，就此一端，就应消解对元代统治集团的传统看法。

不用讳言，蒙元曾有“九儒、十丐”轻视汉族知识分子的现象。事实上，蒙元统治集团中存在着“汉法”与“国俗”的矛盾、斗争。所谓“国俗”就是蒙古旧贵族集团企图以蒙古的习俗制度、典章旧法来统治中原。而“汉法”顾名思义是用汉人的法律、章法、办法，在治国方面具有先进性。这在耶律楚材身上有突出的体现。他是辽的后裔，服膺于成吉思汗和元的统治者，进入最高核心层中。他坚持以儒治国，网罗汉族士子以致亡金士子。宋子贞的《中书令耶律公神道碑》中的一段记载很值得史家注意，写道："自太祖西征之后，仓廪府库，无斗粟尺帛，而中使别迭等佥言，虽得汉人，亦无所用，不若尽去之，使草木畅茂，以为牧地。公（按：指耶律楚材）即前曰：夫以天下之广，四海之富，何求而不得，但不为耳，何名无用哉？"这是一次"国俗"与"汉法"较量的写照。蒙古族的旧王公贵族按照他们的老思路，夷汉之平原"以为牧地"，而耶律楚材当即反对，表现出了他的远见卓识。他有着极高的汉文化、美学素养和极广的涉及领域，天文、地理、律历、术数、释老、医卜、文学、艺术，无所不知，无所不通。他所填的词被况周颐《蕙风词话》称之为"合苏之清、辛之健而一之"。他的诗审美风格清雄悲壮。他有很高的音乐天赋，喜弹琴。他弹琴主要不是休闲和娱情，而是传达内心的感受，很具有汉族文人的特点。他曾在诗中表达道："叩弦声自无中出，得勾思从天外还。"无中生有，音从无声中出，这是根源于老、庄美学思想所作的体认，是对嵇康、欧阳修美学思想的承传。作为元统治集团核心中的耶律楚材政治理想上的"汉治"，美学理想上的"汉化"，都具有少数民族受汉民族文化、美学思想影响的特征。

这种影响通过观念形成，进而在实体上体现出来，例如园林美学。元统一中国后在金中都东北别筑新城，改称大都，营建大内宫殿、御苑，成为此后的明、清皇城的雏形。建有御苑和西御苑皇家园林。把金代隶属于中都离宫的琼华岛连同周围水域改称为太液池，池内筑三山，因袭汉代一池三山的皇家园林旧制。筑有万岁山，亦名万寿山，形成皇家园林的主体，山上大量叠石，石笋奇峭，隐映呈现，松柏蓊郁，秀若天成。山最高端建有广寒殿，俯瞰四方。山的东面，是畜养珍奇禽兽之御圃。以广寒殿为中心，错落有致地构筑了众多宫殿。通过汉白玉石桥与"园坻"相接，"园坻"呈城垣状圆形，低丘高台，上建有"仪天殿""瀛洲圆殿"。置有用整块墨玉雕琢而成的巨型酒瓮。从园坻上可以放眼饱览太液池的湖光山色。元代虽积年较浅，园林实迹较少，但其构造和格调受汉人很深影响，继承中原地区的园林文化—美学思想，这就保证了宏观的中国园林史的连续性。

蒙古民族也给中原大地带来富于生命力的文化—美学。蒙古族的薄葬文化，土葬后立刻覆盖草地，不建陵墓碑石，珍惜牧地，这一观念十分可取。元大都宫殿富丽堂皇，具有北方游牧民族斑斓多姿的色彩感；墙上往往挂有壁毯和毛皮，则显然留下了这个民族的生活痕迹。审美形态和风格也有其民族特征。深入汉民族腹地的镇江的过街塔具有一望而知的蒙元风格特征：线条粗犷有力，造型质实敦厚。蒙古族的舞蹈舞姿洒脱，富于力度，《倒喇》舞，顶瓯起舞，形成今天的盅碗舞，旋转翩然，婀娜多姿，在富于强烈节奏性的音乐声伴和下，更为鼓荡人心。

作为少数民族中典型的士大夫文人表现出向汉文化、美学靠拢的现象。这方面的个案人物是高克恭，字房山，回纥人，与赵孟頫在画坛南北齐名。张羽《临房山小幅感而作》说："近代丹青谁自豪，南有赵魏北有高。"少数民族画家就已跻身于当时画坛的顶级位置，殊为难得。他所绘《云横秀岭图》别开山水画之生面，以北宋所行山水画法为之，以舒展云气盘绕青山峻岭，形成画幅的不同景象和气派，既显苍郁，又得秀润，青山白云画便是他的杰构。刘仁山《题米元晖〈青山白云卷〉》曾称："世之图青山白云者，率尚高房山。"已成为青山白云画的范本。他还与汉族士子中的杰出人物交游甚多、过从甚密，赵孟頫便是其中之一，其风度、气韵已完全汉化了。

"汉化"是寻求民族自身的发展，在当时融入汉文化之中应该说是民族进化的表现。值得提起的是，在汉化过程中所出现的文化素质的重塑现象，一些少数民族的文化人已在研习汉文化中形成整个文化结构的彻底整合。民族属性虽是少数民族，但文化精神、审美气度却是汉人，例如合鲁（葛逻禄）部人迺贤。且不说他的书法诗作，就是他那通身的清望名流的举止投足、风度气韵，就足以体现出汉文化的血脉和灵魂。泛舟鉴湖、放逸情兴、诗酒相乐、清高淡雅，不与俗流相合，言谈多用故实，透溢出古典文化味和书卷气。在他身上有汉之清流、魏之名士的影子，有唐风宋韵。汉化是文化的转型和重塑，具有汉族士大夫知识分子的精神和风范。

清代顾嗣立在《元诗选》初集二中热情四溢地赞颂了少数民族的"西北子弟"的出众才华以及群星灿烂的状况：

有元之兴，西北子弟，尽为横经。涵养既深，异才并出。云石海涯、马伯庸以绮丽清新之派振起于前，而天锡继之，清而不佻、丽而不缛，真能于袁、赵、虞、杨之外，别开生面者也。于是雅正卿、达兼善、迺易之、余挺心诸人，各呈才学，标奇竞秀，亦可谓极一时之盛者欤！

不是个别零星作家，而是出现作家群体；不是附丽于汉族文学家，而是独立门户、“别开生面”，以致改变了宋文学的审美风貌。

盛矣哉！蒙、汉和其他民族共同创造了元代美学的辉煌！

（原载《江苏行政学院学报》2005年第1期）

时 空 美 学

对时域空间的审美有着多样而丰厚的形态。“乾坤万里眼，时序百年心”(杜甫:《春日江村》)，精辟地表述了中国美学的时空观念。万里乾坤之大、百年时序之长均笼吸于心、眼之中。毋宁说是一种非生理的心理感觉意识，是从心、眼去把握广邈、深远的时域、空间，遂形成了特有的时空美学。这一时空审美形态有着深厚的思维渊源，是中国人所独具特色的思维理念和观照方式的集中体现。

时间审美 中国诗人很早就对时间表现出审美兴趣和独特敏感。《诗经·王风·采葛》:“彼采葛兮，一日不见，如三月兮。彼采萧兮，一日不见，如三秋兮。彼采艾兮，一日不见，如三岁兮。”时间单位在这里不再是数学型或物理型，而是显示情感的标识。时间只是一种代码。“一日”是不变量，但随着采集活动变化，相思情感却成为可变量:“三月”“三秋”“三岁”，愈来愈长。时间之绵长则表现为相思之情的深长。这首诗属于中国古典诗歌中最简单的结构章法，没有时间，就失去其基本框架。而这里的时间观念成为美学意蕴的最佳符号;或者说美学意蕴借助时间观念而符号化。由此可见，抽象和枯燥的时间观念之所以能审美化，是因为情感化的缘故，时间遂成为审美表象。

对时间观念的感受性，加强了中国诗人的内在审视意识。中国传统的惜时观念被诗人们赋予了审美色彩，融化了具有理性意味的个体人格和情感。从时间观念中体验出内心意绪，染上感伤主义色调，从而走向审美化。他们愈是清醒地感受着时间，则愈是表现出内心的压迫，情调就愈是显得伤感。《离骚》反复叹息道:“日月忽其不淹兮……恐美人之迟暮。""汩余若将不及兮,恐年岁之不吾与。""朝发轫于苍梧兮,夕余至乎县圃。欲少留此灵琐兮,日忽忽其将暮。"这不是诗人"美政"理想无法实现的迫促感吗?然而,在感伤情绪发抒后,"吾令羲和弭节兮,望崦嵫而勿迫",是一种对流逝时间的试图控制,张扬着"吾将上下而求索"的执著深沉的个体人格力量,焕发着美的灿烂光辉。

"黄鹤一去不复返"(崔颢:《黄鹤楼》),中国诗人清醒地意识到时间的流逝性质,含有无奈感、危机感、恐惧感和紧迫感。"子在川上曰:逝者如斯夫!不舍昼夜。"①时间是箭矢、是流水,呈消逝形态。晏殊《破阵子》:"可奈光阴似水声,迢迢去未停。"白居易《叹老》对生命衰老的不可逆转充满着无可奈何、束手无策的感受:"万病皆可治,惟无治老病。"他们的人生态度便从这种时间观念中萌发出来。《离骚》:"恐鹈鴂之先鸣兮,使夫百草为之不芳。"尽管象征体涵义显著,但其显性意象则是惜春,或者说,是从惜春上引申出象征意味。这种审美现象在宋人的辛词中以较高的频率出现。惜春是由盛及衰所表征的时间转换,从而以季节感显示时间感,再赋予象征感,显示出中国诗审美的扩散。而咏春、咏秋中以惜春、伤秋为多,感伤主义情怀显得更为醒目。这从根本上说是时间意识所导发的审美意识。它积淀在中国诗人的审美心理结构深层次中,化为潜意识。当后代的诗人通过文化传导,接受了这种心理结构时,他们就会与春、秋的对象外物产生对应关系,从而使伤春、悲秋成为不衰的审美主题。

对时间的审美,导发于生命意识。《庄子·知北游》:"人生天地之间,若白驹之过隙,忽然而已。"②从先秦开始所形成的生命意识是一种清醒的理性意识或曰经验理性意识,由此导发出对生死这一基本问题的沉思,适应或超越生命的规定和限制,便有了宗教和美学,便有了对

① 《论语·子罕》,杨伯峻:《论语译注》,中华书局 1980 年版,第 92 页。

② 《庄子·知北游》,陈鼓应:《庄子今注今译》,中华书局 1983 年版,第 570 页。

时间的审美,形成游仙和惜时两大互补性情感类型。《古诗十九首·青青陵上柏》:“人生天地间,忽如远行客。”阮籍《咏怀》:“一日复一夕,一夕复一朝,颜色改平常,精神自损消。”白居易《叹老》:“人年少满百,不得长欢乐。”充溢着生命的情感甚或恐惧意识。张若虚《春江花月夜》:“人生代代无穷已,江月年年只相似。不知江月待何人,但见长江送流水。”在对时间的审美中,深化着生命意识、宇宙意识,使得中国诗美意象异常丰富、意蕴异常深邃。

中国诗歌的时间观念绝不是天文学或数学观念,而是审美观念——对时间的审美;打破了时间观念的自然属性和固有节奏,具备了鲜明的审美属性。李益《同崔邠登鹳雀楼》:“事去千年犹恨速,愁来一日即知长。”这倒很有点爱因斯坦相对论的意味。两句诗打破了时间的自然值,经过“恨”“愁”的情感染化,也就是审美,获得审美意义。而蒋捷《一剪梅》所写的“时间容易把人抛,红了樱桃,绿了芭蕉”,美丽而凄楚。

于是,中国文学中,时间作为代码,便成为审美情绪、意味的表象。李益《喜见外弟又言别》:“十年离乱后,长大一相逢。问姓惊初见,称名忆旧容。别来沧海事,语罢暮天钟。明日巴陵道,秋山又几重。”包含着往事、今夕、明朝三个通常的时间断面,组合成一个流动历程。从这样的流程中,感受着历史意识和人生意识,生发出喜而继悲、欢而复伤的情绪波澜。于是,在中国诗歌中,时间经过审美,成为情绪的标度和对象物。宋代唐庚《醉眠》:“山静似太古,日长如小年。”时间遂感觉化了。杜甫《至日遣兴奉寄旧阁老两院故人》:“何人却忆穷愁日,愁日愁随一线长。”时间的缓缓推移,简直成了温火油锅,煎熬着诗人痛楚的心灵。因此,经过审美化的时态就不是物象,而是心象;不是物时,而是心时。李商隐《代魏宫私赠》就是典型例证,诗云:“来时西馆阻佳期,去后漳河隔梦思。知有宓妃无限意,春兰秋菊可同时。”其诗自注:“黄初三年,已隔存没,追代其意,何必同时。”十分清楚,诗人从“意”出发,得其“意”则“春”“秋”可“同时”(这和绘画美学上的“雪里芭蕉”是同一机杼)。审美的意识、情感需要,完全可以打破时间的自然值,化时态为心态。有些诗存在着明显误差，无法用确切的历史自然时间来验证。它是一种心象时间，而非物象时间，是经过审美意识染化的时间。杜牧《赤壁》："折戟沉沙铁未销，自将磨洗认前朝。东风不与周郎便，铜雀春深锁二乔。"赤壁之战发生在汉建安十三年(208)十二月，曹操"至赤壁，与(刘)备战，不利"①，而铜雀台，据《三国志·魏志·武帝纪》所载："建安十五年，冬，作铜雀台。"②赤壁之战和建铜雀台，一在前，一在后，中间相距两年时间。同时，铜雀台成，周郎已殁，小乔成了遗孀。因此，"铜雀春深锁二乔"于历史的自然时间不合。可见，杜牧在诗中误用时间，是故意为之，使时间变态化，更有助于表达诗人的历史评价和情感意向。

一方面"王母桃花千遍红"(李贺:《浩歌》)，宇宙永恒；一方面"须臾鹤发乱如丝"(刘希夷:《代悲白头翁》)，人生短暂。正因为中国文人对时间有着鲜明清晰的意识，他们才会以多种方式来寻求时间对于自身的价值，如屈原令羲和弭节。他们一方面感受到时间的煎熬，如李贺《苦昼短》："吾不识青天高，黄地厚。惟见月寒日暖，来煎人寿。"另一方面又试图对时间征服或控制，显示出生命、生存意识，超越生死这一人生的最基本形态，获得个体不被消泯的存在。然而，宇宙永恒而人生有限，矛盾在时间上，尖锐而不可调和。这是中国文人早就成熟了的宇宙、人生意识。陶渊明《杂诗》："日月不肯迟，四时相催迫。"白居易《浩歌行》："既无长绳系白日，又无大药驻朱颜。"苏轼《寄吴德仁兼简陈季常》："黄金可成河可塞，只有霜鬓无由玄。"集中反映了这种意识，沉积着"来世不可待，往事不可追"(《接舆歌》)的理性意识。中国文人"用世"和"出世"的两种观念，正导源于上述的生命存在的理性意识。他们或者建功立业、有为于世，但是当社会现实环境制约着他们无由用世时，就分外感受到时间的压迫。所谓"日月掷人去，有志不获骋。念此

① 陈寿:《三国志》(简体字本二十六史)，吉林人民出版社 1998 年版，第 22 页。

② 陈寿:《三国志》(简体字本二十六史)，吉林人民出版社 1998 年版，第 23 页。

怀悲凄，终晓不能静。”（陶渊明：《杂诗》）于是，如陶渊明那样与大块同化者有之；如李白那样豪饮纵酒者有之，壶中日月长，醉里乾坤大，来解决与时间的矛盾；如白居易、韩愈晚年炼丹吃药者亦有之。唐代以后中国诗人更会精打细算地安排生活，在某种意义上是对生命、时间意识的感受所形成的。所谓“三月正当三十日，风光别我苦吟身。共君今夜不须睡，未到晓钟犹是春”（贾岛：《三月晦日赠刘评事》）的惜时观，正指此。于是，灯火楼台、笙歌院落、秉烛夜游，构成了中国文人寻找时间无限与有限的矛盾解决的平衡方式。这里，或有不清醒如韩、白的炼丹，或有李白的“举杯浇愁愁更愁”（《宣州谢朓楼饯别校书叔云》）的更深层次的清醒意识。

中国诗歌门类中，咏史诗、怀古诗蔚为大观，“史”和“古”中都包含有时间因子。但又不是史实照录、古事再现，而是“咏”“怀”，这就池蓄着深刻的主体情绪，因此时间观念的自然质经过情绪再造，就转化为审美质。

中国文学中历时性情绪模型：惜时（特别是惜春）、游仙等，都导源于生命意识，求取生命的存在方式和超越方式（超越是另一种方式和层面的存在）。文学的用世之作是存在的情感形式，出世则是超越，其中的一种情感形式则是游仙之作。从生命意识的体认，导发时间审美，导发诸多美学型态。因此，这类审美型态中都跳跃着生命的律动、时间的节奏，生命遂成为时间的审美内结构。由于生命的不可超越便带来了主体感伤主义。

空间审美 中国文学的空间结构相当独特，不完全是一种自然结构组合，而是审美结构表征。现分述于下。

散点透视 这一点关乎整个中国传统的审美观照意识，不仅仅是绘画审美意识。清代画家邹一桂曾经对于西洋画的透视法表示了惊诧和不解。他说：“西洋人善勾股法，故其绘画于阴阳远近，不差锱黍，所画人物、屋树，皆有日影。其所用颜色与笔，与中华绝异。布影由阔而狭，以三角量之。画宫室于墙壁，令人几欲走进。学者能参用一二，亦其醒法。但笔法全无，虽工亦匠，故不入画品。”[①]这种不理解根源于中国文艺美学的传统经验和思维定势，因为中国人的空间意识不习惯于定点透视，世代累积的审美经验淤合成一个积淀层，含有本民族的经验习惯。

宋代画家郭熙在《林泉高致·山川训》中把传统的空间审美观照经验概括为“三远法”：“山有三远：自山下而仰山巅，谓之高远。自山前而窥山后，谓之深远。自近山而望远山，谓之平远。”[②]“高远”“深远”“平远”之“三远”，显示出审美主体不是在一个“点”上去发现对象，而是顾盼流瞥，全景扫描，这就是中国艺术所特有的散点透视法，因而，呈现在人们眼前的就是一个全方位的经验载体。这个载体是诸种物象经过心灵化了的意象组合体。散点透视作为民族审美的群体意识自然就支配着诗人们观照的个体意识，从而以个体感性形式反映出来。例如杜甫《漫成》：“江月去人只数尺，风灯照夜欲三更。沙头宿鹭联拳静，船尾跳鱼泼剌鸣。”月高在天，诗人却不作仰视，而是以“江月”映水，形成观照上的故意错觉：“去人只数尺。”顷刻形成化远为近的俯视。诗人没有在俯视中多作盘桓，而是转成仰视：“风灯照夜欲三更。”俯而之于仰，从江月到风灯，是舟外到舟内的又一种化远为近的空间节奏。当视线收拢到近处，又未作盘桓，猛然放射出去，由近移远：“沙头宿鹭联拳静。”而“泼剌”一声鸣响的由静及动，复形成诗人由远及近的掉头回顾。可见，诗人在这里是流顾飘瞥，观照四方。一句一景，“一句一绝”，对每一种景象只是摄取风貌大略，不作细刻深绘，体现出这种流瞥式的审美观照特点。

窗牖取景　中国园林艺术有凿窗借景法，以一窗而借得奇山异石、茂林修竹、龙吟细细、凤尾森森。其实，它的内在依据是空间哲学—美学意识。李渔《闲情偶寄》曾说道：“其物小而蕴大，有须弥芥子之义，尽

---

① 邹一桂：《小山画谱》，见周积寅编著《中国画论辑要》，江苏美术出版社1995年版，第134页。

② 郭熙：《林泉高致·山川训》，见周积寅编著《中国画论辑要》，江苏美术出版社1995年版，第449页。

日坐观,不忍阖牖。"[①]这样,主体就寻找到了一个最佳观照点和取景点。观照上的散点、取景上的聚点,遂构成了视觉空间处理上的组合关系。取景上的聚点法和整个创作意识上的"万取一收""笼天地于形内"是一致的。杜甫著名《七绝》中的两句诗"窗含西岭千秋雪,门泊东吴万里船",便是典型体现。而取景上的聚点法在一定意义上是防止散点透视因把握失控而出现散漫不经。从一窗一牖以见天地鸿濛之大。李白《过崔八丈水亭》中的四句:"高阁横秀气,清幽并在君。檐飞宛溪水,窗落敬亭云。"檐飞窗落收拢流水流云。云在高,水在低,凭借檐、窗,则组合成一种结构关系。在高低上下、四方瞥顾中形成空间流动节奏。李贺《南园》:"春水初生乳燕飞,黄蜂小尾扑花归。窗含远色通书幌,鱼拥香钩近石矶。"这里不是在飞、归、远、近中呈现一种空间旋律吗?綦毋潜《过融上人兰若》:"山头禅室挂僧衣,窗外无人溪鸟飞。"王维《九成宫避暑应教》:"隔窗云雾生衣上,卷幔山泉入镜中。林下水声喧笑语,岩前树色隐房栊。"岑参《陕州月城楼送辛判官入秦》:"樽前遇风雨,窗里动波涛。"曾公亮《宿甘露僧舍》:"枕中云气千峰近,床底松声万壑哀。要看银山拍天浪,开窗放入大江来。"把天阔地长的自然风光收拢于一楼、一槛、一窗,然后,像放大型的光束展现千山、千水、千林的阔远景观,产生出独特的空间美感。窗牖取景,除了能产生上述的空间美感,还能够因为取景方式的制约,改变物象的自然形态。于是,产生了变形性的美态,如岑参的"槛外低秦岭,窗中小渭川"(《登总持阁》)。

以窗牖取景,并不纯粹是一种操作技巧手法,还表现出主体的感受。如果说它是空间形式,则是有意味的形式。刘方平《月夜》:"更深月色半人家,北斗阑干南斗斜。今夜偏知春气暖,虫声新透绿窗纱。"诗人不是从绿窗透进的虫声中,独特地感受到融融春意吗?因此,这里的纱窗就是心灵感受的窗户。

倒影观照　诗人在观照自然风物时往往不是以实体为对象,而是取其倒影。杜甫《阁夜》:"五更鼓角声悲壮,三峡星河影动摇。"在悲壮

---

① 李渔:《闲情偶寄》,浙江古籍出版社 1985 年版,第 158 页。

的鼓角吹彻声中，是星河倒影的波荡摇动，何等浑灏的气象！元稹《岳阳楼》："岳阳楼上日衔窗，影倒深潭赤玉幢。"兼得窗牖取景和倒影观照二法。苏轼《西湖寿星院明远堂》："龙唇吐云天入水，楼台倒影日衔山。"翁卷《野望》："一天秋色冷晴湾，无数峰峦远近间。闲上山来看野水，忽于水底看青山。"倒影不是直接物象自身，而是借助中介——"江""湖""河""溪"——水的媒介，形成倒入。这样，直接物象通过媒介作用，就与"水"组合成新的结构，产生出新的映像——倒影。由于"水"的特性和流动质，使倒影呈虚幻状，因而倒影就在虚虚实实中显示出新质态，比起直接物象更有审美诱惑力。于是，它竟然成为中国某些诗人的审美嗜趣。据宋代许彦周《彦周诗话》："荆公（按：王安石）爱看水中影，此亦性所好。如'秋水泻明河，迢迢藕花底'。又《桃花诗》'晴沟涨春渌周遭，俯视红影移渔舠'。皆观其影也。"①

空间悬远　主体的空间审美观念不是固定的，有一种延长感和伸长感，有一个虚拟的标志物和坐标图，但又不以之为限度，而是延展，形成了空旷性。李商隐《无题》："刘郎已恨蓬山远，更隔蓬山一万重。"杳杳空间，不可穷尽。这实际是李商隐心理空间的对象化表征。范仲淹《苏幕遮》："山映斜阳天接水，芳草无情，更在斜阳外。"欧阳修《踏莎行》："平芜尽处是春山，行人更在春山外。"《渔家傲》："渐行渐远渐无书，水阔鱼沉何处问？"《浪淘沙》："一重水隔一重山，水阔山高人不见。"晏殊《蝶恋花》："欲寄彩笺无尺素，水阔山长知何处？"李觏《乡思》："人言落日是天涯，望极天涯不见家。已恨碧山相阻隔，碧山还被暮云遮。"这不是自然空间、物理空间，而是心理空间。之所以"音信难托""山远水远人远"，是因为心理"这滋味黄昏又恶"（柳永：《凤凰阁》）。

往复回归　中国诗人的视觉意识不是极目无涯，追寻那地平线外的物景。因而，诗就绝非远而无物，而是移远就近。尽管目极四方，却

① 许彦周：《彦周诗话》，吴文治主编《宋诗话全编》第二册，江苏古籍出版社1998年版，第1398页。

最终回归主体。尽管“野旷天低树”是反透视的，却造成“江清月近人”，移远就近的空间回环，更回归到“日暮客愁新”(孟浩然:《宿建德江》)的审美主体。萧梁吴均《山中杂诗》:“山际见来烟，竹中窥落日。鸟向檐上飞，云从窗里出。”王安石《书湖阴先生壁》:“茅檐长扫静无苔，花木成畦手自栽。一水护田将绿绕，两山排闼送青来。”都形成了回环的空间节奏。这些诗从现象上看，是“无我之境”，但是，空间回环的描述方式，却绰绰约约地表现出“有我”之存在。那“两山排闼送青来”，不就是向主体——“我”送来的吗?

在中国诗美学中“咫尺千里”“芥子须弥”是一条重要的审美评价标准。杜甫曾有“咫尺应须论万里”(《戏题〈王宰画山水图歌〉》)之说。它所包含的空间美学原理就是扩张空间的表现幅度，求取审美的张力。王昌龄《卢溪别人》:“武陵溪口驻扁舟，溪水随君向北流。行到荆门上三峡，莫将孤月对猿愁。”空间“随君”而去，幅度渐次扩大，以见千里浩壮。吴沆《环溪诗话》:“杜诗句意，大抵皆远，一句在天，一句在地。”[①]正说明诗人所求取的是空间感的张缩力。例如:“江汉思归客，乾坤一腐儒。”(杜甫:《江汉》)“身世双蓬鬓，乾坤一草亭。”(杜甫:《暮春题瀼西新赁草屋》)“一去紫台连朔漠，独留青冢向黄昏。”(杜甫:《咏怀古迹》)“飘飘何所似，天地一沙鸥。”(杜甫:《旅夜抒怀》)

空间感张力在中国诗歌里常常通过诗人感觉变移和幻化来实现。因为天地之大，非目力所及，只得凭借心力。刘禹锡所言，“坐驰可以役万景”[②]，不借助于意识流程则无以实现。于是，李贺《梦天》诗中有“遥望齐州九点烟，一泓海水杯中泻”，空间感何等苍茫高远。可以借助于梦境来实现，如岑参《春梦》:“枕上片时春梦中，行尽江南数千里。”又可以借助于月亮来表达。诗人从月亮之高、普照之广，寻找到可以开拓空

---

① 吴沆:《环溪诗话》，吴文治主编《宋诗话全编》第四册，江苏古籍出版社1998年，第4339页。

② 刘禹锡:《〈董氏武陵集〉纪》，郭绍虞主编《中国历代文论选》第二册，上海古籍出版社1979年版，第89页。

间的媒介。李白诗句“举头望明月,低头思故乡”(《静夜思》),主体与故乡;李白诗句“我寄愁心于明月,随君直到夜郎西”(《闻王昌龄左迁龙标,遥有此寄》),主体与夜郎;白居易诗句“一夕高楼月,万里故园心”(《西楼月》),主体与故园。这些无法运用视觉所能牢笼的万里空间,却在月亮身上找到联系点,并形成空间膨胀。

空间感不全是结构共同形式感,它仍然有着情绪、意味。李白《访戴天山道士不遇》写道:“犬吠水声中,桃花带露浓。树深时见鹿,溪午不闻钟。野竹分青霭,飞泉挂碧峰。无人知所去,愁倚两三松。”贾岛《寻隐者不遇》:“松下问童子,言师采药去。只在此山中,云深不知处。”两诗都有具象的空间,但都是寻访不遇。“无人知所去”“云深不知处”,空间的不可捉摸和无法寻觅,是嗒然若失的情绪表征,亦是超凡或隐逸情调的表征,空间感被情绪化了。

对生存空间的审美,导源于主体精神的追寻。对世俗空间厌倦和厌恶,则向往于自然空间,老、庄美学思想就基于此,从而影响了中国文学家的审美行为,形成中国文学另一种类型的情绪结构:摆脱和向往。从“兵符相印无心恋”的空间弹跳到“洛水嵩云恣意看”(刘禹锡:《酬思黯见示小饮四韵》)的空间是寻求主体的心灵自由空间。“青云不及白云高”(赵嘏:《送李给事》)“扁舟泛湖海,长揖谢公卿”(孟浩然:《自洛之越》)“富贵非吾事,归与白鸥盟”(辛弃疾:《水调歌头》)。因此,他们视官场、衙门空间为“樊笼”,神往于并且挣脱“樊笼”,归返自然(陶渊明:《归园田居》)。归返自然是求得心灵的自由空间。这是含有本体意识的主体精神所形成的对心理空间的审美活动。这种主体精神的发展又表现为纯精神存在的追求,陶渊明现象就是其彻底化体现,以至于陶渊明对整个生存空间也予以否定,“寓形宇内复几时,曷不委心任去留”(《归去来兮辞》)“死去何所道,托体同山阿”(《拟挽歌辞》),这是对生死这一生命形态最基本问题的最理性体认,对生的空间和死的空间作同一体验。在诗审美中对空间的体验如此深刻,主体性美学表现得如此彻底,中国惟陶令一人。

时空交错的美学结构 返返冥无、往来千载的时间;荒荒流云、寥寥长风的空间在中国文学中的表现不是单一的，而是双维交错，构成特定的美学结构。空间感寓于时间感中，使得中国诗美具有流动性和变异性。苏轼《六月二十七日望湖楼醉书》："黑云翻墨未遮山，白雨跳珠乱入船。卷地风来忽吹散，望湖楼下水如天。"瞬息的时间变化，带出雨中湖山空间的倏忽变动美态。李商隐《夜雨寄北》："君问归期未有期，巴山夜雨涨秋池。何当共剪西窗烛，却话巴山夜雨时。"今夜巴山，设想出明朝西窗，复由明朝西窗，回述今夜巴山，时空关系在交错中进行。

时空交叉组合，体现结构型美学原理　张继《枫桥夜泊》："月落乌啼霜满天，江枫渔火对愁眠。姑苏城外寒山寺，夜半钟声到客船。"这首诗所写的习见的空间"八段景"，如果不改变或不抽去其中任何一种元素，只要次序、结构组合方式不同，就会改变美学底蕴。张继运用独特的时空交错方式来结构"八段景"，就产生了独特的审美效应。在时间线索上，起句"月落乌啼霜满天"，是写晨景；结句"夜半钟声到客船"，变成了夜半时分；中间"江枫渔火对愁眠"，却写一夜时光。他有意把时间顺序打乱，把声态的夜半钟声放在最后，即在表现丰富的视觉感之后，出以听觉，使诗的馀韵，就像这不绝如缕的钟声，悠悠袅袅。诗人不仅打破时间的顺序观念，而且在空间范围上做了巧妙组合。画面中心是夜泊枫桥的客船和客船上的诗人，空间围绕这个中心来配置。近景是水边枫林；衬景是水中渔火、满天白霜；远景是寺院、残月。枫桥在苏州西九里，寒山寺在苏州西十里。残月西落，空间取的是同一方位。而点活空间的是声态的鸦啼、钟声。有远景、近景，远近得宜；有主景、衬景，主次分明。这一切又都交织在从夜晚到拂晓的时间流程中。独特的时空结构方式，又是为着显示一个"愁"字。羁旅在外，又值深秋，朦朦月色、莹莹白霜、点点渔火、漫漫长夜，勾起多少愁思！诗人辗转反侧，终夜不眠。而偏偏在恼人的失眠中，又传来清冷凄越的钟声，更撞击了忧愁的心弦。在时空结构组合中，诗的氛围感透现出来。

时空意识的感觉化　李白《早发白帝城》早发暮至的时间，千里江陵的空间，在不可思议的速度中把松散的自然逻辑压缩拼接，乃审美主体的感觉所致。杜甫《闻官军收河南河北》："即从巴峡穿巫峡，便下襄阳向洛阳。”空间转换在眨眼之间实现，亦审美主体的感觉使然。主体感觉使遥远的空间距离缩短了，使悠慢的时间流程加快了，感觉节奏改变了时空节奏。而李商隐《即日》则出现了另一种特异时空现象：“地宽楼已迥，人更迥于楼……望赊殊易断，恨久欲难收。”地、楼、人的三叠产生两“迥”的递进，而又归结于“人”。在“地宽”中诚然“楼已迥”，更有那“人迥于楼”，主体的心灵是何等寂寥窘促。心灵与外物隔膜，茫茫世域、小小楼台，都无法容纳诗人的一颗心灵。这是诗人难容于世的自我感觉所产生的空间变态意识。欧阳修《千秋岁·春恨》：“夜长春梦短，人远天涯近。”也体现了时空交错的特征，即感觉化特征。所以，秉烛夜游（如乐府古辞《西门行》：“昼短苦夜长，何不秉烛游。”以及唐、宋诗人白居易、苏东坡秉烛看衰红）才是中国诗人诗性化的审美行为。“旷野看人小”（岑参：《酬崔十三》），非透视性，甚至是错觉型的，正是审美化的，也正是艺术在于错位。

时空意识所蕴蓄的历史内涵　韦庄《台城》：“江雨霏霏江草齐，六朝如梦鸟空啼。无情最是台城柳，依旧烟笼十里堤。”“六朝”和“台城”的时空交叉，“如梦”的巨变（时间）、“依旧”的不变（空间），形成了时空结构内在的裂变和失衡，包含着沉郁绪密的历史伤感和时当晚唐的末世忧患意识。

中国的咏史、怀古诗不全是一种历史意识，而是主体诗人现实意识的艺术符号形式。诗人自身的现时性和历史遗迹的往时性，是这类诗的基本框架。而诗人从往昔陈迹中所勾起的则是现实意识，包含着现实伤感、迷惘甚或绝望。思古幽情的动源及其审美目标是现时。空间未变而时间流变，是这类诗最基本的时空关系。所谓“人事不同风物在”（王珪：《游赏心亭》），正是这个意思。“人生几回伤往事，山形依旧枕寒流”（刘禹锡：《西塞山怀古》）“淮水东边旧时月，夜深还过女墙来”（刘禹锡：《石头城》），已变和未变的时空矛盾现象，恰是这类诗时空意识的萌发契机。李白《把酒问月》就曾写道：“今人不见古时月，今月曾经照古人。古人今人若流水，共看明月皆如此。”空间是相同的，但古今的时间流程却是可变的。空间经过时间的淘洗就沉淀了历史的陵谷沧桑意识。空间感受由时间感受所规范。相对不变的空间愈是作为历史的见证存在,愈是显得辽远,时间就愈是显得隔膜,反转过来也就使空间愈显得苍凉。这种时空特征便规定了中国怀古诗审美意识的悲剧性质而不是喜剧性质,规定了它的审美结构时空错综的模式。例如许浑《金陵怀古》:"玉树歌残王气终,景阳兵合戍楼空。松楸远近千官冢,禾黍高低六代宫。石燕拂云晴亦雨,江豚吹浪夜还风。英雄一去豪华尽,惟有青山似洛中。"许浑又有《咸阳城东楼》:"一上高楼万里愁,蒹葭杨柳似汀洲。溪云初起日沉阁,山雨欲来风满楼。鸟下绿芜秦苑夕,蝉鸣黄叶汉宫秋。行人莫问当年事,故国东来渭水流。"杜牧《题宣州开元寺水阁,阁下宛溪,夹溪居人》:"六朝文物草连空,天淡云闲今古同。鸟去鸟来山色里,人歌人哭水声中。深秋帘幕千家雨,落日楼台一笛风。惆怅无因见范蠡,参差烟树五湖东。"陆游《楚城》:"江上荒城猿鸟悲,隔江便是屈原祠。一千五百年间事,只有滩声似旧时。"时空所形成的苍凉情绪,由于反映了一种基本情感心态,因而就不仅体现在上述的咏史诗中,而且成为诗的普遍咏叹模式。这是空间未变而时间流变所形成的主体反观情绪的回应,例如贺知章《回乡偶书》:"离别家乡岁月多,近来人事半消磨。惟有门前镜湖水,春风不改旧时波。"这是人类最普遍的由于时空压迫所带来的惆怅感和失落感。

时空美学的哲理解读　中国哲学说到底是一种心象意识学,并非如西方哲学在对自然的物理结构的严谨分析基础上所形成。先哲们认为宇宙万物是一个有生命的大化流行的整体,哲学家可凭"心"而论。导源于中国哲学意识的审美观念属于心理型,而非物理结构型。因此,中国时空审美观念就不是西方的定点透视,而是散点透视。前引郭熙总结的"三远法",正是反映了中国文艺家流动不居,而非固定不变的观照特点,便于从多种视角去观照对象,塑造全辐多变的美。文学审美中,杜甫的《望岳》最能体现这一空间审美意识。"岱宗夫如何?齐鲁青未了",是为远望;"造化钟神秀,阴阳割昏晓",是为近望;"荡胸生层云,决眦入归鸟",是为仰望;"会当凌绝顶,一览众山小",则为想象中的俯望。多变化的视点观照,穷尽了郁郁葱葱的泰山壮伟和灵秀。这是典型的“三远法”。而“三远法”“折高、折远”的“妙理”又出自何处呢？诗人不是以生理的眼，而是以心灵的“眼”在观照天地景观。在《望岳》中则是青春意气的杜甫“登泰山而小天下”的豪情和襟抱。正因为如此，经过心灵的意识化，时空结构就在建构过程中出现变异现象，以不合规范的形态产生出奇颖的美。例如元末明初唐温如《题龙阳县青草湖》：“西风吹老洞庭波，一夜湘君白发多。醉后不知天在水，满船清梦压星河。”本来星河在上，压住湖中船只，但诗人反上为下，将空间关系错置，这是心灵感受的幻化，不合物理，却更深切地表现出诗人的趣味心理。

晶化了的美学作品是主体文化—审美意识（包括哲学意识）的一扇窗棂。文学美学作品中总是沉淀着潜在的主体文化意识。前述的窗牖取景（如杜甫《七绝》：“窗含西岭千秋雪。”李贺《南园》：“窗含远色通书幌。”）绝不仅仅是审美的操作方式和手段，而是审美意识的心扉观照；也不是一般修辞学上以窗代室的“借代”，而是哲学意识层面上的惟道集虚。窗为虚，天地万象亦为虚，以一扇窗棂而“含西岭千秋雪”景。亭台楼阁也是如此。惟其高、空，才会收摄万景，于是“楼观沧海日，门对浙江潮”（宋之问：《灵隐寺》）“下窥指高鸟，俯听闻惊风”（岑参：《登慈恩寺浮图》），等等。苏轼《涵虚亭》：“惟有此亭无一物，坐观万景得天全。”中国诗人就是以这种具有哲学内涵的虚空之心，吸纳着苍苍云树、茫茫风雨、莽莽宇宙。其所以在审美选择中选择那空台虚亭，是因为虚空心灵的对象化需要，如同苏轼诗句所述，“赖有高楼能聚远，一时收拾与闲人”。“无形无名者，万物之宗也”①。“无”，才能无所不有；“无”，才能无所不在。“空故纳万境”（苏轼：《送参寥师》），其哲学渊源原来在此。白居易在杭州任上建有“虚白堂”，写有《虚白堂》诗。《庄子·人间世》：“虚室生白。”②是和“心斋”思想同时提出的。司马彪《释文引》：“室比

① 王弼：《老子·十四章注》，《诸子集成》（三），中华书局1954年版，第8页。

② 《庄子·人间世》，陈鼓应：《庄子今注今译》，中华书局1983年版，第117页。

喻心，心能空虚，则纯白独生也。”①白居易的《虚白堂》在诗性化描述中透露出庄学思想：“虚白堂前衙退后，更无一事到中心。移床就日檐间卧，卧咏闲诗侧倚琴。”清代袁枚《峡江寺飞泉亭记》述之甚详；当代宗白华《美学散步》论之至透。

无限的时间和无涯的空间是归返自我的环周，而不是不可穷尽之直线。因此，中国绘画没有自一点光源造成的直射，反对定点透视法把世界推向无尽的涯际。中国文人的审美视觉意识就不是极目无尽，进行外向型的宇宙开拓，这与农业文化庶几相关，而是仰观俯察，以得视听之娱。王羲之《〈兰亭集〉序》：“仰观宇宙之大，俯察品类之盛。”陶渊明《读〈山海经〉》：“俯仰终宇宙，不乐复何如。”正是这种审美观照方式的典型体现。而这一审美方式又与前述的借空台虚亭来收摄万景的方式是一致的，如朱熹《再用韵题翠壁》：“孤亭一目尽天涯，俯瞰烟村八九家。”

中国文学审美主体只在俯仰之间获得情感的审美满足，不去管那天外之天，即使极目远眺，也不是无一得见，如汪元量《湖州歌》：“夕阳一片寒鸦外。”张耒《和周廉彦》：“新月已生飞鸟外，落霞更在夕阳西。”俯仰远近的目瞻眼望形成一种审美视觉活动节奏。而这一节奏又在来去往复中形成循环起伏节律，不是直线式流逝穷尽。李白《秋登巴陵望洞庭》：“来帆出江中，去鸟向日边。”《与夏十二登岳阳楼》：“雁引愁心去，山衔好月来。”一来一去；前引李贺《南园》：“窗含远色通书幌，鱼拥香钩近石矶”，一远一近。《老子·二十五章》：“大曰逝，逝曰远，远曰反。”②反者，返也。《易》：“无往不复，天地际也。”③意谓去者无不回复。

---

① 司马彪：《释文》，陈鼓应：《庄子今注今译》，中华书局 1983 年版，第 119 页。

② 《老子·二十五章》，陈鼓应：《老子注译及评介》，中华书局 1984 年版，第 163 页。

③ 《周易·泰》，张善文：《周易辞典》（修订版），中国大百科全书出版社 2005 年版，第 95 页。李鼎祚《周易集解》引宋衷曰：“位在乾极，应在坤极。”表述了同一意思。

美学源自哲学，以这一哲学观作为内涵，则体现了以内心意识为主体的空间美学观，以心灵为中心观照万物，则“无往”而不至，可又最终回“复”到心灵的原点上。王安石的《书湖阴先生壁》用渐次放大和推远的镜头，由“茅檐长扫静无苔”到“花木成畦手自栽”到“一水护田将绿绕”，推进到下一阈限，则突然返归主体：“两山排闼送青来。”这是动的节律，却又以“茅檐长扫静无苔”，静的观照为前提，遂在往返过程中形成动静的秩序节奏。这是自然空间观，历史空间观也是如此。无论是李商隐《咏史》“一片降旗百尺竿”，还是刘禹锡《西塞山怀古》“一片降幡出石头”，历史空间都回复到主体的现实心灵空间。

在空间观上，古希腊的精确性和古中国的浑然性迥然不同。时空单位在西方早已成为客观的时空刻度和量度，中国却以阴阳五行作为符号代码，一切都是不精确存在。同时，在中国，时间和空间观并不严格区分，往往是时间和空间概念同时表示和标举。如“秋”，表时，则标以阴，《汉书·律历志》云：“秋为阴中，万物以成。”①又以五行之“金”标示，金主西方。因此，“秋”这一季节概念便形成为时空交错的阴阳五行结构：秋—阴—金—西方。简言之：秋（时）—西方（空），时空都没有进行各自分解式的净化和抽象化。所以，欧阳修《秋声赋》说：“夫秋，刑官也，于时为阴；又兵象也，于行用金。”它最终又归结到民族的思维机制上，“无往不复”的循环是事物运动的最终结局，导入阴阳气数的形而上，却无法把辩证法推进到底，形成概念辩证法。这些哲学思维意识积淀在审美心理层中，便形成了上述的审美特点。于是，哲学意识最终成为审美的内在观照意识。时空美学本质上是心态美学。

（原载《齐鲁学刊》2010 年第 4 期，《高等学校文科学术文摘》2010 年第 5 期摘载。）

---

① 班固：《汉书·律历志》，《二十五史》（一），上海古籍出版社、上海书店 1986 年版，第 98 页。

文学美学*

文化现象主要是精神现象，一切实体存在包括器皿、建筑、雕塑等，其存在形态是静体物，似乎是凝定了的非生命体，但其内核仍然有精神的流注、气韵的律吕、生命的翔舞，成为一种精神现象，它透溢出实体存在物之外，逼入审美接受主体的心灵世界。这种精神现象极具穿透力和弥散性能，是一种感受的接受和领略。它虽然有极强的感性活力，却沉淀着理性色素。这样，精神现象就具有稳定的特征，成为跟别一种文化精神现象区别、界定的显著标识，同时，也成为某一种感觉对象，而且更重要的是理性认知的范畴。因此，经过抽象概括后的精神概念就成为该文化系统的几近符号的图示，例如人们对中西文化精神的概括。就文化本身的素质而言，没有精神的文化是僵直的无生机性能的。文化首先赖于有精神才显得生机蓬勃、沉雄有力。精神是文化的灵魂、胆汁、生命。

中国美学精神是艺术化了的精神，而中国艺术又是诗意化的精神，文学便成为中国美学的精神窗口，凝化为文学美学精神。一切的现象描述都有待于上升到精神层面上来透视和解阐。

组合型结构

中国文学美学之精神不是单一个体现象，而是复调式组合现象，包

* 在 1997 年台湾“文学美学”学术研讨会上的大会演讲词

括总体构成、情感类别、审美功能等方面。

总体构成的组合型

总体构成的组合型，从结构现象上考察，表现为内外层两个空间。内层空间即儒、庄、禅三家合一，整合为趋融性美学结构体，所谓“据于儒，依于老，逃于禅”是也。这也仅是总体、大略确定，事实上对中国文学美学发挥了重大影响，或者说对其发挥了结构功能作用的，还有“易”学(“易”学的构成因子是儒、道参融，但它又具有独立性质)。儒的精神在中国文学美学中从先秦开始是沿着《诗》美学传播下来、延续下去的，其间有王充高扬的“真美”论。哲学命题强化了美学功能。美学诚然不能脱离哲学，在现今人的观念中，美学还只是哲学的分支，学科分类中美学归入哲学，但是哲学和美学精神不能等同，它存在着许多的非重合性。哲学上正确的命题在美学上未见得适用，如实证主义哲学，在审美中却是应该排斥的。审美创造是心灵的发挥和创造，完全不能或不应加以事实验证。但哲学上甚或是悖谬的命题在审美学上却是大有作为，例如唯心主义哲学的某些命题、范畴。因为美学不首先是解释物质世界，而是构筑艺术世界。艺术逻辑不能等同于哲学逻辑。从这个意义上说，王充哲学—美学，辉扬了哲学，却阻遏了美学。魏、晋、南北朝，儒学淡化，隋、唐复强化，唐代文学古文运动使儒学复兴，陈子昂高倡风雅于前，白居易呼应美刺于后，韩愈的古文运动虽发声于散文，其意义却突破散文领域，扩展于整个文学，形成儒家美学在整个文学范围内的扩散。因此，在文学美学领域中，《诗》学和唐代古文运动形成一条线索。庄学对于艺术审美作用的真正发挥是在哲学玄学形成以后，玄言诗是食而不化的产物，玄远意味不是透发出来的，而是形象加思想的“贴塑”模式。到唐代，庄学真正成为文学艺术之化机。禅在唐、宋，前有王维，后有苏、黄。在苏轼身上，儒、庄、禅才真正融化为一整体结构。从此，中国文学美学内层结构，特别是审美主体，就是一个三家合流的结构。三家合流不是简单的“三国归晋”的形式，而是合流后产生出一种新质，某一个体现象或群体文化现象，非儒非庄非禅，却又亦儒亦庄亦禅，如汤显祖、袁宏道，明清小说。绘画诚然与文学同样成为中国美学精神之代表，但略有差别。绘画先得庄味，后受禅意，文学则是三家融会。

内层空间辐射到外层空间，使得中国文学美学精神是一个复杂的精神现象，宏博的时空实体，渗融的意识机制，滔滔荡荡，了无遗迹。

从总体精神上看，是人文精神、现实精神、玄远精神、天人合一精神、生命精神、宇宙精神的复合体。在文学美学发展史的某一时期，或有偏至；在某一审美主体的某一阶段或有倾斜，但作为全期或全人来说，则是复合型结构。前者如唐，后者如白居易。

就表现形式而言，区域体文化精神的差异相当显著，这才使中国文学美学是多声部、多色彩的。龚自珍《己亥杂诗》曰："北俊南孅气不同。"其差异原因被中国文化学家运用地理文化学原理解释为自然现象对人文精神的哺化。宋代庄绰《鸡肋篇》卷上曰："大抵人性类其土风。西北多山，故其人重厚朴鲁；荆扬多水，故其人明慧文巧，而患在清浅。"风土人情作为同一概念提出时，是指向某一完整的文化意义，但在做具体的文化阐释时，则被说明为风土哺育出人情。况周颐《蕙风词话》卷二所谓"南人得江山之秀，北人以冰霜为清"。今人郭沫若在《〈两周金文辞大系〉序》中指出："由长江流域溯流而上，于江河之间顺流而下，更由黄河流域溯流而上，地之比邻者，其文化色彩大抵相同。更综而言之，可得南北二系。江淮流域诸国南系也，黄河流域诸国北系也。南文尚华藻，字多秀丽，北文重事实，字多浑厚，此其大较也。徐、楚乃南系之中心，而徐多古器，旧文献中每视荆、舒为蛮夷化外，足征乃出于周人之敌忾。徐、楚均商之同盟，自商之亡即与周为敌国，此于旧史有征，而于商、周彝铭，凡周室与南夷用兵之事尤几于累代不绝。故徐、楚实商文化之嫡系，南北二流实商、周文化之派演。商人气质倾向艺术，彝器制作精绝千古，而好饮酒，好田猎，好崇祀鬼神，均其超现实性之证，周人气质则偏重现实，与古人所谓'殷尚实，周尚文'者适得其反。民族之商、周，盖以地域之南北，故二系之色彩浑如泾、渭之异流。"区域体文化—美学现象透现出北雄南秀、西刚东柔的具体精神差异。统一由差异构成，在统一文化体中，各别的差异则又组合为中国文学美学的总体精神。

从具体的文化—美学形态来看，则区分为廊庙文化—美学与山林文化—美学；精英文化—美学与大众文化—美学或曰雅文化—美学与俗文化—美学。通俗化的艺术常常被雅文化所同化，整合为文学美学如词、小说，如刘禹锡的竹枝词，等等。小说至《红楼梦》彻底完成了文人化历程，因此，代表中国文学美学精神的主要是雅文化。因为在中国文化—美学视域规范内，俗文化的粗放型性质和朴野形态“不登大雅之堂”，即不能吻合或表达中国文学美学的精致性能。规范即改造，通过改造使之适应中国文化的总体性质。这种改造，既发挥了上述的美学效应，又保存了俗文化的原在感性色彩，为中国文学美学精神增添了生机、活力。郑振铎《中国俗文学史》曾描述了这一过程：“当民间发生了一种新的文体时，学士大夫们其初是完全忽视的，是鄙夷不屑一读的。但渐渐的，有勇气的文人学士们采取这种新鲜的新文体作为自己的创作的形式了，渐渐的这种的新文体得了大多数的文人学士们的支持了，渐渐的这种的新文体升格而成为王家贵族的东西了。至此，而他们渐渐的远离了民间，而成为正统的文学的一体了。”雅文学与俗文学的更相吸引的过程也就构成了中国文学美学史在一个方面的发展历程。

廊庙文化和山林文化的组合是中国文士仕隐二重奏的物化形态反映和复调形态。中国的士在先秦是游士，朝秦暮楚，浮游无根。秦、汉以后趋于稳定，成为比较独立的社会阶层。但浮游性的摆动性格却出现积淀，于是在仕隐两极之间往复摆动取舍，如韩愈《后二十九日复上书》所说：“古之士三月不仕则相吊，故出疆必载质。然所以重于自进者，以其于周不可，则去之鲁；于鲁不可，则去之齐；于齐不可，则去之宋之郑之秦之楚也。今天下一君，四海一国，舍乎此，则夷狄矣，去父母之邦矣。故士之行道者，不得于朝，则山林而已矣。山林者士之所独善自养而不忧天下者之所能安也，如有忧天下之心，则不能矣。故愈每自进而不知愧焉。”能仕复能隐，倒是一种自由境界，尚保留着原初的士“游”

性格。这样，便使中国文人处在可以自如调节人生的境地中，维持立身、处世及心理的平衡态。山林文学的情调在中国文学中更具有审美的情调，是心灵的怡养，微醺式的满足，乐天知命，随遇而安，与焉逍遥，以审美态度对待人生的港湾。审美主体往往对自己的生活进行着不无诗意化的描述，沉浸在审美愉悦中，成为自己的二度审美体验、对象，带有通过自我设计而来的自我欣赏、自我陶醉和自我满足。隐于山林，是一种生存方式，其真乐趣难以与人道及，它只能属于这类文化人的专利。如苏轼《放鹤亭记》所说："其为物清远闲放，超然于尘埃之外……子知隐居之乐乎，虽南面之君，未可与易也……其为乐未可以同日而语也。"它是一种情调型文学美学，不是情绪，更不是理性。此种文学美学情调似乎更令人悠然神往和心理投入。

从审美理想、精神来看，则是"圆"像、"圆"形、"圆"式，即完美精神。"圆"是完满现象，是对世态、人情、风貌、自身理想的一种理解、设计甚或是构想、追求，这不能不归结到中国曾经有过玉器时代的历史意识积淀的原因(下详论)，也跟佛教圆式图像对民族审美心理的渗透和铸合相关。《易·系辞》曰："蓍之德，圆而神。"《关尹子·一宇》："以盆为沼，以石为岛，鱼环游之，不知几千万里不穷乎！夫何故？水无源无归。圣人之道，本无首，末无尾，所以应物不穷。"阴阳鱼组合成的太极图就是圆式图像，圆无首无尾，周流不绝，圆形中的某一点既是端点，又是终点，无有穷际和结束。《五灯会元》卷一僧璨《信心铭》："圆同太虚，无欠无馀。"汪中《哀盐船文》："圜者如圈，破者如玦。"张英《聪训斋语》卷上："天体至圆，万物做到极精妙者，无有不圆。圣人之至德，古今之至文、法帖，以至一艺一术，必极圆而后登峰造极。""圆"是中国文化的极致理想，积淀着天圆的地理观念，玉圆的形式观念，一切都应圆满、圆融、圆熟，即不能达，亦成心往，遂为理想。美国哲学家威尔赖特说，中国"常有一个轮子拴在柱子上并向右旋转……象征着宇宙之道""在伟大的原型性象征中最富于哲学意义的也许就是圆圈及其最常见的意指性具象——轮子……轮子在旋转中有这样一种特点，即当其轴心固定时，辐条和轮圈的运动是完全规则的。这一特点很容易成为一种人类真正的象征”①。这在文学美学上也就形成了相关的审美标准。

考古新发现和新研究认为,“中国在石器和青铜器、铁器之间还存在着一个玉器时代”“这是中国文明起源的重要标志”,从而使“文明的演变在东亚有独特方式”。“玉器时代是中华文明起源时期的主要特征之一,玉的神化和灵物概念是玉器时代意识形态的核心,中华民族形成爱玉的民族心理亦根植于此。玉作为非实用性的生产工具和专用玉质礼仪制品,标志着以等级为核心的礼制的开始,象征着持有者的特殊权力和身份,它脱胎于不成文的习惯法,这正说明了玉器时代是中国文明的起源时代。而被神化了的玉一开始将人世间的统治权力笼罩在神秘的套袍里,相信神的力量,信奉超越本身、超越现实可能的精神力量,在文明起源时代就在民族的心理,民族意识上印下了胎记”“玉器最早出现于七八千年之前,而玉器时代则大约距今 5000~3500 年间。玉的分布范围北起燕山,西及陕西和长江中流地区,东到泰山周围的大汶口文化,南到广东,形成一个新月形玉器文化圈,这一文化圈恰恰是以后以仁爱、中庸为核心的儒家哲学盛行的地区”②。又据 1990 年 10 月 28 日新华社电讯:“吉林省文物考古部门最近在松辽平原西部镇赉县发现一座新石器时代玉器墓。”《诗经·秦风·渭阳》曰:“我送舅氏,悠悠我思。何以赠之,琼瑰玉佩。”玉是美好的象征物,亦是圆润晶莹的象征物。一旦这种象征体具备了美好的性质,它就可能脱离原初的实用功能,被赋予文化精神涵质。先秦有以玉比德说,“玉洁冰清”成为人格范畴的概念。仪表不凡的人被称之为“玉人”,《晋书·裴楷、卫玠传》并载裴、卫二人有玉人之称。元稹《莺莺传》:“疑是玉人来。”杜牧《寄扬州韩绰判官》:“二十四桥明月夜,玉人何处教吹箫。”牛峤《菩萨蛮》:“门外柳花飞,玉郎犹未归。”“圆”又是佛家的宗教理想境界。钱锺书《谈艺录》罗

① 见叶舒宪《神话—原型批评》,陕西师范大学出版社 1987 年版,第 229 页。

② 《中国在石器和青铜器时代之间曾有一个玉器时代》,《光明日报》1990 年 7 月 4 日。

列了这方面的大量材料："释书屡以十五夜满月喻正遍智，如《文殊师利问菩提经》云：'初发心如月新生，行道心如月五日，不退转心如月十日，补处心如月十四日，如来智慧如月十五日。'《除盖障菩萨所问经》卷十二云：'如白分中初二夜月，与彼望夕，圆明相远，体无殊。菩萨身光明照耀，对如来前不可伦比。其犹初二与十五月。'《大乘本生心地观经·报恩品》第二既言'四智圆满'；其一为'大圆镜智'，《发菩提心品》第十一复详论菩提心相如'圆满月轮于胸臆上明朗'。《杂阿含经》卷十一之二七六，《增壹阿含经》卷八之八等皆有此喻，兹不赘。"钱锺书又说："形之浑简完备者，无过于圆。吾国先哲言道体道妙，亦以圆为象。"中国传统哲学的"圆"论遂与外来的佛家"圆"的理想相铸合，形成了独特的中国文化理想。钱锺书还说："译佛典者亦定'圆通'、'圆觉'之名，圆之时义大矣哉。推之谈艺，正尔同符。"这里沟通了与"艺"之联系，审美观念遂一并移入，"珠圆玉润"成为最令人满足和称道的概念，周济《词辩》曰："北宋词多就景叙情，故珠圆玉润，四照玲珑。"如冠九《〈都转心庵词〉序》曾动人地描述了审美状态即圆融圆觉状态："'明月几时有'，词而仙者也。'吹皱一池春水'，词而禅者也。仙不可学而禅可学。学矣则非栖神幽遐，涵趣寥旷，通拈花之妙悟，穷非树之奇想，则动而沾滞之音矣。其何以澄观一心而腾踔万象。是故词之为境也，空潭印月，上下一澈，屏知识也。清馨出尘，妙香远闻，参净香也。鸟鸣珠箔，群花自落，超圆觉也。"

"圆"是悬想的审美标准，也是理想，一切物象、表象和观念都要圆满无缺，缺则有憾。一方面在审美上有助于造成圆熟精纯、晶莹圆润的境状，一方面也对艺术和文学审美，形成负面遏制。小说、戏剧中代代不绝大团圆的结局，生有缺，死则圆，死后的圆境对生的缺憾加以补偿，连小说巨制《红楼梦》的续四十回也难脱"兰桂齐芳""家道复初"的结局，那些续貂之作无一不拖着这条狗尾。这是一种弥散状的文化—审美精神、文学美学精神，对于那些突破此种审美创作圆环的作品倒颇令人感到惊世骇俗，叫人刮目相看。梁廷楠《曲话》说："《桃花扇》以'馀韵'折作结，曲终人杳，江上峰青，留有馀不尽之意，于烟波缥缈间，脱尽团圆俗套。"团圆式的作品审美理想是已成俗调的文化—审美理想的规范,亦是审美主体对规范的屈从、迎合和妥协。"圆"是中国文学美学的完美精神,既推促了艺术向精润圆熟性能的发展,又遏制了艺术对圆环作为精神规范的冲决和突破,特别是遏制了悲剧艺术美的怵目惊心的摧毁和撕肝裂胆的残酷表现。以理想之"圆"补现实之"缺",是对人生、命运尚不能实现且又非宗教性的圆满向往。"圆"构成中国文学美学的理想主义图像。它是晕色光圈,可又是铁制环圈。胡适在《文学进化观念与戏剧改良》中深刻指出:"中国文学最缺乏的是悲剧的观念。无论是小说,是戏剧,总是一个美满的团圆。现今戏园里唱完戏时总有一男一女出来一拜,叫做'团圆',这便是中国人的'团圆迷信'的绝妙代表。有一两个例外的文学家,想要打破这个团圆的迷信,如《石头记》的林黛玉不与贾宝玉团圆,如《桃花扇》的侯朝宗不与李香君团圆。但是这种结束法是中国文人所不许的,于是有《后石头记》《红楼圆梦》等书,把林黛玉从棺材里掘起来好同贾宝玉团圆,于是有顾天石的《南桃花扇》使侯公子与李香君当场团圆。又如朱买臣弃妇,本是一桩'覆水难收'的公案,元人作《渔樵记》,后人作《烂柯山》,偏要设法使朱买臣夫妇团圆。又如白居易的《琵琶行》写的本是'同是天涯沦落人,相逢何必曾相识'两句,元人作《清衫泪》,偏要叫那琵琶娼妇跳过船,跟白司马同去团圆!又如岳飞被秦桧害死一件事,乃是千古的大悲剧,后人做《说岳传》偏要说岳雷挂帅打平金兀术,封王团圆!这种'团圆的迷信'乃是中国人思想薄弱的铁证。"

从审美方式、思维来看,则是视觉思维的全幅展示,感觉经验的纵横贯通,审美情调的典雅空灵。它静穆而飘飞灵动、凝重而逸气四射、恬淡而意味隽永,参融互渗,一体贯通,周流不穷,哲思的潜在影响,史识的隐形规范,诗化的艺术精神,郁乎苍苍而又清新秀润。中国文学美学有着跟西方文学美学不同的格局、韵致,形成独有的东方美学时空实体、智慧和意味。它像马王堆帛画、敦煌壁画一样,审美的形式感诚然很强、很丰富,但绝非纯形式,而是形式中有着深沉的意味。意味含茹着精神。精神内涵的哲学、历史文化意识很浓。中国诗歌门类中的理趣诗(包括特定时期的玄言诗)的出现不是偶然的,历代的人们对其评述不一。理趣诗是试图打通诗的审美样式和哲学文化之间的联系,以诗的形式来容纳哲理的内涵。其哲理与其不是自然哲学,毋宁是人生哲学,是对人的生存意义和生存价值以及生命奥义的体认。而人生哲学和宇宙哲学在中国人的文化视界内是作为同一对象来体认的。因此,中国文学美学的文化意味相当显著,纯粹的文学审美作品在总量上较少,强调文学审美素质和主体的文化素养的联系。元揭傒斯《诗学指南》卷一说:"王荆公谓杜少陵'读书破万卷,下笔如有神'是他自言入神处。韩文公称卢仝'于书无不读,然正用以资为诗'。山谷谓:'不读书万卷,不行地千里,不可看杜诗。''杜诗无一字无来处。'东坡谓:'孟浩然如内法酒手,而乏材料。'盖有才无学,如有良将而无精兵,有巧匠而无利器。虽才高如孟浩然,犹不能免讥,况他人乎?"这样,中国文学美学就出现具象的精神现象和抽象的精神现象相并存的总体现象,而纯精神现象,纯精神寻求和抽象奥义的探觅,使得中国文学美学蒸腾起空灵的生香活意,黄钺《壹斋集·二十四画品》描述道:"栩栩欲动,落落不群。空兮灵兮,元气絪緼。骨疏神密,外合中分。自饶韵致,非关烟云。香销炉中,不火而熏。鸡闻桑颠,清扬远闻。"上述特征,便使得中国文学所发挥的是泛美学效应,而不是纯美学效应。这是跟西方文学美学有所不同的。

情感类别的组合型

中国文学美学的分体类型,如果不是从题材层面上,而是从情感结构上划分,如悲怨、幽婉、激愤、狂放、旷达等等,恰恰组合为中国文学美学的总体情感结构。

其一,类型性情感结构和人的游历、遭际密切相关。如屈骚成为中国幽婉独处的"根文学"情感之母体,陶潜的超然,阮籍的激愤,苏轼的旷达,均与遭际相关。刘克庄《跋〈章仲山诗〉》云:"故诗必天地畸人,山林退士,然后有标致。必空乏拂乱,必流离颠沛,然后有感触,人必与其类锻炼追琢,然后工。"因此,中国诗是一种切近的人生之歌,常以诗人自身的生活为体验对象，使得审美情绪的切实感很强。个体的命运感又和时代的、民族的，甚至是集团的命运感相联系，这就涵化了审美的内容，同时，也形成了“寓目写心，因事而作”的审美观照方式。如萧纲《答张缵谢示集书》所言：“至如春庭乐景，转蕙承风，秋雨且晴，檐梧初下，浮云生野，明月入楼，时命亲宾，乍动严驾，车渠屡酌，鹦鹉骤倾，伊昔三边，久留四战，胡雾连天，征旗拂日，时闻坞笛，遥听胡笳，或乡思凄然，或雄心愤薄，是以沉吟短翰，补缀庸音，寓目写心，因事而作。”“寓目写心”具有直接性的审美品格，钟嵘《〈诗品〉序》说“多非补假，皆由直寻”，陈廷杰注曰“钟意盖谓诗重在兴趣，直由作者得之于内，而不贵用事”，侧重于个体的直接经验和体验。

人的不同社会角色的确定和建立，构成了“人”的不同类型，也就形成了不同类型的情感结构和取向。袁宏道《与徐汉明》曾作出这样的概括：

> 玩世者，子桑、伯子、原壤、庄周、列御寇、阮籍之徒是也。上下几千载，数人而已。已矣，不可复得矣。
>
> 出世者，达摩、马祖、临济、德山之属皆是。其人一瞻一视，皆具锋刃，以狠毒之心，而行慈悲之事，行虽孤寂，志亦可取。
>
> 谐世者，司寇以后一派措大，立定脚跟，讲道德仁义者是也……
>
> 独有适世一种人，其人甚奇，然亦甚可恨。以为禅也，戒行不足；以为儒也，口不道尧、舜、周、孔之学，身不行羞恶辞让之事。于业不擅一能，于世不堪一务，最天下不紧要人。

不同的情感角色，形成不同的情感结构，遂形成不同的审美情感风貌。

审美不能离开对于人生、生活的热爱和激情，中国文学美学之所以具有生命的精神，就是因为审美者具备了上述的主体精神。惜时、伤春、叹秋诗文的情感主题从根本而言，正是导发于对生活的热爱和对生命的敏感与执著，这就能对中国诗多伤春、叹秋而少咏夏、唱冬的现象作出解释。夏是万木葱茏,是形成的结果;冬是万木肃杀,是另一种形式的结果,如同人已成年和死亡一样,并不引发起人的生命激情。而暮春是花的开始凋零,秋是草的开始枯萎,在形成的过程初始,极易激惹人的生命感受和敏感。所以,伤春、叹秋是一种动态性审美。中国诗人对山川风物的咏赞同样是一种生活情感的透现。罗大经《鹤林玉露》丙编卷二载周敦颐、二程"有爱莲观草、弄月吟风、望花随柳之乐",朱熹"每经行处,闻有佳山水,虽迂途数十里,必往游焉。携樽酒,一古银杯,大几容半升,时饮一杯,登临竟日,未尝厌倦"。这是一种审美态度。

其二,类型性情感形成情感结构后都大致有一个对应性的物象,遂出现稳态意象机制。例如念远之于雁,思乡之于月,送别之于柳,清高之于竹,等等。这种共感共象结构,一经形成,便大致比较固定,而且在中国文学美学的意象群中占有极大的比例。它在某些方面脱离了物象的自然性质,具备了社会意义,是自然的人化和社会化。例如"白云",它不再是大气层中的自然性云团,而是心灵的社会归宿表征。王维《送别》曰:"君言不得意,归卧南山陲。但去莫复问,白云无尽时。"孟浩然《和卢明府》曰:"醉坐自顾彭泽酒,思归长望白云天。"赵嘏《送李给事》曰:"青云不及白云高。"陈师道《再和寇十一》曰:"名字不归青史笔,形容终老白云乡。"它又和主体的审美感受相联。主体寻求对象物,不仅包含着体验、感觉这些属于经验性范畴的内容,而且包含着主体对于物象的深刻体认和理解。当主体的审美意识达到这一层面时,才能从深度上把握对象。苏轼《墨君堂记》对文与可之于竹,"得其情而尽其性"的论述就是如此。"……然(文)与可独能得君(竹)之深而知君之所以贤……风雪凌厉以观其操,崖石荦确以致其节。得志,遂茂而不骄;不得志,瘁瘦而不辱。与可之于君,可谓得其情而尽其性矣"。这就是说,审美不是凭一般的感觉,而是做深度体验。

其三,涵义固定的意象沉淀和个人心态的不断选择。所谓涵义固定的意象沉淀在某种意义上说,是"原型"意象的沉淀,是文化传播和延续在个体身上的反映。个体的审美创造无法脱离文化的母题。意象沉淀虽是不经意的自然流露和表现,可又是一种不可摆脱的文化强制。这样,便通过沉淀,形成了文化的强化,不断出现审美原型的“置换”形式。一方面意象沉淀对于个人具有规范或预示功能,然而,在另一方面个人对于传统意象又有选择功能。个人心态是选择的原因。不仅不同审美个体的心态选择有差别,而且同一审美个体的心态在不同阶段中有区别,如白居易的前期、中期和晚期。白氏的晚期审美风貌趋于怡然恬淡。热衷于道教外丹,醉心于《周易参同契》,个体心态变化后,某种文化因子便乘虚而入。《同微之赠别郭虚舟炼丹五十韵》《思旧》等诗,就是这种以诗的审美方式对文化选择的结果。

其四,由上述的文化—美学原因所决定,遂形成审美体验上沉淀式的经验回味和新感觉经验的移入。前者是文化—审美意味的回思、咀嚼,呈复现式;后者是感觉的新塑,呈移入式,保持了审美体验的新鲜性。中国文学中的怀古情绪作为动人的伤怀的美感经验就是如此。中国文学保持着与史学传统相一致的念昔情绪。《诗经·小雅·小宛》曰:“我心忧伤,念昔远人。”这种追念,主体所怀抱的,不是愉畅的心情,而是凄楚地频频回首,恋眷不休。阮籍《咏怀三十首》曰:“感往悼来,怀古伤今。”其情绪的导发箭头是逆向,“伤今”萌生出“怀古”。它是昔时再现和主体的情绪追忆,也是精神缅怀和新价值确立的需要,并成为主体精神的新体认。它不全是一个古迹的“出土”或描述,而是主体精神需要的重塑,以主体心理图式为框架去感应古迹的历史意味。在某种环境和心理氛围中,古迹只是主体情绪的载体。下述两点是构成怀古情绪体验和发露的基因和契机:古迹作为对象所负荷的历史容量愈厚重,越具有引发功能,如吴地姑苏、六朝金陵。古迹和主体现时状况越具有相近性质,越能够调动主体的现时感,越能成为抒咏对象,如李益《汴河曲》:“行人莫上长堤望,风起扬花愁杀人。”如六朝金陵王气消黯和诗人所处时代的衰变的异代同构现象,韦庄有著名的《台城》:“江雨霏霏江草齐,六朝如梦鸟空啼。无情最是台城柳,依旧烟笼十里堤。”

往昔的古迹对于不同个体来说,是一个共同的形象或称为共同的审美对象,但不同的个体的体验目的和体验心态又有所区别,如许浑、杜牧、李商隐等的怀古诗。于是，怀古情绪就产生了情绪追忆和当下所发的组合结构，即一方面从历史的陈迹中感应着失落的情绪，沉郁而苍茫凝重，一方面又有着主体的个人心绪，有新的感觉、感受和经验。这种组合结构和情绪内涵，便成为中国文学的美感经验形式。

由怀古情绪结构扩而展之，中国文学在审美层面的意义都是如此，这就是要有主体意绪的投入和介入。不少文学作品其所以具有审美与非审美的区别，原因就在此。白居易《读〈谢灵运诗〉》所揭示的美感经验现象可扩及对整个中国文学美学特质的说明："谢公才廓落，与世不相遇。壮志郁不用，须有所泄处。泄为山水诗，逸韵谐奇趣。大必笼天海，细不遗草树。岂唯玩景物，亦欲摅心素。"

忧乐并生的审美文化基因。中国文学审美意识在总体上既不是单一的忧患意识，也不是单纯的乐感意识（从某一视角，可作这样的体认），而是忧乐并生的文化意识，这里也具有组合性质。《鹤林玉露》丙编卷二曰：

> 吾辈学道，须是打叠教心下快活。古曰无闷，曰不愠，曰乐则生矣，曰乐莫大焉。夫子有曲肱饮水之乐，颜子有陋巷箪瓢之乐，曾点有浴沂咏归之乐，曾参有履穿肘见歌若金石之乐。周程有爱莲观草、弄月吟风、望花随柳之乐。学道而至于乐，方是真有所得。大概于世间一切声色嗜好洗得净，一切荣辱得丧看得破，然后快活意思方自此生。或曰：君子有终身之忧；又曰：忧以天下；又曰：莫知我忧；又曰：先天下之忧而忧。此义又是如何？曰圣贤忧乐二字，并行不悖。故魏鹤山诗云："须知陋巷忧中乐，又识耕莘乐处忧。"古之诗人有识见者，如陶彭泽、杜少陵，亦皆有忧乐。如采菊东篱，挥杯劝影，乐矣，而有平陆成江之忧；步屧春风，泥饮田父，乐矣，而有眉攒万国之忧而忧。盖惟贤者而后有真忧，亦惟贤者而后有真乐，乐不以忧而废，忧亦不以乐而忘。

忧乐并生而调节，把忧患意识作为人的自觉要求来体验，是主体的自觉投入。忧患意识作为压抑性情感，并没有使主体沉沦，因为主体重返生命源头，从中感受到"乐"的情绪，是真心实意，心悦诚服，并伴生审美快感的契入。不是视为"苦"行、"苦"事，而是"乐"事，有"乐"感。这使得忧乐并生情感具有中国文化并渗入文学美学的独有特征。"忧以天下"使得中国文学美学的情感结构具备了深沉而深刻的精神内涵。而辅之以"乐以天下"，同以"天下"为归，便使忧乐感得以完善、统一，升华为博大、崇高的境界。

审美功能的组合型

文化哲学观念培养了中国人的审美观念和审美观照方式。由上述的性质所规定，其功能亦是组合型的。

一方面"文章经国之大业，不朽之盛事"，要改变"雕虫小技"的名声，就要发挥经邦济世功能。所谓"雕虫小技"不是指形式机制言，而是指"文章"与"经济"之关系。在中国文学美学中，伦理道德的价值取向和定向犹如一个磁场，规范着美学及其与之所结成的关系。另一方面，它又有自我观赏的功能。文学具有自我陶冶、消融、净化和玩味的性能，自我欣赏或在一定范围的文化圈中互相欣赏，即所谓"自适""自娱"。这就是中国文学美学中多闲逸小品和散文风味的原因。《晋书·嵇康传》言嵇康"常修养性服食之事，弹琴咏诗，自足于怀"，就是写照。这和中国文学家的某种人生态度庶几相关，嵇康《与山巨源绝交书》曾申述道："但愿守陋巷，教养子孙，浊酒一杯，弹琴一曲，志愿毕矣。"世上惟有神仙好，只有功名忘不了。一旦勘破红尘，又不是从宗教神仙中寻求皈依，而是寄意于文学、艺术，得到寄托般解脱。文学发挥现实效应，有为于世，是中国文学家"入世"思想的体现，又奉行"藏之名山，传之其人"的哲学，发挥着虽不显露、虽不直接，却具有延续性传播的文化效应。《汉书·司马迁传》载，太史公："遭李陵之祸，幽于缧绁。乃喟然而叹曰：'是余之罪也夫！身毁不用矣。'退而深惟曰：'夫《诗》《书》隐约者，欲遂其志之思也。'"中国文学家"立德、立功、立言""三不朽"的组合，是人生理想和价值取向的总体体现。三环结构缺一环而不可，规范了中国作家的责任、愿望及其实现的具体途径，也规定了他们具体运用时的特殊方式。太史公就是以“立言”来完成自身价值的最终塑造的。清代彭士望《树庐文钞·传是楼藏书记》认为：“世称‘三不朽’者，‘立言’其一，而‘德’与‘功’则非‘言’无由传。”这正是中国文化人所发挥的为别的社会群体所无法发挥的功能。

中国文学审美主体的体验形态不是高峰体验，而是平和体验。总体文化精神规范了主体的体验方式。中国文化具有柔性文化性质，柔而韧，柔而有涵量，所以，中国文化、美学就找到一个最恰当、独特的对应性象征物——水。《韩诗外传》曰：“夫水者，缘理而行，不遗小间，似有智者；动而下之，似有礼者；蹈深不疑，似有量者；障防而清，似知命者；历险致远，卒而不毁，似有德者。”中国文学审美主体对于自然不是以异己力量出现，而是亲和，极少怒张、跋扈；不是凌驾于自然，而是与之并存并生，是自然的“我”化，抑郁的情绪在自然中得以净化。这才会有宋代黄升《〈中兴以来绝妙词选〉序》所确立的“情景交融”的审美命题。艺术上，乐和、心和、政和三位一体，便否定了高峰体验。平和略带宁静意味的体验，在某种意义上是静的观照方式，不暴不躁，不湿不燥，温润闲逸；不是金刚怒目，而是菩萨低眉。体验过程特别具有悟性，包括审美判断是悟性判断。它是情感体验，“导达意气”“发泄幽情”。中国艺术思维重悟，接受思维贵悟不贵解，禅宗思维羼入，更使之圆熟化。曾季貍《艇斋诗话》强调“非悟入不可”。主体对于对象整体悟化，可能是合混一统的，但主体却得到心感的极大畅达和满足，顷刻间大明透亮，豁然贯通，腾跃入大圆智境。这是体认性的审美满足，较之其他文化群体的审美思维来，中国文学美学的悟性思维更具有特色。

非高峰体验的性质又规范了中国文学的审美主体的感受存在着某种孤独感，但不同于西方文学审美主体的孤独性质。孤独不是反叛现实，而是不为社会现实所接受，难以得到文化位置的确认所表现的孤高，这才使中国文学中梅的意象足以车载斗量，如林逋的梅诗，陆游的梅词等。孤高的内涵是“清”，这是中国文学审美体验内容的特质，具有中国美学雅化的基本属性。《世说新语·品藻》载：“抚军问孙兴公：‘刘真长何如?'曰:'清蔚简令。''王仲祖何如?'曰:'温润恬和。''桓温何如?'曰:'高爽迈出。''谢仁祖何如?'曰:'清易令达。''阮思旷何如?'曰:'弘润通长。''袁羊何如?'曰:'洮洮清便。'""清水出芙蓉""清空"便成为中国美学形态和范畴概念。张炎《词源》说:"词要清空,不要质实。清空则古雅峭拔,质实则凝涩晦昧。"贺贻孙《诗筏》说:"清空一气,搅之不碎,挥之不开,此化境也。"田同之《西圃诗说》说:"诗之妙处无他,清空而已。"

组合型结构使得中国文学美学精神宏博、多维、丰赡,纷繁万态,乃"充实之谓美"也。

动态型机制

中国文学美学之精神又是一个动态型机制,包括三个层级:积淀、同化、变异。其发展趋向是不断臻于雅化、精致化。宋代美学完成了中国美学的精致化和彻底文人化历程。动态演变在一个重要方面由社会心态和传统精神交合而成。

积淀、同化

文化、美学的积淀是源头积淀,中国文学美学之精神源头是孔、老、庄。儒学精神虽然较为固定,但在不同时期的内涵不尽相类。老、庄精神对文学美学发生真正影响是在六朝。老、庄哲学新态——玄学哲学,就是社会心态和传统精神的交合产物,它成为六朝时弥散性文化哲学精神。玄学对文学影响的有形载体是玄言诗,但真正体现六朝艺术美学精神的却不是玄言诗,或者说不是诗歌,而是六朝小赋和《世说新语》。六朝小赋的审美意义是人多方面地发现了自身情感及其多态化表征,如恨、别、伤心等等。情感发现是人的审美器官的进化,这才是所谓文学自觉、美学自觉的基本意义。《世说新语》不仅仅是畸才隽士的言论、行为记录,而且更重要的是玄学精神——高蹈玄妙精神的体现。这是老、庄精神的艺术复活。没有哪一个时代的文学、艺术有两晋、南朝对于老庄精神体现得这么充分和深刻。尽管王维、孟浩然、范成大的田园诗审美趣味跟陶潜田园诗精神、趣味有许多相近之处，但很少有陶诗的那种深沉的人生况味。老、庄哲学、美学精神是十分深刻的精神。

艺术精神的影响，不能限于理论形态，还应包括艺术的物化载体。孔子删《诗》，没有文学作品传世，或者他没有文学作品面世，他不是说过“述而不作”吗？然而，他通过删《诗》来具体地体现其美学思想。诗教说只是一种阐释学，是对主体精神加以伦理化的规范，没有也无法阻止文学载体的艺术精神的传播。例如《诗经·蒹葭》所体现的审美距离意识，是最初也是最高体现。“在水一方”的审美空间距离，是一种心理距离。朱熹《诗集传》言《蒹葭》：“言秋水方盛之时，所谓彼人者，乃在水一方，上下求之，而皆不可得。”这是无法征实和确定的意象结构，无法称说它指向什么。我觉得，它是一种心理现象的表征符号。其心理为：企望得而未得，保持着可望而不可即的控制状况，是一种具有普遍意义的企望、慕求心理现象。《蒹葭》将它审美具象化，成为审美情感现象。清陈启源《毛诗稽古篇·附录》说得好：“夫悦之必求之，然惟可见而不可求，则慕悦益至。”设身处地的情思揭示，如《陟岵》：“陟彼岵兮，瞻望父兮。父曰：‘嗟予子行役，夙夜无已！上慎旃哉，犹来无止。’”这是一种设想心态，未必如此，想当如此，是心态的幻觉、设想，以求两心的沟通，这种心态描述和揭示为中国文学的思念情绪表达积淀了原型。韩愈《与孟东野书》曰：“以吾心之思足下，知足下之悬悬于吾也。”刘得仁《月夜寄同志》云：“支颐不语想思坐，料得君心似我心。”白居易《至夜思亲》云：“想得家中夜深坐，还是说着远游人。”为人所熟知的王维著名的“遥知兄弟登高处，遍插茱萸少一人”，把主体设想为对象，进而反揭主体情绪，在审美方式上别具一格。《燕燕》曰“瞻望勿及，伫立以泣”，是对送远情态的审美描述，尽管伊人已去，眼力不及，但仍含泪伫立目送。这种情态以及包含的美的伤情，为中国的送别诗积淀了情感原型。如王维《齐州送祖三》云“解缆君已遥，望君犹伫立”，邵谒《望行人》云“登楼恐不高，及高君已远”，以及为人所熟知的李白著名的“孤帆远影碧空尽，惟见长江天际流”。《伯兮》曰“愿言思伯，甘心疾首”，把思亲的精神折磨，表现到了极致，其价值和意义又在于把精神折磨视为心甘情愿。王国维《古雅之在美学上之地位》就曾发现柳永《凤栖梧》“衣带渐宽终不悔，为伊消得人憔悴”存在着《伯兮》式的情感结构原型积淀。对此，钱锺书《管锥编》有详细的发掘。

由此，可以归纳出这样的结论：中国文学美学精神从原初形成后就产生积淀。积淀在不同时代、不同个体的审美中。所谓积淀即文化—审美因子的动态传播。它是历时性表现，这才是“史”。把中国文学史、美学史的共时性解释，描述得相当充分，是现今的中国文学史著、美学史著的某种成绩，但是，另一个重要的侧面：历时性，却被不无惋惜地遗忘了。中国文学美学精神离开了历时性描述和勾连，就无法得到本质意义的阐释。

艺术精神的动态传播，不仅有精神意识本身，而且有艺术的审美观照方式，保持着文学美学史的贯穿性特征。

我们把中国文学美学史所出现的过程性状态不作为单个作家、作品，而是视为一种现象，具有一定文化、美学涵量的典型态来考察。这样，我们对带有史感意味的动态型机制的研究，就摆脱了一般的文学史、美学史的通行体制。现象形成乃因为它摄纳了某种文化、审美质素，代表了某一时代、时期、过程的某种共同的趣味、理想。它可以是美学丛体，也可以是美学个体。丛体和个体的单位量不是确定是否为现象的标志，而是根据它的代表性资格。一定的文化、美学氛围、土壤总会孕育出它在这一范围内的代表，因而现象就不是孤立体，而是与一定文化、审美条件相勾连着的，借用哲学的通行术语就是个别体现出一般，从而成为一般的个别。是它自身，又不仅仅是它自身，乃是在它的身上融会了宏深的文化、审美涵量和涵值。这就是我所确定的文学美学现象。现象具有一定的时代、文化区段的历时特征，才有吻合各别时代的缤纷多姿的审美风貌。历时性积淀不是“前度刘郎今又来”的艺术复制和简单复现，而是寓于共时性条件中的再发育和孵化。美学现象的呈现和隐蔽联系构成了中国文学美学的动态型机制。历时性积淀使得动态型发展呈现出可以勾稽和描述的线索。陆时雍对唐诗审美特征的描述即如此："中唐诗近收敛，境敛而实，语敛而精。势大将收，物华反素。盛唐铺张已极，无复可加，中唐所以一反而之敛也。初唐人承隋之馀，前华已谢，后秀未开，声欲启而尚留，意方涵而不露，故其诗多希微玄淡之音。中唐反盛之风，攒意而取精，选言而取胜，所谓绮绣非珍，冰纨是贵，其致迥然异矣。然其病在雕刻太甚，元气不完，体格卑而声气亦降，故其诗往往不长于古而长于律，自有所由来矣。"①

某种文学美学存在真正成为我们所确定的现象后，就会成为积淀，成为后代的某种同化现象。同化，不能仅仅视为个体的审美取同、认同，而更重要的是包含着审美文化环境和需要的选择、接纳。某种文学美学现象在后代甚至隔数代后出现被同化效应，就是如此。被认识或被重新认识的接受效应体现了同化功能。仿佛一夜之间，前代或隔数代前的文学美学现象被重新提起，令人刮目相看，决非偶然，这是文化、审美意识的当时需要和意识发展的必然。例如杜甫、陶潜在宋代的名声鹊起，而这本身又构成了一种文学美学现象。因此，这种同化过程和现象亦是动态型机制的重要内容。《蔡宽夫诗话》提出"文章隐显，固自有时"的见解颇为卓越。"隐显"即经同化所出现的取舍现象。"隐"是"舍"的结果，"显"是"取"的归属。它们原本是一种存在，但经过取舍，就出现隐显，成为新存在。新存在发生在新体认之后。所谓"时"即时代的审美条件、因素、意识。当一种时代的审美理想孕育出来以后，必然会对前代或隔数代前的文学美学现象加以重新认定。《蔡宽夫诗话》就曾描述了宋初诗美学风尚的动态型演变状况："国初沿袭五代之馀，士大夫皆宗白乐天诗，故王黄州主盟一时。祥符、天禧之间，杨文公、刘中山、钱思公专喜李义山，故昆体之作，翕然一变，而文公尤酷嗜唐彦谦诗，至亲书以自随。景佑、庆历后，天下始尚古文，于是李太白、韦苏州诸人乃杂见于世。杜子美最为晚出，三十年来学诗者，非子美不道，虽

① 陆时雍：《诗镜总论》。

武夫女子皆知尊异之，李太白而下殆莫与抗。”因此，陆时雍《诗镜总论》所言“宋人抑太白而尊少陵”“宋人尊杜子美为诗中之圣，字型句镌，莫敢轻拟”，亦是导发于上述和上引的审美文化原因。同样，梅尧臣《答新长老诗编》：“惟诗独慕陶彭泽。”苏轼《书渊明东方有一士后》公然说：“我即渊明，渊明即我。”将陶、苏合一、融一，可以说，苏轼现象就是在同化、接纳了陶潜现象后产生的。黄文焕《〈陶诗析义〉自序》说：“古今尊陶，统归平淡。”同化是心态的对应契合，以某一点作为趣味、理想的归属，进而出现一根连结线，这同样体现了动态型的延续状况。

变　异

上面，论述了动态型机制的两个层面的涵义：积淀、同化，现在论述第三个层面：变异。诚然，中国文学美学有一个比较一贯、稳定的艺术精神结构，但也并非一成不变。它还有变异现象。变异的最显著标志是审美意味、情调、风尚。于是，六朝是“妙”，盛唐是“狂”，宋代是“淡”，晚明是“趣”。

朱自清说：“魏、晋以来，老、庄之学大盛，特别是庄学；士大夫对于生活和艺术的欣赏与批评也在长足的发展。清谈家也就是雅人，要求的正是那‘妙’。后来又加上佛教哲学，更强调了那‘虚无’的风气。于是乎众妙层出不穷。在艺术方面，有所谓‘妙篇’，‘妙诗’，‘妙句’，‘妙楷’，‘妙音’，‘妙舞’，‘妙味’，以及‘笔妙’，‘刀妙’等。在自然方面，有所谓‘妙风’，‘妙云’，‘妙花’，‘妙色’，‘妙香’等，又有‘庄严妙土’指佛寺所在；至于孙绰《游天台山赋》里说到‘运自然之妙有’，更将万有总归一‘妙’。在人体方面，也有所谓‘妙容’，‘妙相’，‘妙耳’，‘妙趾’等；至于‘妙舌’指的会说话，‘妙手空空儿’（唐裴铏《聂隐娘传》）和‘文章本天成，妙手偶得之’（宋陆游诗）的‘妙手’，都指的手艺，虽然一个是武的，一个是文的。还有‘妙年’，‘妙士’，‘妙客’，‘妙人’，‘妙选’，都指人，‘妙兴’，‘妙绪’，‘妙语解颐’，也指人。‘妙理’，‘妙义’，‘妙旨’，‘妙用’，指哲学，‘妙境’指哲学，又指自然与艺术；哲学的有‘妙解’，‘妙觉'，'妙悟'；自然与艺术的有'妙赏'；这种种又靠着'妙心'。"①"妙心"以"虚无"为常、为主、为根。《老子》曰"玄而又玄，众妙之门""故常无欲以观其妙"，王弼注："妙者，微之极也。"事物的奥秘在于"妙"，玄之又玄，寂寞缥缈。这是中国哲学对于对象本体的一种体认，最高的本体是"微""妙"。这与其说是对象，不如说是主体，是心象。这是六朝"有""无"哲学论争，以"无"为本，产生的范畴概念，因此，"妙"就覆盖于哲学、文学、美学之上，成为最能代表六朝文化观念意识的范畴概念。而美学所要作出最高说明，审美所要作出最高体现的，又恰恰是这一点，因此，哲学位移美学，便顺理成章。陆机《连珠》曰："繁会之音，生于绝弦。"马融《长笛赋》曰："微风纤妙，若存若亡……奄忽灭没，晔然贫物。"辛弃疾《鹧鸪天·石门道中》曰："似有人声听却无。"主体审美感觉追寻、觅求着微、妙，这是灵敏精微的审美感觉体现。审美感觉经验以无当有，无中生有，是经验完形的超常表现，乃心象体验而非物象体察，如曹元宠《卜算子·咏兰》所写："著意闻时不肯香，香在无心处。"心灵感知竟于无声处听焦雷贯耳，便是感觉经验完形，如李华《仙游寺》所写"望色无更有"，梅曾亮《游小盘谷记》所写"寂寥无声而耳听常满"。在审美理论上，王夫之《诗广传》卷五对诗美学特性做出了这样的规范："诗者，幽明之际者也。视而不可见之色，听而不可闻之声，搏而不可得之象，霏微蜿蜒，淡而灵，虚而实……故诗者，象其心而已矣。"王氏的这番诗美学概括的核点就是"微妙"。对于审美接受来说，同样是心象感知，微旨妙得。清黄子云《野鸿诗的》曰："学古人诗，不在乎字句，而在乎臭味……以我之心，求无象于窅冥恍惚之间，或得或丧，若存若亡。"简言之，从"妙心"→"妙传"→"妙旨"。"妙"是六朝的审美经验现象，到了盛唐则为"狂"所替代。"我本楚狂人，凤歌笑孔丘"，李白的这两句诗最能代表盛唐时代的狂气。"狂"不是现今语义所能规范，乃是"狂狷"、狂逸，是肆行无碍凭来去，寻求精神的天马行空。后代人不止一次地呼

① 《朱自清古典文学论文集》上册，上海古籍出版社 1981 年版，第 131 页。

唤盛唐“佛光”再现，但“匆匆春又归去”，无复再来。到宋则以“淡”主美学盟坛。陈继儒《〈容台集〉叙》曰：“凡诗文家客气、市气、纵横气、草野气、锦衣玉食气，皆钼治抖擞，不令微细流注于胸次，而发现于笔端……渐老渐熟，渐熟渐离，渐离渐近乎平淡自然。而浮华刊落矣，姿态横生矣，堂堂大人相触露矣。”这是审美年轮的标志，是晚归淡泊的心态，也是文学审美特征精致化的必然历程，亦是深刻的人生况味体验后的一种态度。真正的淡不是浅，而是深。如包恢《书〈徐致远无弦稿〉后》所说：“若其意味风韵含蓄蕴藉，隐然潜寓于里，而其表淡然若无外饰者，深也。”邵梅臣《画耕偶录论画》亦曰：“萧杀冷漠，是画家极不易到工夫，极不易得境界。萧条则得笔墨之趣，淡漠则得笔墨之神。”这是中国美学的深刻精神，愈简洁(简洁是形式抽象)愈有意味。如果说，前、中期的中国文学美学史的审美情调还有点贵族化或半贵族化，到后期就被世俗情味所替代。“趣”的旋律淹没了古雅的音质，“意境”和谐让位于“冷水浇背”(徐渭语)的猛然刺激。小说、戏曲中，市民层的接受趣味和习惯、定势，极大地影响着文人和准文人的审美趣味。这里呈现出一派世俗的世界。它没有六朝的感受精妙，唐、宋的精致，其审美意识更趋向于趣味，获得趣味的满足，没有撼动人心的深沉悲歌的力量。审美主体们是一批浪荡子，生活方式和对于现存秩序都是放浪不羁，而缺少历史意识的深度。袁宏道《与龚惟长先生》对人生的真“乐”趣做了分类和描述。这是他的生活发现和感受、体味，懂得如何享“乐”，遂成为晚明文人的写照。

> 真乐有五，不可不知。目极世间之色，耳极世间之声，身极世间之安，口极世间之谈，一快活也。堂前列鼎，堂后度曲，宾客满席，男女交舄，烛气熏天，珠翠委地，皓魄入帷，花影流衣，二快活也。箧中藏万卷书，书皆珍异；宅畔置一馆，馆中约真正同心友十馀人，人中立一识见极高如司马迁、罗贯中、关汉卿者为主；分曹部署，各成一书，远文唐、宋酸儒之陋，近完一代未竟之篇，三快活也。千金买一舟，舟中置鼓吹一部，妓妾数人，游闲数人，泛家浮宅，不

知老之将至，四快活也。然人生受用至此，不及十年，家资田地荡尽矣，然后一身狼狈，朝不谋夕，托钵歌伎之院，分餐孤老之盘，往来乡亲，恬不知耻，五快活也。士有此一者，生可无愧，死可不朽矣。若只幽闲无事，挨排度日，此最世间不紧要人，不可为训。

人生、人格的重新设计，没有矜持典雅、飘逸玄秘、高蹈远引，亦没有古道寒水、冷风热泪、掉臂独行，只是个体的满足，即令托钵乞讨歌妓之院亦视为"快活"，晚明文学不正以此为审美对象的吗？

不同时代、文化区段的审美情调往往集中表述为一个独词概念，如"妙""狂""淡""趣"等等。我把它们视为审美现象存在，而不是归结为审美范畴。范畴还属于理论形态。审美现象所涵之义就广泛多了，它诚然包括了范畴观念，但却是文化、审美氛围、精神土壤孕生而出的阶段性审美凝结体。现象是"有"，是"在"，但却是特定的"有""在"，这反映了共时性的孕育状态。然而，在文学美学史长河中、链索中，这一个个浪涛、一节节链环所呈现而出的图像就是历时性状况。因此，中国文学美学动态型机制就是历时性和共时性的统一与结合。

精神主题曲

中国文学美学之精神是古典式的。这一"古典"语词不是文学分期概念（如古代文学、近代文学、现代文学、当代文学），而是艺术精神内涵和美学意义上的，现、当代文学中亦不乏古典情调，如现代散文中的名士味，当代新时期小说中的贵族或准贵族气。罗丹《艺术论》中的下述确定，"古代艺术的含义是：人类的幸福、安宁、优美、平衡和理性"，近代艺术"表现人类痛苦的反省，不安的毅力，绝望的斗争意志，为不能实现的理想所困而受的苦难"，可大致适用于对中国文学美学精神的体认。

中国文学美学精神主题曲是：

天人合一的精神

这是为中国总体文化质所规范的精神。源头意义上《左传》、孔、老、庄等对天人合一的描述，我们不准备多费笔墨。现在的问题是文化主题成为文学美学精神主题曲，其原因、特征是什么？曾经被隋李谔所痛斥的“连篇累牍，不出月露之形；积案盈箱，惟是风云之状”之所以不可改变，其中的原因之一是人的能动性、主体意识。刘勰《文心雕龙·物色》曰：“窥情风景之上，钻貌草木之中。”天人合一精神促进了中国文学美学中自然山水意识的萌发和生长，规范了对于对象的亲和态度。宋代汪藻《赠丹丘僧了本》说得好：“精神还仗精神觅。”

天人合一精神使中国古典艺术具备了消融意味，整一混化，没有阻碍，没有滞涩。《庄子》就曾认为：“吾在天地之间，犹小石小木之在大山也。”不是外在于，而是内在于天地自然。袁中道《赠东奥李封公序》云：“与造物者为友，而游于温和恬适之乡……不借力于物，而融化于道。”是心的投入、融入、化入。它不限于自然、山水，而且对于一切外在的对象存在。如晚明的一些山水游记是诗化的审美方式，成为审美意念的表达。“诗者天地之心”是对此所做的最好表述。在体验上是“以天合天”，以主体之自然合对象之自然。

值得提起的是，天人合一的文化精神最终沉淀为创作思维心态，它澄明、彻了、沉机而大圆智睿、万化流行，这是最典型的中国式创作心态，也是中国文学美学作为古典艺术的精神基础。明代吴廷翰《醉轩记》写道：

吾每坐轩中，穷天地之化，感古今之运，冥思大道，洞览玄极，巨细始终，含濡包罗，乃不知有宇宙，何况吾身，故始而茫然若有所失，既而怡然若有所契。起而立，巡檐而行，油油然若有所得，欣欣然若将遇之。凭栏而眺望，恢恢然、浩浩然不知其所穷。反而息于几席之间，晏然而安，陶然而乐，煦煦然而和，盎然其充然，淡然泊然入乎无为。志极意畅，则浩歌颓然，旋舞翩然，恍然，惚然，不知其所以也！童子谓君曰："翁醉矣乎？"是时也，四大泱洽，三级混融，万物酣畅，六合浮游，若登太和之堂，坐玉烛之台，而翱翔乎极乐之国也！

"我"消解了，变成另一个新"我"，这种创作心态本身就是诗意化、审美化的，本身就是那么动人，就能成为审美观照对象。况周颐《蕙风词话》曰："吾苍然独立于寂寞无人之区，忽有匪夷所思之一念，自沉冥杳霭中来，吾于是乎有词。洎吾词成，则于顷者之一念若相属若不相属也，而此一念，方绵邈引演于吾词之外，而吾词不能殚陈，斯为不尽之妙。"物我合一、物心融化，艺术成为心的写照，心以艺为对象化，如袁枚《续诗品》所写："诗如鼓琴，声声见心。心为天籁，诚中形外。我心清妥，语无烟火。我心缠绵，读者泫然。禅偈非佛，理障非儒。心之孔嘉，其言蔼如。"于是，由天人合一的文化精神规范了中国文学美学的整体图式是：天人对应→物心对应→艺心对应。在共感现象上，中国文学美学独占世界文学美学之翘楚。

形下与形上的结合

形下的现实性和形上的超验性美学精神并存、具验与超验结合、具象与抽象结合。"形而上者谓之道，形而下者谓之器"。形上则抽象空灵，羚羊挂角，无迹可寻，有飞动、变幻的审美力量；形下则具象征实，鲜明可感，如在眼前，可以触摸，有凝重、扎实的品格，有具体的质感。它们的结合使得中国文学美学之精神既非蹈空，亦不胶粘。形上使得中国文学的具体作品内蕴着哲学精神、历史意识、美学意味，让人能够深切回味，它具备了超越具体物象，更超越了具体时空的性质，获得了人们通常所说的永恒的魅力。可以说，愈具有超越性，愈能够传世。

中国文学很少作形上的空泛式议论、表述，而是借助于实体的具象性存在加以表达。非象，而又非脱象。"借物咏志""借景抒情"便成为最通常的审美方式。"借"都是一种手段，最终则是表现"情""志"。既不是空发"情""志"，又不是粘滞物象。物象仅是被凭借、借用之对象，不可无,却又不能拘执。借而表达,以明其志,以抒其情,继则便舍物弃景,这便是所谓的"舍筏登岸",笔致超然。中国文学美学理论家们关于咏物诗的审美见解,从某种意义上说,正是代表了形上与形下关系的美学思想。钱泳《履园谭诗》说:"咏物诗最难工。太切题,则粘皮带骨;不切题,则捕风捉影,须在不即不离之间。"梁九图《十二石斋诗话》说:"咏物不粘不脱,尽人皆知。至名手能借此自寄性情,则工矣。"沈祥龙《论词随笔》说:"咏物之作,在借物以寓性情。凡身世之感,君国之忧,隐然蕴于其内,斯寄托遥深,非沾沾焉咏一物焉。"超然玄远,离形得似,便能使文学审美获得更多、更深的意味。

形上与形下的结合达到融通之状态,并非易事。玄言诗,有形上之论,却缺形下之象,未能就形下而自然引发出形上。而有些文学作品则又难脱形下之器,过于征实,成为对象的具实性写照,而未有超脱,不能进入高层面之审美。中国文学上的那些传世之作正是在形下与形上的有机结合、融化基础上形成的,从而臻于浑融之境。

"生"的精神

中国文学美学精神是"生"的精神。"生生不已","生"的意识浓重,才有生命观念,才有对生命价值的体认,才有生殖崇拜,才有生命在某一领域的存在方式——文学艺术的产生,才有美学史的一系列源于生命现象的范畴——生气、气、气韵、神,等等的出现。生命是动力,是内涵,是本源,才能对象化,才能视无生命为有生命的活体,才能赋予有自然生命的草木或无生命的对象以人的生命力量。这是生的力量的意识使然,是生命的意识移入和注射,这是天人合一的主体基础,天则生命化,生命天则化,自然人性化的颂歌,对人的价值热情而理性的体认,是生的意识的归结。《荀子·王制》说道:"水火有气而无生,草木有生而无知,禽兽有知而无义,人有气有生有知亦且有义,故最为天下贵也。"《易》对天地创生的热情礼赞,对"生"的图序的描述:"有天地然后有万物,有万物然后有男女。"包含着强烈的"生"的意识。中国文化、哲学性质是生命文化、哲学。"生"的原生、创生,"生生"是变化、流布,"生生不已之谓易”,生的延续乃动的传播,遂成为“生”的自律性历史。《易传》曰:“故水火相逮,雷风不相悖,山泽通气,然后能变化,既成万物也。”协和感应能生变化,变化是生和生生不已的动源。

中国文化所包含的隐喻思维因子,极易使广义的生命存在和发展现象转化为特定的审美意识。小而至于具体而微的审美范畴,如生机盎然、生气勃勃、栩栩如生,“气韵,生动是也”,等等。它重视主体的元气在审美过程以及美的历程中的流注,在对象身上的充溢,从而使对象获得跟主体一样的生命。对象客体之生命最终为主体生命所赋予。大而至于对整个中国美学的体认。中国美学可以说是生命意识的图像——

美:生命崇拜的转移;

美:生命感兴的喷发;

美:生命压抑的替代;

美:生命历程的展现。

中国文学美学之精神核就凝化在一个习见却又易忘的点上:生命。

由这个核点的能量扩散遂形成软组织的弹性、韧性文化圈,个体和群体审美活动都在圈内。“得其环中”之谓也。虽然,其发生是以个体面孔出现的,但总是积淀和辉扬着这种文化精神。

生命是动力。黑格尔说:“东方强调和崇敬的”“是生殖方面的创造力。”[①]对生殖现象以及生命现象暴风雨般的狂热忘情忘形的崇拜在理性过滤之后,遂转化为一种审美的感兴力量。审美的感兴现象的激情、激奋都内蕴着主体的生命意识。王维《入山寄城中故人》曰:“兴来每独往,胜事空自如。”岑参《终南双峰草堂作》曰:“兴来恣佳游,事惬符胜慨。”李白《与从侄杭州刺史良游天竺寺》曰:“三山动逸兴。”《岘山怀古》曰:“感叹发秋兴。”《姑熟溪》曰:“爱此溪水闲,乘流兴无极。”《赠别王山人师布山》曰:“还归布山隐,兴入云天高。”《江夏别宋之悌》曰:“人分千

① 黑格尔:《美学》第3卷,上册,第40页。

里外,兴在一杯中。”杜甫《西阁二首》(其一)曰:“诗尽人间兴。”等等。

生命是动的节律化,中国艺术精神重视节奏、音乐感,例如马王堆帛画、敦煌壁画,等等。所有艺术包括文学都给人以生命感、腾飞感,跃跃欲飞,“我欲乘风归去”、“欲上青天揽明月”、“挟飞仙以遨游”。它不同于西方古典艺术精神(主要体现在希腊雕塑中),也不同于某些东方古典艺术精神(如埃及金字塔甬道),前述的中国文学美学精神可以从这里找到它的注解。

于是,它的精神就获得了下述的三种特征:消融(超越天人之分),永恒(超越生命之限),绝对(超越时空之界),从而为人类美学之光抹下了东方的晨曦和曙色。

为此,中国文学美学中系下了重生和恋生的“情结”。惜时、叹老、嗟衰等等时空审美遂成为生命审美,也胎孕了审美生命。中国人从时间审美中逼发出积极的生命精神。陶渊明《杂诗》就曾写道:“人生无根蒂,飘如陌上尘。分散逐风转,此已非常身。落地为兄弟,何必骨肉亲?得花当作乐,斗酒聚比邻。盛年不再来,一日难再晨。及时当勉励,岁月不待人。”

总　　结

中国文学美学之精神,是内涵,亦是机制。它表现为动态型、差异型,遂呈现出多声部、多色调;它在横向上是多因素组合构成;在纵向上,表现为历史的升腾:精致化、玄远化、空灵化;内在结构上多元化合,形成统一精神现象,它是由一个繁衍万象的核子所扩散而出的,它“覆天载地,廓四方,柝八极,高不可际,深不可测,包裹天地,禀授无形,原流泉浡,冲而徐盈,混混滑滑,浊而徐清。故植之而塞于天地,横之而弥于四海,施之无穷而无所朝夕,舒之幂于六合,卷之不盈于一握,约而能张,幽而能明,弱而能强,柔而能刚,横四维而含阴阳,纮宇宙而章三光。甚淖而滑,甚纤而微。山以之高,渊以之深,兽以之走,鸟以之飞,日月以之明,星历以之行。麟以之游,凤以之翔……是故能天运地滞,轮转而无废，水流而不止，与万物终始"①。

中国文化、美学充满了理性精神，虽有宗教意识却无宗教迷狂。士大夫文人失意时很少皈依宗教，而是回归自然、隐居山林，以另一种方式对待现实世界，仍然有着现实性品格。

这一切又在铸造着中国型的文化—审美心理结构。它沉埋在厚厚千重的地壳内，源源不绝，释放着巨大的能量。孟郊在《城南联句》中说"肠胃绕万象，精神驱五兵"，心理结构作为一种精神现象，既是个体机制，又是群体机制。个体的审美驱动、需要、感性表现、理性制约，都是由心理结构所规范。

我们将心理结构的文化和审美性质并提，这不仅在一般文化学上具有广泛意义，即审美心理结构具有文化色彩，而且更显示了中国文学的审美心理结构的文化显性特征。审美心理结构植根和置身于文化心理结构中。中国文学审美主体大都是杂家，常常借用文学的审美符号负载非审美的内容。文学作品是从作家"全集"中运用文学观念所提取出来的，一些被今人视为纯文学的形式在原初并非如此，例如诗歌。把中国文学、美学还原为本来状态，即文化状态，避免了用西方美学视界看待别是一种状态的东方美学之一的中国美学，误把印有深刻文化胎记的中国美学纳入纯美学的框架。

心理结构比起主体的其他构成元素来(包括技术、操作方式程序)，更具有稳定性、惯性力和隐形规范作用，其中隐形规范最富于决定意义，它是文化的集体表象，美学意识的故乡。一静一动、一举手一投足，都存在着这个隐形支配力；审美方式、操作程序、意象建构、审美格调风貌的呈现，都浮荡着这个集体幽灵。游魂飘飖，无所不在，令审美主体不得不然，无法自控又不能自休。薛雪《一瓢诗话》说："口熟手溜，用惯不觉，亦诗人之病，而前人往往有之。"就是其现象的经验描述。

心理结构的个体化存在是审美个性的确征，审美个性的存在现象

---

① 《淮南子·原道》。

则是心理结构的表征。审美个性表现为美学风格，这是美学风格多样化、差异性的最终原因。一千个主体就有一千个心理结构，然而又有一个隐形的一致性的集体潜意识心理。

心理结构形成以后具有内省、内视的闭合特征。闭合状具有比较稳定的模式，但又是开放的，输入外部信息。新的文化因素的出现，会对主体心理结构进行新的整合，如中、后期中国文化思想史上出现的禅宗思想，开发了文化—审美心理，使其由粗糙的相对意识融为精致的抽象性，特别是丰富了内省的直觉意识内容，彻悟宇宙真谛。

所谓文学史、美学史就是心理结构的表现史。美学现象有重复，重复就是呈现。呈现出来的总是可感的意象，具有直接的感应性质。意象的复现实质上是心理结构的复现。如果说意象复现是显性的，心理结构呈示则是隐性的，犹如藏在水流下的冰山。这样，心理就具备了历史功能，文学美学史就是心理结构史。它使得"史"产生了深层品格，摆脱了现象描述体制。

文化—审美心理结构是诸般文化条件、因素经过数不清的沉积、洗滤所凝冻而成的。它告别童年期，却又童心未泯；它视之无形，却又发之有形。它是一个民族精神宅址的徽标，形成族类间文化—审美品格的最明显的区别标识，导致了不同族类的审美主体的价值取向和情感体验方式。中国文学的审美心理结构就在中国文化的总体氛围和广袤土地上塑造了自身的品格，确定了自身的品位。方东美《哲学三慧》写道："周礼六德之教，殿以中和，其著例一也。诗礼乐三科之在六艺，原本不分，故诗为中声之所止，乐乃中和之纪纲，礼是防伪之中教，周礼、礼记言之綦详，其著例二也。中国建筑之山回水抱，得其环中，以应无穷，形成园艺和谐之美，其著例三也。六法境界之分疆叠段，不守透视定则，似是画法之失，然位置、向背、阴阳、远近、浓淡、大小、气脉、源流，出入界划，信手皴染，隐迹立形，气韵生动，断尽阂障，灵变逞奇，无违中道，不失和谐，其著例四也。中国各体文学传心灵之香，写神明之媚，音韵必协，声调务谐，劲气内转，秀势外舒，旋律轻重孚万籁，脉络往复走元龙，文心开朗如满月，意趣飘扬若天风，一一深回宛转，潜通密贯，妙合中庸和谐之道本,其著例五也。”文化精神结构作为熊熊燃体,源源不绝地释放着心理能量,寻求精神载体,文学便是其重要手段(即审美手段)之一,使之烙上审美文化特征,以自己所特有的暗喻方式指示着井喷式的生命之源。一旦以生命之心体验、环视天地自然之心,便出现艺术灿烂的审美感化。“诗者,天地之心”,己身生命和外在生命,身内生命和身外生命便化而为一:生命舞蹈、生命音乐,这是最高的审美!

赞曰:

美哉,中国文学美学!
银汉横空,星象丽天。
龙骧天门,虎卧凤阙。
大象回转,万化流行。
辉照东域,焰飞西海。
它是巨硕的存在。
它是一个大写的“美”!

(原载《文学美学》,台湾文史哲出版社 1998 年版)

宗教美学

道教是中国土生土长的宗教，佛教是舶来品，两大教从产生或从西土移入以来，可谓中西文化史上的大事。部分中国人把它们作为仪式，顶礼膜拜，寻求精神避难所，以寄托空虚的幻想。然而，它们在士大夫文人身上则表现不同。虽然，中国士大夫文人也有皈依宗教的。如唐代著名诗人贺知章，自号四明狂客。据《唐诗纪事》卷一七贺知章条载，天宝三载(744)，已是86岁的贺知章"上表乞为道士还乡"，获准启程时，唐玄宗诏令"六卿庶尹大夫，供帐青门，宠行迈也。岂惟崇德尚齿，抑亦励俗劝人"。唐玄宗亲为赋诗送行。《新唐书》卷三十五《五行志》载"天宝后，诗人多……寄兴于江湖僧寺"，但也只是"寄兴"而已，大多数人并非是去当宗教徒。参禅打醮、炼丹吃药，只是得其皮毛，或在宗教中获得破碎心灵的整修，获得精神的慰安。然而，更重要的是，宗教与文学、美学的结合，改变并整合着中国的文化结构，士大夫文人的审美心理结构。宗教和中国文学美学的联系就不能不成为生成型美学的重要内容。

宗教之于中国作家

无论是一苇渡江而来的佛教，还是本国产生的道教，它们从一开始就波披华土，形成了对中国人精神世界的渗透和影响，正如王国维在《论近年之学术界》中所说："佛教之东，适值吾国思想凋敝之后。当此之时，学者见之，如饥者之得食，渴者之得饮。"这是接受异域文化如饥似渴的情景描述。佛教功能被人们描述得不同寻常：

> 夫释氏之教，以清净恬虚为禅定，以柔谦退让为忍辱，故怨争可得而息也；以菲薄勤苦为修行，以穷达寿夭为因果，故贱陋可得而安也。故其喻云，必烦恼乃见佛性，则其本衰代之风激之也。夫衰代之风，举无可乐者也，不有释氏以救之，尚安所寄其心乎……夫俗既病矣，人既愁矣，不有释氏使其安分，勇者将奋而思斗，知者将静而思谋，则阡陌之人皆纷纷而群起矣；今释氏一归之分而不责于人，故贤智俊朗之士皆息心焉，其不能达此者愚人也，惟上所役焉。故离衰乱之俗可得而安，赖此也，若之何而翦去之哉？①

佛教剔除粗俗迷信，参之以精致思辨，也确实能吸引文化层次高的士大夫文人。一方面在宗教本土化的过程中，士大夫文人倾心于宗教；另一方面则是佛、道的士大夫化。其互渗互透的过程，改变了中国作家固有的文化心理结构，建构起新型的文化系统，形成庞大的文化结体，如皎然《诗式》所言："向使此道，尊之于儒，则冠六经之首；贵之于道，则居众妙之门；崇之于释，则彻空王之奥。"

宗教对于中国文学美学的影响在上述文化背景下形成，汉代风行道教，汉乐府《长歌行》就有西上太华，"揽芝获赤幢"的描述："来到主人门，奉药一玉箱。主人服此药，身体日康强。发白复变黑，延年寿命长。"经历代帝王推举，更为风行，赵翼《二十二史札记》有详细的说明。六朝兴佛，谢灵运以佛性写山水，佛性论渗入艺术的审美理论，唐代结合得更好，宋代广泛展开，元、明、清则向深度推进，形成了一个艺术创作和理论的系统。这里需要给以说明的是，佛教对中国文化的影响，以禅宗最为显著，但禅宗仅是佛教诸派中之一种；主要的佛教宗派就有天台宗、三论宗、法相宗、华严宗、律宗、禅宗、净土宗、密宗等。把佛教与

① 李节：《饯潭州疏言禅师诣太原求藏经诗序》。

中国文化间的联系，限制在禅宗一派是不够的。禅宗在中国形成了独立的文化结构，进而形成了独立的美学结构。

唐、宋二代的诗人、作家和佛、道二教的联系至为密切，如李白、柳宗元、刘禹锡、苏轼、王安石等。这种联系主要表现在以下几个方面。

僧俗间的交往活动。士大夫和僧徒、道士交往，在晋、宋以降可谓代不乏例，柳宗元《送文畅上人登五台遂游河朔序》说："昔之桑门上首，好与贤士大夫游。"这便形成一种时尚和生活内容。结友唱和，赋诗填词，赠别留行，构成了中国士大夫文人的生活内容，以至于白居易在《喜照密闲实四上人见过》中说："交游一半在僧中。"这种交游，带有"横向联系"性质，例不胜举，仅以道、佛二教，选取最有代表性的两位诗人李白、苏轼为例加以说明。

李白之于道教。李阳冰《〈草堂集〉序》曾记述李白长安蹭蹬，崇信道教的过程："丑正同列，害能成谤，格言不入，帝用疏之。公乃浪迹纵酒，以自昏秽；咏歌之际，屡称东山……天子知其不可留，乃赐金归之。遂就从祖陈留采访大使彦允，请北海高天师授《道箓》于齐州紫极宫；将东归蓬莱，仍羽人，驾丹丘耳。"李白有《访道安陵，遇盖寰为予造〈真箓〉，临别留赠》《奉饯高尊师如贵道士传〈道箓〉毕归北海》诗记其事。授箓是相当繁复的宗教仪式，李白竟虔诚地接受："抑予是何者？身在方士格！"他俨然以方士自居了。李白与元丹丘偕隐嵩山，就写有《元丹丘歌》《题元丹丘山居》《题元丹丘颍阳山居并序》《嵩山采菖蒲者》《赠嵩山焦炼师并序》等诗。在这类诗中有著名的《访戴天山道士不遇》："犬吠水声中，桃花带露浓。树深时见鹿，溪午不闻钟。野竹分青霭，飞泉挂碧峰。无人知所去，愁倚两三松。"在"不遇"中显示出道门的隐逸情调。对于他的好友贺知章请度道士还乡，李白赋《送贺宾客归越》赠别诗："镜湖流水漾清波，狂客归舟逸兴多。山阴道士如相见，应写黄庭换白鹅。"在李白的交游对象中还有女道士。如《送内寻庐山女道士李腾空二首》："多君相门女，学道爱神仙。素手掬青霭，罗衣曳紫烟。一往屏风叠，乘鸾著玉鞭。"

苏轼之于释僧。全祖望《鲒埼集外编》认为，"两宋诸儒门庭径路半出佛老”，也是一时之风气。如陆游《老学庵笔记》说：“元丰间，王荆公居半山，好观佛书。”《东坡先生墓志铭》说：“（苏轼）既而谪居黄，杜门深居……后读释氏书，深悟实相，参之孔老，博辩无碍。”《西清诗话》载：“王荆公在金陵，东坡自黄北达，日与公游，尽论古人文字，闻即俱味禅悦。”而苏轼一生，据统计，跟释僧交游者不在百人之下，数量相当可观。《五灯会元》《东坡志林》就载有苏轼和僧释互斗机锋的故事。有些禅宗公案极见禅趣。例如他的《与子由弟十首》（其五）写道：“昨夜梦与弟同自眉入京……路见二僧，其一僧……手擎一小卵塔云：‘中有舍利。’兄接得，卵塔自开，其中舍利粲然如花。兄与弟请吞之，僧遂分为三分……僧言：‘本欲起塔，却吃了。’弟云：‘吾三人肩各置一小塔便了。’兄言：‘吾等三人，便是三所无缝塔。’僧笑，遂觉。”浸润于佛理，苏轼形成了自己特有的智慧、机巧。如《诚斋诗话》载有一例：“东坡尝宴客，俳优者作伎万方，坡终不笑，用棒痛打作伎者曰：‘内翰不笑，汝犹称良优乎？’对曰：‘非不笑也，不笑所以深笑之也。’坡遂大笑。盖优人用东坡《王者不治夷狄论》云：‘非不治也，不治乃所以深治之也。’”他所交游的释僧，不是庸僧、凡僧，而是文化素养层次较高的高僧、名僧，如他的《答参寥师》等所指称。他说，这些释僧“所与游皆一时名人”，这就是说，只有名僧才能与名人交游。他称赞这些名僧的文化、美学修养：“能文善诗及歌词，皆操笔立就，不点窜一字……语有璵、忍之通，而诗无岛、可之寒。”①苏轼有一首著名的诗《惠崇春江晓景》：“竹外桃花三两枝，春江水暖鸭先知。蒌蒿满地芦芽短，正是河豚欲上时。”惠崇乃宋初“九僧”之一，能诗善画，素养甚深。另有《腊日游孤山访惠勤惠思二僧》。苏轼来杭州前曾在汝阴见到欧阳修。欧阳修向他推荐惠勤，他到杭州任上三天就去访问。“腊日不归对妻孥，名寻道人实自娱”，他对于和二僧的交游颇为倾心，也就是在这首诗中，他提出了一个重要的审美创作见解：“作诗火急追亡逋，清景一失后难摹。”

---

① 《东坡志林》卷二《付僧惠诚游吴中代书》十二。

为着方便，我们在行文时是分别加以说明的。其实，他们的这种交游又是有交叉的，李白于道，亦于释，如《赠宣州灵源寺仲浚云》："此中积龙象，独许浚公殊。风韵逸江左，文章动海隅。观心同水月，解领得明珠。今日逢支遁，高谈出有无。"又有《送通禅师还南陵隐静寺》、《赠僧行融》等。苏轼也是如此，于释，亦于道。苏轼在《与刘宜翁书》中说："轼龆龀好道，本不欲婚宦，为父兄所强。一落世网，不能自逭，然未尝一念忘此心也。"他要刘宜翁"不吝惜道术"，把炼成的"外丹""不惜分惠"。

文人和释道横向交游，构成了中国士大夫文人独特的生活游历，这是中国文人层面的独有特征。而其中又有一个大致不差的模式，大都是在政治失意之后走向宗教。李白赐金还山后授"道箓"；李华受伪职，仕途失意，晚来归佛；苏轼贬谪后尊崇释氏。最典型的要算欧阳修，早年反佛、道，晚年罢政，则趋归宗教。陆子履曾有诗寄之，诗中云："寄语瀛洲未归客，醉翁今已作仙翁。"中国文人宗教意识的萌发，多是在和释徒道士的交往中形成，因此，我们勾稽文人和宗教徒的交游，不是停留在考据——交游考层面上，而是发掘这种横向联系对中国士大夫文人的人生意识和审美意识的意义、作用、影响。这才是我们的论述目的。

柳宗元在《送僧浩初序》中说到和僧释交游："与其人游者，未必能通其言也。且凡为其道者，不爱官，不争能，乐山水而嗜闲安者为多。吾病世之逐逐者，惟印组为务以相轧也。则舍是其焉从？吾之好与浮图游以此。"这就是说，柳宗元从佛门内看到了另一重与世之倾轧完全不同的世界，触发了他"好与浮图游"的思想动机。在"游"中，他们的思想得到净化，唐代张晕《游栖霞寺》写道："一从方外游，顿觉尘心变。"对他们的思想演化产生了影响。

他们对佛教精义的了解，并不肤浅。柳宗元在《曹溪大鉴禅师碑》中这样介绍佛教："其教人，始以性善，终以性善，不假耘锄，本其静矣。""自有生物，则好斗夺相贼杀，丧其本实，悖乖淫流，莫克返于初……而吾浮图说后出，推离还源，合所谓生而静者。"有些诗人写的诗和佛教徒写的诗，如出一辙，已分不出僧俗了。如白居易《道场独坐》："整顿衣巾拂净床,一瓶秋水一炉香。不论烦恼先须去,直到菩提亦拟忘。朝谒久停收剑佩,宴游渐罢废壶觞。世间无用残年处,只合逍遥坐道场。”王安石《八功德水》:“雪山马口出琉璃,闻说诸天与护持。此水遥连八功德,供人真净四威仪。当时迦叶无尘染,何事阒乡有土思。道力起缘非一路,但知瓢饮是生疑。”由此可以看出,中国文人有着深湛的佛学根基,组合成独特的文化知识结构。这种文化知识结构对于审美创作的显性和隐性作用,不可忽视。

宗教徒和士大夫文人携手文坛诗域,给中国文化、美学系统以重大影响。士大夫文人的人生意识和审美意识有了显著变化。关于审美意识,下面将设专节给以论述。先谈人生意识。崔恭《〈唐右补阙梁肃文集〉序》曾经谈到这种现象,淡泊、自守、不务经济、鲜通人事:“皇甫士安志好闲放,不荣轩冕,导情适志,作高士传赞记,遗韵风猷尚在。而公早从释氏,义理生知,结意为文,志在于此。言谈语笑,常所切劘,心在一乘,故叙释氏最为精博,与皇甫士安之所素尚亦相仿焉。则今天台大师元浩之门弟子也……大约公之习尚,敦古风,阅传记,硁硁然以此导引人,以为其常;米盐细碎,未常挂齿。故鲜通人事,亦贤者之一病也。夫子所谓君子多乎哉,不多也,故无适时之用,任使之勤。故余以皇甫士安比之。若管夷吾、诸葛亮留心济世,自谓栋梁,则非公之所尚也。”

中国士大夫文人游心于佛释之门是为着获得思想的超脱、精神的解脱、心灵的慰寄。柳宗元《送玄举归幽泉寺序》道出了其中的原因。他说:“佛之道,大而多容,凡有志乎物外而耻制于世者,则思入焉。”王绩《薛记室收过庄见寻率题古意以赠》描述了这一净化过程:“人生讵结几?岁岁常不舒。赖有北山僧,教我以真如。使我视听遣,自觉尘累祛。”这种影响作用首先在心理意识上是促使中国文人走向闲淡和恬适。白居易《〈病中诗十五首〉序》说道:“予早栖心释梵,浪迹老庄,因疾观身,果有所得。何则?外形骸而内忘忧恚,先禅观而后顺医治。旬月以还,厥疾少间,杜门高枕,淡然而闲。”

其实,人生意识和审美意识又有某种联系。淡泊的人生意识与恬淡的以致旷达放逸的诗风之间存在着美学联系现象。白居易《隐几》:

“身适忘四肢，心适忘是非。既适又忘适，不知吾是谁。百体如槁木，兀然无所知。方寸如死灰，寂然无所思。今日复明日，身心忽两遗。行年三十九，岁暮日斜时。四十心不动，吾今其庶几。”不正透现出一种闲适诗风吗？

将人生意识经过宗教意识的熏染而演变的情形描述得最充分的是苏轼《黄州安国寺记》：

元丰二年十二月，余自吴兴守得罪，上不忍诛，以为黄州团练副使，使思过而自新焉。其明年二月至黄，舍馆粗定，衣食稍给，闭门却扫，收召魂魄。退伏思念，求所以自新之方。反观从来举意动作，皆不中道，非独今之所以得罪者也。欲新其一，恐失其二，触类而求之，有不可胜悔者。于是喟然叹曰：“道不足以御气，性不足以胜习，不锄其本而耘其末，今虽改之，后必复作；盍归诚佛僧，求一洗之？”得城南精舍，曰安国寺，有茂林修竹，陂池亭榭。间一二日辄往，焚香默坐。深自省察，则物我相忘，身心皆空，求罪垢所从生而不可得。一念清静，染汙自落，表里翛然，无所附丽，私窃乐之。旦往而暮还者，五年于此矣。

这就相当充分地表述了他接受佛家意识的原因、过程。苏轼由此获得在逆境中的精神解脱。《与赵晦之书》说：“某谪居既久，安土忘怀，一如本是黄州人，元不出仕而已。”正因为封建社会的中、后期的士大夫文人精神支柱中添了一根宗教意识支柱，才较少出现在重大逆境中自杀如屈原者。苏轼在《与章质夫三首》中，把“慎静以处忧患”奉为自己的座右铭。这一人生哲学显然得之于释氏思想。他有两首《定风波》词颇值得注意：

莫听穿林打叶声，何妨吟啸且徐行。竹杖芒鞋轻胜马，谁怕？一蓑烟雨任平生。　　料峭春风吹酒醒，微冷，山头斜照却相迎。回首向来萧瑟处，归去，也无风雨也无晴。

长美人间琢玉郎，天应乞与点酥娘。尽道清歌传皓齿，风起，雪飞炎海变清凉。　　万里归来颜愈少，微笑，笑时犹带岭梅香。试问岭南应不好？却道，此心安处是吾乡。

两首词都写在苏轼忧患期中，其心境显然不平衡。尽管经风遇雨，但独能自处；尽管贬谪岭南，但安于淡泊。他迎来日光，漠视“回首向来萧瑟处”。这是对于人生道路的哲学体验，以佛家思想为支柱，以静待哗、以安待变、以慎静待忧患，获得在不平衡世态中的心境平衡。苏轼在《独觉》诗中写道：“翛然独觉午窗明，欲觉犹闻醉鼾声。回首向来萧瑟处，也无风雨也无晴。”只字不差地重复了前一首《定风波》词中的两句话。他确实是把这种以佛意为内涵的人生哲理奉为“座右”、圭臬，完成了自我精神的调节。

宗教之于文学审美，可以用这样的过程来描述：宗教意识影响了审美主体的人生意识，进而影响了审美意识。黄宗羲《答张尔公论茅鹿门批评八家书》评苏轼散文美学说出了其中的部分现象：“鹿门（茅坤）谓苏子瞻安置海外时诗文殊自旷达，盖由子瞻深悟禅宗，故独超脱。”

中国士大夫文人的入世和出世构成思想的两个层面。入世受阻则出世，出世又并非如职业宗教徒、世外高士，毋宁说是寻求一种精神慰安，尽管身在江湖之远，却心存魏阙之上。“身在江海上，云连京国深”①，说得何等动情啊！这两个层面非常恰当地在一些士大夫文人身上得到几乎是游刃有馀的处理。中国士大夫文人尽管是那么倾心于宗教，但是他们极少在古刹青灯的昏黄光景中，修禅打坐、寂寞苦守，也极少去摆弄道教的宝剑、古镜，以法术作人。他们自有其改造能力，照样吃肉喝酒，甚至携伎拥妓。他们另觅一条终南捷径，封建社会的中、后期的士大夫文人确实会生活。高适《同群公宿开善寺赠陈十六所居》所

① 王昌龄：《别刘谞》。

说的陈章甫“知君悟此道,所未披袈裟”,正是其写照。而白居易《早服云母散》中“身不出家心出家”句就更说出其中之真谛了。而道教的神奇感,修炼丹道的神秘性,也不能不触发起文人的浪漫情调和好奇心理。

古代僧徒不乏赋诗作画的好手。高层次的文化、美学素养构成了僧俗交游的基础。支道林赋诗写字,大有魏、晋风度,也就深得名士推崇,隋、唐亦有。柳宗元《送元暠师序》说:“元暠,陶氏子,其上为通侯,为高士,为儒先。资其儒,故不敢忘孝;迹其高,故为释;承其侯,故能与达者游。”《全唐诗话》卷六引刘禹锡话:“诗僧多出江左,灵一导其源,护国袭之,清江扬其波,法振沿之。如幺弦孤韵,瞥入人耳,非大乐之音;独吴兴昼公,能备众体,昼公后,澈公承之。至如芙蓉园新寺诗曰:‘经来白马寺,僧到赤乌年。’谪汀州云:‘青蝇为吊客,黄犬寄家书。’可谓入作者阃域,岂独雄于诗僧间耶?”

交往是双向的,也就形成了僧俗双面的文化结构的变化。其中一面,如前所述;另外一面则是促成了佛教徒、道士的世俗化。

《全唐诗》中有一首《七夕》诗,写道:

七夕景迢迢, 相逢只一宵。
月为开帐烛, 云作渡河桥。
映水花冠动, 当风玉佩摇。
惟愁更漏促, 离别在明朝。

如此动情,体验得如此深细,谁能料到它出自于一位六根俱净的世外人之手呢?可是它偏偏为唐代的清江禅师所作。这类诗例甚多,尤以晚明为最。它只是宗教世俗化的一个侧面而已。事实上,宗教给予美学以影响的是那些素养甚深的诗僧。例如唐代皎然跟一些著名诗人像韦应物就有过从。他不仅在诗美学理论上颇有建树,诗也写得甚美。刘禹锡在《秋日过鸿举法师寺院便送归江陵并引》中写道:“近古而降,释子以诗闻于世者相踵焉,因定而得境,故翛然以清。”这个问题,我们将在后面还要谈到。

宗教之于审美意识

宗教对于审美意识的影响是多方面的。

中国的寺院建筑具有独特的审美造型,寺院中佛事、道场,以至于道教的炼丹,都对中国的诗人、作家具有审美诱惑力,激发了审美创造力。经过描述的上述情景,大大丰富了中国文学的审美形态。即以道教为例,道心:唐王建《题东华馆》句"白发道心熟,黄衣仙骨轻"。道门:明张羽《僧君寒夜》(其一)句"山木萧条啼鸟歇,道门清净俗人稀"。道流:韦应物《答崔主簿兼简温上人》句"缘情生众累,晚悟依道流"。刘禹锡《洛中酬福建陈判官见赠》句"静对道流论药石,偶逢词客与琼瑰"。道院:宋代王禹偁《寄献翰林宋舍人》句"宫墙月上开琴匣,道院风清响药罗"。道观:白居易《首夏同诸校正游开元观因宿玩月》句"沉沉道观中,心赏期在兹"。道场:谢灵运《山居赋》句"谢丽塔于郊郭,殊世间于城傍。欣见素以抱朴,果甘露于道场"。道教的燕九节:孔尚任作诗写道:"春宵过了春灯灭,剩有燕京烟九节,才走星桥又步云,真仙不遇心如结。"借助诗文的审美描述,道教的众多范畴得到广泛的传播,但这并不是教义的传播,而是融解为意象,包含着一定的神奇情绪,即使是炼丹情景的描述,也具有瑰丽的色彩。如李白的《留别曹南群官之江南》:"闭剑琉璃匣,炼丹紫翠房。身佩豁落图,腰垂虎鞶囊。仙人驾彩凤,志在穷遐荒。"可见,这类作品涵茹着宗教和审美的双重意识。最典型的是杜甫《冬日洛城谒玄元皇帝庙》:"碧瓦初寒外,金茎一气旁。山河扶绣户,日月近雕梁。仙李盘根大,猗兰奕叶光……翠柏深留景,红梨迥得霜。风筝吹玉柱,露井冻银床。"对道观殿宇进行了最富有美学意味的描述。清代美学家叶燮在《原诗》中将此作为审美经验范本,说明和阐释了生动而又深刻的审美原理。北魏杨衒之《洛阳伽蓝记》描述景明寺、景林寺、高阳王寺、白马寺的佛院形象也是词色丰赡,刻露尽相。尽管盛极一时的洛阳一千馀寺早已烟尽火灭,但杨氏的描述仍然令千载之下的人们吟哦捧诵。而杜牧的“南朝四百八十寺，多少楼台烟雨中”的名句又勾起人们多少审美的联想和想象。

“是山皆有寺”[①]，天下名山僧占多，正如宋代赵抃《次韵范师道龙图三首》所说：“可惜湖山天下好，十分风景属僧家。”悬崖峭壁上道观僧舍的兀峙，蓊郁林木中梵宇佛宫的掩映，给一片天成的自然美，增添了几分人工美的色调。这种杂糅着自然和人工的美的境域，是净行息心之所，亦是文人的向往之地。无论谢灵运的《石壁立招提精舍》、《石壁精舍还湖中作》如何地拖着一根不可避免的玄言尾巴，但意象点则为一：“山寺”。刘勰《文心雕龙》利用山水和人的意识的关系说明审美经验，建构理论框架之一的则是佛家意识。宗教意识的萌生，促发了秀山幽谷中道观佛宇的建造，是一种对于自然的占据，于是，审美意识一并以入；而这样经过装点的自然，又吸引了文人的审美兴趣。这种交互现象又进一步促进了山水意识的发展，自然的人化进程以及文化意义的审美器官的形成和健全。在这个意义上，宗教对于中国古代审美形态的形成和发展，有着不可忽视的作用。例如：

已从招提游，　更宿招提境。
阴壑生虚籁，　月林散清影。
天阙象纬逼，　云卧衣裳冷。
欲觉闻晨钟，　令人发深省。[②]

人间四月芳菲尽，　山寺桃花始盛开。
长恨春归无觅处，　不知转入此中来。[③]

① 可士：《送僧》。
② 杜甫：《游龙门奉先寺》。
③ 白居易：《大林寺桃花》。

普慈寺后千竿竹，　醉里曾看碧玉椽。
倦客再游行老矣，　高僧一笑故依然。
久参白足知禅味，　苦厌黄公聒昼眠。
惟有两株红百叶，　晚来犹得向人妍。①

这些以寺院为描述对象的诗歌，在中国古典诗歌中占有一定比例。这不是纯粹的寺院情景摹绘，而是以之为对象的审美。作为审美晶化物，即诗歌，不仅在空间意象上形成一种独特美态，而且透现出主体审美意绪和情感，主体悠然心会在寺院禅舍的对象物上，比之其他门类的诗歌来，又多了一层空灵飘逸之气。

佛寺、道观的建筑美对中国美学的贡献，其对称比例、和谐节奏、整齐流动，不仅丰富了民族的建筑美学，而且对文学的审美具有广泛的启示力。佛教所引发的庄严崇高感也促进了古典美学崇高美的形成，如四川乐山参天压地、巨硕无朋的大佛；杭州灵隐寺大雄宝殿佛像，利用石阶自下而上的结构原理，逐渐得其全貌，以形式给予观瞻者以崇高感，它甚至有一股使人不能不然的力量，这都使人们体验出和领略到崇高的意绪。佛的精神在本体上是崇高的，割肉贸鸽、舍身饲虎等佛教故事就包含着庄严、崇高的主题。崇高的精神当然得以崇高的形式出现和表现，它使得现世的人得到精神的净化。

中国传统的理性主义力量规范着佛教的世俗化。中国人按照自己的观念改造和重塑着佛的世界，佛的观念透出了世俗情味，体现着现世界人的理想。那么安宁、平静、祥和，面带微笑，仿佛是看破一切获得超越和精神的超脱。佛界和俗界分明都是一个样，而且更有意味的是，随着俗界审美理想的演变，佛的形象也出现了同步变化，由北魏的秀骨清像到唐的丰腴圆厚。

经过中国化的改造了的佛主形象，不但丰富了雕塑艺术，而且给中

① 苏轼:《书普慈长老壁》。

国语言艺术的形态描述提供了造型性经验。无论是凿石雕刻,如龙门寺的本尊大佛,抑或是泥塑木雕,终年端居佛殿的本尊佛相,一个个都是雍容大度、方面大耳。这似乎是经过儒学风染了的佛主形象。它给小说的外形描写以直接影响。请看《三国演义》对刘备的刻画:"生得身长七尺五寸,两耳垂肩,双手过膝,目能自顾其耳,面如冠玉,唇若涂脂。"如果依此加以雕塑,恐怕跟露天或室内的本尊佛相别无二致。而享受隆盛香火的"国产化"的关帝像,则又显然是《三国演义》提供的语言符号向造型艺术的转化:"身长九尺,髯长二尺;面如重枣,唇若涂脂,丹凤眼,卧蚕眉;相貌堂堂,威风凛凛。"这些就构成了中国宗教、美学中雕塑和语言艺术之间造型性的互渗互通现象。《海日楼丛札》卷七说:"吾尝论诗人兴象,与画家景物,感触相通。密宗神秘于中唐,吴、卢画皆依为蓝本,读昌黎昌谷诗,皆当以此意会之。"唐代佛教壁画艺术登峰造极,韩愈诗中多有描述。如《山石》曰:"僧言古壁佛画好,以火来照所见稀。"《谒衡岳庙遂宿岳寺题门楼》曰:"粉墙丹柱动光彩,鬼物图画填青红。"佛教的壁画也对诗歌审美意象的建构产生了影响。中唐诗歌特别是韩、孟、李贺诗歌的光怪陆离、斑驳多姿,在一定程度上就是佛教壁画所开扩的思维和所体现的色彩审美感哺育的结果。

佛教重喻,生动而有灵智,其本意是宣扬宗教教义,如著名的《百喻经》。倘若删除其教义,则不失为富有审美素质的寓言故事。鲁迅就曾经说过,高僧的撰述,虽然志在宣扬佛法,讲寓言故事不过像是用树叶包药一般,但是言必及佛法,反而多被拘束。现在已经没有"阿伽陀"药,也就谈不上裹药的叶子了。摆脱了讲话佛法的约束,寓言本身及其意义就更明显地被突出。聪明人所领略到的,自然不仅在于说佛法了(原文详见《〈痴华鬘〉题记》)。它给予人们以更多的体味和领略,像"三重楼喻"、"欲食半饼喻",还包含有喜剧的讽刺情味。

至于僧人所写的悟道诗,也不是宗教教义的简单诗律化,而是赋予鲜明的意象。诗的表面结构完全没有宗教味,具有文学的审美情境,然而,深层中却有足以使人领悟和启迪的东西。例如《鹤林玉露》所载女尼悟道诗:“尽目寻春不见春,芒鞋踏遍岭南云。归来偶把梅花嗅,春在枝头已十分。”这样优美的悟道诗,应该在中国的文学美学形态中占有一席之地。

这里特别提出来论述的是,宗教对于古代特定的审美形态——游仙诗和宗教的世俗化对于通俗戏剧和小说的影响作用。

游仙诗的出现和道教的兴盛有着密切的文化联系。它渊源于原始的巫术文化;这和道教的形成可谓同出一源。在原始宗教仪式和神话的背景上,向神仙世界的升腾,去寻求对于现世界的时空超越,如《文选》李善注所言:“滓秽尘网,锱铢缨绂,餐霞倒景,饵玉玄都。”超越和升腾,不全是一种人生和哲学意识,它还含有对现实的否定。曹植《五游》云:“九州不足步,愿得凌云翔。逍遥八纮外,游目历遐荒……”正是写于跟曹丕争帝而遭蹭蹬之时。郭璞的“游仙诗”在传统的诗苑中更具有典型形态,第三首“翡翠戏兰苕,容色更相鲜,绿萝结高林,蒙笼盖一山……赤松临上游,驾鸿乘紫烟,左挹浮丘袖,右拍洪崖肩”。对神仙世界的神往,被充分审美化了。《诗品》称其“彪炳可玩”,就是对其审美素质的揭示。列为游仙诗的李白《梦游天姥吟留别》可以说是对这种审美素质全面地进行了发挥。

“国货”的道教和“进口货”的佛教在宗教教义上的根本区别是,道教重视在此岸世界中的个体价值和修炼意识,不去寻求像佛教那样在肉体泯灭之后的精神超度。它重视通过发挥“外丹”和“内丹”的功能,达到升仙得道的最高目的。儒家清醒地意识到生命的有限,便希冀在有限生命中建不世之业,立经邦之功;道教也清醒地意识到生命的有限,但它期望延续有限成为无限,建造虚幻的理想世界,得到长生。这又构成了中国文化的奇妙组合。孔明的形象铸合,体现了伊尹、皋陶以来儒家贤相的理想色彩,却是一身道袍、一身仙骨,以致在战场上搬用道教的家什。小说、戏剧的这种审美行为委实体现了中国的组合文化特征。

唐代寺院兴盛“俗讲”:“聚众谈说,假托经论,所言无非淫秽鄙亵之事……愚夫冶妇乐闻其说,听者填咽寺舍。瞻礼崇奉,呼为和尚。教坊效其声调，以为歌曲。”[①]这为宋人“说话”开其先河。灌圃耐得翁《都城纪胜》曰：“说经，谓演说佛书。说参请，谓宾主参禅悟道等事。”梁启超《翻译文学与佛典》就曾发现：“自《搜神记》以下一派之小说，不能谓与《大庄严经论》一类之书无因缘，而近代一二巨制《水浒》《红楼》之流，其结体运笔，受《华严》《涅槃》之影响者实甚多。即宋、元、明以降，杂剧传奇弹词等长篇歌曲，亦间接汲《佛本行赞》等书之流焉。”它至少给中国小说以如下影响和审美上的经验输送、信息传递。

提供了形象母体。明、清长篇中的著名神魔小说《封神演义》《西游记》里有不少艺术形象的原型就来自于佛教，这已为人所熟知。即使有些经过了加工，但母体仍在佛经。例如六朝志怪小说《阳羡鹅笼》，鲁迅在《中国小说史略》中曾加以寻绎：“盖非中国所故有，段成式已谓出于天竺，《酉阳杂俎》云，‘释氏《譬喻经》云，昔梵志作术，吐出一壶，中有女子与屏，处作家室。梵志少息，女复作术，吐出一壶，中有男子，复与共卧。梵志觉，次第互吞之，拄杖而去。余以吴均尝览此事，讶其说以为至怪也。’……而此一事，则复有他经为本……当又为梵志吐壶相之渊源矣。魏、晋以来，渐译释典，天竺故事亦流传世间，文人喜其颖异，于有意或无意中用之，遂蜕化为国有。”

规范了审美结构。“俗讲”“变文”有一种固定程式：开头、中间、结尾都有唱词。孙楷第在《中国短篇白话小说的发展与艺术上的特点》中对这一审美结构的经验现象作了具体说明：“它的讲唱形式，是讲前唱歌，叫押座文。歌毕，唱经歌。唱经题毕，用白文解释题目，叫开题。开题后背唱经文。经文后，白文；白文后歌。以后每背几句经后，即是一白一歌，至讲完为止。散席又唱歌，叫解座文。”这种结构形式给中国通俗白话小说影响甚大。宋、元话本虽有变异，但框架大致不差。到明代拟话本“三言”就完全恢复这一结构形态了。长篇小说《三国演义》、《西游记》等虽不完全如此，但也存在着一定联系。

---

① 赵璘：《因话录》。

创造了审美氛围。由于中国文人接受了佛释意识，在说明对象世界的因果关系时，常不免堕入色空观。小说家们在无法对人物的历史命运作出历史哲学解释时，只得求助于佛家，让人物出家了事。这反映了作者对世俗人生解脱的理解，显示出佛家意识的潜在影响。如《金瓶梅》中的孝哥，《红楼梦》中宝玉的最后出家。佛家意识作为情节结局的处理依据，其色空感遂生发出审美上的感伤主义情调和氛围。

中国的大型叙事文学作品，都不脱个“佛”字，且不说《西游记》，且不说《红楼梦》中有个“槛外人”妙玉，《桃花扇》中有李香君出家栖霞寺，即便是与佛并无瓜葛的《西厢记》，也偏偏要有个普救寺。其现象颇耐人寻味。

一些学者概括了道教对中国叙事文学主题四种形态的影响。如果从文化—美学意识上加以说明，则表现为：

宗教文化意识通过审美的中介方式对主体深层审美意识的影响，烙上文化的痕印。

早在魏、晋志怪小说《述异记》《搜神记》《幽明录》中就存在着体现游历仙境的主题总不脱仙境奇缘后重返人间的模式，不尽以追求幸福生活的思想所能规范，还包含着道教所理解的时空生存意识：“天上只一日，人间是千年。”包含着因时空巨大差异，去追寻生命无限延长的道教观念。如《幽明录》中的刘晨阮肇二人游仙双得仙女婚配，半年后回到人间故里，“亲旧零落，邑屋改易，无复相识。问讯得七世孙，传闻上世入山，迷不得归”。戏剧中的度脱主题，是对人的一种宗教解脱形式，是生存方式的超脱。除妖主题是原始巫术文化的发展，在具体描述中的宗教法器更具有戏剧道具的作用，以超自然力来显示道教力量。由除妖所带来的曲折情节也更适合中国市民层的审美趣味。指点、指津主题通过形象塑造而表达出来的有唐传奇《虬髯客传》中的虬髯客，小说史家认为这是“以窥觑神器为大戒”。《水浒》中九天玄女授天书。金圣叹批《水浒》对于这类情节持有微词，倒是反映了金圣叹的形象美学观点。

上述形态，无论是佛教原型，还是道教原型；无论是在戏剧中，还是在小说中（不限于志怪、神魔小说，冯梦龙编撰的通俗小说中也多有存在），都构成了一个庞大的神仙形象系统，抹上玄秘神奇色彩，洞天福地、千门万户的缤纷意象，极大地丰富了中国文学的审美形态，使得西人也不能不为之折服，神驰在这难得尽指的文学、美学王国中，而这一切，又不能不归结于宗教的启示。

宗教之于审美形态

一部宗教对于美学的启示录，是以审美意识为中介，达到了上述审美意象的丰富创构。

首先，文学作品中对宗教的审美评价，其意识绝非孤立现象，乃是体现了一定时代的文化思潮。《水浒传》体现了元代全真教思想，佛教受到嘲弄。鲁智深大闹五台山，对佛教圣地显然是一种亵渎。作者笔下的和尚裴如海的丑行秽迹得到辛辣揭露，相反，则有“张天师祈禳瘟疫”“宋公明遇九天玄女”“公孙胜斗法破高廉”等章回，称颂了道教的法力无边，描述了道士形象，以致公孙胜还入伙水泊，在梁山泊忠义堂的交椅排在显著的前列。明代中叶佛、道合流，于是《西游记》中出现两支并行不悖的神仙人物系统，常常互相协助。如来为佛教系统，太上老君一列则是道教系统。曹雪芹对道士有所不敬，贾敬出家为道教徒，死于炼丹，“素知贾敬导气之术，总属虚诞，更至参星礼斗，守庚申，服灵砂，妄作虚为，过于劳神费力，反因此伤了性命的。如今虽死，肚中坚硬似铁，面皮嘴唇，烧的紫绛皱裂”。跟荣国府过从甚密的张道士，则是一身铜臭味、一身富贵气，以至于他拥有的金璜玉块，连贾母亦叹为观止。那个胡诌妒妇方，一身江湖术味，要贫嘴的道士王一贴和那个弄神搬鬼的马道婆就更是等而下之，沦为道教之末了。曹雪芹对佛教的态度比较复杂，然而，对铁槛寺内那场人命官司密谋的客观描述，不是隐隐透现了一种批判色彩吗？在如实的艺术描述中，曹雪芹对佛、道的态度，反射出十八世纪中叶中国文化领域内的意识流变趋向。

其次,宗教对于审美的启示体现在意识本身。它甚至在某些方面打破了中国美学传统,造成审美更新。例如明代中叶和尚董说的神魔小说《西游补》。这部小说无异于补《西游记》的情节。《续西游补杂记》说"书中之理,皆作者所悟之道;书中之语,皆作者欲吐之言。不可显著而隐约出之,不可直言而曲折见之"。这就规范了全书的审美特征,没有中心情节,缺少中心框架,亦乏典型人物。借过火焰山之一节,突然引发开去,时在秦,时在宋;时在火焰山,时在万镜楼,历古今之变,具有意识流特征,打破线性的小说传统情节模式;既有孙悟空,且有秦桧,复有老君,大有现代魔幻派小说的格局。一切境界,皆为心造,而实乌有。鲁迅的《中国小说史略》大为称赞道:"其造事遣辞,则丰赡多姿,恍忽善幻,奇突之处,时足惊人,间以俳谐,亦常俊绝,殊非同时作手所敢望也。"

佛教的般若理论丰富了魏、晋玄学,经过系统化的唯识学的心性论为儒学所吸受,被理学所融化,形成了中国哲学的内省路线,也开拓了审美心理。它对理想乐园的追求和描述,促使诗人、作家将现世界的审美理想移入天国,而又和现世界的审美相结合。例如李白《古风·西上莲花山》写道:"西上莲花山,迢迢见明星。素手把芙蓉,虚步蹑太清。霓裳曳广带,飘拂升天行。邀我登云台,高揖卫叔卿。恍恍与之去,驾鸿凌紫冥。"审美理想境界既可在彼岸,亦可在此岸,道教可以使人在这一虚拟的世界中得到这种精神的慰藉和满足,例如李白《题元丹丘山居》写道:"故人栖东山,自爱丘壑美。青春卧空林,白日犹不起。松风清襟袖,石潭洗心耳。羡君无纷喧,高枕碧霞里。"

在心理机制中,想象绝非孤立,乃是由理想所引发,想象世界也就成了理想的呈现。宗教是靠想象来描述彼岸世界和理想乐园,以求取今世的飞升或来生的超脱。可以说,没有想象,就没有宗教;宗教意识是以想象所构成的独特意识;神、仙形象便成为这种想象的对象实体。正是在这里,宗教和美学出现奇妙交切,如费尔巴哈所言:"一个神就是一个被想象的实体,就是一个幻想实体;并且,因为幻想是诗的主要形式或工具，所以人们也可以说：宗教就是诗。”[①]费尔巴哈在这里所说的“宗教就是诗”，并非是指宗教诗，而是指宗教意识激发起想象与诗的想象同型同构。宗教本身所创造的理想境界，所刻画的神异形象，就是想象性、幻想性活力的体现，是以超自然力在突破中把握现实的一种方式。它在宗教上沉淀、凝结着理性的思维，在审美上则表现、飞扬出生动的感性。宗教中想象力的丰富性和奇异性，为中国的作家、诗人提供了经验和可开拓的层面，这是宽泛意义上的审美启示。审美想象力的发展，是人的心理机制的完善标志，需要有文化的参与，宗教就承担了部分职能。这是从总体意识的形成上看宗教对于想象的培养功能。当然，文人、诗人从现成的宗教图像作出的具体描述也含有想象意味，而许多的神仙形象已不尽是宗教原版，创作者已经作了广泛的再创造，这当然就包含着想象了。同时，宗教理想和审美理想往往是重合的，如《红楼梦》中曹雪芹想象的“太虚幻境”。另外，还需要看到，审美创化中的现实性想象往往受到具体的时空条件和实践因素的制约，无法获得更多的审美自由，但在超时空的幻觉世界里，审美主体就完全可能无所拘约，获得心灵自由。宗教本来就是想象的图式，特别是道教的想象更无固定图式。李白《游泰山》曰：“登高望蓬瀛，想象金银台。天门一长啸，万里清风来。玉女四五人，飘飖下九垓。含笑引素手，遗我流霞杯。”“清晓骑白鹿，直上天门山。山际逢羽人，方瞳好容颜。扪萝欲就语，却掩青云关。”《元丹丘歌》曰：“朝饮颍川之清流，暮还嵩岑之紫烟。三十六峰常周旋。常周旋，蹑星虹，身骑飞龙耳生风，横河跨海与天通，我知尔游心无穷。”想象符合道教的基本特征，永恒的肉体，获得无限自由的精神。

唐代道士司马承祯《〈天地宫府图〉序》曰：“临目内思，驰心有诣。”不正是一种心理想象概括吗？

即使是释家的佛会，道教的斋醮也对人以感官的作用，形成遐想的

① 《费尔巴哈哲学著作选集》下卷，商务印书馆 1984 年版，第 683 页。

飞越。佛教中“至于六斋，常设女乐。歌声绕梁，舞袖徐转，丝竹寥亮，谐妙入神”[①]。“每讲会法，聚辄罗列尊像，布置幢幡，珠珮迭晖，烟华乱发”[②]。道教的斋醮气氛更神秘，色彩更浓烈，仪式更诡谲，这些都给人以强烈的官能感受和诱惑力。

钱谦益《读〈苏长公文〉》就曾发现苏轼散文美学风格与佛经之间的联系：“吾读子瞻《司马温公行状》《富郑公神道碑》之类，平铺直叙，如万斛水银，随地涌出，以为古今未有此体，茫然莫得其涯涘也。晚读《华严经》，称心而谈，浩如烟海，无所不有，无所不尽，乃喟然而叹曰：‘子瞻之文，其有得于此乎？’文而有得于《华严》，则事理法界，开遮涌现，无门庭，无墙壁，无差择，无拟议，世谛文字，固已荡无纤尘，又何自而窥其浅深，议其工拙乎？”

佛教的心性学说对审美心理的渗入，加强了中国古典诗歌的心理意味，如王维的《终南别业》，俞陛云《诗境浅说》对此评述道：“行至水穷，若已到尽头，而又看云起，见妙境之无穷。可悟处世事变之无穷，求学之义理亦无穷。”这是用世俗美学对佛意盎然的摩诘诗的浅陋体认，显得隔膜、浮泛。而徐增《唐诗解读》则云：“行到水穷处，去不得处，我亦便止，尚有云起，我便坐而看云起，坐而当还，偶遇林叟，便与谈论山间水边之事。相与留连，则不能以定还期矣。于佛法看来，总是个无我，行无所事。行到是大死，坐起是得活，偶然是任运，此真好道人行履，谓之好道不虚也。”这是以佛性心性释诗，确得三昧。所述“偶然是任运”的态度是佛的心性态度，无知无欲，随分咐时，引入美学，不正是一种审美态度吗？王维恰是以释心态度审美的。至于中国文学美学的重要范畴“境界”，不正是来自于佛家妙语吗？它融入审美，成为审美范畴，也成为诗人们审美的实际追求。

佛教中最普泛、最美丽的莲花形象经过审美意识的加工与传统的莲花形象相融合。宋以后的莲花形象如周敦颐《爱莲说》较屈原笔下的

---

① 杨衒之：《洛阳伽蓝记·景乐尼寺》。

② 《高僧传》卷六。

莲花，在意韵上不尽相同，更沾有清净无碍的佛家风味。

道教中的祈禳、斋醮等仪式不但成为文学的描述对象，而且道教的气功修炼，经过审美意识的改造，成为富有审美色彩的意象。例如“啸”。啸是撮口发出长而清越的声音，是一种炼气功夫。《世说新语·栖逸》说：“阮步兵啸闻数百步。”啸成为魏、晋名士的一种风度。唐代诗人李白、王维把它衍化为美的意态。如李白《翰林读书言怀呈集贤院内诸学士》说：“或时清风来，闲倚栏下啸。”王维《竹里馆》说：“独坐幽篁里，弹琴复长啸。”

佛教中有一种独特的图像形式——“圆”。佛教壁画、绘画的佛像头上都有圆光。《楞严经》卷七言：“如来观地、水、火、风，本性圆融，周遍法界，湛然常住。”从宗教意识出发，发现了一切平面图形中最美的是圆形的形式美学原理，以形式美来光大形象美。《文殊师利问菩提经》曰：“如来智慧如月十五日。”钱锺书在《谈艺录》(补订本)中认为：“形之浑简完备者，无过于圆。”这种宗教意识透现出的形式美学意识，沉淀在中国美学中，成为重要的审美观念：珠圆玉润。《南史·王筠传》沈约引谢朓语：“好诗流走圆转如弹丸。”白居易《江楼夜吟元九律诗》曰：“冰扣声声冷，珠排字字圆。”何子贞《东洲草堂文钞》卷五与汪菊士论诗曰：“落笔要面面圆、字字圆。所谓圆者，非专讲格调也。一在理，一在气。理何以圆：文以载道，或大悖于理，或微碍于理，便于理不圆。气何以圆：直起直落可也，旁起旁落可也，千回万折可也，一戛即止亦可也，气贯其中则圆。”“圆”的审美观念、意识，在中国美学史上，无论对于审美理论，还是对于审美实践传达，都有着不可忽视的作用，它凝化为完美型审美理想和标准。

而中国的一些古代诗僧灵心慧识，审美意识自有其跟一般世俗诗人的不同之处。他们诗的审美意趣常常因佛教机锋的修炼显得灵思独运。例如宋代和尚惟茂《住天台山》：

四面峰峦翠入云，　一溪流水漱山根。
老僧只恐山移去，　日午先教掩寺门。

奇思放想，灵机妙现。钟情山水的审美常情，通过反常的方式得到不落凡近的表达，洗尽陈腔，脱尽窠臼。山本不会移动，老僧深怕山被移去，却叫移进寺来。寺门一般是晨启夕闭，午间不关，但是“日午先教掩寺门”。反常的举止，表现了离奇的趣味——由审美主体不寻常感受所生发的不寻常的灵思：含有机智慧光的高层次审美意识。清代查为仁《莲坡诗话》写道：“雪峤大师（圆信）号雪狮子，结茅径山中，独居一庵，自书联曰：‘孤云卧此中，万山拜其下。’尝有句云：‘千林万林枫叶干，七湾八湾秋水老。山猿簸石下危岩，恶虎衔柴入荒草。’又云：‘帘卷春风啼晓鸦，闲情无过是吾家。青山个个伸头看，看我庵中吃苦茶。’出笔奇峭，无蔬笋气。”

这里顺带提一提佛教对中国声律美学的影响。南齐沈约等人创立的永明体，把中国的文学语言声律化，为诗文的音乐美奠定了基础，为唐诗和以后的诗歌的声律美鸣其先声。永明体的诞生从佛家唱经中获得很大启发。慧皎《高僧传》曰：“天竺方俗，凡是歌咏法言，皆称为呗；至于此土，咏经则称为转读，歌赞则号为梵音。”可见，诵经是有声律的。对此，陈寅恪的《四声三问》认为：

> 中国文士依据及摹拟当日转读佛经之声，分别定为平上去之三声。合入声共计之，适成四声。于是创为四声之说，并撰作声谱，借转读佛经之声调，应用于中国之美化文。

陈寅恪具体论述了永明体受佛教诵经影响的原因，极有识见。

> 建康为南朝政治文化之中心，故为善声沙门及审音文士共同居住之地。二者之间发生相互之影响，实情理之当然也……竟陵王子良必于永明七年二月十九日以前即已娴习转读，故始能于梦中咏诵。然则竟陵王当日之环境可以推知也。鸡笼西邸为审音文士抄撰之学府，亦为善声沙门结集之道场。永明新体之词人既在

"八友"之列，则其与经呗新声制定以前之背景不能不相关涉，自无待言……（周颙）与沈约一为文惠之东宫掾属，一为竟陵王之西邸宾僚，皆在佛化文学环境陶冶之中，四声说之创始于此二人者，诚非偶然也。

这里的论述支点是佛化的文学环境的影响。

佛教的传入，道教的产生，动摇了儒学在中国哲学—美学中的传统地位。《魏书·释老志》认为，道教"出于老子"，望文生义遂致拉扯，有违事实。然而道教依托老子，奉为教主，亦非偶然。老、庄意识和道教意识有不少暗合之处。儒家守常，老、庄达变，佛家治心，使得中国士大夫文人的心理结构—审美情绪—艺术思维以及人生意识、宇宙意识出现了不可低估的演变，形成了新的组合——多维、立体、宏深。在宗教上，佛教的心性体察，道教的内心神秘体验和体能修炼意识相粘合。中国文人对于中国美学贡献巨大，宗教徒的贡献亦不可小视。这里不全在于宗教徒对文人的意识影响，不全在于他们创构了丰富的足以跟士子文人媲美的审美意象，也不全在于宗教创造形象的思维方式和艺术思维的吻合，而主要在于其文化意识、精神氛围、心理机制。在这个意义上，宗教为中国美学提供了丰腴的土壤，这是中国美学现象如此宏博、涵义如此精深的重要原因之一。

（原载中国社会科学院《世界宗教研究》1991 年第 1 期）

心理美学

唐诗美学是中国美学史上的灿烂明珠，人们从它那里看到了那个时代的历史、社会现状和文化心态、审美心理，成为建构心理美学的范式。

问题提出：改变传统研究思维定势

当代审美心理学的研究成果为我们打开了唐代诗歌研究的视界，一个新的研究领域——唐代诗人的审美心理展现在人们的面前。在过去，这个领域很少有人置喙，现在却有开拓的前景。对其研究在实际上是恢复了审美以主体——“人”——为本位的研究目标。从方法论上看，则是审视方式、角度的新确定。于是，在研究者和创作者之间的一种新关系被沟通。

上述的研究之所以能够成为可能和得以实现，则是因为研究主体——“人”的体认、思维水平的提高。皮亚杰发生认识论、格式塔心理学、弗洛伊德精神分析学等西方当代心理学经过汲取、借鉴，对研究者审美体认方式有所助益。这样，原本是沉潜在唐代诗人审美心理结构深处的素质就部分地被发现出来。因此，它在实际上不是一种新发明，而是一种新发现。这不是一种对象所未备而由研究者所赋予的研究。如同探矿一样，并非是地层深处没有矿产，而是因为没有运用别一技术去探发罢了。从本质上说，这是研究者思维、体认水平提高以后的新的研究课题，把唐诗研究由外层空间引入内层空间，由外宇宙引入内宇宙。它在实际上的意义是，探究唐代诗人是如何观照对象，如何通过审美心理这个不可忽视的“中介”力量，完成外部因素得以实现、转化为诗的内部审美素质的。从这个审视角度，可以深入一步地回答唐诗何以如此繁荣，其美学成就何以为后代所不可企及，具有永久性魅力的某些原因。

它还具有改变研究的思维定势的作用。我们的研究往往“注经”（这当然不可缺少）多于感受、体验，殊不知作品特别是诗，乃是主体审美感受、体验的产物，不能谛听诗人心灵的波澜，最终还是无法探入研究的奥区。譬诸李商隐研究，单是《锦瑟》的解释，据有人统计，已有十二种之多。例如朱彝尊说“此悼亡诗也”，汪师韩说“锦瑟乃是以古瑟自况”，张采田说“悼亡斥外之痛，皆于言外包之”，于是王渔洋不得不发出这样的慨叹：“一篇《锦瑟》解人难。”这种纷乱解释的趋向还有增长的势头。同一诠释家前后说法不一、自相牴牾者亦大有人在。何焯始称《锦瑟》为“悼亡”，后言为“自伤”：“此篇乃自伤之词，骚人所谓美人迟暮也。”而每一次都言之凿凿，读者不知该以何种阐释为准的，颇有无所适从的困惑。义山痴也罢，或“曹”痴、“红”痴也罢，钻进去，十年八年，一辈子，不闻窗外风声雨声，以至于“海阔天翻迷处所”（正巧借用一下义山的《燕台》诗句），皓首穷经，注出几个字，或者若干个字，平心而论，其精神委实可嘉，也是对文化的一种贡献。但是，文化、文学研究不是一种模式，天地开阔，阡陌交通，畅达无阻，不必以一种模式推销，人人必须遵守。再以李商隐研究而言，如果我们坐观其态、旁观其弊，而不“下海”，不以“郑笺”难继为憾，转而跳出这种思维旋圈，建立新思维，去探寻那微妙而纷乱的心灵，呈现出来的该是怎样神奇美妙的世界呵！顷刻间，我们会觉得眼目豁亮，水阔天长。我们的研究又似乎形成这样一种模式：研究作品不及作家心理，研究思想、理论史固守在理性经验著作中，这便使得研究成果是跛足的。须知，它大量地存在于感性形态的现象特别是作家心理现象中。所以，我们的研究目的是为着寻求研究机制的新建构。

审美必然:心理经验积淀和扬弃

唐代诗人的审美心理之所以丰富、完满,决非偶然。从史的角度考察,是魏、晋、南北朝美学提供了土壤。先秦至汉,美学的主要倾向是重善轻美,至魏、晋、南北朝而起一变,变为重美轻善,以艺术的审美为中心的地位开始逐步形成。曹丕倡其先声,一篇《典论·论文》深入到文学创作的内部规律,作家的个性、气质等心理因素对于创作的意义以前所未有的新提法引人注目。后来的陆机《文赋》对创作中的审美心理的种种表现,诸如审美的心境、感兴、灵感等等(这些在审美心理上最需要回答的问题),做了细致、深刻的分析和概括。如果说,陆机侧重于创作审美心理的论述,那么,钟嵘则在审美鉴赏心理学上做出了自己的杰出贡献。扩大到整个艺术领域内,嵇康《声无哀乐论》对主体审美感超越的强调,绘画上的"气韵生动"论("气韵"是一种最具有主体心理特征的民族美学范畴)等,可以这样说,魏、晋、南北朝使中国美学的审美心理研究初具规模,而且因为它部分揭示了审美心理规律,自然而然地给唐人心理结构以深刻影响。

然而,理论和实践往往是不同步的。在这一时期有过玄言诗的曲折过程,这又是艺术走向审美的独特而必然的过程。晋、宋人以玄学意识来观照自然,所谓"阳降阴生,一替一兴,流而为川,滞而为陵"①,山水意识的萌发是玄学意识的体现,借以在山水自然中领略玄思、玄理、玄韵。山水自然诗人谢灵运在艺术走向审美过程中,有着不朽之功。正因为他是转型期中的诗人,不免有玄言意味,近人黄节敏锐地揭示了谢灵运的诗歌模式:"大抵康乐之诗,首多叙事,继言景物,而结之以情理。"以理性思辨的玄理,而不是以审美的心理来观照自然。只是在陶渊明那里,才摒除知性的干扰,以审美的心理观照自然,走向审美化。

---

① 挚虞:《思游赋》。

外物在陶渊明那里不是理性思辨的寄托，而是诗人情趣的对象化。《晋书·隐逸传》有一段记载，陶渊明："畜素琴一张，弦徽不具，每朋酒之会，则抚而和之，曰：'但识琴中趣，何劳弦上声！'"这段记载充分显示了陶渊明的审美观，所追寻的不是外物自身，而是心灵之趣。

凄凄岁暮风，翳翳经白雪。倾耳无希声，在目皓以洁。①

白日沦西阿，素月出东岭。遥遥万里辉，荡荡空中景。②

少无适俗韵，性本爱丘山。误落尘网中，一去三十年。羁鸟恋旧林，池鱼思故渊。开荒南野际，守拙归园田。方宅十馀亩，草屋八九间。榆柳荫后檐，桃李罗堂前。暧暧远人村，依依墟里烟。狗吠深巷中，鸡鸣桑树颠。户庭无尘杂，虚室有馀闲。久在樊笼里，复得返自然。③

平和冲淡的物境是平和闲悠的心境的外在化体现，弹动着解放了的审美心灵的频率。中国诗歌表意性的审美特征到陶诗才算是得到规范性体现，诗是个人心态的物态化。陶渊明隐逸而又"于世事未能忘情"的人生态度，影响了唐代诗人，说到底是儒、道互补的意识体现。陶渊明山水田园诗影响了唐代山水田园诗派的审美特征。唐代的大诗人们总是那么一往情深地回顾着他们的前辈诗人。李白说："何时到彭泽，狂歌五柳前。"杜甫在《江上值水如海势聊短述》中写道："焉得思如陶、谢手，令渠述作与同游。"白居易《题浔阳楼》曰："常爱陶彭泽，文思何高玄。"更重要的是审美心理上的启示，规范了从心理上审美的趋向。唐

① 陶渊明：《癸卯岁十二月中作与从弟敬远》。
② 陶渊明：《杂诗十二首》之一。
③ 陶渊明：《归园田居》。

诗在审美上的成就正在于此。我们淡淡地勾画出这条美学史线索，旨在说明唐代诗人审美心理的渊源，而这种渊源关系不是单纯的线性因果关系，而是承传、扬弃和发展。唐代诗人气度的恢宏，在接受前代的审美成就上也得到充分的体现。

唐人之于魏、晋、南北朝审美的态度是宽容中的吐纳，审美选择中有着为“我”所容的审美判断的自主意识。它主要表现在以下几个方面。

(一) 对前代审美成就的赞赏。例如李白对陶渊明、谢灵运等，杜甫对庾信等。它部分地表现为语言现象上的沿用和改造后的化合。陶渊明《饮酒》(其三)曰：“一生复能几，倏如流电惊。”李白《对酒行》则有：“浮生速流电，倏忽变光彩。”谢灵运有“池塘生春草”的名句，李白则有“梦得池塘生春草，使我长价登楼诗”①“他日相思一梦君，应得池塘生春草”②。我们可以从唐诗中找出许多这样的例子，但这只能说明问题的表层现象，更重要的是，李白、杜甫等唐代诗人从前代那里获得审美理想的启示，以建立自身的审美标准。例如李白对天然的美学境界的击节赞赏：“清水出芙蓉，天然去雕饰。”③来自于六朝人对谢灵运的评价：“谢诗如芙蓉出水。”李白评论谢朓的诗：“中间小谢又清发。”④“诗传谢朓清。”⑤则包含着对“清”的美学风貌的神驰向往。杜甫赞叹“庾信文章老更成，凌云健笔意纵横”⑥，不是“晚节渐于诗律细”的更为老辣、沉郁顿挫的杜甫美学风格在晚年庾信那里找到旷世知音吗？

(二) 唐代诗人在攀登上诗的高峰后，在回首观望那些层峦叠嶂时，表现出双重意识。一方面从前代人那里激发了诗情，李白《酬殷明

① 李白：《赠从弟南平太守之遥》(其一)。
② 李白：《送舍弟》。
③ 李白：《经乱离后天恩流夜郎忆旧游书怀赠江夏韦太守良宰》。
④ 李白：《宣州谢朓楼饯别校书叔云》。
⑤ 李白：《送储邕之武昌》。
⑥ 杜甫：《戏为六绝句》。

佐见赠五云裘歌》:“故人赠我我不违,著令山水含清辉。顿惊谢康乐,诗兴生我衣。襟前林壑敛暝色,袖上云霞收夕霏。”这不是谢灵运《石壁精舍还湖中作》的翻用,关键就在于“顿惊谢康乐,诗兴生我衣”,是从谢灵运那里觅得的诗的情绪和感受——“诗兴”。另一方面唐人在反思美学历史时又表现出深沉的意识,他们似乎更清晰、更深刻地洞察了六朝诗的弱点。反思意识如此深刻,表明了唐人在建立自身的审美理想过程中的追求,也就预示着一种新的审美意识的重新建立,回归到诗是审美感受的对象化的基本命题上来。陈子昂对“齐、梁间诗,彩丽竞繁,而兴寄都绝”的批评,揭开唐人美学的历史反思的序幕。李白《古风》(其一)的“自从建安来,绮丽不足珍”的摒弃,以及唐人在建立新的美学意识时,对汉、魏风骨的向往,伴随的是对六朝美学的时时警惕,担心覆辙的重蹈。“恐与齐梁作后尘”①,就包含着这样的意识。正因为唐人对前代的美学成就具有清醒的继承和扬弃意识②,所以,唐人在审美意识体系的建立中才会产生新飞跃。

(三)这种新美学的最主要特征是审美心理成为观照外物的依据、支点和趋归。我们还是先从局部的诗句比较入手来探讨吧(引诗详参裴斐《李白与魏晋南北朝时期诗人》)。

谢灵运《游赤石进帆海》写道:

扬帆采石华, 挂席拾海月。

李白《荆门浮舟望蜀江》写道:

流目浦烟夕, 扬帆海月生。

---

① 杜甫:《戏为六绝句》。

② 《钝吟杂录》卷四就曾这样评述道:“千古会看齐梁诗,莫如老杜,晓得他好处,又晓得他短处。”

谢、李所描述的物象相似，但谢是客观描述，李则以“流目”为观照点，使审美表达一下子回归主体，是主体视点流盼飞转地观照着荆门万象，跃动着诗人遇赦东归的心灵喜悦。

颜延之《秋胡行》（其八）写道：

惨惨岁方晏，　日落游子颜。

李白《送友人》写道：

浮云游子意，　落日故人情。

颜延之的两句诗不可谓不佳，具有某种美学氛围感，但李白的两句要更进一层，逼进到审美上来，即突出了主体的审美感觉，产生了情感的注入、外射现象。晴空白云朵朵、随风浮荡，则是友人萍迹不定、任其南北的象征；那冉冉而下的夕阳，却不愿下山的迟疑，则是诗人送别友情的表征。诗人从“浮云”和“游子意”，“落日”和“故人情”之间寻求到绝妙的联系点，以主体的“意”“情”注射入客体的对象“浮云”“落日”身上，感受性的审美特征显得特别鲜明。

谢朓《观朝雨诗》写道：

朔风吹飞雨，　萧条江上来。

李白《早秋单父南楼酬窦公衡》写道：

疑是白波涨东海，　散为飞雨江上来。

两诗均为写飞雨景象，但谢诗是客观描述型，李诗则是主观感受型。一个“疑”字，显示出揣度、预测，不是肯定不疑，而是略有探测的意味，这就掺入了主体感受。再者，“疑”介乎肯定与否定之间，便使诗的意蕴、气象略显空灵。

以上是就分体而论。就整体而言，宋代严羽《沧浪诗话》做了全面深刻的概括。他说道："盛唐诗人惟在兴趣，羚羊挂角，无迹可求。故其妙处莹彻玲珑，不可凑泊，如空中之音，相中之色，水中之月，镜中之象，言有尽而意无穷。"显然，严羽是从"兴趣"的主体性出发去论述问题的，这就接触到唐人诗歌创作的根本规律，即审美规律。"惟在兴趣"，才会"羚羊挂角，无迹可求"，产生出"空中之音，相中之色，水中之月，镜中之象"——无法用逻辑性概念加以限定和表述的意象。严羽的体认深度已达到现代审美心理学层次上："客体首先只是通过主体的活动才被认识的，因此客体本身一定是被主体建构成的。"①严羽是作为后代美学家，又是在不满于"本朝""诸公""以文字为诗，以议论为诗，以才学为诗"②，游离艺术美学倾向中而反思前朝的，因此他看得更为深邃。他又以唐为审美理论的概括对象，唐特别是盛唐诗"惟在兴趣"，审美心理是审美的中心、主位，不再是言必老、庄，谈机玄理，不再是把物象作为理性思辨的对应物，而是发露审美感受、心理、意识，其对应物则为表意型的诗歌——"人之所以灵者，情也；情之所以通者，言也。其或情之深、思之远，郁积乎中，不可以言尽者，则发为诗"③。而在这里，"观念在形象里总是永无止境地发挥作用而又不可捉摸"④，例如王维、孟浩然、韦应物、戴叔伦等人的诗。

心理特征：心态宇宙和二极形态

审美上由"物各自然"进入"万物归怀"——由物质宇宙转入心态宇

① 皮亚杰：《发生认识论原理》。

② 严羽：《沧浪诗话》。

③ 徐铉：《〈萧庶子诗〉序》。

④ 歌德：《关于艺术的格言和感想》。

宙。白居易的“一声来耳里，万事离心中”[1]“入耳淡无味，惬心潜有情”[2]，多么生动而又深刻地描述了艺术的审美心理体验和感受特征！它所包孕的审美内涵达到现代审美心理学的层次。宋代张耒《福昌怀古》评述李贺“独爱诗篇超物象”，这不正是超越物质宇宙，不为物象所累、所役、所驱使的审美心理特征概括吗？那么，唐诗何以会形成上述审美特征的呢？

顺应和同化的心理功能

皮亚杰在《发生心理学的问题》中说：“在对象的特性和人类的生产之间这种相互作用也在认知心理学中为我们所发现。我们只有作用于对象并改变它时，我们才认知对象。”他又在《发生认识论原理》中说：“认识既不是起因于一个有自我意识的主体，也不是起因于业已形成的（从主体的角度来看），会把自己烙印在主体之上的客体；认识起因于主客体之间的相互作用，这种作用发生在主体和客体之间的中途。”皮亚杰提出了“同化”“顺应”的心理观念，丰富了人类心理学的内涵。所谓“顺应”，就是环境对于人的心理的制约影响作用，通过力改变人的心理功能；所谓“同化”，就是在实践环境中按照人的原有心理图式加以改变。当心理图式形成以后，既保存着历史的永恒性，又体现为一定历史环境制约的具体性。这样，审美视知觉就会把外在于主体的客体整合到“前结构”中。先存心理图式得到了认定，客体便成为美的对象存在，组合成审美关系。按照皮亚杰的“顺应”和“同化”的观念探究唐代诗人的审美心理，就会发现其中的许多奥秘。

“顺应”说，其原理较易理解，现象也较易说明。唐代诗人常常为环境所制约，产生出特定的心态。李白之于赐金还山，杜甫之于安史动乱，柳宗元之于外放边远，李商隐之于牛、李党争等等。物质宇宙的屏幕上投射下映像、色彩。这里有两种层面：一种层面是不同的诗人因不

---

① 白居易：《好听琴》。
② 白居易：《夜琴》。

同的环境,有不同的心态,如上所述;一种层面是同一诗人在不同的环境中有不同的心态,如杜甫。青年壮游期,登山临水,南及吴越,北至赵齐,意气飞扬,“会当凌绝顶,一览众山小”的《望岳》诗,正是其凌云壮志的心态表征。“旅食京华春”的十年期,“疑是崆峒来,恐触天柱折”,对历史事变的深细敏感,“朝扣富儿门,暮随肥马尘”的屈辱生活,摩肩接踵的京师繁华和“饥卧动即向一旬,敝衣何啻悬百结”的强烈反差,敛缩了诗人青年期的张扬心态,趋向沉郁绪密。“安史之乱”的悲惨期,“生还今日事,间道暂时人”“麻鞋见天子,衣袖露两肘”的狼狈与凄苦,使诗人的心理更为深潜忧郁,如《悲陈陶》《哀江头》《羌村》《北征》“三吏”“三别”等。“满目悲生事,因人作远游”的晚年漂泊期。其间暂栖草堂,心情稍有宽松,于是诗的色彩也透现出表情性的特征,如《七绝·两个黄鹂鸣翠柳》等,但这是短暂的,随后便转徙于巴山蜀水、江陵衡岳之间。晚境的凄怆,使诗人的心灵趋于萧飒。杜甫一生几个时期的境遇,规范着诗人社会心理和审美心理的不同质态和属性,这就是发生心理学的“顺应”。

至于“同化”在心理功能上较之“顺应”要深了一个层次。它表现为主体审美心理即心态宇宙对于物质宇宙的能动作用力。这就不同于一般的描述意识生成的线性因果认识论。这样,同一对象在不同主体的心理屏幕上会作出不同的显示。我们就用同以《将进酒》为题的李白、李贺两首诗来说明这一心理现象。

君不见黄河之水天上来,奔流到海不复回。
君不见高堂明镜悲白发,朝如青丝暮成雪。
人生得意须尽欢,莫使金樽空对月。
天生我材必有用,千金散尽还复来。
烹羊宰牛且为乐,会须一饮三百杯。
岑夫子,丹丘生,将进酒,杯莫停。
与君歌一曲,请君为我倾耳听。
钟鼓馔玉不足贵,但愿长醉不复醒。

古来圣贤皆寂寞，惟有饮者留其名。
陈王昔时宴平乐，斗酒十千恣欢谑。
主人何为言少钱，径须沽取对君酌。
五花马，千金裘，
呼儿将出换美酒，与尔同销万古愁。

这是谪仙、酒仙的豪纵而至于狂放的心灵、胆汁的喷薄和倾泄。牵动着万里黄河，挟风带雨般地冲击、扩张，从江河永恒而生命短促、青春易老而岁月难追的时空落差中，逼发出得意尽欢的纵酒。这不是对人生的戏弄，而是“举杯浇愁愁更愁”的特殊心理发泄方式。这是极度感伤心理转化而成的旷放变态，在其心理结构深层中沉潜着人生意识。伴随着醉眼矇眬和觥筹交错，是“干杯，干杯”的迭声劝酒，是“烹羊宰牛”和一气三百杯的豪饮，成为诗人胜慨高昂的冲发和鼓吹不休。而李贺则不同。请看：

琉璃钟，琥珀浓，小槽酒滴真珠红。
烹龙炮凤玉脂泣，罗帏绣幕围香风。
吹龙笛，击鼍鼓，皓齿歌，细腰舞。
况是青春日将暮，桃花乱落如红雨。
劝君终日酩酊醉，酒不到刘伶坟上土！

李贺以他的主体心理来“同化”对象，他的心理不像李白的狂放，悲剧性的幽恨郁闷，隐晦难明的心态，天才早熟被社会环境扭曲了的性格，对浓、郁、幽、冷表现出特殊的敏感，以其“雨冷香魂吊书客”①的心境去“同化”与之相关的酒色的浓红、夕阳的残红、桃花的乱红。经“同化”所产生的建构现象完全不同于李白的同题诗，亦不同于物理世界的本来

① 李贺：《秋来》。

现象。扭曲了的心旌摇落着扭曲了的物象，明代王世贞在《艺苑卮言》中认为："长吉师心，故尔作怪。"这话说出了部分道理，从"心"的角度阐述了问题，但没有说明出这种建构的具体原因，还是钱鍾书的《谈艺录》说到了点子上："我既有障，物遂失真。"

我们还需要体认到，"同化"建构不是一般的矛盾同一性原理所能说明的，它包含着对"'异'化"现象、外物的扬弃。丹纳在《艺术哲学》中说得好：

> 艺术品的本质在于把一个对象的基本特征，至少是重要的特征，表现得越占主导地位越好，越显明越好；艺术家为此特别删节那些遮盖特征的东西，挑出那些表明特征的东西，对于特征变质的部分都加以修正，对于特征消失的部分都加以改造。

这就是主体在对客体"同化"过程中，有其能动作用。诗人所同化的是跟心灵契合的现象，扬弃的是非契合的成分，即使同一物象，也会产生不同的建构。例如同是"雨"，物象的性质是相同的，杜甫则有"喜雨"歌："随风潜入夜，润物细无声。"《晨雨》曲："小雨晨光内，初来叶上闻。雾交才洒地，风折旋随云。暂起紫荆色，轻沾鸟兽群。麝香山一半，亭午未全分。"而柳宗元却在"城上高楼"，以海天愁思和颤悸心灵，感受着"密雨斜侵薜荔墙"的可怖。杜老沉郁的心理，遇合的"秋兴"是"玉露凋伤枫树林，巫山巫峡气萧萧""丛菊两开他日泪，孤舟一系故园心"。长吉的《秋来》所感应的是"秋坟鬼唱鲍家诗"的森幽，令人毛骨悚然。可是，对于太白来说，《秋日鲁郡尧祠亭上宴别杜补阙范侍御》劈头一句，就与众不同："我觉秋兴逸，谁云秋兴悲？"为什么三位诗人所"同化"建构的秋，是如此迥异呢？这是因为心理具有定势功能。心理世界和物理世界不可能在一切方面同化，它只定向地同化那些跟内宇宙相交切的某一层面、某一点。像李白那样"俱怀逸兴壮思飞"的心理结构，自然会"我觉秋兴逸"，对"谁云秋兴悲"发出诘问，甚至不可理解。这种不可理解，正是因为超越了他的心理定势范围。

"顺应"和"同化"不是割裂的,其关系显示了主客体互构、平衡和自我调节。往往是先顺应客体,然后同化客体。例如杜甫因环境而产生"顺应",改变青年时期意气飞扬的原有心理图式,趋向沉郁,建构了新的心理结构图式,然后,他就用这种新图式去同化客体。我们在后面的"显意识和潜意识"的论述中将要涉及到。

内宇宙的直接发露和外宇宙的间接反射

唐代出现了一大批不借助外物而直接发露的纯感受型诗歌。如李白的一些抒怀诗对于"天生我材必有用"的高昂自信,"安能摧眉折腰事权贵,使我不得开心颜"的襟怀坦露;李贺的"我有迷魂招不得"的自我失落和苦苦追寻的意识等。更有意味的是,唐诗出现了一些表现某种感受、某种意绪或是从感受入手去体验对象的篇什。如王维《山中》:"荆溪白石出,天寒红叶稀。山路元无雨,空翠湿人衣。"张旭《山中留客》:"山光物态弄春晖,莫为轻阴便拟归。纵使晴明无雨色,入云深处亦沾衣。"诗人是从"无雨"中,偏偏显示出"湿人衣""亦沾衣"的经验现象,可见体验能力之深细了。而在"空翠湿人衣"的微微意味中,在"入云深处亦沾衣"的略略轻转中,是审美感觉的快意和喜悦的些许透现。

唐代诗人还以物理世界的描述来折现心理世界,达到心灵的对象化。例如李白之于振翮的大鹏,刘禹锡之于排云的浮鹤,李商隐之于败落的荷叶,等等。杜甫《后出塞》写道:"落日照大旗,马鸣风萧萧……悲笳数声动,壮士惨不骄。"是悲且壮的浑灏心境在对象身上的发现和肯定。常建《题破山寺后禅院》所描述的幽深静寂的物象世界,正是"空人心"的内宇宙的外化,对象变成了自身,转化为主体。宋代欧阳修极力想效仿"竹径通幽处,禅房花木深"而欲得一联,终未写得出来,其根本原因乃是欧阳修不具备常建"空人心"的内宇宙。

直觉意识的寻求和确定

中国诗的表情特征尤其显著,形式的规范力和审美渊源使得中国古代诗人的审美直觉能力很强,往往从直觉开始进行诗歌的审美活动,而一些诗歌或诗的名句之所以产生不衰的艺术魅力，也往往得力于直觉型的审美感受。例如刘宋谢灵运《登池上楼》那著名的“池塘生春草，园柳变鸣禽”，语言形式十分质朴，并没有多少出奇之处。但其美的感染力和价值就在于表现了审美的直觉意识。《石林诗话》倒是说出了部分道理：“‘池塘生春草，园柳变鸣禽’，世人多不解此语为工，盖欲以奇求之尔。此语之工，正在无所用意，猝然与景相遇，借以成章，不假绳削，故非常情所能到。诗家妙处，当须以此为根本。”诗人先描述自己在“徇禄及穷海”中的艰难处境，后表达了“卧疴对空林”的孤寂凄凉。由于卧病在床，以致不明了季节的变化。一旦大病初愈，“褰开暂窥临”，倾耳细听，举目远眺，视线猛然落到池塘岸上，猝然迸发出一种物候变异的审美直觉，于是出现了这两句诗。这种直觉能力进入唐代诗林，进一步得到确定，美感产生了它的延续。例如孟浩然《夏日南亭怀辛大》写道：“山光忽西落，池月渐东上。散发乘夕凉，开轩卧闲敞。荷风送香气，竹露滴清响。欲取鸣琴弹，恨无知音赏。感此怀故人，中宵劳梦想。”夏日夕阳忽然西落，池月冉冉东升，景象联缀变化，似乎是纯客观描述，但其中有着诗人的直觉感受，即对灼热的夏阳落下和清凉夜月升起的轻微快意。这是“目即”间瞬息的“心击”直觉，它没有理知的参与、知性的干扰、深长的思索，完全凭一刹那的感受。孟浩然沉浸在这直觉感受中，没有腾入超感性的知性中。他趁着夜意，散发纳凉，开轩闲卧，闲适得心波不惊，排除了外物喧闹的扰乱。在恬淡得几乎是水样的心境里，仍然只是直觉活动。于是嗅觉功能和听觉功能（也仅仅是这两种功能本身）灵敏地发挥着作用：“荷风送香气，竹露滴清响。”直觉意识使得这首诗在审美上一派天籁！

直觉型审美感受是自我意识确定的标志，诗人以他独具的自我心灵吐纳外物，因而唐人的直觉感受器官显得特别机敏灵动。黑格尔在《美学》中认为：“‘敏感’这个词是很奇妙的……第一，它指直接的器官。”直接感受器官的灵敏是人类审美的重大进步和走向高度文明的显示。就唐代而言，是历史审美感的积淀，并经诗人们的天才性自由创造所焕激的美感光焰。这样，诗人们在审美过程中至少产生出三种功能质：一是自我直觉作为体验主体的直接出现，一切都以“心理场”作为光点，投照外物，涵盖万有。心理直觉是审美的趋归。例如李商隐《微雨》：“初随林霭动，稍共夜凉分。窗迥侵灯冷，庭虚近水闻。”从诗题看，似乎是咏雨的咏物诗，而毋宁说是直觉感受诗，直觉就是诗本身。全诗没有一个明显的视觉点，跟一般的唐诗目迎心受的反映方式完全不同（“目迎心受”是最普遍、最普通的反映方式），李商隐似乎把自己封闭在一个与现实雨景隔绝了视觉联系的环境中，不是靠目接，而是凭心领。他寻求到一个最吻合他的审美心态个体的观照点——直觉感受。于是，此诗不以逼肖物象擅优，而以透露心象取胜。“初随林霭动”，细雨初降时，它随着林中的雾气轻轻浮动，这不是目之所见，而是凭感觉所得。渐渐地，它分得了夜间的凉气，这仍然是直觉所感。虽然远离窗户，但寒意似乎侵逼着灯火，又似乎使灯火也冷却下来，同样是直觉感受。在空寂的庭院中近处的水声依稀可闻，诗结韵在听觉直感中。因而，整首诗不是一个“雨”的物理世界，而是一片凭经验、凭直觉的感应世界。二是尖新微妙地感觉对象，从而在对象身上传送出主体感受。例如杜甫《绝句漫兴九首》（其三）写道：“熟知茅斋绝低小，江上燕子故来频。衔泥点污琴书内，更接飞虫打着人。”绝无一字言及感受，诗人尖细地捕捉了燕子频频来顾的生活细节。明知茅屋低小，江上飞燕偏偏要来打扰，衔来的泥点污着了琴书，更在追捕飞虫中打着了屋的主人。这反映出居室的破陋，更反映出诗人烦扰的心绪。明代王嗣奭《杜臆》曾说，此诗中“远客孤居，一时遭遇，多有不可人意者”，窥见到其中的审美信息。金圣叹《杜诗解·漫兴九首》有一番从审美心理学的角度所作的评述，其中“此皆人异其心，因而物异其致”的说法十分精彩。他说道：

> 眼见则春色，眼见熟知则燕子熟知，皆最滑稽语。夫同是燕子也，有时郁金堂上，玳瑁梁间，呢喃得爱；有时衔泥污物，接虫打人，频来得骂。夫燕子何异之有？此皆人异其心，因而物异其致。先生满肚恼春，遂并恼燕子。看其熟知字、故字、频字，皆恼极几于欲

杀欲割，语可笑也。

黑格尔说：“人一旦要从事于表达他自己，诗就开始出现了。有表达出来的话就是因为有表达的需要。”[①]“表达自己”并不意味着表达自己的一切感受，那只是一种感受的平均值。诗人“表达自己”的是最触动“器官”的最灵敏的感兴的某一点或一部分。例如白居易《钱塘湖春行》，诗写道：

孤山寺北贾亭西，　水面初平云脚低。
几处早莺争暖树，　谁家新燕啄春泥。
乱花渐欲迷人眼，　浅草才能没马蹄。
最爱湖东行不足，　绿杨阴里白沙堤。

这是对刚刚从寒冬季节冲风冒雪回到大地的春意感受。本来是水瘦山寒的西湖，春雨过后，春水盈旺，“水面初平云脚低”，舒卷多姿的春云低垂着，连接着碧波荡漾的湖水，融成一片。润湿暖和又分明有点熏人的早春气息轻轻传来，春色开始迷人了。而伴随信马悠悠的踏春，游目的顾盼扫视，则是“早莺争暖树”、“新燕啄春泥”春天景象的冉冉扑来。黄莺确实来得早，是为“早莺”的含义概括。稍得春天的暖意，它们就忍不住引动歌喉，恰恰啼鸣了。但毕竟是时在早春，尚有料峭寒气，于是，它们就竞相飞到向阳的枝头上去了。辛勤的紫燕正来回衔泥，营构新巢，这是因为它们新来乍到。诗人从两种对春意最敏感的飞禽中捕捉到了春（早春！）的独有特征。唐诗写春景的不在少数，以燕、莺点染春色更是比比皆是，其中有一些徒然只起点缀作用，缺乏深细感受。白居易则不同，他表现为从燕、莺的往返动态、啁啾声态中所作的早春气息的感

① 黑格尔：《美学》第3卷，下册，商务印书馆1981年版，第21页。着重号是原有的。

受和体验，是一叶萌而知春发的独特的审美敏感。再看“乱花渐欲迷人眼，浅草才能没马蹄”。花，还没有开到姹紫嫣红的程度；草，还未曾长到触及马肚的高度，它们才仅仅是遮“没马蹄”，诗人下笔何等准确。当然，作为审美传达的用笔说到底，又是根源于审美感受的体验。惟其体验深细，才会落笔准确。在跃动于诗间的早春活力里，不是有着诗人敏感到早春后的意趣洋溢吗？清人田雯说：“乐天诗极清浅可爱，往往以眼前事为见得语，皆他人所未发。”从眼前景去发人所未发，是一个重要的审美命题。白居易不是去觅取奇崛幽削的诗情，使之炫人眼目，也不是苦苦追寻朦胧含闪的令人难以捉摸的杂糅意象，他要在司空见惯的对象中发“他人所未发”，就得凭借精微的审美敏感了。三是直觉敏感力是一种感应器，灵动的触须似游丝一样，表现得特别发达，具有探幽照隐的超常功能，因而能直接而不依赖中介，同化对象最微妙的点和细部。在感受活泼灵机的大千世界中，更有它那不可或缺的位置。它对于电光石火、稍纵即逝或变动不居、顷刻万变的物象精灵，更表现出瞬间的接受和反馈力，为审美心理的其他功能所不可替代。例如杜甫《水槛遣心》中的两句诗：“细雨鱼儿出，微风燕子斜。”雨不大，细如麻，飘飘洒洒，游鱼才会浮波而出；倘是风雨如啸，鱼儿早就钻波奋游远去了。风不重，轻如纱，细吹细刮，紫燕才会贴水翻飞；又倘是狂风疾卷，燕子早就栖息梁上了。惟其雨细，才有鱼出；惟其风微，才有燕斜。特别是一“斜”字，确是切象切境，轻盈灵巧。再如韩愈《早春呈水部张十八员外二首》(其一)的“草色遥看近却无”，小雨酥润，草头泛青，只是一抹微痕，远看则有，近看却无。从远到近，竟是从有到无，这视觉直感的精微，不正是偶遇早春，刚刚萌动的喜悦美感的微微显露吗？唐人灵机的直觉敏感触须四出伸展在自由的美学天地里，于是，一系列间乎微妙之间的诗句出现了，如李白的“江水九道来，云端遥明灭”“山青灭远树，水绿无寒烟”；杜甫的“重露成涓滴，稀星乍有无”“行云星隐见，叠浪月光芒”“返照开巫峡，寒空半有无”等等，心理世界的感性色彩更为精微，物理世界的多样品格也更加丰富，唐人把民族的心理功能大大推进了。

审美感受表现上的二极形态。

唐人对于中国审美心理史的贡献是发现和铸造了新审美心理结构。其结构因素不是单元的,也不是以单一的方向去外化,而是大大承传和发展了前代已有积淀的二极双向感受,或者说唐人把传统的哲学对待原理融入审美心理,这样也就建构成一个新型的心理机制,其形态趋于圆熟。其具体表现分述于下。

(一) 正向和反向心理。所谓正向心理是由主体所发出的定向感受,这在唐代的送别诗、思乡诗中多有所见,兹不列举。而反向心理比起正向心理深入了一个层次,增添了一维心理空间。即诗人从相反的方向,不言己之所思,反言彼之所念,是主体对对象的预想、设想。文学美学中,它滥觞于《诗经》。例如《豳风·东山》写道:"鹳鸣于垤,妇叹于室。洒扫穹窒,我征聿至。"一位久役甫归的征人,身未及家,心已往之。他设想鹳鸟在土堆上叫唤,妻子在闺房里叹息,洒扫庭除,盼望着"我"的归来。这一审美心理在唐诗中得到广泛体现。例如王维《九月九日忆山东兄弟》:"独在异乡为异客,每逢佳节倍思亲。遥知兄弟登高处,遍插茱萸少一人。"这是典型的反向心理构想,似乎不是自己在想兄弟,而是兄弟在想自己;自己的异乡思念之感不足道及,反而是家中的亲人少了一员更觉遗憾。在唐诗中这种反向心理往往借助于某一物象的媒介而得以沟通。例如杜甫《月夜》,写道:

今夜鄜州月,　闺中只独看。
遥怜小儿女,　未解忆长安。
香雾云鬟湿,　清辉玉臂寒。
何时倚虚幌,　双照泪痕干?

天宝十五载(756)六月,杜甫为避安史之乱,挈妇将雏,逃难鄜州。八月,杜甫弃家北上延州,途中被叛军捕获,送到沦陷的长安。这首诗的主体空间是长安望月,而诗人偏偏不写己,只写妻,一切都发自对妻子遥在鄜州的设想。他在长安看月思妇,却设想出妻在鄜州望月思夫。

妻子"闺中只独看",夫妻天各一方,只能孑身"独看"月了。但是,问题来了,妻子身边尚有儿女,又何以是"独看"呢?下面两句作了回答:"遥怜小儿女,未解忆长安。"原来儿女稚幼,不解忆念。惟其儿女不解,方益见妻"忆"之"独"的情深意切和意念中的辛酸、焦虑。诗人又进一步设想妻子望月思念的情景:雾气湿云鬟,月辉寒双臂。以伫立时间之久,显示出思情之痴。这里的反向设想,不仅是心理的,而且包容着生理的了。反向设想,属体验型,设身处地、感同身受地体察对方具有相同类别的心理。心理体验愈发达,愈显示出人的心理结构的完善。以至于在唐诗中出现了灵犀一点,遥相沟通,这种在现代心理学看来都是十分秘妙的心灵感应现象。例如白居易和元稹的两首诗。白居易写道:

花时同醉破春愁,　醉折花枝作酒筹。
忽忆故人天际去,　计程今日到梁州。[1]

花时同醉,在醉中排遣着春天的淡淡幽愁。这"愁"恐与诗题的"忆"有关。醉中以花枝作为酒筹,这一行动,表明了醉之酣、醉之沉。它为着说明酣醉之中心理意识已朦胧、混沌,以致颠倒了。笔意上的这一抑、一沉,以"忽"字涌起情绪波澜。"忽忆故人天际去",醉酒的混沌意识中尚有一丝意念突然清醒起来,还竟然能"计程今日到梁州",可见,白居易对元稹的思念何等深沉。几乎在同一时间内,处于另一空间的元稹写下《梁州梦》一诗:

梦君同绕曲江头,　也向慈恩院院游。
亭吏呼人排去马,　忽惊身在古梁州。

① 白居易:《同李十一醉忆元九》。

元稹自注曰:“是夜宿汉川驿,梦与杓直(按:指白居易“醉忆元九”诗题中的“李十一”)乐天同游曲江,兼入慈恩寺诸院,倏然而寤,则递乘及阶,邮吏已传呼报晓矣。”这是一个相当奇妙的心理现象(白行简《三梦记》曾记此事)。一在慈恩梦古梁,一在古梁梦慈恩,辽阔的空域竟在同一时域内,合若符契。这似乎是脑电波传送的心灵感应。

(二)正常和矛盾心理。所谓正常心理就是人们的心理反应具有人类反应同类对象所具备的心理内涵和形式的一般性、共同性。矛盾心理或曰反常心理则不然。脱离一般性的矛盾心理正是反映了人的心理意识的个性。例如宋之问的《渡汉江》:

岭外音书断, 经冬复历春。
近乡情更怯, 不敢问来人。

这是宋之问从泷州贬所逃归,渡汉江时所作。地在蛮僻岭外,时又经冬历春,年复一年,更加之音书断绝,一旦归来,心情何等急迫。按照正常心理,后两句的意思应表述为:“近乡情更迫,急忙问来人。”因为它吻合了人们返乡心理的普遍的共同特征和要求。但宋之问却反常地写道:“近乡情更怯,不敢问来人。”这是由地远时长音信断的特殊际遇所产生的既思切又忧极的二重构合矛盾心理,形成了强行压抑的精神折磨。如杜甫《述怀》有四句:“自寄一封书,今已十月后。反畏消息来,寸心亦何有!”寄信则望回信,乃人之常情常理,杜甫却反而担心收到复信。不来信,不知家人死活存亡,虽属渺茫,但尚存万一之些微希望。如果凶讯果真来了,那就“寸心亦何有”了。这是杜甫历经兵荒马乱,到凤翔后,一夕数惊的恐惧和担忧所产生的反常矛盾心理。李因笃曾对此说明道:“久客遭乱,莫知存亡,反畏书来。”这种心理状态属特殊型。惟其特殊,才更显出精神的苦痛、心灵的煎熬,使心理内涵更有深度。

(三)常觉和错觉。一般心理学认为:“当感官提供给大脑的信号减少,各分析器的信号相互矛盾,大脑皮层对外界刺激物的分析综合便发生困难而造成错觉。”[①]它属于人类感觉活动中的特例现象，跟过去的经验体发生矛盾，不能正确体认对象，这是应该排除的。但是，审美错觉却能够产生异乎寻常的美的魅力。它以错觉感展现出一个为常觉所难以解释的审美意象。瞬间错觉（只能是瞬间！）在审美上脱离了通常的经验感觉，造成心理上的误差和变异，从而使读者意料不及，导致审美愉快的特有紧张，美感上的新鲜性则不言而喻。以错为美的唐人审美感受从审美理想的史的线索上考察，是对于六朝“指事造形”[②]的一代审美理想的改变和修正，不津津于用通常感觉去观照外物，而是往往用错觉去实现。“形”并非是追寻的惟一标竿，“意”“神”“感”才是其主位。这样，进入心态世界，常觉亦有，错觉亦有，而能够发现错觉，并且故意用错觉，是唐人的一大进步，审美上更有自由感和多维值。谢朓写江：“馀霞散成绮，澄江静如练。”凭常觉所得，出喻尽管新颖，但还是吻合了对象——“江”的通常形态；杜甫则不同，“江平若无流”，就是错觉了。萧齐范云《之零陵郡次新亭》中有句云：“江干远树浮，天末孤烟起。江天自如合，烟树还相似。”虽然江面浩阔，水天相接，但诗人仍然寻找到了视觉参考标志，大江形象符合通常的视觉形象；孟浩然《宿建德江》所写“野旷天低树，江清月近人”则显然是错觉形象了。唐人陶岘《西塞山下回舟作》中“鸦翻枫叶夕阳动”句，清代徐增《而庵诗话》这样说明道：“唐人有‘鸦翻枫叶夕阳动，鹭立芦花秋水明’一联，人皆称其佳，而不知其所以佳。余曰：此即王摩诘‘东家流水入西邻’意。夫鸦翻枫叶，而动者却是夕阳；鹭立芦花，而明者却是秋水。妙得禅家三昧。”其实，大可不必用禅宗美学来解释。鸦翻枫叶，枫叶动，则疑为枫叶林上空的夕阳也在动。这是错觉使然，并不玄秘。不用常觉而故用错觉是唐人增添诗美的重要手段。李白名句“疑是银河落九天”，疑真的错觉产生出气势美、飞动美，激溅着诗人审美喜悦的波澜。张谓《早梅》诗

① 曹日昌：《普通心理学》上册，人民教育出版社 1964 年版，第 202 页。
② 钟嵘：《诗品》。

云:“一树寒梅白玉条,迥临村路傍溪桥。不知近水花先发,疑是经冬雪未消。”将白梅绽放疑为未消冬雪系感觉失误;不疑,何能见诗题之“早”,又何能透露主体乍遇客体“梅”时亦惊亦喜的审美心理?!正因为心理错觉有显著的审美效应,在唐以后的诗人中得到广泛应用,宋陈与义《襄邑道中》有句“卧看满天云不动,不知云与我俱东”等等,即说明这一现象。

(四)独感和通感。在审美体验过程中,主体感受和对象之间形成一定联系。根据对象性质,主体感受一般均具有优势兴奋中心,以某一种感受形式单独出现。视觉中的体积感,如孟郊《游终南山》诗云:“南山塞天地,日月石上生。”色彩感,如李商隐《如有》诗云:“芭蕉开绿扇,菡萏荐红衣。”距离感,如王之涣《凉州词》诗云:“黄河远上白云间。”听觉,如綦毋潜《过融上人兰若》诗云:“黄昏半在下山路,却听钟声连翠微。”嗅觉,如柳中庸《夜渡江》诗云:“闻香晴识莲。”肤觉,这在白居易《寒闺怨》中有不同凡响的审美表现,诗云:

寒月沉沉洞房静, 真珠帘外梧桐影。
秋霜欲下手先知, 灯底裁缝剪刀冷。

寒月沉沉,梧桐筛影,灯下裁缝,女主人从剪刀冷的肤觉手感中,独特地体认到秋霜欲下,节候将变。老杜凭借触觉去领略:

采菱寒刺上, 踏藕野泥中。①

义山则依靠听觉去感应:

① 杜甫:《陪郑公秋晚北池临眺》。

已闻佩响知腰细，更辨弦声觉指纤。[1]

当西方近代象征派诗人提出所谓“感通说”时，中国的唐诗则早已广泛地表述了这种感受互通的审美心理现象。朱光潜《诗论》第六章《诗与乐——节奏》说：“一部分象征诗人有‘着色的听觉’（colour-hearing）一种心理变态，听到声音，就见到颜色。他们根据这种现象发挥为‘感通说’（correspondance，参看波德莱尔用这个字为题的十四行诗），以为自然界现象如声色嗅味触觉等所接触的在表面上虽似各不相谋，其实是遥相呼应，可相感通的，是互相象征的。所以许多意象可以借声音唤起来。”钱鍾书写了《通感》的专题论文，列举大量现象，指出：“花红得发‘热’，山绿得发‘冷’；光度和音量忽然有了体积——‘瘦’，颜色和香气忽然都有了声息——‘闹’；鸟声竟熏了‘香’，风声竟染了‘绿’；白云‘学’流水声，绿荫‘生’寂静感；日色与风共‘香’，月光有籁可‘听’；燕语和‘剪’一样‘明利’，鸟语如‘丸’可以抛落；五官的感觉简直是有无相通，彼此相生。”“通感”现象在唐诗中例证甚多，如李白“瑶台雪花数千点，片片吹落春风香”，杜甫“雨洗涓涓静，风吹细细香”，白居易“举头忽看不似画，低耳静听疑有声”，元微之“雨香云淡觉微和”，李长吉“冷红泣露娇啼色”等，尤在写音乐诗中所用广泛、集中，如李颀《听董大弹胡笳弄兼寄语房给事》，岑参《秋夕听罗山人弹三峡流泉》，韩愈《听颖师弹琴》，白居易《琵琶行》，李贺《李凭箜篌引》等。现在，我们就以李贺的这首诗来谈吧。音乐以听觉形式，诉诸人的审美感受，但毕竟是非实体性存在。李贺把听觉形象转化为视觉形象。五、六两句首写高弹：“昆山玉碎凤凰叫。”其音呈碎玉之声，琤琤作响，如凤凰高鸣，美妙不凡。次写低弹：“芙蓉泣露香兰笑。”芙蓉泣露，状曲调幽咽如泣如诉，动人肺腑；香兰发笑，言乐声冶丽，如花如娇，映人眼目。着一“泣”字，下一“笑”字，视觉形象情态化了。七、八两句，先写“十二门前融冷光”，乐音能使气候更易，长安城内一片寒光笼罩；继写“二十三丝动紫

---

[1] 李商隐：《楚宫二首》。

皇”，乐音飞入天庭，令天神为之感动。诗人至此，犹觉不够兴会淋漓，在形象上再予以强化：“女娲炼石补天处，石破天惊逗秋雨。”箜篌之声飞腾激卷，整个空域都被搅动起来，天为之惊，石因之破，雨为之降，可谓有雷震霆击之力。接着，诗人写道：“梦入神山教神妪，老鱼跳波瘦蛟舞。”造一幻境，写音乐魅力。还不止于此，“吴质不眠倚桂树，露脚斜飞湿寒兔”，远在广寒宫中的吴刚也倚在桂树上侧耳谛听，通宵难以竟眠。桂花树上的露珠斜飞，溅湿了树下的寒兔。通首诗，无一字写“乐”的听觉感受，而是或凝为实景，或化为幻境，以其他可见、可触、可即的形象来表征听觉感受，形成多种感受的互通。中国哲学曾描述出这种通感现象，如《列子》曰：“眼如耳，耳如鼻，鼻如口，无不同也，心凝形释。”运用现代心理学的观点来说明，它是心理的交构、会通，是审美感受的暂时性联系，对既有的经验载体加以恰当连接。唐人把通感运用于审美活动，把心理活动的互通现象审美化了，它在唐诗中的物化载体是如此多样、如此绚丽，充分显示了唐代诗人心理结构的完善。

（五）显意识和潜意识。显意识居于诗人意识结构的审美表层次，潜意识则在深层次。一般地说，在审美中，显意识系呈现型，较易把握。潜意识难以把握和确定，但它因为处在深层结构中，故能起规范制约作用，具有定向功能。它是实践意识在心理深层的长期积淀而成，对心理活动定向、定势，是心理的前程对后程的参与。它往往被诗人所难以悟出，但其规范力可以使诗人无法挣脱和偏离。杜甫《至后》中的两句诗就是典型适例，诗云：“愁极本凭诗遣兴，诗成吟咏转凄凉。”风尘浑灏的凄凉身世中，孕育着诗人的一颗泣血的心灵。无论他是怎样百般地释闷解愁，那股愁苦情绪、忧患意识总是如影随形，力图摆脱，却陷之弥深，“潜意识”顽强地支配着诗人，以致言不由己，“诗成吟咏转凄凉”。这就是审美本体的“反弹力”“二度体验”。杜甫的《江村》写道：

清江一曲抱村流，　长夏江村事事幽。
自去自来梁上燕，　相亲相近水中鸥。

老妻画纸为棋局，　稚子敲针作钓钩。
但有故人供禄米，　微躯此外更何求？

杜甫经过长期颠沛流离，终于找到了一个暂时栖身之地——浣花溪畔。流离的生活渐趋安定，破碎的心灵暂得修复。曲折蜿蜒的清江诚然幽静，诗人的心境更为悠闲。心理意识在同化对象时，就是一片恬适情景。梁上飞燕，自由自在；水中浮鸥，相亲相随。老妻再无愁容，画纸作棋局；小儿更无饥色，敲针做钓钩。何等悠闲，以致有点疏慵了，真可以视作一首闲适诗了。突然，心灵一拧，笔意一沉："但有故人供禄米，微躯此外更何求？"似与前几句意味不相和谐、合拍，但细加寻绎，则是诗人潜意识的浮升，落脚在揪心的凄苦隐痛上。早在旅食京华的十年中，"朝扣富儿门，暮随肥马尘"，够辛酸、够屈辱的了。老友的接济，是他生活的来源之一。他的一生也是主要依靠了这一点。老友的接济诚然热情可感，但是，对于久有泰山凌云之志而无以自食其力的自尊自爱的诗人来说，内心却是酸寒的，这便以累积方式沉淀到诗人的心理结构深层中，形成了潜意识的隐痛。于是，在"遣兴"的放怀中，那深蕴的痛点，常常会"兴奋"起来，由潜意识的内层上升到显意识的表层，从而更沉痛地压迫着心灵。这是意识流程中的二极过渡。歌德在《给席勒的信》中认为："只有进入无意识之中，天才方成其为天才。"这就是杜甫之所以是天才的原因所在：透进心灵奥区的无意识层；杜甫之所以伟大的原因所在：个体的无意识凄凉感反映出一代诗人共同的心理意绪和时代精神氛围。

（六）普遍意识和个性意识。一般地说，诗人表达的心理意识体现了人类意识的共同性，具有普适度，这就是审美意识的合规范性。然而，诗人又有别有会心的体验，与众不同的感受，以自身的个性化感受顺应或同化外物，达到审美意识的合目的性。诗美学个性价值往往是从这里产生。

惆怅阶前红牡丹，　晚来惟有两枝残。

明朝风起应吹尽，　夜惜衰红把火看。[1]

诗题“惜”，应是惜花诗无疑。惜花意绪带有我们民族诗人的心理色彩，具有普遍性。惜情，往往在落红无数后萌生，如宋词中一些篇什，林黛玉《葬花词》等等，这便是其一般性。但白居易却别具一格地惜在花盛之时，而非惜在花谢之后。用现代术语来说，叫做“提前量”。“惆怅阶前红牡丹”，既是惆怅，本是在落英缤纷之际，第二句理应是其意绪的延伸，诗人却反拨成：“晚来惟有两枝残。”满庭牡丹，仅残败两枝耳，何足惆怅?！但诗人意识、心曲的个性色彩正从此间透出。这是由“两枝”而及于满庭，一叶而推及三春的敏感，故“明朝”应作广义阐释。读者感应上的广义和诗人感受上的狭义，在这里恰成二律背反。正因为诗人认为，“明朝”“风起应吹尽”，才有了危机感、紧迫感，才有了仅仅出现衰红两枝就迫不及待地“把火看”的审美提前意识。这种意识绚丽而伤感地吐露出个体意绪。殷璠《河岳英灵集》称颂王湾《次北固山下》：“‘海日生残夜，江春入旧年’诗人以来少有此句。”何以“少有此句”，殷璠语焉不详，其实从审美心理学上不难解释。残夜将尽而未尽，诗人不言太阳破夜，而说夜生红日；江风融融，诗人仿佛感受到江上春意早在年前来到人间。这种时间、时序的提前性正反映了诗人独特、细微的生活体验和审美心理感受。它为王湾所独特具备，审美心理感受物化了的这两句诗当然“诗人以来少有”了。在审美过程中，诗人的审美观念具有定势功能，因而在美的对象面前便迅速得到同化和满足。在俊才云蒸、翰杰霞靡的唐代诗坛上，要能够得到自身地位的确定(远不只满足于被淘汰的低层次意义)，就应该首先确定自身，寻找自我。寻找自我的涵盖意义相当宽泛，其中包括：不但要善于表达通常人意识到的感受和体验，而且要善于传达通常人难以意识到的、或不能意识到的感受和体验，即所谓意识的罕至性。唐宪宗元和十二年(817)，元稹贬通州，白居

① 白居易：《惜牡丹花》。

易谪江州。白居易向元稹发出一诗:“晨起临风一惆怅,通川湓水断相闻。不知忆我因何事,昨夜三更梦见君。”元稹酬诗一首,《酬乐天频梦微之》写道:

山水万重书断绝,　念君怜我梦相闻。
我今因病魂颠倒,　惟梦闲人不梦君。

白居易对于元稹是“昨夜三更梦见君”,如果元稹也作如此酬答,就未能免俗了。他偏偏说“惟梦闲人不梦君”,他打破了“日有所思夜有所梦”的链性因果意识关系。不梦君非不思君,乃是过于思君超过了意识阈限,反而使对象不能进入梦域,这是现代心理学才能说明清楚的现象,唐人元稹竟表达出来了。这就是歌德在《说不尽的莎士比亚》中所再三推重的作家“最高境界”的“内省力”。唐代诗人总是保持着对于生活的感受和体验的新鲜性。韩愈《春雪》写“新年都未有芳华,二月初惊见草芽”,萌生着初惊乍喜的新鲜感受,等到“草树知春不久归”的暮春,这种原先的新鲜感就淡化了。因此,唐代诗人们总是不断进行审美新发现。杨巨源《城东早春》写道:“诗家清景在新春,绿柳才黄半未匀。若待上林花似锦,出门俱是看花人。”与其视为纯粹的写景诗,毋宁看做表达审美新鲜感的论诗绝句。

开拓和丰富了审美心理空间

唐诗不可企及的成就在审美上是以心理结构为中介,它重新显示出客体—心灵化—物态化的审美三维结构。唐诗审美的新范式,打破了生活—艺术简单的二维模式。唐诗审美三维结构完全符合人类艺术审美的基本规律,为其基本经验提供了范本。

唐诗人审美心理是中国诗美学的财富,是前代审美经验的延续和扬弃,并对后代诗美学产生了深远影响。

主体从对象身上观照、发现、肯定、外化了自身,才有了审美要求。

这是审美心理的驱力和目的。刘禹锡《始闻秋风》写道:"昔看黄菊与君别,今听玄蝉我却回。五夜飕飗枕前觉,一年颜状镜中来。马思边草拳毛动,雕眄青云睡眼开。天地肃清堪四望,为君扶病上高台。"这里不是有着主体心理的律动生机吗?不是腾腾跃动地在骏马、秋风、猛雕的对象身上寻找到自身的力吗?而由于主体心理的内容和结构方式不同,在寻求对象化的审美历程中不是形成了缤纷多姿的物化晶体吗?

李白《春思》云:"春风不相识,何事入罗帏?"《独坐敬亭山》云:"相看两不厌,只有静亭山。"杜甫《春望》云:"感时花溅泪,恨别鸟惊心。"都是自然人化、感觉化的经验现象。而情绪在内宇宙空间的变动,便能形成情绪位移,形成表象间有序化组合,如李白《赠汪伦》所写:"桃花潭水深千尺,不及汪伦送我情。"内在心理结构和外在形式结构在力的形态上存在着同形关系,例如,直线是趋向一致的点的轨迹,呈现出力的连续作用性,因而直线显得挺拔。刘禹锡《秋词》云:"晴空一鹤排云上,便引诗情到碧霄。"鹤的直线穿升所显示的力和诗人凌云直上之志产生同构对应(或曰异质同构)关系。西方现代心理学是实验心理学,中国则是经验心理学,但它足以印证现代心理学的众多范畴领域,唐诗就是明证。

唐人的感觉经验确实显示了新鲜、灵动、机括跃如的特征,诗人们对于现象世界的体认,表现出一种特殊的欣赏趣味。这里拈出一个动人的诗例:李嘉祐《远寺钟》。这首诗被一般唐诗选本所忽视,而在我看来,其审美成就并不在常建《题破山寺后禅院》、綦毋潜《过融上人兰若》之下。

疏钟何处来, 度竹兼拂水。
渐逐微风声, 依依犹在耳。

这是声的流动美,借助于风,越过竹篁,披拂水波,更增添了美的听觉感受。这首被忽视了的唐诗,倒没有被极富审美灵机的小说审美实践家曹雪芹所冷漠。《红楼梦》第四十回,作者借贾母的口说:"就铺排在藕香榭的小亭子上，借着水音更好听”“那十几个女孩子们演习吹打”的“鼓乐之声”。第四十一回更有一段直接描述：

> 不一时，只听得箫管悠扬，笙笛并发。正值风清气爽之时，那乐声穿林度水而来，自然使人神怡心旷。

其描述意象和审美听觉感受跟上引的唐诗，如出一辙。可惜的是，这一审美联系却被我们的红学家忽视了。唐诗人所铸造的“诗心”、宋词人所铸造的“词心”，给中国小说家、戏剧家以深刻影响，中国的戏剧和一些世情小说是以诗家、词家之心所作；中国的历史题材小说是以史家之心所撰。这又涉及一个广义的文化—审美心理问题了。

唐代诗人丰富、深邃、微妙的审美心理为审美心理学提供了经验范本。特别是发现、捕捉了只有通过审美才能触及到的心理的点滴、些微、瞬间的现象，如李商隐《日日》：“几时心绪浑无事。”它说明唐人对于外在对象不是“描红”，而是审美。其结构绝非是闭合、凝固系统，而是开放的、自洽的。它呼吸着时代的自由空气，感应着时代审美潮流的律动，在社会的理性规范和某种形式机制的制约下，吸收异域风情和禅宗美学的审美心理，铸合成唐诗人放达、潇洒、浑厚的审美心理结构。经过晚唐的淤合和转折，影响了宋代词人的感性心态。

（原载中国社会科学院《文学遗产》1987年第6期，人大复印资料《古、近代文学研究》1988年第4期全文转载。收进《海峡两岸唐诗研究史》，台湾“中央研究院”2001年版。收进《唐代文学研究论著集成》第四卷，三秦出版社2004年版。）

受众美学

以满足观众的审美心理需求为依归，中国戏曲便具备了独特的审美品格，形成了独特的受众美学。戏曲一旦成为“场上之作”，以舞台形象显示出来，就要赢得观众。所谓赢得观众，就是赢得观众的心理、兴趣、情感。赢得观众、征服观众，才能占领舞台。观众的审美心理是戏曲审美品格的直接来源。适应观众心理进而塑造戏曲的审美品格，便成为中国戏曲审美的建构图式。黄周星《制曲枝语》说：“论曲之妙无他，不过三字尽之，曰‘能感人’而已。”王骥德《曲律·论套数》认为，戏曲“不在快人，而在动人”。徐复祚《曲论》说：“传奇要在使田畯红女闻之而跃然喜，悚然惧；若徒逞其博洽，使闻者不解为何语，何异对驴而弹琴乎？”以上所引之论，都是着重于戏曲的情感效应，以情感“动人”“感人”为审美目的，打动甚至震撼观众的整个心灵。当然，中国戏曲还有劝世说教的目的，而这一社会功能又是通过情感效应以及结构的操作行为方式发挥出来的。于是，观众心理学与中国戏曲审美便出现了建构形式。

这样的审美目的无疑对中国戏曲的题材对象、审美方向及其方式起着规范和导引作用。中国戏曲之所以多为悲欢离合，其原因大抵在此。而悲欢离合又讲究震动，给观众以刺激。李渔评点《秦楼月》曰：“《忠谏》一折，乃一本中极顿挫文字……读者至此，不觉废卷惊疑，将谓吕生为薄情乎？为君子乎？为儿戏乎？”中国观众对命运的独有关怀心理影响着戏曲的审美方向。在这样的语境中，中国戏曲较为注重悲剧的创作。当然，整体悲剧尚不多，结局是欢，其中的情节必有悲。悲的目的，不全是演说人生，而是一种情感审美效应和满足观众命运关怀的需要。徐复祚《曲论》评《琵琶记》曾说："传奇皆是寓言，未有无所为者，正不必求其人与事以实之也。"毛声山《第七才子〈琵琶记〉》第一出题词说："文章之妙不难于令人笑，而难于令人泣。盖令人笑者，不过能乐人，而令人泣者，实有以动人也。""动人"的审美涵义被阐释为"令人泣"的审美行为。因而，中国戏曲以撩逗观众眼泪为能事。当观众弹下一滴眼泪，审美效应就产生了。李渔评点《秦楼月》说："乾坤有尽，情种无穷，恐读之者将掬泪浣西江耳。"流泪是审美情绪反应的一种生理现象，流泪、掬泪也有不同层次：低层次的廉价同情，高层次的心理真切感应。当剧作者以观众流泪为目标，悲的情节也就产生，不管在哪个层次上，观众的掬泪都表明剧情内容触动了观众的某种情绪。只要是自然而然，并非是做作造假，情绪现象都是剧场效应。

在中国戏曲美学家的观念中能够导发观众情绪的，才是"神品"，进入审美的最高层面。王骥德《曲律》说："其妙处，政不在声调之中，而在字句之外。又须烟波渺漫，姿态横逸，揽之不得，挹之不尽。摹欢则令人神荡，写怨则令人断肠，不在快人，而在动人。此所谓'风神'，所谓'标韵'，所谓'动吾天机'。不知所以然而然，方是神品，方是绝技。"王骥德对于"神品"的理解和所作的具体阐述，在理论内涵上仍然是诗论。然而，他则具体运用于戏曲，强调戏曲"不在快人，而在动人"。所谓"快"人，尚属喜剧范畴，"动"人则是悲剧范畴。戏曲的审美效应不是使人产生一般快感，获得简单而直接的审美愉快，而是情绪震动："令人断肠。"最终的审美满足是在情绪压抑和悲哀的导泄中实现。

西方喜剧是戏剧形态，中国喜剧则是情绪形态。简单地说，团圆了就是喜，"有情人终成了眷属"，有了完满归属，具有中国型伦理文化特征。卓人月批点《春波影》时说："文章不令人愁，不令人恨，不令人死，非文也。"这是一种情感效应极端论，完全不同于传统的哀而不伤的审美论。他极力反对"大团圆"结局："今演剧者，必始于穷愁泣别，而终于团圞宴笑……岂不大谬耶？"在中国戏曲美学中对"大团圆"作出如此激烈批评者尚属少见。在他看来，唐人传奇《会真记》所描述的"始乱之，终弃之，固其宜也”，其悲剧才是真实的，而王实甫《西厢记》则是在《会真记》基础上的倒退。金圣叹从“妙处不传”的审美技巧着眼，认为《西厢记》应到《惊梦》为止，从而否定了团圆结局，其审美眼光亦是独特的。

观众心理是一种需要在舞台形象上获得情感激动的美感心理现象。它对戏曲审美特征的形成具有反馈作用，由反馈进而形成规范。规范作用又具有正负两个层面。其正面作用有助于戏曲的舞台化，形成戏曲和观众情绪的沟通、交流；其负面作用是观众心理在不具备深刻的审美意蕴的境况中，对戏曲的反馈便造成戏曲审美的迎合和妥协，则会减弱戏曲所应有的审美效应。中国戏曲始于悲而终于欢的模式僵化形态就是其负面产物。所以，观众心理并不完全是一种高级的或健康的审美情感心理。始于悲而终于欢的心理是平衡性心理。通过某种波荡达到某种平衡，进行自我抚慰。这又是传统的社会心理在戏曲观众心理上的投影。中国戏曲中只有少数几个是标准形态的悲剧，绝大多数均不脱上述模式。模式在各个剧本甚或剧目中的体现不尽一致，但在基本结构和高度简化后的形式上却是共同的。这种模式和观众心理的双向作用：观众心理影响并产生了戏曲模式，戏曲模式塑捏并强化了观众心理，是一种如同生产和消费一样的双向流程，使得中国戏曲在定型化后很少有美学新发展，缺乏更新机制。因此，它有着活力和惰力的双重性，是一柄双刃剑。其惰力表现为创作—观赏之间的循环，缺乏革新，并沉淀到民族的文化—审美心理结构中。它一直延续到今天，戏曲舞台上传统戏曲是如此，即使一些新编传统戏也没有突破这一模式。现在，戏曲界有戏曲危机的惊叹，产生危机的原因是多方面的，戏曲本身的模式、框架绝少改变，形成观众心理乏味，不能不说是一个重要原因。

中国戏曲较少有撕破人生、扯碎观众心理的作品，也较少有前引的卓人月那样带有彻底色彩的戏曲审美论。中国戏曲较少大的动荡、冲突、彻底毁灭、不可调和，最终则导向传统的和谐，往往是无序成为有序的环节，眼泪成为喜悦的佐料。不是西方美的毁灭性文化意识，而是温存和意念满足性文化意识，属于古典艺术范畴，还不具有近代艺术的色彩。亚里士多德把情节视为古典悲剧的因素,莱辛把性格看做近代悲剧的标志。中国戏曲在美学上基本属于古典式,近代色彩的悲剧只有在“五四”以后才有新的创获。

喜剧也是如此。中国古典戏曲中的喜剧不是严格审美意义上的喜剧,而是笑剧。有些类似性的喜剧人物只起插科打诨效用,可以制造出某种剧场效果,却没有辛辣而严肃的审美讽刺效应。应该说,喜剧在本质上是高度严肃甚至冷峻的,是主体自信力和优越感的显示,中国喜剧绝少具有这种美学意义。黑格尔在《美学》中说:

> 有一种新的艺术形式出现了,其中对立面的斗争不是通过思想来进行,不是停留在分裂中,而是用这样一种方式把现实中腐朽愚蠢的实况描绘出来,要使它(现实)像是自己毁灭自己,就通过这种自毁灭来反映出真正正确的东西毕竟是坚固耐久的力量,而愚蠢和无理性那一方面并没有力量来构成本身真实的东西的对立面。

据译者朱光潜的注释:“在古典型艺术到浪漫型艺术的转变之间,产生了一种新的艺术形式,喜剧;转变的特点在于精神不满足于客观现实而退回到它本身,内心的理想与外在的现实发生了矛盾,喜剧的任务就在于解决这种矛盾,解决的办法是尽量描绘现实的腐朽方面,显示这方面无力对抗普遍的真实的和善的东西。”(见黑格尔《美学》中译本,第2卷,第264页注释)中国喜剧的涵义是情绪欢喜之“喜”,即使具有美学喜剧意识也只是被处理为机趣、诙谐,大致是从东方朔那里承续下来的一套。一出戏往往生、旦、净、末、丑,角色俱全,而丑的角色功能只是用以调节舞台氛围,所谓庄谐相济、冷热相配而已。“丑”的内容并不具备社会实践色彩。因此,明代徐渭《歌代啸》那样的喜剧,又委实是凤毛麟角。剧作者以荒诞的戏曲形式表现荒诞的社会势态。该剧开场词〔临江仙〕曰:“漫说矫时励俗,休牵往圣前贤,屈伸何必问青天。未须磨慧剑,且去饮狂泉。世界原称缺陷,人情自古刁钻,探来俗语演新编。凭他颠倒事,直付等闲看。”喜剧是审美变形化的高级形态,《歌代啸》的审美变态心理只有在晚明从古典向近代(不是历史学意义的,而是美学史意义的)激烈变动的时期才有可能产生。至于标准的审美型喜剧,那是现代美学史的事情了。

如果从时态上考察悲、喜剧,悲剧是未来时,喜剧是现在时。喜剧是对于现存秩序、行为方式、现实存在不合理性的否定,悲剧则是摆脱现存的不合理性,以理想的文化意识超越历史区段的具体文化意识。中国戏曲的悲剧形式反映在爱情题材上有自身特点。爱情是人类文化进步的一种典型现象,是人类本质力量和本性的要求。人类文化意识的萌发和进步往往表现在爱情上。爱情的自由要求、个体—主体特征最为显著,最具有超文化区段性质。永恒的文化意识要求与区段文化意识的现实限制构成爱情悲剧性质的基础。在这一点上,中国戏曲的悲剧有其深度,但是,中国的戏曲爱情模式是个人要求和伦理环境的冲突,而没有男女主人公之间的性格冲撞,还没有西方近代爱情悲剧色彩。同时,整个中国文化心态是调节型,决不使某种情感走向极端,形成巨大裂变。于是一种情感出现后必然会有大量或微量的对立情感来调节,社会—文化—审美都处于这种机制中。社会型文化—审美心态在戏曲这一门类美学中,既是创作心态,又是观赏心态。而观赏心态又对创作心态起到反馈和制约、调节作用,中国戏曲悲—喜剧模式就是这种文化心态的产物。

观众审美趣味和心理是一种强大力量。中国观众的审美心理属趣味性心理,影响了戏曲的美学风貌,甚至对情节结构的生成也具有作用力,下面就来论述这一问题。

中国戏曲形式结构美学是整体机制而又有所变化,结体严密。吴仪一对《长生殿·禊游》的评点可代表戏曲形式结构美学的特点:“此折高力士、安禄山、王孙公子、三国夫人、杨国忠、村姑、丑女,杂沓上下,几如满地散钱,而以春游贯之,线索自相牵缀。尤妙在措注三国夫人,一意转折。先从高、安白中引出三国、王孙、公子,首曲亦然;次曲三国登场;三曲禄山窥探;四曲国忠嗔阻;五曲村姬辈寻拾簪履,总为三国形容佚丽；六曲三国再见；结尾又重归虢国。起下《傍讶》《幸恩》诸折，虽满纸春光撩乱，而渲花染柳，分晰不爽，直觉笔有化工。”然而，戏，顾名思义要有“戏”，这个最简单的命题、最直白的提法，对戏曲的审美特征做了最基本、最重要的规定。否则，“戏”将歇台。“戏”是上座率、叫好率、回头率的最集中表征，那么，它从何而来呢？就需要把握观众心理需要，寻求观众的心理投入，调动观众的审美欣赏的兴味。所谓场上传播效应在情节结构的文本建构中便发挥了重要作用。于是，中国戏曲美学理论便根据这一戏曲艺术事实，提出了戏曲美学之“法”。“法”是观众心理与戏曲审美建构的话语提练和概括，又是对这种建构性整合的审美规范。例如李渔的“倒骗主司入彀之法”，其《闲情偶寄·词曲部·大收煞》具体解阐道：“开卷之初，当以奇句夺目，使之一见而惊，不敢弃去，此一法也。终篇之际，当以媚语摄魂，使人执卷留连，若难遽别，此一法也。”又如金圣叹的“狮子滚球法”，其《第六才子书〈西厢记〉读法》第十七曰：

> 文章最妙，是先觑定阿堵一处，已却于阿堵一处之四面，将笔来左盘右旋，右盘左旋，再不放脱，却不擒住，分明如狮子滚球相似。本只是一个球，却教狮子放出通身解数。一时满棚人看狮子眼都看花了，狮子却是并没交涉，人眼自射狮子，狮子眼自射球，盖滚者是狮子，而狮子之所以如此滚如彼滚，实都为球也。《左传》《史记》便纯是此一方法，《西厢记》亦纯是此一方法。

主体的审美描述中心是确定的，却不直接逼入，而是左右盘旋用墨，“戏”在盘旋中产生。它导引观众的审美注意不在“球”即戏剧中心事件，而在“狮子”即作者的技巧上，形成“一时满棚人看狮子，眼都看花了”的审美效应，调起浓厚兴味。这便是他所说的“目注彼处，手写此处”。因为戏曲事件就其本身而言是简单的，如果一下子就把事件的本来面貌和真相端示出来，观众就无审美兴味了。所以，“戏”的构成不全在戏曲事件本身，而在于事件的展开过程。从某种意义上可以说，过程才是戏。金圣叹说:“目注此处,却不便写,却去远远处发来,迤逦写到将至时,便且住;却重去远远处更端再发来,再迤逦又写到将至时,便又且住;如是更端数番,皆去远远处发来,迤逦写到将至时即便住,更不复写出目所注处,使人自于文处,瞥然亲见。”他反复阐明“将至”“且住”的审美技巧,“戏”始终不到达其终点,而是在“将至”处即临界点上“且住”即收住。在心理学上就是不给观众以终端满足,而是吊起胃口,处在追逐新奇的心理期待中。金圣叹把这一戏曲美学思想还运用于评点《水浒传》的小说美学中,因为中国小说审美受戏曲审美极深影响。金圣叹《西厢记·衣锦荣归》首评中所提出的“写花却写蝴蝶”也是这个意思。毛声山《第七才子琵琶记·总论》进一步完善了“写花却写蝴蝶”的提法:“才子之文,有着笔在此而注意在彼者。譬之画家,花可画而花之香不可画,于是舍花而画花旁之蝶,非画蝶也,仍是画花也;雪可画而雪之寒不可画,于是舍雪而画雪中拥炉之人,非画炉也,仍是画雪也;月可画而月之明不可画,于是舍月而画月下看书之人,非画书也,仍是画月也。”毛声山的阐发较之金圣叹有所发展。审美中心是主体的意中体,却不是直接表现体,让观众在对外围事象的体认中去理解主要物象。外围情景、物象的描述调动起观众的观赏兴趣,获得局部心理满足,却不能产生出对事件结局的最终满足。这样,观众的兴味就处在追寻的亢奋状态中。所谓烘云托月,是以外围的戏曲情势来烘托主要事件的戏曲情势,以烘托手段来更好地产生审美效应。同时,花香、月明、雪寒不可画,乃是因为它们是抽象现象,无法具象化和视觉形象化,这就需要用具体的形象图式加以体现和表征,因而出现云、人、蝴蝶,如同将“深山藏古寺”作画,不画寺而画挑水上山和尚;“踏花归来马蹄香”,画一群蜜蜂追逐一样,是艺术审美中以具象表抽象的重要方式。

如前所述,戏曲效果的重要表征是剧场效果。《玉茗堂批评〈红梅记〉总评》曰:“境界纡回宛转,绝处逢生,极尽剧场之变。”就是对剧场效应的一种清醒意识。而剧场效应说到底是观众情绪心理效应。汤显祖《宜黄县戏神清源师庙记》曾动人地描述道:

使天下之人无故而喜,无故而悲。或语或嘿,或鼓或疲,或端冕而听,或侧弁而咍,或窥观而笑,或市涌而排。乃至贵倨弛傲,贫啬争施。瞽者欲玩,聋者欲听,哑者欲叹,跛者欲起。无情者可使有情,无声者可使有声。寂可使喧,喧可使寂,饥可使饱,醉可使醒,行可以留,卧可以兴。鄙者欲艳,顽者欲灵。

情绪感应导致情绪位移和净化,需要有戏曲本身的情感内涵。而人的心理程序变化是任何强制性手段所不能奏效的。它是自然性的而不包括受动式的心理接受和容纳。审美创作主体的心理表达能在观众中产生共鸣、感应,就应该用观众心理来建构戏曲主体心理进而建构戏曲情节。所以,审美创作心理应该增加观众接受这一维心理。审美主体应该在充分研究、掌握观众心理基础上,进而形成自身的心理。这样的创作心理才是有对象的或对象化了的心理。孔尚任《〈桃花扇〉凡例》说:"排场有起伏转折,俱独辟境界,突如其来,倏然而去,令观者不能预拟其局面。凡局面可拟者,即厌套也。"李渔《闲情偶寄·词曲部·小收煞》说:"戏法无真假,戏文无工拙,只是使人想不到、猜不着,便是好戏法、好戏文。猜破而后出之,则观者索然,作者赧然,不如藏拙之为妙矣。"这是中国戏曲美学中关于审美心理的精妙文字。创作和观赏两种心理是对应的却不是同一的。对应,才能产生共鸣共感效应;非同一,才能使观众处在不满足期待状态中,无法揣度预测审美创作心理及其情势走向。无法"猜破"、不知"局面",就是粉碎观众的认知定势和"先存结构",使其思维准备无法得到验证和确认。这样,一旦不符合自己先前思维的"先入之见",产生错位和陌生感,就和人类寻求新知的本能欲望相吻合,从而兴趣盎然。否则,创作主体所提供的舞台"局面"早就在观众的预测和视知觉领域内,一见开场便知结局,人们就会兴趣索然。"新奇"和"陌生"是人类兴趣的诱发点。中国戏曲美学按照接受美学上观众心理流变的特点来设计戏曲结构、组织戏曲矛盾、安排戏曲冲突,是一大创获。

中国戏曲审美心理学的深度还在于,心理调控不是表现为单线型,而是表现为整体组合型，适应观众的流变心理和多面满足需求。李渔《闲情偶寄·词曲部·大收煞》说得好："水穷山尽之处，偏宜突起波澜。或先惊而后喜，或始疑而终信，或喜极、信极而反致惊疑，务使一折之中，七情俱备，始为到底不懈之笔、愈远愈大之才。"情感满足在多面、多层的不断转换和调节中产生和实现，从而在审美建构中产生了中国戏曲最富生动性、最具吸引力的审美特征——节奏感。节奏美感是中国戏曲美学对世界戏剧美学的绝大贡献。恩格斯曾在《致斐·拉萨尔》中高度赞赏莎士比亚戏剧情节的生动性，中国戏曲足以相比并，而其总量和一些具体形态或有过之。这是因为中国戏曲作家极为懂得他们的接受对象——观众。

李渔《闲情偶寄·词曲部·密针线》说："编戏有如缝衣，其初则以完全者剪碎，其后又以剪碎者凑成。剪碎易，凑成难。凑成之工，全在针线紧密；一节偶疏，全篇之破绽出矣。"戏曲结构美学是一种建构学。粉碎对象加以重新塑捏，其全部奥妙就在于此。在重新塑捏过程中，观众心理被创作主体心理所吸受，加以整合，产生出主体—观众、创作—接受的二维心理。这种组合型心理与审美相建构，是戏曲综合性机制，也是诸种审美特征和剧场效应，铸合为受众美学的重要基础。

（原载《河北师大学报》2005 年第 4 期）

理学美学

宋代理学作为一种生成型文化，犹如先秦百学，两汉经学，魏、晋玄学，隋、唐佛学，明代心学，清代实学，具有时代性特征和内涵，成为社会文化意识话语的基础和动源，影响着其他文化类别，包括美学，其中最重要的是影响了美学思维的方式、结构，从而建构了理学美学。

理学对审美本体性思维的影响

理、气论是宋代理学的本体论。在宋代理学家看来，“理”是精神现象概念，“气”是物质现象概念。理学创始人之一的周敦颐在《通书》第三十八章《礼乐》中说“阴阳理而后和”“万物各得其理”。二程认为，“万事皆出于理”，而所谓的“理”，十分明白而浅显，不必胶着。“天理云者，这一个道理，更有甚穷已？不为尧存，不为舜亡。人得之者，故大行不加，穷居不损。这上头来，更生说得存亡加减？”①可见，“理”是本原、本体。与此同时，又对理、气的关系，做了这样的表述：“有理则有气。”进一步强调了“理”的本原性质。朱熹对理、气关系的体认更为明确，他说：“天下未有无理之气，亦未有无气之理。”②理、气相联、

① 《河南程氏遗书》卷二。

② 《朱子语类》卷二。

相融，但是二者之间有主次之分、先后之别。朱熹认为，“毕竟以理为主”①“有是理，后生是气”②。理学渗透进美学，则完全以此作为体认道与文、理与美关系的立足点和依据。或者说美学观正体现了理学观，因为理学家们对理学的表述，正是通过文学、美学等问题表述出来，又在文学、美学等领域中体现出来。在文学、美学中，“道”是本原，居于首位，从而把传统的儒家美学观推到极致，这是理学本体观的体现和反映。理学家对此的表述可以说是千篇一律。周敦颐说“文所以载道也”，他深恶于“不知务道德而第以文辞为能”的认识③。程颐持“作文害道”论，“文”与“道”是根本对立的。“问作文害道否？曰：‘害也。’凡为文不专意则不工，若专意则志局于此，又安能与天地同其大也。《书》云：‘玩物丧志。’为文亦玩物也。古之学者惟务养情性，其他则不学。今为文者专务章句，悦人耳目，非俳优而何？”④朱熹直截了当地说：“这文皆是从道中流出，岂有文反能贯通之理？文是文，道是道，只如吃饭时下饭耳。若以文贯道，却是把文为末，以末为本。”⑤“道”“文”关系乃本末关系，不可倒置。这一美学思想正是以理为本原的理学思想的体现。

“理”既然作为本原的存在，成为认识的本体论，就改变并形成了相应的思维和观照立足点，即总是以“理”去审视对象，进而归结为一个特定的理思。由此也就能对宋代的一些审美现象作出解释。例如唐诗之所以以情胜，宋诗之所以以理胜。宋代所产生的大量理趣诗、哲理诗，特别是理学家们所写的诗。问题是那些非专业性理学家的诗人们，也往往不是以直接描述对象为满足，而是借此兴端，去表述

---

① 《朱子语类》卷三。

② 《朱子语类》卷以一。

③ 《通书·文辞第二十八》。

④ 《河南程氏遗书》卷一八。

⑤ 《朱子语类》卷一三六。

对于社会、宇宙、人生的认知和体悟,即所谓“摅发胸中所蕴”①。正因为所穷究的是“道”“理”,所以,其审美过程中就不会滞留在对象的表象上,而是去引申或发掘某种思理。这就不是感性充溢,而是理趣盎然。其审美的目光就不是专注于外在的形体、形态,而是着意于内在的神理、涵质。审美本体的视域、思维的调整并加以的新建构,就使得审美的走向发生了新变:重意略象、重神轻形。六朝到唐的审美理想基本是追求形似。刘宋时宗炳《〈画山水〉序》说:“以形写形,以色貌色。”唐代白居易《画记》说:“画无常工,以似为工;学无常师,以真为师。”但是,到了宋代,却遭到批评。董逌《〈广川画〉跋》就说:“乐天(白居易)言画无常工,以似为工,画之贵似,岂其形似之贵哉?”宋代美学受理学影响,摒弃了形似之论。欧阳修《盘车图》说:“古画画意不画形,梅诗咏物无隐情。忘形得似知者寡,不若见诗若见画。”苏轼《书鄢陵王主簿所画折枝二首》(其二):“论画以形似,见与儿童邻。”视之为幼稚的儿童见识。晁说之《和苏翰林题李甲画雁》(其一):“画写物外形。”南宋葛立方《韵语阳秋》在引录上引欧阳修和苏轼的两首诗后说:“或谓二公所论不以形似,当画何物……但以气韵为主耳。”气韵即神,内在的丰神,它是宋代出现频率极高的美学范畴,正是追尚神似,悬置形似;重视内理,弱化外观的思想体现。也正因为理学—美学所追寻的是神理,便实现了对传统形似美学论的超越。董逌的《御府吴淮龙秘阁评定因书》说:“观物者莫先穷理,理有在者,可以尽察,不必求于形似之间也。”惟在穷理,而不求形似,正体现了理学认识本体论的根本特征。

理学对审美心态学的影响

理学心态是内敛的,回归主体心界,特别是把义理之学演化为性理之学,以心为理,产生心学。张载说:“可欲之谓善,志仁则无恶也。诚善于心之谓信,充内形外之谓美,塞乎天地之谓大,大能成性之谓圣,天

① 《河南程氏遗书》卷一八。

地同流、阴阳不测之谓神。”①一切都根源于心性。以心之方寸去牢笼天地，万物便皆备于主体之心，方寸宇宙就成为心学的重要命题。宅心为大，遂能包括万有。这样，便带来了审美思维和观念的重大变化。在园林美学上，不再是汉代的广袤无垠，而是小巧精致。例如司马光在洛阳所筑园，名为“独乐园”，显然是表现了园主的个体内敛性心态。苏轼便有《司马君实(光)独乐园》诗，云：“中有五亩园，花竹秀而野。”不再是寻求天地之大，而是获得自我心象之广。南宋林景熙《觉庵记》就曾发露这一以理学为内涵的美学思想。他说：“觉庵主人闭关扫轨，刊落浮念，返道德之乡，息性命之圃，于是年七十有八矣。庵之所曰灵坛，有山重掩，有水萦纡，爰乐斯丘，乃效古人豫为寿藏。遇胜日，扶杖引客，觞咏其间。予曰：噫嘻，觉庵其真觉者欤！夫人方寸虚灵，具众理而应万事，是谓之觉……觉往复之理，出处一；觉荣悴之理，穷通一；觉昼夜始终之理，生死一。世故桑海，岿然一翁，血气衰，本心见，而觉而焉……方将以天地万物为藏，具何所不藏，何所藏？性无疆界，心无畛域，上下四方，皆吾觉庵。”这是理学思维机制对主体心态所规范的观照方式。他们可以在一件玩物、一座园林、一处景观中观照到这之外的宏浩宇宙天地。黄庭坚咏一方砚台，却能看到无限意境。《子瞻题狄引进雪林石屏要同作》就这样写道：“翠屏临砚滴，明窗玩寸阴。意境可千里，摇落江上林。”这不是通常的咏物诗，而是借咏砚而发宇宙之理。

如何明“理”，又怎样把握“理”之真谛？理学家们认为要有独特的心态。程颐说：“学者先务，固在心志。有谓欲屏去闻见知思，则是绝圣弃智。有欲屏去思虑，患其纷乱，则是坐禅入定。如明鉴在此，万物毕照，是鉴之常，难为使之不照。人心不能不交感万物，亦难为使之不思虑。若欲免此，惟是心有主……存此涵养，久之自然天理明。”②“绝圣去智”“坐禅入定”是理学的体认方式和心态。程颢《答横渠张子厚先生

① 张载：《正蒙·中正》。

② 《河南程氏遗书》卷十五。

书》提出“定”。他说：“所谓定者，动亦定，静亦定，无将迎，无内外……与其非外而是内，不若内外之两忘也。两忘则澄然无事矣。无事则定，定则明，明则尚何应物之为累哉？”“定”为排除外物之干扰，又为排除主体之欲念，遂出现心之内敛和内守。“定”则静，静则“澄然无事”，物我双忘，遂能体认对象。受这一理学思想的影响，宋代美学进一步重视“虚静”心态在审美中的作用。程颢《秋日偶成》诗写道：“万物静观皆自得。”苏轼著名的《送参寥师》诗认为：“欲令诗语妙，无厌空且静。”然而，“静”非空寂，泯灭生机，所以，苏轼进而又认为：“静故了群动，空故纳万境。”这样的“静”“空”才是富于审美生机和创作生机的。苏辙《论语解》就曾这样写道：“贵真空，不贵顽空。盖顽空，则顽然无知之空，木石是也。若真空，则犹之天焉！湛然寂然，元无一物，然四时自尔行，百物自尔生。粲为日星，滃为云雾，沛为雨露，轰为雷霆，皆自虚空生，而所谓湛然寂然者，自若也。”这就把“静”的心态何以能吐纳万象的原因解阐透彻了。

从根本而言，理学产生以后，宋代以致整个中国美学史的审美体认论发生了重大变化。作为理学分支的陆九渊心学派，在这方面做出了重要贡献。陆九渊把心的功能和作用扩大到无以复加的地步，《与李宰书》说：“人皆有是心，心皆具是理。”从而建构了心学便是理学的重要命题。《养心莫善于寡欲》认为，“吾心即宇宙”“吾心之良，吾所固有”。《语录》曰：“收拾精神，自作主宰，万物皆备于我，有何欠缺。”心即宇宙，此乃对传统观念的根本反叛和颠覆，是对心的功能的空前体认。理学的这一对于宇宙的根本体认，对于宋代直到后期中国美学史都产生了根本性的影响。于是，中国美学史便由师物论进入师物、师心相并论再进入师心论。师心论是彻底的主体审美论，也可以说审美回归主体本位了。这样，就完成了理学—心学—美学的建构。

最终，这是由理学家体认对象的基本观念所派生出来的。邵雍就提出，观照事物不是用眼睛，而是用“理”。《皇极经世全书解·观物篇》内篇十二说：“夫所以谓之观物者，非观之以目而观之以心也，非观之以心而观之以理也。”以理为主体的内在视域和观照出发点，也就形成了以理学—心学为内涵的美学观。明白了这一思想语境，宋、元二代的不少新奇美学思想诸如杨万里的“役于物”论、倪瓒的“逸笔”论的成因也就迎刃而解。

理学对体认方式的影响

在体认方式上，宋代理学家主张以物观物。邵雍《皇极经世全书解·观物》外篇十专论观照事物的体认方式，认为：“以物观物，性也；以我观物，情也。性公而明，情偏而暗。”在《〈伊川击壤集〉序》中又说：“以道观道，以性观性，以心观心，以身观身，以物观物”“虽死生荣辱转战于前，曾未入于胸中，则何异四时风花雪月一过于眼也？诚为能以物观物，而两不相分焉。”所谓“以物观物”的体认方式，就是邵雍在接着上引的话后所说的“其间情累都忘去”，杜绝在体认过程中主体意识干扰对象的客体存在，保持认知的客观立场和中立态度，从而能更真实地接近对象。在中国哲学思想史上只有理学家才第一次以明确的哲学话语提出了体认方式问题，它直接成为美学的命题。于是，在绘画美学上便有董逌著名的“以牛观牛”说，其《书〈百牛图〉后》认为，“一牛百形，形不重出，非形生有异，所以使形者异也。画者于此，殆劳于知矣。岂不知以人相见者，知牛为一形。若以牛相观者，其形状差别更为异相，亦如人面，岂止百邪？且谓观者，亦尝求其所谓天者乎？本其所出，则百牛盖一性耳”“知牛者……于动静二界中观种种相，随见得形”“要知画者之见，殆随畜牧而求其后也，果知有真牛者哉！”“以牛观牛”成为中国美学思想的一个重要命题，要求审美主体不要掩盖或代替对象，又要求审美主体在审美过程中不要突出和显露自身，而是把自身融入对象，成为经过对象化之自身。“以物观物”，作为出发点和观照点的“物”，貌似纯客观的，其实是经过主体化了的存在。然而，“以物观物”——“以牛观牛”又需要有一定的观照方式，这便是动静相结合的观照方式。在静观中有动之视域，特别是要能观照到对象之变化万端，看到百物一性之性质，且又看到一物百形之状貌和形态。这样便形成“于动静中观种种相”，在动静变化、结合中体认对象的种种情形。“以牛观牛”论所体现出来的“以物观物”的观照方式触及哲学层面——哲学认知方式。它虽然以具体的非哲学化语言出现，但其内涵却包含着非常深刻的哲学道理。动静结合方能避免孤立静止地观物，方能发现对象的无穷状态。这样，中国哲学—美学便以独特的方式实现了对于对象的把握，得以穷究对象的丰富内涵。它对于后期的中国美学史有着深刻的影响。近代王国维在《人间词话》中说：“有有我之境，有无我之境……有我之境，以我观物，故物皆著我之色彩；无我之境，以物观物，故不知何者为我，何者为物。古人为词，写有我之境者为多，然未始不能写无我之境，此在豪杰之士能自树立耳。”王国维独拈出“境界”以解说词美学，分为无我之境和有我之境二类，认为，无我之境居于词美学的高端境界，胜过有我之境，只有词中“豪杰之士”才能为之和实现。无我之境的哲学认知基础正是“以物观物”，其话语形态和直接来源又正是宋代理学。王国维在《文学小言》中说：“文学中有二原质焉：曰景，曰情。前者以描写自然及人生之事实为主，后者则吾人对此种事实之精神的态度也。故前者客观的，后者主观的也。自一方面言之，则必吾人之胸中洞然无物，而其体物也切；即客观的知识，实与主观的情感为反比例。”所表述的思想和前引所论相互发明。此论受到朱光潜的批评，朱在其《美学文集》第二卷中认为，王国维划分“有我之境”“无我之境”和“以我观物”“以物观物”的区别是不必要的，“诗在任何境界中都必须有我，都必须有自我性格、情趣和经验的返照”。其实，朱氏并不明了王国维之论正来自于理学思想，从而成为别一种审美体认方式的表述，忽视其独立的存在地位，混淆了相互的区别，以混同论取代了差异论。

理学对思维结构的影响

宋代理学是对耦性思维结构理论。对耦理论推进了对待性思维的发展。邵雍用“象数学”阐释《易·系辞传》的“太极生两仪”说。所谓“太极既分，两仪生焉。阳上交于阴，阴下交于阳，四象生矣。阳交于阴,阴交于阳,而生天之四象。刚交于柔,柔交于刚,而天地之四象,于是八卦成矣。八卦相错,然后万物生矣。是故一分为二,二分为四,四分为八,八分为十六,十六分为三十二,三十二分为六十四……合之斯为一,衍之斯为万"①。合则为一,衍化为万,形成了推演性思维运动。而其中的结构组合,则是"有对""有耦"。王安石认为,物"物皆各有耦""一柔一刚,一晦一明,故有正有邪,有美有恶,有丑有善,有凶有好",他认为,此乃普遍之理,"性命之理、道德之意,皆在是焉"。他又说:"耦之中又有耦者,而万物之变遂至于无穷。"②"对耦"成为一切物质和精神的运动形式和内在的存在方式。理学家们在对待性的思维中考察和观照对象世界。程颐《周易上经》说:"万物莫不有对,一阴一阳,一善一恶,阳长则阴消,善增则恶减。""对耦"的对待性思维方式固定化了中国人的传统思维方式并促成其进一步地发展。这一思维机制的构建,对于对待性美学范畴的建立,起到了重要的影响作用。宋代出现的一系列涉及众多美学领域的范畴就是对待性思维机制的产物。例如动与静。沈括《梦溪笔谈》卷十四《艺文》写道:"古人诗有'风定花犹落'之句,以谓无人能对。王荆公对以'鸟鸣山更幽'。'鸟鸣山更幽'本宋王籍诗……'风定花犹落,鸟鸣山更幽',则上句乃静中有动,下句动中有静。"清代金圣叹《批欧阳永叔词十二首》对欧词中句子"帘影无风,花影频移动"评述道:"花影移动,只是无情,正为极静,而'帘影无风'四字,却从女儿芳心中仔细看出,乃是极动也。"例如字与声。沈括《梦溪笔谈》卷五《乐律》写道:"古之善歌者有语,谓'当使声中无字,字中有声。'凡曲,只是一声清浊高下如萦缕耳,字则有喉唇齿舌等音不同。当使字字举本皆轻圆,悉融入声中,令转换处无磊块,此谓'声中无字',古人谓之'如贯珠',今谓之'善过渡'是也。如宫声字而曲合用商声,则能转宫为商歌之,此'字中有声'也。"例如诗与画。张舜民《跋〈百之诗画〉》:

---

① 邵雍:《观物外篇·先天象数节二》

② 王安石:《洪范传》。

“诗是无形画，画是有形诗。”例如肥与瘦。这是书法美学范畴，姜夔《续书谱·用笔》：“用笔不欲太肥，肥则形浊；又不欲太瘦，瘦则形枯；不欲多露锋芒，露则意不自重；不欲深藏圭角，藏则体不精神；不欲上大下小；不欲前多后少……”姜夔对书法美学肥瘦、藏露、大小、前后等范畴在对待性思维层面上的分析，透辟精当；所做的规定，具体深入，是为着寻求对耦范畴的平衡及其平衡状态的中和与最佳组合，从而集中体现了宋代理学对待性思维在美学上所产生的影响。

理学对美学影响的原因分析

传统经学与理学的根本差别在于前者是严格的经疏阐释之学，不能逾越。《朱子语类》卷八〇曾写道：“理义大本复明于世，固有周、程，然先此诸儒亦多有助。旧来儒者不越注疏而已，至永叔（欧阳修）、原父（刘敞）、孙明复（孙复）诸公，始自出议论……自是运数将开，理义渐欲复明于世故也。”展示了理学取代经学的过程，其中所说的“不越注疏”正是指经学的根本缺陷。孙复《寄范天章书》说：“后之作疏者无所发明，但委曲踵于旧说而已……注说之病六经，六经之未明。”它直接影响了科场作风。孙复又说：“每岁礼闱设科取士，执为准的。多士较艺之际，有一违戾于注说者，即皆驳放而斥逐之。”司马光在《论风格札子》中也加以痛斥道：“新进后生，未知臧否，口传耳剽，翕然成风。至有读《易》未识卦爻，已谓《十翼》非孔子之言；读《礼》未知篇数，已谓《周官》为战国之书；读《诗》未尽《周南》《召南》，已谓毛、郑为章句之学；读《春秋》未知二十公，已谓《三传》可束之高阁。循守注疏者，谓之腐儒；穿凿臆说者，谓之精义。”恪守陈规，沿袭旧说，窒息学术，而理学则完全不同。由于它以穷理究理为目标，形成抽象思辨的思维方式，便跟经学思维方式形成根本区别。宋人不是恪遵原典，反而是制造典实，为己所用。不去考虑典实的可靠，而是着眼于论证的需要。杨万里《诚斋诗话》有一番记载十分典型地说明了这一现象。

欧阳公作省试知举，得东坡之文惊喜，欲取为第一人，又疑其是门人曾子固（曾巩）之文，恐招物议，抑为第二。坡来谢，欧阳问所作《刑赏忠厚之至论》有“皋陶曰杀之三，尧曰宥之三”，此见何书，坡曰：“事在《三国志·孔融传》注。”欧退而阅之，无。他日再问坡，坡云：“曹操灭袁绍，以袁熙妻赐其子丕。孔融曰：‘昔武王伐纣，以妲己赐周公。’操惊问何经见，融曰：‘以今日之事观之，意其如此。’尧、皋陶之事，某亦意其如此。”

所谓“意其如此”，就是想当然。未必是如此，设想其会如此，几乎全然不顾事实，凭空捏造。例如石介《中国论》说：“有庞眉名曰‘聃’，自胡来入我中国，各以其人易中国之人，以其道易中国之道，以其俗易中国之俗。”老子变成了胡人，自胡地进入中原，移风易俗，这简直是匪夷所思的臆想。在传统经学那里，这些故事简直不堪一击，但宋人却不管那一套。尽管漏洞百出，他们却无所谓。他们所重视的是用捏造的故事来为“理”论服务。理存，事则可以忽略。这是他们的理念所在，于是，所谓形似于对象的问题就压根儿不存在了。在这样的思想语境中，也就可以找到美学上形似论的产生原因了。

再就解经而言，宋人解经是按照自身的认知理解来进行的，这便完全摒弃了传统的注经方式，而是重义理、轻训诂。把儒学纳入自己所规范的思路和方向来定义，或文本的原初意义可以忽略不记，或文本的原初意义是按照现有的阐释主体的理解来解读，编入自己所设定的程序，为己所释、为己所用，这便带有现代阐释学的味道，从而，出现了中国阐释学的一次带有根本意义的解放和超越。随心所欲、随理阐释，完全脱离了文本。这种阐释学在思维内核上跟轻形似的审美论又是相通的。

理学穷究理思，及于美学，则是追寻神韵，这里出现了理学—美学建构的又一条通道。神韵论以理学为内涵，神韵既已超越形质，便空灵浮游，难以征实。董逌《书〈李营邱山水图〉》说道：“其绝人处不在得其形，山水木石、烟霞岚雾间，其天机之动，阳开阴阖，迅发惊绝，世不得而知也。”神理于美学，则有空灵之论。宋人认为，理学—美学对于对象的体认，必须摆脱一般人所能体认的常理。它应当在非常理中寻求，获得超越常理之上的认知。董逌《书〈犬戏图〉》说："凡遇知理者，则鬼神索于理，不索于形似；为犬马则既索于形似，复求于理，则犬马之工常难。若夫画犬而至于变矣，则有形似而又托于鬼神怪妖者，此可求于常理哉！"可见，审美乃是超越常理——非常之理——非常规性审美之理。在宋代理学—美学家们看来，即令是无常规形之物，在其内在的世界里都有常理，这一隐匿的常理倒恰恰是应该为美学家们所获取的。宋代美学的艺术事实往往抽象空灵超过具体征实，原因就在此。鲁迅先生在《且介亭杂文末编·记苏联版画展览会》中说："我们的绘画，从宋以来就盛行'写意'，两点是眼，不知是长是圆，一画是鸟，不知是鹰是燕，竞尚高简，变成空虚。"颇有抽象派的意味了。

理学是经过提絜和概括的学说，穷就本体，不囿事象。它远离功利、超越功利。尽管韩愈恢复儒学道统的思想成为宋代理学的先声，尽管石介等人利用韩愈的思想建立理学，但是在理学大师朱熹看来，仍然不够地道和纯粹，因为拘泥于现实功利和需求。朱熹在《答廖子晦》中认为，"韩公只于治国平天下处用功，未尝就其身上讲究持守耳""只此便见得韩公本体功夫欠阙处"。因此，理学家们寻求的是钻深式探究，不为世相和表象所惑，要在深度层次上进行体认和获得认知。"太山为高矣，然太山顶上已不属太山。虽尧舜之事，亦只是如虚中一点浮云过目"①。这是对理学思维特点的恰当而深刻的说明。而美学也是超越功利的，在本体特征和体认层次上，跟理学完全相通。这是宋代理学—美学产生建构现象的根本基础。

（原载《东南大学学报》2010 年第 3 期，人大复印资料《美学》2010 年第 8 期全文转载。）

① 《河南程氏遗书》卷三。

工艺美学

工艺美学尤以宋代成就最显，而其中之宋瓷是集中体现。宋瓷在工艺上有许多原创性成就，诸如造型重凝练，胎骨尚厚实，白釉著黑彩，剪纸贴花，影青（青白）瓷色等。宋瓷是宋人清澄淡雅心态对象化和物态化表征，与宋词同调。从唐三彩之灿然郁丽到宋瓷的细净雅丽，其审美文化风调判然有别，形成了巨大的反差，实为表征了时代审美理想和风格的巨变，与词风、画意共同诉说着宋代美学的精神主题。宋瓷有汝窑、官窑、哥窑、钧窑、定窑五大瓷系，其他还有多种窑器类别。明代高濂的《遵生八笺》是解读宋瓷的经典文本，其中有《论官、哥窑器》《论定窑》等文。汝窑，"其色卵白，汁水莹厚如堆脂，然汁中棕眼，隐若蟹爪，底有芝麻花，细小挣钉"，因此，汝窑器底部有支钉痕印，瓷的质地清新滋润。官窑，为皇家（官家）所有。南宋时窑址在杭州凤凰山下，瓷土来源呈紫色，所以瓷色如铁，口、足露现胎色，时人称"紫口铁足"，弥足珍贵。据明代郎瑛《七修类稿续编》："南宋时有章生一、生二兄弟各主一窑，生一有陶者为哥窑，以兄故也；生二所陶者为龙泉，以地名也。"哥窑的瓷土来源与官窑一样，在品格、纹路上则有相近与相异之处。哥窑与官窑的品格大抵相似，色彩的等级则依次为粉青、淡白、油灰色。纹路"取冰裂、鳝血为上，梅花片墨纹次之"，而"细碎纹"属于下品。其工艺审美水平极高，高濂曾表达其审美观赏感受："每得一睹，心目爽朗，神魂为之飞动，顿令腹饱。"至于龙泉瓷，也据《遵生八笺》评赏："古宋龙泉窑器，土细质薄，色甚葱翠，妙者与官窑争艳。"其瓷器上"凸起花纹，甚精"，"定窑者，乃宋北定州造也"。色彩以白色为主，间或有紫、黑色，

“然俱白骨，加以水，有如泪痕者为最。故苏长公（苏轼）诗云：‘定州花瓷琢如玉。’”纹饰有画花、绣花、印花纹三种，大多是牡丹、萱草、飞凤。式样工巧，“至佳者，如兽面彝炉、子父鼎炉、兽头云板脚桶炉、胆瓶、花尊、花觚，皆略似古制，多用己意，此为定（窑）之品”。特别是传世精品“孩儿枕”：“娃娃手持荷叶覆身叶形，前偃后仰，枕首适可，巧莫与并。”娃娃造型可爱，栩栩如生；色泽均匀、温润。定窑的“瓶式之巧百出，而碟制万状”，瓷碟“方式四角，耸若莲瓣，而旁若莲卷。或中作水池，旁作阔边，可作笔洗、笔觇。此皆上古所无”，亦有人物瓷，以仙人、娃娃居多。“而兜头观音、罗汉、弥勒，像貌形体眉目衣折之美，克肖生动”。至于那些林林总总的小物件，均“制无雷同”。更有酒壶、茶注，“式有多种，巧者俱心思不及”；水注、酒囊，“式类数多，莫可名状，诸窑无与比胜”。钧窑玫瑰紫花盆，其玫瑰紫色可谓精彩绝艳，通体一色，沉定中含温润之气。虽是紫色，偏重彩，但均衡又匀称，透出微光，显出灵动之韵。磁州窑白釉黑花婴戏图瓷罐，花纹绝胜，色彩黑白相间而又相衬。以婴孩描画为主体，全身微卧，正面现脸部和双肢，丰硕憨爱，有花草陪衬，趣味横生，线条灵活多变。磁州瓷的另一极品是镜盒。宋伯胤在《南京博物院馆藏录》中对此有独到评说，曰：“尤应注意的是这件瓷盒盖上的装饰艺术。设计者利用并发挥了镜盒通体扁圆的特点，在微微鼓起的盒盖表面，画出一池微波涟漪的春水，池中朵朵红妆擎起，片片青钱贴水，给人绘出一个‘莲开花覆水’‘莲叶何田田’的诗意画境。圆池的中央，亦即是盒盖的顶部，作者特意塑出一件如意，横放在那里作为枢纽，以便提絜开盒。这是一个颇具匠心且有相当深度的设计……这件镜盒是专门为某个名门大家特别制作的媵器，因此，作者的立意首先是要在‘人似莲华’上下功夫，致力于一个名花与使用人相与为荣的气氛的创造，并由‘莲开水香’而联想翩跹，进入一个‘时时如意，事事如意’的佳境。”

宋瓷的工艺美学成就成为中国瓷器高峰区段的表征和显示。在工艺设计和制作上，体现了宋代能工巧匠的精思细工。他们别出心裁，富于形体、造艺、用料、制作的新追求，特别是“开片”的烧制成果，裂而不断、碎而不散，密集而又缺乏规则性的图型，产生精绝的工艺。用料的独特，火候的掌握，都达到炉火纯青的地步。形象的类别选择上，唐三彩主要是马、骆驼以及胡人、仕女等，体现了那个时代的要求、构成主体和时代精神。马是唐代征服外部世界的主要体现者，骆驼、胡人则记录着唐代最为骄人的丝绸之路和沟通域外的情景，仕女画是唐代画类的主要标志和成就显示。而宋代则不见了这些形象，不是精光飞扬，而是具体实用，所以宋瓷才多是瓶瓶罐罐。那个成为宋瓷代表作的孩儿枕，在本体意义上具有实用性，不像唐三彩那样具有装点、装饰性质，用以表征时代气象，借以点燃和重温时代所拥有的辉煌和雄气。宋人瓷器形象趋于日常化和日用化，遂从九天瑶池回归眼前脚下。唐人倾心外域，宋人则是留意内境；唐人是海风，宋人是山岚；唐人是想象烂漫，宋人是现实凝定。这是宋人回到生活、立足现实的实用品格的体现。不必到外部世界去寻觅，身边的生活也很精彩，就到这身边生活中去尽情享受，这便构成了宋人的生活理想和心态。宋瓷形象的变更，就是在这种状态中形成的。正因为唐人是理想主义者，所以企盼着"直挂云帆济沧海""欲上青天揽明月"。而宋人是生活型的，所以才会利用和制造那么多的节假日，用于狂欢、享受和休闲，瓷器的日用化因之产生。唐人"梦游天姥"，理想的世界五彩缤纷，唐三彩便郁丽灿然，宋瓷着眼现实而非想象，当然色调就是本色化的。唐人尚肥，即尚丰满，"环肥"便是集中表征；宋人则讲求纤巧，如晋祠的女侍塑像，如欧阳修《鹧鸪天》所说的"学画宫眉细细长"，如吴则礼《听梁圣民家琵琶》所说的"纤眉"。整个来看，由唐入宋，是理想、旨趣的"收身""束身"。就造型而言，同是瓷器，唐代瓶腹显肥硕，恰与唐人尚肥的生活、审美理想相一致；宋人则不同，瓶腹稍收，整体比例十分协调，又出现瓶腹经内敛后逐渐向瓶颈、瓶口延伸的形制。瓶腹向下收缩后形成瓶底与瓶口尺寸的基本相当，出现上下的平衡感。自然性瓶状中产生曲线流变状，瓶口呈曲线，产生总体圆润感和节奏感。瓶有双贯耳，首要的是实用，但对整个瓶型起到平衡和装饰作用。周身龟裂纹，在瓶状的总体平和中又带有无序性，整中见散，散中见圆和，其设计、设色、设制精妙绝伦，表现宋人心灵手巧，考究讲究。宋瓷的门类工艺审美水平的精致性、元素配制的和谐感，还纳入和表征出宋代的整体审美理想和趣味，于是，便从实用性跳入时代审美性。还是就那只孩儿枕而言，可谓人见人喜、人见人爱。不想枕于脑后，直欲抱入怀中，喜不自禁，涌发出发之心底的愉情，这便是审美意义。影青瓷酒壶及温碗，瓷质细腻，酒壶与温碗配套成一整体，稳当却不失精细。壶把纤细与温碗圆大形成比照。嘴加长，便于倒酒而不洒出，正符合宋人浅斟低酌的生活行为方式和情调。宋瓷说明着宋代美学的主题和风神，形体简洁中有趣味，色调单纯中见和润，状貌细洁中含净气，它有雅气、韵致。于是，宋瓷又和宋代其他门类艺术一起表征着宋代共同的审美理想和情调。宋人尚冲淡、平淡，又体现出大巧、智慧。这是经过历练阅历后的中年绪密和沉潜，经过道风、禅学熏染过的凝思和妙透。不是唐之郁丽，也不是明的俗丽。极具美学和美学史评赏眼光的前所引录的高濂《遵生八笺》每每不满于明代工艺品“不堪真赏”“不入幽赏”“不入清赏”，其“清”“幽”的审美范畴和评赏标准，正来之于宋。由唐的气势转入宋的心境，从晚唐起于青萍之末的司空图的冲淡论，经宋梅尧臣、欧阳修、苏东坡的发展而臻于完备，终于成为宋代美学的主流话语，其中理学、禅宗的熏神染骨发挥了极大的思想作用。然而，冲淡、平淡不是淡乎寡味，而是内含韵味，平中含韵，淡中有味。这是弥散于宋代美学界的精神空气。韵是内涵、蕴借和气质。倡韵味的范温在《潜溪诗眼》中说：“所谓有余之韵，岂独文章哉！”这是一个超越单一门类，有着更大覆盖面的审美范畴。虽说范温所指向的是人格美学，但适用于整个艺术美学，于是诗有远致，画有逸品，书有韵味。但它不是枯寂，而是有活泼泼的生机。这正是中国艺术的本体精神，是理趣、禅意盎然，如同那个卧偃着的瓷孩儿那样，引发人的审美悦情和体验。

其他如宋绣，据高濂《遵生八笺》：“宋人绣画，山水、人物、楼台、花鸟，针线细密，不露边缝。其用绒止一二丝，用针如发细者为之，故多精妙。设色开染，较图更佳。以其绒色，光彩夺目，丰神生意，望之宛然，三趣悉备，女红之巧，十指春风，迥不可及。”明董其昌《筠清轩秘录》亦有近似评赏。

刻丝。《遵生八笺》:“宋人刻丝山水、人物、花鸟,每痕剜断,所以生意浑成,不为机经掣制。”刻丝成品“承空观之,如雕镂之像”,且“以天然活泼为法”,所以“宋刻花鸟山水,亦如宋绣,有极工巧者”。它得力于“通经断纬”的技法,如朱克柔的莲塘乳鸭图,五色纷披,形象生动,经营配置适当,得画意,却非等同画感,因其织丝的彩色、光感和立体感,更有作用于视觉感受的冲击力。

漆器。《遵生八笺》:“宋人雕红漆器,如宫中用盒,多以金银为胎,以朱漆厚堆至数十层,如刻人物、楼台、花草等像。刀法之工,雕镂之巧,俨若画图。”另“有锡胎者,有蜡地者,红花,黄地,二色炫观”。五色漆胎者,“刻法深浅,随妆露色,如红花、绿叶、黄心、黑石之类,夺目可观”,而“以朱为地,刻锦;以黑为面,刻花,锦地压花,红黑可爱”。素色漆器是宋代漆器的上品,造型简练,线条流动而轻快,色彩平淡,便进入上层社会,备获青睐。例如江苏宜兴和桥出土的南宋素色漆托盏,既具线条明畅感,又得色调光润感,也是宋人审美趣味的一种表征。

可以看出,宋代的工艺制作在实用价值之外有审美价值。巧夺天工是其工艺水平的显现,摆脱了大而化之,告别了气势磅礴,这正是宋人心态内敛后所凝化的心机。精、细、透、微,灵化深妙地观照,玲珑剔透地加以审美传达。跟绘画上的院画工笔在路向上一致,于细微处见审美,见精神。

(原载《宋代美学史》,江苏教育出版社 2007 年版)

赏玩美学

作为断代文化史、美学史重要标识的明代赏玩文化、美学，有其独特而完备的形态和内涵，既显示了感性主义的高涨、审美的发展，又体现了中国士大夫精神的式微和艺术的沉沦。对明代赏玩的形态、品类，明代笔记、艺术论著广有录载，文本资料丰赡，但缺少社会性文化、美学的解构。今人进入这一领域，研究成果值得重视，但尚需作为独立的现象、范畴加以审视，整合历时态与共时态，从文化史、美学史维度，思潮更迭、风习染化层面上，研究其前后代联系和形成基因及其所透现出的文化、审美品格。对明代中、后期的所谓个性解放、启蒙主义过高估计的语境，遮蔽了对赏玩的文化、美学反思。坚守批判的立场，揭示明代赏玩所缺失的文化、美学精神及其对社会、历史的负面作用，就是一项新的课题。本文循着这一路向，展开探究。

明代人是玩家、玩角，而且是大玩家、大玩角。他们玩出了文化、玩出了美学，建构成独特的形态，构合为明代文化、美学的内容，从而形成断代文化史、美学史的重要标识。明代赏玩文化、美学，既显示了感性主义的高涨、美的发展，又体现了中国士大夫精神的式微和艺术的沉沦。

历史坐标图上的赏玩

赏玩文化、美学在宋代已出现，北宋的欧阳修等人是其开创者。王明清《〈挥麈录〉馀话》说："本朝自欧阳子、刘原父始辑三代鼎彝，张而明之。”王闢之《渑水燕谈录》言欧阳修“独好古石刻”。欧阳修积十年之劳，完成了集录千卷金石文的《集古录》，所涉猎搜集范围极广，“汤盘孔鼎岐阳之鼓，岱山邹峄会稽之刻石，与夫汉魏以来圣贤桓碑彝器铭诗序记，下至古文籀篆分隶诸家之书，皆三代以来至宝怪事伟丽工妙可喜之物”。袁燮《行状》记袁文“颇喜古图书器玩，环列左右，前辈诸公笔墨，尤所珍爱，时时展玩”。李清照那篇著名的《〈金石录〉后序》详尽介绍了与丈夫赵明诚节衣缩食于市肆中淘古玩的情形，洋溢着夫妇间赏鉴古玩的盎然情趣。据《宋史》本传，书画家的米芾也是古玩家，“精于鉴裁，遇古器物书画则极力求取必得而已”。宋徽宗赵佶更是一名大玩家，据《铁围山丛谈》卷四，宋徽宗“效(李)公麟之《考古》，作《宣和殿博古图》，凡所藏者，为大小礼器，则已五百有已”。到了南宋，在粉汗如雨、脂腻成河的西湖杭州，偏安日久，不思恢复，直把临安作汴梁的社会环境所孕生的社会文化心态更使玩风大炽。据周密《齐东野语》，宋高宗“访求法书名画，不遗馀力。清闲之燕，展玩摹拓不少怠”。宋代成为后代赏玩的直接源头。南宋赵希鹄《洞天清录集》就是这方面的记录，也成为赏玩的最早文献。明代的赏玩文化、美学正是承绪了这一文化史、美学史传统。

然而，明代赏玩文化、美学又有一个渐成气候，直至形态完备、独立成体的过程。沈德符《万历野获编》曾认为，“始于一二雅人赏识摩挲”，从士大夫阶层开始，“滥觞倾橐相酬”，发展到“真赝不可复辨”的地步。沈德符《敝帚斋馀谈》又写道：“玩好之物，以古为贵，惟本朝则不然。永乐之剔红，宣德之铜，成化之窑，其介遂与古敌……始于一二雅人，赏识摩挲，滥觞于江南好事之缙绅，波靡于新安耳食之大贾，曰千曰百，动辄倾囊相酬。”它有一个扩散过程，最终成为商业炒作行为。其历史区段被史家定在嘉靖。《万历野获编》说：“嘉靖末年，海内晏安。士大夫富厚者，以治园亭、教歌舞之隙，间及古玩。”终于蔚为大观。

明代赏玩文化、美学在前所未有的范围和领域内展开，涉及钟鼎彝器、书法、画册、窑器、漆器、石印、琴瑟、剑器、古镜、坐几椅榻、文房四件、小虫动物等等。高濂《遵生八笺》曾说自己“遍好钟鼎卣彝，书画法帖，窑玉古玩，文房器具”。凡可加以玩弄、鉴赏的，均数纳入。古玩诚然属于其中，但不是全部；它涉及历史遗存，又有当时鲜货；延续前代对象，可又有新的扩展。它成了社会的文化、美学风习，袁宏道便写有《时尚》一文，透现出其中的信息，所谓“古今好尚不同，薄技小器，皆得著名”。这些器物一开始兴起于吴中地区，经过“猾子转相售受，以欺富人公子，动得重赀，浸淫至士大夫间，遂以成风”。以广泛存在的赏玩物质器物为基础，明代便出现了大量的赏玩文化、美学著说，具代表性的有：屠隆《考盘馀事》、高濂《遵生八笺》、张应文《清秘藏》、文震亨《长物志》、董其昌《古董十三说》、陈继儒《泥古录》、谷应泰《博物要鉴》、周高起《阳羡名壶录》等，极一时之盛。形态和著述共同表征着明代赏玩文化、美学的繁博现象。

赏玩的形成基因

明人赏玩文化、美学的兴盛跟整个社会风习的变化密切相关。明代中、后期思潮出现重大更迭。《四库全书总目提要·续说郛》曾写道：“正（德）、嘉（靖）以上，淳朴未漓……隆（庆）、万（历）以后，运趋末造，风气日偷……或清淡诞放，学晋、宋而不成；或绮语浮华，沿齐、梁而加甚。”缺失晋、宋的玄远精神，却于齐、梁绮靡大有过之，足见当时的社会风习及其状态。《金瓶梅》便成为其全方位写照。而在具体的个体身上，张岱《自为墓志铭》的自我描述则极具代表性。他说：“蜀人张岱，陶庵其号也。少为纨绔子弟，极爱繁华。好精舍，好美婢，好娈童，好鲜衣，好美食，好骏马，好华灯，好烟火，好梨园，好鼓吹，好古董，好花鸟，兼以茶淫橘虐，书蠹诗魔。”在惊人的自我坦陈中，体现了人欲的膨胀和泛滥，更在于他是在一无遮拦的近乎供词中以自我陶醉的心态、话语描述的。当然，这包括了“好古董”等赏玩在内的文化类型。这是感性欲望在相适存的社会、文化生态环境中所形成和发展起来的，这又是人对自身欲望和需求的进一步发现。意识是先导。当人处在严格的理性制约之中无法或不能萌发这些需求，即使偶尔有之或潜在出现，也会被自身的理性意识所抑制和消解，无须外在社会力量，遂成为意识的自觉行为。一旦感性颠覆了理性，欲望需求无法平抑和克服，就去寻求满足的对象，这是明代赏玩的心理背景。玩物丧志是理性规范，《尚书·旅獒》："玩人丧德，玩物丧志。"晚明人完全作了否定，在他们看来是玩物得志，费元禄在《晁采清课》中就直言不讳地说："玩物采真。"

这又是明代人对自我精神加以塑造的结果。袁宏道在《与潘景升》中说："世人但有殊癖，终身不易，便是名士。如和靖之梅、元章之石，使有一物易其所好，便不成家。纵使易之，亦未必有补于品格也。"这是解读明代赏玩文化、美学的重要材料。最早关于名士的解释，有《后汉书·方术列传》论曰："汉世之所谓名士者，其风流可知矣。虽弛张趣舍，时有未纯，于刻情修容，依倚道艺，以就其声价，非所能通物方，弘时务也。"风流倜傥、恃才傲物、刻情修容、依倚道艺、不知外境、不通时务，作为名士要素是相粘合的。魏、晋名士以药、酒显名，此后名士的自身涵值也便以其需求和欲望的延伸而得到发展。其中便如上引袁宏道所说，应当有一种嗜好，即癖好，而且终身不变；如果改变，或转移兴趣，那就改味。即使改变了嗜好，也未必能补充名士的品格。这种嗜求，不再是魏、晋药、酒的口欲，而是增加了一项——物欲——玩物，如林逋（和靖）之于梅，米芾（元章）之于石。对名士构成条件的新规定，实在是晚明名士对自身特征的新确定，从而对赏玩文化、美学的出现提供了学理基础。

明代赏玩文化、美学还被解读和定位为生理需求和生活方式、情调的替代性对象。董其昌《古董十三说·八说》认为在"饭馀晏坐"时，"别设净几""辅以丹罽，袭以文锦"，在雕绘满眼的环境中，"次第出其所藏，列而玩之""玩古董，有助于祛病延年"，获得生理和心理的双重效应。这便把赏玩效能自我提升到极具诱惑力的层面，进一步确立了存在的合理性和必要性。

赏玩的文化、审美精神品格

赏玩的文化、审美格调，也是从宋代所逐步形成起来的。赵希鹄在《〈洞天清录集〉序》中诗性化地描述道："明窗净几，罗列布置，篆香居中，佳客玉立相映，时取古人妙迹，以观鸟篆蜗书，奇峰远水，摩挲钟鼎，如亲见商周。端砚涌崖泉，焦桐鸣玉佩，不知身居人世。所谓受用清福，孰有逾此乎？是境也，阆苑瑶池，未必是过。"在赏玩古玩中获得身心的满足和超越。其超越性满足，提升了文化和审美的品位，进入精神层面。在明代，它得到体现，以致被人认为明代人的这套玩意儿还没有玩出"洞天清录"的框架之外。不过，明人经过整合后，总体和分类形态均有所发展，具体而言。

赏与玩的整合，建构成完整的赏玩文化—美学。明代士大夫出现了收藏家与鉴赏家兼备型的统一角色。收藏不是商品增值行为，而是精神满足行为。赏玩—鉴赏、把玩，玩中含赏，构合为玩便是赏的行为方式。因为有赏作为内在的精神涵义，就使得玩并不流于一般水准。它居于风雅层面，只有赏与玩相得、收藏与鉴赏相合才能达到，否则以奇货可居，收藏诚然丰硕，但也只是个肉头财主。高濂《遵生八笺》吸收了宋代著名书家、古玩家米芾对好事家与鉴赏家从文化、美学的角度加以区分的理论，指出"多资蓄，贪名好胜，遇物收置，不过听声，此谓好事"；而鉴赏家则是"天资高明，遇物收置，多阅传录，或自能画，或深知画意，每得一图，终日宝玩，如对古人，声色之奉不能夺也"，他认为这才叫做"真赏"。张岱在《陶庵梦忆》中认为，"博洽好古，犹是文人韵事"。"文人韵事"便是对赏玩文化、美学性质的定位，于是，就出现文野、雅俗之分。基于这种文化、美学精神，明代的一些笔记小品中就多有对粗、俗的藏而无赏、玩而无识行为的嘲弄记载。例如郎瑛《七修类稿》就曾记道："嘉靖初，南京守备太监高隆，人有献名画者，高曰：'好，好！但上方多素绢，再添一个三战吕布最佳。'人传为笑。"笑话记载所反射出的思想是明代士大夫对赏玩文化、美学品位、格调畛域的坚持和固守。明人笔记和赏玩著录充满着对“俗”的轻蔑，往往斥之为“恶俗”。

因此，明代赏玩便以文化、美学为内涵和基因。明代名士通过赏玩，形成了对某一具体对象的文化、美学定评，遂成为公论。例如张应文《清秘藏》对法书，尤其对颜书的评赏。高濂《遵生八笺》对宋瓷汝、哥、官窑器的鉴赏极富眼识。汝窑“其色卵白，汁水莹厚如堆脂”，“官窑品格大率与哥窑相同，色取粉青为上”，“官窑质之隐纹如蟹爪，哥窑质之隐纹如鱼子”。他在观照瓷品时，产生了强烈的审美感受：“余每得一睹，心目爽朗，神魂为之飞动，顿令腹饱。”明代繁富的赏玩小品文不是收藏工具书，而是鉴赏经验凝结和导引鉴赏的文字。例如对文震亨的《长物志》，《四库全书总目提要》就曾评述道：“震亨世以书画擅名，耳濡目染，与众本殊。故所言收藏赏鉴诸法，亦具有务理。”他们所做的是赏玩指导和兴趣指引，孰是孰否中包含着孰粗孰精的文化、审美评价。例如李日华《紫桃轩又缀》对石的品鉴，认为灵璧石，以韵胜，宜乎做磬材；端、歙石，以质胜，宜乎做砚材。高濂《遵生八笺》对明代宣（德）、成（化）等窑器的比较也极具文化、美学眼光和识鉴水平。他认为，“成窑上品”“精妙可人”。又认为，青花瓷成窑不及“宣（德）五彩，宣庙（明宣宗朱瞻基）不及宪庙（明宪宗朱见深）。宣窑之青，乃苏浡青也，后俱用尽。至成窑时，皆平等青矣。宣窑五彩，深厚堆垛，故不甚佳。而成窑五彩，用色浅淡，颇有画意”。对这种鉴赏收获，他颇为自负：“此余评似确然，允哉！”

因为灌注着文化和美学精神，就使得在具体的操作过程中也有相应的体现，或者说以文化、美学精神对待，便进而借助其表现出来。摆弄的虽是具体物什，透发的则是提升了的精神品格。例如屠隆在《考槃馀事·盆玩》中的盆景描述：“盆景以几案可置者为佳，其次则列之庭榭中物也。最古雅者，如天目之松，高可盈尺，其本如臂，针毛短簇，结为马远之欹斜诘曲，郭熙之露顶攫拿，刘松年之偃亚层迭，盛之昭之拖拽轩翥等状，栽以佳器，槎牙可观。更有一枝两三梗者，或栽三五窠，结为山林，排匝高下参差。更以透漏窈窕，奇古石笋，安插得体，置诸中庭。对独本者，若坐冈陵之巅，与孤松盘桓；对双本者，似入松林深处，令人六月忘暑。”虽说是如何选材、操作，但支配这种行为的则是文化、美学。

赏玩的审美标准和理想是“清”，便凝化为“清赏”。“清”的审美理想起于魏晋，是人的精神物质的范本；唐代之“清”，是“清水出芙蓉”的诗歌审美理想的体现。“清”作为士大夫审美理想的文化追求，有着浓厚的士大夫气息，出现独特的文化阶层——“清流”。清则净，清则高，于赏玩遂有“清玩”，元代欧阳玄《题山庄所藏东坡〈画古木图〉》诗云：“山庄刘氏富清玩，家有苏公旧挥翰。”这样，“清”便成为明代赏玩文化的主体美学精神，也是主流美学精神。

“清”是绚烂富贵之极复转平淡清雅的归返型精神体现，在思想、精神上有着看似奇特实属必然的原因。董其昌《古董十三说·五说》揭示道：“故浓艳之极，必趋平淡；热闹当场，忽思清虚。”这与宋代苏轼绚烂之极归于平淡的提法在内涵上是一致的，体现了物极必反的转换型思想运转机制。于是，董其昌就据此认为：“好古董，乃好声色之馀也。”这一现象只有在明代经过烈火烹油的繁盛之后才可能出现，有着具体的历史文化、美学意义。

从宋代以降，中国文化中的闲适气渐行渐浓，南宋赵师秀《约客》中的句子“闲敲棋子落灯花”，最能体现这种情调。闲中得清，“清闲”遂成一完整范畴。明代有不少小品就专以“清”命名，如张应文的《清秘藏》、程羽文的《清闲供》等；有些书题虽未直接标示，但内中的篇章却有之，如高濂的《遵生八笺》中便有一笺，名为《燕闲清赏笺》。他在“序”中具体描述和阐释道：“座陈钟鼎，几列琴书，榻排松窗之下，图展兰室之中，帘栊香蔼，栏槛花妍，虽咽水餐云，亦足以忘饥永日。冰玉吾斋，一洗人间氛垢矣。清心乐志，孰过于此。”于是，古琴成为居室的第一选择，高濂《遵生八笺》认为，“无论能操或不善操”，也得“有琴”；古琴没有，“新琴亦须壁悬一床”。文震亨《长物志》要求“琴轸”须“犀角、象牙”所制，才够“雅”。“清赏”成为明人审美品赏的范畴和标准。高濂《遵生八笺》就曾说：“闽中牙刻人物，工致纤巧，奈无置放处，不入清赏。”

“闲”为士大夫所固有，又成为其追求。高濂《遵生八笺》对“闲”作了具体阐解：“心无驰猎之劳，身无牵臂之役，避俗逃名，顺时安处，世称曰闲。”他认为，“闲可以养性，可以悦心，可以怡生安寿”。在明人看来，“闲”是人生、世间罕有的福祉。华淑在《题〈闲情小品〉序》中明确认为，“闲”是“清福”，跟“名播利垄”相绝缘。他深情地描述了“闲”的各种形态：“晨推窗，红雨乱飞，闲花笑也；绿树有声，闲鸟啼也；烟岚明没，闲云度也；藻荇可数，闲池静也；风细帘清，林空月印，闲庭悄也。”以致有“闲侣”“闲编”“闲想”“闲辞”等等。有“闲”才得“清”，有闲适的时间和心态才能享受这份“清福”。清闲式赏玩的第一境界恍如禅境，如张大复《梅花草堂笔谈》所说，“意思虚闲，世界清静，我身我心，了不可取”，禅的境界正是审美的境界。于是，又派生出“幽赏”的范畴，幽赏体现了清赏的特有内涵。幽赏在高濂《遵生八笺》看来，视觉上“娱目悦心，静赏无厌”；听觉上虽“不悦人耳”，却“惟幽赏者能共之”；在精神层面上，“市门未易知也”，跟世俗悖离。而明人的清赏又不具有类别的排斥性，在他们看来，四时皆有清赏对象，无处不有清赏存在，显示出审美的宽容和兴趣的广泛，这跟前代的选择性是有区别的。例如高濂的《遵生八笺》有《四时调摄笺》，四季均有名目繁多的“幽赏”节目，例如春季的西泠桥玩落花、虎跑泉试新茶等，夏季的空亭坐月鸣琴、步山径野花幽鸟等，秋季资岩山下看石笋、策杖林园访菊等，冬季扫雪烹茶玩画、除夕登吴山看松盆等。他们从心理需求和趣味出发，去寻求相应的对象，获得相一致的建构图式。这是就一年四季而言的，就一天的安排来说，程羽文《清闲供》写道：“晨起，下帷，检牙签，（按：藏书者系于书函作为翻检标志的象牙制签牌。韩愈《送诸葛觉往随州读书》诗云：‘邺侯家多书，插架三万轴。一一悬牙签，新若手未触。’）挹露研朱点校。寓中操琴调鹤，玩金石鼎彝。晌午，用莲房，洗砚，理茶具，拭梧竹。午后，戴白接䍦，着隐士衫，望红树叶落，得句题其上。日晡，持蟹螯鲈脍，酌海川螺，试新酿，醉弄洞箫数声。薄暮，倚扉，听樵歌牧唱，焚伴月香，壅菊。”

要之，清流士人阶层，以清闲的生活状态，清（幽）赏着、清玩着清供，尽情享受着清福。诚然自得，不乏作秀；虽云清雅，亦含俗气。这便是明代人日常生活形态和方式审美化的流程和图式。

文化、美学批判

明人赏玩的另一面则是对象的真赝不辨、品位的良莠不齐。整个社会、文化界一哄而起，竞相以赏玩为高雅，为时尚。这是一个既氤氲着清风，又弥散着俗气的矛盾交错的时代，不可用专一的审美形态形容之，或用单一的审美理想概括之。文化的品位、审美的品格差距极大，不啻天渊。张瀚《松窗梦语》曾说，当时的社会"人情以放荡为快，世风以侈靡相高"。人性泛滥，光怪陆离，男风兴盛，前引张岱《自为墓志铭》中的"好娈童"，就是坦直的自画供。同性恋，其典型人物便是《金瓶梅》中的"温屁股"。在这一点上，《金瓶梅》有着惊人的现实真实性，应予足够评价。世风如此，玩得心跳，赏玩界便造假成风、颓靡成习。因为有需求市场，才会出现赝品、假货，低文化阶层又以庸者趋雅的特有攀附心理煽扬，这是古今时代共有共生之现象。当这种现象的真切感虽然因难以置身过去而无法亲历时，只要看一看当下的时代、社会，就完全可以以今证古，以直接感受描述出明代社会的情景和情形了。播红飘绿、飞扬浮躁，是其社会温床。特别是文拙位高、品低禄厚者，生怕士大夫瞧不起而偏要钻进去，玩一回深沉，更起到雪上加霜的作用。明代关于此类记述，不绝于书，也是缘由有自。高濂《遵生八笺》说："近日山东、陕西、河南、金陵等处，伪造鼎彝壶觚尊瓶之类，式皆法古，分寸不遗。"其造假手段可谓想落天外。刘心瑶《玉纪补》记道，为造假玉，"杀狗不使出血，乘热纳玉器于其腹中，缝固，埋之通衢，数年取出，由玉上自有土衣、血斑，以为'土古'"。谢肇淛的《秦士》作为一篇小品文，写道：

> 秦士有好古物者，价虽贵，必购之。一日，有人持败席一扇，踵门而告曰："昔鲁哀公命席以问孔子，此孔子所坐之席也。"秦士大惬，以为古，遂以负郭之田易之。逾时，又有持枯竹一枝，告之曰："孔子之席，去今未远，而子以田售。吾此杖乃太王避狄，杖策去邠

时所操之箠也，盖先孔子又数百年矣，子何以偿我?”秦士大喜，因倾家资悉与之。既而，又有持朽漆碗一只，曰:“席与杖皆周时物，固未古也。此碗乃舜造漆器时作，盖又远于周矣，子何以偿我?”秦士愈以为远，遂虚所居之宅以予之。

三器既得，而田舍资用尽去，至无以衣食。然好古之心，终未忍舍三器。于是披哀公之席、持太王之杖、执舜所作之碗，行乞于市，曰:“哪个衣食父母，有太公九府钱，乞我一文。”闻者喷饭。

在明代赏玩已成为一种产业，进入并进而形成市场，但由于中国市场经济一开始的缺陷，没有准备和缺少过程，使得市场缺少或没有规范。在市场货贸交流、交换过程中，维系信用的，还仅仅是传统的诚信理念。一旦现存秩序被冲决，传统被搁置，市场变得失范，投附庸者所好，赝品、假货顷刻走时、走俏。赏玩市场的热闹而混乱状况，倒成了一扇窗口，让人们看到了明代繁华而虚热的整体社会、文化状况。

明代人的赏玩可以说是无所不用其极，只要能想得出，便能玩得出，他们玩的想头、功能得到无所不及的开发和发挥。例如袁宏道有《斗蚁》一文，写道:“取松间大蚁，剪去头上双须，彼此斗咬，至死不休。问之，则曰:‘蚁以须为眼，凡行动之时，先以须左右审视，然后疾趋。一抉其须，即不能行。既愤不见，因以死斗。’试之良然。余谓蚁以须视，古未前闻，且蚁未尝无目，必恃须而行，亦异事也。”如此未有之奇事，袁宏道甚觉惊异，便录以存照。袁宏道还写有《斗蛛》小品，同样惊异于“斗蛛之法，古未闻有”，具体玩法是:

每春和时，觅小蛛脚指长者，人各数枚，养之窗间，较胜负为乐。蛛多在壁阴及案板下，网止数经无纬。捕之勿急，急则怯，一怯则终身不能斗。宜雌不宜雄，雄遇敌则走，足短而腹薄，辨之极易。养之之法，先取别蛛子未出者，粘窗间纸上，虽蛛见之，认为己子，爱护甚至。见他蛛来，以为夺己，极力御之。惟腹中有子及已出子者不宜用。登场之时，初以足相搏;数交之后，猛气愈厉，怒爪

> 狞狞，不复见身。胜者以丝缚敌，至死方止。亦有怯弱中道败走者，有势均力敌数交即罢者……其色黧者为上，灰者为次，杂色为下。名目亦多，曰玄虎、鹰爪、玳瑁肚、黑张经、夜叉头、喜娘、小铁嘴，各因其形似以为字。

还有斗蟋蟀，虽是清人的蒲松龄，虽是虚构性的小说《聊斋志异》就有广为人知的《促织》，开篇第一句便是："宣德间，宫中尚促织之戏，岁征民间。"说的正是明代事。沈德符《万历野获编》记录了当时一首歌谣："促织瞿瞿叫，宣德皇帝要。"到万历年间仍如此。袁宏道作于其间的《畜促织》写道：

> 京师人至七八月，家家皆养促织。余每至郊野，见健夫小儿，群聚草间，侧耳往来，面貌兀兀若有所失者。至于溷厕污坦之中，一闻其声，跃身疾趋，如馋猫见鼠。瓦盆泥罐，遍市井皆是。不论老幼男女，皆引斗以为乐……虫生于草土者，其身软；生于砖石者，其体刚；生于浅草瘠土砖石深坑向阳之地者，其性劣。其色，白不如黑，黑不如赤，赤不如黄，黄不如青。白麻头青项金翅金银丝额，上也；黄麻头，次也；紫金黑色，又其次。其形以头项肥脚腿长身背阔者为上，头尖项紧脚瘦腿薄者为下。虫病有四……其名色……不可尽载。养法用鳜鱼、茭肉、芦根虫、断节虫、扁担虫、煮熟栗子、黄米饭。医治之法：嚼牙喂带血蚊虫，内热用豆芽尖叶，落胎粪结用虾婆，头昏用川芎茶浴，咬伤用童便蚯蚓粪调和，点其疮口。凡促织之态貌情性，纤悉必具。嗟乎，一虫之微妙曲折如此。

越是花样翻新、名目繁多、匪夷所思，越是反映出人的沉沦、无聊、堕落。无所事事，便想出玩虫子、玩雀子的事儿来；餍足之后，再要寻求刺激，就只能标新立异了。

这是缺少志向的时代，失去了社会要求。从理性猛然跳到感性、从桎梏猛然跳到放荡,失控后出现无序。人们在钻地而出的繁糜面前,晕头转向而不知所以,一切跟着感觉走。没有宇宙意识,亦乏自然科学精神,沉浸于身边空间,目之所即、手之所触,皆成乐趣,于是锢守成自我封闭空间。我们在上面尚是有所删节但也不能不引出袁宏道的两篇小品文,其目的是让人们看看明代人是何等会玩,会享乐,对于其中那些过于琐碎、无聊的文字为避免涨幅而不得不"割爱"。就袁宏道和蒲松龄的这篇同题作品而言,放在同一坐标线上,袁氏要惭愧了,不知汗颜又添几重!我们不必也无须引出蒲氏《促织》全文,凡是上过中学的人必在语文课本中读过此文,都会感受到那种震慄人心的社会批判力量。但袁宏道在文章中那样津津乐道,那样引以为趣,恰是表明了那个时代的人,其心田中社会责任感、历史忧患意识是无有几何了。

这是由自我封闭,进而自我沉陷、自寻乐趣的世界。他们较少民生关切、人文关怀、社会关爱,他们属于自慰性的自我满足。他们寻求的不是传统的人格理想的实现和文化批判实践,而是情绪、乐趣的自我陶醉,眼球的自我吸附。因为是回归一己之心,以得一己之乐,便很容易满足。既不需要先辈唐人马上功名的艰辛,也不需要昔贤宋人穷思究理的探求。袁中道《砚水楼记》曾记到袁宏道所言的最高志向是"聚万卷书""作老蠹鱼,游戏题蹳,兴之所到,时复挥洒数语,以疏瀹性灵",能得此,"志毕矣"。谢肇淛的最高理想,则是如其在《五杂俎》所言,"一香一茗,同心良友,闲目过从,坐卧谈笑,随意所适,不营衣食,不问米盐,不叙寒暄,不言朝市,丘壑涯分,于斯极矣"。"毕矣""极矣",都表明是一种极致性的理想,从而又表明他们理想不高,志存不远,浅近得很。他们已没有或失去了"直挂云帆济沧海"(李白:《行路难》)的人生追求和价值实现,目标委实有限,只是在方寸之内获得身心微醺式的快意,袁宏道在《与龚惟长》中所说的"五快活"就是指此。没有深刻、缺乏深邃,正因为如此,才会产生"性灵"派,"性灵"的最主要内涵就是感性需求。

家居之内便是世事,便是自我的整个世界,正因为如此,他们便对组成这个世界的微部细件打理得精致细微。为什么会有文震亨的《长物志》呢？为什么会有袁宏道的《瓶史》呢？为什么会有盆景呢？其思想追究的原由确实很深。

盆景是缩化了的自然风物，在缩化过程中又有着人为的加工和扭变因素。前引屠隆《考槃馀事·盆玩》认为“盆景以几案可置者为佳”，其次才是“列之庭榭中物”。它失去了原生态的自然性和天然性，显得造作，然而却为明人所欣赏不已，正适合明人有些扭曲的文化、审美心态。以此装点家居、庭院、园林，成为人造家居环境中最具有自然生态的摆设。主人也就以此来显示自身的人文、自然素质。文震亨的《长物志》列有专门的《盆玩》；陈淏子《花镜》辟有《种盆取景法》专节，提出用画意法置盆景：“随意叠成山林佳景，置数盆于高轩书室之前，诚雅人清供也。”盆景成了士大夫清供之一类，在这里，他们是不在意于对象的被扭曲和变形化的。

明人用极为细腻的审美机心审视并摆弄着一些具体而微的装点饰物，而其见解和做法则包含着许多具体而微的审美作法。就插花而言，文震亨《长物志》专列《器具》，他认为，插花器物质料“贵铜、瓦，贱金、银”，铜、瓦经风化后的土色古气形成与花色的视觉感知对比；对瓶的形体要求，“宁瘦，无过壮；宁大，无过小”，具有形式结构比例的审美原理。袁宏道的《瓶花》对插花艺术做了最全面、最完整的审美规定和描述。首先，把插花当作赏玩文化、美学看待。赏花应是清赏：“赏花有地有时，不得其时而漫然命客，皆为唐突。寒花宜初雪，宜新月，宜暖房。温花宜晴日，宜轻寒，宜华堂。暑花宜雨后，宜快风，宜佳木阴，宜竹下，宜水阁。凉花宜爽月，宜夕阳，宜空阶，宜苔径，宜古藤巉石边。”如果完全不顾及这些外在的环境和因素，其赏花就如同在“妓院酒馆”中一样。其次则是形式美学的配置：“置瓶忌两对，忌一律，忌成行列，忌以绳束缚。夫花之所谓整齐者，正以参差不伦，意态天然，如子瞻之文随意断续，青莲之诗不拘对偶，此真整齐也。若夫枝叶相当，红白相配，经……墓门华表也，恶得为整齐哉？”他所说的参差中求整齐，正有着一定的审美原理。再次列“瓶花之宜、之忌、之法”，涉及几十种花类，对如何折花、如何配置、如何用水、如何分插、如何放置等，都有详尽的规定，有极强的可操作性。例如对冬天插花，规定到如此具体的地步："须用锡管，不惟不坏磁瓶，即铜者亦畏冰冻。"但是，可操作性过强、过碎，便弱化了灵机活泼的审美性和可发挥的空间，可填补的馀地。而以瓶花作为装点赏玩对象，则是对固有生机的戕害，同时，加进了过多的人工和艺术构想，反伤原初之自然性质。于此，可以看出明人的精致，会生活，懂艺术，精细、精约，但缺位的却是美所最具活力的"气韵生动"和原始生态以及中国文化、美学最基本的民生关切、人文关怀精神。近代启蒙思想的先驱人物龚自珍写有一篇著名的《病梅馆记》，认为把盆景梅花"斫直、删密、锄正"，就变成了"病梅"："斫其正，养其旁条；删其密，夭其稚枝；锄其直，遏其生气。"正是明代赏玩的遗传，造成扭曲和病态。他对所购"三百盆"病梅盆景，"辟病梅之馆"，加以"疗之""纵之，顺之。毁其盆，悉埋于地，解其棕缚，以五年为期，必复之全之"。这里正隐喻性地表现了龚自珍的个性解放思想和人文关切精神，这才是正宗的启蒙主义，十分杰出、先进，反转来就比照出明人在盆景艺术中所透发出来的思想、精神是多么落后了。

程羽文《清闲供》提出情绪的六种表现形态：癖、狂、懒、痴、拙、傲。这些情绪表现形态有些是前代就有的，但在明代有新发展；有些是前代所未有的，为明代所新增；六种形态同时兼备，则是明代的首例。"癖""痴"作为专注性、专一性情绪形态，体现了长时间的投入程度，所谓积久则成习。其语初意义就有《晋书·杜预传》："(杜)预尝称(王)济有马癖，(和)峤有钱癖。武帝闻之，谓预曰：'卿有何癖？'对曰：'臣有《左传》癖。'"明人"癖""痴"在于玩物，古往今来，种种物什，着迷入痴，身心难拔。

这是感性膨胀，人体欲望要求如百虫钻身，骚躁不安，人性复苏进而横冲直撞的必然结果。感性主义成灾是对理性主义罪过的一种惩罚，正如极端自由主义是对明初血腥专制主义罪过的一种惩罚一样。没有规范，失去克制，任性所为，这种性，有的已沦为动物的本能性。对明代的所谓个性解放、启蒙主义思潮的评价，学界似乎过了。启蒙虽启开了过去被理学所压抑的"清"的人性，但也像打开魔鬼的魔盒一样，

“脏”的人性也纷然而出。其历史进步性和落后性并存。

这是绝意于世事后所寻求的一种耽乐方式。确实，经过启蒙，明人的许多审美感觉被唤醒，审美器官发达了，能发现一些新的对象领域，即如赏玩。也更能在发现中去玩赏，从而形成新的审美感知、经验种类。经过明代的综合整化，赏玩文化、美学构建成独立、完整的形态，或者说赏玩文化、美学是以明代为标志的，体现了审美在满足感性需求上的变化。于是，发展为清代八旗子弟的臂鹰驱犬、提笼架鸟、抛石掷弹，玩雀子，斗蛐蛐，喝花酒，抽大烟。

这是中国传统文化、审美方式长处和短处并存的集中体现。所谓赏玩，就是反复摩挲，再三品味，涵泳久之，有体认，也有直觉，但缺乏深究。尽管体认和直觉可以十分到位，直入本质，把握和解说审美优劣、真赝、高低的素质所在，然而，缺乏深究便阻止了对审美对象物本体的缜密解说和理论、学说的建构。在大量的赏玩小品中，只有怎么做的介绍，而没有为什么这样做的理思。天阙九重，赏玩以及整个中国文化、美学的思维就到此重门前却步了。

这是审美的转移性手段。袁宏道在《给李子髯》信中说得十分准确：“人情必有所寄，然后能乐。”转入赏玩，是寻求另外一种生活、艺术方式，而不是冲决它，颠覆它，否定它；是为了换一种活法，活得更快活。关键是心态，高濂《遵生八笺》的《恬适自足条》列举了十种“自足”形态：穷通、取舍、眼界、贫困、辞受、燕闲、行藏、唱酬、居处、嬉游。对明代人和中国士人的心态说得颇为切当：“随在皆安，无日不足，人我无竞，身世两忘，自有无穷妙处。”他们不断找乐子，因此，不是突破，而是转移，其惰力也就在于此。即使前面得到正面肯定、评价的“清”“幽”格调，也非明人所创获，前代早已有之。虽在风调上承绪于宋，但不及宋以致元之高逸。沉缅于赏玩，当然就没有了东汉的热士，丢弃了魏、晋的殉道，缺失了季宋的名节。明朝养士三百年，最终得来的，除了士群的文震亨等少数几人为之殉节，非士群的秦淮河边妓女们的几声呐喊外，却是钱谦益之流跪迎清王多铎的进城大军，以装戴花翎、染红顶子的场面。

这是把赏玩作为纯粹的文化、审美对象来看待的行为方式。其实，赏玩对象有不少门类是工艺品，有着自然科学的因子，但他们只用于玩赏，而忽略背后的科学解读和考量，因此，它助长了美学，却抑制了科学。纵容感觉，退场理思；助长情味，悬置深刻。当明代人正汗流满面忙于斗蟋蟀，香烟袅袅中静递古玩，煎茶小酌观赏书画时，西方人正孕育着并进而爆发出资产阶级革命并工业（产业）革命。这又不得不回到那句古训："玩物丧志"——丧失的是民族的进取之志。以此冰山一角，可以读破晚期中国社会停滞、落后的原因了。

（原载《南京大学学报》2008 年第 3 期，人大复印资料《美学》2008 年第 9 期全文转载，《文艺理论》2008 年第 10 期部分转载。）

美的结构

美学是一种结构体，而结构体则是诸种合力的规范结果。结果是过程的最终体现，体现为历史动态型，所以，美学的本体是动态化的。

“力”的一般现象描述

美学是力的扩张所形成的结构体，它积淀为主体文化—审美心理。在审美的原初，中、西方美学应该说具有下列一致性：感性、质朴、混沌，表现为人类初期生命形态所规范的美学性格和品貌。然而，先秦诸子的出现，特别是儒家实践理性认知观的产生，规范了中国人的文化心理包括审美心理的实践理性特征。但是，原初的审美本性并没有完全被理性主义所取代。因为文化心理现象无法被根本消除，它只是在现象的表现方式及其存在的程度上有所不同而已。心理是历史的染着素，在不同文化环境中显露出或浓或淡的色彩，要使它成为一片空白则不可能。更何况任何文化现象借助于文化媒介会得到为人所难以确证的传播和遗传。这是文化人类学的根本现象，也是认识文化人类现象的一个重要出发点。所以，在一般意义上，文化人类学包括审美文化的现象结构就体现为理性和感性的交互作用。中国文化、审美现象也是如此。其现象结构的交互组合，或者是理性居于显性层面，或者居于隐性层面；感性的结构地位也是如此。文化—审美心理结构绝非精密体，不可用黄金分割术加以精细测量。理性和感性的两极体经过中和，形成一个新结构体，在一定的历史环境和文化条件中，理性可以压倒感性，但不能从根本上消除感性。一旦理性被剥解后，审美结构的自然延伸逻辑则是感性主义高涨。在这里，历史和逻辑获得了统一，这也是审美的力的基本结构。

考察审美基本结构现象不能不首先论及其历史的原驱力。中国文化的两大基因是中原的史官文化和南方的巫官文化。史官文化导向记实性的文化和文化的历史化，具有理性主义色彩。中国文学美学求真，追求对象世界的逼真性，以致把文学现象当作历史现象来要求和认识，就导源于这一史官文化性质，形成了中国文学美学的一种特有素质。而南方的巫官文化，老、庄美学所具有的南方文化特质都显著地区别于中原史官文化和具有中原文化质的儒家美学。我们的美学观虽然并非等同于地理文化决定论，但是，原生型美学毕竟在一个重要层面上是地理环境所孕育而成。影响美学及其发展历程的，有多种力。原生型美学沉淀在其结构深层中，虽不是惟一的决定因素，却是不可忽视的影响因素，或称之为某一种力。地理环境不是直接施予美学，产生作用，而是通过文化中介层发挥"力"的影响。如果完整地表述审美中介，则是历史、社会、地理因素通过文化而作用于美学，被作用对象的基本形式是审美心理结构。而在审美具体创造和完成过程中，则是审美心理结构通过艺术符号(包括主体的意识和技术作用力)形成审美晶体。

巫术文化为中国的门类文艺美学提供了一些胚胎。王国维《宋元戏曲史》说："楚辞之灵殆以巫而兼尸之用者也。其词谓巫曰灵……盖群巫之中必有象神之衣服形貌动作者，而视为神之所冯依，故谓之曰灵。""灵之为职……盖后世戏剧之萌芽，已有存焉者矣。"戏曲阐释动作和情感的艺术特征由巫术文化母体所孕育。更重要的是巫术文化规范了审美的想象路绪，这是最具审美本体—审美心理结构意义的。远古人按照自己的意念创造了图腾和虚构的神祇、鬼怪，本身就包含着人类初期想象。哲学部分来自宗教形式，作为哲学和艺术边缘地带和交切面上的审美文艺又何尝不然！远古人以自身的观念创造了图腾，又以图腾歌舞作为巫术礼仪来沟通与对象间的联系，设想着神的要求、兴趣、欲望，从而以欢乐热烈的歌舞取悦于神，寄托着自身的生活愿望：

"神具醉止,皇尸载起,钟鼓送尸,神保聿归。"[1]图腾歌舞、巫术文化行为,便显示了远古人的丰富想象力。想象观念来自人类感觉器官,那些在现代人无法复原的巫术文化现象上有着远古人的多么惊人的想象!在现代的某种图景中虽然也保留了巫术文化的某种现象,但已变成了纯宗教式活动,已完全失去了它曾经有过的热烈情绪。正因为巫术文化融汇了诗、歌、舞三位一体的古朴艺术,才会有《乐记·乐象篇》所作出的美学概括:"诗,言其志也;歌,咏其声也;舞,动其容也。三者本乎心,然后乐气从之。"这段美学概括往往成为人们对诗的本初特征——诗、歌、舞三位一体特征的说明,但忽视了对艺术的审美特性的体认,即"三者本乎心"——诗、歌、舞都是远古人的情绪符号,尽管带有巫术礼仪性质,但情绪符号中已隐伏了艺术的符号表征。

值得注意的是,20 世纪 70 年代于青海大通县上孙家寨出土的舞蹈纹彩陶盆,引起了考古学家和美学家们的广泛注意。"五人一组,手拉手,面向一致,头侧各有一斜道,似为发辫。每组外侧两人,一臂画为两道,似反映空着的两臂舞蹈动作较大而频繁之意,人下体三道,接地面的两竖道,为两腿无疑。而下肢体侧的一道,似为饰物"[2]。这里包含着极重要的审美意识:对于对象的具象化,对于意念的艺术抽象化。抽象化的结果不是理念和概念,具象化也不是进行对象模仿,而是艺术抽象成具象化形态,古朴而又优美,包含着动态型的美感和意趣、韵味。抽象化的高度成就体现在对线条的抽象化和几何化的体认和运用上,具有真正的线条感,这便导向审美。

从彩陶的螺纹到青铜器的回纹,中国美学的发展体现了文化的巨大历史进化力量,其明显标志是线条意识抽象化。中国美学的早熟就凝结在线条上,线条中有情趣、意味。明确了这一点,就可以知道中国美学之所以跟西方美学的团状、块状感不同的原因;就可以知道中国绘

---

① 《诗经·小雅·楚茨》。

② 《青海大通县上孙家寨出土的纹彩陶盆》,《文物》1978 年第 3 期。

画、书法之所以重线条,并以线条作为审美最基本特征的原因。有意味的线条抽象感是中国美学的早熟标志,也是对中国美学的深层积淀。对线条的感受形成了中国文艺家审美感受中特有的敏感,中国的书法以及单色调的绘画,都体现了线条的抽象感受。艺术的审美敏感虽然表现为即时、瞬间的感觉敏锐态度,但其态度的深层则是世代累积的审美态势,使之成为即时、瞬间的审美敏感的前结构或先意识。长沙马王堆帛画给予人们感受最深的是灵动的线条感。文学中,张衡有《舞赋》,傅毅亦有《舞赋》,不是对舞蹈现象的描述,而是以符号化的语言事实,显示出审美的线条感受。钱鍾书认为此可"与西方谈艺冥契,米凯朗杰罗论画特标'蛇状',谓笔法钩勒,宛蜒萦纡,最足传轻盈流动之姿致,如蛇之行地,焰之被风……霍加斯本而发挥,至称蛇形或波形之曲线为美丽线(The line of beauty)"①。无论是《山海经》郭璞注"女娲"是"人面蛇身",无论是《帝王世纪》说"伏羲氏"是"人首蛇身",也无论是《山海经》所言"自单狐之山至于隄山""其神皆人面蛇身",均出现了图腾和神话中的"人面蛇身"系列。龙的图腾的本体形象是蛇,是蛇的变体。蛇也罢,龙也罢,凤也罢,其图腾的观念意味暂不言及,其形式的意味颇值得注意。它们均体现了蛇形线条感。英国18世纪著名美学家荷迦兹《美的分析》认为:"波浪线和蛇形线……引导着眼睛作一种变化无常的追逐,由于它给予心灵的快乐,可以给它冠以美的称号。"蛇形线之所以能引起人的美感,有着深刻的美学原因。

一切审美感受都来自于审美器官。在某种意义上,视觉的官能感受更具有审美经验和美感。达·芬奇说:"眼睛叫做心灵的窗子,它是知解力用来最完满最大量地欣赏自然的无限的作品的主要工具;耳朵处在其次,它就眼睛所见到的东西来听一遍,它的重要性也就在此。"②

---

① 钱鍾书:《管锥编》第3册,中华书局1979年版,第1028页。

② 达·芬奇:《笔记》,《西方文论选》上卷,上海译文出版社1979年版,第181页。

线条感具有抽象和变幻的双重品格，不断更换线条形体最能引发主体欣赏的感觉不致固定在某一点上，引发欣赏兴趣的位移和转换，不断获得调节和新的感受。

正因为线条体现了情绪和意味，直接作用于视觉官能感受，就使得中国书法不是墨色、线条的胡乱涂鸦，而是生气灌注和情绪力贯通。阿恩海姆指出："书法一般被看作是心理力的活的图解。"[①]它包含着心理力显示和生理力运用的双重功能，是心理情绪力借助生理腕力所体现出来的力的构图和表征。生理腕力有赖于心理力的充溢而显示出弥满的情绪和生机。所以，从书法线条中人们完全可以领略到主体的情感和心灵的脉搏节律。

对线条的敏感、重视，超越了具体的书法、绘画门类，产生了一个具有普遍性意义的美学形态：流动美。人们赞赏王羲之的书法审美艺术特征：翩若惊鸿，矫若游龙，就是从流动性美学上评价其线条变化的。从《诗经·小雅·斯干》对宫室所作的描述"如跂斯翼，如矢斯棘，如鸟斯革，如翚斯飞"[②]，到曹植写《洛神赋》中的洛神，一直到明、清山水笔记，都贯通着流动的审美意识。在审美评价上，中国文艺美学反对板滞，主尚流动；在审美观照上，中国作家主张主体心理虚静，却在描述对象上要求变动不居，或者说，能够观照变幻不止的外物并显示出流动的美学特征，却需要主体的虚静心态。以静观动，最终反映出动态，是中国文艺审美的特殊模态。柳宗元的《永州八记》中主体的心态是宁静甚或虚寂，但是山山水水却无不显得生机灵动。因此，在审美形式结构上，中国文艺美学提出了各种门类美学都应具备的流动审美规范。姜夔《白石道人诗说》认为诗应"出入变化，不可纪极"，董其昌认为"作书

① 阿恩海姆：《艺术与视知觉》，中国社会科学出版社 1984 年版，第 597 页。

② 孔疏：毛以为言宫室之制如人跂足竦，此臂翼然；如矢之镞，有此棱廉然；如鸟之舒，此革翼然，如翚之此奋飞然。宫室如此之美，君子所以升处也。"矢""鸟""翚"指形言之……"斯革""斯飞"言檐阿之势，似飞鸟也。"翼"，言其体飞，像其势。

最忌者位置等匀，且如一字中，须有收有放”，李渔《闲情偶寄》认为戏剧于“水穷山尽之处，偏宜突起波澜”，冯镇峦认为小说情节应“铺排安放，变化不测”。

如果对线条性特征不做划一化机械理解，则是显示了中国文学审美技术层面上的流动美，是由线条扩及为整个的形式美学。究其源则是巫术文化的图腾歌舞，人们从身体摆动的姿态中发现了美的线条。英国的科林伍德《艺术原理》认为：“巫术活动是一种发电机，它供给开动实际生活的机器以情感电流。因此，巫术对于各种类别和各种条件的人都是一种必需的活动，实际上在每一个健全的社会中都能发现这一点。一个社会，例如我们自己的社会，如果认为它已经度过了需要巫术活动的阶段，那不是出于误解，就是因为它已经成为一个垂死的社会，它因为缺乏维持本身生存的兴趣而正在衰亡。”对科林伍德的这番话应该理解为原始巫术文化的情绪、兴趣是一种原驱力。人类不管在生理层面和文化心理层面上如何高度成熟、完善，总是不可避免地带有初生期特征。巫术歌舞的热烈情调甚至狂热的行为动作正显示了人类初期旺盛的活力，这一点对于人类的生存兴趣是最可宝贵的原驱力和心理积淀物。

最初的巫术文化以歌舞而悦神，取悦于原始人所营构的图腾，从而萌发了审美意识，萌发了对线条动作的兴趣，逐渐形成线条敏感、线条意识，并由线条变幻扩及为整个艺术的形式流动性，这是美的发展历程，体现了巨大的社会历史力量。这里形成了一个历史结构，其核子则是原始艺术的力。这一原始力释放出巨大能量，源源不绝地影响着美的形成和发展。因此，探索美就不能不追溯到它的发生根本，如同万里长江的探源是在寻找那涓涓潺潺的细流，甚或滴滴融化的冰水。

《吕氏春秋·古乐》说：“昔陶唐氏之始，阴多滞伏而湛积，水道壅塞，不行其原，民气郁阏而滞著，筋骨瑟缩不达，故作为舞以宣导之。”这是易为人所忽略，而在我看来却是极为要紧的舞蹈审美发生学，也是艺术进而扩及文学这一特定门类的审美发生学说明。审美发生在最初与生理有一定关系。南方多荆棘蒿莱，云湿雾障，人们至今尚大嚼辣子以驱寒湿，这是生理的健身需要。而“作为舞以宣导之”，原始舞蹈也是为着祛病健身，发泄郁淤之气。“宣导”一词特别值得注意。“宣导”就是疏通、发泄。可见，最初含有审美意味的舞蹈是一种生理的宣导。“瑟缩不达”的“筋骨”借助于最原始、质朴甚或机械的动作得以畅达。生理的畅达也就带来了心理的舒放，形成快感；心理快感来自于生理需要，有其生理基础，遂成为生理现象。当然，审美快感和生理快感不是处于同一层面上，前者是高级的情感活动，但是在心理愉畅这一点上却是共通的。由此，在原初，感觉的刺激便成为美感的生理起点。生理起点的移步，则逻辑地导向于一个新起点：心理起点。审美是心理情绪“宣导”的特殊方式。生理和心理的逻辑导因都是相同的——“宣导”；起点结构也是相同的——“气郁阏而滞著”。现代心理学对情绪郁结物的概念表述为：情结。有郁结必欲有宣导，这是心理的自然表达现象。厨川白村说：“大而且深的‘有意识’的苦闷苦恼，潜在着心灵底奥处的圣殿里，这苦闷只在自由的绝对创造的生活中被象征化，然后成为文艺作品。”[①]情绪宣导的替代性方式是艺术形式。审美宣导是艺术心理学的一般现象，却成为中国文学美学的重要现象。中、西方早期文学美学的差异：一者为抒情，一者为摹仿，实际是以此为发生起点的。钱锺书在《管锥编》中罗织了关于情绪郁结的大量诗文现象，从而为一些美学家所援引。《诗经·小雅·正月》：“心之忧矣，如或结之。”《曹风·鸤鸠》：“心如结兮。”《桧风·素冠》：“我心蕴结兮。”《荀子·成相》：“君子执之心如结。”《九章·哀郢》：“心絓结而不解兮，思蹇产而不释。”等等。钱锺书认为：

> 诗人或咏此念牵引彼念，纠卷而成“思结”，或咏爱恋罗织而成“情网”，或咏愁虑缭萦而成“忧茧”……更仆难终。斯意在吾国则始酣畅于《九章》。情思不特纠结而难分解，且可组结而成文章。

① 厨川白村：《苦闷的象征》，商务印书馆 1930 年版，第 31 页。

《悲回风》:"紃思心以为纕兮,编愁苦以为膺",《注》:"紃,戾也;纕,佩带也;编,结也;膺,络胸者也";又:"心鞿羁而不形兮,气缭转而自缔",《注》:"肝胆系结,难解释也;思念紧卷而成结也",《补注》:"不形谓中心系结,不见于外也;缔、结,不解也";《惜诵》:"固烦言不可结贻兮,愿陈志而无路",《注》:"其言烦多,不可结续",《抽思》:"结微情以陈词兮,矫以遗夫美人",《注》:"结续妙思,作词赋也";《思美人》:"媒阻路绝兮,言不可结而贻",《注》:"秘密之语难传也。"或言纠结,或言组结;牢骚难畔曰"结",衷曲可申亦曰"结"。胥比心能心所于丝缕缠续;"紃思"、"编愁",词旨尤深。盖欲解纠结,端须组结。愁烦不释,则条理其思,络缉其念,俾就绪成章,庶几蟠郁心胸者得以排遣。

蟠郁的情绪形成"结",形成"链",就需要排遣、发泄。钱锺书又说:

不为情感所奴,由其摆播,而作主以御使之(参见斯宾诺莎《美学》第2卷——第176页,原注),不平之善鸣,当哭之长歌,即"为纕"、"为膺",化一把辛酸泪为满纸荒唐言,使无绪之缠结,为不紊之编结,因写忧而造艺是矣。陆机《叹逝赋》:"幽情发而成绪,滞思叩而兴端",又《文赋》:"虽杼轴于余怀",《文选》李善注:"以织喻也"……《全唐文》卷二二一张说《江上愁心赋》:"贯愁肠于巧笔,纺离梦于哀弦",周密《扫花游》:"情丝恨缕,倩回文为织那时愁句";以文词"贯"愁如珠,以音乐"纺"梦如锦,以回文"织"情与恨,尤"紃愁"、"编思"之遗意与夫极致哉![①]

这里接触到中国文学美学极重要的特征:"因写忧而造艺。"审美是情感发泄和舒露转移性的需要。当然,这里是从发生心理学的角度去探讨审

① 钱锺书:《管锥编》第2册,中华书局1979年版,第617页。

美的，并不包含对情感本身的性质区别。心理的需要、情感的压抑造成心理不平衡，通过发泄，宣泄了压抑情感，即使是极悲的心绪，经过发泄也会形成心理调整，获得心理的重新平衡。发泄会取得心理的痛快和舒展感。心理情绪在性质上或者具有社会历史色彩，或者富于个人独特性，通过一定的艺术表达方式加以传达，就形成文艺审美，艺术便成为一种补偿手段。发泄型的审美心理学从发生学上解决了中国文学美学的一个重要问题。它并非为西方现代美学所专有，实实在在存在于有着悠久历史的中国文学中，并且形成了体认线索。如杜甫的《至后》曰：

愁极本凭诗遣兴。

杜甫《可惜》曰：

宽心应是酒， 遣兴莫过诗。

袁枚《改诗》曰：

止怒莫若诗[1]， 歌之可怡情。

李兆洛《〈吕幼安先生诗集〉序》曰：

诗者……释躁平矜之具。

徐渭《曲序》曰：

睹貌相悦，人之情也。悦则慕，慕则郁，郁而有所宣，则情散而

① 《管子·内业》曾曰："止怒莫若诗。"

事已。无所宣,或结而疹,否则或潜而必行其幽。是故声之者,宣之也。

张岱《陶庵梦忆 · 彭天锡串戏》曰:

天锡多扮丑净。千古之奸雄佞幸,经天锡之心肝而愈狠,借天锡之面目而愈刁,出天锡之口角而愈险,设身处地,恐纣之恶不如是之甚也。皱眉视眼,实实腹中有剑,笑里有刀,鬼气杀机,阴森可畏。盖天锡一肚皮书史,一肚皮山川,一肚皮机械,一肚皮磥砢不平之气,无地发泄,特于是发泄之耳。

张岱《琅嬛文集 · 琴操》附《琴张记事》曰:

张子好义,受人反噬。时阴雨,坐梅花书屋,愤懑不平,腹胀几裂,因作琴操十首。援琴歌之,觉鲠闷之气,拂拂从十指出去也。

心理的郁闷,甚或愤懑,往往不是寻求自我消释,而是寻找外化途径,得以释怀。外化途径的替代性和补偿性方式是艺术形式。自我消化、消释,决不能导致审美。而外化的消释形式,也并非一概能走向审美,它要通过艺术的形式符号和媒介,同时,外化为艺术部分地是为着调动人们相似的情感体验,引起情绪的同振共鸣和摆脱苦闷。上面所引杜甫、袁枚、李兆洛、张岱等人的话,就都提到艺术的形式媒介:诗、戏、琴等,它们成为情绪消释的替代物。人的心理以平衡态为常态结构,胸中郁结,情绪沸涌,包含着力的因素和扩张、发散的动源。如果我们以韩愈诗文为例(诸如著名的《〈张中丞传〉后叙》),就可以验证所提出的审美命题:心理不平衡情绪通过艺术形式发挥了极大的审美张力。

但是,也有怪才如金圣叹者,不适当地强调了人的生理原始性,把婴儿的啼叫也视为诗。他在一封信中写道:

> 诗者，人之心头忽然之一声耳。不问妇人孺子，晨朝夜半，莫不有之。今有新生之孩，其目未之能瞯也，其拳未之能舒也，而手支足屈，口中哑然，弟熟视之，此固诗也。[①]

这种极端化的审美发生论，恰恰在现代西方美学家苏珊·朗格的《艺术问题》中成为批评对象，决没有人以审美态度倾听婴儿哭声，将其视作艺术。

我们把审美本体视作一个结构来看待，它含着两个层面：历史形态，主体生理—心理。历史形态结构层面上图腾歌舞、巫术文化所显示的想象，是人类创造力的自我确证，也形成了人类审美的发展动力。想象是人类文化器官的产物，以记忆为本源，一切想象都是象征化了的记忆，是记忆经验的转移和联结。图腾歌舞、巫术文化的感性模式包含着人类心理的深层结构，也成为中国文学审美的动力。而生理—心理，则是从主体结构上提出问题。中国文艺美学较之西方美学更早地发现和确定了这一具有功能意义的审美本体。艺术心理学的形成和发展是最具美学意义的，它接近于发生美学，因而具有本体性。清代廖燕《〈刘五原诗集〉序》说："吾以为山水者，天地之愤气所结撰而成者也。天地未辟，此气尝蕴于中。迨蕴蓄既久，一旦奋迅而发，似非寻常小器足以当之，必极天下之岳崎潮回、海涵地负之观，而后得以尽其怪奇焉。其气之愤见于山水者如是，虽历今千百万年，充塞宇宙，犹未知其所底止。故知愤气者，又天地之才也。非才无以泄其愤，非愤无以成其才，则山水者，岂非吾人所当收罗于胸中而为怪奇之文章者哉！"正因为上述两大层面（每一层面又包含有具体小层次）所形成的结构，具有力的扩张性，才会有六朝时的两大审美命题：畅神、迁想妙得，并给后来的文艺美学以深刻影响。

---

① 转引自刘若愚《中国的文学理论》，四川人民出版社 1987 年版，第 120 页。

“力”的平行四边形状态

中国文学美学是一种结构，促成这种结构形成的因素也是一种结构，是力的平行四边形结构。我们在上一节主要是从原初性上说明中国文学美学的驱力。原驱力具有旺盛的生机，既使艺术出现萌芽，又对艺术形成力的积累和推助。当文学美学形成独立的发展时，力的表现形态又显示出多样化特征。既有牵引力，又有推动力。

贯穿性的力，一般体现为审美主体与社会现实矛盾以及通过解脱所产生的情感发泄与心理补偿。尤侗在《〈叶九来乐府〉序》中曾经富于历史感地描述道：

> 古之人不得志于时，往往发为诗歌，以鸣其不平。顾诗人之旨，怨而不怒，哀而不伤，抑扬含吐，言不尽意，则忧愁抑郁之思，终无自而申焉。既又变为词曲，假托故事，翻弄新声，夺人酒杯，浇己块垒，于是嬉笑怒骂，纵横肆出，淋漓极致而后已。《小序》所云：言之不足，故嗟叹之；嗟叹之不足，故咏歌之；咏歌之不足，不知手之舞之，足之蹈之也。至于手舞足蹈，则秦声赵瑟，郑、卫递代，观者目摇神愕，而作者幽愁抑郁之思为之一快。然千载而下，读其书想其无聊寄寓之怀，忾然有余悲焉。

然而，贯穿性之外又有变动性的力，例如时代、社会的盛衰。一般地说，盛时，美学的理性主义抬头，意识领域被有效控制，功利主义美学色彩较浓，伴随着的是对前代衰亡史的经验总结，往往归结为文学艺术的过失，批判形式主义和感性主义美学。魏徵在《陈书·〈后主本纪〉后论》中写道：“古人有言：亡国之主，多有才艺。考之梁、陈及隋，信非虚论。然则不崇教义之本，偏尚淫丽之文，徒长浇伪之风，无救乱亡之祸矣。”但是，当社会衰亡时，非理性或感性主义就会冲动和高涨。例如晚唐、晚明，人的自然要求大幅度地复苏，快乐性、娱乐性、享乐性取代了功利性,剥落了理性的外壳,露出的是人的赤裸裸的饮食男女的自然本性,不仅有轻佻的行为方式,而且有心灵的呼声和刺耳的呻吟,主体挣脱外界桎梏而还原归内。

然而,盛世的中国文学美学又有一个重要的二律背反现象:歌舞升平和忧患意识。往往愈是盛世,愈具备忧患意识。《诗经》中诵诗和忧患并存。这里有一种社会实践和中国文化心态的潜在支配力量。周的兴起,殷亡不远,恍若在昨,记忆是新鲜的,则"以殷为鉴"。这是沉潜在河清海晏现象层内的普遍性忧心,在盛唐诗歌中这种现象体现得最为典型。同时,中国文化人的政治敏锐和审美敏感兼备,他们从盛世之象中细微地寻绎到衰的纹迹。例如曹雪芹在康、雍、乾盛世中预感到"忽喇喇似大厦倾,昏惨惨似灯将尽"的危局,发出"无材可去补苍天"的叹息而抛出"一把辛酸泪"。即使是在真正的衰世到来时,他们也比别人看得更为深切和严峻,从"忽忽中原暮霭生"①中预感到一个天崩地拆的时代即将到来。

中国文学美学的发展历程经历了从艺术社会学和艺术哲学分峙并存(以孔、老、庄为代表)→审美文化学(以刘勰为代表)→艺术的审美心理学(庄、禅融合)的阶段。总趋向是由粗糙而至精致,逐渐归入心理世界的本体。在这一总体过程中,刘勰的《文心雕龙》是一个枢纽,承前而启后。由于其体大,具有包融性,纯审美学特点反被掩盖。《文心雕龙》的贡献是对审美的文化现象进行了总体规范,使之能为各种美学流派所接受。他既看到美学发生自然性的一面,又加以规范,或者说他更重视审美的规范力。因而,成为中国的正统美学家。他不主张歌泣无端,一任发泄以抒露情性。《文心雕龙·史传》说:"若任情失正,文其殆哉!"就是说的情性要有规范,不可任情使性。他主张通过综合运用手段,特别是具体的技术层面处理,也就是用技艺之力来加以规范,形成一种审美定式,如《总术》篇所言:"文场笔苑,有术有门。务先大体,鉴

① 龚自珍:《题陶然亭壁》。

必穷源。乘一总万，举要治繁。思无定契，理有恒存。”为此，特立《镕裁》篇，曰：“规范本体谓之镕，剪裁浮词谓之裁。裁则芜秽不生，镕则纲领昭畅，譬绳墨之审分，斧斤之斫削。”他更注重经过过滤、加工、镕裁的性情，才能不失其正，才能符合审美情性要求：“夫百节成体，共资荣卫；万趣会文，不离辞情。若情周而不繁，辞运而不滥，若非镕裁，何以行之乎？”他提出：“是以草创鸿笔，先标三准：履端于始，则设情以位体；举正于中，则酌事以取类；归馀于终，则撮辞以举要。然后舒华布实，献替节文。绳墨以外，美材既斫，故能首尾圆合，条贯统序。”

中医作为一种独特的医学现象，把人视为气脉周流贯通的整体现象来认知，强调人的精、气、神功能。十分有趣的是，中国美学的体认方式与中医暗合，并且，从生命形式和人体现象中获得审美启示，建立起审美范畴。例如美学上的“气”说借用了人体生命概念，沟通了文艺审美和生命现象的联系。汉代的《内经》虽云医著，却有浓厚的中国哲学意味。王充《论衡·无形》认为：“人禀元气于天。”《论死》认为：“人未生在元气之中，虽死复归元气。元气荒忽，人气在其中。”这为曹丕创审美“文气”说奠定了雄厚基础。“文气”说就是直接联结了生理现象和审美风貌不可替代的关系。不管后来的表述发生了怎样的变化：曹丕“以气为主”→杜牧“以意为主，以气为辅”→刘大櫆“神为主”“气为用”，对生命现象的体认则一，或者说从生命形态导入对审美现象的体认。这又回归到我们在本文一开始所确立的命题，由此也就使“气”成为中国文学美学审美评价的标尺。如刘勰“论建安文士，亦多举气为言。如论诗有慷慨以任气之语，论乐府有魏之三祖气爽才丽之言，论才略有孔融气盛，论体性有公干气褊之说。然则主气之论，实建安文学之殊尚矣”①。再有形与神，也是从人体现象引入审美范畴的。但现今有些学者讨论这一范畴又有将对象与主体混淆之嫌。对象之形与神，导源于人物品

① 刘永济：《十四朝文学要略》，黑龙江人民出版社 1984 年版，第 136～137 页。

藻,《世说新语》则有大量记载。主体之神却是属于审美心理学范畴。这里有一个经历着由对人的形体精神的体认、评价进入艺术特性的确定,再由对象性的分解进入审美主体情性、心理的体认过程。这才会有著名的"畅神"论:

> 于是闲居理气,拂觞鸣琴,披图幽对,坐究四荒,不违天励之丛,独应无人之野。峰岫峣嶷,云林森眇,圣贤映于绝代,万趣融其神思,馀复何为哉?畅其神而已。神之所畅,孰有先焉![①]

完全借助于人体的生命、生理的力的现象来说明审美现象,如李廌《济南集》卷八《答赵士舞德茂宣义论弘词书》:"凡文章之不可无者有四:一曰体、二曰志、三曰气、四曰韵……文章之无志,譬之虽有耳目口鼻,而不知视听臭味之所能,若土木偶人,形质皆具而无所用之。文章之无气,虽知视臭味,而血气不充于内,手足不卫于外,若奄奄病人,支离憔悴,生意消削。文章之无韵,譬之壮夫,其躯干枵然,骨强气盛,而神色昏懵,言动凡浊,则庸俗鄙人而已。"王铎《拟山园初集》第二四册《文丹》:"文有神、有魂、有魄、有窍、有脉、有筋、有腠理、有骨、有髓。"这些是美学的人体现象类证,从而使中国文学美学获得了和中医学的同一体认品格。

从上述对中医学、人体学与文学美学相近点的考察,我们可以看出,文学美学是把对象作为完整结构来体认的,主体的心理发挥和满足成为审美张力的来源和归趋。

尽管中国文学美学对心理动因的体认早就有之,如《〈毛诗〉序》说:"诗者,志之所之也。在心为志,发言为诗,情动于中而形于言。"孤立地看,似乎是情性发露心理学,但是,"经夫妇,成孝敬,厚人伦,美教化,移风俗",则又以伦理加以节制,形成伦理和情性的审美心理结构,这是以

---

① 宗炳:《〈画山水〉序》。

伦理之力对情性的牵引，并没有形成纯粹意义上的审美心理学。《文心雕龙·明诗》说："诗者，持也，持人情性。"但是，笔锋一转，又在情性之上涂抹色彩，"必以情志为神明，事义为骨髓，辞采为肌肤，宫商为声色，然后品藻玄黄，摛振金玉，献可替否，以裁厥中"①。看来，走向审美心理学，依靠本土文化和古老美学已经不够了，需要借助于外力，这就是佛教。南北朝适逢其会，但那时佛教还停留在抽象哲理辩论上，还未水乳交融地透入美学肌体中。这项任务就历史地由盛唐诸公完成。佛教法门精巧的思辨和精微的心理体认，使得审美心理学得以初步形成。而首先提出者并非车马黄尘中的长安士子，乃是青灯微照下的佛门弟子。晉光说："书法犹择民心印，发于心源，成于了悟，非口手所传。"唐诗真正实现了心理外化的审美实践形式。

在审美理论中，张璪提出"外师造化，中得心源"的完整命题，朱景玄认为"万类由心"，这样，"有象因之以立，无形因之以生"②。其论和这一时期"但任胸怀""心源为炉"等论述组合成美学的心理学趋向。诗人们也同样以自己的经验载体印证着心理在审美创造中的功能。例如韩愈《调张籍》云："精诚忽交通，百怪入我肠。"孟郊《赠郑夫子鲂》云："天地入胸臆，吁嗟生风雷。文章得其微，物象由我裁。"从某种意义上可以说，中唐的苦吟现象是一种心理寻求现象，"时见街中骑瘦马，低头只是为诗篇"③。确实，盛唐诗人心理世界的丰富，把感觉几乎道尽。继盛唐后的中唐诗人未免生不逢时，他们在巨人的肩头上试图超越，就在寻找着审美的新感觉世界、新感觉经验。"吟安一个字，捻断数茎须"④，这是一种痛苦的生理现象，更是自我折磨、熬煎、炼狱式的心理经验现象。确实，寻觅新的心理感觉是痛苦的，然而审美自由的温馨、恬适，不正是在这剧烈的阵痛后才有可能产生吗？诚然，"崔侯文章苦

① 刘勰：《文心雕龙·附会》。

② 《王氏书画苑·王氏画苑》卷六。

③ 朱庆馀：《题王丘长史宅》。

④ 卢延让：《苦吟》。

敏捷，高浪驾天输不尽”，但是，“才豪气猛易语言，往往蛟螭杂蝼蚓”[①]。以韩愈之气、之才、之敏，何能不如李太白那样地“下笔万言，依马可待”[②]呢？韩文也确实体现了这一审美特点。那么他何以在诗域中要穷天搜荒呢？这是为着寻找新的心理生长点，新的光斑。“庞眉入苦吟”[③]的李贺不正是因此创造了一个“石破天惊逗秋雨”的新感觉经验世界吗？

经过中唐的转折，晚唐诗界便出现了“流莺”“巧啭”[④]的境域。尽管锦瑟声声，难以确征；几多思绪，已成惘然，但是心理皱折却更为深隽，纹路更为细腻。经过宋代理学的化合，中国文学美学的心理学就大致形成了。惟在灵府的心理确定，需要有多少力的牵引、推动，佛学心性是不可低估的外力。

应该注意到这样一个由于力的作用所形成的变动现象：从唐开始并大行于宋的科举取仕制度，给了士子们一种机会，一种平等（相对意义的）机会。一般人只要自身具备了条件，就有可能鱼跃龙门，改变自身的社会和文化地位，这比起门阀士族制无疑是一种历史性进步。科举取仕又无疑具有吸引力并起到指挥棒的作用，对宋代士子地位的提高和价值肯定，起到导向作用。他们的行为方式、规范成为众望所向，其艺术趣味便也成为人们的效法和崇尚对象。文人雅气的情调彻底化和纯粹化，也就自然风靡全社会，成为整个时代的审美风习和品性。“馥郁的园林，美味的肴馔，檀香，香水，软垫和醒目的彩色，构成东方奢侈的理想，这种理想未免太诉诸人情，所以总是失掉它的魅力”[⑤]。被桑塔耶那所不满的“人情”味，恰恰倒是中国审美文艺在诸种合力作用下“魅力”之所在。

---

① 韩愈：《赠崔立之评事》。

② 李白：《上韩荆州书》。

③ 李贺：《巴童答》。

④ 李商隐：《流莺》。

⑤ 桑塔耶那：《美感》，中国社会科学出版社 1982 年版，第 45 页。

中国文学美学历程不是力的简单延续，有时包含着特殊否定。在本体论上，老子是理性美学和感性美学的双重否定者。“视之不足见，听之不足闻”①“无状之状，无物之象”②，一切都是先验、超验的。既然否定了感官经验，也就否定了感觉经验载体的艺术。但是，“无为”的缺口中却留下了一个艺术经验萌发的滋生点，这就是艺术是非逻辑型的、非自觉型的，这恰恰是审美。否定艺术转而形成审美的否定之否定，在这片空生带上，后来滋长了多么茂密蓊郁、浓荫婆娑的参天大树！王充《论衡·对作篇》曰：

> 是故《论衡》之造也，起众书并失实，虚妄之言胜真美也。故虚妄之语不黜，则华文不见息；华文放流，则实事不见用。故《论衡》者，所以诠轻重之言，立真伪之平，非苟调文饰词，为奇伟之观也，其本皆起人间有非，故尽思极心，以讥世俗。

王充提出“真美”的美学观，是一种战斗的美学观，廓清了西汉以来的谶纬神学浓雾，以前所未有的命题确立了“真”(包括主、客体两个层面)在审美中的地位，改变了善美相联的传统美学。煌煌大功，所在不朽。对王充的“真美”观应该给以高度评价，但是，不宜太过。王充哲学、美学的战斗性在痛击西汉神学中产生，是特定时空域中的实践产物。既然有针对性，用于战斗的目的需要，就规范了理论上或有矫枉过正之处，或仅存有限性而无无限性，西方现代哲学论争的某些现象可为佐证。合目的性并非合规律性，王充的哲学、美学观也是如此。他过于重视“真”的客观事实性和对事实的客观验证，如《薄葬篇》说：“事莫明于有效，论莫定于有证。”《知实篇》说：“事有证验，以效实然。”确是照亮神学世界如磐夜气中的腾腾篝火。但是，他过于理性化和确证化了，哲学上

---

① 《老子·三十五章》。

② 《老子·十四章》。

犹可站脚,美学上就明显跛足了。他不无偏激地把婴儿和脏水一古脑儿泼出去了。“图仙人之形,体生毛,臂变为翼,行于云”的绘画,因为无“足以验”,被他斥之为“虚图”[①],这是反迷信,又是反美学的。合其战斗目的性,却有悖审美规律性。有限的特指范畴无法上升或被夸大为普遍性命题。或谓王充美学观是连结魏、晋美学的桥梁,我觉得未必,他的美学观恰恰成为魏、晋美学的部分否定对象。诚然,曹植《七启》曰:“予闻君子不遁俗而遗名,智士不背世而灭勋。今吾子弃道艺华,遗仁义之英,托精神乎虚廓,废人事之纪经。譬若画形于无像,造响于无声,未之思乎?”(李善《文选·七启注》:“言像因形生,响随声发,今欲无声而造响,画像而无形,岂有得哉?”)在思路承接上,曹植的说法明显受到王充客观唯物主义和实证主义哲学、美学的影响,不过,其《洛神赋》则是悖象。左思《〈三都赋〉序》说:“美物者,贵依其本;赞事者,宜本其实。匪本匪实,览者奚信!”他说《三都赋》一一验之方志,无毫厘之失。难道,这就是文学审美吗?这和建筑图纸又有多少区别呢?惟一的区别,一者为线条符号,一者为语言符号而已。王充美学观的极端化只能是桎梏美学(我所说的是普遍意义型,而非特定意义型),因为这种美学观忘却了文学审美的一个十分重要的命题:无中生有。不是王充“真美”论规范了魏、晋美学,而是魏、晋哲学有无之辨所产生的“象外”之论否定了王充之论,如谢赫《古画品录》评张墨、荀勗说:“若拘以物体,则未见精粹;若取之象外,方厌膏腴,可谓微妙也。”所谓忘筌之论是最好的实体否定论。最值得注意的是陆机《文赋》中所说的“课虚无以责有,叩寂寞而求音”,简直是对“真美”验证论的刨根式否定。在这样的美学氛围中也才会有陶渊明蓄无弦琴的行为方式(确切地说,这不是生活方式,而是审美行为)。“即其笔墨所未到,亦有灵气空中行”,落叶无声,灵气絪缊,微乎妙哉,方为审美之极致境界。到了文艺美学完全形成的唐代,张彦远就正面彻底清算王充的理论了。

---

① 王充:《论衡·无形篇》。

余尝恨王充之不知言，云："人观图画上所画古人也。视画古人如视死人，见其面而不若观其言行。古贤之道，竹帛之所载灿然矣，岂徒墙壁之画哉！"余以此等之论，与夫大笑其道，诟病其儒，以食与耳，对牛鼓簧，又何异哉！①

所以，经过"力"的作用的中国文学美学发展图序是：有之于无，实之于虚，具象之于空灵，经验之于意味。它不是个体结构的静态图序，而是历史结构的动态图序。在另一层面上，体现了支配美学的力的运行规则和特征。

合力作用的中介

历史合力不是直接作用于文学审美，它需要中介。中介不是别的，而是文化。最终的影响结果不是现象型的审美风貌，而是审美心理结构。在中国，其一般图式是，历史合力作用于文化系统，最初引起变革者常常是哲学，文艺领域得其风气之先者往往是书法、绘画，然后才导入文学美学，受其惠泽。书法、绘画最有活性。文学中的门类，又数诗歌最具审美活性，因诗画同源。抒情体文学最能呼吸文化空气。前面所述"象外"之论，承绪于魏、晋玄学，先由谢赫、宗炳铸合为绘画美学范畴，一直到唐代才成为诗美学命题。释皎然有"采奇于象外"说②，刘禹锡有"境生于象外，故精而寡和"说③，司空图有"超以象外，得其环中"④"象外之象，景外之景"说⑤。一旦成为诗美学命题，便在唐以后相沿不

① 转引自北京大学哲学系美学教研室编《中国美学史资料选编》上册，中华书局1980年版，第308页。

② 皎然：《评论》。

③ 刘禹锡：《〈董氏武陵集〉纪》。

④ 司空图：《诗品》。

⑤ 司空图：《与极浦书》。

绝。司马光说:“古人为诗,贵于意在言外,使人思而得之。”[①]明代朱承爵说:“作诗之妙,全在意境融彻,出音声之外,乃得真味。”[②]这一美学思想贯串在具体的审美分析、评价、鉴赏之中。如清代王士禛《带经堂诗话》写道:“(宋景文)云:左太冲诗‘振衣千仞岗,濯足万里流’……不减嵇叔夜‘手挥五弦,目送飞鸿’。愚案:左语豪矣,然他人可到;嵇语妙在象外。”

历史合力通过文化中介形成文化心态和情调,进而整合为美学心态和情调。例如“逸”这一中国文化人独特的精神情调和审美精神现象,显示了审美超越后的高度自由感和旷放特征。魏、晋名士,口吐玄言、扪虱而谈,是为逸;目送手挥、任情使气,是为逸。它是“气”的高层境界,气之所以成为美学范畴,乃是因为它暗合了艺术创作和生命机理的关系。哲学的玄学是超越有限达到无限,其趋合点则是个体人格的完满塑造和自由,获得自我精神确征,其落点是人格理想和个体心理结构。这样,它便回归美学本体。魏、晋风度是哲学意味的风度,是文化风度,又是超越有限,摆脱规范和束缚的自由风度。这是审美所必不可缺的风度。他们枕流漱石,悠游“竹林”,言则玄远冷隽,行则高简瑰奇,坦腹东床,甚或裸体而行,这才够风度,够派头,也才够味儿。因为这里有逸气、逸味、逸格。这是发端于以无为本的哲学本体论的文化意识、精神氛围、人生态度。于是历史哲学的泛圣论出现了。具备了这种哲学精神的人就是圣贤。而圣贤也者,就是这批手持麈尾,服无常饰,满身透出药味,通体溢发酒气的飘然与世不群的魏、晋“高士”“逸士”。于是由嵇康执其先鞭的《蜀圣高士传》问世后,官修私撰的《高士传》《逸士传》纷然出台。“嵇康作《高士传》,以叙圣贤之风”[③]。高士、逸士也享受了圣贤的殊荣隆遇,罩上眩人眼目的光圈。代替了两汉壁画的祯祥和神异,是“竹林七贤”的砖画。江苏南京西善桥太岗寺墓,丹阳胡桥宝

---

① 司马光:《温公续诗话》。
② 朱承爵:《存馀堂诗话》。
③ 《隋书·经籍志》。

山南朝墓，丹阳建山金王陈墓有三处相同的这样的砖画。倜傥傲岸的嵇康，长啸忘形的阮籍，悠然自得的王戎，黯然神伤、倚树沉思的向秀，惟酒是务的刘伶……[①]——栩栩如生。而一部志人小说《世说新语》"差不多就可以看做一部名士底教科书"[②]。

这还只是文化精神，还不是审美范畴或文艺审美范畴。风气既开，当然沾溉文林，只是一个时间问题了。时间表现为过程，范畴的确定最终落脚在过程的某一点上，历史合力中介性的文化悄悄浮向文艺审美领域，按照我们在前面所勾画的图序，它浸润于书画，结蒂于诗学；惺惺然于初唐，沸沸然于中晚唐。

"逸"的历史演进又可分解为两个层面：

一是审美情绪和精神状态。初唐王勃《滕王阁序》曰："遥襟俯畅，逸兴遄飞。"盛唐李白则有《送贺宾客归越》："镜湖流水漾清波，狂客归舟逸兴多。"《宣州谢朓楼饯别校书叔云》："俱怀逸兴壮思飞，欲上青天揽明月。""狂""逸"相联，瞧他那飞扬神采、上天揽月的奇思放想，壮哉，太白！他的全部自由精神、审美情趣凝于一点：逸。

一是审美形态范畴。初唐李嗣真《书后品》不期然拈出个"逸品"字样："登逸品数者四人……超吾逸品之才者。"还顺手牵羊带出了个"逸气"。门扉既已洞开，那就鱼贯而入吧。果然，窦蒙《述书赋语例字格》标出"逸　纵任无方曰逸"，可谓对"逸"字做了准确的解释。朱景玄于"张怀瓘《画品断》神、妙、能三品"之外，添了一个"逸品"。在诗美学中，前有释皎然《诗式》辨字十九体中："逸　体格闲放曰逸。"后有司空图《诗品》二十四之一："飘逸"——"落落欲往，矫矫不群，缑山之鹤，华顶之云。高人画中，令色絪缊，御风蓬叶，泛彼无垠。如不可执，如将有闻，识者已领，期之愈分"。真个是"随风潜入夜"，"逸"随着文化美学、

---

① 见《六朝艺术》，文物出版社 1981 年版。除砖画外，据《历史名画记》载，东晋的顾恺之、戴逵、史道硕，刘宋的顾景秀、陆探微、宗炳，齐的惠远等均画过《竹林图》《七贤图》及嵇康、阮籍像。

② 鲁迅：《中国小说的历史的变迁》。

书画美学潜入文艺美学领地，奉为上品。它的出现和明星般冉冉升空的景象，兆示着唐末五代新的审美趋向出现了。明代王世贞《艺苑卮言》曾评述道："宋大、小米、元倪云林眉山竹石，足以当逸品。"逸是审美自由和超越的境界和表征，是老、庄哲学美学"无"论的艺术化体现，恽寿平《南田论画》有两段关于"逸"的阐释引人注目："香山翁曰，须知千树万树，无一笔是树；千山万山，无一笔是山；千笔万笔，无一笔是笔。有处恰是无，无处恰是有，所以为逸。""逸品，其意难言之矣。殆如卢敖之游太清，列子之御泠风也。其景，则三闾大夫之江潭也。其笔墨，如子龙之梨花枪，公孙大娘之剑器；人见其梨花龙翔，而不见其人与枪剑也。"

历史合力通过文化的中介作用于文学美学，最终是铸合心理结构：历史结构之光借助于文化的棱镜，折射给审美心理结构。两个大小不等的结构是一个同心圆。其总体结构图像形成了中国文学美学的宏式景观，而圆的联缀则组合成中国文学美学的史的线索。在这个横、纵的交叉点上，则是审美心理结构。它是个体的，又是民族的、时代的、历史的，但最终还是个体的，是个体生命(一个典型态的审美生命)所透现出来的民族质、时代质、历史质。美学者，人学也、心学也。一切的一，是一个审美心理结构；一的一切，又都是由审美心理结构辐射开来。这就是我对于中国美学的认知和理解。拔山盖世的历史合力，如果最终不是施力于个体的审美心理结构，岂非是空中楼阁、云间舞榭！在这个意义上，历史是认知形式的客观对象，又是体验形式的主观对象。

综上所述，审美结构表现为历史性的动力结构。其原驱力促进了中国艺术美学精神的形成，人的生理力的宣导，暗合了人的生命力和审美心理力的关系。历史的诸种合力是一个平行四边形，它通过文化的中介作用于美学，最终形成审美心理结构。具有审美心理结构的人才算是具备了审美主体性，才能创造美，审美素质也正是从中透现出来。

(原载中国社会科学院《文学评论》1989年第6期)

美的规律

人们惯常谈到的美学的沿革兴衰规律，只能限定在一定范围之内。兴、衰，均具有特定的时代性质。兴衰只是一种现象，例如四言体衰，五言体兴；诗衰词兴，词、曲衰小说、戏剧兴。究其实质而言，很难说谁兴谁衰，词兴并不意味着诗衰，它只是诗的另一种发展形式。小说、戏剧兴，而中国小说又具有诗化特征。我们只能认为兴衰作为现象的存在意义，就审美心理结构而言，却无所谓兴与衰。审美心理结构表现为完善丰富的过程，在中国，愈向后期发展，审美心理结构愈精致。而且，从先秦所形成的审美心理，在深度层面上已凝冻为结构体，通过文化媒介而世代相传。这种结构体并没有出现过“衰”，而是经过层层淤积成为板结层，对中国文学的审美品性发挥着巨大的显性和隐性影响。从中国美学的具体沿革和发展来看，既有进化也有退化。美学的进化，不同于科学进步和社会发展，也不同于生物进化。历史进化和美学进步不是完全对应的，有些美学门类愈向后发展，反而愈停滞和失去生机。郭沫若在《美术节展望新美术》中以美学史家的眼光指出：“尤其在清代末期，可以说是整个地形成了一个大后退。绘画，无论是山水，人物，花卉，虫鱼，差不多都脱离了自然，仅仅在前人的窠臼中，古代作品底摹仿中，作着观念的游戏，和社会生活游离更自不用说。雕塑已沦为最下贱的匠技，不仅盲目于自然与人生，而且盲目于古代的摹拟，一切成品仅存依稀的形似而失去生命。这是最可悲悯的一环。建筑喘息在因陋就简的不生不死的状况里面。只是些不调和、拙劣的中西混合。工艺品，都一般地堕落了，就以代表清代美术的瓷器而论，乾隆以后也就日趋拙劣。”传统的审美心理结构大大强化了美学的延续力，但也形成了积习和守成倾向。正因为审美心理结构大致不变，因此，不管哲学、文学、美学上如何辩论，最终的结论大致则一，这便导致了结论上的圆圈循环，形成了独特的精神演变现象。

独特的精神演变现象

中国美学的发展规律形成了独特的运演机制。它构成了总体结构的重要组成部分，又从总体结构上规范着中国美学的发展趋向和特征。

描述美学发展规律的视角

以什么作为视角来描述中国美学的沿革情形呢？我们确定为审美现象。审美现象是结合型机制，其发展受诸种条件和因素的规定与制约。美学的历程是宏观性历程，是思潮、审美理想演变史，审美现象变化史，属于动态型结构。而思潮、审美理想、审美现象又受到社会实践因素和文化因素的规定与制约。特别是中国美学的文化色彩较浓，这层因素更应在考虑之列。因此，对中国美学发展特征和规律的把握，应该从总体上进行，既包含在理论现象中，又包含在实践成果现象中。这是我们论述的基本出发点。

我们所发掘的是中国文学中的美学现象和美学因素。文学和美学并不对等，文学中含有非审美性因素，同时，中国文学的概念以及所建立的观念是非纯粹体。中国理论家不是以纯粹的审美观念看待文学，主导他们的是一般文化意识，这是由先秦诸子思想为滥觞的。在所谓“文学自觉”时代的魏、晋，与人的自觉相比的文的自觉尚不够。这表现在杂型体文学观念未能在审美中加以彻底过滤。曹丕《典论·论文》说：“夫文，本同而末异，盖奏议宜雅，书论宜理，铭诔尚实，诗赋欲丽。”四体实为八种，在曹丕看来，它们在本质上是相同的，只是枝节上不同而已。这一观点实为“经国之大业”的社会体用观和功利观。四体八种中有一些确是非文学的。后来，陆机《文赋》本身就具有美文学性和讨论文学的专业性论文，对文体的确定也是杂型性的，十体中除诗、赋外，碑、诔、铭、箴、颂、论、奏、说，都是非文学的文体。刘勰开列更细，有30馀种。文学和非文学的杂型交混状态，反映了美学还未在文学中奠基。六朝"文笔之辨"的重要成果是美学因素逐渐成为区分文学与非文学的潜在和显著的因素。梁元帝萧绎《金楼子·立言篇》说："古人之学者有二，今人之学者有四。夫子门徒，转相师受，通圣人之经者，谓之儒。屈原、宋玉、枚乘、长卿之徒，止于辞赋，则谓之文。今之儒，博通子史，但能识其事，不能通其理者，谓之学。至如不便为诗如阎纂，善为章奏如伯松，若此之流，泛谓之笔。吟咏风谣，流连哀思者，谓之文。"又说："文者，惟须绮縠纷披，宫徵靡曼，唇吻遒会，情灵摇荡。"萧子显《南齐书·〈文学传〉论》认为：

> 文章者，盖情性之风标，神明之律吕也。蕴思含毫，游心内运，放言落纸，气韵天成，莫不禀以生灵，迁乎爱嗜，机见殊门，赏悟纷杂……属文之道，事出神思，感召万象，变化不穷。俱五声之音响，而出言异句；等万物之情状，而下笔殊形。

这些对文学的界定、对文学特征的说明，开始以美学为标尺。所谓纯文学观念实质上是以审美为内核的文学观念。文笔分途，文学在审美轨道上的发展，遂使得我们能够从文学的具体历程中抽绎出美学的线索。

基本认识的环节点

中国文学美学的发展历程围绕着三个环节点，即用世美学和情韵美学，内容美学和形式美学，拟古美学和新变美学。三个环节点的分歧、争论，出现了美学发展的独有特征和基本轨迹。三个环节点各自所构成的关系，在互相冲突中彼此消长，最终又被中和。这些又都是中国文学美学才会有的现象。

用世美学的实用性质，以儒家美学创始人的"兴观群怨"为基本点。由于中国社会结构和意识的伦理本位特征，使得美学的伦理色彩一直未得消褪。伦理性并不限于人事、人伦关系的准则规范，还导致了美学的功利色彩。功利性则注重审美的社会功能和价值，俗谓实用。一方面，它遏制了纯美学的诞生，束缚了美的自由（哲学和美学意义的）发展，其极端化则是美学成为狭隘的阶级利益的工具、奴仆、附庸。另一方面，塑成了中国文学美学为现实服务的品格，也形成了审美评判的价值取向。个人情感和社会目的、要求，社会情绪、愿望相融合的审美创作和审美理论，往往得到肯定。这就是文学史、美学史对杜甫暂居浣花溪所作诗的推崇不及《三吏》《三别》《北征》，对白居易讽谕诗的评估总是要高过闲适诗的原因所在。无论是何种门类美学的理论，也无论是做何种具体问题的美学探讨，都程度不等地印有此类痕记。它一直影响到今天对美学历史的回顾和反思。在审美理论上，它使得中国文学美学的社会价值观具有导向作用。其深层的社会心理意识则是忧国忧民的文人传统心态和理想人格。例如陈子龙《〈六子诗〉序》云：

> 诗之本……盖忧时托志者之所作也。苟比兴道备，而褒刺义合，虽涂歌巷语，亦有取焉……夫作诗而不足以导扬盛美，刺讥当时，托物联类而见其志，则是《风》不必列十五国，而《雅》不必分大小也。虽工而余不好也。

即使抒写个人情绪，也被纳入这一轨道。也如陈子龙《〈白云草〉自序》所言，诗不是个人情性的陶写抒发，乃是"用世"，具有显著的合目的性——社会目的性。"诗者，非仅以适己，将以施诸远也。《诗》三百篇虽愁喜之言不一，而大约必极于治乱盛衰之际。远则怨，怨则爱；近则颂，颂则规。怨之与颂，其文异也；爱之与规，其情均也"。以致顾炎武《日知录》提出"文须有益于天下"的命题：

> 文之不可绝于天地间者，曰明道也，纪政事也，察民隐也，乐道人之善也。若此者，有益于天下，有益于将来，多一篇多一篇之益矣。若夫怪力乱神之事，无稽之言，剿袭之说，谀佞之文，若此者，

有损于己，无益于人，多一篇多一篇之损矣。

这不能完全归结于儒家的狭隘功利观，乃是有着中国文人对于社会、现实、人生的参与意识。这使得中国文学美学的社会实践色彩较浓，美学凝重感、悲怨感较为显著。而具有个体意绪、抒发个人情韵的审美作品，远离现实，并不参与现实、干预生活，尽管在美学上晶莹剔透、圆熟精纯，却无法被确定为应有地位，例如王维、公安“性灵”小品。用世之作的美学地位超过个人情韵之作的美学地位，形成了美学评价的价值取向，发展为审美体认定势。人们对李清照“靖康之变”前后两阶段的词的美学评价的迥然不同就是一个突出的例证。这种抑扬的价值观和审美体认定势，构成中国式的传统美学观，促成了伦理型美学或再加以概括可称之为文化型美学的发展，阻止了纯美学的发展。一部中国文学美学史就交织着用世美学和情韵美学，以及对它们作不同估价的矛盾。即使情韵，也是削弱着个人情感满足的审美特征，纳入社会性的审美意识中。例如黄宗羲论性情、情韵，一方面在《〈黄孚先诗〉序》中说：“情者，可以贯金石，动鬼神。古之人情与物相游而不能相舍，不但忠臣之事其君，孝子之事其亲，思妇劳人，结不可解，即风云月露、草木虫鱼，无一非真意之流通。”另一方面又在《〈马雪航诗〉序》中标举“万古之性情”“必当以孔子之性情为性情”“诗以道性情，夫人而能言之。然自古以来，诗之美者多矣，而知性者何其少也。盖有一时之性情，有万古之性情。夫吴歈越唱，怨女逐臣，触景感物，言乎其所不得不言，此一时之性情也。孔子删之以合乎兴、观、群、怨、思无邪之旨，此万古之性情也。吾人诵法孔子，苟其言诗，亦必当以孔子之性情为性情。如徒逐逐于怨女逐臣，逮其天机之自露，则一偏一曲，其为性情亦末矣”。作为中国作家诚然有艺术古典的传统美学财富，但也有着传统美学过于重视伦理、道德性的沉重负荷，中国纯文学美学举步维艰，最终未能蔚为巨川，原因庶几在此。

内容美学和形式美学。汉、魏风骨成为历代文人、理论家、美学家频频赞赏的对象，他们总是力图恢复到那令人神驰向往的美学境界中，来改变现实的美学风尚。汉、魏风骨首先是内容的范畴。对于汉、魏风骨中建安区段的美学特征,《文心雕龙·时序》评述道:“观其时文,雅好慷慨,良由世积乱离,风衰俗怨,并志深而笔长,故梗概而多气也。”梗概多气、遒劲浑满,成为其风格美学写照。鲁迅认为其时的文学家:“想说甚么便说甚么。”这诚然形成了不事修饰的特点,但“不事修饰”又有两个层面的内涵,其中一个层面,用孔子的美学观加以规范则是“质胜文”,内容压过形式。“想说甚么便说甚么”,不愿或不需要精雕细琢,形式美学的考虑往往被忽略,诚如《多岁堂古诗存》卷三所言:“(魏)武帝雄才而失之粗。”而六朝文学则是对魏、晋风骨的变异,粉黛型的美学质素、形式审美因素的高张,则是所谓的“文胜质”。如果按照“文质彬彬”的统一规范要求,偏离着的两种倾向都应加以纠正。但是,对魏、晋风骨的誉词足以车载斗量,而对于六朝绮丽的贬言不啻汗牛充栋。应该说,六朝文学以其理论和实践成就使美学从玄言的抽象思辨状态中解脱出来,真正走向形式美学。只是这种走向越过了限度和临界点,未能对质和文、内容和形式、感官声色的快感和高级的审美感受作出严格的分辨。如果宽容一点或以螺旋发展的美学史观来看待,这是一个必然或必须经历的过程。不经过这样的低音区又何能显示出黄钟大吕般的盛唐之音的审美价值呢?即使是盛唐之音的交响曲,若细加分辨,不是还有着某种齐、梁声律吗?中国文学美学的内容美学一以贯之着对反映现实、民生疾苦等的审美要求。形式美学在后期中国美学史上大多集中为对具体章法、技法的审美探讨,较少有纯形式美学系统的建构。对内容美学因素的探讨,在不少方面集中于主体的“神”“气”,而主体的“神”“气”又是借助于形式即音节的组合体现出来,便有韩愈、刘大櫆的相关论说。这就是内容通过形式体现出来。这一原理一直影响到今天的文学、美学理论。重视内容的正统色彩,形式上则以古雅为美,审美行为应以此为度,这便有扬雄《法言·吾子》所说的“诗人之赋丽以则,辞人之赋丽以淫”。形式美学无法超越这个限度和秩序规范,也无法抽象和独立进而成为纯粹形态。顾炎武《日知录》卷二十一《作诗之旨》说:“舜曰:‘诗言志。’此诗之本也。《王制》‘命太师陈诗以观民风’,此诗之用也。荀子论《小雅》曰：‘疾今之政，以思往者，其言有文焉，其声有哀焉。’此诗之情焉。故诗者，王者之迹也。建安以下，洎乎齐、梁，所谓辞人之赋丽以淫，而于作诗之旨失之远矣。”内容的严格规范要求，不失本旨和形式的非纯粹、非抽象性，高度重视形式的有意味，使得艺术的古典传统总是在重复着本旨阐述和厌恶纯形式中发展。

拟古美学和新变美学。中国文化的传统习惯所形成的心态是“怯书今语，勇效昔言”。《论语·述而》曰：“信而好古。”对历史的规范充满了缅怀向往的情感，“过去”经过验证，因而足以效法，在政治伦理思想上先秦思想家对三代的激赏就是显例。对于既成的历史遗迹表现出不予置疑的坚定态度，而对于现今的存在却显得怯懦，逡巡畏缩。这一切，阻碍了对现实的新的世界和成果的肯定和所应持的自信态度的形成。这是相当典型的中国文人心态。王羲之《〈兰亭集〉序》说道：“向之所欣，俯仰之间，已成陈迹，犹不能不以之兴怀。”从过去的遗留陈迹中去寻求感兴的情怀，晚清的梁启超曾经指出：

> 中国结习，薄今爱古，无论学问文章事业，皆以古人为不可几及，余生平最恶闻此言。窃谓自今以往，其进步之远轶前代，固不待蓍龟，即并世人物亦何遽让于古所云哉！①

历史发展到梁启超生活的时代，历史所淤积的沉淀物和西方进化观的输入，使得他能够宏观、清醒地审视中国文化的尚古意识。尚古意识铸合了中国人的审美心理结构和审美行为方式。前代是源，后代是流。源为正，流是变。古典才是正宗，即使是革新也要在复古的旗帜下张扬。明代的复古主义是中国文学美学史上的突出范例，而唐、宋散文革新运动树起的大纛上纵书着“古”字。发思古之幽情，成为中国人最易发动的情感，依依不舍地回首往事和怀旧，这和农耕文明所产生的思乡

① 梁启超：《饮冰室诗话》第八则。

情感、思乡诗大量出现具有同样的渊源。中国的复兴古典文化和西方的文艺复兴运动不同。后者是在复兴希腊、罗马文化的口号下灌注了崭新的人本主义内容。中国式的拜古主义是为着实现古人的境界，以古人的一切为尚，以古雅为审美理想，因此，古琴为最高雅之乐器。白居易《清夜琴兴》诗云："月出鸟栖尽，寂然坐空林。是时心境闲，可以弹素琴。清泠由木性，恬淡随人心。心积和平气，木应正始音。响馀群动息，曲罢秋夜深。正声感元化，天气清沉沉。"严羽的文学美学思想可谓杰出也矣，但在《沧浪诗话·诗辨》中却喋喋不休地教育人们："先须熟读《楚辞》，朝夕讽咏以为之本；及读《古诗十九首》，乐府四篇，李陵、苏武、汉、魏五言皆须熟读，即以李、杜二集枕藉观之，如今人之治经，然后博取盛唐名家，酝酿胸中，久之自然悟入。虽学之不至，亦不失正路。此乃从顶𩕳上做来，谓之向上一路，谓之真截根源，谓之顿门，谓之单刀直入也。"可见，严羽的妙悟性美学，他的以禅喻诗，不全是禅宗式的神秘经验，在其背后有着硕大的古典文化语境。扬雄拟相如乃作辞赋，拟《周易》而写《太玄》，拟《论语》终成《法言》。韩愈《答李翊书》："非三代、两汉之书不敢观，非圣人之志不敢存。""上规姚姒，浑浑无涯；周诰殷盘，佶屈聱牙；《春秋》谨严，《左氏》浮夸，《易》奇而法，《诗》正而葩；下逮《庄》《骚》，太史所录，子云、相如，同工异曲。"①诗文讲究用事出典，"三代五帝"之典的出现频率高得惊人，甚至字也用古："逮及魏以下，文士撰述，必本旧言，始则资于训诂，继而引录成言(汉代之文几无一篇不采录成语者，观二汉书可见)，终则综辑故事。爰至齐、梁，而后声律对偶之文大兴，用事采言，尤关能事。其甚者，捃拾细事，争疏僻典，以一事不知为耻，以字有来历为高。"②这一切都为中国文学美学淤积了厚厚的文化土壤。它的发展总规律无法脱离这样的文化总氛围。

于是，中国文学美学史上常常出现复古主义思潮。

① 韩愈：《进学解》。

② 黄侃：《文心雕龙札记·事类》。

至于“变”，在本初意义上并不具备哲学的裂变，连续性过程中断的飞跃涵义。《〈毛诗〉序》说：“至于王道衰，礼义废，政教失，国异政，家殊俗，而变风变雅作矣。国史明乎得失之迹，伤人伦之废，哀刑政之苛，吟咏情性，以风其上，达于事变而怀其旧俗者也。”所谓“变”是指跟“正”的不同点，变风变雅是衰世的反映，并不包含文学自身的发展逻辑。因而，不能正确说明文学史或美学史的演化特征。萧子显看到文学复古、怀旧所造成的停滞状况，便在《南齐书·〈文学传〉论》中提出“在乎文章，弥患凡旧，若无新变，不能代雄”的口号。这是一种变化发展论。这才是真正意义上的“变”。“变”的口号虽然挺新鲜，具有奇异感，但中国文学美学的“变”论缺乏充分的理论准备，细密的理论论证，必要的实际成果的支撑，更重要的是复古的向往旧有传统文化板结层实在太坚实了。赵翼《论诗》绝句睥睨李、杜：“李、杜诗篇万古传，至今已觉不新鲜。”诚是高论，但是，对于被捧为“光焰万丈长”的李、杜，这句否定之词的激昂就显得中气不足了。叶燮《原诗·内篇上》说：“盖自有天地以来，古今世运气数，递变迁以相禅。古云天道十年而一变。此理也，亦势也，无事无物不然，宁独诗之一道胶固而不变乎？今就《三百篇》言之，风有正风，有变风；雅有正雅，有变雅。风雅已不能不由正而变，吾夫子亦不能存正而删变也。则后此为风雅之流者，其不能伸正而绌变也明矣。”在中国文学美学史上始终以拟古为优势。当然拟古的程度和目的手段各有区别，明代拟古主义、古典主义和韩愈为代表的唐、宋古文运动有所不同。明代古典主义遏制了美学新潮的到来和发展，韩愈首倡的古文运动则是在复古旗号下另辟新境。他的“不平则鸣”的美学思想丰富了中国的主体发生美学，纠偏了佛老美学清静淡泊无为的思想。

往时张旭善草书，不治他伎。喜怒窘穷，忧悲愉佚，怨恨思慕，酣醉无聊不平，有动于心，必于草书焉发之。观于物，见山水崖谷，鸟兽虫鱼，草木之花实，日月列星，风雨水火，雷霆霹雳，歌舞战斗，天地事物之变，可喜可愕，一寓于书。故旭之书，变动犹鬼神，不可端倪，以此终其身，而名后世。今闲之于草书，有旭之心哉？不得其心，而逐其迹，未见其能旭也。为旭有道：利害必明，无遗锱铢，情炎于中，利欲斗进，有得有丧，勃然不释，然后一决于书，而后旭可几也。今闲师浮屠氏一死生解外胶，是其为心，必泊然无所起，其于世必淡然无所嗜，泊与淡相遭，颓堕委靡溃败不可收拾，则其于书得无象之然乎！①

唐代古文运动是以新创为指归的复古。宋人姚铉的《〈唐文粹〉序》说："韩吏部超卓群流，独高遂古，以二帝三王为根本，以六经四教为宗师，凭降辘轹，首唱古文，遏横流于昏垫，辟正道于夷坦。"刘熙载《艺概·文概》说："韩文起八代之衰，实集八代之成。盖惟善用古者能变古，以无所不包，故能无所不扫也。""八代之衰，其文内竭而外侈；昌黎易之以万怪惶惑、抑遏蔽掩，在当时真为补虚消肿良剂。"

而一般的复古主义，其全部行为就是复古本身，对现实的美学新境的探索和理论的新建树，缺乏足够勇气。不是去征服现实，而是屈服于历史。由于提不出新的审美理想，又脱离了直接的现实审美环境，因而总是为美学史提供不了新的东西。明、清之际诗文美学尽管争执得颇有几分热闹劲，但复古主义者总是在先秦、汉，唐、宋之间周旋，在宗唐、宗宋之间徘徊。

复古和新变构成中国文学美学发展之二极，互相对举、制约，复古的"前朝曲"尽管声嘶力竭，但总显得不合时宜；"新翻《杨柳枝》"却是元气不旺，它们都无法"各领风骚数百年"，也就形成了中国文学美学史的交替互代以致中和的独特现象，其环节点规范了美学规律。这是我们在下面所要探讨的问题。

---

① 韩愈：《送高闲上人序》。

发展性和循环性的机制

进化和循环

中国文学美学发展规律是什么呢？其基本走向是什么呢？

持鲁迅笔下九斤老太“一代不如一代”论的有陈子龙，他说：“唐后于汉，故唐文不及汉；宋后于唐，故宋文不及唐。”①以朝代的先后次序来判断高低优劣，是一种机械论；如同后代总会胜过前代一样，不能体现中国文学美学史的特定规律。李贽在《童心说》中针对“文必秦、汉，诗必盛唐”的拟古主义，指出：“诗何必古选，文何必先秦，降而为六朝，变而为近体，又变而为传奇，变而为院本，为杂剧，为《西厢曲》，为《水浒传》，为今之举子业，大贤言圣人之道，皆古今至文，不可得而时势先后论也。”每个时代都有每个时代的文学和审美理想、美学风范。如炎汉气象、魏晋风度、六朝粉黛、盛唐之音……有些审美风范即使有某种相似之点，但其实质却有区别。某些最能显示某个时代美学面貌的现象，但时代审美理想丧失了，美学的基调亦随之丧失，这就是苏轼《书〈黄子思诗集〉后》慨叹“魏、晋以来，高风绝尘，亦少衰矣”的原因。袁中道把这一点归结为“气运”即时代审美理想：“文章关乎气运，如此等语，非谓才不如，气不如，直为气运所限，不能强同。故夫汉、魏之不《三百篇》也，唐之不汉、魏也，与宋、元之不唐也，岂人力也哉！”②所以，抓住时代审美理想这个大关节，才算是抓到了问题的症结。时代审美理想是个综合性机体，为社会、文化因素所规范。只有在时代审美理想的考察中，才能确定美学发展的时代性、阶段性及其演化特征。北宋后期江西诗派的盛行，形成诗美学之一转，“靖康之变”的大灾大难使诗美学又一

① 据艾南英《与陈人中论文书》所引述。

② 袁中道：《〈宋元诗〉序》。

转，南宋后期做稳了奴隶，诗风再一转，凡此三转，绝非静态美学现象。孟郊《送任、齐二秀才自洞庭游宣城序》曰："文章者，贤者之心气也。心气乐则文章正，心气悲则文章不正。当正而不正者，心气之伪也。贤与伪，见于文章。一直之词，衰代多祸。贤无曲词。文章之曲直，不由于心气；心气之悲乐，亦不由贤人，由于时故。"这样，从把握时代审美理想或审美理想的时代性入手，就可以区分美学的差异风貌，而差异正是显示演化的轨迹；还可以除进行宏观划分外，进行中观、微观透视。例如同是一个唐代的阶段性审美特征："唐有天下几二百载而文章三变：初则广汉陈子昂以风雅革浮侈；次则燕国公张说以宏茂广波澜；天宝以还，则李员外、萧功曹、贾常侍、独孤常州比肩而出，故其道益炽。"[①]"帝唐以文德敷祐天下，民被其风，俗稍丕变。至则天太后时，陈子昂以雅易郑，学者浸而向方。天宝中，公（按：指李华）与兰陵萧茂挺，长乐贾幼之勃焉复起，振中古之风，以宏文德……于时文士驰骛，飙扇波委，二十年间，学者稍厌《折杨》《黄华》而窥咸池之音者什五六。"[②]散文的阶段性美学风貌如此显著，诗歌也是这样。叶燮《原诗》喻盛唐之诗为"春花""晚唐之诗，秋花也。江上之芙蓉，篱边之丛菊，极幽艳晚香之韵"。这种阶段性分期特征如果不联系受文化机制制约的审美理想做综合性说明，能够解释得准确吗？时代审美理想如同氛围般弥漫，水银泻地般渗透，通过审美的各个层面、各类机体反映和表现出来。而各自的组合，则建构起时代审美理想之总体。所以，考察中国文学美学思想的演变规律首先要把握时代审美理想。

扣合时代审美理想——扣合时代审美理想的组合构建因素，就能从总体上区分各个时代的审美风貌差异，也就能寻绎其演化的总轨迹，从而建立起文学美学史的发展观。

就具体的审美素质而言，具有进化特征。艺术的审美趋向愈来愈

---

① 梁肃：《〈补阙李君前集〉序》。

② 独孤及：《〈检校尚书吏部员外郎赵郡李公中集〉序》。

趋于完备,在审美理论的探讨上也是愈向后发展,内容愈丰富。诗文审美论诚然如此,门类美学的小说、戏曲论也相继出现,更具有理论形态的细密度。叶燮曾这样描写道:

> 汉、魏之诗,如画家之落墨于太虚中,初见形象。一幅绢素,度其长短、阔狭,先定规模;而远近浓淡,层次脱卸,俱未分明。六朝之诗,始知烘染设色,微分浓淡;而远近层次,尚在形似意想间,犹未显然分明也。盛唐之诗浓淡远近层次,方一一分明,能事大备。宋诗则能事益精,诸法变化,非浓淡、远近、层次所得而该,刻画掉换,无所不极。①

> 又汉、魏诗,如初架屋,栋梁柱础,门户已具;而窗棂楹槛等项,犹未能一一全备,但树栋宇之形制而已。六朝诗始有窗棂楹槛、屏蔽开阖。唐诗则于屋中设帐帏床榻器用诸物,而加丹垩雕刻之工。宋诗则制度益精,室中陈设,种种玩好,无所不蓄。大抵屋宇初建,虽未备物,而规模弘敞,大则宫殿,小亦厅堂也。递次而降,虽无制不全,无物不具,然规模或如曲房奥室,极足赏心,而冠冕阔大,逊于广厦矣。②

丰富和扩大,表现为审美体制的完善和素质的增添,诚然在精致的程度上进化了,"然规模或如曲房奥室,极足赏心,而冠冕阔大,逊于广厦",又有精巧太过,反伤浑灏的退化现象。进化遂以退化作为自身发展所付出的代价。

在前面,我们曾经谈到复古与新变的二极矛盾。在中国传统的美学规范中都是极端现象,经过互补(互补是中国文化包括哲学等的调和

① 叶燮:《原诗·外篇下》。
② 叶燮:《原诗·外篇下》。

方式——最基本方式)，形成“通变”说。《文心雕龙》设“通变”专篇，就是试图进行中和。“夫设文之体有常，变文之数无方”“凡诗赋书记，名理相因，此有常之体也；文辞气力，通变则久，此无方之数也。名理有常，体必资于故实；通变无方，数必酌于新声”“文律运周，日新其业。变则其久，通则不乏。趋时必果，乘机无怯。望今制奇，参古定法”。只有既不纯粹“复古”，也不一味“新变”，循“通变”之途，才能“骋无穷之路，饮不竭之源”。清代吴乔《围炉诗话》说：“诗道不出于复变。‘变’谓变古，‘复’谓复古。变乃能复，复乃能变，非二道也。汉、魏诗甚高，变《三百篇》之四言为五言，而能复其淳正。盛唐诗亦甚高，变汉、魏之古体为唐体，而能复其高雅；变六朝之绮丽为浑成，而能复其挺秀。艺至此尚矣！晋、宋至陈、隋，大历至唐末，变多于复，不免于流；而犹不违于复，故多名篇。此后难言之矣。宋人惟变不复，唐人之诗意尽亡；明人惟复不变，遂为叔敖之优孟。”吴乔所反对的是“惟变不复”和“惟复不变”两种倾向，所推尚的是“复变”亦即“通变”。

综上所述，中国文学美学史因为有发展，遂使进化成为可能；因为有进化，又有退化，因而不能说前盛后衰，或前衰后盛；前胜于后，或后胜于前。因为通变、复变，文学史的进程就不是直线式的，而是循环式的。它反映在创作上，也反映在理论上。把中国文学发展的基本规律概括为否定之否定，是用哲学命题对文学的限定，不尽符合中国文学规律的实际，当然也不尽符合中国文学中的美学发展规律。否定之否定不是简单的否定之后的肯定，而是在更高层次上的新发展和新质态的出现。中国文学、美学并不具备这一总体发展特征。它是循环型和复合式，常常是兜了一个圈子之后又回到原有基点上。其进化是在循环中进化，其循环是在进化中循环。它在总体上是微量变化，而不是像西方美学史那样大起大落，起落分明。对“古”的眷念的心理定向使得变异无法建立全新体系。它确有进化，但大多表现在微量元素上。进化和循环是我们对中国文学美学发展规律的基本体认。发展规律的存在方式是形态。这又正是我们在下面所要探讨的问题。

进化和循环规律的基本形态

增补型。萧梁时萧统《〈文选〉序》说："踵其事而增华。"踵事增华是由朴野而至精美的进化逻辑。前代构筑了框架，后代不是突破框架，而是在既定框架内增添内容，使之丰富。叶燮《原诗·内篇上》做了系统的阐述："大凡物之踵事增华，以渐而进，以至于极。故人之智慧心思在古人始用之，又渐出之，而未穷未尽者，得后人精求之，而益用之，出之。"因此，"不可谓后此者不有加乎其前也"。他又具体论述道："夫自《三百篇》而下，三千馀年之作者，其间节节相生，如环之不断；如四时之序，衰旺相循而生物、而成物，息息不停，无可或间也。吾前言踵事增华，因时递变，此之谓也……夫惟前者启之，而后者承之而益之；前者创之，而后者因之而广大之。使前者未有是言，则后者亦能如前者之初有是言；前者已有是言，则后者乃能因前者之言而另为他言。总之，后人无前人，何以有其端绪；前人无后人，何以竟其引申乎？譬诸地之生木然：《三百篇》则其根，苏、李诗则其萌芽由蘖，建安诗则生长至于拱把，六朝诗则有枝叶，唐诗则枝叶垂荫，宋诗则能开花，而木之能事方毕……此中终始相承相成之故，乃豁然明矣。""踵事增华"成为中国文学美学进化的最基本方式。如果对这一概念作语言结构主义分析，"踵事"与"增华"是并列结构，但"踵事"在前，作为前提存在；"增华"在后，作为后补对象。它貌似并列，实有前后承续关系。叶燮说得很明白："后人无前人，何以有其端绪；前人无后人，何以竟其引申。"它们是端绪和引申之关系，而不是突破和变异。"后者"只能靠"前者启之"。"前者创之"，具有创造性功能，"后者"就不配了，只能承而续之、广而益之。这在实质上是抹煞创造力的进化论。由于踵武前代，不作突破和粉碎，因而"增华"最终又会导致没有质的变异的循环论，形成中国文学美学发展规律的进化中循环、循环中进化的特征。其深层原因则是"古训不可违"的文化基因——惰性文化基因。

借用型。中国美学绝少独立概括和提出纯美学范畴、概念，"他山之石，可以攻玉"，往往是借用其他领域的范畴、概念，演化为美学范畴、概念。因而,其一般文化痕迹较为明显。例如从人体现象中获得的“形”“神”论。苏轼《论书》曰:“书必有神、气、骨、肉、血,五者阙一,不能成书也。”一直到近代康有为《广艺舟双楫·馀论第十九》也作这样的借用:“书若人然,须备筋、骨、血、肉,血浓骨老,筋藏肉莹,加之姿态奇逸,可谓美矣。”汉代尚人物品评,如汤用彤所言:“溯自汉代取士大别为地方察举,公府征辟。人物品鉴遂极重要。有名者入青云,无闻者委沟渠。朝廷以名为治(顾亭林语),士风亦竞以名行相高。声名出于乡里之臧否,故民间清议乃隐操士人进退之权。于是月旦人物,流为俗尚;讲目成名(《人物志》语),具有定格,乃成社会中不成文之法度。”①人物识鉴至魏、晋的人物品藻,由渐进显示出不同的时代特征,“汉人朴茂,晋人超脱。朴茂者尚实际。故汉代观人之方,根本为相法,由外貌差别推知其体内五行之不同。汉末魏初犹颇存此风(如刘劭《人物志》),其后识鉴乃渐重神气,而入于虚无难言之域”②。随着人物品藻的政治实用色彩的淡化,审美因素露出端倪。人物品藻的范畴、概念渐入审美,首先在绘画领域产生出来,如“形神”“气韵”“风骨”等。顾恺之有“以形传神”论,谢赫有“气韵”“神气”等论,由绘画的造型、线条艺术理论进入语言艺术的美学理论,遂有刘勰的“风骨”专论。钟嵘把“形似”论引入诗美学,从此诗人以致后起的小说理论,纷起移植,进而开花。

又如“象”论来自《周易》卦象,“言意”说来自哲学,“意境”说来自佛学,等等。这在另一面,则显示了传统思维的吸收能力。

在审美的理论内部也存在这种现象,这首先是由传统的影响所致,例如小说、戏曲的诗化倾向。美学家往往是用诗化理论来规范叙事文学作品,洪昇把诗的言情因素视为戏的基本因子:“从来传奇家非言情之文不能擅场。”严羽诗论提“本色”论,元以后的剧论家常以此奉为戏剧的审美标准。如徐渭《〈西厢〉序》:“世事莫不有‘本色’,有‘相色’,本

---

① 《汤用彤学术论文集》第202~203页。

② 《汤用彤学术论文集》第226页。

色犹言正身也，相色替身也。”借用型使得审美理论内外部之间互渗互融，显示出吸收加以化解的思维功能。

沿用型。沿用前人的创作成果和理论成果，确有不少行家里手，发展到高峰，就是黄庭坚为江西诗派的旗幡所书写的“点铁成金”“夺胎换骨”。先谈创作。现在看来，钟嵘《诗品》溯源式的批评方法是有现实依据的。究其深层原因是创作上的沿用，本身就形成和提供了自身的脉络。叶燮《原诗·内篇上》认为：“建安、黄初之诗，因于苏、李与《十九首》者也。”王世贞《艺苑卮言》卷三说：“子桓之《杂诗》二首，子建之《杂诗》六首，可入《十九首》，不能辨也。”形成了这样一种审美创作倾向：由前代开创，后代沿用、贴近。如“庾子山《燕歌行》开初唐七古，《乌夜啼》开唐七律，其他体为唐五绝、五律、五排所本者，尤不可胜举”①。以致宋代吴曾《能改斋漫录》专辟“沿袭”章，细加推绎：

> 前辈好称僧悟清“鸟归花影动，鱼没浪痕圆”，以为句意皆新，然余读梁沈君攸《临水》诗云“花落圆纹出，风急细流翻”，乃知“鱼没浪痕圆”听自。

> 潘子真诗话云：“山谷言：船如天上坐，人似镜中行。”又“船如天上坐，鱼在镜中悬”，沈云卿诗也；杜子美诗云：“春水船如天上坐。”祖述佺期之语也，继之以“老年花似雾中看”，盖触类而长之。余以云卿之诗盖源于王逸少《镜湖》诗所谓“山阴路上行，如在镜中游”之句。然李白《入青溪山》诗亦云：“人行明镜中，鸟度屏风里。”

> 陆士衡乐府“游客春芳林，春芳伤客心”，杜子美“花近高楼伤客心”，皆本屈原“目极千里伤春心”。

① 刘熙载：《艺概·诗概》。

寇准《春日登楼怀归》:“野水无人渡,孤舟尽日横。”显然沿用韦应物《滁州西涧》之名句“野渡无人舟自横”。连妇孺皆知的“春风又绿江南岸”也属于沿用型序列。李白《侍从宜春苑奉诏赋龙池柳色初晴听新莺百啭歌》曰:“春风已绿瀛州草,紫殿红楼觉春好。”丘为《题农父庐舍》曰:“春风何时至?已绿湖上山。”温庭筠《敬答李先生》曰:“绿昏晴气春风岸,红漾轻沦野水天。”钱锺书《宋诗选注》在这句诗的注释中有一段发问文字:“于是发生了一连串的问题:王安石的反复修改是忘记了唐人的诗句而白费心力呢?还是明知道这些诗句而有心立异呢?他的选定‘绿’字是跟唐人暗合呢?是最后想起了唐人诗句而欣然沿用呢?还是自觉不能出奇制胜,终于向唐人认输呢?”沿用型现象大批量出现,妨碍了审美的创造性思维的发挥。

审美理论上范畴的沿用更是不胜列举,前后代之间,不同美学家之间的差别,仅在微妙之间或有所侧重而已。有时用一种意象来说明审美观念,反复为之。例如黄庭坚在《答王子飞书》中用“常山之蛇”形容陈履常“作文,深知古人之关键,其论事救首救尾,如常山之蛇,时辈未见其比”。洪迈《容斋五笔》引述薛韶之说:“老杜近体律诗,精深妥帖,虽多至百韵,亦首尾相应,如常山之蛇,无间断龃龉处。”后来被小说理论沿用,所谓“常山之蛇”“击首动尾”,如毛宗岗《三国演义》第四十九回批点,张新之《〈红楼梦〉读法》曰:“观其中结构,如常山蛇,首尾相应,安根伏线,有牵一发浑身动摇之妙。”戏曲论亦加沿用,如王骥德《曲律·论套数》。又如廖燕《〈选古文小品〉序》认为:“大狮搏象用全力,搏兔亦用全力,小不可忽也。”诗美学中吴雷发《说诗菅蒯》亦曰“搏兔亦用全力”,这又为小说审美理论所沿用。再如“狮子滚球”法,先由金圣叹《西厢记》“读法”提出,孔尚任《〈桃花扇〉凡例》把狮子戏球,化为龙之戏珠,洪昇评《女仙外史》又加以沿用:“若龙之戏珠,狮之滚球。”①

---

① 见王运熙、顾易生主编《中国文学批评史》下册,上海古籍出版社 1985 年版,第 269 页。

一个范畴、概念，就这么沿用来，沿用去；“炒”过来，“炒”过去，不知该“炒”过多少遍，有的一直“炒”到现代。

一种理论形式形成以后，被不间断地重复沿用，有时仅只发挥一下就够了，有时语言表述形式也不作变动。例如严羽诗美学形成后，李东阳在《诗话》中说：“六朝、宋、元诗，就其佳者亦各有兴致，但非本色，只是禅家所谓小乘，道家所谓尸解仙耳。”以后便有王世贞祖述严羽“妙悟”说，谢榛因承严羽“兴趣”说，再后便有王士禛的“神韵说”，等等。“神韵说”虽是一个新概念，但最初解释权属于严沧浪。王士禛《蚕尾续文》明确表态：“严沧浪以禅喻诗，余深契其说。”前后代相承相沿，便于美学家梳理出一条线索，给美学家确得便利，以为得史之真谛。但这恰恰被经验现象迷惑住了，看不到隐埋在现象背后勾连现象的本质原因和规律。而这，倒真正是美学史所应该揭示的。

中和型。极端性的审美理论到达临界点，就加以中和。就诗美学理论的大范围而言，王夫之和叶燮分别是集大成者。所谓“集大成”的理论支柱是中和型。例如叶燮提出的胆、识、才、力论。严羽的“诗有妙悟，非关理也”是标准的审美论（按照现代美学观念来看待），在古代却是“冒尖”论。于是，便有王夫之来磨棱角：“非理抑将何悟？”①“非谓无理有诗，正不得以名言之理相求耳”②，提出主客体都兼及的审美命题：“内极才情，外周物理。”③姚鼐的古文理论中和了方苞和刘大櫆的见解。宋以降，诗论有两股线索，一是空灵论，一是诗法论。宋后诗话多，不少是讲具体审美传达手段的，实用性质的。到明代两股线索交汇到一个点上，这就是胡应麟诗论。一般的中国文学理论史很少或根本不提到他（只有郭绍虞和美籍学者刘若愚等例外），但研究唐诗的论者却很少不提到他。他是诗的“悟”和“法”的审美调剂者：“作诗大要不过二

① 王夫之：《薑斋诗话》。

② 王夫之：《古诗评选》卷四评司马彪《杂诗》。

③ 王夫之：《薑斋诗话》。

端，体格声调，兴象风神而已。体格声调，有则可循；兴象风神，无方可执。故作者但求体正格高，声雄调鬯，积习之久，矜持尽化，形迹俱融，兴象风神，自尔超迈。譬则镜花水月，体格声调，水与镜也；兴象风神，月与花也。必水澄镜朗，然后花月宛然；讵容昏鉴浊流求睹二者！故法所当先，而悟不容强也。”[①]对这种中和论，郭绍虞有透辟揭示：“他是欲从有则可循者进至无方可执，所以由格调以折入神韵。而他同时复以为‘必水澄镜朗，然后花月宛然’，所以仍以为‘法所当先’。沧浪镜花水月之喻，犹嫌过于抽象，无由入之途，无用力之方，而他则把此种理论建筑在格调说上面，这尤其是他的巧为调和之处。”[②]

可见，中和型美学论以哲学中庸论为基础。

调控型。对某一种理论命题或范畴进行控制式的调节，从而产生出最适合自身审美目的的命题或范畴。调控型机制在本质上体现了中国传统的并加以承续的中庸品格，是在这种品格规范下对审美品格的调节，使之更趋于总体规范。调控分为“他调控”和“自调控”。前者如赵翼《论诗》调控苏轼的审美论：“作诗必此诗，定知非诗人。此言出东坡，意取象外神。羚羊眠挂角，天马奔绝尘。”鉴于“其实论过高，后学未易遵”，经过调控后，便形成这样的提法：“是知兴会超，亦贵肌理亲。吾试为转语，案翻老斫轮。作诗必此诗，乃是真诗人。”这种调控，阻碍理论的突破。

自调控类型。如杨振纲对《诗品》的解释，说出了《诗品》自调控的现象、特征、原因：“雄浑矣，又恐雄过于猛，浑流为浊。惟猛惟浊，诗之弃也，故进之以冲淡。”“冲淡矣，又恐绝无彩色，流入枯槁一路，则冲而漠，淡而厌矣，何以夺人心目，故进之以纤秾。”“纤则易至于冗，秾则或伤于肥，此轻浮之弊所由滋也，故进之以沉著。”“然而过于沉著，则未必

① 胡应麟：《诗薮·内编》五。

② 郭绍虞：《中国文学批评史》，上海古籍出版社 1979 年版，第 382 页。

能高华，一于沉著，又未必不俚俗，故进之以高古。”[①]

循环型的深层文化心态

中国文学美学循环性的产生，其深层原因反映了传统的保守心态，要到历史的原初沟壑中去寻找自己才智的回声。诚然，历时性的积淀产生了共时性的秩序，但历时性的积淀物太板结了。社会形态结构，使得社会文化意识与之同步，更何况文化意识还有着超时代结构的稳定性和持续性。农耕文明的简单生产方式，寒暑易节、春种秋实，维系在日出而作，日没而息，周而复始的状态中，简单的循环式于是出现，孕育出循环性文化论，美学又焉得其外！请看哲学家们是怎么说的：“大曰逝，逝曰远，远曰反。”[②]“反者道之动。”[③]“万物并作，吾以观复。夫物芸芸，各复归其根。归根曰静，静曰复命，复命曰常。”[④]《易》曰：“无往不复，天地际也。”《系辞传上》曰：“往来不穷谓之通。”等等。这就是中国古人的宇宙观、文化观，进而孕育出美学发展观。简单的农耕文明又孕育了怀旧尚古意识，并且发展为绵延整个中国文化史、美学史的贯通意识，对过去的美好的存在，依恋得那么一往情深，而不是瞩目未来、开拓未来。理想应该是在未来中神驰，但在中国往往是在往昔中咀嚼、回思，形成了中国文化传统的负面值。文学尚古意识最典型的有黄庭坚。《与潘子真书》云：“发愤忘食，追配古人。”《与宜和朱叔》云：“要须古文为师。”《答洪驹父书》云：“更须治经探其源，乃可到古人耳。”《跋〈张载熙书卷尾〉》云：“凡作字须熟观魏、晋人书，会之于心，自得古人笔法也。”《王立之承奉直方》云：“作赋须要以宋玉、贾谊、相如、子文为师，略依仿其步骤，乃有古风……盖古人于能事，不独求跨时辈，须要于前辈

---

① 郭绍虞：《诗品集释·〈续诗品〉注》，人民文学出版社1963年版，第5、7、9、10页。

② 《老子·二十五章》。

③ 《老子·四十章》。

④ 《老子·十六章》。

中擅场尔。”有时,复古派也有竞争,但那是为了看谁复得最符合古的典范。

尚古怀旧意识愈向后发展,愈显得强烈。“古”的东西愈远,愈具有吸引力和迷惑力。同时,淤积物积淀得过于厚重,因循势力形成了无法突破的环圈,在密密裹茧之中失去创造活力,清代叶德辉《翼教丛编》说得够透彻的了:“《论语》一书,综百王之大法,凡吾人所欲言,无不于数千百年前言之。”返始极本、慎终追远成为中国文化的重要性质。

在政治文化思想上也具有同样的惰性和保守性。孟子直言不讳地说:“我非尧舜之道,不敢以陈于王前。”[①]荀子对尚古行为做了明确规定,说:“声,则凡非雅声者举废;色,则凡非旧文者举息;械用,则凡非旧器者举毁,夫是之谓复古,是王者之制也。”[②]一切都依照祖宗之家法。但是,困惑是常在的。传统和新变也是一种困惑,任何传统都无法不加任何改变地在新的环境条件下实施。于是出现了这样一个变通原则——经权。《韩诗外传》释云:“常之谓经,变之谓权。”经权并非并列关系。原因是:其一,权须在经的辖区内进行,即董仲舒《春秋繁露·玉英》所言:“夫权虽反经,亦必在可以然之域;不在可以然之域,故虽死亡,终弗为也。”其二,权的最终目的是为了“经”,即柳宗元《断刑论》所谓:“经也者,常也;权也者,达经也。”最后落脚点仍然是“祖述尧、舜、禹、汤之道”“终古无弊”[③]。这是弥漫型的普遍文化心态,“通变”——复古与新变的折衷美学发展观,正是普泛型的中国文化心态的反映和逻辑延伸。

这一文化心态往往使得文化、美学思想,徘徊于旧的命题,踟蹰于老的范畴,即使提出新概念,却要付出漫长的时间代价,而又常常赋予了老的内涵。“旧瓶装新酒”的提法一直为人们所津津乐道。游移兼容

---

① 《孟子·公孙丑下》。

② 《荀子·王制》。

③ 《墨子·尚贤上》。

的概念形式取代了界限廓清的概念形式。虽有一定的理论主题，崭新的思想体系却无法建立，只能在陈旧的理论框架和模式内修补，输入的仅是微量信息。所遵循的原则是：疏不破注，注不破经。

这又和中国文人的意识相关，他们的文化—审美主体性能不是改变传统的结构，而是不断确定自己在传统中的位置。

这一切，便使得中国文学美学的进化历程显得沉重、缓慢和步履蹒跚。

（原载中国艺术研究院《文艺研究》1989年第5期）

唐代僧俗书家审美交游

唐代寺僧和士夫、文士、画家、书家等交游成为人文一大盛事。柳宗元《送文畅上人登五台遂游河朔序》说:“昔之桑门上首,好与贤士大夫游。”而俗界如白居易交游一半在僧界。书法领域僧俗交游,双向互动,前无之盛,后乏嗣响。怀素是唐代佛教徒最善于与俗界士人交游的书僧,因此,他赢得了极高的知名度。唐诗人任华《怀素上人草书歌》言“狂僧前日动京华”,书僧来京,产生轰动效应。《全唐诗》以“怀素上人草书歌”的同题诗最为丰富多样,对书家吟咏以怀素草书最为淋漓酣畅。如李白、裴说、王邕、戴叔伦、窦冀、鲁牧、张谓、任华、朱逵、许谣等三十七人。佛释诗人、诗论家皎然,俗名谢清昼,又称昼,南朝刘宋名诗人谢灵运十世孙,湖州长城人。诗风清逸淡雅,其《诗式》是唐代诗歌美学史乃至中国美学史的著名论著。诗论的最大特点是以禅学解诗,深谙禅义,论诗则禅意盎然,别有洞天。在诗审美论、诗本体论、诗创作论等一系列问题上,见解独到。皎然以禅义喻诗义,首创“意境”论,开启禅学论诗最早先声,对后代以禅论诗的思想影响极大。《重意诗例》:“但见文字,不睹文字。”言诗之审美特性。《取境》:“意静神旺,佳句纵横,若不可遏,宛如神助。”言诗之审美状态。《诗有二要》:“要力全而不苦涩,要气足而不怒张。”言诗之审美格调,等。皎然与书家颜真卿、书家李阳冰、诗人韦应物、诗人顾况等广为交游,互有唱和,时称“江东名僧”。其中与颜真卿的交游绵延于大历八年(773)至大历十二年(777),达五年之久,诗韵唱和甚密。据朱关田先生《颜真卿年谱》,大历八年(773)颜真卿“于柳家寺造访游龙兴寺诗僧皎然”。颜真卿《湖州乌程县杼山妙喜寺碑》:“时杼山大德僧皎然,工于文什,惠达灵煜,味于禅诵。”同年仲春,颜真卿“登临岘山,与皎然及名士陆羽等赋诗联句,有《登岘山观李左相石樽联句》诗,并序”。又颜真卿“宴集清风楼送吴筠归林屋洞,皎然有诗志其事。又有《滑语联句》《醉语联句》,预唱者李萼、皎然、陆羽诸人”。同年夏,颜真卿“陪游袁高游杼山,会皎然移居于是山之妙喜寺,相与联唱”。颜真卿“陪同袁高、皎然诸人上骆驼桥玩月,登开元寺观碑”。大历九年(774)春天,颜真卿“从皎然之请,撰书《妙喜寺碑》志其事”。大历十年(775)秋天,颜真卿“与皎然、李萼游法华寺,皎然有诗志之”。大历十一年(776)颜真卿“与皎然等宴集联唱”,重阳日,颜真卿“与皎然诸人登水楼赏菊”。大历十二年(777),颜真卿和书家李阳冰及皎然,同游岘山,“皎然有诗志其事”。名诗僧皎然和名书家颜真卿的历年密集交游,诗韵酬唱,书艺切磋,人文雅集,书写了唐代诗史和书史的动人篇章。

僧怀素是继张旭之后唐代极孚盛名的草书家。怀素的老师是邬彤,邬彤的老师是张旭,有这一层深厚的薪火相传的师承关系。陆羽《僧怀素传》记:“吏部韦尚书陟荐而善之,曰:‘此沙门札翰,当振宇宙大名。’怀素心悟,曰:‘夫学无师授,如不由户而出。’乃师金吾兵曹钱唐邬彤,授其笔法。”邬彤对怀素亲授张旭的草书法。邬彤“谓怀素曰:‘草书古势多矣。惟太宗以献之书如凌冬枯树,寒寂劲硬,不置枝叶。’张旭长史又尝私谓曰:‘孤蓬自振,惊沙坐飞。’余师而为书,故得奇怪。凡草圣尽于此。”邬彤以草书之真谛传之于怀素,而怀素得乃师草书之真传。

《宣和书谱》记怀素“俗姓钱,长沙人,徙家京兆,玄奘三藏之门人也。初励律法,晚精意于翰墨,追仿不辍,秃笔成冢。一夕观夏云随风,顿悟笔意,自谓得草书三昧,斯亦见其用志不分,乃凝于神也。当时名流如李白、戴叔伦、窦臮、钱起之徒,举皆有诗美之。壮其势以谓‘若惊蛇走虺,骤雨狂风’,人不以为过论。又评者谓:‘张长史为颠,怀素为狂,以狂继颠,孰为不可?’及其晚年益进,则复评其与张芝逐鹿,兹亦有加无已,故其誉之者亦若是耶?考其平日得酒发兴,要欲字字飞动,圆转之妙,宛若有神,是可尚者。”怀素是大历十才子之一钱起的外甥,钱起有诗《送外甥怀素上人归乡侍奉》:“释子吾家宝,神清慧有馀。能翻梵王字，妙尽伯英书。远鹤无前侣，孤云寄太虚。狂来轻世界，醉里得真如。飞锡离乡久，宁亲喜腊初。故池残雪满，寒柳霁烟疏。寿酒还尝药，晨餐不荐鱼。遥知禅诵外，健笔赋闲居。”此诗以亲舅舅的身份，勾画出外甥怀素的精神风貌，书法审美旨趣。

从陆羽《僧怀素传》，不仅看到怀素的狂禅风姿，而且看到他超常的刻苦精神。怀素“时酒酣兴发，遇寺壁里墙，衣裳器皿，靡不书之。贫无纸可书，尝于故里种芭蕉百馀株，以供挥洒。书不足，乃漆一盘书之。又漆一方板，书至再三，盘、板皆穿”。《李太白全集·草书歌行》王琦注引《一统志》也有相似记载：“怀素……睹二王（王羲之、王献之）真迹及二张（张芝、张旭）草书而学之，书漆盘三面皆穴。”上引《宣和书谱》亦有“秃笔成冢”的记述。惊人的刻苦、勤奋和磨砺，终致出类拔萃，鸢飞戾天，凝结成狂草的惊人成就，像旋风似地席卷唐代书坛。中唐僧怀素“盘、板穿穴”和东晋王羲之的“墨池尽染”，是中国书法史上的感人佳话。足证僧怀素草书的巨大成就，实非偶得。勤勉乃是“九层之台”的“垒土”之“起”，“千里之行”的“足下”之“始”。而王羲之“墨池”说所传甚广，所惜僧怀素“秃笔”“穿盘”说所播甚微。在研究唐代佛教和书法美学的今天，应当弘扬其精神，光而大之。

唐代诗歌名流以怀素作书的亲见者，或以对怀素书迹的亲睹者的身份赋成诗歌，各尽其致，各有感受，扬扬洒洒，铺扬蹈厉，可以作为独立的诗审美鉴赏名篇。《李太白全集·草书歌行》王琦注引《一统志》记：“赠之（怀素）歌者三十七人，皆当世名流。”其中应说到颜真卿与怀素这两位伟大书法家的交谊。大历七年（772）在洛阳颜真卿与怀素论书，在中国书法史上留下了浓重的一笔。怀素《藏真帖》：“近于洛下偶逢颜尚书真卿，自云颜传长史笔法。闻斯八法，若有所得也。”陆羽《僧怀素传》所记甚详：

> 至晚年，颜太师真卿以怀素为同学邬（彤）兵曹弟子，问之曰：“夫草书于师授之外，须自得之。张长史睹孤蓬惊沙之外，见公孙大娘剑器舞，始得低昂回翔之状，未知邬兵曹有之乎？”

怀素对曰:“似古钗脚,为草书竖牵之极。”

颜公于是徜徉而笑,经数月不言其书。

怀素又辞之去。

颜公曰:“师竖牵学古钗脚,何如屋漏痕?”

素抱颜公脚唱:“贼。”

久之,颜公徐问之,曰:“师亦有自得之乎?”

对曰:“贫道观夏云多奇峰,辄尝师之。夏云因风变化,乃无常势,又遇壁折之路,一一自然。”

颜公曰:“噫!草书之渊妙,代不绝人,可谓闻所未闻之旨也。”

这段记述,有场面情景,有禅机尖新,有禅悟领略,有自然景象和书法审美的异质互构。怀素从夏云奇峰的自然现象中获得草书美学动若流云,变“无常势”的重要启示,会心悟解。僧俗两位大书家灵犀沟通,颜氏给予了“闻所未闻之旨”的极高赞赏。

颜真卿欣然为《怀素上人草书歌》作序。序曰:

开士怀素,僧中之英,气概通疏,性灵豁畅。精心草圣,积有岁时,江岭之间,其名大著。故吏部侍郎韦公陟,睹其笔力,勖以有成。今礼部侍郎张公谓,赏其不羁,行以游处,兼好事者,同作歌以赞之,动盈卷轴。夫草稿之作,起于汉代,杜度、崔瑗始以妙闻,迨乎伯英,尤擅其美,羲、献兹降,虞、陆相承,口诀手授,以至于吴郡张旭长史,虽姿性颠逸,超绝古今,而楷模法详,特为真正。真卿早岁常接游居,屡蒙激昂,教以笔法,资质劣弱,又婴物务,不能恳习,迄以无成。追思一言,何可复得?忽见师作,纵横不群,迅疾骇人,若还旧观。向使师得亲承善诱,亟挹规模,则入室之宾,舍子奚适?嗟叹不足,聊书此以冠诸篇首。

序写得深情,对书法之渊源相承关系,对识赏、提携人物,对怀素资质、气度,对草书超逸绝尘的成就等,均概括殆尽,且要言不烦,切中肯綮。

唐代窦冀《怀素上人草书歌》,说怀素于“粉壁长廊数十间”,复原当时境况,那是悬空作业,纵情泼墨,一气如注,该是何等气势、气魄、气派！朱长文《续书断》评怀素“妙绝,如壮士拔剑,神采动人”。怀素的草书狂得奔腾,狂得飘逸,风驰电掣,急鼓繁弦,颇有狂禅之态、之风、之味。怀素书论得禅之真髓,怀素书法得禅之真谛。这是中唐禅宗兴盛在书法美学上的突出体现。

宋代董逌《广川书跋·怀素上人帖》既对怀素草书做渊源探究,又对怀素和张旭这两位唐代最杰出的草书家加以比较说:“书法相承,至张颠(张旭)后,则鲁公(颜真卿)受法得尽于楷,怀素受法得尽于草,故鲁郡公(颜真卿)谓以狂继颠,正以师承源流而论之也。然旭于草字,则度绝绳墨,怀素则谨于法度,严壁固垒,若不可犯,二人要之皆至其极地也。”刘熙载《艺概·书概》也进行了这方面的比较,说法有异同。言道:“长史(张旭)、怀素皆祖伯英(张芝)今草。长史《千文》残本,雄古深邃,邈焉寡俦。怀素大小字《千文》或谓非真,顾精神虽逊长史,其机势自然,当亦从原本脱胎而出;至《圣母帖》,又见与二王门庭不异也。”“旭、素书可谓谨严之极,或以为颠狂二学之,与宋向氏学盗何异?旭、素必谓之曰:若失颠狂之道至此乎?”“张长史书悲喜双用,怀素书悲喜双遣。”“悲喜”说极其精彩！乃是入世和出世之异也。

对僧怀素的狂草,唐代诗人所作的是诗意化描述、诗性化评价。其特点有二:一是随着怀素“旋风”所至,即成亮点,诗人们像是现今的媒体记者和“粉丝”,争先恐后,蜂拥而上,出现“追星”现象,赋诗则沸沸扬扬,出现“井喷”,这在整个唐代诗坛和《全唐诗》中是罕见的,产生了少有的“怀素热”;二是所有的诗,无一例外,均为长歌咏之的歌行体,铺张扬厉,乃诗中大赋,必欲尽情尽意,发露极致而后已。

佛门书僧和俗世书家,交游互动,共同谱就了唐代佛教史和书法美学史之辉煌。

(节选自《唐代佛教与书法美学》,原文13000字,原载《唐代美学史》,陕西师范大学出版社1999年版。)

唐代服饰美学

唐代服饰审美成就极高，在中国服饰美学史上有着极高的地位，它体现于色彩、式样、质料等方面，也体现了它所在的那个时代的社会特点和审美理想。

服饰演变的美学史概况

隋代统一中国以后，着手进行服饰的改造和制定，一方面以汉服为主导，另一方面又吸收了北方民族服饰的特点，加以融会。隋炀帝登位后，进一步制定服制，特别确定了服饰的等级差别，主要用色彩来区分。《文献通考》说："用紫、青、绿为命服，昉于隋炀帝而其制遂定于唐。"隋代服饰的伦理性质十分明显。《隋书·礼仪志》写道："大业六年诏，胥吏以青，庶人以白，屠商以皂。"隋代女服多用长裙，束高，甚或束于腋部。裙长又高束，便形成了颀长之美。隋炀帝时由于大兴奢靡之风，服饰上亦以华丽为时尚。延及唐代，服饰有所改变，这是随着经济、社会的发展变化而变化的现象。《旧唐书·舆服志》写道："风俗奢靡，不依格令，绮罗锦绣，随所好尚，上自宫掖，下至匹庶，递相仿效，贵贱无别。"岑仲勉《隋唐史》就曾描述了隋、唐服饰史的演变过程。"自北朝以来，男女衣饰多尚胡服窄袖，唐初犹尔，至开元后稍博。（笔谈）（岑仲勉有注云：禄山事迹下言天宝时妇人衣襟袖窄小，此文似应作'天宝后'为合。白居易诗记天宝装束云，'小头鞋履窄衣裳'，又记元和时云，'时势宽妆束'，都可证。）大和六年敕定，袍袄等曳地不得长二寸以上，衣袖不得广一尺三寸以上,妇人制裙不得阔五幅以上,裙条曳地不得长三寸以上,襦袖等不得广一尺五寸以上。开成四年淮南李德裕奏,管内妇人衣袖先阔四尺,今令阔一尺五寸,裙先曳地四五寸,今令减三(或本讹'五'寸)。(会要三一)向达近年研究敦煌壁画,谓自六朝至唐初,男女俱著胡服,即所谓裤褶,男衣短仅至膝,折襟翻领;女衣亦同而稍长,内面另有长裙,肩披肩巾,俱穿胡靴,足觇李唐一代服装趋尚之转变。"①唐代服饰变化显著,其变化的原因跟社会思潮、风习的关系很大。从唐代妇女服饰变化的几个阶段可以看出其社会风气的变化影响了服饰的变化。《新唐书·舆服志》载,"初,妇人施幂罱以蔽身"。《旧唐书·舆服志》亦载:"武德、贞观之时,宫人骑马者,依齐、隋旧制,多着幂罱。虽发自戎夷,而全身障蔽,不欲途路窥之。王公之家,亦同此制。"幂罱是用来遮蔽身躯的,使之不外露,不为人所看见。这种装束反映了唐初的伦理观念之严,其观念内涵还是沿用着前代,即所谓"依齐、隋旧制"。但是,到了永徽之后出现了变化,《旧唐书·舆服志》记道:"永徽之后,皆用帷帽,拖裙到颈,渐为浅露,寻下敕禁断,初虽暂息,旋又仍旧。咸亨二年又下敕曰……至于衢路之间,岂可全无障蔽,比来多著帷帽,遂弃幂罱。"帷帽代替了幂罱。帷帽顶高耸边宽,有网纱做面纱,显然是对幂罱的突破和改造,是伦理观念突破和更新的结果。因为是伦理观念和审美观念解放所形成的服饰变化现象,所以就具有扩散力,形成风习。尽管它被指摘为"过为轻率,深失礼容",但"递相仿效,浸成风俗",已成不可抗拒之势。《旧唐书·舆服志》写道:"则天之后,帷帽大行,幂罱渐息。中宗即位,宫禁宽弛,公私妇人,无复幂罱之制。"罱不复存在了。到了唐玄宗开元年间,兴起的胡帽又代替了帷帽。据《旧唐书·舆服志》所载:"开元初,从驾宫人骑马者,皆著胡帽,靓妆露面,无复障蔽。士庶之家,又相仿效,帷帽之制,绝不行用。俄又露髻驰骋,或有著丈夫衣服靴衫,而尊卑内外,斯一贯矣。"帷帽尚存的一点障蔽已全部取消,

① 岑仲勉:《隋唐史》,高等教育出版社 1957 年版,第 650 页。

女性“靓妆”则完全露面。这是彻底的思想解放，是服饰美学的历史性进步。

元和年间是唐代美学包括服饰美学的重要转折时期。《新唐书·五行志》记：“元和末，妇人为圆鬟椎髻，不设鬓饰，不施朱粉，惟以乌膏注唇，状似悲啼者。”当代沈从文《中国服饰研究》也写道，元和时妇女服饰的“主要特征是蛮鬟椎髻，乌膏注唇，赭黄涂脸，眉作细细的八字式低颦。前期表现健康而活泼，后期则相反，完全近于一种病态……后来衣袖竟大过四尺，衣长拖地四五寸”。白居易的《时世妆》写道：“时世妆，时世妆，出自城中传四方。时世流行无远近，腮不施朱面无粉。乌膏注唇唇似泥，双眉画作八字低。研蚩黑白失本态，妆成尽似含悲啼。圆鬟垂鬓椎髻样，斜红不晕赭面状。昔闻被发伊川中，辛有见之知有戎。元和妆梳君记取，髻椎面赭非华风。”白居易还有《江南喜逢萧九彻因话长安旧游》亦写道：“时世高梳髻，风流淡作妆。戴花红石竹，帔晕紫槟榔。鬓边悬蝉翼，钗垂小凤行。”史书、诗歌，今人研究的结论是一致的，反映了这一变化了的事实和当时服饰的审美状况。值得注意的是，白居易指出了这是“时世妆”，是时兴的服饰，它一旦流行开来便没有远近——“时世流行无远近”。它“出自城中传四方”，乃都市文化繁盛起来以后扩散开来所形成的文化、美学现象。诗人真实地描述了唐代的这一事实。由此可见唐代的美学特点，风气性质很显著，风动于都市而声闻于四野，弥散力、扩散性很强，同时，变化迅速，往往才领风骚，旋即更替，否定性十分强烈。这便使唐代美学包括服饰美学演变的思潮性质特别明显。

服饰美学的思潮更迭又非孤立的，它的形成与发展，均跟社会风习和整个美学思潮息息相关。中唐美学出现怪奇美、荒诞美，韩愈、李贺便是其文学美学之代表。在这样的总体美学氛围内，服饰美学也染上怪艳风调，元稹《叙诗寄乐天书》写道：“近世妇人，晕淡眉目，绾约头鬓，衣服修广之度，及匹配色泽，尤剧怪艳。”

服饰美的基本特征

唐代服饰富于多彩多姿的美感特征。韦应物《长安道》描述道:"丽人绮阁情飘摇,头上鸳钗双翠翘。低鬟曳袖回春雪,聚黛一声愁碧霄。"杜甫《即事》写道:"百宝装腰带,真珠络臂鞲。笑时花近眼,舞罢锦缠头。"可见其装饰花团锦簇,五光十色。

唐代女性服饰有男性化倾向。《旧唐书·舆服志》记那些"从驾宫人""或有著丈夫衣服靴衫",李廓《长安少年行》写道:"遨游携艳妓,装束似男儿。"

唐代服饰追求总体上的美。元稹《梦游春七十韵》中就曾描述道:"丛梳百叶髻,金蹙重台履。纰软细头裙,玲珑合欢袴。鲜研脂粉薄,暗淡衣裳故。最似红牡丹,雨来春欲暮。"

唐人重视化妆,元稹《恨妆成》细致地描绘了清晨梳妆的情景,"晓日穿隙明,开帷理妆点。傅粉贵重重,施朱怜冉冉。柔鬟背额重,丛鬓随钗敛。凝翠晕蛾眉,轻红拂花脸。满头行小梳,当面施圆靥。最恨落花时,妆成独披掩"。张碧《美人梳头》也描述道:"玉容惊觉浓睡醒,圆蟾挂出妆台表。金盘解下丛鬟碎,三尺巫云绾朝翠。皓指高低寸黛愁,水精梳滑参差坠。须臾拢掠蝉鬓生,玉鬓冷透冬冰明。芙蓉折向新开脸,秋泉慢转眸波横。"

通过装饰形成了一种美态,花枝招展式的美。如常理《古离别》所写:"粟钿金夹膝,花错玉搔头。"又如令狐楚《远别离》所写:"玳织鸳鸯履,金装翡翠簪。"

唐人改变了隋代发髻简单化的趋向,发髻形式多样,造形别致。

梳高髻是唐人之时尚,白居易《江南喜逢萧九彻因话长安旧游》写道:"时世高梳髻,风流淡作妆。"元稹《李娃行》有句,"髻鬟峨峨高一尺,门前立志看春风"。

发髻中有:

堕马髻　李颀《缓歌行》写道:"二八蛾眉梳堕马,美酒清歌曲房下。”

倭堕髻　许景先《折柳篇》写道：“宝钗新梳倭堕髻，锦带交垂加理襦。”

三角髻　李白《上元夫人》写道：“嵯峨三角髻，馀发散垂腰。”

乌蛮髻　唐传奇《红线》写道“梳乌蛮髻，攒金凤钗，衣紫绣短袍，系青丝轻履”。

在发髻上又是有装饰的。例如上面引文中所说的，在“乌蛮髻”上“攒金凤钗”。杜甫《丽人行》写道：“头上何所有？翠微匐叶垂。”薛能《戏题》句：“拥头珠翠重。”杜牧《见刘秀才与池州妓别》句：“金钗横处绿云堕。”范元凯《章仇公席上咏真珠姬》句：“顾步裴回拾翠钗。”白居易《长恨歌》就曾写到杨玉环自尽后“花钿委地无人收，翠翘金雀玉搔头”。在发髻上还戴花，如杜牧《山石榴》所描绘的，“似火山榴映小山，繁中能薄艳中闲。一朵佳人玉钗上，只疑烧却翠云鬟”。杜牧《高山麻涧》写道：“茜袖女儿簪野花。”

发髻和面饰是相辅而相映生辉的。刘禹锡《同乐天和微之深春》写道：“双鬟梳顶髻，两面绣裙花。”有的双唇染红，岑参《醉戏窦子美人》写道：“朱唇一点桃花殷，宿妆娇羞偏髻鬟。细看只似阳台女，醉着莫许归巫山。”有的染有额黄。六朝时已有额上涂饰，唐代仍沿用。萧梁简文帝《戏赠丽人》写道：“同安鬟里拨，异作额间黄。”唐代李商隐《蝶》写道：“寿阳公主嫁时妆，八字宫眉捧额黄。”袁郊《柳枝词咏蒿水溅妓衣》写道：“半额鹅黄金缕衣，玉搔头袅凤双飞。”

化妆上或用浓艳之妆，张柬之《东飞伯劳歌》写道：“谁家绝世绮帐前，艳粉红脂映宝钿。”“绝世三五爱红妆，冶袖长裙兰麝香。”或作淡妆，郑史《赠妓行云诗》：“最爱铅华薄薄妆，更兼衣著又鹅黄。”

唐代妇女时兴石榴裙，俏丽红艳。卢象《戏赠邵使君张郎》写道：“少妇石榴裙，新妆白玉面。”白居易《谕妓》写道：“烛泪夜粘桃叶袖，酒痕春污石榴裙。”唐传奇《霍小玉传》写霍小玉“着石榴裙，紫褴裆，红绿帔子”。

鞋履。开元以前，女性多着靴，后改为鞋。《旧唐书·舆服志》载：

"武德末妇人著履,规制亦重,又有线靴。"到"开元末"发生变化,"妇人倒著线鞋,取轻妙便于事,侍儿乃著履"。《新唐书·舆服志》载:"妇人衣青碧缬,平头小花草履,彩帛缦成履……及吴越高头草履。"白居易《上阳白发人歌》写道:"小头鞋履窄衣裳,青黛点眉眉细长……天宝末年时世妆。"这种鞋样也成为天宝末年的时尚了。

服饰美的中外交流

中外交流促进了唐代的文化、美学(包括服饰文化、美学)的发展。《旧唐书·五行志》载:"天宝初,贵族及士民好为胡服胡帽,妇人则簪步摇钗,衿袖窄小。"元稹《法曲》写道:"自从胡骑起烟尘,毛毳腥膻满城洛。女为胡妇学胡妆,伎进胡音务胡乐……胡骑与胡妆,五十年来竞纷泊。"外族带来了胡帽,窄袖紧身、翻领的胡服,胡靴。特别是胡舞的引入,促进了胡服在中原地区的发展。白居易《胡旋女》云:"臣妾人人学圜转。"元稹《胡旋女》说:"胡人献女能胡旋。"杜佑《通典》描述道,舞者"绯袄锦袖、绿绫浑裆裤、赤皮靴、白袴,双舞急转如风,俗云'胡旋'"。但是,整个唐代一浪接一浪更迭变化的思潮特点,也决定了胡服同样只是作为唐代服饰美学史的一个过程出现。盛唐之后,胡服不再盛行,服装突破了胡服的紧身窄袖,向宽服大袖发展。尽管文宗时曾对衣袖之大有过明确规定,但人们并不遵守。突破胡服如同过去崇尚胡服一样不可抗拒。到了中、晚唐就出现前引沈从文所说的现象:"衣袖竟大过四尺,衣长拖地四五寸。"唐代服饰美又走上了另一条道路了。

(原载《思想战线》,2001 年第 5 期,人大复印资料《美学》2001 年第 11 期全文转载。)

宋代《词论》美学思想

在宋代词域，李清照的词作独树一帜，李清照的词论别是一家。

她的词论的理论勇气带有反潮流的气概和强烈的主体意识。她的父亲李格非是著名的文学家，“出东坡之门”，成为苏门后四学士之一；丈夫赵明诚为著名的金石收藏家和考据家。她本人的诗得到名家晁补之的称赞，词作成就更为世所称道。她的家庭文化背景和自己的文学审美成就，成为她词学理论批评的“底气”。

她是词学的原旨主义者，所维护的是词的本体意义。

收入胡仔《苕溪渔隐丛话》后集卷三十三的李清照《词论》(题目为后人所加)写道：

> 乐府声诗并著，最盛于唐开元、天宝间，有李八郎者，能歌，擅天下。时新及第进士，开宴曲江，榜中一名士，先召李，使易服隐名姓，衣冠故敝，精神惨沮，与同之宴所。曰：“表弟愿与坐末。”众皆不顾。既酒行乐作，歌者进，时曹元谦、念奴为冠。歌罢，众皆咨嗟称赏。名士忽指李曰：“请表弟歌。”众皆哂，或有怒者。及转喉发声，歌一曲，众皆泣下。罗拜，曰：“此李八郎也。”
>
> 自后郑、卫之声日炽，流靡之变日烦。已有《菩萨蛮》、《春光好》、《莎鸡子》、《更漏子》、《浣溪纱》、《梦江南》、《渔父》等词，不可遍举。
>
> 五代干戈，四海瓜分豆剖，斯文道熄。独江南李氏君臣尚文雅，故于“小楼吹彻玉笙寒”、“吹皱一池春水”之词，语虽奇甚，所谓

亡国之音哀以思也。

逮至本朝，礼乐文武大备，又涵养百馀年，始有柳屯田永者，变旧声，作新声，出《乐章集》，大得声称于世。虽协音律，而词语尘下。又有张子野、宋子京兄弟、沈唐、元绛、晁次膺辈继出，虽时时有妙语，而破碎何足名家！至晏元献、欧阳永叔、苏子瞻，学际天人，作为小歌词，直如酌蠡水于大海，然皆句读不葺之诗尔，又往往不协音律者。何耶？盖诗文分平侧，而歌词分五音，又分五声，又分六律，又分清浊轻重。且如近世所谓《声声慢》、《雨中花》、《喜迁莺》，既押平声韵，又押入声韵。《玉楼春》本押平声韵，又押上去声，又押入声。本押仄声韵，如押上声则协；如押入声，则不可歌矣。王介甫、曾子固，文章似西汉，若作一小歌词，则人必绝倒，不可读也。

乃知别是一家，知之者少。后晏叔原、贺方回、秦少游、黄鲁直出，始能知之。又晏苦无铺叙。贺苦少典重。秦则专主情致，而少故实，譬如贫家美女，非不妍丽，而终乏富贵态。黄即尚故实，而多疵病，譬如良玉有瑕，价自减半矣。

最重要也是最有特点的是李清照的评论姿态，那样宏观，那样透辟，透现出来仍是那高雅的贵族气，例如对秦观词的评价。这篇不足一千字的词论，却充满着大家之气，这是因为前面所说的底气足。其气象、气派直让须眉词论家低眉。

原旨主义和贵族主义是李清照《词论》的两大支柱，恢复词“别是一家”是她的根本目的所在。

词的原旨就是其音乐性质。《词论》开始所作“李八郎(李衮)”歌压群士的描述，颇类小说家言，像是微型小说。然而其目的是说明“乐府声诗并著”，都是发源于音乐，能够合乐歌唱——本来就能歌唱或对非歌唱体加以配曲歌唱。这个源头是纯正的，具备了正宗性质。但此后“乐府声诗”衰落，歌词兴起，出现了一系列的词调，改变了原先所具有的雅化性质，变得“郑、卫之声日炽，流靡之变日烦”，这是跟它最初产生所形成的变调有关，在时间上，则是中唐以后所形成的。到了五代，国势日衰，而歌词日盛，李氏父子及其君臣的歌词却显得格调“文雅”，但因为是“亡国之音”，便显出“哀以思”的悲怆特征。这不是李清照审美理想所需要的。

李清照对“本朝”词的评价是“词论”的重点，由“论”及“史”，粗疏地勾勒了宋代的词演变史。

她对宋词史上的现象评析都以她的词学核心论为依据，进而体现了她的词审美见解。她的见解有许多是卓越的，以致成为后代人论宋词的出发点。

评柳永。她认为，是在“涵养百馀年”，在诸种文化—美学条件孕育齐备的基础上，“始有柳屯田永者”。她所作的评价“变旧声作新声”，可以说是对柳永词史地位的论定。她看到柳永词在当时所产生的影响：“大得声称于世。”她所肯定的是柳词“协音律”，所否定的是柳词“词语尘下”，通俗化、低层次。对柳词的优劣论，正导发于上述的词学核心论。

评张先等。对于张先、宋庠兄弟、沈唐、元绛、晁端礼等人，尤其张先有“张三影”之称，善于提练富于表现力的句子，如“云破月来花弄影”，李清照看到“时时有妙语”的特点，但是她认为：“破碎何足名家！”这里体现了她的审美理念的完整性。艺术魅力是从整体上产生的，这里有着论者的独特见解。

评以诗为词。作为文学大家，晏殊、欧阳修、苏轼，填起词来，如同酌蠡水于大海，举重若轻，毫不费力，但“往往不协音律”，犯了填词的大病，变成了“句读不葺之诗”即句式长短参差的诗。词的最基本特征不在句式上，而在音律上。词律有严格的规定，不可随意改变，例如“本押仄声韵，如押上声则协”，还能说得过去，“如押入声，则不可歌矣”。协律是词与生俱来的特点，在这一问题上，李清照表现得不可通融和固执。对于以文为词，也是如此，像王安石、曾巩这样的古文大家，“文章似西汉”，但“作一小歌词”“人必绝倒，不可读也”。人各有所擅，非为无所不能的通才，词不是什么人都能填的。写自己所擅胜的，对不是自己所擅胜的，那就别去染指。李清照固守畛域，对于大家们，含毫藏锋，表面上很客气，骨子里却绝不恭维。

典雅的词美风格。她认为，晏几道、贺铸、秦观、黄庭坚，“始能知之”，初识门径。但是晏几道“苦无铺叙”；贺铸“苦少典重”；秦观虽有“情致”，但“少故实”，缺少文化气韵和品位，只能是小家碧玉，而不是大家闺秀；黄庭坚虽“尚故实”，但“多疵病”，仍然达不到典雅的境界。

由此，她结出了词“别是一家”的主旨性结论，慨叹“知之者少”。

词“别是一家”的构成要素是：协律、婉约、典雅。协律是本体，婉约是风格，典雅是品位。这是李清照对词的审美属性的完整体认，是对词及词学发展史的总结，是对在李清照看来不合词体要求的倾向的纠正，是对词的本位的回归。人们把苏轼视为以诗为词的开山祖，却从没有听说过晏殊、欧阳修也是以诗为词；人们对曾巩也仅提其古文成就，李清照把晏、欧、曾同作为以诗为词、以文为词的例子“一锅煮”，这就体现了李清照对词的本体属性的要求和确定是至苛至严的。她属于“回头看”的人物、刻板式的人物，以正统自居，所惜后来的词学发展并没有按照她的规范进行，照样豪放，照常以诗为词、以文为词，南渡以后风云翻卷的时事冲破了词的审美形式机制。

而对于李清照来说，即使她蒙受深重的家国之恨，在词这块领地上却没有为其所动，仍然固执己见。诗庄词媚，诗言时事词达私情，“生当作人杰，死亦为鬼雄。至今思项羽，不肯过江东”的《夏日绝句》，何其悲壮慷慨，但词中依然缠绵悱恻。

她那执著不移的理论个性，世所罕见。她的理论表述却不是咄咄逼人，而是外柔内刚。语态温润，而语锋凌厉，语势多作盘旋转折，才亮出本意，决不当头棒喝，怒目金刚。试对最后一段进行话语解读，以见主体论述姿态。

“乃知别是一家”，总结上文所述，归纳出自己的结论。“知之者少”，是对现状分析，亦含慨叹。“后晏叔原、贺方回、秦少游、黄鲁直出，始能知之”。“始能知之”是对“知之者少”的稍微调整和转折，“始”字下得极有分寸。先略作肯定，跟后笔锋再轻轻一挪，“又晏苦无铺叙。贺苦少典重”，两个“苦”字，语意极佳。既是指疵，又含惋惜，似乎感同身受，一点不使人难堪。而秦观、黄庭坚则在“故实”方面形成差异。前者“专主情致，而少故实”，后者“尚故实，而多疵病”。由此所用的两个比喻亦甚精当，少故实，缺少文化底蕴，自然像贫家美女；尚故实但多疵病，确实是对黄庭坚用典弊端的洞若观火，所作譬喻“良玉有瑕，价自减半”，便显得准确中肯。

审美评价，捧易，杀亦易，惟独外柔内刚、棉中藏针难。李清照所面对的都是当时文坛、词域的巨子“大腕”，她却面无怯色，一一评点，因为她和他们站在同一平台上，就词学而言，她还自信比他们站得更高。她的评说做到了婉而多讽，轻言曼语中语意决不含糊，不退底线，耐人咀嚼，耐人回味。即使你不同意她的观点，也得要细加思索。就语风这一点而言，也是一流的。

（原载《名作欣赏》2006 年第 9 期）

明代王阳明美学思想

王阳明的哲学—心学—美学是宋代以来哲学—理学—美学的终结,其思想为此后的晚期中国哲学—美学史打开了一条新的管道,奠定了以心、主体为内核、本体、辐射支点的美学新思维。它颠覆了传统的美学思想和审美方式,不再是客体—主体的目击道存的物感论,而是主体—客体的心存万物的心象论。这在中国美学史上是以明代为标志的审美转型,从而形成了一个美学新纪元。晚明所出现的一系列审美心态和形态现象都能从这里找到它的源头。

王阳明心学—美学的语境

当理学走到极致,无法对美学作出新的解说;当理学经程、朱的精心编制,出现精致而严密的体系,成为密密茧裹的思想机体而无法再推进时,另一种新的思想体系便破壳而生,以新的语境、话语形成新的存在。心学—美学是主体性美学,从主体出发进行审美观照,进而成为审美的本体论,从而改变传统的审美方式和审美程序,这在明代美学史和晚期中国美学史上具有先锋意义、革命意义。正因为王阳明心学—美学代表了人们对美学本体的潜在需求,一旦发露出来,才会风靡此后的明代美学史和晚期中国美学史。正如明代末年顾宪成在《日新书院记》中所说:“正、嘉(按:正德、嘉靖)以后,天下尊王子也甚于尊孔子。”这股尊奉思潮是有上述思想语境的。

这是为了适应革除旧的思想状态,形成新的思想机制的需求。在本体上是对明初以来所实行的思想钳制的颠覆，对其僵直、死寂的思想空气的否定。所以，这场思想运动就具有巨大的革新意义和启蒙价值。其直接目标是否定程、朱理学，其思想武器则是心学，从而出现王阳明取代朱熹的思想格局。顾炎武在《朱子晚年定论》中就曾描述了这一思想变动的情形："自弘治、正德之际，天下之士，厌常喜新，风气之变，已有所自来。而文成（王阳明）以绝世气资，倡其新说，鼓动海内。嘉靖以后，从王氏而诋朱熹者，始接踵于人间。"这场思想革新运动刚刚兴起时，大有"九州生气恃风雷"之势。王阳明在《月夜》诗中呼吁："何当闻此鼓，开尔天聪明。"惊天动地的思想鼓点，震撼并开启着人们的心智。他在《送别省吾林都宪序》中以推论形式说："今夫天下之不治，由于士风之衰薄；而士风之衰薄，由于学术之不明；学术之不明，由于无豪杰之士者为之倡焉。"改革的关键是"人"，而"人"的关键又是"心"。这就要改变人心，用王阳明著名的话"破山中贼易，破心中贼难"来说，就是"破心中贼"，所以，王阳明的"心学"及其心学思潮便有着鲜明的实践和现实动因。

对审美关系学的独特说明

王阳明独特地说明了对象与主体之间的关系，从而成为对审美关系的独特体认。

《传习录》（下）有一番记述颇有意思。

> 先生游南镇，一友指岩中花树问曰："天下无心外之物，如此花树，在深山中自开自落，于我心亦何相关？"
>
> 先生曰："你未看此花时，此花与汝心同归于寂；你来看此花时，则此花颜色一时明白起来，便知此花不在你的心外。"

花与心—客体与主体构合为一种关系，这种关系是体认关系，最终体现为审美关系。当花（对象）未曾进入主体视野时，花（对象）对于主体是没有意义的。当花(对象)进入主体视野中,这才构合成对象与主体的关系,这才能够被体认。花的颜色是在被发现和体认后获得认知的。它绝非摆脱或脱离对象,也不是将对象独立化和客体化,而是将对象纳入于主体"心"中。"此花不在你的心外",任何客体对象都不能脱离主体而存在,任何客体对象也只有在被主体体认后才能存在。虽说,它体现了以主体为中心的思想,但是,它仍然强调了对象与主体之间的关系,从而构合为美在关系中的独特思想。王阳明区分了两个过程,"未看此花时"和"来看此花时",不同的状况中则存在着不同的关系,"未看"是没有进入审美程序和过程,因此,主体与客体就没有结成为审美关系;只有在"来看"时,这种关系才有可能存在和实现。《传习录》(下)就曾说道:"目无体,以万物之色为体;耳无体,以万物之声为体;鼻无体,以万物之臭为体;口无体,以万物之味为体;心无体,以天地万物感应之是非为体。"这样便触及到美是关系的学理层次上。花与人、目耳鼻心与万物之间是互成对象的,各以对方为自己存在的条件。对象物的存在是经过感受和体认了的存在。这是中国美学思想的一次根本性突破,再也不是物感式,存在决定意识的机械型体认方式,而是对审美关系所做的最接近近代色彩的说明。

那么,在构合审美关系,观照客体对象时,对主体、"心"又提出了怎样的要求呢?《传习录》(下)说:"必欲此心纯乎天理,而无一毫人欲之私。"在王阳明看来,人心进入高妙的境界,就必须不沾惹一点一毫的"人欲之私"。确实,掺和了"人欲之私",就无法实现人生的目标,也就无法进行审美,因为审美是拒绝私欲和功利的。这是一种人生境界,也就是审美境界。于是,王阳明的心学成功地实现了向美学的转化。人生是圆融、纯粹境界,美学也是圆融、纯粹境界。

王阳明美学的范畴解读

王阳明美学中有两个重要的范畴,一是"良知",一是"灵明"。这两个范畴,体现了王阳明心学—美学的根本特性。现逐一解读。

王阳明的《长生》诗写道:"乾坤由我在,安用他求为?""心"包孕乾坤,一切由"我"存在,王阳明哲学—美学所确立的"心"的本体论,是极端化的主体论、心性论。《答季明德》说:

人者,天地万物之心也。心者,天地万物之主也。

他对这种"心"论的确定,以十分坚定和明确的话语加以表述。这是他的最主要和最基本命题。进而,他又认为:"心即天,言心则天地万物皆举之矣。"心备万物,笼罩天地。因此,作为本体论的发生程序便是:"身之主宰便是心,心之所发便是意,意之本体便是知,意之所在便是物。"[①]对这一推论,也不能作望文生义的解阐,以为心产生和制造了外物、万物,而是说,在"心"所感知和体认的范围、视阈内,外物、万物才能被确认为存在。而所谓"心",在王阳明的话语中是"良知",其核心仍然是"心外无物"。《传习录》(上)说:"知是心之本体,心自然会知,见父自然知孝,见兄自然知弟,见孺子入井自然知恻隐。此便是良知。""良知"高悬于万物之上,它的基本特征是"不假外求",具有本体自然的性质。他的结论便是:"良知是造化的精灵。"《传习录》(下)载道:

朱本思:"人有虚灵,方有良知。若草木瓦石之类,亦有良知否?"

先生曰:"人的良知,就是草木瓦石的良知。若草木瓦石无人的良知,不可以为草木瓦石矣。岂惟草木瓦石为然,天地无人的良知,亦不可以为天地矣。"

王阳明对"良知"的发现十分在意,视为千古所获、生命所得。《年谱》曾说道:"某于此良知之说,从百死千难中得来,不得已与人一口说

① 王阳明:《传习录》(上)。

尽……我此良知二字,实千古圣圣相传,一点滴骨血也。”这样,他的良知哲学便是生命哲学。王阳明说:“良知只是一个,随他发现流行处当下具足,更无去求,不须假借。”说明了它的自然性质、独立性质、当下的现实直接性品格以及“不须外求”“不须假借”的自在性特征。它作为独立的存在,又与天地万物形成关系,遂出现“天人合一”的境界,这一境界正是中国哲学—美学的境界。王阳明对这一境界的解说,不是加以简单的重合和重构,而是在确立了主体的功能后去寻求。虽然总结论是“天人合一”,其论述程序却跟传统的天与人不同,而是人与天,人对天的感应。在王阳明的美学思想中,“感应”得到很重要的强调,而这种“感应”是以人为本位和主体的。他认为,人心是一个无穷尽的天渊,能包孕万物,也能感知、体认、感应万物,遂能人天合一。不同于传统的天兆示于人的方式。在天与人的关系问题上王阳明改变并颠覆了传统的体认方式,出现了以人为本位的全新的人天合一论(更接近于王阳明美学思想本体的,应当是这一提法)。这样,他便完成了“心外无物”与“心物同体”的整合。正因为如此,用传统的天人感应论解说王阳明的人天合一论便是南其辕而北其辙。

既然人心是无穷尽的天渊,要获得对于对象的真正认知,就需要去除人心的私欲。私欲是窒塞、是障碍。《传习录》(下)说:“无善无恶是心之体,有善有恶是意之动,知善知恶是良知,为善去恶是格物。”于是,良知乃心之本体,亦是心之境界,它“如明镜然,全体莹澈,略无纤尘染着”[1]。这就要祛除私欲,净化心灵,于是,王阳明说:“功夫不是透得这个真机,如何得他充实光辉?若能透得时,不由你聪明知解得来。须是胸中渣滓尽化,不使毫发沾滞,始得。”[2]这片心境天地,适如平波展镜,了无沾滞。只有这样,才能体认和获知对象,这是哲学心境,也是美学心境,圆融、澄明。由此,王阳明的良知论便跟中国传统美学论形成了

① 《王阳明全集》,浙江古籍出版社 1992 年版,第 107 页。

② 《王阳明全集》,浙江古籍出版社 1992 年版,第 105 页。

链接。

灵明。"灵明"是王阳明心学—美学的另一个重要范畴。《传习录》(下)说:"盖天地万物与人原是一体,其发窍之最精处是人心一点灵明。"在王阳明看来,"灵明"是天地万物以及人类所共有的,但又是最精华处,是其"发窍"点。"灵明"范畴在王阳明的美学思想中有两大内涵:一是"灵明"乃万物之主宰力量。《传习录》(下)说:"我的灵明便是天地鬼神的主宰。天没有我的灵明,谁去仰他高?地没有我的灵明,谁去俯他深?鬼神没有我的灵明,谁去辨他吉凶灾祥?""灵明"的主宰性,便是其能驭控万物;因为有"灵明"的存在,便能出现天地万物的存在。这里不能认定它是主观唯心主义,"灵明"孕育一切、产生一切,就如同胎生一样,它仍然是从对象与主体的关系上说明的,因为有主体"灵明"的存在,才能"俯""仰"天地"高""深"和辨析鬼神。"灵明"是一种观照点和内在视域。二是"灵明"与天地万物及其鬼神相贯通。这正是天人合一的哲学论、美学论。《传习录》(下)两次说:"天地、鬼神、万物离却我的灵明便没有天地、鬼神、万物了;我的灵明离却天地、鬼神、万物,亦没有我的灵明。"这就说得十分清楚了,"灵明"与"天地、鬼神、万物"是互为对象、互相存在的。他再次申述了它们间构合为关系后的存在意义。这样,他便认定了"如此便是一气流通的,如何与他间隔的",于是"一气流通"便成为彼此相合的最好表述。他又说,天地万物"与人原只一体",所以"五谷禽兽之类皆可以养人,药石之类皆可以疗疾"。正因为"同此一气",所以便能彼此"相通"。这在本体上是天人合一的哲学论,但"人"不是被动,而是主动的,居于"主宰"性位置上。虽然在大框架上是天人合一,但是基本内涵却有明显区别。这是从"灵明"出发所形成的天人合一、万物合流、万象贯通。

王阳明美学的方法论

其一,心理"感应"。王阳明美学强调"感应"。《传习录》(下)说:"以天地万物感应之是非为体。""感应"是主客体间的互动,是主体之于客体的心理反应。“感应”形成主客体的互构形式。这是王阳明美学以心学为基点所出现的心理形态。于是《传习录》(下)便有一番“感应”的对话：

> 问：“人心与物同体，如吾身原是血气流通的，所以谓之同体；若于人便异体了，禽兽草木盖远矣，而何谓之同体？”
>
> 先生曰：“你只在感应之几上看，岂但禽兽、草木，虽天地万物也与我同体的，鬼神也与我同体的。”

就人自身而言，血气流通，所以称之为“同体”。然而，作为禽兽草木，那就远远地成为人的“异体”了，那么又何以能转化为“同体”呢？亦即异之于同的过程、方式是什么呢？他认为是“感应之几”。所谓“几”就是微小、微妙。体认，当然要通过感应，而其感应又应当处于微妙的状态之中，只有这样，“异体”才能转化为“同体”。这里，王阳明所重视的仍然是心理及其流程，心理便成为转化异同的关键和基因。可见，王阳明所体认的基点仍然是心、主体、心理，从而形成异同体、主客体的转化。可以看出，在进行对对象的体认中，同样以“心”为基点，并贯串于审美关系的过程之中。

其二，格物致知。王阳明的美学跟传统心境论如庄子论、刘勰论不同的是，后者是状态论，前者则是动态论。王阳明所要寻求的这种哲学—美学心境的实现和过程，便是“致”。他说：“哑子吃苦瓜，与你说不得。你要知此苦，还须你自吃。”①“还须你自吃”就是强调了自身的实践，也就是他所说的“致”。因此，把王阳明哲学视为对实践否定的说法是不对的。因为人的欲望和恶习是对人进入良知的人生境界的阻遏，于是，人生境界在这里便成为审美境界，“致”便成为实践的方式和过程，当然，这在王阳明那里又表现为心理体验的方式和过程。他说：“随

① 《王阳明全集》，浙江古籍出版社 1992 年版，第 30 页。

感而应，无物不照。”[①]于是，“感应”和“致”又产生了链接现象。“致”在王阳明的解说中便是“致知格物”或曰“格物致知”。他说：

> 所谓致知格物者，致吾心之良知于事事物物也。吾心之良知即所谓天理也。致吾心良知之天理于事事物物，则事事物物皆得其理矣。[②]

这仍然是以“心”为中心和本体，其核心是“致吾心之良知于事事物物”，由主体扩及为对象。在他的推论程序中，“良知”即“天理”，致“良知”就是致“天理”，通过“致”，最终使万事万物都得到“天理”。这是王阳明的认识图序。因为在王阳明看来，没有被认知和所感应的对象，是不成其为对象的，对象是被心所感知的存在。只有以对象为对象，主体才有意义和存在的价值。

需要指出的是，王阳明的“致知格物”论与朱熹的“格物致知”论的不同点。虽然在语言符号形式上两者相同，都是说的体认方法论，但内涵和方式不同。《朱子语类》卷十五说：“格物，是物物上穷其至理。”又说：“致知者，知事事物物之理，无所不知。”《大学章句》说：“格，至也。物，犹事也。穷至事物之理，欲其极处无不到也。”“致，推极也。知，犹识也。推极吾之知识，欲其所知无不尽也。”朱熹的“格物致知”论存在着对象，是借助对象加以“格”“致”，即进行推导。王阳明则提出不同看法，他在《传习录》(下)中说：“先儒解格天下之物，天下之物如何格得？”他以自己与同仁的试验对朱熹之见加以证异。他们同时到竹林前去“格物”，却在三到七天中全病倒了，最终也未能“致知”，于是他们“遂相与叹，圣贤是做不得的，无他大力量去格物了”。这仍然体现了王阳明的心学论，不是外向拓求，而是内在格致，跟朱熹之论有所不同。

其三，知行合一。王阳明的知行观是一个整体，《传习录》(上)说：

---

① 《王阳明全集》，浙江古籍出版社 1992 年版，第 12 页。

② 王阳明：《传习录》(中)。

"其尝说:'知是行的主意,行是知的功夫;知是行之始,行是知之成。'若会得时,只说一个知,已自有行在;只说一个行,已自有知在。"知行合一,但其图序是"行"受"知"的支配,这是一种新的认知主义。《语录》(二)认为,"体究践履,实地用功",便把这一心学—哲学思想引入行动、行为哲学的行列。这样,他的心学不是悬浮学,而是带有很浓的实践色彩。人们对此所做的解读,也不能望文生义,以为心学便是唯心主义,实际上是导向行为、行动。知行合一观进入审美领域便具备了实践美学的成分。当然,他的实践观又不能落入通行的理解,他的论述出发点是从"知"出发,去"行"的。这便出现了论述的独特性质。王阳明的人生观与审美观是统一的,人生境界是审美境界。人生需要心理感验,需要身心践履,审美也同样如此。在"知行合一"中实现人生理想,并到达审美境界。

其四,传承方式。王阳明十分重视自身学术思想的扩展和传播,这才会创建阳明书院,这才会广收门徒,反映了王阳明和整个明代学术的自觉。他选徒和教授学生颇有一些特点(这些特点在本质上是思想特点),例如袁宗道《杂说》中的一段记述:

> 阳明接人,每遇根性软弱者,则令其诣湛甘泉(按:湛若水号)受学。甘泉自负阳明推己,欢然自得。其实阳明汰去砂砾,直寻真金耳。于是王龙溪(按:王畿号)妙年任侠,日日在酒肆博物中,阳明亟欲一会,不来也。阳明即日令门弟子六博投壶,歌呼饮酒。久之,密遣一弟子瞰龙溪所至酒家,与共赌。龙溪笑曰:"腐儒亦能博乎?"曰:"吾师门下日日如此。"龙溪乃惊,求见阳明,一睹眉宇,便称弟子矣。

这则记述体现了王阳明选徒的眼光和他独特的方式。他从博弈场中选来的这名门徒,确实没有辜负他的期待,而是进一步拓展了论述空间,丰富了他的学说。确实,王阳明对他的弟子们是心存期待的。《年谱》曾有一番他与王畿、钱德洪的谈话记录:

是日夜分客始散，先生将入内，闻德洪与畿候立庭下。先生复出，使移宴天泉桥下。德洪举与畿论辨请问，先生喜曰："正要二君有此一问，我今将行，朋友中更无有论证及此者。二君之见，正好相取，不可相病。汝中(按：王畿字)须用德洪功夫，德洪须透汝中本体。二君相取为益，吾学更无遗念矣。"

德洪请问，先生曰："有只是你自有，良知本体原来无有。本体只是太虚，太虚之中，日月星辰风雨露电阴霾噎气，何物不有，而又何一物得为太虚之障？人心本体亦复如是，太虚无形，一过而化，亦何费纤毫气力。德洪功夫须要如此，便是合得本体功夫。"

畿请问，先生曰："汝中见得此意，只好默默自修，不可执以接人。上根之人世亦难遇，一悟本体即见功夫，物我内外一齐尽透，此颜子、明子不敢承当，岂可轻易望人。二君以后与为学者言，各要依我四句宗旨：无善无恶是心之体，有善有恶是意之动，知善知恶是良知，为善为恶是格物。以此自修，直跻圣位；以此接人，更无差失。"

这里，王阳明对他的学说做了总结，并成为对弟子的赠言，这便是"四句宗旨"。"四句宗旨"既有良知，又有格物；既有本体，又有认知；既有外圣，又有内王；既是体行，又是境界。他看到钱德洪与王畿二人在体认方式和思维方式上的差异。钱德洪重"功夫"，王畿能入"本体"，王阳明认为这两名弟子应互摄互补，"汝中须用德洪功夫，德洪须透汝中本体"。王阳明所概括的两位弟子的特点实际上是思维方式的特点。王阳明的哲学视野是通达的，他要求他们互补。所谓"工夫"就是思维的渐入。在累积中实现，这便是渐悟。所谓"本体"就是思维的顿入，在直接中实现，这便是顿悟，他希望实现的是本体与功夫的统一、身与心的结合。这里，体现了王阳明传承的蔼然风度和圆融的态度，通达的方法。

王阳明的传承方法具有中国书院的特色，其方法本身富于儒家循循善诱和禅学点击悟会的结合特点，遂能“缘机体认”“直觉顿悟”。这种传承方式根源于其心学—美学的本来体系，遂使其能传承下去。

王阳明美学的贡献

王阳明首创了心学—美学，从而形成了跟玄学—美学、理学—美学完全不同的形态、体系，它的最大特征和标志是审美走向内心，审美发自内心。没有玄奥的宇宙之理或事之理、道之理，而是回归内心，内心即本体。它彻底改变了理学—美学的思路和内容，成为中国美学史的另一条线索和发展之路。

为人所知的，明代初叶，理学盛行，以适应专制主义的血腥统治要求，出现了思想的沉闷。理学成为层层密裹的蚕壳，成为外在的强制性思想要求。而心学的崛然而起，撕开了理学的一道思想口子，轰坍了一个巨大的缺口。它形成了思想的颠覆和新的一轮启蒙。

《传习录》(下)有一番记录：

> 问："乐是心之本体，不知遇大故，于哀哭时，此乐还在否？"
>
> 先生曰："须是大哭一番了方乐，不哭便不乐矣。虽哭，此心安处即是乐也，本体未尝有动。"

于是，心是审美的本体及其存在。《语录》(二)又说："乐是心之本体，虽不同于七情之乐，而亦不外于七情之乐。"他把“乐”作为美之本体来看待，遂成为心学的最高体现。而它“虽不同于七情之乐，而亦不外于七情之外”，既属于情感范畴而又超越于情感之外的表述，正是一种审美表述。而这一认知的获取不是依靠别的，而是依靠体验，因而心学也就实现了向美学的转化。王阳明把原先视作外在的经典著作改变为内在的心理需求。《稽山书院尊经阁记》就说道："《六经》者非也，吾心之常道也。"这是对经学性质的彻底改造，是对心学的最终确定。不再是寻求对外在经学典籍的解读，而是确立内心感受的表达和体现，这是哲学体认论的根本转向，也形成了美学的根本变化，审美所需要的正是这样的方式。这正是心学—美学构合为完整结构图式的内在依据。

王阳明的一些体现心学—美学思想的诗歌也挺有意思，以独特的方式说明着其中的审美现象。《碧霞池夜坐》写道："一雨秋凉入夜新，池边孤月倍精神。潜鱼水底传心诀，栖鸟枝头说道真。莫道天机非嗜欲，须知万物是吾身。无端礼乐纷纷议，谁与青天扫宿尘。"一雨而降，秋夜凉爽，他独坐池边，与孤月伴生，倍添精神，这种状态正是愉悦状态，正如《与黄勉之》(二)所说的那样，"悦则本体渐复"。在愉悦状态中体认到审美的本体。这个本体就"须知万物是吾身"。"万物"与"吾身"构合为互相依存的关系，"万物"不是隔离于"吾身"，而是内在于并内化成"吾身"，这正是"万物"皆备于"吾身"的内敛性心学内涵。《咏良知四首示诸生》中有两首七绝写道："人人自有定盘针，万化根源总在心。却笑从前颠倒见，枝枝叶叶外头寻。""无声无臭独知时，此是乾坤万有基。抛却自家无尽藏，沿门持钵效贫儿。"这两首七绝合起来看，再与前引的七律《碧霞池夜坐》联系起来看，王阳明以诗传意，十分巧妙地表达了自己的心学—美学见解。"潜鱼水底传心诀，栖鸟枝头说道真"。王阳明把审美机心拉回到日常的生活、自然现象之中。在他看来，水底潜鱼、枝头栖鸟都在传心说道，这跟禅宗美学所谓"郁郁黄花，无非般若"的说法，具有内在的一致性。因此，"枝枝叶叶外头寻"是"从前"之"见"，是"颠倒"之见，于是他予以倾覆，再颠倒过来。其实，"灵明""良知"正在"自家"心中，守着"无尽藏"的家宝，"沿门持钵"去寻找，正像"贫儿"乞丐一样，这是审美本体的丢失，因为美就在眼前、心头。这便坚持了美的当下性、美的直接性和美的内在性。美是心灵的体验和领悟。

这种对美的诠释使得美学回归平易、回归生活、回归自身。

这里，又不妨采录王阳明所写的几首风景诗。《登泰山》："晓登泰山道，行行入烟霏。阳光散岩壑，秋容淡相辉。长风吹海色，飘飖送天衣。峰顶动笙乐，青童两相依。振衣将往从，凌云忽高飞。挥手若相待，怅望未能归。"《登阅江楼》："绝顶楼荒旧有名，高皇曾此驻龙旌。险存道路虚天堑，守在蛮夷岂石城。山色古今馀王气，江流天地变秋色。

登临授简谁能赋，千古新亭一怆情。”《龙潭夜里》：“何处花香入夜清，石林茅屋隔溪声。幽人月出每孤往，栖鸟山空时一鸣。草露不辞芒履湿，松风偏与葛衣轻。临流欲写《猗兰》意，江北江南无限情。”诗风、诗调正体现了美的平易、美的圆成、美的清纯。

黄宗羲在《明儒学案》中称阳明之学“始泛滥于词章，继而遍读考序之书，循序格物，顾物理吾心，终判为二，无所得人，于是出入佛、老久之，乃至居夷处困，动心忍性，因念圣人处此，更有何道，忽悟格物致知之旨，圣人之道，吾性自足，不假外求”。这是对王氏学说形成的过程描述，同时，也揭示了王学出入佛、老，融会诸家的博大内涵。

王阳明开启了一个心学—美学的门派、流派、学派。黄宗羲《明儒学案》卷三十二《泰州学案一》说：“阳明先生之学，有泰州、龙溪而风行天下……泰州之后其人多能以赤手搏龙传至颜山农、何心隐一派，遂复非名教所能羁络焉。”对王阳明思想的承继范围大，其学派有王畿、钱德洪的“江中学派”，邹守益、聂豹等的“江右学派”，戚贤、薛应旗的“南中学派”，王艮、何心隐、王襞、徐樾、颜均等的“泰州学派”。其中“泰州学派”的影响最大。其承绪时间长，往往一传、再传……形成学说的绵延性质。从接受面上可以看出王氏学说的影响力和生命力，经过门生弟子包括再传弟子的传播、发展和整合，形成了具有完整性的思想体系。它直接影响了李贽的“童心”论，李贽又进而影响了公安派，钱谦益《牧斋初学集》卷三十一就曾说：“袁氏中郎、小修皆李卓吾之徒，其旨实自卓吾发之。”引起晚明思想界、美学界鲸翻鳌掷、雷震霆击般变动的源头实肇端自王阳明。

（原载《中国美学研究》2007 年第 1 期）

清代金圣叹美学思想

金批本《水浒传》是该小说版本史上的重要路碑，金圣叹对《水浒传》原本进行了删削，使之独立成体，出现了通常所说的通行本。他是按照自己的历史观、世界观和小说美学观来删削、改造《水浒传》的。

金本《水浒传》产生了极为广泛的影响，以致人们只知金本，而不知有旧本。刘廷玑《在园杂志》对金批《水浒传》给予极高评价，“加以句读字断，分评总批，觉成异样花团锦簇文字，以梁山泊一梦结局，不添蛇足，深得剪裁之妙”。

金圣叹对《水浒传》有酷好，《读第五才子书法》说：“另一部书，看过一遍即休，独有《水浒传》，只是看不厌。”他早在 11 岁时就“无晨无夜”“不在怀抱”此书、捧读此书。12 岁时开始评释，至 34 岁时完成。对《水浒传》，他特别钟情、投入。而他又有深湛的审美素养和高超的审美鉴赏能力，他批点《水浒传》的重要目的，是帮助读者提高这方面的素养和能力。他在《读第五才子书法》中就说道：“旧时《水浒传》，子弟读了，便晓得许多闲事，此本……子弟读了，便晓得许多文法。”这便把他批点《水浒传》的目的说得十分清楚了。

金圣叹的《水浒传》评点涉及小说美学的诸多方面，现分述于下。

关于创作思想

因文生事。对于小说创作中生活和艺术的审美关系，金圣叹在《读第五才子书法》中作了如下的表述：

> 《史记》是以文运事,《水浒》是因文生事。以文运事,是先有事生成如此如此,都要算计出一篇文字来,虽是史公高才,也毕竟是吃苦事;因文生事却不然,只是顺着笔性去,削高补低都由我。

“为文计,不为事计”的思想贯串在金圣叹的审美观中。这是一个很值得重视的审美认识论。他强调了文学审美创作主体——“我”的主导地位和作用。在“因文生事”中一切构思和运作均取决于“我”。这是相当杰出的见解。由此出发,他大胆地提出创作中的“造谎”“捏造”。《读第五才子书法》认为:“《宣和遗事》具载三十六人姓名,可见三十六人是实有。只是七十回中许多事迹,须知都是作书人凭空造谎出来。”第三十五回夹批说:“可见一部书皆从才子文心捏造而出。”这就从根本上确定了虚构在小说创作中的地位和作用。既然如此,反转过来“必谓真有其事”,就被金圣叹讽刺为“愚夫”之见了。

金圣叹在《水浒传》第二十八回评点中写道:

> 夫修史者,国家之事也;下笔者,文人之事也。国家之事止于叙事而止,文非其所务也。若文人之事固当不止叙事而已,必且心以为经,手以为纬,踌躇变化,务撰而成绝世奇文焉,如司马迁之书其选也。马迁之传伯夷也,其事伯夷也,其志不必伯夷也,其传游侠货殖,其志不必游侠货殖也。

金圣叹划分了史笔与文笔的区别,不过他把《史记》归入文笔一类作品中,不恰当,但他对文笔的审美素质的论述颇有精当之处。“史”重在叙事,只须陈其大概即可了事;小说则不然,它须有“文”的铺排,有诸般人事情状的细刻深雕,意随笔补,迤逦成文。这样,才有丰富的生活画面,丰满的人物性格。

发愤著书。对于审美主体的情感,我国的古代小说美学家有一个独特的概括——愤。这和中国的文学家、小说家的生活遭遇有关,几乎成为说明主体情感的具有民族色彩的审美概念。屈原曾经唱道:“发愤以抒情。”最早论者是司马迁,他在著名的《报任安书》中认为,一些重要的作品都是作家们“舒其愤”“发愤之所为作也”。明代李贽把“愤”的小说审美论引入小说,他在《〈忠义水浒传〉序》中指出:“《水浒传》者,发愤之所为作也。”金圣叹继承了这一美学思想。他在《水浒传》第六回林冲的“男子汉空有一身本事,不遇明主,屈沉在小人之下,受这般腌臜气”的一句话后面,批点道:“发愤作书之故,其号耐庵不虚也。”第十四回在阮小五“披着一领旧布衫,露出胸前刺着的青郁郁一个豹子来”的描述后批点道:“盖寓言胸中有一段垒块,故发而为《水浒》一书也。”第十八回,金圣叹批点道:“此回前半幅借阮氏口痛哭官吏,后半幅借林冲口痛骂秀才,其言愤激,殊伤雅道。然怨毒著书,史迁不免,于稗官又奚责焉。”金圣叹的“发愤作书”“怨毒著书”之说,都是着眼于审美主体的愤激的审美情感。

文学“三境”说和审美效应论。金圣叹在《〈水浒传〉序一》中提出文学创作“圣境”“神境”“化境”三境说。

> 心之所至,手亦至焉者,文章之圣境也;心之所不至,手亦至焉者,文章之神境也;心之所不至,手亦不至焉者,文章之化境也。夫文章至于心手皆不至,则是其纸上无字、无句、无局、无思者也。而独能令千万世下人之读吾文者,其心头眼底乃窅窅有思,乃摇摇有局,乃铿铿有句,而烨烨有字,则是其提笔临纸之时,才以绕其前,才以绕其后,而非愤然卒然之事也。

“化境”居于“三境”之最高境界,摒弃了“心”与“手”的主体运思与功能的存在,进入完全超越和融化的境地,具有极高的审美素质,与之相应也就产生了独特的审美效应。

人物性格论

性格,作为一个明确的中国小说美学概念,最早提出者是金圣叹。他在《读第五才子书法》中说:

> 别一部书,看过一遍即休,独有《水浒传》,只是看不厌,无非为他把一百八个人性格,都写出来。
>
> 《水浒传》写一百八个人性格,真是一百八个样。若别一部书,任他写一千个人,也只是一样,便只写得两个人,也只是一样。

金圣叹是从人物的互不雷同中,是从《水浒传》百看不厌的艺术魅力中,提出"性格"这一概念的。他从最根本处寻找到了小说审美特征的基础。金圣叹把一部小说审美的成功原因归结为性格,表明了他对小说审美素质有了最准确的把握。这在中国小说美学史上矗立起一座里程碑。从此,"性格"便成为中国美学人物论的核心和审美评价的主要标尺,一直沿用至今。

因缘生法　设身处地。这是小说美学性格论的审美体验问题,也是人物创造论的核心问题。"因缘生法"论,由金圣叹提出,与此相关的还有"格物""忠恕""动心"等。

金圣叹在《水浒传》第五十五回批语中说:"盖耐庵当时之才,吾直无以知其际也。其忽然写一豪杰,即居然豪杰也;其忽然写一奸雄,即又居然奸雄也;甚至忽然写一淫妇,即居然淫妇。今此篇写一偷儿,即又居然偷儿也。"其原因何在呢?金圣叹作了如下较长的表述:

> 人亦有言,非圣人不知圣人。然则非豪杰不知豪杰,非奸雄不知奸雄也。耐庵写豪杰居然豪杰,然则耐庵之为豪杰可无疑也。独怪耐庵写奸雄又居然奸雄,则是耐庵之为奸雄又无疑也。虽然,吾疑之矣。夫豪杰必有奸雄之才,奸雄必有豪杰之气,以豪杰兼奸

雄,以奸雄兼豪杰,以拟耐庵,容当有之。若夫耐庵之非淫妇偷儿,断断然也。今观其写淫妇居然淫妇,写偷儿居然偷儿,则又何也?噫嘻!吾知之矣。非淫妇定不知淫妇,非偷儿定不知偷儿也。谓耐庵非淫妇非偷儿者,此是自未临文之耐庵耳。夫当其未也,则岂惟耐庵非淫妇,则彼淫妇亦实非淫妇;岂惟耐庵非偷儿,即彼偷儿亦实非偷儿。《经》曰:"不见可欲,其心不乱。"群天下之族,莫非王者之民也。若夫耐庵于三寸之笔,一幅之纸之间。实亲动心而为淫妇,亲动心而为偷儿。既已动心则均矣,又安辨泚笔点墨之非入马通奸,泚笔点墨之非飞檐走壁耶?《经》曰:"因缘和合,无法不有。"自古淫妇无印板偷汉法,偷儿无印板做贼法,才子亦无印板做文字法也。因缘生法,一切具足,是故龙树著书以《破因缘品》而弁其篇,盖深恶因缘。而耐庵做《水浒》一传,直以因缘生法为其文字总持,是深达因缘也。夫深达因缘之人,则岂惟非淫妇也,非偷儿,亦复非奸雄也,非豪杰也。何也?写豪杰奸雄之时,其文亦随因缘而起,则是耐庵固无与也。或问曰:然则耐庵何如人也?曰:才子也。何以谓才子也?曰:彼固宿讲于龙树之学者也。讲于龙树之学则菩萨也。菩萨也者,真能极物致知者也。

金圣叹的这一番论述经过多次的排斥和推理,结出了"因缘生法"这一典型人物性格塑造的审美见解,具有重大的理论价值。我们不妨对这段话中的内容逐一加以论析。

(一)人物性格的塑造当然要以小说家自身的直接生活感受和经历为基础。有时,小说家的品格、气质因素和对象之间合拍,取得一致性,更能在审美观照中发现主体和客体的联系点。这样,塑造出的人物性格将因之更加生动,融合了主体的自我感受,这就是金圣叹所说的"非圣人不知圣人,非豪杰不知豪杰"。

(二)上述之点,诚然不可小视,但是,人物性格本身以多样性的形态出现,生活中既有英雄,也有奸雄;既有豪杰,又有偷儿,还有淫妇,形形色色,不一而足。这样,"非豪杰不知豪杰",以豪杰之心去揣度豪杰之心的审美体验，以豪杰写豪杰的方法显然不够，甚至无法圆通地说明这一复杂、矛盾的性格塑造的审美现象。于是，金圣叹提出“因缘生法”论。

如同严羽以禅宗喻诗，成为我国诗歌美学的一种方法一样，金圣叹以佛教的龙树之学来说明小说美学。龙树《中论》曰：“因缘所生法，我说即是空，亦为是假名，亦名中道义。”“因缘”在佛教中指的是产生结果的直接和辅助原因。“因”是直接原因，“缘”是辅助原因，“法”指事物。“因缘和合，无法不有”的“和合”又是指的协调。当“因缘和合”后，任何问题都解决了。这就是说把握了事物的因缘条件，就能把握住对象。用“因缘和合，无法不有”“因缘生法，一切具足”解释人物性格的塑造，复杂的疑题便迎刃而解。小说家大可不必为写“偷儿”而去做“偷儿”，他只须研究“偷儿”产生的“因缘”条件，就能够了解和掌握“偷儿”的特征。所谓“深达因缘”，就是将人物形象性格的依据了然在胸，从而也就能刻画出人物性格了。换上金圣叹的另一说法就是“审知其理，而睹天下人之面……彼万面不同，岂不甚宜哉！”对于第二十回宋江杀阎婆惜，金圣叹赞赏道：“宋江之杀，从婆惜叫中来；婆惜之叫，从鸾刀中来，作者真已深达十二因缘法也。”

（三）跟“因缘生法”论相关的还有“物格”“格物”说。金圣叹在《〈水浒传〉序三》中说：

> 施耐庵以一心所运，而一百八人，各自入妙者，无他，十年格物，而一朝物格，斯以一笔而写百千万人，固不以为难也。
>
> 天下之格物君子，无有出施耐庵先生右者！

《礼记·大学》曰：“致知在格物，物格而后知。”朱熹注曰：“格，至也；物，犹事也。穷至事物之理，欲其极处无不到也。”穷究事物的原理而获得知识，金圣叹借用此语来说明人物性格的创造过程。虽然金圣叹借用此语，其落脚点跟朱熹不同。朱熹的落脚点是“理”，金圣叹是“性格”。前者是哲学命题，后者是审美说明。在金圣叹那里，“格物”就是穷究人物,“物格”则是在“知喜怒哀乐,无我无人,无不自然,诚于中,形于外,谓之格物”的穷究之后,把握住人物性格探究和把握的审美过程。在说明这个问题时,与此相关的几个问题,又需要加以探讨。

第一个问题,金圣叹把“物格”视为瞬间的“一朝”,而把“格物”说成“十年”,时间久远。把“格物”时间说得长,是有道理的。探究性格,要有相当的过程,过程往往就表现为时间。

第二个问题,金圣叹主张“澄怀格物”,就是以客观的无偏见的态度去探究人物性格,这一提法也是可取的,跟传统的审美心理学相连接。

第三个问题,金圣叹把佛学、理学的认识论结合起来,认为从“格物”到“物格”必须解决个中介、桥梁问题。这就是“因缘生法”。在“格物”中充分发挥“因缘生法”的作用。因而,对金圣叹的人物性格审美认识论可大致概括为这样一个公式:

$$\text{格物}\frac{\text{(中介)}}{\text{因缘生法}}\text{物格}$$

第四个问题,“格物之法,以忠恕为门”。这里所谓的“忠恕”,不属伦理范畴,而是借用语,说的是人的本性,是他用来对“性格”一词的解释。他在《水浒传》四十二回总评中说:“忠恕天性,八十翁翁道不得,周岁娃娃都行得。”“率我之喜怒哀乐自然诚于中,形于外,谓之忠。”率真率直地表现自己的本性就叫做“忠”。在“忠”的基础上,“知家国天下之人,率自喜怒哀乐无不自然诚于中,形于外,谓之恕”。这就是说,以“忠”去推知“忠”,叫做“恕”。金圣叹说得很玄妙,其实他的论说的核心内容是,要用作家的人性去推知、体察对象的人性,因此,“不知因缘生法,则不知忠;不知忠,乌知恕哉!”经过反复论证,金圣叹做出了这样的结论:“忠恕,量万物之斗斛也。因缘生法,裁世界之刀尺也。”

第五个问题,在从“格物”到“物格”,“因缘生法”的审美认识过程中,作家作为主体应持什么态度呢?一方面要“澄怀”,客观化;另一方面,金圣叹又提出要“动心”,情感化。对英雄、豪杰“亲动心”,固不待言，还应“亲动心而为淫妇，亲动心而为偷儿”。这是极可贵的小说美学见解。“动心”就是小说作家作为主体对人物对象的情感化体验，深入到角色的生活环境、活动场景、内在性格、情绪波澜中去。真正和人物身心相依，融然洽然，那就“物格”了。

金圣叹倡“动心”情感体验论，要求情感的专一。只有专一，才能和人物情感产生交流。他在《水浒传》第四十二回批语中说：“喜即盈天地之间止一喜，怒即盈天地之间止一怒，哀乐即天地之间止一哀止一乐，更无旁念得而附贰之也。”

惟其“格物”深广，因缘生法，则有人物的千姿百态。“格物”因具体对象的“因缘”不同而有别。小说家“格物”的对象是个别具体的人物和性格因缘。在金圣叹的美学思想中，无“印板做贼法”，亦无“印板做文字法”。倘若小说家真正以各人的“因缘”为把握基点，则“法”无一相，人各一貌，出现金圣叹所说的形象世界：“一人有一人之传，一传有一篇之文。一文有一端之指，一指有一定之归。”

个性化。金圣叹是主张人物塑造个性化的。《读第五才子书法》就人物性格的某一具体特征作了比较分析。他说：“《水浒传》只是写人粗卤处，便有许多写法。如鲁达粗卤是性急，史进粗卤是少年任气，李逵粗卤是蛮，武松粗卤是豪杰不受羁靮，阮小七粗卤是悲愤无说处，焦挺粗卤是气质不好。”为此，他提出人物性格“犯中见避”也就是同中不同的命题。第十一回评点提出，“将欲避之，必先犯之”“夫才子之文，则岂惟不避而已，又必于本不相犯之处，特特故自犯之，而后从而避之”。他以林冲买刀和杨志卖刀为例，指出：“此书于林冲买刀后紧接杨志卖刀，是正所谓才子之文必先犯之者，而吾于是始乐得而综观其避也。”在第二回批点中写道：

此回方写过史进英雄，接手便写鲁达英雄；方写过史进粗糙，接手便写鲁达粗糙；方写过史进爽利，接手便写史进爽利；方写过史进剀直，接手便写鲁达剀直。作者盖特地走此险路，以显自家笔力。读者亦当处处看他所以定是两个人，定不是一个人处，毋负良史苦心也。

人物的个性特征有其主调,但也有变调。以某种不协调的变调,在貌似矛盾的表现中去显示性格主调,反而能深入一层地刻画出人物的个性。金圣叹在论述李逵的形象塑造经验时说:“写李逵朴至,便倒写其奸猾,写得李逵愈奸猾,便愈朴至,真奇事也。”第五十四回“黑旋风探穴救柴进”中李逵到枯井底下打救柴进。临下去时,李逵说:“我下去不怕,你们莫割断了绳索。”吴用说:“你却也忒奸猾。”对此,金圣叹评点道:“骂得妙,妙于极不确,却妙于极确,令人忽然失笑。”李逵的提醒是多馀的担心,跟他向来的火爆性格似不协调,但惟其如此,写其“奸猾”,反倒显示出他的朴实之至,一片天真率直。

金圣叹有着极为精微的审美辨析能力,他不仅善于辨别各别的个性,而且善于发掘体现个性特点的多种表达方式。例如金圣叹称赞鲁达为营救金氏父女,打店小二的描写:“一路鲁达文中,皆用‘只一掌’‘只一拳’‘只一脚’,写鲁达阔绰,打人也打得阔绰。”金圣叹认为林冲棒打洪教头,“横着棒使个门户,吐个势”,显示人物性格,“棒势亦敏慎之至”。鲁达打人,林冲使棒,都是从整体性格中表现出来,又起到丰富性格总体内涵的作用,人物语言也是如此。第五十七回,史进被捕入狱,朱武宴请鲁智深时,鲁智深说:“史家兄弟不在这里,酒是一滴不吃,要便睡一夜,明日却去州里打死那厮罢。”对这一番人物语言,金圣叹评点说:“句句使人洒出热泪,字字使人增长义气。非鲁达定说不出此语,非此语定写不出鲁达。妙绝!妙绝!”金圣叹所以如此赞不绝口,是从语言和性格的一致性论述问题的。他看到一定的性格产生一定的性格语言,这便是“非鲁达定说不出此语”;而性格化的语言又刻画了人物的性格,这又是所谓“非此语定写不出鲁达”。而金圣叹又不满足于性格现象的罗列,而是发掘它的产生因素。例如第五十一回林冲战高廉的喝骂:“你这个害民的强盗,我早晚杀到京师,把你那厮欺君贼臣高俅碎尸万段,方是愿足。”金圣叹批道:

> 对高廉骂高俅，各人心中自有怨毒，妙极。
>
> 此等意思又确是林武师，宋江不尔，武松不尔，鲁达不尔，李逵不尔，石秀近近矣，而犹不尔。

林冲的这番话语根植于他长期受高俅迫害，被赶尽杀绝的“怨毒”之心。其他诸梁山好汉之所以“不尔”，是因为他们都没有如此的生活遭遇。从人物语言、行动的直接摹写中去感受个性的内涵和确定他们的性格，在方法论上也是正确的。

性格复杂性。金圣叹在注意到人物性格个性化的同时，又注意其复杂性。这集中体现在对宋江性格的解剖上。第三十五回评点道：

> 一部书中写一百七人最易，写宋江最难；故读此一部书者，亦读一百七人传最易，读宋江传最难也。盖此书写一百七人处，皆直笔也，好即真好，劣即真劣。若写宋江则不然，骤读之而全好，再读之而好劣相半，又读之而好不胜劣，又卒读之而全劣无好矣。夫读宋江一传，而至于再，而至于又再，而至于又卒，而诚有以知其全劣无好，可不谓之善读书人哉！然吾又谓由全好之宋江而读至于全劣也犹易，由全劣之宋江而写至于全好也实难。而今读其传，迹其言行，抑何寸寸而求之，莫不宛然忠信笃敬君子也？篇则无累于篇耳，节则无累于节耳，句则无累于句耳，字则无累于字耳。虽然，诚如是者，岂将以宋江真遂为仁人孝子之徒哉？《史》不然乎？记汉武初未尝有一字累汉武也，然而后之读者莫不洞然明汉武之非，是则褒贬固在笔墨之外也。呜呼！稗官亦与正史同法，岂易作哉，岂易作哉！

金圣叹对宋江这一人物是否定的，体现了他的价值评判；对宋江这一人物塑造的艺术却是肯定的，体现了他的审美评判。他如此肯定乃是从形象性格的逐层阐解中实现的。性格的复杂性表现为欣赏者无法一步解读，初识、后识和最终的认识各有不同。解读的困难反转来体现了性格的复杂，而性格的复杂又正是人物魅力之所在。

审美体验。人物性格塑造的成就最终还是因审美体验所得，第二十二回的批点写道：

> 传闻赵松雪（赵孟頫）好画马，晚更入妙，每欲构思，便于密室解衣踞地，先学为马，然后命笔。一日，管夫人（赵妻管道升）来，见赵宛然马也。今耐庵为此文，想亦复解衣踞地，作一扑、一掀、一翦势耶？东坡画雁诗云：野雁见人时，未起意先改，君从何处看，得此无人态。我真不知耐庵何处有此一副虎食人方法在胸中也。

深作体验，化入对象，遂能与对象喜怒哀乐，无不相通，使所画、所述，恍若对象自身。这些论述涉及到人物塑造的最基本问题，成为近、现代小说人物美学之先声。例如梁启超在《饮冰室文集》卷十就曾说道："凡读小说者，必常若自化其身焉。入于书中，而为其书之主人翁。读《野叟曝言》者，必自拟文素臣。读《石头记》者，必自拟贾宝玉。读《花月痕》者，必自拟韩荷生或韦痴珠。读'梁山泊'者，必自拟黑旋风或花和尚。"

情节结构论

金圣叹在小说情节、结构论上，发表了一系列极具价值，开小说美学先河的见解。

精严的小说结构。在《〈水浒传〉序三》中，金圣叹提出小说结构精严论。

> 盖天下之书，诚欲藏之名山，传之后人，即无有不精严者。何谓之精严？字有字法，句有句法，章有章法，部有部法也……夫固以为《水浒》之文精严，读之即得读一切书之法也。

金圣叹是用作文之法来规范小说之法的，要有严谨的章法、精致的结构、通盘的构思。他在第十三回总评中区分了两种不同的构思方式:一是"有全书在胸而始下笔著书者",一是"无全书在胸而姑涉笔成书者"。因此,所谓"精严"便集中在整体性上——整体的通盘的艺术构思和布局。他在《〈水浒传〉序一》中把小说家之"才"训为"裁"——犹如裁缝之裁。这便为艺术构思的整体布局寻找到一个通俗化的喻体。"才之为言裁也。有全锦在手,无全锦在目,无全衣在目,有全衣在心,见其领知其袖,见其襟知其帔也。夫领则非袖,而襟则非帔,然左右相就,前后相合,离然各异,而宛然共成者,此所谓裁之说也"。因此,他十分欣赏《水浒传》极为精严的小说作法。"《水浒传》七十回,只有一目俱下,便知二千馀纸;只是一篇文字,中间许多事体"。

坚实的生活根基。虽然金圣叹讲了许多情节生动离奇的特征,但他始终把握其真实性生活前提。《读第五才子书法》写道:

> 《水浒传》不说鬼神怪异之事,是他气力过人处。《西游记》每到弄不来时,便是南海观音救了。

金圣叹批评《西游记》"每到弄不来时,便是南海观音救了",是批评这部神魔小说在解决某些冲突时,不是从实际矛盾中去寻找左右冲突发展趋向的内在力量,而是用脱离矛盾本身的外在因素,人为地加以规范,便使情节的解决无法令人信服。

金圣叹注重情节的生活情理又是建立在这样一个基本点上,即情节作为人物性格的发展史,始终要由人物的"性情"来组织、构成、发展、解决矛盾冲突。他在《水浒传》第二十二回的回首批语中写道:

> 天下莫易于说鬼,而莫难于说虎。无他,鬼无伦次,虎有性情也。说鬼到说不来处,可以意为补接。若说虎到说不来时,真是大段着力不得。

金圣叹对"鬼""虎"的情节加以比较,无非说明要从"性情"的现实内容出发，而不是随意“补接”。这些论述接触到情节的基本审美因素，是有深度的。

“出奇”而有节奏的情节艺术。金圣叹十分欣赏和主张离奇曲折的情节艺术，例如评点《水浒传》第二十七回写道：“读第一段，并不谓其又有第二段，更不谓其还有第三段，文势离奇屈曲，非目之所尝睹也。”他在《水浒传》第五十六回《徐宁教使钩镰枪　宋江大破连环马》的批点中把情节“奇”的审美见解发挥得十分生动、具体：

> 一时纸上文势，有如山雨欲来，野火乱发之妙，然毕竟使读者胸中，茫不知其首尾乃在何处，亦殊闷闷也。乃闷闷未几，忽然西北闪出穆弘、穆春，正北闪出解珍、解宝，东北闪出王矮虎、一丈青，七队虽战苦云深，三队已龙没爪现。有七队之不测，正显三队之出奇，有三队之分明，转显七队之神变。不宁惟是而已，又于鸣金收军，各请功赏之后，陡然又闪出刘唐、杜迁一队来。呜呼！前乎此者有战矣，后乎此者有战矣。其书法也，或先隔后变，或先灭后明，奇固莫奇于今日之通篇不得分明，至拖尾忽然一闪、一闪、一闪，三闪之后，已作隔尾，又忽然两人一闪也。

金圣叹认为，离奇曲折是在“节节生奇，层层追险”，不断加大惊险力度，加长情节长度中产生。他在第三十六回批语中概括了“七追”：“投宿店不得，是第一追；寻着村庄，却正是冤家家里，是第二追；掇壁逃走，乃是大江截住，是第三追；沿江奔去，又值横港，是第四追；甫下船，追者亦已到，是第五追；岸上人又认得梢公，是第六追；板下摸出刀来，是最后一追，第七追也。”“七追”形成了连续性的情节，火上添油、雪上加霜。层层加码的情节安排便加强了情节的紧张度。

深知小说美学的金圣叹又不是一味主张紧张和离奇。他认为，情节应奇正结合。例如批点第四十一回道：“何等奇妙，真乃天外飞来，却是当面拾得。”批点第五十四回道：“陡然插入奇文，令人出于意外，犹如怪峰飞来，然又却是眼前景色。”这便是出人意外又入人意中。

他又认为，情节应有节奏。例如第三十二回评道：

> 文章家有过枝接叶处，每每不得与前后大篇一样出色。然其叙事洁净，用笔明雅，亦殊未可忽也。譬诸游山者，游过一山，又向一山，当斯之时，不无借径于小桥曲岸、浅水平沙。然而前山未远，魂魄方收，后山又来，耳目又费，则虽中间少有不称，然正不致遂败人意，又况其一桥、一岸、一水、一沙，乃殊非……一望荒屯绝徼之比，想复晚凉新浴，豆花棚下，摇蕉扇，说曲折，兴复不浅也。

章回与章回之间不是同一种格调、节奏、旋律，而是应该有变化。虽然它不如前后章回那样精彩、紧张，但是经过调剂，有助于形成情节的起伏节奏。犹如游山时，两座山峰之间，有小桥曲岸，浅水平沙，而不是奇峰相接，难以使人喘息。深谙小说情节美学的金圣叹就提出了张弛变化节奏的命题。他批点“宋江还道村受天书”说：“上文神厨来捉一段，可谓风雨如磐、虫鬼骇逼矣。忽然一转，却作花明草媚、团香削玉之文。如此笔墨，真乃有妙必铸、无奇不出矣。”第二十三回批点道：“上篇写武二遇虎，真乃山摇地撼，使人毛发倒卓。忽然接人此篇，写武二遇嫂，真又柳丝花朵，使人心魄荡漾也。”

金圣叹还总结、概括出小说情节的众多的“法”。《水浒传》楔子总评说：“今人不会看书，往往将书容易混帐看过。于是古人书中所有得意处、不得意处、转笔处、难转笔处、趁水生波处、翻空出奇处、不得不补处、不得不省处、顺添在后处、倒插在前处，无数方法、无数筋节，悉付之于茫然不知。”现择其中几法，分述于下。

“草蛇灰线法”。《读第五才子书法》解释此法道：“骤看之，有如无物，及至细寻，其中便有一条线索，拽之通体俱动。”他又以第九回火烧草料场为例解释道：“此文通篇以‘火’字发奇，乃又于大火之前先写许多‘火’字，于大火之后再写许多‘火’字。”

“横云断山法”。《读第五才子书法》说：“有横云断山法，如两打祝家庄后，忽插出解珍解宝争虎越狱事；又正打大名府时，忽插出截江鬼油里鳅谋财倾命事等是也。只为文字太长了，便恐累坠，故从半腰间暂时闪出，以间隔之。”单调、冗繁是情节结构之大忌，在读者心理上引起压抑，导致乏味。长过程的情节不断有“横云断山”穿插其中，会改变读者的欣赏心理，以不断变化的情节调动读者的审美兴趣。

“弄引法”。金圣叹说明道：“有一段大文字，不好突然便起，且先作一段小文字在前引之。如索超前，先写周谨；十分事前，先说五事是也。《庄子》云：‘始于青萍之末，盛于土囊之口。’《礼》云：‘鲁人有事于泰山，必先有事于配林。’”先以某种情节作为预示，造成心理上的先期准备，这样，在面临大的小说情节时不致有突兀之感。情节的发展本身显得自然，读者的心理转换、过渡也显得顺畅。

“獭尾法”。此法与前述“弄引法”相对应。水獭之尾划水有力，有馀势，金圣叹用来说明“一段大文字后，不好寂然便住，便作馀波演漾之”。例如武松打虎后下得岗来，遇到了两个伪装老虎的猎户；血溅鸳鸯楼后，描写了城壕边上的月色等。

这些“法”为金圣叹所首创，而为毛宗岗所承继，这又可以看出金圣叹小说美学评点之影响。

审美心理。金圣叹小说情节美学论的最大特点是运用了读者阅读、接受心理学，把心理学成功地引入审美学。

在《水浒传》第四十一回总评中，金圣叹以游山为例说明道：“不梯而上，不缒而下，未见其能穷山川之窈窕、洞壑之秘隐也。梯而上，缒而下，而吾之所至，乃在飞鸟徘徊、蛇虎踯躅之处，而吾之力绝，而吾之气尽，而吾之神色索然犹如死人，而吾之耳目乃一变换，而吾之胸襟乃一荡涤，而吾之识略乃得高者愈高，深者愈深，奋而为文笔，亦得愈极高深之变也。行文亦犹是矣。”金圣叹在第三十六回宋江浔阳江遇险评点中具体运用了这一审美观点。

> 此篇节节生奇，层层追险。节节生奇，奇不尽不止；层层追险，险不绝不追……一篇真是脱一机，踏一虎机，令人一头读，一头吓，不惟读亦读不及，虽吓亦吓不及也。

据此，金圣叹提出了一个重要的审美见解：

> 不险则不快，险极则快极也。

这是对情节与心理关系的深刻说明。金圣叹在“梁山泊好汉劫法场”一回的总评中甚至认为：“吾尝言读书之乐，第一莫乐于替人担忧。”险、急的情节，以激烈的矛盾形式出现，呈现出对抗的特点，打上了实践和现实相斗争的严重痕记。当它以爆发般的气势，惊雷般的有力形式向读者扑来时，读者往往被情节巨大、有力的形式所震慑。虽然读者一开始无法领略它的美，形成美感，但是在直觉性感知基础上的情感激荡和理性思索，则转化为喜悦愉畅的情绪，获得金圣叹所说由险而快的审美满足。金圣叹认为，情节要“极力摇曳，使读者心痒无搔处”。这是抓住读者的心理，进而去吸引甚至去勾引读者心理的独特手段。

这样便形成了《水浒传》以读者心理为目标、为对象的审美特征。

其一是确立阅读的审美愉快是以为小说主人公的命运而忧乐的心理共鸣作前提。前引金圣叹在“梁山泊好汉劫法场”一回的总评中认为：“吾尝言读书之乐，第一莫乐于替人担忧。”读者的心理期待推助了小说情节的产生。第三十九回评点道：“逼到险绝处，使读者受吓不小。”

其二是根据读者心理的运行特点处理情节的起伏变化。金圣叹在第三回评语中写道：“每每看书，要图奇肆之篇，以为快意。今读至此处，不过收拾上文，寥寥浅语耳，然亦殊以为快者。半日看他两番大闹，亦大费心魂矣。也到此处，且图个心魂少息。”金圣叹充分看到读者心理的演变规律，在紧张的情节之后需要有调剂。这样便产生了情节的起落节奏，从而确定了情节以接受者为前提的命题。

其三是接受者的情绪与小说情节的节律相协和，产生共振和鸣。金圣叹在第四十一回评点中说：“前半篇两赵未捉，宋江躲过，俗笔只一句可了。今看他写得一起一落，又一起一落，再一起一落，遂令宋江自在厨中，读者本在书外，却不知何故，一时便若打并一片，心魂共受若干惊吓者。”小说中人和局外的读书人之间在感应波动起伏的情节时互为一致，作同一体验，获得相同的感受。

其四是以拖沓笔墨写火急之事，故意形成反差，反拨接受者心理。例如金圣叹在第三十九回批道：“写急事不得多用笔，盖多用笔，则其事缓矣。独此书不然，写急事不肯少用笔，盖少用笔，则其急亦遂解矣。如宋江、戴宗谋逆之人，决不待时，虽得黄孔目捱延五日，然至第六日，已成水穷云尽之际，此时只须‘只得午时三刻便要开刀’一句便过耳。乃此偏写出早晨先着地方打扫法场，饭后点士兵刀仗刽子……牢外众人打扮诸事作第一段。次又写搵扎宋江、戴宗，各将胶水刷头发……牢里打扮宋江两人作第二段。次又写押到十字路口，用枪棒团团围住……宋、戴已到法场，只等监斩，作第三段。次又写众人……监斩已到，只等时辰，作第四段。使读者乃自陡然见有‘第六日’三字起，此后读一句吓一句，读一字吓一字，直至两三页后，只是一个惊吓。”“偏是急杀人事，偏要故意细细写出”。这种背反性的情节、节奏是把握了读者的逆向心理：事件愈急，节奏愈慢，则读者心理愈急。在层层烘染中有意拉大时间的长度，在急、缓的对象、主体心理矛盾中完成“不惊吓处亦便不快活”的美感转化，是审美心理辩证法的能动运用。这不仅体现了小说美学评点的新视角，而且加强了内在的审美深度。

（原载《湖南师范大学学报》2005 年第 1 期，《中国社会科学文摘》2005 年第 3 期摘载。）

明清园林空间审美意识

中国园林美学的基本思想是把自然和人文景观浓缩、凝定为园林，园林是替代品。在园林中，借助、通过园林去了解、体认外在的自然和人文景观。小小园林有大大的内涵，这是中国园林美学思想的根本点。于是，“须弥芥子”便成为这一美学思想的最佳表述。

所谓“须弥芥子”，《北齐书·樊逊传》，逊对间释、道两教：“法王自在，变化无穷，置世界于微尘，纳须弥于黍米。”《维摩诘经·不思议品》：“以须弥之高广，内芥子中，无所增减。”这一佛家语对大小关系，大纳入小中而又小中显大的思想做了极精当的表述。于是，明代祁彪佳《寓山注》写道：“昔申徒有涯放旷云泉，常携一瓶。时跃身入其中，号为‘瓶隐’，予闻而喜之，以名卧室。室广方仅丈，扩两楹以象耳。圆其肩，高出脊上。隐映于花木幽深中，俨然瓶矣。然申徒公以大千世界都在里许，如取频伽瓶满中擎空，用饷他国。此真芥子纳须弥手。”“纳须弥于芥子”体现了艺术审美的浓缩和概括，经过浓缩和概括出的景象保留着原有的质素和形态。李渔所建园以“芥子”命名就更体现了这一文化—审美内涵。他的《〈芥子园杂联〉序》写道：“此余金陵别业也，地止一丘，故名‘芥子’，状其微也。往来诸公见其稍具丘壑，谓其芥子须弥之义。”这里有着中国人宇宙观的沉淀和体现。缩大为小，而又小中见大，正如刘凤浩《个园记》所说：“以其营心构之所得，不出户而壶天自春。”是一种体认浩浩宇宙的方式，所以苏州才有壶园，取壶中天之意。于是，明、清园林越来越小，以至竟然只有百来平米的“残粒园”。

园林营构是一种审美，不是随意垒筑为之的非审美性活动。造园要有文化、审美理想和原则，以至具体的技法、传达手段。这是明、清园林重要的美学思想。袁枚《随园后记》十分强调有"我"的存在，要有"构思""谋"和"深思"。他说："子不见高阳池馆兰亭梓泽乎？苍然古迹，凭吊生悲，觉与吾之精神不相属者何也？其中无我故也。"没有"我"，亦即主体存在，就会产生精神隔膜。在具体的园艺上也是如此，他认为，在园林的"一水一石，一亭一台"上，都应"好学深思""有得则谋，不善则改""默而识之，神而明之"，这就是，园林构筑要有思想，有审美理想，"独断故有定谋"。这样，"及其成功也，不特便于己快于意，而吾度材之功苦，构思之巧拙皆于是征焉"。所以，明、清园林美学特别重视园主精神与园林审美风貌的关系。李渔《闲情偶寄·居室部》："主人雅而取工，则工且雅者至矣；主人俗而客拙，则拙而俗者来矣……一花一石，位置得宜，主人神情已见乎此矣，奚俟察言观貌，而后识别其人哉？"在他看来，园林是园主的脸面，是其文化、审美素质的外化性体现。从园林上完全可以看出园主的文化、审美风貌，而不必"察言观貌"。这是极重要而又极有见地的园林美学思想。

园林空间审美又是一种独创的艺术，需要有独特的审美眼光和技巧，李渔《闲情偶寄》对此有充分的表述："常谓人之葺居治宅，与读书作文同一致也。譬如治举业者，高则自出手眼，创为新异之篇，其极卑者，亦将熟读之文，移头换尾，损益字句而后出之。从未有抄写全篇，而自名善用者也。乃主兴造一事，则必肖人之堂以为堂，窥人之户以立户，稍有不合，不以为得，而反以为耻。常见通侯贵戚，掷盈千累万之资以治圃，必先谕大匠曰：亭则法某人之制，榭则遵谁氏之规，勿使稍异。而操运斤之权者，至大厦告成，必骄语居功，谓其立户开窗，安廊置阁，事事皆仿名园，纤毫不谬。噫，陋矣！以构造园亭之胜事，上之不能出自手眼，如标新创异之文人；下之至不能换尾移头，学套腐为新之庸笔，尚嚣嚣以鸣得意，何其自处之卑哉？"

园林是空间艺术，通过游人的视觉行为获得空间审美感受。中国园林的游园感受如同山水游赏一样，丰富、多样、精微、空灵，这样也就反转来影响了造园空间审美理想、趣味，以致具体方式。空间审美感受是园林最重要的欣赏感受。明代祁彪佳《〈寓山注〉序》写道：

园尽有山之三面，其下平田十馀亩，水石半之，室庐与花木半之。为堂者二，为亭者三，为廊者四，为台与阁者二，为堤者三。其他轩与斋类，而幽敞各极其致；居与庵类，而纡广不一其形。室与山房类，而高下分标其胜。与夫为桥、为榭、为径、为峰，参差点缀，委折波澜。大抵虚者实之，实者虚之；聚者散之，散者聚之；险者夷之，夷者险之。如良医之治病，攻补相投；如良将之治兵，奇正并用；如名手作画，不使一笔不灵；如名流作文，不使一语不韵。此开园之营构也。

所谓“开园之营构”即园林的空间审美布局与措置。其间的景观、建筑参差点缀，委折波澜，都有高妙的审美安排，正确地处理了虚实、聚散、险夷的关系，形成了互错互攻互补的格局，其营构之法，如良将、名医、名流。这样便使整个园林格局在审美上富于韵律、节奏。

沈复《浮生六记·闲情记趣》亦写道：“若夫园亭楼阁，套室回廊，叠石成山，栽花取势，又在大中见小，小中见大，虚中有实，实中有虚，或藏或露，或浅或深，不仅在周回曲折四字。”园林营筑最主要的不在于构筑了哪些园景，也不在于构筑的“周回曲折”(那只是园林形构问题)，而在于它对于大小、虚实、藏露、深浅诸般关系的处理有着鲜明的审美因素，从而显示出和体现出空间美学特征。

空间美学不是纯形式，而是有意味，始终贯穿着情趣和精神。祁彪佳《寓山注·梅坡》云：“予园率以亭台胜，独野趣尚少，于是积土为坡，引流为渠，结茅为宇，苹蓼萧萧，俨是江村河浦，芦人渔子，望景争涂。”“坡上种西溪古梅百许……盖此淡妆西子，足令脂粉削色矣。”这样，其形式便是有意味的形式。

中国园林美学有着极高的审美规范和要求。柳宗元把园林空间美学概括为奥、旷交替，其《永州龙兴寺东丘记》写道：“游之适大率有二：旷如也，奥如也，如斯而已。”不同的景观则有不同的要求，或旷或奥，

“其地之凌阻峭，出幽郁，寥廓悠长，则于旷宜”，而“抵近垤，伏灌莽，迴邃回合，则于奥宜”，所以，旷、奥均有对象性的要求。旷、奥交替形成了特有的审美节奏。到明、清时代，这一美学思想得到新发挥。袁枚《渔隐小圃记》具体描述旷、奥交替的景况，“‘足止轩者’，仅容二人膝语，甚奥”“‘睇燕堂者’，长廊重榱，可以张饮会宾，甚恢宏”“‘列岫楼’者，遮迣穹窿，灵岩诸峰，甚旷”。这就可以看出，旷、奥就是园林空间审美的节律要求，是有一定的美学原理的。

因此，对于园林空间审美就要求“剪裁”和“组织”。邹迪光《愚公谷乘》说：“吾园锡山龙山行回曲抱，绵密复袷，而二泉之水从空酝酿，不知所自出，吾引而归之，为嶂障之，堰掩之，使之可停可走，可续可断，可巨可细，而惟吾之所用，故亭榭有山，楼阁有山，使房曲室有山，几席之下有山，而水为之灌漱。涧以泉，池以泉，沟浍以泉，即盆盎亦以泉，而山为之砥柱。以九龙山为千百亿化身之山，以二泉为千百亿化身之水，而皆听约束于吾，园斯所为胜耳。”可以看出造园者对山、水进行了改造，以适合于空间审美的需要，引水入园，或嶂障之，或堰掩之，形成“可停可走，可续可断，可巨可细”的空间审美布局。值得注意的是他所说的“惟吾之所用”“听约束于吾”的见解，以“吾”为主，为“我”所利用、所约束，这样，在空间的组合、构造、安排上便有着鲜明的主体审美色彩。

空间审美既要符合各种景点、景观的组配规律和特点，又要体现人的视觉要求。万景一收的审美空间布局就是如此。一般地说，这样的景观都有一个很高的制高点。例如颐和园的佛香阁是整个万寿山南坡之主体建筑，雄踞中心，若纵目四眺，坡前景色尽收眼前，昆明湖之波光及岛屿桥堤，无一遗漏。东望，城中建筑，分明可见；西眺，则玉泉山及山上宝塔，恍在咫尺之间。这是从上向下的俯视及四方扫描，形成一种空间审美的视觉节奏。如果掉换一下方位，从佛香阁之下往上，则又出现另一种审美视觉节奏。从昆明湖边缓步而上，先是牌楼“云辉玉宇”，再是铜狮对峙的排云门，尔后才是九层之台的排云殿。这种上升的趋势是一种节奏，而排云殿又不是孤立的，左右配有玉华、云锦、芳辉、紫霄四殿，出现簇拥之势，然而这又是进入佛香阁的铺垫。在经过台阶绪密的拾级而上后，才进入器宇轩昂的佛香阁。在徐徐而上的过程中，形成了景象展示的节奏，也形成了游赏时的心理节奏。它作为一组寺院庭园建筑群，给予人的是佛门如海、佛界崇高的感觉。

北海中的琼岛白塔，在水色映衬下、在绿荫掩映中，殿宇楼阁栉此鳞彼，却又主次分明、高低相间、错综有致。白塔挺拔，直上苍穹，而游人的视线及其由此而产生的视觉感受也逐渐收束，最后集结于白塔塔顶，使人的感觉既有些起伏波澜，又不致散漫无际，而是凝定于一点之上。

在空间安排上，体现着疏密相间的美学原理，疏能走马，密不透风。一般讲，建筑群体的密度比较大，特别是皇家园林，园居的生活内容比较多，而另一方面则利用水面等因素，加大疏阔面，这样便出现疏密相济的布局。例如颐和园中的昆明湖与万寿山的建筑群体便是如此。又如拙政园中水面占有一半以上，便与南部景区密集的建筑起到调剂作用。疏之于密有调剂功能，但疏又不是疏而无际，疏中又有局部、星点的密。拙政园的水域就用零星的建筑或山景点缀其间。颐和园中的昆明湖于东岸构一长堤，岸边有知春亭、文昌阁、廓和亭等，这些都属点缀性建筑，又有十七孔长桥横卧湖中，虽然湖面浩阔，但不是空荡无涯。这样，在相互及其本身的不断调剂中，便形成了特有空间节律。园林中的建筑不同于一般的生活、公务中的建筑，它的游赏、消闲、休憩功能比较突出。园林给予人的审美感受一般是比较舒展、开朗的，因此园林的空间感在基本意义上是疏，反对局促、冗塞、拥挤，不能疏朗透气，使人精神、情绪无法抒放。

梁章钜《浪迹续谈》卷一“狮子林”条说：“客有招余重游狮子林者，余笑谢之。盖余于吴郡园林，最嫌狮子林之逼仄，殊闷人意，故前官苏时，亦曾偕友往游一次，而并无片语纪之。”沈复《浮生六记》：“其在城中最著名之狮子林，虽曰云林手笔，且石质玲珑，中多古木，然以大势观之，竟同乱堆煤渣，积以苔藓，穿以蚁穴，全无山林气势，以余管窥所及，不知其妙。”梁、沈对苏州狮子林的批评，甚有空间审美眼光。

明、清园林的空间重视整体联贯，气韵流走，不可分割，浑然一体。

沈复《浮生六记》曾对扬州瘦西湖园林区赞赏道:“虽全是人工,而奇思幻想,点缀天然。即阆苑瑶池,琼楼玉宇,谅不过此。其妙处在十馀家之园亭合而为一,联络至山,气势俱贯。”

明、清园林的空间审美体现了中国哲学、美学的空间原理,崇尚虚、漏、透,空穴来风、空窗透气。《荀子·解蔽》云:“治之要在于知道,人何以知道,曰心。心何以知,曰虚一而静。心未尝不臧也,然而有所谓虚;心未尝不满也,然而有所谓一;心未尝不动也,然而有所谓静。”《庄子》言:“正则静,静则明,明则虚,虚则无——无则无为而无不为也。”这就孕生了中国美学以虚空为核心的艺术心态和空间感。

中国园林成为中国哲学、美学虚空观的典型存在,空虚中有大化流行,身在园林中,不仅仅是看到景色宜人,有缤纷多姿的亭台楼阁、树木池水,而且有一种感觉,感觉到气的流行、贯通、融汇,园林中的诸般景物、景致之间是一片虚行,处处流贯,而且景物、景致与人之间也是处处流贯的,因此,中国园林的空间是波动不居的,气韵生动的,气势流走的,又是纵深丰富的。即使是墙顶也避免了呆板,而是趋于生动有致,墙顶采用了波纹线。杜牧《阿房宫赋》描述道:“廊腰缦回,檐牙高啄,各抱地势,钩心斗角。”在这些形、态各异的描述中所突出的是其动态。《诗经·斯干》描述建筑形态是“如鸟斯革,如翚斯飞”,正是一种动态美。虽然中国园林各种景致、景物、建筑都是静止的存在,但其形态所形成的力,内孕的韵律,使人感觉到它们无处不动。这是中国园林包括明、清园林空间美学的最大特点。

(节选自《明清园林美学》,原文35000字,原载台湾淡江大学《学术讲坛》2003年12月号。)

第二编

古、近代文学研究

古典小说理论的民族风格

中国古典小说理论作为独立的理论现象，又和传统的诗、文、画、乐论等等一样，有着鲜明的民族色彩。它体现了民族的审美习惯和文化心理结构（包括思维方式）。一方面，我们可以概括出古典小说理论富有民族特点的范畴、提法，另一方面，我们又应该说明这些美学范畴、提法的哲学基础。美学的哲学前提才是最具有民族色彩的。

支撑整个中华民族美学、哲学框架的是儒、道、释三家意识，从更早的渊源上看，则是儒、道两家。儒、道、释对艺术意识的渗透，使其各有其规定的特征。作为群体意识的自觉代表的儒家的意识，重视的是群体的现实利益和根本前途，强调"游于艺"的依或归乃"志于道，据于德，依于仁"，以期"存劝诫，助人伦"，侧重于对艺术进行政治、伦理的评价，是价值判断。释家意识对艺术的影响是创作心理研究的深入。道家意识对艺术的说明则更接近于审美。《庄子・秋水》曰："可以言论者，物之粗也。可以意致者，物之精也。言之所不能论，意之所以不能察致者，不期精粗焉。"《庄子・天道》又曰："世之所贵道者，书也，书不过语，语有贵也。语之所贵者，意也，意有所随。意之所随者，不可以言传也。而世因贵言传书。世虽贵之，我犹不足贵也，为其贵非其贵也。"这番颇有点玄妙的说法，正是追寻艺术的非功利性、非概念确定性，亦即审美性。在近乎神秘、不可知论的外壳下深潜着美学的底蕴。可以大致这样区分，儒家意识奠定了艺术的审美功能性质，释家意识开拓了艺术的审美心理研究，道家意识则揭示了艺术的审美规律。它们从不同方面透射到艺术和艺术理论的领地，铸合成中国艺术的系统，具有非单一的集成性质。而在中国思想史上，这三家意识之间，以及和其他意识之间相互渗透、参化，形成了诸如黄、老之学，魏、晋玄学，宋、明理学，等等。从而它在社会存在的个人身上可以进行自我精神调节，它在艺术和艺术理论上则具备了多维、多值性质。这在古典小说理论上有着典型的体现，是哲学意识合流对艺术的渗透，从而呈现出复杂的形态。

儒家的社会价值观，实践理性的美学思想顽强地支配着中国古典小说理论。从桓谭的“治身理家”说，到柳宗元的“有益于世”说，到李肇的“示劝戒”说，一直到明、清二代，都没有摆脱这一思想。只是在不同的时代，因为不同的社会思潮、审美思潮，强调的程度不同而已。即便在感性主义高涨的明代，小说理论大家如冯梦龙者也未尽脱理性主义的实践美学影响。这就使中国的小说美学重视作家的社会责任，在主体和客体的审美关系中重价值判断，从而和西方小说美学理论重事实判断形成了区别。

儒家意识要求个人对社会承担义务、负担责任，个性消融在社会性中。而道家意识则重视主体的存在，摆脱社会的制约，追寻天人合一，如庄周所言：“天地与我并生，万物与我为一。”天道自然观成为道家的宇宙观。又如《周易·系辞上》所言：“仰以观乎天文，俯以察于地理，是故知幽明之故；原始反终，故知死生之说；精气为物，游魂为变，是故知鬼神之情状；与天地相似，故不违；知周乎万物而道济天下，故不过；旁行而不流，乐天知命，故不忧。”“道”是老庄哲学的内核，是万物之本源，而“道”是“视之不见”“听之不闻”“搏之不得”的“无状之状，无象之象”，如同王弼的《老子指略》所言：“不温不凉，不宫不商，听之不可得而闻，视之不可得而彰，体之不可得而知，味之不可得而尝。”但是，形而上之“道”又可以通过形而下之“器”表现出来，亦如王弼所言：“然则四象不形则大象无以畅，五音不声则大音无以至，四象形而物无所主焉，则大象畅矣；五音声而心无所适焉，则大音至焉。”这一哲学思想在美学理论的体现，是艺术上追寻幽远深邃的意绪，主体灵性世界的铸造大于客体物质世界的塑造。这个主体世界有诗情，有哲理。这一美学观和以西方亚里士多德为鼻祖的摹仿说，大相径庭，奠定了中国古典美学的民族特色。作为总体美学观，它在小说理论上的派生，则有叶昼的“不知有所谓语言文字”的提法。他在《水浒传》第二十四回回末总评中写道：

> 说淫妇便像个淫妇，说烈汉便像个烈汉，说呆子便像个呆子，说马泊六便像个马泊六，说小猴子便像个小猴子，但觉读一过，分明淫妇、烈汉、呆子、马泊六、小猴子光景在眼，淫妇、烈汉、呆子、马泊六、小猴子声音在耳，不知有所谓语言文字也。

“不知有所谓语言文字也”，正是庄子美学思想在小说理论上的具体运用和发挥。《庄子·外物篇》曰：

> 筌者所以在鱼，得鱼而忘筌。蹄者所以在兔，得兔而忘蹄。言者所以在意，得意而忘言。

魏、晋时王弼在《周易略例·明象》中具体解释道：“得意在忘象，得象在忘言。故立象以尽意，而象可忘也；重画以尽情，而画可忘也。”庄子在这里奠定了他美学思想的基石，艺术应该捕捉在表面的形象世界里所未有的空濛的意绪、情韵，去寻找在“言”外的非确定性的“意”。他运用“筌”“蹄”和“鱼”“兔”的比喻是为着说明“得意而忘言”，言的目的是达意，因而，它作为形式只是手段、途径而已，不可胶柱鼓瑟，一旦达到“意”的无形目的，有形的“言”就大可忘却。这一理论重视文学作品的远致馀韵，美学思想十分可取。其影响所及，则有诗词理论中的“不著一字，尽得风流”，则有前引的叶昼的提法，则有袁无涯托名李贽在《水浒传》（杨定见本）第三十九回的眉批中所说的“情馀言外”。

“得意忘言”作为一个完整的美学命题提出，其归结点是求得神韵情致在言、象之外的升腾。这一命题又派生出小说理论上的“神似”说。《易》曰：“形而上者谓之道，形而下者谓之器。”尽管“道”以“器”存，但重“道”轻“器”，重“意”轻“言”，重“神”轻“形”，不求验证，而求启示，或提供某种暗示之路。《庄子·德充符》以形貌寝陋而众人皆爱之的哀骀它为例，说明产生这一现象的原因："非爱其形也，爱使其形者也。"（据成玄英注："使其形者，精神也。"）进而又说明形神可以分离。庄子认为，无言之象、无形之画、无音之乐，想象中的图景才是最美的，这有促成艺术的空灵之美的作用。对庄子思想的发展，便有《淮南子·泰族训》的说法："太上养神，其次养形。"神为首，形次之，便有后来的艺术、小说理论的形神兼备又以神为主的见解。值得重视的是，《淮南子》把庄子美学思想运用于审美批评。《说山训》曰："画西施之画，美而不可悦；规孟贲之目，大而不可畏：君形者亡焉！""君形者"就是指的"神"。东晋顾恺之把它进一步引入艺术创作领域中来。唐代符载《观张员外画松石序》说："物在灵府，不在耳目。"宋代苏轼有《传神记》，说："优孟学孙叔敖抵掌谈笑，至使人谓死者复生，此岂举体皆似，亦得其意思所在而已。""意思"即"气韵""神"。传神论在宋以后逐渐占据美学思想的主导地位。苏轼在《跋〈汉杰画山〉》中认为王维的画远远超过了吴道子："吴生虽妙绝，犹以画工论，摩诘得之于象外，有如仙翮谢樊笼。"这一美学思想的延伸，元代倪瓒则在《清閟阁遗稿》中说："仆之所谓画者，不过逸笔草草，不求形似，聊以自娱耳。"受道家美学思想影响的中国艺术家的审美论不像西方艺术家那样追求"形似"的比例、协调，而是神韵贯通、元气淋漓，中国艺术家的审美重心常常把对象视为情韵的媒介。作为庞大的美学意识体系，即便是叙事性的小说也非例外的存在。小说家写形是求神，小说理论家则是窥貌得神，胡应麟称颂《世说新语》："刘义庆《世说》十卷，读其语言，晋人面目气韵恍忽生动，而简约玄淡，真致不穷，古今绝唱也。"叶昼称赞《水浒传》第三回"描画鲁智深，千古若活，真是传神写照妙手"。对《水浒传》第三十七回李逵出场描述："戴宗便起身下去，不多时引出一个黑凛凛大汉上楼来。"袁无涯批道："只三字，神形俱现。"金圣叹认为这一"形"的描画"画得出相""不惟画出李逵形状，兼画出李逵顾盼，李逵性格，李逵心地来"。所谓"传神"论，其着眼点主要不是看对象形状的逼真程度如何，而是看其能否传达对象的内在韵致、精神。《儒林外史》卧闲草堂本第十一回对杨执中的描画就这样评述道："杨执中是一个活呆子，今欲写其呆状、呆声，使俗笔为之，将从何处写起？看此文只有摩弄香炉一段，叙说误认姓柳的一段，闯进醉汉一段，便活现出一个老阿呆的声音笑貌，此所谓颊上三毫，非绝世文心未易如此。”这样，颊上三毫，便精光四溢。

又要传神，又不工描细雕，就向中国的艺术家提出了这样的要求，重视笔墨，重视笔墨的表现力。这便有了所谓的白描。白描的审美概念进而又扩大到小说中来。我国自唐代以来，民族的审美趣味有了新的发展，提倡诗歌的平淡，小说的白描，戏剧的本色。唐代李白《赠韦太守》有“清水芙蓉”说；晚唐司空图在《诗品》中认为，“淡者屡深”；宋代黄庭坚在《与王观复书》中说，“平淡而山高水深”；苏轼《评韩柳诗》指出，“似淡而实美”；朱熹在《清邃阁说诗》中认为，“枯淡中有意思”；清代袁枚有“淡”“朴”之说；清人郑绩《梦幻居学画简明》认为：“曹云西写牛毛笔多水用水墨白描不加颜色，盖牛毛笔尖而细幼，笔笔松秀，若加重色渲染则掩其笔意，不如不设色为高也。”强调淡中见浓的线条墨色的表现能力。这一审美概念被引入小说理论，被金圣叹、张竹坡等多方运用。金圣叹批点“林教头风雪山神庙”中的雪景描写：

> “寻着踪迹”四字，真是绘雪高手，龙眠白描，庶几有此。

张竹坡批《金瓶梅》，“白描”一词用得更多，如第一回批潘金莲见武松：“一路纯是白描勾挑。写妇人，写武松，毛发皆动。”批应伯爵的形象描述：“纯是白描追魂摄影之笔。”批第三十回李瓶儿临产，人们的情态是“白描入骨”，批潘金莲的气恼：“总是现妒妇身说法，故白描入化也。”等等。这一审美概念一直到现代，还被伟大的作家鲁迅所沿用，并加以新的阐发。

“万”取“一”则和“一”以“万”驭的审美概括论。这里所涉及到的是从广泛的一般中提取个别，再以个别表现一般的理论问题。它早在《易经》中就滥觞其源，“仰则观象于天，俯则观法于地，观鸟兽之文，与地之宜，近取诸身，远取诸物，于是始作八卦，以通神明之德，以类万物之情”。“其称名也小，其取类也大”，从远近、身物中取“象”，进而达到“类万物”的目的。此后司马迁用这一美学思想评论屈赋，刘勰进一步发展为“以少总多”“乘一总万”的美学思想。它在小说理论上的具体运用则是金圣叹评点《水浒传》所说的“睹天下人之面”加以概括。由于概括的范围、幅度深广，“万取一收”，遂能“以少总多”，如金圣叹在《水浒传》第二十回所评，“写淫妇便写尽淫妇，写虔婆便写尽虔婆”；如张竹坡批《金瓶梅》所言，“因一人写及全县”，“言一家”而“及天下国家”。那么，如何达到“以少总多”的效果呢？仍然要从具体的感性的个别入手。金圣叹就曾具体论述道：

如何是写虔婆便写尽虔婆？看他先前说得女儿凭地思量，及至女儿放出许多张致来，便改说女儿气苦了，又娇惯了。一黄昏嘈出无数说话，句句都是埋怨宋江，怜惜女儿，自非金石为心，亦孰不入其玄中也。明早骤见女儿被杀，又偏不声张，偏用好言反来安放，直到县门前了，然后扭结发喊，盖虔婆真有此等辣手也。

物我化一、主客并融的审美体验论。这一最富有审美特点和深度的理论，早就由庄子的《齐物论》的物化哲学论奠定了基础。

昔者庄周梦为蝴蝶，栩栩然蝴蝶也，自喻适志与，不知周也。俄然觉，则蘧蘧然周也。不知周之梦为蝴蝶与？蝴蝶之梦为周与？周与蝴蝶，则必有分矣。此之谓物化。

物化论作为哲学命题导入美学领域，比起西方美学论更早地也更深地触及到审美的本质，因而得到广泛的运用，它在客体主体化、主体客体化的双向流程中，达到物我化一的最高境界，既能逼入对象的本质，又能融入主体的意绪。苏轼就曾在《书晁补之所藏文与可画竹》中认为“其身与竹化”的物化，会“无穷出清新”。作为深刻的审美体验、构思论，作为民族的审美的类意识，它当然会影响小说理论，并得到具体的符合这一叙事样式的说明。金圣叹说：

传闻赵松雪好画马，晚更入妙，每欲构思，便于密室解衣踞地，先学为马，然后命笔。一日，管夫人来，见赵宛然马也。今耐庵为此文，想亦复解衣踞地，作一扑、一掀、一剪势耶？

金圣叹认为施耐庵在这里写武松景阳冈打虎，犹如解衣踞地，先学画马的赵孟頫一样摹仿、体验老虎的“一扑、一掀、一剪”之势。冯镇峦的《读〈聊斋〉杂说》则把物化论，把金圣叹的论述明确地概括成“设身处地法”。冯镇峦之论显然将金圣叹之论升华了。他说：

文有设身处地法。昔赵松雪好画马，晚更入妙，每欲构思，便于密室解衣踞地，先学为马，然后命笔。一日，管夫人来，见赵宛然马也。又苏诗题画雁云：“野雁见人时，未起意先改。君从何处看，得此无人态？”此文家运思入微之妙，即所谓设身处地法也，《聊斋》处处以此会之。

以上关于审美本体、审美表现等主要的小说理论内容，体现了中国传统的民族的时空意识、审美理想的一般特征，最终又体现了民族、时代、社会、自我意识的凝练结晶——哲学——特别是道家哲学。尽管作为文学的一个分支的小说，其叙事性的固有特征，并没有游离民族的审美意识，相反，小说作家体现了，小说理论家说明了这一意识。于是共同的心理氛围、文化的共同的价值定向——民族性产生了。

上述诸端只是在主要方面，还不是涵括一切地提示了古典小说理论的民族特色，因此，我们还须论述民族色彩的批评方法的运用问题。跟整个西方的重逻辑论证的文学理论不同的是，中国传统的文学批评的方法是评点式，诗、词、曲、赋均如此，小说亦然。因而，中国的文学批评的方式就有一个独特的结构，虽云专著，诚如朱自清先生的《诗文评的发展》所言：“多以摘句代批评。”中国古典小说理论找不到一部思辨型的专著，带有领悟式的特点，提纲挈领，点到为止，以局部的审美愉悦为满足,不作纵深式的开掘。唐代兴起禅宗哲学,妙悟更为盛行。总评和眉批交错为之,评点以直觉型的感受,从不同视点,说明自身的阅读体会,总体而言,这是属于鉴赏式的。即以脂砚斋为例,他以《红楼梦》的最早读者和作者的最亲近者的双重身份出现,因而,他的评点既有阅读感受,又有见证人的直接体验。妙悟其旨,点其精髓,这种"红"学评点状况只有到王国维时才得以根本转变。这是因为西风东渐,西方理论思辨方式传入中国,王国维的《〈红楼梦〉评论》才会有严密的立论、推理。这跟他的《人间词话》的批评方式又是多么不同。

通过上面的论述,又自然地推出了这样一个问题,为什么中国小说理论所提出的观念、内容为别国所未有?为什么中国的小说批评总是用点评式?回答这个问题,就不能不探究一下中国古代的传统思维方式。

如果譬一比喻,中国古代先哲们的思维方式是火苗式,而非西方的火龙式。火苗式,体现为簇簇星星的闪动、跳跃,随遇而赋,因感而发,坐而论道,即兴发挥,有灵智、睿隽的闪光,尚欠层次性的严密推论,其典型当数孔夫子了。这样,便形成了中国古老的文化心理结构。古希腊最早的哲学家泰勒士、毕达哥拉斯、亚里士多德都是当时著名的科学家,他们对自然科学成果进行哲学论证,上升到哲学高度,就不能也不会对现实中的情景随感发挥了。他们总是在穿透现象,反复进行论证,不断对现象加以纯思辨的抽象概括,上升到最普遍的最一般的哲学高度。这样,西方的文化心理结构就是缜密的,反映到文学理论上,则是进行细密的推论如亚里士多德的《诗学》。中国的先秦哲学家除墨子是一位科学家外,其馀都不是。而墨家学说在中国一直没有享受到庙堂香火的殊遇,先秦的数学分析水平相对地比较低下。孔子所创立,经孟子所辉扬的儒家学说,又经西汉刘彻"罢黜百家,独尊儒术"的行政强制,更成为不可动摇的神祇。中国古代封闭式的社会结构,丝毫吸纳不了西方的思辨哲学空气。西方人只能被古代中国人视为外星球的谬种。古老的农业自然产业结构所产生的只能是封闭型的心理结构,它渗透到一切方面,包括文学理论,同时,经过长期的发展积淀下来,积淀到人们心理结构几乎是无形的却又是有形地发挥作用的深层次中,化为所谓的"集体无意识"。虽然，魏、晋、明代冲击了儒学，但是，"集体无意识"的顽强力量，使得理论家们无法作彻底的决裂，试看明代的一些小说理论家如冯梦龙等，总和儒学间有一根扯不断的线头，就可以明了问题的复杂性了。人们已相因成习，惯于点评式地发表对诗、文、曲、赋、小说、戏剧的见解。

中国的古老哲学诞生于中国的古老的民族心理结构，而反转来又发挥了深刻的影响。中国的古老哲学重直观、求统一。天人一体、知行一体、情景一体，各成系统，后二者又是前者母系统的子系统。虽然古老哲学含有朴素的辩证法，但最终强调统一、和谐。文学、美学理论上的"情景一体"观，支配着民族的文学理论家的审美认识，王夫之在《薑斋诗话》中就曾说："情景名为二，而实不可离。神于诗者，妙合无垠，巧者则有情中景，景中情。""景中生情，情中生景，故曰景者情之景，情者景之情。""情景一合，自得妙悟。"这一认识一直影响到王国维，他在《人间词话》中说："一切景语，皆情语也。"在小说评点中，也是如此，如脂砚斋评点《红楼梦》就多有发挥。把对立着的美学概念加以统一、调和，有助于说明和谐的美学境界，但其优点又隐伏着缺点，其思维方式缺少细密的分析和对系统质内部更深入的解剖和逻辑论证。统一型的总体认识论，由于缺乏分析，就影响了思辨的功能发挥，魏、晋玄学的思辨色彩很浓，其"思辨"一词乃今人的概括；说其"思辨"又是跟传统的哲学相对而言，即令如此，也无法和西方哲学的思辨性相提并论。中国哲学重经验、重直观，它对小说理论的深刻影响就是断片式的谈讲、发挥。金圣叹论"因缘生法"，虽有多重推理，但其方式，仍然是中国型而非西方型，而这在中国古典小说理论中又几乎是凤毛麟角。其感受性的认识多于逻辑性的推理，成为中国小说理论的基本特点，金圣叹在《水浒传》第五回的评点，很典型地说明了中国小说理论家重直觉感受的特点：

旧人传言：昔有画《北风图》者，盛暑张之，满座都思挟纩；既又有画《云汉图》者，祁寒对之，挥汗不止。于是千载啧啧诧为奇事。殊未知此特寒热各作一幅，未为神奇之至也。耐庵此篇独能于一

> 幅之中寒热间作，写雪便其寒彻骨，写火便其热灼面。昔百丈大师患疟，僧众请问："伏惟和上尊候若何?"丈云："寒时便寒杀阇黎，热时便热杀阇黎。"今读此篇，亦复寒时寒杀读者，热时热杀读者，真是一卷疟疾文字，为艺林之绝奇也。

这里的感受已不限于心理，而带有生理特征了。

问题在于，既然是小说评点，当然不是小说创作的形象思维，它在总体上纳入理论的轨道。既重经验，又进行概括，在传统的文化心理结构的制约下，它走上了一条独特的道路，形成了一个独特的思维方式——裹和着感性的理性，在具象和抽象、经验和思辨之间谋求一条新路。既非此，又非彼，而又亦此亦彼，融合起来。"举头忽看不似画，低耳静听疑有声"，使你感受得到，但又难以确定。它侧重于直觉的"心象"感知，成于内而不重于外，不重于客观外物的高度抽象，观念的抽象化、确定化和体系化，这就影响了它在思辨宇宙里钻天式的穿升。从车载斗量般的古典小说理论中看不到关于"小说"这一概念最本质的抽象概括。庄子自不待言，连班固的《艺文志》也只说："小说家者流，盖出于稗官，街谈巷语，道听途说者之所造也。"究竟什么是"小说"，这一最基本的对象却未得到最根本的说明，所以，历代小说概念层出不穷却不能定于一尊，原因大致于此。老子的哲学本体论在《道德经》中说得很迷糊："道之为物，惟恍惟忽，忽兮恍兮，其中有象；恍兮忽兮，其中有物。"恍恍惚惚，够玄乎的了，但还是有"物"有"象"，至于"物""象"为何，却又不再深究。老、庄美学引导人们去探求那个"象外之象""味外之味"，这对于加强文学作品的回味力很有作用，对于欣赏过程中的引发力的发挥和进行多义性的解释也很有好处。至于实体性的"物""象"，又提供了人们可以理解和感知的信息，不至于云天雾地，不着边际。

正因为中国传统的美学不是纯思辨的抽象，而是介乎经验和抽象之间，因而，中国古典小说理论的思维形式常取以下的方式。

描述法。对小说中的具体内容进行再描述，但不是原故事的摘要，而是在描述中有论证和适当的抽象。如毛宗岗的《三国演义》第四十二回的回首总评：

> 文章之妙，妙在猜不着。如玄德本欲投襄阳，忽变而江陵；既欲投江陵，又忽变而汉津，此猜测之所不及也。刘表为孙权之仇，刘表未死，孙权方欲攻之；刘表既死，权忽使人吊之，又猜测之所不及也。惟猜测不及，所以为妙。若观前事便知其有后事，则必非妙事；观前文便知其有后文，则必非妙文。

这里运用了最通常的推理形式，先提出论点，再加以论证，最后归结成一个结论。这里的推论很简短，论证运用描述情节的方式，感性色彩又较为丰富。评论者总是在感性的天地里留连、盘桓，始终不去叩敲抽象思辨的大门，并进而升堂入室。即便是提出和论证的论点，“文章之妙，妙在猜不着”，也仅停留在一般层次上，未能进行高度抽象。

印证式。用从生活中所获得的直接体验去印证小说欣赏中的感受。例如金圣叹的《水浒传》第八回总评曰：

> 今夫文章之为物也，岂不异哉！如在天而为云霞，何其起于肤寸，渐舒渐卷，倏忽万变，烂然为章也。在地而为山川，何其迤逦，而入千转百合，争流竞秀，窅冥无际也。在草木而为花萼，何其依枝安叶，依叶安蒂，依蒂安英，依英安瓣，依瓣安须，真有如神镂鬼簇，香团玉削也。在鸟兽而为翚尾，何其青渐入碧，碧渐入紫，紫渐入金，金渐入绿，绿渐入黑，黑又入青，内视之而成彩，外望之而成耀，不可一端指也。

金圣叹以此来印证他对《水浒传》奇异之妙的感受和认识。又如金圣叹的《水浒传》第四十一回回首总评用“游山亦犹是矣”的险绝而妙绝的感受来印证“行文亦犹是矣”的欣赏感受。

比兴式。以此物来比兴彼物，是思维方式上的线运行，用相似的事物来比兴，整个思维仍不脱具体的形象，而非逻辑性的概念抽象，在比兴中有理解因素的掺和，理知的干预，又构成一种艺术的直观画面和形象。例如毛宗岗评点《三国演义》的情节结构，一连用了十多个比喻："星移斗转、雨覆风翻""隔年下种、先时伏着""横云断岭、横桥锁溪""将雪见霰、将雨闻雷""浪后波纹、雨后霢霂""寒冰破热、凉风扫尘""笙箫夹鼓、琴瑟间钟""近山浓抹、远树轻描"等。

上述诸点体现了我国古代小说理论家从艺术欣赏的角度感知对象的民族特色。在"捻花含笑"的审美愉悦中获得会心满足的领略。冯镇峦认为欣赏小说要"手疾眼快"，独得会心。这就是要敏锐、迅疾地捕捉对象的审美因素，其说有理。由于立足在鉴赏上，这些小说理论家又有细腻尖新的审美敏感，因而时有卓见的闪光。它的感受性特征，使读者在阅读时能感同身受，如卧评本《儒林外史》第十八回评语："湖上一会，酸气逼人，至今读之，犹令人呕出酸馅也。"又如金圣叹评点《水浒传》第二回："写鲁达为人处一片热血直喷出来，令人读之深愧虚生世上不曾为人出力。"评论者、鉴赏者、感受者合为一体，形成了中国古代小说理论的独有特征。它所运用的比兴、描述法使人读来亲切、生动，不致枯燥乏味，有胜过西哲之处。由于结论裹和在感性形象中，长处中又隐伏着短处。结论不是以直接的理念付诸读者，而是由读者思而得之，靠读者再行领略。既然思而得之，再行领略，就自然因人而异，仁智互见，感性的具象确定中包含着非确定性和随机性。它无严密体系，靠点、悟的智能闪光，常常不会像西方美学家一旦有错便全线崩溃。它有众多的真理的颗粒，却不能产生出严密的逻辑网络。这一切都在说明着一个传统的文化心理结构的特征。在相对不变的中国社会历史条件下几乎成为"集体无意识"，沉淀在文化心理结构的深度层次中而代代相传。

（原载中国社会科学院《文学评论》1986 年第 4 期）

古典风格理论的民族特色

中国的古典风格理论，内容丰富，多种多样，但也有共同的特点。现择其要端，分述于下。

首先是抒情化特点。由于中国美学的民族特点是以抒情见长，不同于西方美学的“摹仿”说，中国古典诗文总是充满着浓郁的抒情味。建立在这一基础上的中国古典风格总是侧重于从抒情的特征上来概括文学作家风格的特色。这样，中国古典风格理论就常常从作家抒情的不同方式上来说明作家的风格，形成了所谓的“气势”说。例如司空图《二十四品》对“豪放”“劲健”等风格，以及他对韩愈等作家风格的说明与评述，后来的严羽的《沧浪诗话》等的风格理论的建立，都显示了以情为基础的特点。

其次是议论的形象化。用形象化的散文或诗歌语言对文学风格的内容加以表述。风格从表面上看，似乎难以言传，只可意会，但是用形象化的语言来概括和形容，就会感到生动、形象，让人们看到具体、可感的艺术画面，加深对风格的把握和理解。

用形象化的散文语言概括文学风格特征，开源于鲍照。《南史·颜延之传》载：“延之尝问鲍照，己与（谢）灵运优劣。照曰：‘谢五言如初发芙蓉，自然可爱；君诗若铺锦列绣，亦雕绘满眼。’”

用形象化的诗歌语言概括文学风格特征，滥觞于杜甫。杜甫论诗的《戏为六绝句》中有句：“或看翡翠兰苕上。未掣鲸鱼碧海中。”

开了这种先河，在中国古代文艺理论史上，作家们就交相竞起而蔚然风气了。

在用散文和诗的形象语言说明文学风格方面又可分两种类型。

一种是形象地描绘某一种风格的具体特征，而不限于某一具体的作家，具有形象的概括性。

司空图的《二十四品》，都是有形象感很强的比喻来说明风格的具体属性和特点。正如清代许印芳在《诗法萃编》中所说："《诗品》比物取象。"这些比喻，有的很巧妙地联结了对象之间的特点，因而能使读者产生艺术的想象，准确地去把握和理解，但有的比喻还不够准确。然而，司空图在这里继承前人的做法，系统地建立了风格理论的一种特殊体裁，在文论史上却有着不可忽视的地位，产生了深远的影响，例如明代的谢榛就是运用了这种联类取譬的手法。他在《四溟诗话》中说："熟读初唐、盛唐诸家所作，有雄浑如大海奔涛，秀拔如孤峰峭壁，壮丽如层楼垒阁，古雅如瑶瑟朱弦，老健如朔漠横雕，清逸如九皋鸣鹄，明净如乱山雪霁，高远如长空片云，芳润如露蕙春兰，奇绝如鲸波蜃气。"也是比喻层出，能扣住某一种风格的具体特征用比设喻，因而显得既准确且形象。

另一种类型是对不同作家的文学风格作出象征意义和比喻意义很浓的语言概括，如钟嵘在《诗品》中评范云："清便宛转，如流风回雪"；评丘迟"点缀映媚，似落花依草"。

在这方面，最突出的是唐代皇甫湜《喻业》中的一段文字和宋代敖陶孙《臞翁诗评》中的一段文字，对历代的许多作家的风格作了淋漓的评述，全是此类取譬，一系列生动具体的比喻如泉流山涧、珠走玉盘，既对各个作家文学风格的主要特征进行概括和描述，又对不足之处进行委婉的批评和针砭，高屋建瓴，议论风生。看起来，美不胜收；读起来，铿锵悦耳，组合成中国文学史上有代表性的作家艺术风格的长卷。因原文过长，这里就不称引了。而风格理论的议论形象化，又有着从先秦开始的"君子比德"的民族美学的特征。所谓"君子比德"说，就是用自然物的形质来比附人的品德。西方美学重视的是自然物的自然属性，中国美学强调的则是自然物的象征意义。这一民族美学影响及于创作，就有楚辞的所谓美人香草等，影响及于古典风格理论，绝大多都是用自然界的山水风物的形态、特征等来作比附材料的。

再次，强调独创。艺术风格是艺术独创性最显著的反映。可以说，没有独创就没有风格。这一点，我国古代的文论家非常注重。王充的《论衡》中反对“循旧守雅”。陆机在《文赋》中主张“谢朝华于已披，启夕秀于未振”。宋代的姜夔主张“一家之语，自有一家之风味”①。明代的李贽猛烈地批评了风格上步人脚跟的错误，他在《李生十交文》中主张“能自驰骋，不落蹊径”。清代的赵翼把独创性强调到一个相当的高度，他坚决反对“拾人牙后，人云亦云”。他的独创的文学主张来源于这样一个朴素的辩证法：“诗文随世运，无日不趋新。”②他认为“抱柱守株，不敢逾限一步”，是不能成一家风格的，必须“创前古所未有”，才能“传世”③。这是用发展的眼光来看待问题的。他写过一首著名的《论诗绝句》：“李、杜诗篇万口传，至今已觉不新鲜。江山代有才人出，各领风骚数百年。”重视艺术的进步和发展，用新鲜独创的作品丰富文坛。

最后，善于把风格和人格联系起来考察。刘勰说：“各师成心，其异如面。”④苏轼说：“其文如其为人。”⑤南宋的范开认为，艺术风格的高低，决定于作者的人格：“器大者声必闳，志高者意必远。”⑥元代的杨维桢说：“评诗之品无异人品也。人有面目骨体，有性情神气；诗之丑好高下亦然。”⑦明代的李贽说：“盖声色之来，发于情性，由乎自然……故性情清彻者音调自然宣畅，性格舒徐者音调自然疏缓，旷达者自然浩荡，雄迈者自然壮烈，沉郁者自然悲酸，古怪者自然奇绝。有是格，便有是

① 姜夔：《白石道人诗说》。
② 赵翼：《论诗》。
③ 赵翼：《瓯北诗话》卷四。
④ 刘勰：《文心雕龙·体性》。
⑤ 苏轼：《答张文潜书》。
⑥ 范开：《〈稼轩词〉序》。
⑦ 杨维桢：《〈赵氏诗录〉序》。

调，皆情性自然之谓也。”[1]他认为，这是自然而然地产生出来，不需要故意做作的。清代刘熙载说：“诗品出于人品。”[2]薛雪在《一瓢诗话》中说：“有胸襟然后能载其性情智慧”“具得胸襟，人品必高，人品既高，其一謦一咳，一挥一洒，必有过人处。”这些说法阐述了风格和人格之间的关系。

如果上述的见解侧重于理论上的阐述，那么，明代的方孝孺则侧重于具体揭示。方孝孺在《〈张彦辉文集〉序》中列举战国以后许多作家，具体地揭示了这些作家风格和人格之间的联系。这些说法从风格与作家主观特性相联系的角度论述问题是有一定的道理的。但是，文学风格是创作范畴的东西，是一种复杂的现象，如果把风格仅仅归结为作家的人格的反映，就失之简单，无法说明文学风格中的一些复杂问题，同时，作家的人格只有在一个方面影响了作家的创作见解、创作思想，才能影响文学风格。这些古典文论家忽视了这个影响和被影响者之间的中介和杠杆，因而最终无法准确全面地说明文学的风格。

（节选自《古典风格理论概说》，原文12000字，原载《古代文学理论研究》第9辑，上海古籍出版社1984年版。）

① 李贽：《读律肤说》。
② 刘熙载：《艺概·诗概》。

六朝文化与《文心雕龙》之关系

一位天才卓绝的文化学家

刘勰历时多年，完成了中国文学理论史上空前的煌煌巨著——《文心雕龙》。这倒不仅在于其规模，而且还在于其涉及的覆盖面，论述的深度和文化涵量。他生活在六朝——中国文化的又一个高峰期和辉煌期，没有六朝文化就不可能有其卓越代表的刘勰，也就不可能产生代表六朝文化、精神、智慧最高水平的《文心雕龙》。《文心雕龙》为其所孕生，又成为其表征，而刘勰的文化接受和感应当然会有自身的特质。

在金粉六朝，奢靡之风大炽，而这位学富五车的青年学者却因丧父家贫，无法婚娶，成为独身主义者。他以建康近郊的钟山的定林寺作为研读书籍之所，实在是最佳选择。他在建康——六朝的社会、文化、政治中心，感受到它所特有的精神氛围，在时代的"紫金山"上鸟瞰整个时代、社会、文化。所以，他的文化、文学体认水平就处在时代的峰巅上。然而，他又远离了车马红尘的闹市，来到萧然冷荒的古刹，保持着一种距离，一种冷峻的态度，以虚静之心研读古籍和埋头于文学研究。以出世之身写入世之文，更能洞悉文学的历史和现状，作出深邃的评说。他的学识得到当时思想文化界最杰出人物僧佑、沈约、萧统的赏识。《文心雕龙》竟然成了沈约的案头书。他虽然地位不高，但文化品位极高，跻身于六朝文化的最高层。他年轻时曾携带所著之《文心雕龙》"状若鬻货者"，干谒沈约，终得赏接，走上仕途之路。这一经历说明刘勰年轻时是希望有为于世的，这倒使他保持着一颗介入现实的心灵。

《文心雕龙》所引用作品达 140 多部，所涉及的作家有 900 多人，可见其博大。它体现了六朝文化兼容前代的特点。刘勰没有把视域拘囿于文学领域，他从整个思想文化史的高度来评说文学，并归结到思想文化层面上，可见其深邃。它体现了六朝文化内涵深刻的特点。

用刘勰的观点来解读刘勰，来说明六朝文化与《文心雕龙》之关系

刘勰论述永嘉丧乱时代的诗人刘琨（越石）时说："刘琨雅壮而多风……遇之于时势也。"（《文心雕龙·才略》）西晋灭亡，五马南奔，偏安的东晋王朝苟且偷安，把收复失地置之度外，致使刘琨这样的英雄志士空怀宏愿，赍志以殁。刘琨曾经和著名的祖逖"闻鸡起舞"。在风云变色的政局中，在抗御外侮的悲壮战斗中，刘琨百感交加。愤激的情志发而为歌诗，必然会染上"雅壮而多风"的色彩。刘勰"遇之于时势"的见解是十分独特也是十分卓越的。刘勰在《文心雕龙》中运用这一观点十分成功地解阐了古往今来的种种复杂的文学现象。这便是正确地体认了"时势"和作家、时代和作品之间的关系，即此一端就足以证明刘勰的识见之不凡了。

作为一个正确的社会历史学的文化命题，一定时代的文化环境和精神土壤总是孕生出某一杰出代表，来体现其文化精神。所谓风云际会，所谓应时而出，正是这一意思，乃是土膏既厚，春雷惊蛰，万源涌出。近人许文雨曾把刘勰的《文心雕龙》和钟嵘的《诗品》说成是"应运而作"："曹魏以来，典午氏有天下，不久分崩。异族长驱中原，僭窃禹域。旧家世族，羞与为伍，标榜门阀，不通婚媾。终南北朝之世，成为社会特殊之梗焉。各挟一歧视之心理，互相讥评，其事虽属于政治风俗，而影响所至，一时艺林，遂大炽品论之风。此原乎时代者也。加以荆、扬文化，新立基址，文人生息于南方之新地理，模范山水，鑱雕风云，极情写物，逞辞追新，或竞轻绮之奇，或争声律之巧。篇什倍增，既有待于论

定，艺术更张，亦足招其物议，发为文论，遂开前古未有之生色。此因乎地理者也。基此二因，刘勰之《文心雕龙》、钟嵘之《诗品》，乃应运而作矣。”（《文论讲疏·导言》）这是《文心雕龙》产生的社会、历史、文化必然性。

刘勰生活的六朝，在此之前和当时代产生了汗牛充栋的文学作品。《文心雕龙》就曾涉及上古唐虞时代的歌谣，《明诗》写道：“尧有《大唐》之歌，舜造《南风》之诗。”在六朝，文学出现了又一个繁荣期，“家家有制，人人有集”（萧绎：《金楼子·立言》），可见其繁荣状况。这首先在士族高门中得到集中表现。《梁书·王筠传》所载王筠与诸儿书云：“史传称安平崔氏及汝南应氏并累世有文才，所以范蔚宗云崔氏世擅雕龙。然不过父子两三世耳，非有七叶之中，名德重光，爵位相继，人人有集，如吾门世者也。”所谓“人人有集”便是其集中写照。《梁书·刘孝绰传》言：“孝绰兄弟及群从诸子侄，当时有七十人，并能属文，近古未之有也。”六朝出现了庞大的创作群体，产生了大量的文学作品。继建安文学、太康文学之后，六朝出现了为史家所盛誉的元嘉文学、永明文学，文学开始独立化，文学的功能开始被独立化地赋予。“降及建安，曹公父子，笃好斯文；平原兄弟，郁为文栋；刘桢、王粲，为其羽翼。次有攀龙托凤，自致于属车者，盖将百计。彬彬之盛，大备于时矣”（钟嵘：《〈诗品〉序》）。此乃建安盛况，它为六朝的文学理论家提供了纠正时弊的范例，当然也提供了文学的创作经验。到了六朝，宋文帝刘义隆于元嘉十六年(439)置四学馆，除儒学、玄学、史学外，还设有文学馆。泰始六年(470)宋明帝刘彧建总明观，于儒、道、史、阴阳四部之外，别置文学。宋代相继出现的文学馆部现象，说明文学的独立化不仅是观念化的，而且是机构化的。永明文学的最大贡献是声律。声律的发现和规范是对文学性质的进一步确定和开扩，使得文学作品不仅美观，而且美听，具有像音乐一样的审美听觉功能，实在是划时代之举，为唐人律诗，做了充分准备，从此中国诗歌史进入一个新阶段。永明体也哺育了六朝文学风格新的形态，为六朝也为中国诗学提供了新的财富。如前所言，由于永明文学提倡美观兼美听，于是六朝文学便出现了一个新的审美范畴、新的审美标准——珠圆玉润。《南史·王筠传》说道:"(沈约)谓王志曰:'贤弟子文章之美,可谓后来能独步。谢朓常见语云:"好诗圆美流转如弹丸。"近见其数首,方知此言为实。'"谢朓诗就是其杰出代表。他的人生生命虽是短寿,只有36岁,但艺术生命却是长寿。他在当时就得到盛誉,被称之为"古今独步"。萧梁简文帝萧纲誉其"文章之冠冕,述作之楷模"(《与湘东王书》)。当时和后代的那些傲骨嶙峋的人物都对谢朓低头服帖。例如《颜氏家训·文章》载:"刘孝绰当时既有重名,无所与让,惟服谢朓,常以谢诗置几案间,动静辄讽咏。"据王士禛所言,李白"一生低首谢宣城"(《戏仿元遗山论诗绝句三十二首》)。悠久的文学史长河所涌发出来的难以计数的文学作家作品,六朝繁星闪烁、巨星辉煌的文学苍穹,需要文学理论家去描述、评价。繁富的文学创作现象及其经验,文学从原有的形态中剥离出来,独立成体等新现象、新形态,都需要文学理论去总结、概括,于是,刘勰应运而生。

六朝的文化典籍和资料积累达到空前繁富的程度。"齐永明中,秘书丞王亮、监谢朏,又造《四部书目》,大凡一万八千一十卷。齐末兵火,延烧秘阁,经籍遗散。梁初,秘书监任昉,躬加部集,又于文德殿内列藏众书,华林园中总集释典,大凡二万三千一百六卷,而释氏不豫焉。梁有秘书监任昉、殷钧《四部目录》。又《文德殿目录》。其术数之书,更为一部,使奉朝请祖暅撰其名,故梁有《五部目录》。"(《隋书·〈经籍志〉序》)据《梁书》所载,沈约藏书两万卷,任昉、张缅、王僧孺等人均各有藏书一万馀卷。这是六朝特别是齐、梁文化繁荣的显著标志,在这样的总体文化繁荣的基础上才会孕生第一部大型文学总集——《文选》,第一部大型文学理论著作——《文心雕龙》。

这二"文"之间又存在着联系。文选学家路鸿凯曾说:"《文心》一书,本与《文选》相辅""昭明选文,或相商榷。而《刘勰传》载其兼东宫通事舍人,深被昭明爱接:《雕龙》论文之言,又若为《文选》印证,笙磬同音,是岂不谋而合,抑尝共讨论,故宗旨如一耶。"(《文选学》)刘勰为昭明太子东宫通事舍人,深得其赏识,参与了《文选》的编撰工作。于是这两部巨制之间有许多相近之处,尽管一者为创作形态,一者为理论形态，但是，一方面可以说《文心》影响了《文选》，另一方面则可以说《文选》孕育了《文心》。清代孙梅曾说："彦和则探幽索隐，穷形尽状。五十篇之内，百代之精华备矣。其时昭明太子纂辑《文选》，为词宗标准。彦和此书，其实总括大凡，妙抉人心；二书宜相辅而行者也。"（《四六丛话》）近人黄侃则说："读《文选》者，必须于《文心雕龙》所说能信受奉行，持观此书，乃有真解。"（《〈文选〉平点》）今人穆克宏更有深入发现和论述："《文选》选录的作家 130 人，见于《文心雕龙》者五分之四。《文选》选录作品，在《文心雕龙》中指出篇名的大约有百馀篇。""《文心雕龙》加上《辨骚》文体论 20 篇，分文体为 33 类，如果加上《辨骚》篇中所论述的'骚'体，则为 34 类。《文选》之文体分为 37 类，所分文体与《文心雕龙》大体相同。"在文笔区分上，两者亦暗合："《文心雕龙》所论述的名家和名篇佳作，《文选》大都有选录。"（《〈昭明文选〉研究》）这是《文心雕龙》被孕生的具体性实例，也是它和六朝文化、文学现象互涵互摄的具体性实例。

黄侃认为："读《文选》者，必须于《文心雕龙》所说能信受奉行，持观此书，乃有真解。若以后世时文家法律论之，无以异于算春秋历而用杜预长编，行乡饮仪于晋朝学校，必不合矣。"（《〈文选〉平点》）《文心雕龙》是解读《文选》的钥匙。刘勰直接参与了《文选》的工作，又深得萧统的赏识和器重，他的文学思想影响了萧统，影响了《文选》的编纂。两"文"的文体分类，在原道、宗经、文质等方面的文学见解如此合契若符，足以证之。而《文选》本身选编 700 馀篇，30 卷，就为刘勰提供了丰富的引例，更何况还有"选"外的大量资料，单是萧统东宫藏书就达 3 万卷，更是极厚之矿藏。在这个意义上又是《文选》及其编选工作，孕育了《文心雕龙》。

在六朝文化和思维机制中所孕生的《文心雕龙》

从大文化也就是宏观文化视域来考察，《文心雕龙》是文化中心转移也就是中原衣冠文物南移的产物。"晋氏渡江，三吴最为富庶，贡赋商旅皆出其地”(《资治通鉴·梁简文帝大宝元年》)。由于长期没有兵革,经济得以恢复和发展。“江南之为国盛矣,虽南包象浦,西括邛山,至于外奉贡赋,内充府实,止于荆扬二州……自义熙十一年,司马休之外奔,至于元嘉末,三十有九载,兵车勿用,民不外劳,役宽务简,氓庶繁息,至馀粮栖亩,户不夜扃,盖东西之极盛也”(《宋书·沈昙庆传》)。这样的地理、社会环境,必然滋生出相应的文化、文学。“永嘉之后,帝室东迁,衣冠避难,多所萃止,艺文儒术,斯之为盛。今虽闾阎贱品处力役之际,吟咏不辍”(《通典·扬州风俗》)。江南草长,莺飞燕舞,可以吟唱;吴娃越女,歌舞婆娑,足能移情。原先悲慨的意志渐被这香风暖气所软化,曾经有过的新亭之泪已消失了,他们已满足于和陶醉于这山水留连、漱石枕流、诗酒风流。“暖风熏得游人醉”,确实,南方风习有如此巨大的疲软人的力量,再看那个蛰居临安的南宋不也是这样吗?沉醉江南之意日增,重返河洛之志日销,于是奢靡之风大炽。“今天下宰守所以皆尚贪贱,罕有廉白者,良由风俗侈糜,使之然也。淫奢之弊,其事多端,粗举二条,言其尤者。夫食方丈于前,所甘一味。今之燕喜,相竞夸豪,积果如山岳,列肴同绮绣,露台之产,不周一燕之资,而宾主之间,裁取满腹,未及下堂,已同臭腐。又歌姬舞女,本有品制,二八之锡,良待和戎。今畜妓之夫,无有等秩,虽复庶贱微人,皆盛姬姜,务在贪污,争饰罗绮”(《梁书·贺琛传》)。风气既变,并及文林。于是,六朝出现金粉文学、绮丽文学,而这正是刘勰所要批评的。而时代又把他推上了第一线,去进行文学的批评。也正因为如此,刘勰完成了中国文学的本体意义的批评。

刘勰作为中国文学批评家,体现了他强烈的责任感和干预时势的特点。在此以前,虽有对文学现状加以评价的,但是,主体干预意识和针对性、直接性品格完全不及刘勰。什么叫文学批评,什么叫传统特点的文学批评?刘勰做了第一次建构。所谓文学批评就是从自身文学观点出发对一系列的文学现象做出恰当的评价和解阐。刘勰作为文学理论家和文学批评家,集一身而二任。以理论家的思想观照批评,以批评家的实感体现理论,这应该是建构了中国文学理论、批评的主体性个体存在形式。例如刘勰对汉代虚妄赋风的评价,“语瑰奇则假珍于玉树,言峻极则颠坠于鬼神”“验理则理无不验,穷饰则饰犹未穷矣”“虚用滥形”则必然会导致“事义睽刺”(《文心雕龙·夸饰》)。在此基础上,刘勰提出了“真美”观:“为情者要约而写真。”(《文心雕龙·情采》)这便提出文学的创作实践的直接性品格。他说:“岁有其物,物有其容;情以物迁,辞以情发。一叶且或迎意,虫声有足引心。况清风与明月同夜,白日与春林共朝哉!”(《文心雕龙·物色》)因此,他提出了文学创作的逼真性要求,所谓“窥情风景之上,钻貌草木之中”“巧言切状,如印之印泥,不加雕削,而曲写毫芥”。于是,便形成真实性的效果,即所谓能使接受者“瞻言而见貌,即字而知时”。

中国文化是实践致用型文化,强调和重视文化对于世事、现实生活的作用力。刘勰在《程器》篇中说:“盖士之登庸,以成务为用。鲁之敬姜,妇人之聪明耳,然推其机综,以方治国,安有丈夫学文,而不达于政事哉!”鲁国的敬姜,作为妇人,尚且参与政事,然而作为男子汉大丈夫不更应该如此吗!因此,他提出一名文士的完整形象和文化结构是:“摛文必在纬军国,负重必在任栋梁。穷则独善以垂文,达则奉时以骋绩。若此文人,应梓材之士矣。”

正因为以这样的实践致用型文化精神作为内核,刘勰对六朝文学现状的批评是急切的,甚至是尖锐的。第一次强烈地体现了一位文学批评家的责任感和补偏救弊的强烈愿望。这在前代是罕见的,而对后代则是树立了楷范。例如《通变》写道:“推而论之,则黄唐淳而质,虞夏质而辨,商周丽而雅,楚汉侈而艳,魏晋浅而绮,宋初讹而新。从质及讹,弥近弥淡,何则?竞今疏古,风味气衰也。今才颖之士,刻意学文,多略汉篇,师范宋集,虽古今备阅,然近附而远疏矣。”《定势》说:“自近代辞人,率好诡巧,原其为体,讹势所变,厌黩旧式,故穿凿取新,察其讹意,似难而实无他术也,反正而已。”《明诗》曰:“及正始明道,诗杂仙心,何晏之徒,率多浮浅。”“江左篇制,溺乎玄风,嗤笑徇务之志,崇盛忘机之谈。”《时序》曰:“自中朝贵玄,江左称盛,因谈馀气,流成文体。是以世极迍邅,而辞意夷泰,诗必柱下之旨归,赋乃漆园之义疏。”《明诗》言当时文风“俪采百家之偶，争价一句之奇”。对当时的文风表现出了强烈而鲜明的批评态度、介入态度，从而集中而系统地奠定了中国文学批评的基本性质和主体精神、方式。

六朝文化是集大成文化，是把此前的文化第一次集其大成，纳涓流而成大海。此前的各类文化分路而来，至六朝终成大道。

在文学理论上刘勰汲取了孔子、荀子、扬雄、王充、桓谭至陆机以来千年的批评材料，经过细致的辨析和深入的研究，又认为各有弱点、缺陷。他可谓高屋建瓴，雄视前代。

> 详观近代之论文者多矣。至如魏文述《典》，陈思序《书》，应瑒《文论》，陆机《文赋》，仲洽《流别》，弘范《翰林》，各照隅隙，鲜观衢路。或臧否当时之才，或铨品前修之文，或泛举雅俗之旨，或撮题篇章之意。魏《典》密而不周，陈《书》辩而无当，应《论》华而疏略，陆《赋》巧而碎乱，《流别》精而少功，《翰林》浅而寡要。又君山、公干之徒，吉甫、士龙之辈，泛议文意，往往间出，并未能振叶以寻根，观澜而索源。不述先哲之诰，无益后生之虑。（《文心雕龙·序志》）

一一评说，恍如煮酒论英雄，逐个指出弱点缺陷。那口吻，大有天下英雄舍我其谁的派头。而这又并非口出狂言，乃是洞若观火，细致研究后所得出的结论，指出了他们的共同弱点：“各照隅隙，鲜观衢路。”“并未能振叶以寻根，观澜而索源。”而刘勰则是洞悉众家之弊而规避之，他笼罩古今，博通众门，把握了文学之枢纽，又洞观文学之流变，“剖情析采，笼圈条贯”，因此，他便理所当然地完成了这一任务。刘知几就曾揭示出刘勰在前人基础上实现超越的必然性，其论甚为准确而深刻。

> 词人属文，其体非一，譬甘辛殊味，丹素异彩，后来祖述，识昧圆通，家有诋诃，人相掎摭，故刘勰《文心》生焉。（《史通·自序》）

《文心雕龙》完成了文学理论从零散性到系统性、直觉性到思辨性的飞跃。在思维机制上体现了六朝时人的智慧、深刻、善辩，善于建构和表述自己的理论系统。

没有六朝繁富的文学作品就不可能出现《文心雕龙》，因为它失去了研究的对象；没有六朝发达的文学批评也就不可能出现《文心雕龙》，因为它失去了研究的精神氛围。这二者都为《文心雕龙》的产生提供了基础。

品评人物盛在汉季。品评方式的出现乃因批评意识的萌发，反转来又促进了品评方式的发展，互涵互动。刘劭有著名的《人物志》；《世说新语》亦贯穿人物品藻。后来则出现位移，由品评人物进入品评文学作品。"品"的出现到齐梁时代颇成气候。诸如《梁官品格》、沈约的《新定官品》、柳恽的《棋品》、萧衍的《围棋品》、陆云公的《〈棋品〉序》、庾肩吾的《书品》、谢赫的《〈古画品〉录》以及钟嵘的《诗品》，涉及文学和艺术的众多领域。刘勰虽说也用了品评法，但却在整体上产生了超越。《文心雕龙》不是随感式的发挥，随意而谈，它是刘勰经过缜密的思考以后的成果，纲举目张，经纬万端，它具有强烈的思辨性，代表了六朝思辨文化和思维机制的最高水平。

从这样的思维机制出发，《文心雕龙》就纠正了六朝摘句式的文学批评的方式。这在诗歌批评中表现得尤为显著。《世说新语·文学》中多有记载，例如谢安、谢玄摘《毛诗》佳句：

谢公因子弟集聚，问："《毛诗》何句最佳？"遏称曰："昔我往矣，杨柳依依；今我来思，雨雪霏霏。"公曰："'訏谟定命，远猷辰告。'谓此句偏有雅人深致。"

王孝伯在京，行散至其弟王睹户前，问："古诗中何句为最？"睹思未答。孝伯咏"所遇无故物，焉得不速老"："此句为佳。"

郭景纯诗云："林无静树，川无停流。"阮孚云："泓峥萧瑟，实不可言。每读此文，辄觉神超形越。"

摘句欣赏是六朝的一种诗文批评方式，是欣赏主体对应着某一欣赏对象进行的品赏方式，乃是摘句式的，只言局部，不及全体。这在南朝得到进一步的发展和运用。例如《南史·丘灵鞠传》载，宋孝武帝的殷贵妃死后，丘灵鞠作挽歌三首，有"云横广阶暗，霜深高殿寒""帝摘句嗟赏"。《南齐书·〈文学传〉论》也曾提到"张眎摘句褒贬"。

但是，刘勰从总体上基本摆脱了摘句批评方式。他善作总体性把握，又善作动态性把握，描述出文学思潮的变化状况和态势。他不以摘句为满足，而是从全部作品的整体研究出发。因此，刘勰对某一文学作家、某一时代文学、某一文学倾向、某一文学思潮，都是在进行通盘的研读后，再加以评判和评定。他决不把摘句替代全篇、局部代替全体，他的文学评论和把握之所以显得那样的准确和深刻就在于此。摘句易掩全貌，当然就无法进行整体评价。他对于某一时代的文学现象的评价是综合着诸种因素，对其发生的社会历史原因、演变情形均作宏观性描述。例如《时序》写道："自献帝播迁，文学蓬转，建安之末，区宇方辑。魏武以相王之尊，雅爱诗章；文帝以副君之重，妙善辞赋；陈思以公子之豪，下笔琳琅。并体貌英逸，故俊才云蒸。"这可以说是对建安文学的总体性而非摘句性的评说，馀例尚有很多。

对六朝文化精神的汲纳和融会

《文心雕龙》不是一部文化著作，而是文学理论著作。但是，刘勰却是从文化的角度和视域去审视文学理论，汲纳六朝的文化精神，融会成《文心雕龙》的理论框架。《文心雕龙》是文化型文学理论著作，在论述一系列问题时，内蕴着文化精神，体现了六朝文化的融合性特征。《序志》写道："盖文心之作也，本乎道，师乎经，酌乎纬，变乎骚；文之枢纽，亦云极矣。"由此可以看出，《文心雕龙》在内在的文化思想上是一个由儒、道、释、玄所构成的综合性机制。

首先是儒家思想。虽然写作《文心雕龙》时，刘勰正在佛寺之中，但其内心深处却是儒家思想占据主导地位。《序志》篇自道曰："予生七龄，乃梦彩云若锦，则攀而采之。齿在逾立，则尝夜梦执丹漆之礼器，随仲尼而南行，旦而寤，乃怡然而喜。大哉，圣人之难见，乃小子之垂梦欤！自生人以来，未有如夫子者也。"这番充满神往、激情的话语充分显示了刘勰少有从儒之志。这正是他在《程器》中所表达的"摛文必在纬军国，负重必在任栋梁"、"达则奉时以骋绩"的思想写照。他有着有为于世的抱负，却又最终未能得志于世。在晨钟暮鼓中度过了馀生。他的梦想，他的表白，都表明了对儒家理想的执著。《序志》写道："惟文章之用，实经典枝条。五礼资之以成，六典因之致用；君臣所以炳焕，军国所以昭明。详其本源，莫非经典。"刘勰是以儒家经典性思想为依据来总结文坛风气的。"于是搦笔和墨，乃始论文"，把撰写《文心雕龙》的目的揭示得十分清楚。因此，他在《征圣》中反复强调"征之周孔，则文有师矣""征圣立言，则文其庶矣"。以儒家思想为立论的主要依据是就整个思想基础而言的。刘勰在《原道》中写道：

> 爰自风姓，暨于孔氏，玄圣创典，素王述训，莫不道心以敷章，研神理而设教。取象乎河洛，问数乎蓍龟，观天文以极变，察人文以成化，然后能经纬区宇，弥纶彝宪，发挥事业，彪炳辞义。

刘勰所要接受和发扬的是儒家的人文主义精神。这不是泛泛而论儒家学说，而是扣合其最基本精神。这一儒家文化精神与文学的基本精神又是沟通的，于是，文化便落实并渗透到文学中。

在弘扬儒家文化上，刘勰的理论又有两点值得注意：一是主张思想、精神的楷范作用。《史传》写道："是以立义选言，宜依经以树则；劝戒与夺，必附圣以居宗。"以儒家和儒学为圣、经。《宗经》中对"经"做了具体阐释，曰："三极彝训，其书曰经。经也者，恒久之至道，不刊之鸿教也。故象天地，效鬼神，参物序，制人纪，洞性灵之奥区，极文章之骨髓者也。""五经"有不同的内容：《易》"惟谈天"，《书》"实记言"，《诗》主言志，《礼》"以立体"，《春秋》"辨理"。"五经"所组合的儒家文化，是文学所应宗之经。即《序志》所说："惟文章之用，实经典枝条。"《宗经》认为，

“五经”在总体上“根基盘深,枝叶峻茂,辞约而旨丰,事近而喻远,是以往者虽旧,馀味日新,后进追取而非晚,前修久用而未完”,日日常新,前后代人总是享用不完,它就如同“太山遍雨,河润千里”。“五经”有不同的内容,也就具体地产生了相对应的功能和作用。“论说辞序,则《易》统其首;诏策章奏,则《书》发其源;赋颂歌赞,则《诗》立其本;铭诔箴祝,则《礼》统其端;纪传盟檄,则《春秋》为根:并穷高以树表,极远以启疆,所以百家腾跃,终入环内者也。若禀经以制成,酌雅以寓言,是即山而铸铜,煮海而为盐也”。在刘勰看来,“五经”是个大的文化网络,无法超出,尽管“百家腾跃”,却“终入环内”。刘勰把儒家“五经”抬到无以复加的地步,是为着挽救儒家在六朝趋于式微的局面,恢复儒家曾经有过的地位和作用。又是为文学创作提供一种文化的楷范,并以此促进文学的发展和进步,这便是刘勰在《宗经》中所说的,以“五经”而臻文学之“六义”。

> 文能宗经,体有六义:一则情深而不诡,二则风清而不杂,三则事信而不诞,四则义直而不回,五则体约而不芜,六则文丽而不淫。扬子比雕玉以作器,谓“五经”之含义也。

“六义”是文学创作的最高标准,也是其最佳境界,涉及文学创作的所有方面:情感深沉,风貌清雅,记事真实,内容正经,体式精要,文词优美。与此相对的,是说明可以避免的六种弊病。这样,“六义”的内在勾连就十分紧密,是刘勰从儒家文化的本体出发,向文学所提出的要求,也是他在《宗经》中对“楚艳汉侈,流弊不还”的倾向所做的拨正。

另外一点是提出了以儒家文化精神为内涵的文学审美理想。在这一问题上,刘勰较为倾向于“易”学一路。他在《丽辞》中对《易》击节赞赏道:“《易》之文系,圣人之妙思也。序乾坤四德,则句句相衔;龙虎类感,则字字相俪;乾坤易简,则宛转相承;日月往来,则隔行悬合。虽句字或殊,而偶意一也。”《易》充满阳刚之气和生生不已的旺盛又而亢奋的生命精神。刘勰之所以立《风骨》篇,之所以崇尚翰飞戾天的美学境界，其原因就在于此。

其次是道家文化思想。《原道》作为《文心雕龙》的本体篇，提出了"自然之道"论："心生而言立，言立而文明，自然之道也。""自然之道"来自于道家文化思想。"人法地，地法天，天法道，道法自然"（《老子·二十五章》）。道遵自然，文法自然，便从本体上确定了自然在文学上之位置和本初特征。刘永济的《〈文心雕龙〉校释》说："此篇论文原于道之义，复以云霞草木为自然之文，是其所谓道，亦自然也。""自然之道"作为道家思想，成为刘勰《文心雕龙》文学理论的支柱之一。《诸子》言："庄周述道以翱翔。"《论说》云："庄周齐物，以论为名。"《情采》曰："老子疾伪，故称'美言不信'，而五千精妙，则非弃美矣。"刘勰对道家文化思想深有了解，而在齐梁崇尚自然之道又有现实用心。清代纪昀评曰："齐、梁文藻日竞雕华，标自然以为宗，是彦和吃紧为人处。"（见范文澜《〈文心雕龙〉注》上）黄侃《〈文心雕龙〉札记》说："彦和之意，以为文章本由自然生，故篇中数言自然。寻绎其旨，甚为平易，盖人有思心，既有言语，即有文章。言语以表思心，文章以代言语。惟圣人为能尽文之妙，所谓道者，如此而已。此与后世言文以载道者，截然不同。"刘勰所批评的齐、梁之风的"率好诡巧""采滥忽真"正是违反了自然之道。他在《明诗》中写道："人禀七情，应物斯感，感物吟志，莫非自然。"《隐秀》认为："自然会妙，譬卉木之耀英华。"情感的发生和表达，都应该顺应自然，或者说都是自然地所由发生。这就烙上了道家文化思想的鲜明印记。

再次是佛家文化思想。佛家文化思想在六朝大盛，形成了整体性的社会文化思想。同时，刘勰曾寓居佛家之定林寺，按理来说，受佛家文化思想之影响应成主导，其实不然。他早期功名观念未泯，故不是佛家之虚空，跟晚年彻底入佛大为不同。

佛家文化思想对《文心雕龙》的外在作用超过了内在性能。范文澜认为，《文心雕龙》的框架结构受佛经很深影响：

> 《释藏》卷十释慧远《阿毗昙心序》："《阿毗昙心》者，三藏之要颂，咏歌之微言，管统众经，领其会宗，故作者以心为名焉。有出家

开士，字曰法胜，渊识远鉴，探深研机，龙潜赤泽，独有其明。其人以为《阿毗昙经》源流广大，难卒寻究，非赡智宏才，莫能毕综。是以探其幽致，别撰斯部，始自界品，讫于问论，凡二百五十偈，以为要解，号之曰心。”彦和精湛佛理，《文心》之作，科条分明，往古所无。自《书记》篇以上，即所谓界品也；《神思》篇以下，即所谓问论也。盖采取释书法而为之，故能解勰理明晰若此。（范文澜：《〈文心雕龙〉注》下）

在论及文学创作的一系列心理时，《文心雕龙》虽得庄味，亦有禅意。

刘勰与玄学之关系是一个复杂的需要作多层面分析的问题。

其一，他充分看到江左以来的玄风煽动之势。《明诗》写道：“江左篇制，溺乎玄风，嗤笑徇务之志，崇盛忘机之谈。”对此，刘勰深不以为然。《论说》认为，玄学之论“徒锐偏解，莫诣正理”，整个“江左群谈，推玄是务”。此风对当时文坛产生重大影响，《明序》写道：“自中朝贵玄，江左称盛，因谈馀气，流成文体。是以世极迍邅，而辞意夷泰，诗必柱下之旨归，赋乃漆园之义疏。”《明诗》又写道：“及正始明道，诗杂仙心；何晏之徒，率多浮浅。”

其二，在玄风和“诗杂仙心”的气候中仍有不少出类拔萃者。《论说》写道：“详观兰石之才性，仲宣之作伐，叔夜之辨声，太初之本玄，辅嗣之两例，平叔之二论，并师心独见，锋颖精密，盖论之英也。”“宋岱、郭象，锐思于几神之区；夷甫、裴頠，义辨于有无之域，并独步当时，流声后代。”刘勰对玄学中的种种现象，不怀偏见，有着杰出思想家、理论家的卓识和洞察力，充分肯定王弼、何晏以来一批玄学家的思想锐气和智慧的锋芒。他尤为欣赏嵇康、阮籍。《明诗》写道，在整个玄学风行期间“惟嵇志清峻，阮旨遥深，故能标焉”，乃是其中的佼佼者。《才略》认为，“嵇康师心以遣论，阮籍使气以命诗。殊声而合响，异翮而同飞”。虽然他们的具体表现形态有不同，但都有一致的内涵和特征：师心、使气。“嵇志清峻”“阮旨遥深”是就其风格而言；“师心”“使气”是就其创作发生而言。这些确是的论。从“心”“气”出发,任意挥发和排遣,正是玄学的基本特征。嵇康、阮籍具有深刻、悠远的玄学殉道精神。因此,嵇、阮精神正是来自于玄学精神。

其三,要把刘勰所做的评价和取值倾向跟他本人从玄学那里所接受进而形成的学术、文学思想相区别。前者如其一、其二所述。他本人所受的玄学影响是玄学自然观。他置身于越名教而任自然的总体文化精神氛围之中。他的思想有“任自然”之一面,他的学术、文学思想亦有“任自然”之一面。因为玄学和道学有着相联系的内涵,所以,刘勰思想受玄学影响亦很自然。刘勰的文学思想及其运用方式,诸如“乘一总方”,诸如“沿波讨源,虽幽必显”等等,都有玄学思维及其方式的影子。

刘勰所接受和采撷的六朝文化思想、精神,其情形比较复杂。那些本属于自相矛盾、了不相属的文化思想体系,却被刘勰一齐汲纳进来,体现了六朝时文化思想界,诸说纷呈、斑驳杂乱的状况,因此,《文心雕龙》便有着相类似的现象。这种状况正是六朝文化思想界的状况,《文心雕龙》是其投影。

刘勰是一位集大成者,他的思想广汲博纳于儒、道、佛、玄学诸家。他的总体接纳态度是不偏颇不厚薄。值得注意的是《序志》中的一番话:

> 夫铨序一文为易,弥纶群言为难。虽复轻采毛发,深极骨髓,或有曲意悉原,拟近而远,辞所不载,亦不胜数矣。及其品列成文,有同乎旧谈者,非雷同也,势自不可异也;有异乎前论者,非苟异也,理自不可同也。同之与异,不屑古今,擘肌分理,惟务折衷。

“惟务折衷”,在各种思潮中折衷仲裁,其思想机制便是折衷主义的。刘勰正是用折衷主义来调和诸种文化思想,经过折衷,也就形成了他那博大型的综合性思想机制。

《文心雕龙》是那样地宏富,又是那样地精深,即使是一句描述、一个结论,也可以衍化出一篇或若干篇文章。至今车载斗量的研究文字还无法穷尽其奥秘和内涵，便是有力的证明。它是那样地典雅，又是那样地漂亮。它本身美丽的文词就可以作为一篇纯文学作品来阅读和欣赏，它同样是那样地美观和美听，成为一流的美文。刘勰示范性地作了一长篇骈文，令六朝最优秀的骈文作家也要颔首敛衽。他以自己的鸿篇巨制丰富而又提升了六朝文化。

（原载《南京大学学报》2002 年第 1 期）

应当正确评价凌濛初的“二拍”

历史的和美学的观点应该是我们进行古典文学研究的基本出发点。具体地说，就是在历史的社会氛围内探寻具体作品在历史系列链上的具体作用和地位，就是根据一定的历史阶段的社会情势导致了一定的社会心理，一定的社会心理结构又导致了一定的审美心理结构的原理，对作品进行论析。这是社会学的文学批评方法论。当古典文学研究工作者在进行具体的作品研究时，孤立地估价它们把握现实的成就将会是肤浅的，事实上一部作品的价值又是在其他作品的映带下显示出来的，因而，历史性的衡量就规定了纵横比较的方法论。我们稍花笔墨阐述这个理论问题，是稍带说明古典文学研究的观点和方法需要有一个新的变化和更替，从以上的基本观点来研究晚明凌蒙初的初、二刻《拍案惊奇》（“二拍”）是很有必要的。

“二拍”是内容比较复杂的短篇小说集，评论界或誉或毁，历来估价不尽一致。

贬低“二拍”的一个重要原因是凌濛初于崇祯十七年（1644）正月，在房村抗击过李自成别部的起义军，在《拍案惊奇》卷三十一的《何道士因术成奸　周经历因奸破贼》中写到了明代唐赛儿的农民起义。这是“二拍”中的重要存在，但并非是全部内容。

另一个重要原因是凌濛初的创作思想比较复杂。凌濛初以“即空观主人”的别号为《拍案惊奇》作“序”，为《二刻拍案惊奇》作“小引”。这两篇文章和真实姓名不详的“睡乡居士”所写的《二刻拍案惊奇》“序”，比较充分地表述了凌濛初的创作思想。概括起来说，有以下几点。

一是创作动机。冯梦龙编撰的“三言”问世之后销路很广、很快。“肆中人”(书商)看到刊印小说有利可图,“意余当别有秘本,图出而衡之”,便怂恿凌濛初编撰。刊行小说是为了赚钱,这就必然使作品迎合一部分市民的需要。

二是小说创作题材。由于冯梦龙一百二十篇的“三言”编印在前,“宋元旧种,亦被搜刮殆尽”,剩下的“一二遗者,皆其沟中之断芜,略不足陈已”,所馀无几了。这样,便只好另择门径,“因取古今来杂碎事,可新听睹,佐谈谐者,演而畅之”。因此,“二拍”在内容上有不少是远离现实生活的;在艺术上缺乏独创,有些甚至是改头换面或原封不动的因袭。《初刻》卷二十中,作者直言不讳地说:“这本话文,出在《空缄记》,如今依传编成演义一回。”另外,《初刻》卷二十三抄自瞿佑《剪灯新话》卷一《金凤钗记》。卷三十五《诉穷汉暂掌别人钱　看财奴刁买冤家主》抄自元郑廷玉《看钱奴买冤家债主》杂剧对白。正因为如此,凌濛初不得不承认“其事之真与饰,名之实与赝,各参半”。

三是小说的社会作用。凌濛初提出“文不足征,意殊有属”。他在《二刻》卷十二中具体地说:“从来说书的不过谈些风月,述些异闻,图个好听。最有益的,论些世情,说些因果,等听了的触着心理,把平日邪路念头化将转来,这个就是说书的一片道学心肠。”凌濛初把小说视为消遣和说教的工具,这样,他的作品就存在着“诰诫连篇,喧宾夺主”①的问题。

四是小说艺术的“真”与“幻”。在这个问题上,凌濛初有不少好的见解。

他指出了中国传统小说的一个弊病:猎奇。脱离常人常事,写奇人奇事,就势必远离生活的真实,所谓“失真之病,起于好奇”。他主张小说写常人常事,实际上代表了市民阶层对于文学的要求。

《二刻》序论述了生活真实和艺术真实的关系:“尝记《博物志》云:

---

① 鲁迅:《中国小说史略》。

‘汉刘褒画云汉图，见者觉热，又画北风图，见者觉凉。’窃疑画本非真，何缘至是？然犹曰人之见为之也。甚而僧繇点睛，雷电破壁。吴道子画殿内五龙，大雨辄生烟雾。是将执画为真，则既不可，若云赝也，不已胜于真者乎！”基于此，《二刻》序言提出“幻中有真”的见解，这无疑是有美学因素的见解。序言以《西游记》这样典型的浪漫主义小说为例予以论述。“即如《西游》一记，怪诞不经，读者皆知其谬。然据其所载，师弟四人，各一性情，各一动止，试摘取其一言一事，遂使暗中摸索，亦知其出自何人，则正以幻中有真”。

正因为“二拍”的作者创作思想复杂，其作品也就表现出创作倾向的复杂状态。

任何一部作品的酝酿和产生，都和作家所处的时代密切相关，脱离具体环境，孤立地抽象地甚至以今天的眼光予以评判，是无法作出正确评价的。

人们把“三言”“二拍”联系起来，不是没有道理的。但是不少人不是进行历史的有分析的衡量，乃是扬“三言”而贬“二拍”。“二拍”中的绝大多数出自凌濛初一人之手，这和“三言”有很大不同。总的来看，“二拍”不及“三言”，但在一些方面却有超过之势。那些“三言”中的“宋元旧种”，在体现明中叶以降的时代色彩上远远不如“二拍”。即使是表现同一时期生活的作品，“二拍”的历史透视力、现实洞察力和对社会信息的检索，在某些方面胜过“三言”。这一些，后面还要进行比较分析。

现主要评述“二拍”的思想倾向。

表现商人生活的社会特点。如果说，“三言”在描写商人致富过程中还多少写了从事某种劳动的情形，“二拍”则正面描写、称颂商人利用某种机缘，运用某种手段去谋取财富，带有暴发户的特点。例如《拍案惊奇》卷八《乌将军一饭必酬》中的杨氏，一心指望侄儿王生经商致富。王生第一次外出经商被劫，惊恐却步，杨氏却说：“男子汉千里经商，怎说这话？”凑足银钱，派他出去。谁知又遭劫掠，王生胆怯，杨氏又予怂恿：“我的儿！大胆天下去得，小心寸步难行。”再次凑足银钱，派他外出。随着王生的屡屡遭劫，是杨氏的频频鼓动，亦是冒险经商思想的层层吐露。她宣扬不可因挫折“堕落了家传行业”“你如今年纪长大，岂可坐吃箱空……你到江湖上做些买卖，也是正经”，强烈地显示出晚明时代的经商思想，以及对人们心理产生的深刻影响。从《拍案惊奇》开卷第一篇《转运汉巧遇洞庭红》的题目就可以看出，作者歌颂的是致富的“转运”“巧遇”。小说的主人公文若虚经商破产，便冒险去海外经商。他偶然乘上一艘“拼死”走海道去国外的商船。他带去的仅值一两银子的洞庭橘，在物以稀为贵的海外却买得八百多两银子。归途中又“巧”拾一只大海龟，内藏珍宝无数。于是，他一下子由破落户跃为大富翁。小说这样说：“原来这边中国货物，拿到那边，一倍就有三倍价。换了那边货物，带到中国，也是如此。一往一回，却不便有八九倍利息？所以人都拼死走这条路。”作者对这种暴富持欣赏态度，赞扬了拼死冒险的精神。《叠居奇程客得助》，顾名思义，这篇小说写的是囤积居奇的致富过程。徽州商人程宰经营破产，流落他乡。海神指点他，发财必须“人弃我堪取，奇赢自可居”，程宰便囤积药材、丝缎、粗布，低价收回，高价抛售，仅此四五年时间，十多两本银猛增了五六万两。还有一些小说描写相互倾轧，把对方搞得倾家荡产而自己发财致富。值得注意的是，“二拍”还反映了资本主义萌芽时期的社会习俗。例如《叠居奇程客得助》写徽州，“凡是商人归家，外而宗族朋友，内而妻妾家属，只看你所得归来的利息多少为重轻。得利多的，尽皆爱敬趋奉；得利少的，尽皆轻薄鄙笑，犹如读书求名的中与不中归来的光景一般”。“二拍”公开宣扬：“经商亦是善业，不是贱流。”甚至宣传“以商贾为第一等生业，科第反在次着”，真是石破天惊之论。这些都不是偶然的，它反映了一股强烈的时代风气的形成，传统观念开始让位，新的价值定向出现。

关键是作者对强烈的经商欲望持赞美态度，不仅通过艺术描写流露出来，而且批语也直接表达了这种倾向。例如他赞颂鼓励侄儿经商的杨氏是“达识之妇”；称颂张大“难得此人”；称赞文若虚“忠厚甚”“平心甚”。如果考量到当时的社会思潮，这些描写和批语就是很自然的了。明代著名思想家李贽公开说：“如好货，如好色，如勤学，如进取，如多积金宝……是真迩言也。”[①]他在《又与焦弱侯书》中为商贾“正名”，指出：“商贾亦何可鄙之有？”《二刻》卷二十九几乎用李贽同样的口吻和语言表达形式说：“经商亦是善业，不是贱流。”“二拍”的上述内容，就在这样的时代背景和条件下，以破坏现存的封建秩序和促进新的经济方式出现的姿态，获得了相应的历史地位。

爱情题材的社会内容。“二拍”的爱情、婚姻描写，既有对前人的继承，又有不少新特色。《二刻拍案惊奇》中的《李将军错认舅　刘氏女诡从夫》描写了刘翠翠和金定的爱情悲剧。聪敏过人的翠翠爱上了门第寒微的金定，“但闻得有人议亲，便关了房门，只是啼哭，连粥饭多不肯吃了”。她说：“今若不依我，我只是死了，决不去嫁别人的！”表达了以死殉情的坚强决心。精诚所至，金石为开，有情人结成了眷属。想不到翠翠后被张士诚部将刘将军掳去为妻。翠翠为了保全金定和全家性命，只得勉强应允，但内心无时不念前夫。而金定不避艰难，辗转各地寻妻，表示“便远在天边，也赶得着”。一路上，他受尽劫难，“没了盘缠，只得乞丐度日；没有房钱，只得草眠露宿”，后来冒充翠翠的兄长，两人终于相见。但是，将军严威，结发夫妻无法团聚。金定抑郁成疾，和翠翠双双殉情。死后，他俩团聚，终不分离。这篇小说歌颂了坚贞纯洁、生死不渝的爱情。还有些爱情小说反映了和“三言”不同的生活侧面。“三言”中爱情小说最成功的篇章是写妓女的爱情追求，“二拍”则多写一般家庭的爱情生活，也更能传达市民阶层的心声。其共同点在于歌颂年轻少女爱情的坚贞、炽烈，反抗传统的“父母之命”的婚姻信条。《陶家翁大雨留宾　蒋震卿片言得妇》中，陶幼芳抗婚私奔；《通闺闼坚心灯火》中，罗惜惜反抗父母成命，迫使父母退掉原订婚约；《宣徽院仕女秋千会》从另一角度反抗父母的悔婚。这些小说都具有比较强烈的社会意义。

这里，最值得注意的是，《拍案惊奇》卷十六的《张溜儿熟布迷魂局

① 李贽：《答邓明府》，《焚书》卷一。

陆蕙娘立决到头缘》中张溜儿的妻子陆蕙娘，因不满张溜儿的欺骗行径，决然离婚，和情人沈灿若结合。在晚明这样虽出现了资本主义萌芽，但封建势力盘根错节的时代，对已婚女子的这种描写，惊世骇俗，是对传统婚姻制度及其观念的反抗和挑战，反映了为前代和同时代的作品所罕见的婚姻愿望，具有鲜明的近代色彩。还有《满少卿饥附饱飏焦文姬生仇死报》中，作者的一段议论：

> 天下事有好些不平的所在，假如男子死了，女人再嫁，便道是失了名，玷了节，污了身子，是个行不得的事，万口訾议；及至男人家丧了妻子，却又凭他续弦再娶，置妾买婢，做出若干的勾当，把死的丢在脑后，不提起了，并没人道他薄倖负心，做一场说话。就是生前房屋之中，女人少有外情，便是老大的丑事，人世羞言；及至男人撇了妻子，贪淫好色，宿娼养妓，无所不为，总有议论不是的，不为十分大害。所以女子愈加可怜，男子愈加放肆。

在当时的历史条件下，这番议论简直是振聋发聩。作者对问题认识的深度已大大超过了冯梦龙。他尖锐地揭示了封建社会在贞节、婚姻问题上的极端不平等的社会现象，对广大妇女寄予了同情。尽管作者只是提出了问题，而不可能解决问题，但这已是了不起了。作者实际上喊出了市民阶层要求男女平等的呼声，其意义不可低估。

道德伦理观念是历史的、具体的范畴，是流动的范畴，因而其衡量的标准尺度也非凝固不变。决定道德伦理观念的基本原则和主要规范是社会经济关系及其实践要求，而反转过来，道德伦理观念的变动又反映了社会的变动情形。前面所述"二拍"中的崭新的道德、贞操、伦理观念烙下了晚明的时代印痕。凌濛初是根据现存的社会关系所带来的观念形态的变化，作出他的道德伦理判断，从而比较准确地反映出历史环境的躁动现实。

"二拍"所写的男女情爱在表现恋爱自主上具有中国古典小说的一般特征（社会的、美学的），表现了个人和社会、情和理的对立，然而，"二拍”的这种对立更取直接、激烈、裸露的形态，作者无所顾忌地从传统之外去觅取创作素材和灵感，因而作品的贵族气、典雅味少，平民气、世俗味多，感官刺激力强，以“渔色为风流”，成为一时风尚。

于是，“二拍”在写“情”时，常和“欲”联系起来，有时则从“欲”的要求去写“情”。作者在《二刻拍案惊奇》卷三十四《任君用恣乐深闺　杨太尉戏宫馆客》中说：“岂知男女大欲，彼此一般。”在“怎能勾满得她们的意，尽得她们的兴”的情况下，即使“铁壁铜墙，提铃喝号，防得一个水泄不通，也只禁得她们的身，禁不得她们的心”。对作者的这些认识，我们仍然应该予以具体的历史分析。显然，作者是从人的自然的生理要求去说明问题的。他发现和肯定了人的属性的自然基础，并以公开的文学感性形式加以对象化。在分析这个问题时，切不可忘记作者认知的历史因素。在他看来，人欲应该得到自由发展，在今天已经失去其实践意义，而在当时历史条件下委实是对“存天理，灭人欲”的理学思想的严峻挑战。从社会思潮上着眼，反映了晚明感性和理性对立抗争的社会情绪，以人和人性的自然要求冲击着僵死陈腐的禁欲主义，从而形成了激荡不安的时代氛围。如果我们再和欧洲文艺复兴的先驱薄伽丘的《十日谈》联系起来考量，就可以看出，那样明目张胆地鼓吹情欲具有着怎样的一种意义和历史必然要求了。所有这些，归结到一点，就是历史特定性和时代具体性。当人们在书写文学史时，历史地估价《十日谈》，为什么相同类型的“二拍”竟得不到同样公允待遇的估价呢？

同时，凌濛初把上述那些现象的出现归结为“此亦是富贵人多蓄妇女之鉴”，这就触及到封建的“一夫多妻”制了。

另一方面，又应该看到以“欲”写“情”，毕竟有很大的缺陷，有时常常滑到“色情”的轨道上去。

对社会现实的揭露批判。“二拍”作者对封建司法的腐朽、封建吏治的腐败的揭露、描绘比较充分。这和作者仕途蹭蹬，心怀怨恨，从而能以旁观者的身份透视现实有关。作者在《二刻》卷二十中写了这样的诗：

解贼一金并一鼓，迎官两鼓一声锣。
金鼓看来都一样，官人与贼不争多。

诗人借金、鼓比兴，揭示了官、盗合流的现象。把这首诗公然写进小说，愤斥之情，溢于言表，胆识非同一般。在"二拍"中，鞭挞了形形色色的酷吏贪官，或贪赃枉法，或强取豪夺，或草菅人命等等，不一而足。《青楼市探人踪　红花场假鬼闹》中，心狠手辣的巡道杨佥宪，为了鲸吞五百两银子，把张廪生主仆五口活活害死；《进香客莽看金刚经　出狱僧巧完法会分》中贪婪卑鄙的柳太守，为了得到珍贵文物——白香山手书的金刚经，不惜伤天害理，买通强盗诬攀洞庭山寺僧是强盗，此寺为窝藏盗贼之地；《王渔翁舍镜崇三宝　白水僧盗物丧双生》中，提刑浑耀把和尚法轮活活打死，抢得了心爱宝物。在这些小说中，官、盗沆瀣一气，有时，官吏简直就是强盗，为害尤烈。因为他们可以恣意利用手中的权力，披着合法的外衣，为所欲为。至于封建衙门的黑暗，胡乱断案，使清白者蒙冤，为作案者开脱，如《许察院感梦擒僧　王氏子因风获盗》。

在上述揭露小说中，有两个特点值得注意。

一是对黑暗的现实，作者表现了敢于正视和揭露的勇气。朱元璋登基后曾经大张旗鼓地整顿吏治，但是，封建制度本身所造成的吏治黑暗并没有从根本上解决，愈到明代后期，吏治愈是腐败不堪。"二拍"的作者这样描写，反映了当时的社会现实，具有一定的现实主义精神。还有，对于明代后期兴起的炼丹术也多有揭露。《初刻拍案惊奇》卷十八这样写道："如今这些贪人，拥着娇妻美妾，求田问舍，损人肥己，搬斤播两，何等肚肠！寻着一伙酒肉道人，指望炼成了丹，要受用一世，遗之子孙，岂不痴了？"炼丹术的兴起，反映了封建统治者的精神崩溃。嘉靖皇帝明世宗朱厚熜就是一个不理朝政，专以炼丹为务的典型，公元 1566 年，服丹中毒身死。"二拍"的作者不可能把揭露的锋芒指向最高统治者，但是各级官吏炼丹成风，上行下效，深受皇帝的影响。因而，"二拍"的这种揭露是很大胆的。

二是通过直接的艺术形象塑造，为明代后期反理学的思潮推波助澜。《硬勘案大儒争闲气 甘受刑侠女著芳名》，直接把笔锋指向赫赫有名的宋代理学家朱熹。朱熹为了不让唐仲友轻视自己，就不惜动用刑法，罗织罪名，诬陷妓女严蕊和唐仲友有私。小说揭露朱熹的行为，对后世影响很大。

“二拍”也不限于揭露，还有些歌颂之作。例如《刘东山夸技顺城门》中，神箭手刘东山自夸：“二十年间，张弓追讨，不曾撞个对手。”但他在路上遇到一位英俊少年，少年拉他的弓“轻轻一拽就满，连放连拽，就如一条软绢带”。而刘东山拉少年的弓“用尽平生之力，面红耳赤，不要说扯满，只求如初八夜头的月，再不能够”。此后，刘东山“在村郊开个酒铺，卖酒营生，再不去张弓挟矢了”。他看到这个少年是“十八个”豪杰中的一员，他们重义轻财，豪放洒落，武艺高强，更惊服不已。这篇小说赞扬了平民中的侠士，他们的侠义行为和神勇绝技。同时也说明了一个道理，“强中更有强中手，莫向人前夸海口”，有一定的教育意义。《神偷寄兴一枝梅》中，懒龙的侠义行为表现为济穷劫富。他听到一对贫苦夫妇的对话，为了还债，男的要寻死，女的要卖身，“还好将钱营生”，立刻大动恻隐之心，“今见你每生计可怜，我当送二百金与你，助你经营，决不可别寻道路，如此苦楚”！还有一次，懒龙为了接济一个贫儿，到富家去行窃，历尽艰辛，“几乎送了性命”。这种不避生死的侠义精神正是市民百姓所需要的。但是，像懒龙这样的人又带有流氓无产者所固有的局限性。他一旦被官府所利用，又可以不遗馀力。鲁迅这样评价流氓无产者：“决不是‘叛’，不过闹点小乱子而已。”[①]这种评价对懒龙也是适用的。

以上几方面的叙事，从反映社会生活、社会思潮、社会愿望、审美趣味来看，都使“二拍”纳入了市民文艺的范畴，而且具有比较规范的意义。作为中国文学史上的一种文学现象，有其应有的价值和地位。作者的有些客观的如实描写已有所突破，不是完全由他的创作思想所概

① 鲁迅：《三闲集·流氓的变迁》。

括得了的。“二拍”所显现出的不是一个古典世界，它开辟的是一个迎代式的世俗的人生天地，构成了明代中叶以降一股躁动的社会思潮、美学倾向。

既然要全面地评价“二拍”，就不应回避“二拍”明显的落后思想倾向，不应忽视凌濛初的世界观和创作思想对创作实践产生的影响。例如对农民起义的污蔑和攻击。其中有污蔑唐代黄巢起义的《钱多处白丁横带　运退时刺史当艄》，有仇视和污蔑明末唐赛儿起义的《何道士因术成奸　周经历因奸破贼》。作者把唐赛儿恣意丑化为淫荡的妖妇，最后伏法就戮。作者在题材处理中，完全不顾史实依据，随心所欲，胡乱编造。本来，唐赛儿举起起义大旗，声势大振，辗转山东各地，“细民翕然从之”，后被官军血腥镇压而失败。起义失败后，她在群众掩护下逃走，不知去向，或说是逃走后出家为尼、为道姑。为了搜捕唐赛儿，明朝统治者“尽逮山东、北京尼”、道姑，后来竟致“尽逮天下出家妇女，先后几万人”①。而凌濛初置史实于不顾，凭空捏造情节。这样，他在晚年亲自参与镇压农民起义，就有必然性了。

“二拍”还充斥着因果报应、宗教迷信的思想。《诉穷汉诸掌别人钱　看财奴刁买冤家主》中宣扬“贫与富一定不可移”，《感神媒张德容遇虎　凑吉日裴越容乘龙》中宣扬婚姻乃前世命定的思想。《庵内看恶鬼善神　井中谈前因后果》中有“一念之恶，凶鬼便至；一念之善，福神便降”的说教。《王大使威行部下　李参军冤报生前》竟把无辜杀人说成是“前世冤家做定，天理自然果报”。这些都直接受制于凌濛初的创作思想。

作者对爱情、婚姻的描写还有不少自相牴牾和落后庸俗的东西。作者一方面反对“父母之命”，另一方面又在《莽儿郎惊散新莺燕　㑇梅香认合玉蟾蜍》中把婚姻的成功归结为“父母之命”。作者一方面为处

---

① 参见《明史纪事本末》卷二十三《平山东盗》，《明史》卷一五四《柳升传》，《明史》卷一六一《唐赛儿传》。

于社会底层的妇女鸣不平，另一方面又程度不等地描写和欣赏男性玩弄女性。至于那些露骨的肉欲、色情描写就更不足挂齿了。

罗列和概括上述种种现象似乎还是比较容易做到的，问题是如何分析这些现象。

我想引用列宁关于托尔斯泰思想和创作矛盾的论述：

> 托尔斯泰的观点中的矛盾，不仅是他个人思想的矛盾，而且是一些极其复杂的矛盾条件、社会影响和历史传统的反映。这些东西决定了改革后和革命前这一时期俄国社会各个阶级和各个阶层的心理……只有从社会民主主义无产阶级的观点出发，才能对托尔斯泰做出正确的评价。[①]

列宁又指出：“在分析任何一个社会问题时，马克思主义理论的绝对要求，就是要把问题提到一定的历史范围之内。”[②]列宁的论述是何等精辟。这就是说，应当在一定的社会历史条件下考察作者思想的矛盾，揭示它产生和存在的社会原因。这些重要论述，完全适用于对“二拍”的分析，这样才能避免“二拍”研究以致整个古典文学研究中的“左”的倾向。

中国的封建士大夫文人几乎都对农民革命抱着敌视的态度，凌濛初也不例外。这就使他和冯梦龙在对待明末李自成农民起义的问题上不谋而合。同时，这样也就能够探寻到共同的原因了。

15世纪中叶以后，中国社会一方面资本主义开始萌芽，作为封建阶级异己力量的市民阶层以前所未有的姿态出现于历史舞台；另一方面封建的生产关系、势力还坚如磐石，客观的历史规律还没有赋予占据

---

① 列宁：《列·尼·托尔斯泰》，《列宁全集》第16卷，人民出版社1972年版，第323～324页。

② 列宁：《论民族自决权》，《列宁全集》第2卷，人民出版社1972年版，第512页。

统治地位的大地主、大官僚阶级退出历史舞台的条件。在思想文化领域里既有民主性的因素，又有强大的封建性的固有壁垒，决定了那个时代的个人生活道路并不具有一种固定的和单一的模式。表现在“二拍”这个短篇小说总集里就不能不显得五光十色，斑驳陆离。按照互相对立又互相渗透的矛盾同一性的原理看问题，许多作品形成先进和落后、进步和腐朽的交错和混合，而难以分辨开来。一方面在鼓励着冲破礼教，适应商品经济发展的个性发展，一方面却在进行迂腐的封建说教。时代的生活和思想意识形态本身就充满了矛盾。种种复杂的矛盾现象，作为一种历史认识，都可以成为我们认识晚明的社会现象、时代特征、社会思潮、审美思潮的不可或缺的思想材料。

总体而言，从晚明社会的审美因素的横向系统中估量“二拍”，它作为一种特定时代的文学提供了其他一些作品所未备的思想材料，以及或直接或间接的审美经验。再从明、清二代的小说美学史的纵向结构中估量，“二拍”的那种狂热的官能感受的追求不见了，代之以笔锋堪与寒星交辉的冷峻剖析。在这个意义上，如果不对“二拍”进行恰当的历史估价，我们就难以寻绎出从明代中叶以后至清代例如以《红楼梦》为代表的小说美学思潮更迭变化的轨迹。

（原载中国社会科学院《文学遗产》1985 年第 3 期）

《红楼梦》的情节波澜

《红楼梦》是一座富丽堂皇、精工细巧的艺术大厦，我们看到了缔构者的匠心。《红楼梦》是一条天造地设的江流，我们看到了它逐涌的波澜。《红楼梦》以日常的生活作为艺术的表现对象，细致地、现实主义地描写了生活的全部复杂内容。虽然，它没有金鼓大作的场面、兵血交飞的情景，但它不是平淡无奇的。它和传奇式的作品分道扬镳，以独特的形式安排情节，而又注重于在日常生活的描写中，体现生活的波澜发展。我们在本文中探讨的是曹雪芹安排情节波澜的经验。由于小说作者致力于情节的波澜，就使这部不以惊险见长的多卷式长篇小说获得了吸引人的力量。

江河东流，时见湍急夺路，时见缓缓流淌，时见静练平展，时见波涛起伏，这是自然的运动规律。社会生活的运动规律也是如此。曹雪芹正是掌握和运用了这一规律，来设计情节的波澜。

日常的生活描写，使《红楼梦》能广泛深入地反映社会的面貌，这是它的长处。但是，也有它的短处，如果不精心安排，没有情节的波澜、漩涡，就势必会平淡寡味，无法吸引人。曹雪芹善于在平淡生活中掀揭波澜，使《红楼梦》的情节获得了独特性。我们在这里准备分两大部分来探讨这个问题。

一

现在探讨的是《红楼梦》情节波澜的表现形态，亦即情节波澜的具体表现状况。概括起来说，就是依据贵族家庭生活的本来发展和作者的艺术处理来进行。由于贵族家庭生活的复杂性，有矛盾，有斗争，有纠纷，有和解，就使得它的情节决然不会是平静无波，而是时有起伏跌宕的，这是《红楼梦》情节波澜的生活依据。当然，形成小说中富于艺术特色的情节，则又是经过了作者的艺术加工。具体地说，有如下三种状态。

惊涛大作　震撼天地　这种情形常常表现为矛盾冲突的激化，对立双方的矛盾失去了平衡，出现了危机。而这种危机又是以白热化、表面化的形态出现，惊涛大作，震撼在天地之间。在这时，生活不是以正常的状态发展，而是以非常的形态表现。《红楼梦》中第六十七回"闻秘事凤姐讯家童"和第七十四回"惑奸谗抄检大观园"是两个典型的例证。这两个情节在具体表现上又因为构成条件的不同，显示出不同的特点。"讯家童"犹如水柱耸天，大"抄检"则是浪花四溅。因为大"抄检"是潜隐已久的父子、兄弟、姐妹、夫妻、姑嫂、婆媳、嫡庶等一系列矛盾激化的产物。这种总爆发的特点，必然是浪花飞溅，四处迸发。又因为是逐户抄检，浪袭怡红院，波及秋爽斋，大观园中的主子、奴才，上上下下，无一例外被卷进去了，谁人身上不沾湿几朵浪花、一片惊涛！因而这种特点就表现得格外鲜明。

这里，有奴隶的对抗，例如晴雯。在抄检大观园以前，晴雯已经受到王夫人的凌侮而含冤茹屈。在统治者施加给她的重压进一步逼近——抄查怡红院时，她胸中奔突已久的岩浆便喷发而出。"只见晴雯挽着头发闯进来，'豁啷'一声，将箱子掀开，两手提着底子，往地下一倒，将所有之物尽都倒出来"。她疾言厉色，咄咄逼人，痛斥王善保家的丑行，毕露抗争者的锋芒。大观园的主子们可以毁灭她的生命，却不能浇灭这一团熊熊燃烧的烈火。直到咽下最后一口气，她都没有低下高贵的头，作过丝毫的屈服。晴雯的反抗和其他奴隶们的斗争一样，在大观园内虽然是个别的、零星的、自发的，最终的结局不免一死了之，但这短暂的流星般的一瞬，毕竟在黑暗王国里划出了一道眩目的光柱，表明了与磐石般的封建重压的势不两立。

这里，有主子的恼怒，例如探春。在抄检时，探春失声惊呼："你们别忙，自然你们抄的日子，有呢！你们今日早起不是议论甄家，自己盼着好好的抄家，果然今日真抄了！咱们也渐渐地来了！可知这样大族人家，若从外头杀来，一时是杀不死的。这可是古人说的'百足之虫，死而不僵'，必须先从家里自杀自灭起来，才能一败涂地呢！"这个贾府中的精明小姐发出这样的慨叹，作出这样的预测，是不无识见的。她竭力反对这种抄检，并且打了王善保家的一个巴掌："只听'啪'的一声，王家的脸上早着了探春一巴掌。探春登时大怒，指着王家的问道：'你是什么东西，敢来拉扯我的衣裳！'"作为封建正统规范的探春这样恼怒，只根源于这样一个出发点，即这种抄检会撕破主子和奴才之间严格的等级纱罩。因而，她的举止是根植于更深、更高一层的封建利害关系。

这里，有复杂的钩心斗角。作者让绣春囊被傻大姐拾到后，落到邢夫人手中，这是有意为之，这样便于成天窥测王氏的邢夫人挑起事端；如果落到王夫人一派手中，就会遮掩过去。作者这样做，浪涛的冲发就依据充分。邢夫人接到绣春囊后，心中暗喜，但"不形于声色"。当有人报告凤姐来了时，她马上冷笑三声，闭户不见，并且狡猾地打发人"封了"绣春囊交于王夫人。王夫人不能安之若素，否则，将危及她的地位。于是决定连夜抄检大观园。而王熙凤不仅用她一整套假正经的话为自己洗刷开脱，并暗暗地移祸于人，同时又支使邢夫人的心腹，"耳目，常时调唆的邢夫人生事"的王善保家的走上第一线，大打出手，和别人作对，她作壁上观，坐收渔利。谁知抄查结果，绣春囊事件偏偏直接与"邢夫人之得力心腹人"王善保家的外孙女儿司棋有关。这下，"王家的只恨无地缝可钻"。凤姐在一旁"只瞅着她，抿着嘴嘻嘻的笑"，冷嘲热讽开来："这倒也好。不用她老娘操一点心儿，鸦雀不闻，就给他们弄了个好女婿来了。"于是，为虎作伥的奴才惹火烧身，搬石自砸；冷眼旁观的主子因利乘便，反占上风；驯良的奴才袭人任其搜拣，百依百从；肇事的丫环司棋一反常态，缄默不言。上上下下，个个都在惊涛之中，或脚踏惊涛，凛然不惧；或被惊涛骤卷过去，淹没身死；或推起惊涛，淹没他人。浪花四溅，喷射出去。

而“讯家童”独特地表现为水柱耸天。因为这个情节是逼讯，一方是恶主，一方是狡奴，涉及面较小，因而不是浪花四溅。主子居高临下，万分震怒，这样的矛盾构成条件使得情节的表现当然呈激化状态，而又独特地表现为具有冲击作用，像耸天的水柱那样，令人胆战心惊。

随着凤姐的一声厉言喝令，惊涛骤起，水柱形成。兴儿进来后，凤姐先发制人，劈头一句：“好小子啊！你和你爷办的好事啊！你只实说罢！”当场来个下马威。“兴儿一闻此言”“早唬软了，不觉跪下，只是磕头”。这时，凤姐故意让形成的水柱回旋一下，给对方一个馀地：“论起这事来，我也听见说不与你相干，但只你不早来回我知道，这就是你的不是了。”虽有责备之意，但似乎又通情达理。经过回旋后，凤姐逼进一步：“你要实说了，我还饶你；再有一句虚言，你先摸摸你腔子上几个脑袋瓜子！”尽管惊涛已溅发到兴儿的身旁，他还在装糊涂，以探询的口吻试一试：“奶奶问的是什么事，奴才和爷办坏了？”前面已经交代了“政策”，还这样不识相，于是，“凤姐听了，一腔火都发作起来”，水柱冲动起来了，喝令兴儿“自己左右开弓，打了自己十几个嘴巴”。然后这股冲动起来的水柱再也不回旋了，直向兴儿冲去：“你二爷外头娶了什么‘新奶奶’‘旧奶奶’的事，你大概不知道啊？”这一冲击，决开了兴儿心中的堤壩。“兴儿见说出这件事来，越发着了慌，连忙把帽子抓下来，在砖地上咕咚咕咚碰得头山响”。然后，凤姐进一步威逼：“快说！”于是“兴儿直蹶蹶的跪起来”原原本本地招供了一切，而且说出了凤姐事先不知的“张华”这条极为重要的在以后的情节中发挥极大作用的线索，成为一颗“深水炸弹”，使“凤姐儿听到这里，点了点头儿”。在讯了兴儿以后，转而讯旺儿，同样的惊涛拍岸，水柱耸天：

> 凤姐把眼直瞪瞪的瞅了两三句话的工夫，才说道：“好，旺儿！——很好！去罢！外头有人提一个字儿，全在你身上！”

双眼直瞪是惊涛兴起之前，海面上反常的平静。在沉默过后，硬是更大的激怒：“好，旺儿！”褒词贬用，分明是痛斥。“很好”一词，语气更进一层，在反语背后，涌起愤怒的涛头。接下来，“外头有人提一个字儿，全在你身上”！是严重警告，严肃提醒。在字里行间只觉得涛飞浪走，声势大作，咄咄逼人。

平波展镜　潜流暗滚　《红楼梦》中的情节波澜既有惊涛狂飞，矛盾表面化、公开地激化的表现形态，又有镜湖微澜的状态，但是忠实于生活复杂性的现实主义小说家，又没有把矛盾简单化，他充分地看到平波之中有潜流，作出了艺术的处理和真实的反映。例如第八回“贾宝玉奇缘识金锁　薛宝钗巧合认通灵”。这一回中不闻涛击之声，不见刀枪之影，处处是日常的生活情景，做的是寻常之事，说的是寻常话语，但在内中包含着冲突和斗争，成为《红楼梦》情节波澜的另一种独特的表现形态。

这一回中，金锁宝玉对上号了，正好是“一对儿”。“宝玉此时与宝钗挨肩坐着，只闻一阵阵的香气”，偏偏在这时：

> 黛玉已摇摇摆摆的进来，一见宝玉，便笑道：“哎哟！我来的不巧了！”

虽是笑语，但有针芒。语气中分明很有点不痛快，于是，打破了金玉相连的融洽气氛，敏感的薛宝钗知道黛玉话中有音，不尽之意寄于言外，于是，她“笑道：‘这是怎么说？’”仍然出以笑语，但这是要求黛玉把话说清楚，以正视听。黛玉道：“早知他来，我就不来了。”在宝钗看来，虽然这句话比上面的话明朗了，但语言的内涵却露骨了。宝钗再逼问一句：“这是什么意思？”黛玉道：“什么意思呢：来呢一齐来，不来一个也不来；今儿他来，明儿我来，间错开了来，岂不天天有人来呢？也不至太冷落，也不至太热闹。——姐姐有什么不解的呢？”貌似有理，实为搪塞，但又说得头头是道。声色不露，轻轻地掩饰过去。黛玉多聪明！但是，读者透过这一层，不是从笑言趣语中看到翻飞着的矛盾浪花吗？

虽然，上面的冲突经过林黛玉的巧言，掩饰过去，但不等于说潜流就平伏了。一有机会，它又会漩聚起来。果然，在紧接着的喝酒中显示出来了。这场矛盾冲突仍然表面平静,潜流隐翻,表现形式很独特。宝玉说:“不必烫暖了,我只爱喝冷的。”遭到薛姨妈的反对:“这可使不得:吃了冷酒,写字手打颤儿。”薛姨妈的话,立刻得到女儿的热烈拥护:“宝兄弟,亏你每日家杂学旁搜的,难道就不知道酒性最热,要热吃下去,发散的就快;要冷吃下去,便凝结在内,拿五脏去暖他,岂不受害?从此还不改了呢。快别吃那冷的了。”读者如果以为这是在谈养身之道,可就错了;或以为这是对宝玉身体的关心,那就只看表面文章了。脂砚斋生怕读者不了解,提醒道:“是书勿看正面为幸。”这就是说,要正面文章反面看。“亏你每日家杂学旁搜”,这是宝钗的嘲弄,借机捎枪拐棍。在寻常事件中,她仍不忘规劝宝玉改邪归正。“从此还不改了呢”,一语双关,是针砭也是规劝,不要杂学旁搜,应该留心经济学问。“宝玉听这话有理,便放下冷的,令人烫来方饮”。在这个问题上,宝玉可谓言听计从。

谁知,这番情景,却引得第三者林黛玉的冷眼旁观:“黛玉嗑着瓜子儿,只管抿着嘴儿笑。”满含讽刺、奚落的神情。她看在眼里,记在心上,那股情绪无法发泄。这时,一件生活小事找上门了,授之以柄,于是,她便借题发挥了。这就是雪雁送手炉。

> 黛玉因含笑问他说:“谁叫你送来的?难为他费心。——哪里就冷死我了呢!”

这里的“冷”字值得注意。天冷影射酒冷,“哪里就冷死我了呢”,旁敲侧击。在这里,我们不是看到那股潜流在涌发吗?

> 雪雁道:“紫鹃姐姐怕姑娘冷,叫我送来的。”
>
> 黛玉接了,抱在怀中,笑道:“也亏了你倒听他的话!我平日和你说的,全当耳旁风;怎么他说了你就依,比圣旨还快呢!”

指桑骂槐,含五说六,“我平日和你说的,全当耳旁风”,指责宝玉不听她的话。下面一句就奚落宝玉对宝钗的话惟命是听的了。

一切都在谈笑声中进行,不是疾言厉色,不是金刚怒目,但谁能说在这平静的水面下没有暗涌滚滚呢?又谁能说这是一般化的矛盾、口角呢?这里,木石前盟和金玉良缘,不是对立得够鲜明、尖锐的吗?

林黛玉的这番奚落,尖酸厉害,弄得宝玉"无回复之词,只嘻嘻地笑了一阵罢了""宝钗素知黛玉是如此惯了的,也不理他"。暗涌推来,形成了一边倒,压倒了对手。

然而,有时又不是这种情形。同样是平波之下有暗流,但不是一边倒,而是这股潜流推过来,那股隐波反推过去,一来一去,形成矛盾和斗争。例如,第三十回"宝钗借扇机带双敲"就是如此。

一开始,贾宝玉说宝钗道:"怪不得他们拿姐姐比杨妃,原也富胎些。"谁知,宝钗一听这个比喻,火上心头,"登时红了脸,将要发作,又不好怎么样",也就是说无题可借。但她"回思了一回",又觉得"脸上越下不来,便冷笑了两声"。看来,宝钗在浪头推来时,暂居下风了。

这时,"正说着,可巧小丫头靓儿因不见了扇子,和宝钗笑道:'必是宝姑娘藏了我的。好姑娘,赏我罢!'"这真是天赐良机,给了她极好的把柄,于是,"宝钗借扇机带双敲":

> 你要仔细!你见我和谁玩过!有和你素日嘻皮笑脸的那些姑娘们,你该问他们去!

明说靓儿,暗指宝玉,一语双关,自己反客为主,变被动为主动,占了上风,把浪头推过去了。

而这时,那个仍然站在一旁的第三者的林黛玉"听见宝玉奚落宝钗,心中着实得意,才要搭言,也趁势取个笑儿,不想靓儿因找扇子,宝钗又发了两句话",她见宝钗把暗浪推过去,连忙"改口说道:'宝姐姐,你听了两出什么戏?'"她的暗流改道了。

但是,她喜形于色,趾高气扬,她不是以言,而是以色,将浪涌推过去,占了上风。"宝钗因见黛玉面上有得意之态,一定是听了宝玉方才

奚落之言,遂了他的心愿”,退居下风。她没有善罢甘休,而是在找题目,溯流而上。她接过黛玉的话茬,开始组织反击:

> 忽又见她问这话,便笑道:“我看的是李逵骂了宋江,后来又赔不是。”宝玉便笑道:“姐姐通今博古,色色都知道,怎么连这一出戏的名儿也不知道,就说了这么一套。这叫做‘负荆请罪’。”宝钗笑道:“原来这叫‘负荆请罪’!你们通今博古,才知道‘负荆请罪’,我不知什么叫‘负荆请罪’。”

反击得是何等巧妙,把一股浪头又推过去了。“一句话未说了,宝玉黛玉二人心里有病,听了这话,早把脸羞红了”,败下阵来。

时而彼占上风,时而此居上风。你要高我一头,我便转而踢你一脚,时起时伏,刀来剑挡。得利者瞬息变成失败者,失败者经过精心运筹又可以转为得胜者。潜流翻卷,推过去,滚过来。胜负之分,往往只在只言片语之间,失一着可能满盘皆输,弃一子倒反可以争先。而这一切,都是在笑语闲言之中进行。

再如第七十五回,贾赦说了一个母亲偏心的笑话,显然是针对贾母的。贾母听出弦外音,笑道:“我也得这婆子针一针就好了。”反击过去。“贾赦听说,自如出言冒撞,贾母疑心,忙起身笑与贾母把盏,以别言解释。”贾赦虽退下来,但没有罢休,而是转换题目。紧接着,他看了贾环写的诗,连忙称赞:“甚是有气骨……竟不失咱们侯门的气概……以后就这样做去,这世袭的前程就跑不了你袭了!”这当中的意向还不明显吗?

平波展镜,潜流翻滚,是一种独特的情节波澜,它讲究内在的冲突力量,耐得起读者的品味和咀嚼。这种情节波澜的组织安排创造了以日常生活为题材的小说创作的独特形式。

馀波涟漪　荡漾回环　在《红楼梦》中惊涛过后,不是戛然煞住,而是扩散成无数的馀漾。大浪过后涟漪起,形成一圈一圈的波纹。这就有助于深化矛盾冲突,升华人物性格。这又可分两种情形。

一种是近距离的馀波。这就是令人魂动魄悸的惊涛刚一过去，就马上来个回旋，掀起波澜。凤姐审兴儿，疾雷急闪，随着凤姐的一句"喝声'起去！'"标明惊涛过去了。于是，"兴儿磕了个头，才爬起来，退到外间门口"，但是，小说立刻就来个回旋：

> 凤姐道："过来！我还有话呢！"
> 兴儿赶快垂手敬听。
> 凤姐道："你忙什么？新奶奶等着赏你什么呢？"
> 兴儿也不敢抬头。

这是讯家童的补充，它成为其中的一项不可少的内容。因为，这项秘密审讯必须严格保守住，不可走漏风声。她叫兴儿回来，是警告兴儿"从今日不许过去！我什么时候叫你，你什么时候到"。然而，凤姐没有在盛怒之中的惊涛里吩咐兴儿，而是在兴儿惊魂刚定时卷起浪花，欲擒故纵，推进去再拉过来，这就更有威慑人心的作用。这个漩涡刚一平息，又卷聚起一个：

> 凤姐又叫道："兴儿！"
> 兴儿赶忙答应回来。
> 凤姐道："快出去告诉你二爷去，是不是啊？"
> 兴儿回道："奴才不敢。"
> 凤姐道："你出去提一个字儿，提防你的皮！"

如果第一个回波馀浪是王熙凤为了切断兴儿和尤二姐之间的联系；第二个回波馀浪则是为了切断兴儿和琏二爷之间的联系，警告他通风报信的严重后果。只要"出去提一个字儿"那就得考虑考虑自己的"皮"。这条美女蛇震怒了，她的口中吐出焰焰的火舌，令人胆战心惊。紧接着大浪头的两个漩涡相聚相生，使得情节的发展极尽跌宕之能事，极大地丰富了王熙凤的性格。

另一种是远距离的馀波。这就是说，在惊涛发生以后，间隔好多个章节、回目，看似无事了，又忽然鼓起浪花。由于间隔几个回目，因而称为“远距离”。“贾二舍偷取尤二姨”闹得沸反盈天，阖府大乱。这个掀天揭地的惊涛并没有因为六十九回尤二姐的吞金身亡而波消浪息。惊涛激荡起的无数小波一直伸展到一年以后，在七十二回中反映出来。平静下来的生活，重新泛起涟漪：

> 凤姐听了，又笑起来，道：“……我因为想着后日是二姐的周年，我们好了一场，虽不能别的，到底给她上个坟，烧张纸，也是姊妹一场。她虽没个儿女留下，也别‘前人洒土，迷了后人的眼睛’才是。”
>
> 贾琏半晌方道：“难为你想的周全。”

这个“心里未免太歹毒了”的王熙凤在一年以后，还不忘践踏死者，捉弄活人。这是假作慈悲的正经，是鳄鱼的眼泪，是心怀叵测的旧事重提，恶毒地挑起了已经愈合的伤疤。面对这预料不及的波澜，贾琏无以措词，他的心潮被搅乱了，这个“半晌方道”，形象地揭示了人物复杂的心理。如果说在浪花喷溅的计赚尤二姐、大闹宁国府中，表现了王熙凤狠毒、阴险、悍泼的性格，那么，这个所谓“上坟烧纸”的馀波则反映了她善于做作、造假的虚伪，深化了人物的性格。

二

上面我们探讨了《红楼梦》情节波澜的三种主要的表现形态，现在要论述的是《红楼梦》情节波澜的形成方式和形成原因。

采取一端　掀波扬澜　《红楼梦》善于选取社会生活中的某一端，并运用这一端，采取如笋去壳、如茧抽丝的艺术手法，逐层剥落，把文章做深做足，掀扬情节的波澜。这方面的典型例证是绵延第五十九、六十、六十一回的蔷薇硝、玫瑰露事件。这些事件，都是生活中的琐节，至为细微，但作者运用它们，做了多少文章！辗转生发，繁衍铺排，波浪相连，漩涡相聚，滚滚向前。事情起因极其简单，是在一个春天的早晨，史湘云梳洗时，“两腮作痒”，又“犯了桃花癣”，于是向“宝钗要些蔷薇硝擦”。作者紧紧抓住这极为平常的生活一端，衍化情节。薛宝钗的硝已没有了，就转而向林黛玉要。就在要过蔷薇硝回来的路上，宝钗的丫环莺儿用大观园的嫩条、鲜花编花环，这时春燕的姑妈来了。于是，波澜开始掀动了。春燕的姑妈“本是愚夯之辈，兼之年迈昏眊”，而当时的大观园在探春理家的新政策中又划归各人管理，从中得利。春燕的姑妈“惟利是图”，见莺儿采摘嫩枝、鲜花编环，“正心疼肝断”，波澜孕育形成了。她拿春燕做出气筒，“倚老卖老，拿起拄杖向春燕身上击了几下”，破口大骂。到这时，波澜正式出现了。这一打一骂，引得春燕又哭又叫。偏偏在这时，春燕的娘又来了，把波澜再推进一层。春燕娘前有“芳官之气未平”，今有春燕姑妈挑唆于耳，更“恨春燕不遂她的心”，这三加两添，使她火冒三丈，“走上来打了个耳刮子”，骂语更不堪入耳。这样，波澜起伏更大了。这一来，非但打恼了春燕，更激怒了莺儿。于是春燕又哭又闹，直奔怡红院告状；莺儿又气又叫，赌气将花柳掷入河中。这便是大观园中著名的“柳叶渚边嗔莺叱燕”。由于宝玉的从中调解，波澜才稍有平伏。但是，一波方平，一波又起，波澜又回到蔷薇硝这个矛盾的直接导因上来了。在春燕娘向莺儿赔礼过程中，蕊官托春燕娘儿俩将一纸包儿“蔷薇硝”“带给芳官去擦脸”。这便是蕊官送硝。

芳官接硝时，正值贾环在场，“便伸着头瞧了一瞧，又闻得一股清香，便弯腰向靴筒内掏出一张纸来”，向芳官要“一半儿”蔷薇硝。这时，芳官一因他人所赠，不肯送人；二因“启奁看时，盒内已空”，无硝送人；三因麝月所言：“你不管拿些什么给他们，那里看的出来?”于是，“茉莉粉替去蔷薇硝”。这便是所谓贾环要硝。这个要硝过程，虽然无波无澜，但是，由于以假充真，假象一旦揭穿，那就势必会造成波澜。果然，赵姨娘一眼识穿，旧恼新怒，交相并作，闯入园子闹事，浪头排空而来。“赵姨娘直进园子，正是一头火，顶头遇见藕官的干娘夏婆子走来”。夏婆子又是挑拨，又是唆动，又是激将，更加之提供材料，把藕官烧纸这样的大观园中的大忌，也搬出来了，这给赵姨娘输送了火药、炮弹。夏婆子要赵姨娘借这个机会，“你老人家把威风也抖一抖，以后也好争别的”。那把小扇子，把赵姨娘心中的火苗煽得更旺，“越发得了意”。从情节上看，这就形成了浪上叠浪，于是，逐涌着向前发展，滚滚滔滔。赵姨娘打骂芳官，芳官反击赵姨娘，晴雯坐山观虎斗，芳、蕊、藕、豆官一齐围斗赵姨娘，“手撕头撞”，呼号震天，闹得炸了营。接着，浪头继续翻滚，探春评理，艾官告状，翠墨告密，浪头一直扑进大观园的厨房，热糕之争，鸡蛋风波，前浪稍平，后浪又起。由芳官送玫瑰露使得硝、粉事件进一步深化，芳官赠露柳五儿，柳家的又转送一半给兄嫂家，恰恰又被追求五儿不得而怀恨的钱槐看见了。柳家的赠之以露，兄嫂报之以霜——茯苓霜，露引出了霜，也就引出了新的波澜。五儿转赠霜给芳官，托春燕转交，偏偏在回来的路上被林之孝家的遇到。严词逼问，五儿则吞吐钝讷，林之孝家的捉拿柳五儿，跟后查抄大厨房，“取出露瓶”“又细细搜了一遍，又得了一包茯苓霜”，赃物俱在，报告李纨，李氏托病不见；再报探春，三小姐避而不理；最后告知王熙凤，凤辣子威重令行，严刑拷打，终因平儿投鼠忌器，贾宝玉主动瞒赃，风波才算平息。一瓶玫瑰露、一包茯苓霜、一盒蔷薇硝，这些生活中的一端是多么简单平常，但经作者的巧制精作，涌出了大大小小的多少波澜，令人目不暇收，眼花迷乱。

层层铺垫　推举高潮　《红楼梦》中的情节高潮是经过作者充分组织和准备，形成起来的。这种铺垫，既具有必然性，又很富层次感。我们不妨以“不肖种种大承笞挞”(第三十三回)为例，做些解读说明。

对于荣国府的封建统治者来说，贾宝玉是不可或失的命根子，是延荣续贵的惟一希望。为挽狂澜于既倒，支撑残厦之将倾，贾府的统治者在贾宝玉刚生下后就为他铺设了一条仕途经济的青云大道。早在第九回，贾政就给私塾捎话：“只是先把《四书》一齐讲明背熟，是最要紧的。”但是，贾宝玉硬是唱反调，无心于仕途之间，绝意于经济之途。他大闹私塾，大骂迷恋于仕宦的人是“禄蠹”；史湘云劝他：“该常会这些为官作宦的，谈谈讲讲些仕途经济的学问。”宝玉听了，如针刺耳，大为反感：

"姑娘请别的姐妹屋里坐坐,我这里仔细肮脏了你知经济学问的人。"矛盾双方的这些言和行都发生在第三十三回前,作为伏笔深深地埋藏着。一方强令其邀名取禄,一方偏不就范,双方冲突不已,矛盾的激化也就势在必然。这就为第三十三回的高潮提供了充分准备,当经过大大小小的火力侦察和互相摩擦后,对立的矛盾就必然会激化到浪涛拍天的地步。这样的高潮的形成就思想意义上讲,有社会必然性;就故事的发展看,有情节必然性。

云是雨的朕兆,从乌云一片到黑云翻墨到电劈雷轰直到大雨滂沱,很有层次感。同理,文学作品的高潮,具有前因后果,远铺近垫的逻辑层次。金钏儿投井,贾雨村临门,是高潮的导因;忠顺王府索人是高潮的诱因;贾环的飞短流长、造谣中伤是高潮的直接发因。由远及近,脉络清晰,一步紧接一步,层深迭进;一环衔接一环,丝丝入扣,把情节逐步推向高潮,进入非如此即不可的境地。再从贾政对贾宝玉的神色变化看也很有层次。初见时——"原本无气",平波展镜;但看到贾宝玉垂头耷耳,神色遑遽,"应对不如往日",语失伦次——"倒生了三分气",微澜起波;偏巧这时忠顺王府来索人。忠顺王府和贾府的关系并不那么妙,不速之客来天外,跑到门上找戏子,而且那王府堂官很不客气,使得贾政——"又惊又气""目瞪口歪",浪头逐涌起来了;这时又碰上贾环的告状,构陷之词,中伤之言,犹如冰上添霜,火上加油,在贾宝玉的"大逆不道"上又增上"大逆不道",贾政的神色变成"面如金纸""眼都红了",此时此刻,此情此境,怒火冲开脑门简直要掀掉房顶。于是一声断喝,一阵板子如雨点似地下落了。矛盾激化了,高潮形成了,浪潮骤然飞起,直薄云天!这样的情节波澜起伏隐显,脉络分明,渐次而又迭进地推举上去。倘若没有这些层次,贾政一开始见到宝玉,沉下脸来,捋起袖子就打,就于事不存,于理缺据了。

偶然因素　推波助澜　当然,从总体上看,《红楼梦》中情节波澜的形成是有必然依据的。在承认这个前提的同时,我们也看到曹雪芹善于运用偶然性情节,来推波助澜。马克思在《致路·库格曼》的信中说:"如果'偶然性'不起任何作用的话,那么世界历史就会带有非常神秘的性质。这些偶然性本身自然纳入总的发展过程中，并且为其他偶然性所补偿，但是，发展的加速和延缓在很大程度上是取决于这些'偶然性'的。"偶然性能对事物的必然性运动产生作用。我们还以第三十三回宝玉挨打为例来说明。当贾宝玉被喝禁在边厅上时，他料到挨打是势在必然，连忙托人给贾母、王夫人报信。倘若贾母闻声赶到，狂涛巨澜也就顷刻会风平浪息，情节的高潮也就形成不了。高明的曹雪芹为了让叛逆与卫道的矛盾激化成必然，为了掀起情节的波澜，就利用偶然性的因素来触发。一是整天转前绕后，陪伴左右，又机灵又贴身的小厮焙茗，偏偏这时不见踪影。倘若他在这里的话，别说吩咐，就是沾到点浪沫子，也早就一溜烟到里面报告去了。二是当贾宝玉如坐针毡，无人可找之际，恰巧遇到个老妈子，这该有救了，有人报信了。可是，这老妈子偏偏又是个聋子，把"要紧"听成"跳井"，将"小断"说成"小事"，把个贾宝玉急得如热锅蚂蚁。这都是偶然性的事件，但是这种偶然性在实际上为必然性的高潮到来发挥了很大作用。把大观园闹得鸡飞蛋打、混乱一片的抄检，也只发生于"痴丫头误拾绣春囊"。这个傻大姐体肥面阔，"心性愚顽，一无知识，出言可以发笑"，因为她偶然拾到绣春囊，才掀起一场大波大澜。倘若，她不"痴"不"傻"，她决不会拿起绣春囊后"笑嘻嘻走回""拿去给贾母看"，途中被邢夫人发现；倘若，换成另一个丫环，识得此物，又精明练达，处理办法就会是另一种情况。鸳鸯看到司棋和潘又安幽会那么严重的事件并没有揭发、张扬，不就是一个证明吗？问题是傻大姐的"傻"，绣春囊偏偏被她拾到，这是偶然的，而万丈狂澜就起于这偶然之中，从而由这偶然性因素导致出必然性的情节。

猝然爆发　水浪击天　在《红楼梦》中常常有突发性的情节发生，往往是风平浪静，猝然掀起击天的水浪，给读者以极为鲜明的印象和感受。由于它是突发性情节，往往能打破情节的平衡，造成危机，形成惊心魂魄的波澜。例如焦大骂贾府。一天，宁国府正是"灯火辉煌"，一派升平气象，莺歌燕舞，情节不见惊涛骇浪，就在尤氏送凤姐的时候，突然插入焦大的吼声大骂。他来势汹汹，骂声震天，先骂大总管赖二。当贾蓉喝令捆起来时，又转而大骂贾蓉。当众人上来，把他"掀翻捆倒，拖往马圈里去”的时候，他就骂得更是不堪入耳：“要往祠堂里哭太爷去，那里承望到如今生下这些畜生来！每日偷狗戏鸡，爬灰的爬灰，养小叔子的养小叔子，我什么不知道！”骂得酣畅淋漓！猝然卷起的浪头，席卷着宁国府的高楼闺阁，冲击着这个家族的一切腐朽丑闻！再如第八回宝玉摔茶碗，本来，在这之前贾宝玉写字，林黛玉赞字，气氛非常融洽。宝玉喝茶时，忽然想起早晨的枫露茶，茜雪告知被奶妈李嬷嬷喝掉了，“宝玉听了，将手中茶杯顺手往地下一摔，豁琅一声，打了个粉碎，泼了茜雪一裙子”。这一举动猝不及防，令众人目瞪口呆，打破已经平衡的情节。怡红公子的举止猝然变化，小说的情节也就骤生波澜。和风丽日之中会立刻出现飞沙走石，这就使故事情节不致是死水一潭，形成了特有的艺术节奏，增强了吸引人的艺术力量。

猛然跌宕　促成波澜　晴雯死去以后，贾宝玉悲痛异常，他心中的感情潮水如钱塘大潮，滚滚而来。“宝玉又自穿戴了，只说去看黛玉，遂一人出园，往前次看望之处来”。这是宝玉感情激荡的外在显现。正当贾宝玉的感情浩浩奔流时，猛然间遇一断崖深渊，“忽见王夫人的丫头进来找他，说：‘老爷回来了，找你呢。又得了好题目了。快走，快走。’”他的感情于此形成了跌宕。贾政和众幕宾清客高谈寻秋之胜，“忽谈及一事，最是千古佳谈”，这就是给“风流隽逸，忠义感慨”的林四娘写一首悼词。本来，贾宝玉对这种应制之作素无兴趣，同时，更在晴雯死后，心情悲痛，只得应付一首，权且塞责。贾政和清客们高谈阔论，兴味盎然，作者这样渲染的目的是存心蹂躏贾宝玉的感情，撕碎他的心灵，继续造成情节的跌宕和顿挫。贾宝玉像被“放了赦的一般”。放出去以后，“一心凄楚”。感情经过跌宕以后，潮水反而会越涨越高，但是，还没有形成喷发。“回至园中，猛见池上芙蓉，想起小丫环说晴雯做了芙蓉之神，不觉喜欢起来”，一起；“乃看着芙蓉，嗟叹了一会”，又一落；“忽又想起：死后……何不在芙蓉前一祭，岂不尽了礼？”又一起；“忽又止道”，又一落。忽起忽落，跌宕生姿。经过这么充分的涨落起伏，汹涌澎湃的感情终于突然迸发形成巨浪喷洪的壮观，化为洋洋洒洒的《芙蓉诔》。由于是经过情节的跌宕、顿挫，《芙蓉诔》的出现就不是平淡无味，而是显示出更为激动人心的力量。

波回浪转　变幻莫测　情节的发展最忌平铺直叙，应该讲究波澜。然而，波澜的组织和安排，又不可让读者一眼看穿其中底细。诚然，应该波连波，浪赶浪，更应该看了前浪，不知后浪，这样，才会有情节的生动性和丰富性。《红楼梦》正是如此。我们可以用第十七回和第二十一回的两个例证来说明。

第十七回"大观园试才题对额"，贾宝玉才华焕发，风流倜傥。贾政内心甚是满意，贾宝玉也出现了少有的神清气爽、心情舒畅。贾宝玉出来时，小厮们蜂拥而上，团团抱住，说："今儿得了彩头，该赏我们了。"宝玉提出赏钱，但众小厮不答应，说："谁没见那一吊钱！把这荷包赏了罢。"于是，"一个个都上来解荷包，解扇袋，不容分说，将宝玉所佩之物，尽行解去"。波澜就从这里开始了。作者在这里特别交代"所佩之物，尽行解去"，十分重要。后面，袭人"见身边佩物，一件不存"。这就用袭人的检查，强化作者的交代，让读者深信："一件不存。"同时由袭人的询问，自然带出黛玉的生气："我给你的那个荷包也给他们了？你明儿再想我的东西，可不能够了！"既然"一件不存"，当然"我给你的那个荷包也给他们了"。黛玉是这么看，读者也是这么想，因而她的生气就气得合情。黛玉岂止生气，还"将前日宝玉嘱咐他没做完的香袋儿，拿起剪子来就铰"。只有铰，才足以解恨。在读者看来，铰虽过分，但铰得合理，这是对贾宝玉小施薄惩。等贾宝玉赶来时，"早已剪破了"，无法抢救了。在读者看来，这是贾宝玉咎由自取。正当情节的波澜在预定的轨道上向前翻涌时，忽然，回波转浪。

> （宝玉）忙把衣领解了，从里面衣襟上将所系荷包解下来了，递与黛玉道："你瞧瞧，这是什么东西？我何从把你的东西给人来着？"

这个陡然回转的情节波澜，贾宝玉的这个举动，不仅使黛玉大出意外，而且令读者始料不及。急湍出现回旋，荡起耀眼的浪花。"黛玉见他如此珍重……自悔莽撞剪了香袋,低着头一言不发”。黛玉自悔,看来情节将出现好转趋向。但是,贾宝玉的气话:“我连这荷包奉还。”又使情节急转直下,泛起波澜。这样的情节真是变化莫测,难以逆料。

又如第二十一回,“俏平儿软语救贾琏”。巧姐出天花,贾琏暂搬别处,等天花“毒尽瘢回”后,贾琏回来了。“次日早起,凤姐往上屋里去后”,平儿在整理房间时,从枕套中找出一绺头发,这是贾琏在外风流的硬凭证。平儿向他亮出后,他立刻拼命来抢。正在难分难解之际,突然凤姐来到,波涛陡然而起。“贾琏此时松又不是,抢又不是”。凤姐偏偏对平儿说,拿出去的东西“收进来”时“可多什么?”这个发问,令人难解。平儿说:“不少就罢了,那里还有多出来的分儿?”凤姐指令搜查,情节掉转直上,吓得“贾琏脸都黄了”。眼看秘密即将公开,但是,在读者预料情节波澜将向一个方面发展时,“俏平儿”的一番话,故作掩饰,使情节波澜另换渠道向前发展。这样的小说情节,时见急峡夺路,时见江流宛转。看到波峰,难测浪谷,情节变幻莫定,读者情绪也就惊喜不定。这是作者善于运用曲折笔法,构思情节,造成波澜的结果。

情节波澜体现了事物矛盾运动的形式。《红楼梦》中的情节波澜,形式多样,变化多姿,绝少单调。那种种惊涛大作、潜流暗滚、回波馀漾的形态,正是反映了贵族家庭生活的复杂矛盾和斗争现象。这些矛盾表现,各各不同,而每一种矛盾、情节波澜又显得气象万千,这当然是为生活本身的复杂现象所决定的,因而,《红楼梦》情节波澜的生活基础是坚实的。它不是那种虚假、浮浅的矛盾形式,它的每一起波澜,都连通着那无比浩淼的生活海洋。这是我们在探讨《红楼梦》情节波澜时应该首先明确的。

其次,曹雪芹又不是在创作中被动地反映生活的波澜,而是充分地进行艺术的概括、典型化,组织起艺术的情节波澜。前述的种种情节波澜的构成方式,是曹雪芹的艺术创造。他充分地利用贵族家庭生活复杂性,加以艺术的加工、制作。他所运用的种种构造情节波澜的方式,工巧、自然,充分反映了艺术家的才能。他善于运用艺术的手段,把平淡的生活推助成汹涌浪涛、碧波涟漪。手法多变，毫不雷同，各种情节波澜都有各自的独特形式，这是只有巨匠才能承担的艺术使命。

《红楼梦》借助于情节波澜的组织和安排，以一个重要的方面丰富了全书万流竞奔、千壑争秀的恢宏博大的艺术情节。在日常的生活题材中还有如此丰富的情节波澜，这是《红楼梦》作为中国古典小说艺术高峰的杰出成就。丰富曲折的故事情节，波翻浪迭，就避免了静态的死板叙述，保证了情节的动态发展，使得《红楼梦》的情节发展保证了它所具备的生活运动的特点。这是其他的一些古典小说所难以企及的。

《红楼梦》中的情节波澜从美学的角度来看，是一种动态美，这种动态美既有飞涛连山的阳刚美，又有涟漪荡漾的阴柔美。看《红楼梦》的情节波澜，时而会心惊魄悸，时而会心旷神怡，时而又如坐春风、如饮甘醇，产生出多种多样的美学感受。《红楼梦》的情节波澜的美学价值除了具备动态美的特征外，还在于它的整体美。它不是从一个角度、一个侧面，孤零地、单纯地考虑情节波澜的，而是从全卷书的整体上来考虑的，何处该巨涛喷雪，何处应制造波澜，都联系着通盘的艺术构思，都有均当、妥善的安排，而不是随心所欲的胡乱安排，不是零打碎敲的措置摆布。第四十二回曹雪芹借薛宝钗的口所提出的"疏密""高低""远近""多少""主宾""藏露"等等美学见解，十分引人注目。它指导着曹雪芹对全部书稿的内容安排和艺术的构思，也指导着其情节波澜的处理。如果，我们站在制高点上鸟瞰全书，就会发现，《红楼梦》的情节波澜像是天造地设的一般，千运百转而又流走自如，它就像浩浩荡荡、夺路东去的长江一样，妙造自然、仪态万千。因而，《红楼梦》的情节波澜是一种具有整体感的艺术美的天地，这是曹雪芹对于长篇小说艺术创造的巨大贡献！

（原载中国艺术研究院《红楼梦学刊》1981 年第 3 期。收进《红学三十年论文选编》，百花文艺出版社 1984 年版。节选文 2004 年起入选广东普通高中课程标准实验教科书《语文》[必修 4]，至今仍在使用。）

从序、传、批解读《留东外史》的思想、美学成就

平江不肖生(向恺然)是中国近代武侠小说的开山祖,留学生文学的奠基者,所留下的文学遗产十分丰富。《留东外史》在发表的当时,产生轰动效应,洛阳纸贵,凡有井水处,人皆读之。时作者仅二十四岁,青春年华,才情磅礴,一部小说,迅速蹿红。这部小说洋洋百万言,思想倾向相当复杂。"横看成岭侧成峰",半是暴露,半是开脱;半是谴责,半是玩味。中国现代文学史上的大家、名家如鲁迅、周作人、郭沫若、张资平、老舍、沈从文等人都看过这部小说,仁智互见,评价不一,争议颇多。而作者下笔千言,倚马可待,没有曹雪芹著《红楼梦》"披阅十载,增删五次"的严谨不苟,致使书中疏漏不少,也确是实情。

我们只能选择一个小的视角管窥蠡测、小中见大。这就是从序言、传文、批点中解读《留东外史》的思想、美学成就,进而确立其文学史地位,并澄清一些评价中的是非。所谓"传",指不肖生(向恺然)的《自传》。所谓"序",指章培恒、陈(荣广)白虚、刘韵琴、张冥飞的序文。所谓"批",指小说文本原存的张冥飞的夹批、章末批点。

章序(章培恒序)。章序是据今最晚的序文,是《中国近代小说大系》的总序,不是专就《留东外史》所作的序,但冠之于《留东外史》之前,是包括平江不肖生的《留东外史》在内的近代小说的总序。此序却对打开这部小说的研究思路,至关重要。作为学贯古今的知名学者的章培恒先生提出了一个重要的课题:

> 可惜的是,由于种种原因,较之古代或现代文学的研究,近代

文学显得“先天不足，后天失调”。其结果，是既不能说明现代文学的来龙，也难以探究古代文学的去脉。这也就从另一个角度提醒我们：近代文学研究必须大力加强。

近代文学处于古代文学和现代文学的中介位置上，起承转合、承前启后。近代文学不全是时代范畴的概念，重要的是指文学史的意义。章先生要求在古、现代文学的“来龙”“去脉”中来把握和研究近代文学。这个见解发表在二十年前，是了不起的。这个杰出的见解为文学史研究界所响应，特别是现代文学界，在研究理念和方法上有所谓的溯源说，产生了一批优秀成果。学界不再把近代文学漠视为空生带，而是重视成中介带。循着章序的命题，我们对《留东外史》做如下的考察。

范伯群先生把向恺然定格为“民国武侠小说的奠基人”，是确切的。“奠”的是创作理念、创作手法的全新之“基”。而奠基之“基”，溯源之“源”，正在这部《留东外史》。黄文汉与东洋人比武，就是预开的河床，然后就蔚为武侠小说大河波翻浪叠、涛头奔涌的壮观。如前所述，《留东外史》的作者不肖生又是留学生文学的奠基人。一位作家双奠基，其文学史的位置就顷刻显示出来了。学界还称《留东外史》是“民国黑幕小说的始作俑者”。这都是在文学史的交替时期确立的第一地位，该是何等隆崇！

前人和他人都没有这特定的叙事对象，异域题材，首开风气，筚路蓝缕，以启山林。用百万字的规模演绎着民初留东学生生活画面、心理状态以及所在国日本的风土人情，林林总总，方方面面，包罗万象，无不涉及。又以平实笔墨予以写实叙事。严格写实，惊人写实，张资平就称道该小说的“写实”特点，确是的评。不是镜花水月的“镜花缘”，也不是云天雾地的传奇文。就这一题材、叙事领域而言，确是即此一家，后乏来者。

稍为远涉《儒林外史》，与《留东外史》，“外史”同题。以“外史”命名，透现出创作主体的意向：暴露，谴责。鲁迅在《中国小说史略》中说：“迨吴敬梓《儒林外史》出，乃秉持公心，指责时弊，机锋所向，尤在士林；

其文戚而能谐，婉而多讽：于是说部中乃使有足称讽刺之书。”《留东外史》在思想倾向上相承于《儒林外史》。鲁迅在《中国小说史略》中还说：“敬梓之所描写者即是此曹，既多据自所闻见，而笔又足以达之，故能烛幽索隐，物无遁形，凡官师，儒者，名士，山人，间亦有市井细民，皆现身纸上，声态并作，使彼世相，如在目前，惟全书无主干，仅驱使各种人物，行列而来，事与其来俱起，亦与其去俱讫，虽云长篇，颇同短制；但如集诸碎锦，合为帖子，虽非巨幅，而时见珍异，因亦娱心，使人刮目矣。”鲁迅对《儒林外史》小说美学上的优缺点，几乎是对着《留东外史》说的。“多据自所闻见”，有深广的日本留学见闻；“自明治四十年即来此地”，是留日学生的老江湖、老杆子。因此，对留学生的四种类型的人，了如指掌。“笔又足以达之”，《留东外史》确已符之，叙事方式、手段、话语，游刃有馀。创作主旨和笔墨传达，桴鼓相应。各色人等，经作者不肖生妙手刻画，确是“现身纸上，声态并作”。然而，《留东外史》和《儒林外史》的审美缺陷亦相近。没有主干，缺失连贯，人与事俱生俱没，情节和性格逻辑不清。我们的论述落脚点不是别的，而是寻绎《留东外史》对《儒林外史》相承相续的轨迹，这才能勾连出它们间以及文学史的联系。而对于被鲁迅命名为“清末谴责小说”的四部作品：《官场现形记》、《二十年目睹之怪现状》、《老残游记》、《孽海花》，也大多存在和《儒林外史》相近的审美弱点。鲁迅在《中国小说史略》中说，《官场现形记》“头绪既繁，脚色复夥，其记事遂率与一人俱起，亦即与其人俱讫，若断若续，与《儒林外史》略同”。鲁迅在《中国小说的历史的变迁》中指出《官场现形记》和《二十年目睹之怪现状》，“这两种书都用断片凑成，没有什么线索和主角，是同《儒林外史》差不多的”。这又可以看出，《留东外史》和清末谴责小说的联系。而在叙事话语上《留东外史》则受到《老残游记》影响，平和平实，如实描写，没有张大其词，夸饰过度。《留东外史》是地道的通俗小说话语，白话化，口语化，告别了半文半白，这样，就下连“五四”时期的现代白话小说。从所谓的“黑幕小说”到武侠小说的大转身，标示着大跨度的转折意义。兼嫖兼侠的黄文汉到标准侠士的霍元甲，人物的思想、性格内涵经历了显著的提升。创作者的向恺然就以新的姿态出现在文坛上。

向(恺然)传(自传),陈(白虚)序、刘(韵琴)序、张(冥飞)序。向恺然的《自传》说:"民国三年因愤慨一般亡命客的革命道路堕落,一般公费留学生不努力,不自爱,就开始著《留东外史》,专对以上两种人发动攻击。"这可以说是创作的自白。联系《留东外史》开宗明义第一章,作者说:"古人重隐恶而扬善,此书却绌善而崇恶。人有骂我者,则'不肖生'三字,生固是我的美名,死亦是我的佳谥,由他骂吧。倘看此书的,不以人废言,则不肖生就有三层请愿:一愿后来的莫学书中人,为书中人分过;二愿书中人莫再做书中事,为后来人作榜样;三愿后来的竟学了书中人,书中人复做了书中事,就只愿再有不肖生者,宁牺牲个人道德,续著《留东外史》。"作者的创作目的、意图、指向是十分明确的。他的创作决心是十分坚定的,毫不含糊,以向恶人、恶党、恶势力宣战、决战的姿态出现。再看陈序。陈白虚序曰:"今读不肖生所著《留东外史》,事不必实,情则皆真。其为借酒杯浇块垒,率其伉爽无滞之性以遂自然,抑或犹不免于是非之见,吾可不问,第以其书有遂于吾性也。"再看刘序。刘韵琴序曰:"不肖生性孤峭,于人少所可,居多激越之词。韵琴习闻其人,或谓其狂惑……近年来,欧风渐东,为说部新陈过渡时代,纪风纪事,盖无与焉,备新闻杂志一格而已。不肖生奈何于此时著《留东外史》哉?吾初谓其人已老,或虑幽愤所积,长逝郁郁,劫而为此,故其年为请,仅廿有四耶。且吾闻之,惟善人能受尽言,生兹末世,而好言人过,况惟短是求,集非成帙,其自为谋不亦悖乎!谓之狂惑宜也,虽然其文足传矣。"又看张序。张冥飞序云:"吾乃不得不就其所作之《留东外史》,以研究不肖生虽甚不肖,而犹不失其为人。而所写之诸人之不肖事迹,乃非人类之所应有,其或者无名之倮虫之所为乎!"鲁迅在《华盖集续编·马上支日记》引录了日本学者安岗秀夫有关《留东外史》的一番话:"去今十馀年前,有……称为《留东外史》这一种不知作者的小说,似乎是记事实,大概是以恶意地描写日本人的性底不道德为目的的。然而通读全篇,较之攻击日本人倒是不识不知将支那留学生的不品行,特地费了力招供出来的地方,是滑稽的事。"综合序、传,我们可以获得以下的认识。作者有鲜明的创作立场，不是嗜痂成癖，也不是视脓疮溃疡，艳如桃花。陈序说到“事不必实，情则皆真”，指涉该部小说重要的审美创作原则。陈、刘、张序深入到披文论人进而过渡到知人论世的层面上。顾及全人，顾及作者所处的社会世态，是有深度的审美批评论。刘序把向恺然的个体性格“孤峭”“狂惑”与创作的动因联系起来。刘序借用源远流长的诗论、文论、词论、曲论用于小说论，这就是“借酒杯浇块垒”。从这样的角度解读就十分深入和深切。无论把《留东外史》划归何种类型，无论是黑幕、狭邪、讽刺、谴责等等，根据作者的创作动因、意图，曝光是第一要务，把留学东洋的鸡鸣狗盗之徒、行尸走肉之辈一一牵出来暴露一番。举凡偷鸡摸狗、嫖娼宿妓、惹是生非、坑蒙拐骗、聚众斗殴，五毒俱全，无所不用其极，他们是行为主义的实践者，兼有流氓、痞子、骗子、无赖、恶棍、人渣的全部特征，而这一切都在不动声色中如实地完成了小说叙事，洞若观火，无所遁其形。作者耳闻目睹，亲历亲验的生活资源委实太丰富了。（对自己的雄厚的生活根基，《留东外史》第一章有详细的陈述。）“井喷”现象往往发生，不加驭控，难免泛滥。作者企图走入这个房间，却不由自主地走进了另一个房间。这才会出现鲁迅所引安岗秀夫说的创作现象。这是事实溢出动机，形象大于思维，意图相左效应审美命题的典型案例。

张（冥飞）序有感于“外人之在吾中国也，虽负贩之俦，亦留心吾国之风土人情、山川道理”，隐含着对小说异国“风土人情、山川道理”的创作要求和阅读期待。《留东外史》正是极大地满足了国人对异域“风土人情、山川道理”的好奇、期待，构成了该部小说的另一个显著特色。可以充分看出，作者是写民俗、民风、民情的老手、高手。对日本民俗的描写如此生动、如此细致、如此深入，在中国近、现代作家中无出其右。没有长期的生活阅历、经验、感受、体验是不可能实现的。原生态的民俗描述，“入境随俗”那种自然性的“移风易俗”的描写布满在小说中，成为有机的艺术细胞。它化为民族的社会心理，融入民族的显意识、潜意识，甚或无意识层中。第四十三章作者写道：“日本人的脾气，和中国人不同。中国人遇有人款待他十分殷渥的，心中必存着些感激的念头，稍稍自好的人，必不肯多受人的好处。日本普通一般人的脾气，却是不同，你没有好处给他，他不和你多来往，恐怕你沾光了他的去。所以日本家庭，亲戚朋友往来的极少。”《金瓶梅》、《红楼梦》以降，这种小说叙事是少有的。生活习俗深入到细节和艺术的机体之中，随手拈来，毫不费力；触手成春，妙笔生花。这为写武侠小说的创作转型，保持了一以贯之的高妙的审美习惯。该小说成为向恺然创作道路的重大拐点，连通着“接天莲叶无穷碧，映日荷花别样红”的壮美的武侠小说风景。在《江湖奇侠传》湖湘民俗民风民情的描写，和沈从文的湘西民俗、民风、民情的描写，构成了湘地民俗文学的双子星座。小说对生活和感受的体验是真切而深切的。例如第十三九章的一段描述，可见一斑：“张孝友一个人归到家中，见昨日买的一捆衣料，依然搁在那架子上。心中自恨这情意不曾达到，打开来翻看了一会，嫌花样不好，颜色也不鲜艳，心中又欢喜幸而不曾送他。这样的裁料送人，岂不笑话？越看越觉不好，往架子底下一摞。他今日因高兴，多喝了几杯酒。身体太胖的人，喝多了酒，多是气喘，他便推开窗户，对着天嘘气。”这样的叙事十分真切，没有深切的生活体验是做不到的。这对于当前一些小说虚拟之词、玄想之言，天马行空，不着边际；腾云驾雾，浮游无根的恶劣倾向是绝大的针砭，对创作来自生活这个老而又老的文学命题提供了绝好的验证。

作者的创作宣言，序者的体认和读者的阅读评价、接受效应所体现的巨大反差突出的表现是，认为该部小说是“嫖娼指南”，其实，这是对《留东外史》的绝大误读、活天冤枉。连郭沫若、老舍也在误读之列。郭沫若在《创造十年》中认为该小说是“驰名淫书”，老舍认为该小说“诲淫”，生怕稍不留神，滑入泥潭。这是需要加以辨析的。实际上作者《自传》和自白，陈序、刘序、张序提供了或显或隐的解读路向。而最重要的还是阅读、接受程序。通读小说，我们看不到生猛海鲜的床上画面，和电影《色戒》不可比肩而立；也没有麻辣烫的镜头，和现今的一批下半身写作的作品不可同日而语。带着这个问题阅读小说，我们看到只是“上半身”，不到“下半身”。关节点上点到为止，再向下就没有了，也不像《废都》用拙劣的省略号，欲盖弥彰。连“下半身”和床上动作都没有，发乎床下而止乎床上，何谓“指南”！之所以作者这么写，有着背后的深层原因。写日本在史上无时不淫，在国内无处不淫。欲火连天，淫水滔天。这是有意、刻意、恶意贬日、损日、诬日。书中人物黄文汉说：“世界上的国家，最危险最没有希望就是日本。”第三十七回作者有一番直接叙述语言：“日本人具有一种特性，无论什么人，只要有钱给他，便是他自己的女人姊妹，都可绍介给人家睡的。”书中这样的话语连篇累牍。诸如“日本不是世界公认的卖淫国吗？日本女子除卖淫外，有什么教育”。它已经成为丑陋的民族劣性，渗透到血液里去的民族本性。这片国土“骚风凛凛，淫气腾腾”。第十四章书中人物周撰有一番绝妙言词：“不吹牛皮，我在日本，除非他皇宫没有去嫖过，馀都领略过来。这一带算得什么？明治四十三年，同着那芳井，从正月初五起，径嫖到四月，没有间过三夜。东京什么地方不嫖到了。于今要找到那芳井来，还不知有多少新鲜花样。不晓得日本情形的，必以为那些大户人家的小姐，都是贞静幽娴的。殊不知那淫卖国的根性，也不得磨灭。”还竟然把卖淫和爱国主义连接在一起，卖淫就是爱国。究其原因，中国近、现代以来，有一个对日难解的情结。有时出现过激的言词和采取过火的行为，并非历史理性的态度，但却渊源有自，早已有之，至今犹存。小说中写：“贵国不是从有留学生，才有淫卖妇；是留学生见贵国有淫卖妇可嫖，才嫖的。”是先有淫妇，后有嫖客，还是相反，其诡辩如同先有母鸡和先有鸡蛋之争。近墨者黑，近朱者赤。在小说作者看来，日本整个社会大环境是大染缸，先有淫，才有嫖。这是强词夺理式的因果逻辑。这用的是《晏子春秋·晏子使楚》晏子对楚王的“橘枳之争”所使用的狡辩术：“橘生淮南则为橘，生于淮北则为枳，叶徒相似，其实味不同，所以然者何？水土异也。今民生于齐不盗，入楚则盗，得无楚之水土使齐人固善盗乎？”日本有最适宜男盗女娼的“水土”和生态环境、社会氛围。略有个别的贞节女，却是由中华文化熏陶、教育出来的。书中还充满复仇心理，第七十八章，小说人物说：“日本鬼是我们的仇人，能害他一个，便报了一个人的仇。”种种背后的国家意识，民族意识，复仇意识，莫名其妙的大中华优越意识，战场失利、精神胜利的阿Q意识等等，纠缠掺和在一起，难以澄明。倘若有阅读需要和产生效应，有人看到嫖娼，有人接受“指南”，有人愤激反日……那是无可如何的事情，萝卜青菜，各有所爱。正如鲁迅说《红楼梦》：“单是命意，就因读者的眼光而有种种：经学家看见《易》，道学家看见淫，才子看见缠绵，革命家看见排满，流言家看见宫闱秘事……”①硬充其中的一名脚色。

小说作者并非把所有人物都写得一塌糊涂，他还是有其理想寄托的人物在。这一点评点者洞如观火，第六十六章章末评道：“吴大銮智深勇沉真不可及，一部描写荒淫卑鄙之夫之《留东外史》，而有此种人物，直是扫尽浮云，放出明月来矣。”

现在谈论《留东外史》的评点批语。批点者张冥飞既是作序者之一，又是校评者。他十分了解作者的思想，和作者的观点、意识惊人地合辙叶韵，高度一致。例如第四十二章夹评道：“可怜日本人只有当妓女的资格，没有当嫖客的资格。”第一百四十九章章末亦评说：“日本人之无耻贪小，本成为一种国民性。”等等。

中国古典小说有一种独特的评论方式，并形成了小说批评传统，这就是小说评点（批点），其中著名的有金圣叹批《水浒传》、张竹坡批《金瓶梅》、毛宗岗批《三国演义》、冯镇峦批《聊斋志异》。《留东外史》的批点不及金圣叹的识见高妙，不如毛宗岗的体例缜密，也不像冯镇峦的穿透敏锐，这是实话实说、有一说一。第一、二集（第一至三十八章只有夹评，均无章末评）到第三集，第三十九章才出现回末（章末）评，有一点信马由缰，随意为之的味道。也许原先缺乏统一的构想、安排和体例，但是，许多评点不同凡响，至为精彩，不少是点睛之笔。该书最后一章，也就是第一百六十章，章末评点的最后一句话对该部小说作出了总体评价：“平心论之，亦近来所谓长篇小说之较佳者。”我们对评点也可做这样的评价：平心论之，亦近代长篇小说评点之较佳者。章末评和夹评的

① 《集外集拾遗补编·〈绛洞花主〉小引》，《鲁迅全集》第八卷，人民文学出版社 2005 年版，第 179 页。

功能和作用交错为之，章末评主要侧重在思想内容上，但也并不尽然，亦有艺术审美评价。章末评往往对本章叙事，或提纲挈领，点题生光；或重点提示，加深印象；或有意提醒，不致遗忘。章末评点思想内容时，尖锐泼辣，对种种丑陋人事，嬉笑怒骂，皆成文章；评点人的激愤之情，喷薄而出。对于解读该部小说的思想内容，特别是了解作者的创作倾向，发挥了很大的作用。例如第五十二章章末评道："留学生狂嫖滥用，其百计千方弄钱的办法，实有出于人情意料之外者。王甫察骗了胜田馆二百元钱，真好手段，不得不令人佩服。"第五十八章章末评曰："嗟乎！朋友之道，至今世已经变成饿鬼道，你想吃我，我想吃你，自有王甫察、周克珂，则简直坠入畜生道矣。"第六十一章章末评，发表了评点者明确的政见和愿望："共和已亡……但我一个人而有一丝喘气在者，我亦当勉呼庆贺双十节一声而后就死。此便是我的良心，我的人格。"该章末评，还怒斥："枉披了一片人皮，断送在一两个粉骷髅上。"第一百零五章章末评道："此一章痛写外交官，兼写留学生之猫屁不通，连条件都写不上来，挖苦刻薄已极，然正是（作者）一腔悲愤之气所构成者。"深得作者的用心和情感。第一百零九章末，评点者无限愤慨地说："官场不绝灭，中国永无生气矣。"正体现为创作者和评点者是同一心声。批者一加评点，小说的思想内涵便更加显豁。

评点者所使用的话语或多或少，无一定之规，有时趁兴而至，改变要言不烦的风格，变得议论纷纷，滔滔不休。小说文本是写"吊膀子"，欲多而情少，但第八十三章的夹评突发爱情议论，咄咄怪事。一次不足，意犹未尽，再发两次，实数文字，各有三百之多，共六百馀字，发的是高论、宏论，又是长篇大论。文字过长，不能引录。奇特的是，这番爱情议论，把老、庄哲学—美学也拉扯进来，引经据典，可谓高头讲章。诸如《老子》之言："视之不见，听之不闻。"嵇康之言：手挥五弦，目送飞鸿。堪称是妙论。继而，他则有反向议论，说男女之间的恋情却又"视之则能见，听之则能闻"，简直令人匪夷所思。评点者还更进一步认为，这种爱情有形状："其形圆。"——"以幽情不可以缺，缺非男女之情也，故其形圆。"有色彩："其色白。"——"情不可以点，点非男女之情也，故其色白。"还有声音:"其声清。"——"情不可以激越,激越非男女之情也,故其声清以幽。"他认为三者是联合体,缺一不可,若"三者缺一,不得谓之男女之情"。这可以算得上是奇谈怪论了。第八十三章之前,章末评点也有多处爱情议论,如第七十三章章末有近两个页面的爱情议论,第七十五章章末继续来一通爱情论,直至第一百三十四章章末还大谈爱情,真是反复言之,"三致志焉"。

值得注意的是,批评者不仅通晓小说美学,而且转益多师,广采博收,融化了古散文美学、诗词美学、戏曲美学理论等,其总体的多门类、多品种的文化—美学素养既深且广,大得批评三昧。对中国特色的评点学入道极深,是行家里手,于金(圣叹)批、毛(宗岗)批,了然于胸,遂致左右逢源,评点术语,运用自如,评点文字本身还很美,文采飞扬,出以文言,高度凝练。批点中对审美辩证法、审美心理学等,尤多创发,挥洒自如,妙语如珠,可以视作二度欣赏对象。评点涉及到创作思想、人物刻画、情节处理、结构安排、语言运用等。将评点细化开来又可分为情节的节奏、细节的点染、结构的组合、笔墨的用法等诸多方面。例如第二十二章夹评道:"然文心贵曲,作者盖欲以巧胜人,盘马弯弓,故不发也。"第三十章夹评道:"前后照顾,丝毫不漏,文心之细,吾间然矣。"同章又夹评道:"一篇洋洋大文,以张全起,即以张全结。其起也无形,其结也无迹。笔力雄厚,所以整暇如此。"第三十二章夹评道:"如春云乍展,倏现奇峰。"第三十六章夹评道:"文笔真如波谲云诡,不可究诘,方黄文汉等之聚义时,读者必为黄女士危,乃寥寥数语,岂读者意料所及。"第六十八章章末评曰:"此章乃是吴大鳌刺蒋四立正文,作者于事前盘旋写之,又于事后荡漾写之,是得力于《水浒》笔法者。"第六十九章夹评:"作者横插这一段故事于此,所谓于惊天动地之文之后,别作小桥流水娟秀之文者也。"这番评点文字直追金圣叹、毛宗岗,将该小说的艺术辩证法和审美节奏感表述得绰有馀裕。第八十六章章末评道:"反面文章天下之至妙者也。反面说话,天下之至俏皮者也……文笔忌平,忌庸,忌腐。惟从反面着笔,便险,便奇,便神妙不可测。故文章之道,不可不从反面写。"第九十一章章末评曰:"本书前五集收束虽甚匆遽,但行文至是觉千溪万壑，前阻悬崖，不见去处，故续集开端，至为不易。盖路转峰回之文境，可以凭空结构而成，而振纲而万目皆张，事实固此凑巧也。此章领契续五集全文，处处须回顾上文，又处处须开展后路，枯窘中讨生活，极惨淡经营之致矣。"第一百一十二章章末评道："此回于百忙之中，偏偏写林巨章、陆凤娇谈《三国演义》一段，又加入乐艺南卖药一段故事，何异炎尘烈日中服一剂清凉散，然作者笔力之闲，笔力之雄，乃加人一等。"第一百一十八章章末评道："于写许多龌龊事之后，而忽写霜月松林下闻尺八一段文字，可以略解尘秽，使人耳目为之一清。"第一百二十五章章末评道："作者曲折写来，各人心事，历历如绘，可谓工于体物。于林、陆交涉百忙之中，夹写张修龄玩施山鸣一段文字，又极具刻画挖苦之致，信非得力于《水浒》者不办。"第一百四十一章章末评道："明是补写前文，暗里却引起后文，用笔可谓有法。"第一百四十四章章末评曰："作者始终不明写，阅者自能于无字句处得之，是用笔空灵处。"深得金批、毛批之美学精髓。第一百零五章写书中人物李锦鸡威胁周正勋要新闻曝光，夹评道"兀的不吓煞人也么哥，兀的不呕煞人也么哥"，径用元曲套语，妙趣横生，令人忍俊不禁。

此书评点者比起金圣叹、张竹坡、毛宗岗、冯镇峦评点家来，有一个最大的特点，也就是体现审美批评的历史性进步的是，融入审美心理学用于评点。这是随着西风东渐，创作审美心理学日趋被作家所运用，鉴赏心理学理论也随之同步被评点家所掌握。小说夹评中心理体验、心理揣摩的批语时现精光、精彩。例如第二十二章"张全忿忿的道：'你说怎的？偏这时候洗澡，我赌个咒，以后再进厨房弄了菜，不是人。'"评点道："气愤时出语，确有此情景。"同一章在"朱继霖也就是这种心理"下批道："此种心理，不知作者从哪里得来？"第六十三章书中"黄文汉醉眼蒙眬的，疑圆子看错了"，夹批道："自己醉眼蒙眬，偏疑人家看错，醉人心理，每每如是。"第三十八章写苏仲武在日光旅馆看到一个惊为天人的美眉，他"放开自来水，只管低着头洗，望也不敢望他一望"，评点者把他的心理原因、心理活动披露得玲珑剔透，淋漓尽致："初见时看痴了，再见时望也不敢望，苏仲武心理变故之故也。初见时，此中纯洁，一片天然爱美之心，故不觉看之至于痴，此时已有他念，又相接太近，逼视恐其害羞而趋避，故不敢望也。”对创作中的点滴好处，评点者决不放过，而是发露殆尽，用独词句评点、喝彩，诸如“写胆小人如画”、“无赖口吻如画”、“气急情景如画”、“口吻逼肖”、“得意之笔”、“化工之笔”等等。特别能设身处地，感同身受，体察入微。第三十八章写“下女叫苏仲明吃晚饭，才觉得颈痛”，批道：“仰面而观，故觉头颈痛，文心细腻之极。”评点者和创作者心有灵犀一点通。这一切有一个前提性的条件，乃是原小说的审美素质提供了雄厚的基础，所以，从评点文字恰恰能反射出原小说的成就高妙。

评点者入乎其内，深入小说文本，机心细密，感受细微，细读文本，尤能感应人物心理。眼明手快，兔起鹘落，且又出乎其外，一经提示、点示、发露、剔抉，令人豁然开朗，“拍案惊奇”。加强了原小说的阅读效果，加深了阅读体验。

我们的研究思路是分而后合。先从序、传、批的不同角度，分别解读小说的成就。我们也充分体认到创作与接受、动机与事实的认知的非同步性和非重合性。我们进而把序、传、批结合起来，进行系统化解读，才看得完整、真切。例如陈序曰“借酒杯浇块垒”，刘序云“多激越之词”，批点文字中亦有此说。第一百十一章章末评道：“今之愤时嫉俗者，或谓非无耻物不成为其学者，非卖国贼不能成其为外交官，我始亦疑其过滥。乃就本章以观，又未尝不以是说为先得我心也。呜呼，今之学者！呜呼，今之外交官！”愤激之情，溢于言表。这样结合起来阅读，才能解读出整个小说的综合性深意、真意。

总之，我们的论述目的，也就是前面所说的，寻找到一个视角，解读这部小说。序、传、批，分解与综合、自证与他证的方法论，互相结合；本体文本与佐证文本，互相发明；创作主体的自述与作序者、评点者的认知，互为诠释。其内在地存有互摄、互涵、互动的关系，以此达到进一步对《留东外史》深入体认、探究以及定位文学史的目的。

（原载《平江不肖生研究论文集》，复旦大学出版社2010年版。）

第三编

现、当代文学研究

论鲁迅在文学风格研究和实践上的成就

文学风格是作家创作成熟的标志，他们总是有自己才能具备而为别的作家所没有的艺术格调、趣味、笔法。风格，应该是有志向的文学作家努力追求的目标；风格，又应该成为批评家进行文学批评的重要尺度。萃创作家和批评家于一身的鲁迅，在他长期的文学活动中，出色地完成了研究和实践的任务，成了鲁迅文学思想和创作成就的一个重要领域，很需要我们对这个领域加以专门的探讨和研究。

一

如何认识文学风格这一复杂的文学现象，鲁迅先生进行了深刻而又认真的探讨。他的深刻之处就在于他总是和研究其他复杂的文学问题一样，善于抓住事物、对象的本质，从而对于它们作出正确、妥当的理论说明和解释。虽然鲁迅没有专门的风格理论的专著，但这没有妨碍他的探讨和理论进展。他的许多论述散见在为数众多的杂文、序跋等文章中，像跃动、闪射的火苗一样。尽管，有时候鲁迅对风格的解释说明，只是片言只语，但那是他理论智慧的闪光；尽管，有时候鲁迅只是对某一具体的作家的风格进行阐释，但那是他普遍性的认识寄寓于个别，并通过个别的体现，人们仍然可以在这个个别中看到他普遍性认识的理论深度。点点火苗联成一片火海的特点，是鲁迅文学理论的论述特点。

1919 年，鲁迅曾就美术家的风格问题发过议论："他的创作，表面上是一张画或一个雕像，其实是他的思想与人格的表现。令我们看了，不但欢喜赏玩，尤能发生感动，造成精神上的影响。”[①]这个论述是初步的，没有充分展开，但，这是他的风格理论的重要基础。他把风格视为“思想与人格的表现”，这个看法是有深度的，因为它接触到“风格即人”这个具有根本性质的理论命题。风格是文学作家的精神个性性的反映，风格和个体性是紧紧地联系在一起的。本来，风格是形容人的气度、风姿、格调的，当把它借用过来作为文学上的术语，就自然和个体性结下了不解之缘了。鲁迅从这里研究文学风格是有识见的。正因为风格是文学作家“思想与人格的表现”，因而它“令我们看了，不但欢喜赏玩，尤能发生感动，造成精神上的影响”，这也是很有见地的。读者能够透过风格这个文学现象看到屹立在背后的作者的形象，接触到作家的个体性。在奔放的风格作家中，我们会胸怀开扩，眼目放亮；在含蓄的风格作家中，我们会对现实的人生深长思之，细察生活的真谛。鲁迅在这里实际上论述了风格作为一种文学现象所产生的社会效果。

鲁迅对风格的探讨并没有止于上述的一般论述上，而是深入到具体的作家和作品上，和一定的实际现象相结合，使理论得到印证和展开。他在论述陶元庆的绘画风格时说：“在那黯然埋藏着的作品中，却满显出作者个人的主观和情绪。”[②]风格表现了作家的主体世界。后来他曾就清代扬州八怪之一的郑板桥的图章来论述问题。“郑板桥有一块图章，刻着‘难得糊涂’。那四个篆字刻得叉手叉脚的，颇能表现一点名士的牢骚气。足见刻图章写篆字也还反映着一定的风格”[③]。这就说得更为具体了。郑板桥的“怪”风格是他“怪”的个体性的流露，鲁迅从这里看到了风格，看到了风格的背后，那股“名士的牢骚气”。我们折服鲁迅目光的敏锐，根本的是他把握了风格的根本特性，揭示了它形成

---

① 《热风·随感录四十三》。

② 《集外集拾遗·〈陶元庆氏西洋绘画展览会目录〉序》。

③ 《准风月谈·难得糊涂》。

的基本规律。接下来,由郑板桥的图章风格,他归结出这样一个道理:"'谬种'和'妖孽'就是写起篆字来,也带着些'妖谬'的。"就是说有什么样的个体性就会形成什么样的风格。而在鲁迅看来,个体性的形成又是有一定的生活环境和社会环境的。就生活环境而言,他以英国著名作家马克·吐温为例,指出:"他的成了幽默家,是为了生活,而在幽默中又含着哀怨,含着讽刺,则是不甘于这样的生活的缘故了。"[1]他的个体性有和生活环境适应的一面,也有不相适应,"不甘于"的一面。这样,反映到他的创作风格上,就具有幽默而又哀怨、讽刺的风格特征了。就社会环境而言,作家的个体性只有在适宜的社会土壤中方会健康、茁壮地成长。在一个残害生灵的社会里,作家的个体性受到损伤,艺术风格当然也会得不到发展。这方面,他以美国的著名诗人惠特曼为例加以说明。惠特曼的个性、风格以"南北战争"为界,"这之后,惠特曼先就唱不出歌来",这是什么原因呢?"因为这之后,美国已成了产业主义的社会,个性都得铸在一个模子里,不能再主张自我了"[2]。个体性被铸在模式中,不能自由地发展,当然不能在作品中表现"自我",塑造自我形象了,这样也就在实际上消蚀了风格。可见,揭示风格形成的根本原因,把文学风格和作家个体性联系起来考察问题,是鲁迅探讨风格这一复杂的文学现象的第一大特点。

风格毕竟是属于文学的范畴。作家的个体性只有真正诉诸具体的文学才能出现文学形态的风格。所以,风格是成于个体性而形于笔墨的文艺范畴。鲁迅对风格探讨的又一大特点,是重视体现风格特征的艺术技巧的研究。鲁迅从陶元庆的绘画风格中"尤可以看见他对于笔触,色彩和趣味,是怎样的尽力与经心"[3],只有致力于艺术的精心研究、追求,才会通过具体的文学作品产生风格。鲁迅特别重视"有骨力

---

① 《二心集·〈夏娃日记〉小引》。
② 《二心集·〈夏娃日记〉小引》。
③ 《集外集拾遗·〈陶元庆氏西洋绘画展览会目录〉序》。

的文章”风格，能让读者从“寥寥几句”中看到“森罗万象”[①]。风格显然是形诸笔墨的，它总是表现在内容和形式中间，鲁迅要求有“内容的充实和技巧的上达”[②]，二者应该同时并进，而不应该有所偏废。1935年，他在一封信中认为“现在的许多青年艺术家，往往忽视‘技巧修养’，所以他的作品，表现不出所要表现的内容来。正如作文的人，因为不能修辞，于是也就不能达意”。但是，鲁迅又强调：“如果内容的充实，不与技巧并进，是很容易陷入徒然玩弄技巧的深坑里去的。”[③]只有在内容和形式的结合中才能产生风格。他坚决反对那种“内容并不怎样有力，却只有一个可怕的外表”[④]，浮词夸饰的轻靡的风格，他要求的风格应该是“有骨力”的。

风格的形成是独创性的产物。鲁迅提倡艺术的创作，而不是模仿。正因为是创作，才会“风韵技巧，因人不同”[⑤]，每个作家都因创作个体性的不同，而有不同的技巧追求，形成不同的风韵。他认为，在“内容相同”的前提下，“方法不妨各异”，造成不同的风格。鲁迅最反对的是“依傍和模仿”，他认为“依傍和模仿，决不能产生真艺术”，这种创作倾向是文艺风格的大敌。当然，一个作家要形成创作特色，形成艺术风格，是可以而且应该借鉴他人的，对于这一点，鲁迅没有反对，反而是持赞同的态度。他对这个问题，讲得比较辩证。

其一，要博取众家。鲁迅先后几次就这一问题进行强调性的阐述。他说：“要看别人的作品，但不可专看一个人的作品，以防被他束缚住，必须博取众家，取其所长，这才后来能够独立。”[⑥]他又说：“只看一个人的著作，结果是不好的：你就得不到多方面的优点。必须如蜜蜂一样，

① 《且介亭杂文二集·杂谈小品文》。
② 《三闲集·文艺与革命》。
③ 《鲁迅书信集下·883致李桦》。
④ 《鲁迅书信集上·620致李雾城》。
⑤ 《集外集拾遗·〈近代木刻选集〉小引》。
⑥ 《鲁迅书信集上·462致董永舒》。

采过许多花，这才能酿出蜜来，倘若叮在一处，所得就非常有限，枯燥了。”[①]应该有多方面的吸受，从不同的领域允吸艺术的养料，滋养自己的创作个性、艺术风格。

其二，要自成一家。鲁迅很重视艺术上、风格上的“独立”。融会诸家，形成一家的关键是什么呢？鲁迅提出了一个至关重要的见解：“我以为究竟也以独创为贵。”[②]作家必须发挥自己的创作主动精神，也就是独创精神，有与众不同的艺术认识；发他人之未发，有与众不同的艺术发现；有独特的艺术追求。独创性的风格永远属于在艺术上孜孜不倦、戛戛独造地进行艺术创作的作家。

二

鲁迅不仅看到风格形成的主体因素，而且看到客体因素，特别是时代、民族因素。

鲁迅指出：“风格……不但因人而异，而且因事而异，因时而异。”[③]作家生活在一定的时代环境中，一定的时代因素总会以这样或那样的方式给作家的风格带来影响。而在相同的时代环境中受到相同的时代条件的作用和影响的一批作家，就会创造出共同的艺术风格即时代风格。

在鲁迅看来，时代因素对于一个作家的风格的影响，不是可有可无的，而是具有决定性的作用。他认为，日本小说家有岛武郎的“悽怆”的风格因素，“也是时代的关系”[④]。对于在中国文学史上著名的“汉、魏风格”，他也是从这个方面去认识的：“是时代使然，非专靠曹操父子之

① 《鲁迅书信集下 · 1186 致彦黎民》

② 《华盖集续编 · 不是信》。

③ 《准风月谈 · 难得糊涂》。

④ 《热风 · 随感录六十三“与幼者”》。

功的。"[1]鲁迅对于"汉、魏风格"形成的时代因素的分析是十分精彩、透辟的，比较突出地反映了他在这个问题上的系统认识，可以说，鲁迅比同时代的研究家更重视艺术风格的时代因素的作用。

其一，时代的社会争斗对风格的影响。汉末的时代环境是很独特的，天下汹汹不安，群雄逐鹿中原，地主阶级把张角领导的黄巾军农民起义镇压下去以后，各个封建军阀之间互相争夺厮杀，穷兵黩武。这时，崛起了代表中小地主阶级利益的曹操等人，他们反对豪族大地主阶级的争斗。对于连年征战、无穷兵燹在人民群众中造成的灾难，他们深表同情，对时势寄以感慨，表现出敢于正视现实的勇气。这个时代的社会争斗所造成的新的时代形势赋予了他们以施展文学才能，创造新的文学风格的充足条件。他们生活在激烈的动乱之中。他们在诗文中以悲愤的感情、悲壮的色调、悲凄的画面，反映了当时的社会状况和现实图景，表达了他们要一统天下的雄心大略。时代的悲壮画面投影到他们的诗文中，就奠定了他们诗文慨当以慷的基调。所以，鲁迅说，建安时代的文学时代风格"就因当时天下大乱之际，亲戚朋友死于乱者特多，于是为文就不免带有悲凉、激昂和'慷慨'了"[2]。这样的论述是精辟的。

鲁迅对建安文学风格的论述不是泛泛而言，他为了使自己的观点扎实可信，就具体地对建安风格的形成原因进行深入的分析。例如对清峻的风格的剖析就是突出的例证。

> 董卓之后，曹操专权。在他的统治之下，第一个特色便是尚刑名。他的立法是很严的，因为当大乱之后，大家都想做皇帝，大家都想叛乱，故曹操不能不如此。曹操曾自己说过："倘无我，不知有多少人称王称帝！"这句话他倒并没有说谎。因此之故，影响到文章方面，成了清峻的风格。——就是文章要简约严明的意思。

---

① 《而已集·魏晋风度及文章与药及酒之关系》。
② 《而已集·魏晋风度及文章与药及酒之关系》。

鲁迅的这段论述经过了这样几个逐渐深入的论述层次。因为当时天下大乱，曹操“尚刑名”的主张便应运而生，是用至苛至严的立法来平定叛乱的。这是适应时代条件的产物。接着，鲁迅论述道，这种苛严的刑法和立法思想影响到文章风格，当然会清峻，简约严明。鲁迅的这一论述是透辟的。

其二，时代的社会风气对风格的影响。早在《中国小说史略》中鲁迅就提出这样一个命题：“风气既变，并及文林。”①社会风气总要通过这样、那样的渠道，渗透到文学作家身上，影响作家的创作思想、艺术趣味、文学风格。鲁迅对汉末经魏末到晋末三个时代的文学风格的论析及其演变过程的评述，就是主要从时代的社会风气的角度来进行的。

“汉末士流，已重品目，声名成毁，决于片言，魏晋以来，乃弥以标格语言相尚，惟吐属则流于玄虚，举止则故为疏放，与汉之惟俊伟坚卓为重者，甚不侔矣。盖其时释教广被，颂扬脱俗之风，而老庄之说亦大盛，其因佛而崇老为反动，而压离于世间则一致，相距而实相扇，终乃汗漫而为清谈。渡江以后，此风弥甚，有违言者，惟一二枭雄而已。”②这一提挈式的论述，概括几个时代的社会风气。而这一概括，到了《魏晋风度及文章与药及酒之关系》中，就进一步展开，并且和文学风格的研究联系在一起了。这就使时代风格的研究很有深度了。现在，我们就具体地来解阐这个问题。

汉末的通脱风格。这一风格是曹操提倡的。鲁迅说：“为什么要尚通脱呢？自然也与当时的风气有莫大的关系。因为在党锢之祸以前，凡党中人都自命清流，不过讲‘清’讲得太过，便成固执，所以在汉末，清流的举动有时便非常可笑了。”“深知此弊的曹操要起来反对这种习气，力倡通脱。通脱即随便之意。此种提倡影响到文坛，便产生多量想说什么便说什么的文章。”由于提倡通脱的风格，也就促进了思想的解放，

① 《中国小说史略·明之人情小说(上)》。

② 《中国小说史略·世说新语与其前后》。

“废除固执，遂能充分容纳异端和外来的思想，故孔教以外的思想源源引入。”①从而丰富了“通脱”风格的内涵。

魏末的阮、嵇风格。鲁迅指出：“阮籍作文章和诗都很好，他的诗文虽然也慷慨激昂，但许多意思都是隐而不显的。”②这种风格是适应了当时的社会特点。嵇康的论文，“思想新颖”，不同凡近。鲁迅在文章中引用了刘勰《文心雕龙》中的话：“嵇康师心以遣论，阮籍使气以命诗。”鲁迅进而指出：“这‘师心’和‘使气’便是魏末晋初的文章的特色。”在文章中比较坦率地表露自己胸中的一切。但是，后来社会风气大变，清谈之风大盛，“作假的人就很多，在街旁睡倒，说是‘散发’以示阔气”。风气变化，风格也变化，“正始名士和竹林名士的精神灭后，敢于师心使气的作家也没有了”。

晋末的平和风格。这种文学风格也是风靡一时的，鲁迅同样从社会风气中探寻了它产生的原因。“到东晋，风气变了。社会思想平静得多，各处都夹入了佛教的思想。再至晋末，乱也看惯了。篡也看惯了，文章便更和平”。平和的文学风格是平静的社会思想和佛教淡泊宁静的思想相掺和的产物。鲁迅的这一分析确实是抓住了问题的症结，得出了符合实际的结论。

鲁迅以自己的小说创作实践印证了这一理论。鲁迅的小说，战斗的“呐喊”，荷戟的“徬徨”，后期的《故事新编》中的某些篇章，虽然一以贯之着他的个人特点，但也有某些明显的区别。这种明显的区别是由时代带来的。“呐喊”期中严峻的基调里有热烈明朗的色彩，“彷徨”期中是峻骨凌霜，沉郁悲愤的风格；后期的热烈、明快、健朗，特别是通过《理水》等表现出这种鲜明的风格特征。

产生鲁迅的《呐喊》的“五四”革命时期，是中国近代史上的狂飚突进的时代，开始了中国现代史的新阶段。鲁迅置身在这新时代的浪潮中，像勇敢的弄潮儿一样。他敏锐地把握住时代的脉搏，合着时代脉搏

① 《而已集·魏晋风度及文章与药及酒之关系》。
② 《而已集·魏晋风度及文章与药及酒之关系》。

的跳动而跳动。他受到时代浪潮的冲刷,感受着时代的呼吸,于是,他的艺术风格就打上时代的烙印,“有时候仍不免呐喊几声,聊以慰借那在寂寞里奔驰的猛士,使他不惮于前驱”①。他在《呐喊》里就燃烧起愤怒的火焰,揭露封建制度、封建礼教的吃人的罪恶本质,表现出彻底的反封建的战斗精神,起到了极大的“助助威”的作用。于是,我们从新时代的狂人那里听到振聋发聩的时代吼声和呐喊。又由于为着跟时代的激越声调相合拍,“必须与前驱者取同一的步调的,我于是删削些黑暗,装点些欢容,使作品比较的显出若干亮色”②。于是在《药》中出现了夏瑜坟上的花圈等等。这跟当时的“五四”精神是密切相关的,取了同一个步调。这样,在他激越的声调里,在对现实猛烈的抨击中,闪射出明亮的火焰。在彷徨期中写的《彷徨》,正是“五四”运动的落潮期。鲁迅说:“后来《新青年》的团体散掉了,有的高升,有的退隐,有的前进,我又经验了一回同一战阵中的伙伴还是会这么变化,并且落得个‘作家’的头衔,依然在沙漠中走来走去。”③他在这时,“成了游勇,布不成阵了”④。这时的时代精神当然给鲁迅带来了影响,他感慨地发问道:“新的战友在那里呢?”⑤他沉痛、彷徨、苦闷,为寻不到新的战友,为探索新的斗争道路而怅惘。鲁迅这样真切地说,《彷徨》的“战斗意志却冷得不少”⑥。这样,他的风格就跟《呐喊》有区别了,沉郁、绪密、悲愤。他在后期所写的历史小说的乐观、劲健、明快的风格,在客观上正是云火奔涌的时代精神哺育的结果。

鲁迅的小说可以说是一部史诗,典型地反映了中国现代史上一个特定的历史时期的社会面貌、状况,各种社会关系。当然,这种史诗精

---

① 《呐喊·自序》。

② 《南腔北调集·〈自选集〉自序》。

③ 《南腔北调集·〈自选集〉自序》。

④ 《南腔北调集·〈自选集〉自序》。

⑤ 《南腔北调集·〈自选集〉自序》。

⑥ 《南腔北调集·〈自选集〉自序》。

神体现在他的小说的题材、主题中间。同时,也反映在他的艺术风格中间。一定的时代精神都是一个历史的范畴,作为杰出的文艺作家当他通过不同染色的时代渠道时,他的身上自然会染上不同的时代色彩的。正是在这个意义上,作为个性产品的风格就是时代的型号,而不是抽象的、永恒不变的东西,因而从一定的风格上我们看到时代的发展情景,从鲁迅小说的风格上我们也看到时代的某方面的演化历程。

三

鲁迅除了重视对一定时代文学上时代风格的研究,而且重视对文学的民族风格的探讨。

鲁迅对文艺的民族风格的研究的深刻之处在于他不是仅从形式上提出问题的,而是首先从内容上,从风格特征的根本因素上提出问题。他在评价陶元庆绘画的民族风格时有一段话颇值得注意:

> 他以新的形,尤其是新的色来写出他自己的世界,而其中仍有中国向来的魂灵——要字面免得流于玄虚则就是:民族性。①

他认为民族风格首先应该写出民族性,必须表现出这个“中国的魂灵”。这是很有真知灼见的。鲁迅揭示了民族风格的最基本特征。每个民族都有自己在长期的历史发展过程中所形成的民族共同心理,它具有不同的民族特点。而民族性因为各别民族的特点又有不同的表现,正如鲁迅所说:“法人善于机锋,俄人善于讽刺,英美人善于幽默。”②文艺作品的风格应该反映民族的特点。具体地说:

---

① 《而已集·当陶元庆君的绘画展览时》。

② 《准风月谈·“滑稽”例解》。

首先,文艺风格要表现“民族知能最高点”[①],就是最能反映一个民族精神和灵魂的本质之点。在鲁迅看来,中华民族中最能表现“民族知能最高点”的是汉、唐的文学、艺术作品的风格。他高度赞叹道:“汉唐虽然也有边患,但魄力究竟雄大,人民具有不至于为异族奴隶的自信心。”[②]鲁迅经过悉心的研究,认为汉、唐的文艺风格集中体现了这种“雄大”的民族特点。他在不同的场合中说道:“遥想汉人多少闳放,新来的动植物,即毫不拘忌,来充装饰的花纹。唐人也还不算弱,例如汉人的墓前石兽,多是羊,虎,天禄,辟邪,而长安的昭陵上,却刻着带箭的骏马,还有一匹鸵鸟,则办法简直前无古人。”[③]充分反映汉、唐雄大的魂力,艺术风格上形成“闳放”的特点。他又在另一个场合说道:“汉人石刻,气魄深沉雄大。”[④]这样的艺术风格成为民族艺术风格的集中体现和典型代表。

其次,塑造具有民族特色的艺术形象。鲁迅认为,应该“竭力使人物显出中国人的特点来,使观者一看便知道这是中国人和中国事”[⑤]。这是作为民族艺术风格内容的重要组成部分。如果作者所塑造、刻画的艺术形象具有浓重的西洋色彩,没有中华民族的特点,那么,也就从根本上消蚀了民族艺术风格。

在我国现代作家中还没有一个作家能比得上鲁迅那样对民族的历史、现状,民族的性格、心理有透辟深刻的认识和理解。我们不能狭隘地认识鲁迅小说的民族风格,不能仅仅这样看:鲁迅小说中塑造的形象诸如大禹等等艺术形象是中华民族传说或传统中的形象,因而具备了民族艺术风格。不错,塑造本民族的传统或传说中的人物形象是构成民族风格的一个方面的因素,但是,这又是远远不够的。关键是如鲁迅

---

① 《集外集拾遗·拟播布美术意见书》。

② 《坟·看镜有感》。

③ 《坟·看镜有感》。

④ 《鲁迅书信集下·1043 致李桦》。

⑤ 《鲁迅书信集上·583 致何白涛》。

本人所说的，这些艺术形象应该具有民族的“灵魂”和民族的“特点”。在大禹的形象身上，那种坚韧不拔、勤苦朴实的性格正是鲁迅对民族性格的挖掘和发扬。在这个黑汉子的身上，鲁迅表达了对民族性格的理解。因而，这个艺术的形象，成为“中国人的脊梁”式的人物，反映了中华民族的民族心理和素质，成为民族的先进代表。虽然鲁迅和果戈理都写了题名为《狂人日记》的小说，但鲁迅的“《狂人日记》意在暴露家族制度和礼教的弊害，却比果戈理的忧愤深广”①。这是很值得研究的。这当然表现为鲁迅对主题开掘的深广程度。然而这种对主题深广地开掘而形成的忧愤的风格特征，不正是反映了中华民族所受的长期压榨而形成的特别忧愤的民族心理吗？和鲁迅交谊甚厚的美国著名作家史沫特莱说她听中国人唱的《国际歌》感到比外国人唱得悲怆，这难道不可以帮助我们理解中华民族心理特别忧愤的特征吗？鲁迅正是善于体察中华民族特定的民族心理，把握民族特性，并具体运用于小说创作，才会形成“忧愤深广”的民族风格。果戈理本人就说过：“真正的民族性……在于具有民族的精神。”②正是在这里，可以寻找到果戈理和鲁迅《狂人日记》不同风格的真正原因所在。

再次，描绘具有地方色彩的生活图画。鲁迅几次在书函中主张：“艺术上是要地方色彩的。”③“我想，现在的世界，环境不同，艺术上也必须有地方色彩。”④鲁迅提倡风格的地方色彩，是根源于这样一个出发点：“现在的文学也一样，有地方色彩的，倒容易成为世界的，即为别国所注意。”⑤因此，应该描绘“各地方的风俗”图景⑥。鲁迅是这样倡导的，也是这样去实践的。他的小说具有典型的浙东地方色彩，不像中原

① 《且介亭杂文二集·〈中国新文学大系小说二集〉序》。
② 转引自《别林斯基论文学》第 79 页。
③ 《鲁迅书信集上·538 致何白涛》。
④ 《鲁迅书信集上·554 致何白涛》。
⑤ 《鲁迅书信集上·620 致陈烟桥》。
⑥ 《鲁迅书信集上·620 致陈烟桥》。

大地的莽苍。在临河的土场上,挺立着乌桕树,炊烟缭绕,农民们在土场上泼些水,放下小桌,准备吃晚饭了。鲁镇酒店是当街一个曲尺形的大柜台,这种"格局"是跟别处不同的。而鲁镇的旧历年底,爆竹炸响,"震耳的大音还没有息,空气里已经散满了幽微的火药香"、"雪花……满天飞舞,夹着烟霭和忙碌的气色,将鲁镇乱成一团糟"。阔人们正在为祈祷来年的幸福而忙碌。这些具有地方特点的图景,散发着强烈的生活气息,它们构成了民族特色的生活画面。在这样的生活画面里,出现了五光十色的人物活动和错综复杂的社会斗争,特别是在这样的生活画面里,描绘了占全民族大多数的农民的悲苦。因而,我们从鲁迅的小说中,似乎看到了这样一个整体画幅,钱塘江的江水里翻动着中华民族特别是农民的辛酸的泪水和殷殷的碧血。而这个画幅跟伏尔加河纤夫们艰难地涉跋的情景又是何等的不同!在这里,民族的艺术风格不是得到鲜明的揭示了吗?

正如考察整个的风格范畴要从内容和形式两个方面进行一样,对民族艺术风格的研究也应该如此。在中华民族的长期艺术发展过程中形成了自己独立的具有民族特点的艺术形式,这种艺术形式具有稳定性。鲁迅从幼年始便热爱民族的传统文艺。他读的四本"有画儿的'山海经'""乃是最初读到的,最为心爱的宝书"。里面有"人面的兽;九头的蛇;一脚的牛;袋子似的帝江;没有头而'以乳为目,以脐为口',还要'执干戚而舞'的刑天"①。民族的传统艺术形式曾深深吸引了鲁迅。在人声鼎沸的三味书屋中,鲁迅对八股读经,无动于衷;对传统艺术,却迷恋忘情,"我是画画儿,是用一种叫做'荆川纸'的,蒙在小说的绣像上一个个描下来,象习字时候的影写一样。读的书多起来,画的画也多起来,书没有读成,画的成绩却不少了,最成片段的是《荡寇志》和《西游记》的绣像,都有一大本"②。鲁迅从民间的文学,民间的绘画、戏剧中

① 《朝花夕拾·阿长与山海经》。

② 《朝花夕拾·从百草园到三味书屋》。

汲取了养料，开始了对民族艺术形式的理解和认识，以后随着艺术实践的逐渐丰富，随着对中国古典文学、民间文学研究的深入，鲁迅对民族艺术形式的把握也就更为系统和准确。

我们认为，鲁迅对民族艺术形式的概括，最主要的是对"白描"的艺术经验的理论总结。这是鲁迅民族风格论的中心。他反复进行论述，多次进行强调。而他在创作实践中形成的民族风格，又较多地体现出"白描"的特色。

"白描"本来是中国国画的传统技法，用朴实明快的线条勾勒画面，画幅中除线条本身的墨色，馀外则滴彩不饰。这种作画手法运用于文学，则是排除浩繁的文句，又不作过细的雕饰，而是用简约凝练的文笔，进行描写，形成平易中见奇崛，质朴中出功力的风格特色。

在背景、环境的"白描"方面，鲁迅指出："中国旧戏上，没有背景，新年卖给孩子看的花纸上，只有主要的几个人。"①中国传统的艺术描绘不尚背景、环境的浓重渲染，只是靠人物的本身活动来显示，犹如京剧艺术一般，不像西洋小说那样有细密周详的环境描写。

在人物的描写方面，鲁迅强调了"白描"的写意特点，"这正如传神的写意画，并不细画须眉，并不写上名字，不过寥寥几笔，而神情毕肖"②，轻勾淡彩，抓住描写对象最本质的特征，进行艺术的刻画，它不是那种纤细毕露的工笔西洋画，而是速写般的中国画。而要在艺术上通过"白描""画出一个人的特点"，鲁迅认为"最好"的手法是"画他的眼睛""倘若画了全副的头发，即使细得逼真，也毫无意思"③。在他看来，中国传统的描写人物的艺术正是这样的。

在语言方面，"白描"就表现为言简意明，以少总多，"对话也决不说到一大篇"④。

---

① 《南腔北调集·我怎么做起小说来》。

② 《且介亭杂文二集·五论"文人相轻"——明术》。

③ 《南腔北调集·我怎么做起小说来》。

④ 《南腔北调集·我怎么做起小说来》。

“白描”是艺术上的归朴返真。“何意百炼钢，化为绕指柔”，这是艺术上的高度成熟的标志，是民族艺术风格的重要内容。

鲁迅对“白描”是最推崇的，他的小说的民族风格的艺术成就也正是体现在“白描”上。

法捷耶夫在《论鲁迅》中说：“鲁迅是真正的中国作家，正因为如此，他才给全世界文学贡献了很多民族形式的，不可模仿的作品。他的语言是民间形式的。他的讽刺和幽默虽然具有人类共同的性格，但也带有不可模仿的民族特点。”

鲁迅认为“没有背景”的“白描”“对于我的目的，这方法是适宜的”①。鲁迅的创作思想，他的题材特点，和“白描”的手法是适应的。正是由于这种内在的一致性，使得民族特点的“白描”能够被鲁迅所接受，并且在艺术实践中被掌握，通过鲁迅本人的风格特征反映出来。他说，他“不去描写风月”“什么陪衬拖带也没有”②。他的小说的背景是在人物活动中反映的。《风波》中，从赵七爷的行踪里，在赵七爷跟七斤、七斤嫂、八一嫂的冲突里，我们不是分明领略到“风波”跌宕的时代背景，不是触摸到时代脉搏的时起时落吗？同样，在阿Q的“行状”里，从阿Q的“革命”，被宣判为“不准革命”到悲剧的“大团圆”的过程中，作者不是把辛亥革命的时代背景揭示出来了吗？《故乡》中的萧索气氛是由“我”的感受而出的，少年闰土刺猹的生动背景是由“我”的回忆揭示而出的。《在酒楼上》的老梅斗雪，山茶如火的情景是由“我”的眼睛看出的。这一切，不是以孤立的背景、环境描绘出现的，而是跟人物的性格、遭遇、命运相关联的，通过具体的人物来体现的。这样，就把背景、环境和人物彻底融合了。

在人物描写上的“白描”特点，在鲁迅小说中是有成功的体现的。描阿Q只有“赤着膊，懒洋洋的瘦伶仃的”“在他头皮上，颇有几处不知

① 《南腔北调集·我怎么做起小说来》。
② 《南腔北调集·我怎么做起小说来》。

起于何时的癞疮疤”，被人经常揪住碰响头的“黄辫子”；写赵七爷只勾出其解而复盘的大辫子和脱而复穿的“宝蓝色竹布长衫”；在咸亨酒店站着喝酒的孔乙己，触目的是那件既脏且破的长衫；在冰天雪地中殁没的祥林嫂，突出的是那双“间或一轮”的眼睛……这种形象描绘上粗彩淡勾的手法，诚然显示了“白描”的民族特点，但，更重要的是淡墨之中意味浓，才是“白描”风格的最高表现。赵七爷服饰的更易，辫发的变迁，难道仅仅是某种形象的特征吗？不，这是时代背景的勾勒。当一场风波过后，日逝年流，六斤裹脚了。小脚“在土场上一瘸一拐的往来”，这轻轻的“白描”一勾，不是成了主题思想的最后揭示吗？领导辛亥革命的资产阶级并没有使中国社会尤其是农村带来实际的变动，江山如旧，社会依然，以裹足和放足为标志的妇女解放这一社会问题，非但没有得到解决，反而世承罔替，绵延不绝。瞧，六斤的小脚不就是见证吗？

鲁迅说他的人物“对话也决不说到一大篇”，体现了“白描”特点的一个重要方面。然而，这里最重要的是，“白描”的语言表现出来的性格力量，这在我国古典小说中是不乏其例的。我们所要研究的，也正是这一点。且从一些论者称举过的《明天》中单四嫂子和庸医何小仙的对话中，剖析一下，看看其中包含的性格力量。

“先生，——我家的宝儿什么病呀！”
“他中焦塞着。”
“不妨事么？他……”
“先去吃两帖。”
“他喘不过气来，鼻翅子都扇着呢。”
“这是火克金……”

单四嫂子的儿子得了暴症，病笃求医，急不可耐地寻问病灶，也就出于自然。所以在礼貌性的称呼“先生”后，单四嫂子便直入本题：“我家宝儿什么病呀？”局促的语势包含着急切的心情，探询的语气反映出焦灼的声色，何小仙的一句回答："他中焦塞着。"不张口则已，一张嘴就吐出令一般人莫解的中医术语，真个是故弄玄虚、漫作冥深。"中焦"如何，又如何"塞着"？单四嫂自然不得而知，也许她以为这是难起沉疴的重病症，便进一步问道："不妨事么？"焦急的语气进一步体现了焦急的心情。还未等单四嫂子把"他"的后话说出来，何小仙截过话尾，掉转话题："先去吃两帖。"显然不耐烦了，也许他闭上双眼，蹙起眉尖。但单四嫂子毕竟坚持把要说的话说出来："他喘不过气来，鼻翅子都扇着呢。"何小仙更不耐烦了，迎头一句"这是火克金"，又是一句不得要领的中医术语。这赫然的术语再次迸出来，真个把单四嫂子的话茬挡住了，对话也就此结束。六句对话，每人一半，每句话都省俭到无法再扣除的地步。但是，字炼而意多，词约而义丰，单四嫂子的三句问话处处表明了她的火急性情、纯朴性格；何小仙的三句答话又处处显示出一个乡间庸医的酸腐、玄乎。他的答话一面固然借以吓人，一面未尝不在掩饰内心的空虚。也许他压根儿就没诊断出真症候，只能用术语搪塞，什么"中焦塞着""火克金"之类，反正别人莫名其妙，听你怎么说都行。果不其然，还未等"先去吃两帖"，宝儿就一命呜呼了。这里的对话没有"任何拖带"，然而那是结晶体，把这些话的内涵发掘出来，却看出了丰富的性格、复杂的感情。这就是"白描"的对话艺术的力量。

除了"白描"这个最显著的民族形式的特点，还有叙述体的艺术结构，特别是他的那讽刺和幽默的特点，正如以上引的法捷耶夫的话所说的，"带有不可模仿的民族特点"。

鲁迅对中国传统的古典小说的讽刺艺术，表现出不同寻常的兴趣，尤其对《儒林外史》推崇为最。早在《中国小说史略》中，他就写道："迨吴敬梓《儒林外史》出，乃秉持公心，指擿时弊，机锋所向，尤在士林；其文又慼而能谐，婉而多讽：于是说部中乃始有足称讽刺之书。"他特别称道的是《儒林外史》把讽刺倾向寄寓在艺术描写中，作者不加评论，而自然而然地流露出来。"至叙范进家本寒微，以乡试中式暴发，旋丁母忧，翼翼尽礼，则无一贬词，而情伪毕露，诚微辞之妙选，亦狙击之辣手矣”[①]。后来，鲁迅又在《且介亭杂文二集·论讽刺》中，再次举出这个例证来说明讽刺艺术：“《儒林外史》写范举人因为守孝，连象牙筷不肯用，但吃饭时，他却‘在燕窝碗里拣了一个大虾圆子送在嘴里’。”如果我们看看他的《肥皂》中的一段描写，就可以看到民族艺术风格的讽刺特点的一脉相承。

> 四铭尽量的睁大了细眼睛瞪着看得她要哭，这才收回眼光，伸筷自去夹那早先看中了的一个菜心去。可是菜心已经不见了，他左右一瞥，就发现学程刚刚夹着塞进他张得很大的嘴里去，他于是只好无聊的吃了一筷黄菜叶。

这里就很受《儒林外史》的影响。鲁迅通过融会传统的艺术经验，加以创造，在理论和实践的结合上，形成了自己的民族风格特色。虽然，鲁迅对外来的艺术形式也有所借鉴，但是，这种借鉴并没有消融民族风格。这是因为鲁迅有着根深蒂固的民族心理，他能“拿来”和融化外来民族艺术的长处，从而和本民族的艺术结合得更好，更为精妙。

在杂文风格方面，鲁迅所受的影响最深的民族文化，应该是庄子、韩非、魏晋文章。鲁迅说：“就是思想上，也何尝不中些庄周、韩非的毒，时而很随便，时而很峻急。孔孟的书我读得最早、最熟，然而倒似乎和我不相干。”[②]这一点当然也影响了鲁迅的文学风格。刘半农送给鲁迅一副联语：“托尼学说，魏晋文章。”“当时的友朋都认为这副联语很恰当，鲁迅先生自己也不加反对。”[③]从鲁迅杂文的风格实际来看，他受魏、晋文章清峻通脱简练的风格的影响是很大的。

鲁迅之所以能受传统的民族艺术风格那么深的影响，能够那么充

---

① 《中国小说史略·清之讽刺小说》。
② 《坟·写在〈坟〉后面》。
③ 见孙伏园：《鲁迅先生二三事》。

分地在作品中体现民族艺术风格的特色，关键在于冯雪峰所说的：

> 在文学者的人格与人事关系一点上，鲁迅是和中国文学史上的壮烈不朽的屈原、陶潜、杜甫等，连成一个精神上的系统。这些大诗人，都是有着伟大的人格和深刻的社会热情的人，鲁迅在思想上当然是新的，不同的，但作为一个中国文学者，在对于社会的热情，及其不屈不挠的精神，显示了中华民族与文化的可尊敬的一方面，鲁迅是相承了他们的一脉的。[①]

这个见解很深刻。关键是作家的民族气质、精神，具备了这些因素，当然会与民族文化和风格一拍即合。

四

风格的多样化问题是风格理论中的一个值得认真研究的问题。鲁迅又以鲜明的理论见解和成功的艺术实践对此做出了比较完满的回答。

早在 1919 年，鲁迅就鉴于“《新潮》里的诗写景叙事的多，抒情的少，所以有点单调”的现状，提出了殷切的希望：“此后能多有几样作风很不同的诗就好了。”[②]这里所说的“作风”指的就是“风格”。这就可以看出，鲁迅是提倡多样化的风格的。而鲁迅的这种提倡，又是根源于这样一种认识：“世上爱牡丹的或者是最多，但也有喜欢曼陀罗花或无名小草的。”[③]生活本身的多样性和读者欣赏的多样性，是风格多样化产生的基础。鲁迅从这个基点上来认识问题，是很得要领的。

---

① 冯雪峰：《过去的时代 · 关于鲁迅在文学上的地位》。

② 《鲁迅书信集上 · 20 致傅斯年》。

③ 《华盖集续编 · 厦门通信》。

鲁迅不仅提倡风格的多样化，而且善于发现和分析某一作家多样化风格存在的因素和现状，从而独具只眼地对文学作家作出中肯的估价。鲁迅对陶渊明的风格研究是其中的突出一例。鲁迅指出：

> 被选家录取了《归去来辞》和《桃花源记》，被论客赞赏着“采菊东篱下，悠然见南山”的陶潜先生，在后人的心目中，实在飘逸得太久了，但在全集里，他却有时很摩登，“愿在丝而为履，附素足以周旋；悲行止之有节，空委弃于床前”，竟想摇身一变，化为“阿呀呀，我的爱人呀”的鞋子，虽然后来自说因为“止乎礼义”，未能进行到底，但那些胡思乱想的自白，究竟是大胆的。就是诗，除论客所佩服的“悠然见南山”之外，也还有“精卫衔微木，将以填沧海，形天舞干戚，猛志固常在”之类的“金刚怒目”式。①

鲁迅认为，陶渊明的艺术风格是多样的，既有悠然淡雅，又有金刚怒目。这里，不应该有所偏执，而应该全面地把握，从而把握住艺术风格多样化的全貌，对作家做出了全面正确的评定。在这一点上，鲁迅受到宋代朱熹评论陶潜思想的深刻影响。

鲁迅是提倡多样化的艺术风格的，然而，他又认为风格也是有高下之分的，一个作家身上存在着多样化的风格，有些是优秀杰出的，有些则是瑕瑜并存的。就对作家的风格评定而言，我们可以举出唐代诗人李商隐。鲁迅一方面赞扬李商隐的诗“清词丽句”，风格优美独特，另一方面，鲁迅又批评他“用典太多”，自己有所“不满”②。持论公允，既指出优点，也指出缺点；褒所应该褒者，当然也就贬其应当贬者了。对于美学价值不高的艺术风格，鲁迅是有微词，或有尖锐批评的。即使是对于自己在实践中形成的艺术风格也是坚持这个评判的正确态度。

---

① 《且介亭杂文二集·“题未定”草(六至九)》。

② 《鲁迅书信集下·832致杨霁云》。

文章的看法也是因人不同的，我因为自己好作短文，好用反语。每遇辩论，辄不管三七二十一，就迎头一击，所以每见和我办法不同者便以为缺点。其实畅达也自有畅达的好处，正不必故意减缩（但繁冗则自应删削）。例如玄同之文，则颇汪洋，而少含蓄，使读者览之了然，无所疑惑，故于表白意见，反为相宜，效力亦复很大，我的东西却常招误解，有时竟大出于意料之外，可见意在简练，稍一不慎，即易流于晦涩，而其弊有不可究诘者焉。①

鲁迅在这里比较了钱玄同的畅达和他自己的含蓄两种不同的风格，指出了各自的利弊优劣，持论甚为公平。他还在《〈故事新编〉序言》中无情地自我"解剖"了该部历史小说集中的某些篇章的"油滑"，"对于自己很不满"。

提倡风格的多样化，不是没有倾向的。从总体上看，鲁迅提倡雄奇的风格，反对把静穆的风格当成"极境"来看待。

狮虎鹰隼，它们在天空，岩角，大漠，丛莽里是伟美的壮观，捕来放在动物园里，打死制成标本，也令人看了神旺，消去鄙吝的心。②

鲁迅所欣赏的正是这种雄奇伟美的境界，而这样的风格又不是浮浅的，它表现为"切贴，而且生动，泼刺""简练"的特征。鲁迅认为，"以现存的希腊诗歌而论，荷马的史诗，是雄大而活泼的"③，正体现了雄奇的风格特征。

与此相反的是，鲁迅反对奉静穆的风格为主臬。鲁迅认为，公元前

---

① 《两地书·一二》。
② 《且介亭杂文末编·半夏小集》。
③ 《且介亭杂文二集·"题未定"草（六至九）》。

6世纪时著名的希腊女诗人"沙孚的恋歌,是明白而热烈的,都不静穆"①。鲁迅说,只要"自己放出眼光看过较多的作品,就知道历来的伟大的作者,是没有一个'浑身是"静穆"'的,陶潜正因为并非浑身是'静穆',所以他伟大"②;对朱光潜推崇静穆风格的批评,都充分反映了鲁迅在理论上的倾向。

鲁迅通过长期、多方面的小说、杂文等的创作实践,创造了纷繁多态的艺术风格。

就小说而言,茅盾曾对鲁迅小说多样化风格的表现,做了这样的概括:"金刚怒目的《狂人日记》不同于淡言微中的《端午节》,含泪微笑的《在酒楼上》亦有别于沉痛控诉的《祝福》。《风波》借大时代中农村日常生活的片段,描出了教育农民问题之极端重要,在幽默的笔墨后面跳跃着作者的深思忧虑和热烈期待。《涓生的手记》则如万丈深渊,表面澄静、寂寞,百无聊赖,但透过此表面,则龙蛇变幻,跃然可见。"至于《故事新编》也各有不同的风格,"《补天》诡奇,《奔月》雄浑,《铸剑》悲壮,而《采薇》诙谐"③。

就杂文创作而言,由于面广量多,题材丰富,因而风格更为多样。

《坟》和《热风》中的一些作品,如《我之节烈观》等等,笔力千钧,横扫残存的旧势力;对封建主义道德、文化,无所顾忌地施行攻击,风格是明畅的、犀利的。

《华盖集》、《华盖集续编》由于斗争对象的不同和环境的特殊,鲁迅"不肯明说",因而风格较前不同,常常是指桑骂槐,搞迂回战术,既寸土不让,只字必究,而又含蓄弯曲。

《而已集》、《三闲集》既有悲愤的感情,又有热烈的争辩。

《二心集》、《南腔北调集》抒情与叙事相融,揭露敌人,字字见血;展望未来,满怀信心。

---

① 《且介亭杂文二集·"题未定"草(六至九)》。

② 《且介亭杂文二集·"题未定"草(六至九)》。

③ 茅盾:《鼓吹续集·联系实际,学习鲁迅》。

《伪自由书》、《准风月谈》、《花边文学》，写作时正是白色恐怖弥漫全国，鲁迅处境艰危。缇骑遍地，人民结口钳舌，鲁迅有愤无处倾诉，激流就转化为潜流了，于是，常常采取零星的社会新闻，借题发挥，另有所指。因小见大，咫尺千里，就成了风格上的特色了。

晚年的《且介亭杂文》、二集、末编，则标明鲁迅杂文风格已步入老境，更为圆熟精纯了。

风格多样化，不是杂乱无章，而是有统一的风格特征。鲁迅的小说的风格在多样性中"一眼看去便有他的个人风格迎面扑来"，这就是"洗练，峭拔而又幽默"[①]。鲁迅的杂文则在多样化风格中显示出冷峻而又诙谐，犀利而又明快，洗练而又深挚的统一格调。

五

鲁迅不仅在理论上对风格的一系列问题进行了阐述和论析，又不仅通过丰富的实践，体现了理论上的见解，构成了鲁迅的独特风格，而且把风格作为尺子，进行文艺批评和文艺鉴赏。理论、实践、批评形成了三个完整的方面。

鲁迅运用风格的理论进行文艺批评，写下了许多重要的文章，如评价古代作家的《汉文学史纲要》、《中国小说史略》等；评价当代作家的《白莽作〈孩儿塔〉序》、《柔石作〈二月〉小引》、《中国新文学大系·〈小说二集〉序》等。现分别做些评述。

(一) 抓住了根本。

由于风格是一个作家创作成熟的标志，因而，研究作家的风格就委实抓住了作家作品论的根本。我们为什么总是感到鲁迅的评论是那样切实呢？原因就在此。他常常要言不烦，寥寥数语，就一下子概括出对象的特点，就在于他是从风格上着眼的。例如："始见老庄，则惊其奥

① 茅盾：《鼓吹续集·联系实际，学习鲁迅》。

博，见《文选》，则惊其典赡，见佛经，则服其广大，见宋人语录，又服其平易超脱，惊服之下，率尔宣扬。”[①]这里所说的奥博、典赡、广大等都是提挈纲领、一语中的风格概括，切合对象本身的创作总的特点。

准确地研究了风格，就有利于确切地确定这些作家在文学史上的地位和作用。例如鲁迅在《汉文学史纲要》中抓住屈原的“逸响伟辞，卓绝一世”的风格，在《中国小说史略》中抓住吴敬梓“婉而多讽”的风格进行研究，评价他们的文学史地位就是典型的例证。

（二）运用了比较法。

风格特征的把握，在一定程度上运用比较的方法会更加准确。鲁迅广泛运用比较法，对作家作品的风格进行深入的研究。例如，他认为《楚辞》的艺术风格“较之于《诗经》，则其言甚长，其思甚幻，其文甚丽，其旨甚明，凭心而言，不遵矩度”。屈原的作品在表现领域上比《诗经》集中、广泛，在艺术上大大超过了《诗经》的范式，从而把我国的诗歌艺术表现功能发挥到一个相当完善的地步。屈原的诗作除《天问》之外，突破了《诗经》的以四言体为主体的局限，不惟每句的字数增多，而且每首的篇幅浩长，这就大大地扩充了诗歌的艺术表现力，在前所未有的规模上把社会生活的历史内容和个人情怀摄取到诗歌作品中来，这便是鲁迅所谓的“其言甚长”。屈原的作品运用浪漫主义的手法，宇宙间的奇丽景象奔会于他的卷面，郁忿的愤情忧绪倾注于他的笔端。他时而在天庭驰骋，时而在神界漫游，他可以驾凤凰乘长风高飞，他可以令太阳神控辔缓步，“放言遐想，称古帝，怀神山，呼龙虬，思姝女”[②]，奇特无比的想象，壮丽无比的幻想，形成了鲁迅所说的“其思甚幻”的风格特征。又因为要表现这样奇特瑰伟的艺术形象，视通万里，精游八极，则文采非华瞻而不可，辞色非壮丽而不行，铺采摛文，五色兼备，这就是鲁迅所说的“其文甚丽”的风格特色。由于有这种种风格特色，因而，它

① 《鲁迅书信集上·633致杨霁云》。

② 《汉文学史纲要·屈原与宋玉》。

“沾溉文林,既极广远”;因而它“影响于后来之文章,乃甚或在三百篇以上”[①],远远超过了《诗经》。

鲁迅不仅善于就不同风格、流派的作家进行比较研究,而且善于就同一流派、相似风格的作家进行比较,找出其中的纤细差别和不同点。例如,他在《汉文学史纲要》中将屈原和宋玉列为同一流派进行论述,又比较他们之间不同的风格特征:“《九辩》本古辞,玉取其名,创为新制,虽驰神逞想,不如《离骚》,而凄怨之情,实为独绝。”[②]这样,对作家风格的确定就很准确、贴切了。

(三) 形象化的议论。

我国古典风格理论有一个重要的特点,就是善于运用形象化的语言对某一类型的风格意境进行描述。例如杜甫的《戏为六绝句》等等。鲁迅继承了这一优秀的风格评述传统。

> 这《孩儿塔》的出世并非要和现在一般的诗人争一日之长,是有别一种意义在。这是东方的微光,是林中的响箭,是冬末的萌芽,是进军的第一步,是对于前驱者的爱的大纛,也是对于摧残者的憎的丰碑。一切所谓圆熟简练,静穆幽远之作,都无须来作比方,因为这诗属于别一世界。[③]

全是用的比喻,如泉流玉走,既准确贴切,又生动传神。话语热情而又深情,每一个比喻句就是一幅形象化的画面,那清新动人的景象深深地叩动着读者的心弦。

(四) 实事求是的态度。

鲁迅在对作家的风格进行评论时,就像他整个文艺批评一样,于好处说好,坏处说坏,实事求是,客观公允。鲁迅在《中国新文学大系〈小

---

① 《汉文学史纲要·屈原与宋玉》。

② 《汉文学史纲要·屈原与宋玉》。

③ 《且介亭杂文末编·白莽作〈孩儿塔〉序》。

说二集〉序》中对许多知名和刚露头角的作家的风格的评说就是如此。例如，他评论黎锦明，认为他的作品有“特色”：“有时如中国的‘磊砢山房’主人的瑰奇；有时如波兰的显克微支的警拔，却又不以失望收场，有声有色，总能使读者欣然终卷。”但在肯定“瑰奇”“警拔”的风格特色的同时，又指出“其失”“则又即在立旨居陆离光怪的装饰之中，时或永被沉埋，倘一显现，便又见得鹘突了”。更可贵的是，鲁迅在评论作家风格时，能确切地剖析风格形成的来龙去脉，并高屋建瓴地指出风格的发展趋向。例如鲁迅切中腠理地分析许钦文的风格：“无可奈何的悲愤，是令人不得不舍弃的，然而作者仍不能舍弃，没有法，就再寻得冷静和诙谐来做悲愤的衣裳；裹起来了，聊且当作‘看破’。并且将这手段用到描写种种人物，尤其是青年人物去。因为故意的冷静，所以也深刻，而终不免带着令人疑虑的嬉笑。‘虽有忮心，不怨飘瓦’，冷静要死静；包着愤激的冷静和诙谐。”而“这一种冷静和诙谐”，在鲁迅看来，“如果滋长起来，对于作者本身其实倒是危险的”，提出了忠告。鲁迅对张天翼创作的批评也是适例。

善于全面地分析作家的艺术风格，能够实事求是地评价，既坚持两点论，优劣分明，又看总倾向。用鲁迅本人的话来说，就是“当看他趋向之大体”①，从整个作品出发，从总体上去把握作家的艺术风格。可以突出某一个方面，例如“司马相如在文学史上也还是很重要的作家，为什么呢？就因为他究竟有文采”②。虽然风格的内容成就不高，但因为有文采，也可以肯定。

鲁迅能够实事求是地、恰切地评价作家们的风格，关键是如他自己所说的：“顾及全篇，并且顾及作者的全人，以及他所处的社会状态。”③顾及作家的社会状态，是重视作品的产生、风格的形成的主客体因素。

---

① 《且介亭杂文二集·“招贴即扯”》。

② 《且介亭杂文二集·“题未定”草（六至九）》。

③ 《且介亭杂文二集·“题未定”未定（六至九）》。

顾及全人，从一定意义上就是从作家的整体性的视域来理解风格。顾及全篇，就是从全部作品的实际出发。风格是一种总量，是一种体系，因而应该以全部的作品、形象体系为研究的基础。鉴于此，鲁迅不满于用“选本”作依据，更反对“踢开全篇”的“摘句”术。他“每见近人的称引陶渊明，往往不禁为古人惋惜”[①]，也正是因为此种原因。

鲁迅所以能对古往今来的作家的风格研究那么切实、深刻，关键是因为他有丰厚的创作经验及其践行了他所提出的“知人论世”的方法论，这一点，对于我们今天进行风格研究也是很有启发的。

（原载《鲁迅研究》1981年第5期）

① 《且介亭杂文二集·“题未定”未定（六至九）》。

论鲁迅杂文的抒情性

鲁迅的杂文不仅以理性的解剖令人深思，而且以感情的抒发荡人心魄。从一定意义上可以说，鲁迅的杂文是抒情的散文诗。当然，这部分地表现为鲁迅的杂文是直接用散文诗的形式出现，但也不全是如此，更重要的是多数杂文有着浓郁的抒情笔调，渗透到杂文肌体内部的抒情气氛，因而具有内在的抒情美学特征。

抒情的基本内容

鲁迅杂文抒情性的基本内容，可以用他《无题》中的两句诗来概括："横眉冷对千夫指，俯首甘为孺子牛。"然而，任何概括都是以最广泛的生活内容为基础的。鲁迅杂文抒情性就其最基本的方面而言，他的"横眉"和"俯首"正是表现为激情如火和柔情似水的不可分割的联系。这不仅表现了鲁迅杂文抒情的鲜明性，而且表现了丰富性。它有其多样化的形态。

激情中饱含着愤懑。前期鲁迅的革命民主主义的激进态度，除了表现为坚决的不妥协的革命民主主义立场和进取、奋发的精神，而且表现为感情上的激愤。后期并没有因为思想上的成熟，而表现出感情上的老气横秋。他的感情依然显得亢奋，如火如雷，只是内涵有所不同和发展。又因为前期和后期的共同立场，使得他总是以战士、斗士的无畏姿态出现。这样，也就决定了鲁迅的杂文必然是富于激情的。又由于这位富于激情的战士始终是对着敌人进行不懈的战斗，呼啸着冲向敌垒,因而,这种激情又饱含着强烈的愤懑。这种愤激之情,又常常表现为对敌人的怒目戟指。例如著名的《"友邦惊诧"论》,"好个'友邦人士'"的正词反用,在讽刺性的嘲弄中,包含着对于"友邦人士"拍案而起的戟指,奠定了激情喷发的基调。列数其罪行,"连年内战,空前水灾,卖儿救穷,砍头示众,秘密杀戮,电刑逼供",一气如注,愤激之情如涛飞山走,滚滚向前。在列数罪行后,翻成"好个国民党政府的'友邦人士'!是些什么东西!"是直指敌人的怒斥,接着的"摆什么'惊诧'的臭脸孔呢"就更是一种责骂了。痛快淋漓的文字中有着作者激烈起伏的感情脉搏。

鲁迅杂文的激情富有深度的是,对于敌人、落后的事物,除了在感情上不可容忍,还有着和这种坚定的政治态度相联系的感情上摧毁它们的炽热的火焰。例如《坟·灯下漫笔》极度愤懑于那些"人肉的筵宴"。在愤慨、痛斥之后,感情世界开拓了一个新的领域:"扫荡这些食人者,掀掉这筵席,毁坏这厨房,则是现在的青年的使命!"这种态度深化了鲁迅激愤之情的内容,表现了他的由革命立场彻底性所派生出的感情的彻底性。这种彻底性无论是前期还是后期,都是始终如一的。

鲁迅杂文中表现出的愤慨的感情内容,在斗争中得到淋漓酣畅的表现,而且在描述自身的艰难处境时也常有表现。他的所谓"戴着镣铐跳舞"的话,正是这种感情愤慨的流露。尽管鲁迅杂文的激情有着无限的愤慨,但是,在愤慨中却有着奋起抗争的决心。他说过这样一句著名的话,他活着,与其说是为爱人,不如说是为敌人。这正是表现了他决心跟敌人周旋到底、战斗到底的感情态度。

鲁迅杂文的激情,尽管满含着愤慨,但总是有着乐观主义的热情火焰,这就使鲁迅杂文的激情以崭新的面貌出现,是一种有着深远的理想展望的热情。鲁迅满怀激情地追求真理,而真理的思想基础,又使感情显得更有浓度,更加丰厚。"牺牲了别的一切,用骨肉碰钝了锋刃,血液烧灭了烟焰。在刀光火色衰微中,看出一种薄明的天色,便是新世纪的曙光"。这种乐观主义的情怀,给鲁迅的杂文刷上了一层夺目的亮色。鲁迅杂文的这种乐观主义的情怀丰富了和深化了他的抒情性的内涵,但这决不是盲目乐观，而是以通晓历史发展规律为基础的。这一点，随着鲁迅思想的发展，认识更明朗化，在语言表述上也更富哲理性。他说："历史决不倒退，文坛是无须悲观的。悲观的由来，是在置身事外不辨是非，而偏要关心于文坛，或者竟是自己坐在没落的营盘里。"(《准风月谈·"中国文坛的悲观"》)这就鲜明地提出了乐观主义感情的基础问题。鲁迅响亮地说："石在，火种是不会绝的。"(《且介亭杂文二集·"题未定"草(六至九)》)这简直是哲理性的警句名言了。导源于对历史的客观发展规律的认识，鲁迅后期杂文中的乐观主义激情就上升到无产阶级革命家的思想高度了，"须到无产阶级革命的风涛怒吼起来，刷洗山河的时候，这才能脱出这沉滞猥劣和腐烂的运命"《二心集·"民族主义文学"的任务和运命》)。

在激情中饱含着愤懑、慨叹，在激情中满怀着期待、展望，形成了鲁迅杂文抒情内容的一个重要方面。在另一方面，鲁迅的杂文抒情内容又有柔情。那些柔情如水的篇章，读来是那么可亲，如浴春阳，如坐春风，一般暖流宛转地流淌在人们的胸间。他对师、对友、对后辈莫不如此。值得注意的是，鲁迅的柔情，不是轻浮表面的，而是温馨中富于深情。这是鲁迅的又一特点。在《关于太炎先生二三事》中列举章太炎先生一生中最辉煌的业绩，述中有评，切中肯綮。平实的文字里，有着深挚的感情。《忆韦素园君》的文字是朴素的，但那是浮华剥尽的真情流露。《忆刘半农君》的感情因刘半农前后期的不同而有憎爱之别。他既不为前人讳过，也不抹煞死者的业绩，评判是非功过，了了分明。而他的憎恶是"朋友的憎恶"，规定了感情的性质。"我希望他常是十年前的半农"，这种"希望"，包含着深切的挚爱，也有着深沉的批评。《一八艺社习作展览会小引》中对该社木刻艺术的评价则可谓舐犊情深了。对于青年一代的深情远意，正是反映了作为伟大鲁迅的远大眼光。

鲁迅杂文的柔情不仅显示出深沉，而且这种柔情又常常是和激情相联系的。鲁迅在为《全国木刻联合展览会专辑》所作的序言的结尾写道："这选集，是聚全国出品的精粹的第一本。但这是开始，不是成功，是几个前哨的进行，愿此后更有无尽的旌旗蔽空的大队。"在柔情亲切的话语之后，涌起了无限的激情和期望的波澜，使人获得了信心和力量，仿佛浮现出旌旗翻空、浩荡行军的雄壮景象。

鲁迅是大海，就在于他的思想、感情像大海一样地浩阔和深沉。时而有惊涛拍天的激情，时而又有平波展镜的柔情，而这两重境界又不是截然分开的。

抒情的基本方式

艺术家的感情，在作品中不是抽象空洞的存在，需要诉诸艺术的实践性活动，总是通过一定的手段表现为艺术的传达。艺术的传达除了表现生活对象的多方面的性质，而且表现艺术家自身的思想、感情。鲁迅的杂文正是善于娴熟地运用各种艺术传达手段，从而形成了抒情的基本方式。

鲁迅杂文的抒情，有直接的抒情，滚滚的激情洪流不可阻遏地向前奋进。例如《纪念刘和珍君》中对死难者的悼念的文字，取直接的抒情方式，增强了感情的表达效果。然而这种抒情方式在鲁迅杂文中不占多数，鲁迅更多地是采用间接抒情或隐性抒情，往往是不言情而情浓意挚，让人们从杂文的字里行间体验感情的温度。这方面又大致可分为这样几种情形。

在叙事中抒情。《纪念刘和珍君》有一节文字仅仅是描述了烈士们牺牲的经过，但人们透过这平易的描述，却可以感到他不能自已的感情波涛。鲁迅写牺牲经过越是细致，就越是反映出烈士们的壮烈，前仆后继，相互支援的精神的可贵，也就越加反射出反动派的残忍。“但她还能坐起来，一个兵在她头部及胸部猛击两棍”，淡淡一笔，却在叙述性的文字中，使反动派的狰狞面目昭然若揭，流露出作者的愤恨之情。

有时候，鲁迅则是在通篇的叙述中描述某一事件的经过，到了篇末，突然翻成感情的浪花。例如《而已集·再谈香港》，整篇文字大都是描写 1927 年 9 月 28 日在香港轮船上遭受搜查的经过。在充分叙述之后，于文章结尾，卒章显志。前有叙述，后有抒情，叙述越是充分，如图画示现于眼前：搜查者的面目，恶意的声口，搜查中的狼籍情景，那么，就越加反映出作者的蔑视和愤懑。叙述是抒情的准备，抒情则成为叙述的升华。

有时，鲁迅的杂文简直是用小说的速写笔墨，无一字言情，而又处处有感情的评价和流露。例如《且介亭杂文二集·论讽刺》中对交际场中人物寒暄对话的描述，简直是一幅速写画，活现出世故油滑的人物情态和声口。在这幅画图里，深藏着鲁迅的讽刺、嘲弄、鄙夷的感情。

在有些篇章中，鲁迅是通过写景来抒情的。例如《准风月谈》中的《夜颂》《秋夜纪游》，我们简直可以当作散文诗来阅读，领略其中的情感波涛。

至于《伪自由书·曲的解放》用杂剧的形式寄托自己的感情也是别具一格的。

鲁迅杂文的抒情意味之所以特别浓烈，感奋人心，还在于他特别致力于杂文的结构和句式的安排。鲁迅特定的抒情内容规定了杂文的抒情方式和抒情结构。而抒情结构乃至语言文字的句式安排又反过来加强了抒情艺术的效果。这又大致可分几种情形：

在对比的结构中抒发感情。例如《战士和苍蝇》，运用对比的结构生发出富于哲理性的抒情："有缺点的战士终竟是战士，完美的苍蝇也终竟不过是苍蝇。"

在排比式的语言中加强感情。例如《热风·"六十六"生命的路》："无论什么黑暗来防范思潮，什么悲惨来袭击社会，什么罪恶来亵渎人道，人类的渴仰完全的潜力，总是踏了这些铁蒺藜向前进。"排比结构，形成气势，显示出披荆斩棘，奋力向前的勇气和豪情。著名的《白莽作〈孩儿塔〉序》层出的比喻，组成了连续的排比句型，如水银泻地，彩虹飞天，形成了特有的节奏，反映出鲁迅感情的律动，由衷的赞颂，难以抑制的喜悦和欣忭。

在反复的结构安排中加深感情。鲁迅在痛击先前给予帮助、指导，却以怨报德的文坛小丑、流氓高长虹时，写下了《新时代的放债法》，用"这是一宗恩典"句反复其言。这种反复，显示出鲁迅无比愤激之情的回旋激荡。但这种反复的结构又不是感情的简单重复，而是在反复中步步进逼，不仅活活剥下长虹的文氓面具，昭现他的丑陋委琐的形容，而且也使鲁迅的感情层层深化。

在精心的句式处理中表达感情。例如《纪念刘和珍君》中的句式：

> 惨象，已使我目不忍视了；流言，尤使我目不忍闻。我还有什么话可说呢？我懂得衰亡民族之所以默无声息的缘由了。沉默呵，沉默呵！不在沉默中爆发，就在沉默中灭亡。

“惨象”一句，用逗号隔开，语气上一顿，形成了感情上的顿挫。“已使我目不忍视了”，“了”字的运用，使读者感受到作者感叹的深长。由于“惨象”一句，用逗号隔开，就便于感叹的运转和引发。“惨象”句和“流言”句，虽然从表面上看，句式的结构相同，但文意和感情却不相同。“尤”字的运用，使感情上升了，显示出对北洋军阀御用文人“流言”的极大愤慨。这一句句末不用“了”的语气助词，将感情的深长演化为感情的愤激。用笔至此，感情上升了，但突然转入一个反诘句式：“我还有什么话可说呢？”回应了前文的“我实在无话可说”，是“无话可说”的另一种句型结构和用法，是感情极度愤懑而又无由倾吐的独特表现。在反诘句型运用的愤慨情绪之后是一个结构比较复杂的长句：“我懂得衰亡民族之所以默无声息的缘由了。”长句运用，感情由激流转化为潜流，人们似乎听到了作者长长的感喟和叹息之声。但是，这种感情并没有持续多久，经过跌宕，突然转入感叹句型：“沉默呵，沉默呵！”感情因为句型的变化而跃动起来，仿佛听到作者对着天地四方呼告的声音。在感叹句型之后，立刻转入“不在”“就在”的句式。这种选择句型，提示了两条不同的道路，也表达了“在沉默中爆发”的急切愿望，决绝地否定了“灭亡”的道路。适应了感情的内容和变化形式，整个句式参差多变，使读者体验到作者感情的千运百转。又如《花边文学·论秦理斋夫人事》中写道：“倘使对于黑暗的主力，不置一辞，不发一矢，而但向‘弱者’唠叨不已，则纵使他如何义形于色，我也不能不说——我真也忍不住了——他其实乃是杀人者的帮凶而已。”多重复句的运用，几经转折，体现了文章的波澜，也反映了感情的波澜。特别是两个破折号中的“我真也忍不住了”显示出感情的突起，加强了感情的表现力。

有时，鲁迅别出心裁地运用语言文词，来加强感情的表达。例如《华盖集续编·〈阿Q正传〉的成因》：

> 不但对于阿Q，连我自己将来的“大团圆”，我就料不到究竟是怎样。终于是“学者”，或“教授”乎？还是“学匪”或“学棍”呢？“官僚”乎，还是“刀笔吏”呢？“思想界之权威”乎，抑“思想界先驱者”乎，抑又“世故的老人”乎？“艺术家”？“战士”？抑又是见客不怕麻烦的特别“亚拉籍夫”乎？乎？乎？乎？乎？

鲁迅借阿Q“大团圆”之题，加以发挥，顺手拈出那些诬陷之词，加以排击。在反问句中，一一进行叱斥，至句末突然单独连用四个“乎”，作者简直不可抑制地拍案而起，感情冲发起来，益见强烈、激愤。有时，鲁迅又用一些独词句来加强感情。例如《坟·论雷峰塔的倒掉》：

> 当初，白蛇娘娘压在塔底下，法海禅师躲在蟹壳里。现在却只有这位老禅师独自静坐了，非到螃蟹断种的那一天为止出不来。莫非他造塔的时候，竟没有想到塔是终究要倒的么？
>
> 活该。

这个“活该”的独词句，何等精妙！它集中表露了鲁迅对“雷峰塔倒掉”的欣喜，对法海的痛斥，对于白娘娘的同情，读来令人心志壮旺！

又如《准风月谈·智识过剩》的结尾的基督教语“亚门”，《伪自由书·逃的辩护》篇末的佛语“阿弥陀佛”，都是以独词句的形式出现，有力地表达了鲁迅的讽刺嘲弄的感情。张资平以写三角恋著称。鲁迅在《二心集·张资平氏的“小说学”》的结尾别具一格地用一个“△”符号标示，令人拍案叫绝！

鲁迅的杂文之所以是艺术，列于艺术之林而当之无愧，就在于鲁迅是用艺术的形式来表达思想、感情的。这种艺术的传达手段有效地固定了作者的感情内容，获得了很高的审美价值。同时，鲁迅杂文抒情的方式是多样化的。我们很少看到有某种雷同的形式，做到了一篇杂文的抒情方式就是一个面貌。鲁迅的每一篇杂文都能成为我们的独立的审美对象，都有独立的艺术生命和艺术价值，而为数众多的杂文的组合，则构成了鲁迅杂文的总体的艺术风格。在这里，有着大海一样的情深，又有着大海一样激壮的伟美，多彩多姿，叹为伟观！

抒情的基本特征

首先，我们认为，鲁迅杂文的抒情性有其个人的独具的特征，区别于其他杂文作家，从一个方面形成了鲁迅杂文的创作个性。鲁迅在《三闲集·看司徒乔君的画》中看到了表现在里面的“倔强的魂灵”，这就说明，鲁迅是更多地从审美主体的个性方面来研究和论述问题的，看到了审美主体的“魂灵”，看到了这种“魂灵”独特性的“倔强”。

鲁迅杂文的抒情性把议论诗化了，这是哲理性的抒情。当他发表某种议论，表达某一种哲理，抑或是对于“时势”表明某种态度时，都不是以赤裸裸的理念形式出现，而是把它们通过感情的染色渠道反映和表现出来，在带着燃烧激情的倾向之中蕴借着活的哲理。因而，鲁迅的杂文总是首先在感情上打动人心，进而引人深思。例如《华盖集续编·无花的蔷薇之二》中的话：“墨写的谎言，决掩不住血写的事实。”再如《且介亭杂文·中国文坛上的鬼魅》：“蒙蔽是不能长久的，接着起来的又将是一场血腥的战斗。”这些语言既有激情，又含警策的哲理，两者高度地融化成一个结晶体。我们的论述还可以再深入一步。如果从抒情主体那里去进行研究，就会发现这样一个现象，鲁迅有着自己特有的审美感情体验。他在杂文中喜爱“无常”，《且介亭杂文末编·女吊》对于女吊执着复仇心理、愿望所表示的感情态度，很有个性，而这又揭示出一个富有普遍意义的真理：“被压迫者即使没有报复的毒心，也决无被报复的恐惧。”这一点，我们还可以从《准风月谈·夜颂》中得到证明。鲁迅在这篇杂文中感情体验的特点，就是他独特地看到了“只有夜还算是诚实的”。他发掘了大自然的“夜”的力量，剥落了一些人在白天的假面目，现示出他们的本相。鲁迅称颂了“夜”没有给人们带来真正的黑暗和恐怖，只有在“一夜已尽”，光天化日之下，“高墙后面，大厦中间，深闺里，黑狱里，客室里，秘密机关里，却依然弥漫着惊人的真的大黑暗”。鲁迅认为，这才是“真的大黑暗”，因为这是反动势力盘踞的地方或是社会的肮脏所在。所以，尽管是“光天化日”“熙来攘往”，但在鲁迅看来，这是“黑暗的装饰，是人肉酱缸上的金盖，是鬼脸上的雪花膏”。这才真正是可憎恶、可诅咒的，而只有大自然的“夜还算是诚实的”。鲁迅满怀感情地表示：“我爱夜，在夜间作《夜颂》。”这种感情体验是别具一格的，充分体现了鲁迅杂文抒情的独特性。

当然，感情以理性为基础，感情体验的独特性正是反映了理智思辨的深刻性。例如《伪自由书·〈杀错了人〉异议》，这个“异”就是不同于《杀错了人》的作者曹聚仁的感情和见解，显示出鲁迅的独特点。虽然鲁迅也认为曹聚仁在杂文中流露出的对于袁世凯“杀错了人”的指斥的感情是“痛快”的，但是，鲁迅的感情不是仅仅放在对袁世凯的怒斥上，而是别有所感。在鲁迅看来，“袁世凯在辛亥革命之后，大杀党人，从袁世凯那方面看，是一点没有杀错的，因为他正是一个假革命的反革命者……错的是革命者受了骗”。鲁迅别开生面地表露了对于革命者们的“看错了人”的批评之情。这种感情正是反映了鲁迅思想上的高人一筹，他的目光的犀利，洞察时事的深刻性。

鲁迅杂文不可比拟又不可重复的抒情个性也就是独特性，又总是表现为作者所塑造的抒情主人公的形象。《华盖集·题记》中的一段文字仿佛矗立起了在荒沙漠上，不惧飞沙，不惮走石，嬉笑怒骂，无所顾忌的抒情主人公的形象，在这个形象身上飞溢着豪情，放射着光彩。《秋夜纪游》面对巨獒“如临战斗”，感到“非常有趣的”情怀，正是一种战士的情怀和意趣。他所描述的一幅和叭儿的交战图，焕发出抒情主人公的独特风采。这个抒情主人公在叭儿的“汪汪”声中“漫步”“冷笑”和

“恶笑”，正是充分表现了抒情主人公的蔑视态度和大无畏精神，也正是鲁迅对于反动派敢于“蔑视他们，并且蔑视他们的蔑视”(《华盖集续编·海上通信》)，更在于蔑视时，连眼睛也不转过去。这是鲁迅的峥嵘风貌和傲岸风骨，是极具特色的。

鲁迅杂文的抒情主人公是独特的，他所抒发的感情尽管表现形态是多样化的，但是，总是真情的流露，没有任何的虚假和矫饰，他在《三闲集·现今的新文学的概观》中说，“最好是意识如何，便一一直说，使大众看去，为仇为友，了了分明”，坦直地表露自己的感情态度。他在《热风·随感录四十》中说，“我们能够大叫，是黄莺便黄莺般叫；是鸱鸮便鸱鸮般叫”，不应该加以掩饰和遮盖。鲁迅把真实的感情表达提到一个相当的高度来认识，在《三闲集·无声的中国》中认为：“只有真的声音，才能感动中国的人和世界的人；必须有了真的声音，才能和世界的人同在世界上生活。”就其本质而言，鲁迅杂文中的感情是朴实的，深情在平实中反映出来。他总是把感情浓缩、凝结起来，从而用最简洁的语言加以表达，例如《韦素园墓记》《镰田诚一墓记》等。而鲁迅既有激情(激情有多种表现)又有柔情(柔情也有多种表现)，反映了他胸怀的博大和感情的丰富。

无可争辩，鲁迅杂文的抒情是独特的，具有强烈的个人色彩，这一点奠定了鲁迅杂文的抒情风格，“风格即人”。然而，我们又应该看到，鲁迅杂文的抒情又是人民的。他对于旧中国种种人物、事物的感情评价，具有强烈的人民性，即令是对于雷峰塔倒掉这样的事件的感情态度也反映了人民的感情需要。鲁迅杂文的抒情还是时代的，时代的需要和特点，规定了鲁迅感情的内容和发展方向。他的激愤沉郁悲壮的感情只能是反映了他的那个时代，只有“风雨如磐”，夜气沉沉，他才能“长歌当哭”，激愤异常。就是对于“国民性”的批评的激愤态度，也有着时代的原因。鲁迅在《三闲集·无声的中国》中曾说明了这一点，反映了病笃用重药的激愤情绪。而时代在孕育着变化和革命，他的感情适应了时代的感情需要，当然会有激情的期待和展望了。所以，他在《三闲集·“醉眼”中的朦胧》中呼唤道：“不远总有一个大时代要到来。”时代的特征，和人民的感情相通的特征，带来了鲁迅杂文抒情性的巨大的社会价值和历史价值，而这一切，光照在鲁迅的抒情个性上，并通过这个性表现出来。

概乎言之，鲁迅杂文抒情的基本特征，既是鲁迅“这一个”的，又是时代的，人民的；是历史的，也是美学的。

（原载《浙江学刊》1985 年第 3 期）

中国美学史研究的世纪型开拓者

——为郭沫若诞辰100周年而作

郭沫若在中国美学史研究上的成就是一片尚待深入开垦的沃野，值得广大的郭沫若研究者和美学史学者去耕耘。

郭沫若虽非专治中国美学史，但一有涉及，便成不刊之论。中国美学史既独立成体，又和中国史学、哲学、文学相交错。郭沫若是文史哲之通家，以其通家之才识，炬照中国美学史现象及其历程，遂使研究成就自成其大气象、大境界。

先秦美学史研究的巨大成就

作为历史学家，郭沫若的学术贡献主要是先秦史的研究，著有《中国古代社会研究》、《甲骨文字研究》、《殷周青铜器铭文研究》、《金文丛考》、《青铜时代》、《石鼓文研究》、《十批判书》、《奴隶时代》、《两周金文辞大系》等，集校《管子》。他侧重于社会史、思想史、文字史的开拓性研究，然而，又发挥了自身的学术优势，进行美学史研究。美学史既独立成体，又和史学、哲学、文学、艺术相交错沟通。郭沫若是文史哲之通家、大家，他充分利用通家、大家之才、之识，鸟瞰美学史特别是先秦美学史，烛幽通隐、钩沉发微，遂使其研究成就别具一格，自成大气象。值得注意的是，郭沫若的《周代彝铭进化观》就曾直接运用了“审美意识”的概念。可见，美学已成为他的研究视域，美学史已成为他的研究领域。

郭沫若的先秦美学史研究又集中在青铜器的研究上。半个多世纪之前郭沫若对青铜器的研究代表了中国史学在这方面的最高成就和水平，至今还是人们研究的出发点。他在《周代彝铭中的社会史观》中说："目前有一件不可缺少的事情便是历代已出土的殷、周彝器的研究。"青铜时代的研究不仅在中国古代史、断代史上，而且在美学史、先秦美学史研究上由郭沫若打开了大门。

郭沫若杰出的学术贡献是确定青铜作为时代的概念存在。他在1946年《青铜器的波动》中认为："跟着石器时代之后出现的便是青铜器时代……中国的青铜器时代既然相当于殷、周二代，而殷代有六百年之久，周代合东西二周共有八百多年，总共起来青铜器时代在中国是有一千多年历史，在殷以前，由于材料的欠缺我们尚不敢断言……惟殷代，则已经非常地明显，就是由青铜器进到铁器时代的界线。"郭沫若的这一界定十分重要，由此也奠定了他在青铜美学史和先秦美学史上的地位。

审美形式和社会史、美学史意识的融会

郭沫若在先秦美学史研究上卓越地把审美形式和意识及其理性结论结合在一起，概括言之，是经验理性。具体言之，不是形而上地从抽象思辨层面上进行，而是从具体的器物切入。"形而下者谓之器"，以形下者为研究的起点，由形下及于形上，这是通过具体实例考察和抽绎出结论的科学研究途径。因此，他坚持以器物即广义的文本作为美学史的对象物。郭沫若在《青铜器的波动》中说：

> 中国的青铜器时代，约相当于三千年前的殷、周时代，那时的遗迹到今天也都有发现。自宋以来，收藏的古器不下一万件，保藏之久，数目之巨，实为中国的特色，可惜以往的都只把它们当作古董来收存，而没有当作历史的材料来研究，实际上我们这些器物正是历史的最确实可恃的材料，在这些古器之上，我们可以发现三千年前手工业及一般社会状况与风俗习惯，因此，在今天好些古器都已被我们视作研究历史的学术资料了。

器物所发挥的作用是历史的资源、资料，犹如文献古籍一样，而不是古董收存。他着眼于历史的价值论体系，在《青铜器的波动》中说，由青铜器“使一切古器都有了历史的价值”，这是富有深刻意义的历史认识论。他认为，“自汉以来所出土的殷、周彝器”“即存世而有文字者亦在二三千具以上”，但它们并没有在史学包括美学史研究方面发挥应用的解读、抽绎作用。“此等古器历来只委之于骨董家的抚摩嗜玩，其杰出者亦仅拘拘于文字结构之考释汇集而已”。郭沫若以拓荒者的眼光发现了“此等古器”的真正价值乃是“目前研究中国古代史的绝好资料，特别是那铭文，那所记录的是当时社会的史实”。因为它们保留了最原初的面貌和特征，“没有经过后人的窜改，也还没有甚么牵强附会的疏注的麻烦”，因此“可单刀直入地便看完一个社会的真实相”。这是实例性进而实行概括性的研究路向。在郭沫若看来，青铜器同时具备了社会史和艺术史的双重特征。就社会史而言，从青铜器“可以证明殷、周二代生产方式改变的情形”——“在殷、周奴隶时代之后，中国出现行帮制的手工业时代，青铜器时代至此告终”；就艺术史而言，“青铜器的精巧技艺，却都移置他用了”。因此“不管研究艺术史或社会史都可以循着这些古器来作系统的研究”①。

在确立了具体的研究对象后，他又寻找到一个最佳的突破口和切入点：青铜器皿上的器型、铭文和纹饰。

以文字而言，某一字在何时始出现，或某一字在何时被废弃，某一字的字形如何演变，可以探究“一字的社会背景和涵义的演变”。他从审美上解读所施之文饰，其效用与花纹同。他认为，中国以文字为艺术品之习尚，钟鼎文与花纹等同，按照审美意识和方式所孕生，书法史纳入审美的方向就这么被确定了的。以花纹而言，“某一种花纹形式的演变经过了怎样的过程，花纹的社会背景和寓意，都同样可以追求，在这

---

① 郭沫若：《青铜器的波动》，《郭沫若佚文集》下册，四川大学出版社 1988 年版，第 7 页。

一方面便可以丰富美术史的内容”。这样，就深入到美术史，也就深入到美学史层面上来了。这可以说是微观透现宏观式的研究。郭沫若上世纪 30 年代两次写给容庚的信中均表述了这一思想，1930 年 4 月 6 日的信中说，青铜器“花纹形式之研究最为切要”，而划定时代的界限又是重中之重；1931 年 7 月 17 日的信中认为，“定时乃花纹研究之吃紧事”。郭沫若第一次原创性地运用青铜器花纹来解读和确定时代的界线、内涵和特征，在先秦美学史的研究上独具地位。

纹绘、纹样、纹饰都是形式，是经过抽象的几何图案，变成线条和结构的有机组合和配置，但是，它包含着某种趣味。正因为它是有意味的，才具有蓬勃旺盛的生命生机和表征着某种历史性的深刻内容和意韵。郭沫若从青铜鼎器的“厚重”形制中探发出“深刻”的意味。饕餮是传说中的食人猛兽，据此所塑造的形象本身就包含着先秦时代人的意识的对象化需要。然而，当它凝定起来，转而便又成为人们表达某种观念的具象体，用以显示自身的神秘、威严，因而它是历史力量的符号。郭沫若的贡献也就在于透过生动的形式探觅到生命的意味（即内涵），这样，便使他的美学史研究富于深度和学术厚重感，不同于一般性的现象、形态或范畴的罗列和陈述。他作为青铜器历史研究的开拓者，同时也成了青铜器美学史研究的开山祖。

郭沫若不仅从几何图案和抽象纹饰形式中把握历史的形态，而且观照历史的意脉，更把文字图形研究融入美学史研究之中，从而开辟了新的研究之路。总的来说，就是充分利用了线条的艺术抽象形式（鼎器上的花纹和文字两种线条形式）。花纹和文字作为线条艺术的图饰，同时成熟。把握线条艺术来研究中国美学史，才算是把握了问题的基核，抓到中国美学史的最原初和最根本特征，这正是郭沫若美学史研究的杰出之处。

郭沫若在《〈两周金文辞大系〉序》中认为：“彝铭之可贵在足以征史。”郭沫若的铭、史互证和陈寅恪先生的诗、史互证的方法论，异曲同工，开辟了研究的新天地。那么，依靠什么来具体操作呢？“就其文字之体例，文辞之格调，及器物之花纹形式以参验之，一时代之器大抵可以踪迹”。他又在《周代彝铭进化观》中说:“东周而后,书史之性质而为文饰。如钟镈之铭多韵语,以规整之款式镂刻于器表,其字体亦多作波磔而有意求工……凡此均于审美意识之下所施之文饰也,其效用与花纹同。中国以文字为艺术品之习尚当自此始。”郭沫若在这里视文饰(即文字图饰)与花纹同等效用,把它置于跟纹饰的同等地位上,这是对汉字特征的最根本揭示。汉字乃是象形字,是区别于拉丁文之所在。“象”表模仿、拟构、象征等功能,因而一方面是记录符号,结束了结绳以记事的原始阶段,另一方面在审美意识的支配下,充分利用汉字线条结构的特征,龙腾虎跃,出现曲直、构架、意兴,便进入审美,成为美的艺术。在该文中郭沫若所说“审美意识之下所施之文饰”,是一个极有见地的见解,是他用审美眼光炬照中国美学史图式之范例。“中国以文字为艺术品之习尚当自此始”,这是郭沫若通过对钟鼎文之研究,对汉字之为艺术品的最基本确定,也是对书法艺术源流史的最原初确定。这种确定无疑具有美学史意义,万里征程就是从这里迈出了第一步。只要看看钟鼎文的那些整饬而又灵动、俏健而又柔媚、古拙而又颖脱的字迹,就会印验郭沫若的书法美学起源论的正确了。

他还提出与古代美学史的创造者进行精神互动和心灵勾连,用他个性化的话语来说,就是谛听远古美学的“心音”。郭沫若生理的耳朵久已失聪,但他心理的“耳朵”却灵敏、发达,细致入微。《关于晚周帛画的考察》认为“这是中国现存的最古的一幅绘画”“透过两千多年的岁月的铅幕,我们听出了古代画工的搏动着的心音”。他对远古的谛听,听到了美学史最原初的声音,也形成了研究主体与远古美学“心音”的对话和交流。他“透过两千多年的岁月的铅幕”,其历史目光和审美目光是何等深邃而犀利!

“标准器论”“波动论”的发明

郭沫若之所以能在先秦美学史的研究上“凿穿了”“混沌”,乃是因为他“颇有创获”地发明了核心论——“标准器论”。他不止一次地申述了这一理论:“先选定了彝铭中已经自行把年代表明了的作为标准器或联络站，其次就这些彝铭里面的人名事迹以为线索，再参证以文辞的体裁，文字的风格，和器物本身的花纹形制，由已知年的标准器便把许多未知年的贯串了起来。”①既含有系统综合论，又含有已知进而未知的推导论。不尚外证，完全从自身出发——“专就彝铭器物本身以求之”；不采定见——“不怀若何之成见”；亦不另定规范——“不据外在之尺度”，靠的是内证。它从“标准器”为“中心以推证它器，其人名事迹每有一贯之脉络可寻。得此，更就其文字之体例，文辞之格调，及器物之花纹形式以参验之，一时代之器大抵可以踪迹，即其近是者，于先后之相去要必不甚远”②。他在历多年之后，经过检测、积淀，在《古代研究的自我批判》中仍坚守了他的“标准器”，前后表述保持了一致性。

“波动论”，或曰分期论、阶段论。时代性、时段性的划分、界定是郭沫若的青铜时代史、先秦史和先秦美学史最具根本性质的研究成就，王国维、罗振玉先生在这方面均未解决，视为笼统的时代观念存在，而郭沫若始作突破，厥功斯伟！

郭沫若创立了青铜器的“四个时期说”：“大体说来，殷、周的青铜器可以分为四个时期，无论花纹、形制、文体、字体，差不多都保持着同一的步骤。”③这一分期论最早见于 1934 年所撰《彝器形象学试探》：“第一，滥觞期——大率当于殷商前期。第二，勃古期——殷商后期及周初成、康、昭、穆之世。第三，开放期——恭、懿以后至春秋中叶。第四，新式期——春秋中叶至战国末年。”1945 年，他在《青铜器时代》中划分为鼎盛期，颓败期，中兴期，衰落期。他把古代史研究、古文字研究、古纹饰研究结合起来进而导入美学史研究。到 1946 年，他在《青铜器的波

① 郭沫若：《青铜器时代》，《沫若文集》第 16 卷，人民文学出版社 1962 年版，第 302 页。

② 郭沫若：《两周金文辞大系》，《沫若文集》第 16 卷，人民文学出版社 1962 年版，第 307 页。

③ 郭沫若：《彝器形象学试探》，《沫若文集》第 16 卷，人民文学出版社 1962 年版，第 302 页。

动》中重申了“四个时期说”并进一步确定它的具体阶段和时限。第一期“殷代＋西周前半”，第二期“西周后半＋春秋时代”，第三期“战国时代”，第四期“战国末年＋后来”。四个时期的变化、演进，是在花纹、模样、铭文等无一例外地出现变化的情况下发生的（尽管某些具体提法和时期的界定有些不一致）。它不仅有史学的分期意义，而且有美学史的历程轨迹。第一时期因脱胎于石器时代，前后相距时间较短，因此带有石器时代的特征和遗韵。到了第二个时期逐渐脱离了原始风味，第三个时期呈现精巧气象，第四个时期花纹几乎褪废。花纹是殷、周青铜器最显著、最外在的感性表征，具有浓烈的美学情味。它的变化显示出审美特征的变化，进而显示出审美理想的变化。

郭沫若所考察的殷、周青铜器主要是鼎。他本人在《彝器形象学试探》中也说：“其器多鼎。”鼎在初期出现包含着实用性、功利性、审美性的三重功能。在历史的发展过程中，实用性让位于功利性和审美性；在郭沫若的美学史研究视野内，重视审美性又超过了功利性。《左传·宣公三年》载：“定王使王孙满劳楚子。楚子问鼎之大小轻重焉。对曰：‘在德不在鼎。昔夏之方有德也，远方图物，贡金九牧，铸鼎象物，百物而为之备，使民知神奸。故民入川泽山林，不逢不若。魑魅魍魉，莫能逢之，用能协于上下以承天休。’”在这段记载中，鼎作为盛物器皿的实用功能弱化了，而作为王权象征的功利主义特征则被强化了。这才有楚王问鼎的狂妄举动，也才形成“问鼎中原”的历史成语。这番记载中最值得重视的是“铸鼎象物”，鼎上物象或花纹不是孤立、绝缘的存在，而是用以“象物”的。郭沫若在《关于晚周帛画的考察》中对上引的《左传》中的一段话，做了这样的解释：“这说的虽然是夏代的事，但其实道破了古代彝器著象的真实用意。”此可谓是精辟之论。殷、周鼎器从一开始铸造就有不同于陶鼎器所具有的盛物实用功能的倾向，它不再具纯实用性质，也不是一个简单的器物存在，而是用以“象物”。象，即表征、象征。这样，它就被编入艺术的符码，具备了审美的因子。这正成为郭沫若把握殷、周青铜器进而研究先秦美学史的绝好契机。他在《周代彝铭进化观》中说：“铸器之意本在服用，其或施以文镂，巧其形制，以求美观,在作器者庸或于潜意识之下,自发挥其爱美之本能。”这是彝鼎器初起时,在增强“服用”即实用功能时,巧作形制,施用文饰,目的是“以求美观”。这样,审美的表层线条、色彩特征便孕育出来了。从“作器者”来考察,郭沫若认为他们在潜意识中,有“发挥其爱美之本能”。这里借用了心理学的原理,为青铜器装饰美的形成寻找到了原因。郭沫若以历史美学的眼光探发出殷、周青铜器表象所蕴涵的深层意识。他说:

> (青铜器)为向来嗜古者所宝重……形制率厚重。其有纹绘者,刻镂率深沉,多于全身雷纹之中施以饕纹,夔凤,夔龙,象纹等次之。大抵以雷纹、饕餮为纹绘之领导。雷纹者……盖脱胎于指纹……饕餮、夔龙、夔凤,均想象中之奇异动物……然彝器上之象纹,率经幻想化而非写实。

青铜器皿特别是彝器上多饰以饕餮纹、夔龙纹、夔凤纹、云雷纹。郭沫若通过对纹样、纹饰的分析,作出了重要揭示:审美不是写实。形体是具象的,具象化的形态是经过想象所获得;而“彝器”之“象纹”,又是经过了“幻想化”。无论是具象的形体,还是抽象的纹样,都不是实物写照,乃是观念的对象化,表现殷、周青铜器深沉的历史力量。“率经幻想化”的“象纹”是一种抽象性的线条。这种抽象是艺术家的幻想产物,凝聚着灵动的形式感,是中国艺术的伟大发展,体现了高度的审美抽象力。这种图案、纹样是那个时代美的表征,传送出的美的讯息被郭沫若首先感应、理解、把握、接受到了。

实证精神、方法论及其学术生态的合力

探究郭沫若的先秦美学史研究取得巨大成功的原因是,具有实证的科学精神,运用先进的方法论,形成了优越的学术生态环境,进而从内外场域上凝聚成合力。

1936 年的《我与考古学》集中表达了郭沫若的学术见解:“这种学

问是要以纯粹的客观的态度，由地面或地底取出古人所遗下的物证来，实事求是地系统地考察出人类的文化从古以来所历进着的过程。"他的地上和地下二重证据论显然受到了被他尊之为"新史学的开山"[1]——王国维先生的直接影响，跟陈寅恪先生的互证法交相发明，是中国近、现代学术史上具有划时代意义的方法论的创获。他重视实例、实物、实证，回归和还原历史现场，为之做了大量的扎实细致的前期准备工作。他说："彝器出土之地既多不明，而有周一代载祀八百，其绵延几与宋、元、明、清四代相埒，统称曰周，实至含混。故器物愈富，著录愈多，愈苦难于驾驭。寝馈于此者数易寒暑，深感周代彝铭在能作为史料之前，其本身之历史尚待有一番精密之整理也。"他在实际上就是做的这些精密的整理工作。他认为，科学的结论是具有真实性品相和品格的实例、实物、实证的逻辑概括和提升，以此作为坚实基础。

不断补充和丰富新的实证资源。郭沫若还从后代的史料中发现了这样一些现象："《隋书》，开皇十一年正月丁亥，以平陈所得古器多为祸变，悉命毁之……靖康北徙，器亦并迁，金汴季年，钟鼎为祟，宫殿之玩，悉毁无馀。"从而得出了一个结论："旧时有谓钟鼎为祟而毁器之事，盖即缘于此等形象之可骇怪而致。"这样便从"骇怪"的"形象"中推寻出深沉犷怖的历史力量，在美学分析和历史分析的双重运动中产生了研究的深度。

实证研究又建筑在证伪的基础之上。郭沫若在《〈甲骨文辨证〉序》中说："怀疑辨伪乃为学之基阶，为学与其失之过信，宁取乎多疑；子舆氏云'尽信书不如无书'，此终古不刊之论也。鼎彝甲骨诚多赝品，然而疑之有方，辨之有术，富有经验之士于其真伪之间几于一目可以辨白。所贵于学者即养畜自己之目力，先期鉴别之精审，更进而求其高深。"研究者养成眼力和学识，"观千剑而后识器"，一眼便能洞穿真伪。《"汤

---

① 郭沫若：《古代社会的自我批判》，《沫若文集》第 15 卷，人民文学出版社 1963 年版。

盘”“孔鼎”之扬榷》综合运用金文和文献资料，加以证伪。他写有《正考父鼎铭辨伪》，用有力的内证和外证，得出结论，说：“可知鼎铭全不足信。其文仅寥寥数语，前半抄袭而错误，后半摹仿而欠通……盖文之饤饾一至于此，其恶劣可谓登峰造极。”他推论造假之原因：“知《正考父鼎铭》为伪托，则知孟僖子之预言亦必为伪托。盖后之儒者推崇其先师，欲为之争门望，故托为此言以示光宠。”他寄希望“彝器铭文及形象等系统之学，方有成立之一日”，而他正是建立这一系统学的奠基人。

郭沫若的先秦美学史研究，不是纯美学研究，而是以时代内容为核心的历史学、社会学和美学的互构性、交叉性研究。《“毛公鼎”之年代》是以铭辞来判断和界定时代之杰出范式：

> 本铭全体气势颇为宏大，泱泱然犹存宗周宗主之风烈，此于宣王之时代为宜。
>
> 本铭之王自命不凡，辞气之间大有欲振兴周室，追踪文、武之概，此于宣王之为人为宜。
>
> 本铭中针砭时弊之语，于宣王时之史事尤相契合。

郭沫若于 1942 年 5 月 15 日《说文月刊》发表的《陕西新出土器铭考释》对其中的“梁其器”考释，表达了和上述见解颇为相似的看法：“器出扶风，又花纹同毛公鼎，亦为西周末年器之一证，毛公鼎已经余考定，乃宣王时代之物也。”

划分时代的阶段性质，以此确定其内涵。史是由一个个时代连续和组合而成的。郭沫若反对“时代不分，一体浑沌”，因为时代性是具体的，不是混沌一片，乱成一团的，其阶段性鲜明而各有特征。《“毛公鼎”之年代》认为：“以周而言，有周一代载祀八百，其绵延直等于宋、元、明、清四代，而统称之曰周，此甚含混，不直是纸上之杂货店耶！”这和上引的《〈两周金文辞大系〉序》的论述是完全一致的。他反复主张对某一大的时代区段要加以细分，经细分后时代的阶段性质、特征才得以彰显。然而，他有自己独特的观照点和方式，即从烙有时代印记的实物、实器入手去探发各别的时代精神和时代审美理想。他认为："一个时代有一个时代的文体，一个时代有一个时代的字体，一个时代有一个时代的器制，一个时代有一个时代的花纹，这些东西差不多是十年一小变，三十年一大变的。譬如拿瓷器来讲，宋瓷和明瓷不同，明瓷和清瓷不同，而清瓷中有康熙瓷、雍正瓷、乾隆瓷等，花纹、形态、体质、色泽等都有不同。"时代具体论、区分论、特征论，是郭沫若历史观、美学史观的重要内容，和王国维的文体时代划分论一样推动了中国近、现代学术史。然而，郭沫若的论述是着眼于审美形象、审美理想，特别是从美学的具象、形象中去揭示其审美理想及其审美理想的时代性、时代具体特征，因而更接近于科学的结论和史的实际。

在时代的社会、历史、文化的宏深背景下考察美学现象的变化，反转过来，美学现象又成为社会、历史、文化的生动表征，双向互流的结构，使郭沫若的美学史研究获得了厚重的历史感。《彝器形象学试探》指出："开放期之器物……形制率较前期简便。有纹绘者，刻镂较浮浅，多粗花。前期盛极一时之雷纹，几至绝迹。饕餮失其权威，多缩小而降低于附庸地位，如鼎簋等之足。夔龙、夔凤等，化为变相夔纹，盘夔纹……大抵本期之器，已脱去神话传统之束缚，而有自由奔放之精神，然自嗜古者言之，则不免粗率。"这里包含着纵向性比较："前期"与"本期"，从而显示出美学史的阶段性差异色彩。盛极一时的雷纹，几乎绝迹；饕餮纹沦为附庸；夔龙夔凤亦已变相和变态；整个纹饰趋于肤浅粗陋，郭沫若由此揭示道："大抵本期之器，已脱去神话传统之束缚。"这为美学史演变现象提供了结论，神话时代宣告结束。饕餮的威慑，借助于恐怖色彩和纹饰来显示社会的力和威。这带有浓重的原始意识和神话思维色彩。它的淡化，显示出原始神话思维的弱化，社会历史的进化使得先民得以摆脱原始神话思维，产生实践理性思维（用郭沫若的概念来说，叫做"理智"），从而标识着一个时代的终结和另一个时代的开始。郭沫若在《关于晚周帛画的考察》中关于夔的演变有过专门的论述："夔的形象在殷、周彝器的花纹和玉器的形制中极多见……夔，本是古人所幻想出的动物，就和凤一样，并不是真正地存在。所以在战国时代的人，理智渐渐发展了，对于‘夔一足’便采取了合理化甚至否认的说法。”这是对夔的存在的怀疑，它再也不是威风凛凛和令人望而生畏了。“权威”失却，大国降为“附庸”，于是思维投射到存在上，夔纹失落了。这种失落是伟大的历史进步的空谷足音。在这个层面上，是说青铜器饰映射出时代的风气变化；在另一层面上，则又是时代历史意识和美学意识的变化（不可触），促成了青铜器饰之变化（可触），因而具有双向互因关系。这就使得郭沫若的美学史观闪烁着社会学史的光芒。

郭沫若在对感性的美学晶体加以阐释时，十分注重原社会生态和形态的复现和文化内涵的揭举。例如对“莲鹤方壶”的阐释：

> 此壶全身均浓重奇诡之传统花纹，予人以无名之压迫，几可窒息。乃于壶盖之周骈莲瓣二层，以植物为图案，器在秦、汉以前者，已为余所仅见之一例。而于莲瓣之中央复立一清新俊逸之白鹤，翔其双翅，单其一足，微隙其喙作欲鸣之状，余谓此乃时代精神之一象征也。此鹤初突破上古时代之鸿蒙，正踌躇满志，睥睨一切，践踏传统于其脚下，而欲作更高更远之飞翔，此正春秋初年由殷、周半神话时代脱出时，一切社会情形及精神文化之一如实表现。①

当中国文明从神话和半神话中走出时，表现出了空前的热情和理性意识。郭沫若从白鹤亮翅的雄姿中发现了它所透发出来的美的昂奋精神，这是感性层面的发现，属于第一层次。第二个层次是进而推导出精神的社会、文化涵值：“一切社会情形及精神文化之一如实表现。”从感性之现象抽绎出理性之结论。需要提出的是，他进行感性层面的描述有一个别人所未及之处，那就是包含着自身对于对象的感受：此壶“予人以无名之压迫，几可窒息”。这是他从“此壶全身均浓重奇诡之传

① 郭沫若《新郑古器一二考核》，《沫若文集》第14卷，人民文学出版社1963年版，第509页。

统花纹”中感受得来的。这在中国美学史家中是很有特点的。他摆脱了纯客观性的美学研究，渗透了研究主体的意识、感受，而这在美学研究中不是应该排斥，恰恰倒是需要提倡的，因为美学是在主体把握中进行的。郭沫若在阐释美学现象时既透入自身的主体感受，又进行着感性的描述，体现出他的审美感受力和穿透力。因而，他的美学史研究又具有经验美学的色彩。

郭沫若的美学史观焕发出史识的光芒。他对于美学史研究和美学现象阐释，总是那么不同凡响、别开生面、发人所未发，乃是因为他有深邃而锐利的识见。这样，他的美学史观就有光点、灵犀。

郭沫若的研究不仅还原和复现时代，而且把美学现象中的精神归结和提升为时代审美理想和时代精神。例如，前引的他认为莲鹤方壶中那站立于莲瓣之中，展开双翅，“单其一足”，微微张嘴似乎要鸣叫的白鹤“乃时代精神之一象征”。又例如，他对晚周帛画的阐释：

> 夔是死沓沓地绝望地拖垂着的，凤却矫健鹰扬地呈现着战胜者的神态。的确，这是善灵战胜了恶灵，生命战胜了死亡……这是生命胜利的歌颂。
>
> 画的构成很巧妙地把幻想与现实交织着，充分表现着战国时代的时代精神。
>
> 虽然规模有大小的不同，和屈原的《离骚》的构成有异曲同工之妙。但比起《离骚》来，意义却还要积极一些：因为这里有斗争，而且有斗争必然胜利的信念。画家无疑是有意识地构成这个画面的，不仅布置匀称，而且意象轩昂。画家是站在时代的焦点上，牢守着现实的立场，虽然他为时代所限制，还没有可能脱尽古代的幻想。①

---

① 郭沫若：《关于晚周帛画的考察》，《沫若文集》第 17 卷，人民文学出版社 1963 年版，第 436～437 页。

把握了时代的审美理想和时代精神，美学现象和美学精神就有了总体格调和趋向，这正是把握美学史的需要。对于殷、周青铜器，他首先扣住的是花纹图案这一感性现象。《新郑古器之一二考核》要求人们“细玩”“图案”。他具体阐述道，即使器物上没有铭文，其“花纹图案”也能“显示其时代性”。“大凡殷、周古器中之花纹均偏重几何图案；其次的动物图案，大抵均原始想象中之怪兽形；动物形而用写实手法者甚罕见，其用植物为图案者，则可云绝无仅有”。《“毛公鼎”之年代》一文对上述文化、美学思想作了集中发挥。以花纹形式为对象去揭示时代文化特征、审美理想。他说：“大凡一时代之器必有一时代之花纹与形成，今时如是，古亦如是。故花纹形式在决定器物之时代上占有极重要之位置，其可依据，有时过于铭文，在无铭文之器则直当以二者为考订时代之惟一线索。如有史以前尚无文字之石器时代，其石器陶器等，学者即专据其形式若花纹以判别其先后。其法已成专学，近世考古学大部分即属于先史时代者也。”他不满于“中国学者考订古器物，自来仅专靠铭文，而于花纹形式毫无系统之研究”，即使某些“稍完备者，虽亦图像与铭识并收”，但是“其图像多空存而无说，说之者又多本先入之见而妄事臆测，不知比验其异同，追踪其先后，于形式与花纹之中求出一历史系统”。他提出这样的研究构想：“余谓凡今后研究殷、周彝器，当以求出花纹形式之历史系统为其最主要之事业。”而他，正是身体而力行之。

郭沫若对此的研究还有更深入之处，即以花纹图案为具体案例，界定出不同历史时期的文化、审美特征：“凡殷末周初之器有纹者，其纹至繁，每于全身极复杂之几何图案(如雷纹之类)中，施以幻想性之人面或兽面(如饕餮之类)中，其气韵至浓郁沉重，未脱神话时代之畛域。稍晚则多用简单之几何图案以为环带，曩之用不规则之工笔者，今则用极规则之粗笔，或则以粗笔之大画施诸全身，其气韵至清新醒目，因而于浓重之味亦远逊。更晚则几何图案之花纹复返诸工笔而极其规整细致，乃纯出于理智之产品，与殷末周初之深带神秘性质迥异矣。”这些分析体现了郭沫若所独有的学识、眼光、欣赏水平和判断能力，最具美学史深度。以具体的花纹图案的感性特征来界定不同历史时期的文化、审美特征，由此来划分美学史、文化史的区段，这是独具特色的文化史、美学史研究。从这一论述系统和基本观点出发，郭沫若认为那只“毛公鼎”“绝非周初之器所宜有”，其依据是由花纹案来鉴别的，其“花纹仅由两种简单之几何图案，相互间插，联成环带，粗枝大叶”[①]，乃非周初之形制。郭沫若的上述研究是真正的美学史研究，关键是他久已形成了深广的史学意识、观念和眼界、视域、方法、材料。可惜，至今出版的美学通史虽有几部，但没有继承和延续郭沫若所开拓的美学史研究之路，对于郭沫若的先秦美学史研究成果更吸收得不够。

郭沫若的这种先进的方法论，还得益于国外的研究方法理论的借鉴。他曾翻译并出版了德国学者米海里司的《美术考古一世纪》（又名《美术考古学发展史》），他从这本书中借鉴了方法论，并与先秦美学史研究相连接。他在译文序言中认为，该书从方法论上给他以直接的帮助，说：“我的关于殷墟卜辞和青铜器的研究，主要是这部书把方法告诉了我。”反之，“假如没有译读这本书，我一定没有本领把殷墟卜辞和殷周青铜器整理出一个头绪来，因而我的古代社会研究也就会成为沙上楼台的”。推而广之，“因而我的关于古代社会的研究，如果多少有些成绩的话，也多是本书赐给我的”。他十分赞扬道：“这书实在是一本好书，它把十九世纪欧洲方面的考古学上的发掘成绩，叙述得头头是道。”[②]

郭沫若的先秦美学史研究成果是当时学术生态所孕生出来的。郭沫若研究先秦美学史的整体学术生态环境是优越的，相互切磋，资源共享，决不个人居为奇货，互相封锁。就莲鹤方壶，曾发生了一桩学术公案。对郭沫若的此器解读，著名文物考古学家马衡先生提出了疑义。1932 年 11 月致信郭沫若，言“当出土之时”“亲往参观”，亲眼见到“鹤者亦确有之”，但是他提出了一个重大疑问：“不知应附丽于何器？”他发

① 郭沫若：《“毛公鼎”之年代》，《沫若文集》第 14 卷，人民文学出版社 1963 年版，第 672 页。

② 郭沫若：《序〈美术考古一世纪〉》，《沫若文集》第 13 卷，人民文学出版社 1961 年版，第 392～393 页。

现:“凡壶盖必却置,故其铭必倒刻。今缀一鹤则不能却置矣。故知其谬妄也。”郭沫若接受了这一见解,于1933年刊行的《古代铭刻汇考》中登载了马衡的这封信,曰:“莲鹤方壶之臆论……自承谬误。”后来,却又收到亲历发掘的郭宝钧先生的信,否定之否定,郭沫若的《新郑古器中“莲鹤方壶”的平反》谈及此事:“郭氏此信,实为我解决了一桩重要的公案。汲县壶之出土不仅足以证明新郑之壶之不孤,而‘鸟立板心,盖中透空,盖与板判然二物’,亦足破‘盖必却置’之反证……余因未见原物,故于已说无法坚持,于马说未免轻信。今既得确证,故得维持原说,而取消1933年的‘谬误’之自承。”他认为,马衡先生提出异见,“商讨学问,以求接近事实”。据此,他就形成了先秦文化史、美学史的两项基本的研究经验:“做学问必须多求实物的根据,审慎从事,而且也必须多向朋友请教,以资反复商讨。不然便会轻易判断,轻易置疑,轻易诬枉,而且轻易失掉自信了。”概乎言之:一是实物依据,二是学界商讨。郭沫若受王国维先生的学术思想影响尤深,得容庚先生的学术帮助尤多。容庚编辑《金文编》,郭沫若以得读释金文之便捷。时郭、容素不相识,郭沫若亡命日本,闻容庚于古文字学有精深研究,求助于铭文的拓本、摹本等,总是有求必应,毫无保留。正因为容庚慷慨相助,郭沫若才得以根据拓本、摹本之实物加以解读、研究。郭沫若《殷周青铜器铭文研究》中常见“铭据容庚摹本”句。郭、容之间建立的学术交谊,书写了中国近、现代学术史的佳话。

唐兰为《两周金文辞大系图录》所作的序,高度评价郭沫若的青铜器研究的成就,说:“后之治斯学者虽有异同,殆难逾越。”郭沫若之所以在这方面取得后人难以逾越的成就,最根本的是有巨大的学术勇气和探求精神。《〈管子集校〉叙录》说:“研究工作有如登山探险,披荆斩棘者纵尽全力,拾级登临者仍须自步,不入虎穴,焉得虎子?不知勤劳,焉能享受?”《〈金文丛考〉重印弁言》说:“人们可以有所恃而深入虎穴,亦有所恃而必得虎子。”他在该书标题页的背面,题句曰:“大夫去楚,香草美人。公子囚秦,《说难》《孤愤》。我遘其厄,愧无其文。爰将金玉,自励坚贞。”感慨万端,深长系之,大有太史公《报任少卿书》的情味。由此也就揭示出了他在先秦美学史研究上取得世纪性成就的答案。

中国美学家研究及其所受美学思想影响

郭沫若对中国美学家之研究，比较倾向于道、禅一脉。除对道家美学始祖庄子有论外，还论及下列美学家。

司空图。司空图的《诗品》在中国美学发展史上有着极高的地位。司空图发展并融会了道家美学思想，进一步从审美的角度去说明文学的特征和规律。他的“二十四品”，富于感性经验色彩地描述了一个个具有审美风貌的意境，突出了中国民族美学的抒情、空灵、冲淡的特征。司空图的审美见解不仅为郭沫若所把握，而且影响了他的美学思想的形成。他在《序〈我的诗〉》中说：

> 在五六岁发蒙的时候，我顶喜欢它……一直到现在，我的关于诗的见解大体上还是受它的影响的。
>
> 我尝以为诗的性质绝类禅机，总要自己去参透。参透了的人可以不立言诠，参不透的人纵费尽千言万语，也只在门外化缘。①

> 一般的美学家把美感主要的分为悲壮美和优美的两种。这如运用到诗歌上来，似乎诗里面至少也应该有表现这两种美感的风格，唐时司空表圣把诗分为了二十四品，每品一篇四言的赞词，那赞词本身也就是很好的诗。但那种分法似乎过于细致，有好些都可以归纳起来。更极端的说：二十四品似乎就可以归纳成为那开首的“雄浑”与“冲淡”的两品。②

司空图所提出的“味外之旨”“象外之象”的美学思想，揭举了艺术创作

---

① 郭沫若：《给郁达夫》，《沫若书信选》，第103页。

② 郭沫若：《题画记》，《沫若文集》第12卷，人民文学出版社1959年版，第236页。

不应只注重审美对象的物态和状貌，而应该表现审美主体的内在的微妙而又明朗，只可意会却又难以言传的主体情感的最本质的特征。在这一点上，影响并促使郭沫若建立了这样的美学思想：文学作品的美学生命，"全在那种不可把捉的风韵"①。

苏轼。郭沫若倾心喜欢这位同是海棠国的宋代作家、诗人、美学家。苏轼的文化品位极高，文化知识极丰，清代就有人认为苏轼文化的综合性超过了李、杜。从郭沫若的文化素养来看，更接近苏轼，诗、文、书法皆工。他是现代苏轼。郭沫若的一些诗的美学格调受苏轼影响较深，其《夜泊嘉州》有追步苏轼《送张嘉州》之意。郭沫若还受到苏轼美学思想的影响，至少集中在两个方面。

一是作家表达的情感应当充沛饱满。苏轼在《文说》中写道："吾文如万斛泉源，不择地而出，在平地滔滔汩汩，虽一日千里无难。及其与山石曲折，随物赋形而不可知也。""万斛泉源""滔滔汩汩"，是何等充沛！苏轼在《〈江行唱和集〉序》中又写道："夫昔之为文者，非能为之为工，乃不能不为之为工也。山川之有云雾，草木之有华实，充满郁勃而见于外，夫虽欲无有，其可得耶？"苏轼认为，作家的主体感受只有"充满郁勃"，才能写出珍品。这些见解不是被郭沫若继承下来了吗？

二是上引的苏轼的美学见解"随物赋形"和他在《答谢民师书》中所说的"大略如行云流水"，强调了行文的自然，意到笔随。这是禅、道相融为内核的偶然随机、不为陈法所拘的自然性美学思想。郭沫若的创作心态、流程不正是这样吗？

袁枚。郭沫若对袁枚的《随园诗话》有专门研究，曾于1962年出版专著《读〈随园诗话〉札记》。其序云：

> 《随园诗话》一书曾风靡一世。余少年时尝阅读之，喜其标榜性情，不竣立门户；使人易受启发，能摆脱羁绊，尔来五十有馀年矣。

---

① 郭沫若：《歌德诗中所表现的思想·附白》，《少年中国》第1卷，第9期。

这则序文至少透露了两条讯息：一条是他少年时代就已阅读了《随园诗话》，渊源甚深，至此已有五十馀年了；一条是他推崇袁枚“标榜性情”。他说：“袁枚于诗主性情说。”他解释“所谓性情者，谓抒写胸臆，辞贵自然”。他进行了比较评价：“这较王渔洋神韵说之不着边际，沈德潜格调说之流于空套，自然较胜一筹。”袁枚说：“诗虽其真也，有性情而后真。”郭沫若就扣住这一美学思想展开论述线索。他认为：“性情必真，格律似严而非严，始可达到好处。”同时，他据此论述了诗、词、曲的演化根源于性情的演化：“其实曲与诗之别仅格调不同耳。诗失去性情而有词兴，词又失去性情而有曲作。诗、词、曲，皆诗也。至于曲本则为有组织之长篇叙事诗，而人谓之‘剧诗’。”

我特别要提出来的，是郭沫若题李可染《村景》的题画诗：

作诗与作画，　难得是清新。
有品方含韵，　无私始入神。
悠悠随白鹭，　淡淡泛芳醇。
美在蹄筌外，　庶几善与真。

可以这样说，这是现代以来表述中国美学特征的极为罕见的诗化论文。这首五律可说是高度概括了中国美学的最基本也是最根本特征。首联“作诗与作画，难得是清新”，乃化用了苏轼《书鄢陵王主簿所画折枝二首》之一中的名句：“诗画本一律，天工与清新。”颔联“有品方含韵，无私始入神”，巧嵌中国美学的两个最有价值的范畴：“韵”“神”。两句对偶至工，“含”“入”富于中国美学的色彩。“有品”“无私”乃言审美主体所必具之品格和素质，这正是中国美学思想之核心：文品来自人品。苏轼《答张文潜书》即有名言：“其文如其为人。”郭沫若的《关良艺术论》[①]就此有相当充分的论述：

① 此文见《郭沫若研究》第1期，文化艺术出版社1985年版。

> 目前第一个原则是……更需画家人格的修养，和画格的保持，画家的人格与画格本来是不可分离的。一个具高尚人格修养的画家，他的作品一定不会任他随流俗沉浮，从他的品格透过作品，从作品透过鉴赏者的感觉，画家的人格和画格，是永远会站得住的。例如画一岩，可以代表坚贞的性格，可以代表奔放的热情，一岩一丘一壑，在庸俗眼中，极其平凡，在画家笔下，独能表现其高洁。这种意境的改造，其关键完全由于画家的品格。因之一个画家创作的目的，应该由自己用人生的意识去搜寻，一幅作品的价值，更应该用历史的眼光去估计，如果失了正确的目的，忽视了历史的价值，不择主题，随意落笔，不幸而落为一种“帮闲”“消遣”的东西，那便是画家的悲哀！

再回到题画诗的颈联：“悠悠随白鹭，淡淡泛芳醇。”这是对两种美学型态和状貌的具象化描述。其“悠悠”之状如“白鹭”展翅，其轻淡风味犹似泛起“芳醇”。尾联“美在蹄筌外，庶几善与真”，完整地提出了真、善、美相结合的美学命题。其中最得中国美学神髓的是“美在蹄筌外”句，这是对中国美学最基本特征的诗言概括。

利用现代学术成果的拓新及其美学学术个性

虽然郭沫若的研究对象是年岁久远的中国美学史，但他是用现代美学视野来观照的，充分利用了现代学术的新成果。这样就使得他的研究成果有学术新色和思想亮色，领导了美学史研究的新风骚、新潮流。

郭沫若的美学史研究所接受的现代学术思想是多方面的。

文化人类学。郭沫若是运用文化人类学研究中国文化现象的开山祖。这首先赖于他那精湛的学识和绝顶的聪慧，对中国文化的一些密码符号作了石破天惊的破译。他识得甲骨文，更重要的是对文化符号的阐释。例如《诗经》中有“天命玄鸟，降而生商”，“玄鸟”为何，是凤凰，还是燕子，据郭沫若的阐释，“无论是凤或燕子，我相信这传统是生殖器的象征，鸟直到现在都是生殖器的别名，卵是睾丸的别名”[①]。“鸟”和男根之名系一音之转，“鸟”便成为男根的生殖崇拜符号。此一阐释使得“鸟”这一文化现象之谜，顿然雾释冰消，成为现今人们解开上古文化结的依据。河南陕县庙底沟出土有陶塑鸟头。鸟的陶塑，其文化意义何在？这不是上古人的无意义文化行为，也不是一般的动物图腾文化涵义，而是包含着深刻而庄严的生殖崇拜文化意味。另外，郭沫若的《释祖妣》还极其卓越地对“祖”“妣”的文化密码作了破译，认为“妣”是女阴文字符号，“祖”是男根文字符号。“且”即男根。他认为：“知祖妣为牡牝之初字，则祖宗崇祀及一切神道设教之古习亦可洞见其本源。盖上古之人本知母而不知父，则无论其父之母与父之父。然此有物焉可知其为人世之初祖者，则牝牡之器是也。故生殖之崇拜，其事几与人类而俱来……古来凡神事之字大抵从示……盖示之初意本即生殖神之偶像。”郭沫若是以生殖崇拜的文化观念对上古的一些重要文化现象进行阐释的，而生殖崇拜文化学是文化人类学的构成内容。人类的生存、发展是两大主题，对生殖的崇拜，企望“瓜瓞绵绵”是人类的原始激情和伟大预想，体现了初民旺盛的生命意识。这是文化人类学之精髓所在。郭沫若的生殖崇拜、文化研究正是导入了文化人类学的重大理论课题，从而为中国美学史研究打开了一条通道，奠定了中国美学史的原生态基础；美是生命意识的表征。中国美学是生命美学。

神话学。郭沫若对于神话的审美启示力和作用，有充分的论述。他说：“神话是艺术品，是诗。”“我们在这里可以酌饮醍醐。我们在这里可以感受启迪。”郭沫若认为，“诗人的表象作用，我们不能在抽象的美学中去寻求”，而应该在神话“这种具体的世界中学习”。对神话的美感作用，郭沫若又做了富于美感色彩的描述：

---

① 郭沫若：《先秦天道观之进展》，《郭沫若全集 · 历史编》第 1 卷，第 329 页。

它可以开释我们想象力的枷锁，使我们对于无知的自然观如对亲人；使我们听到群星的欢歌，听见花草的笑语；使我们感觉得日月的光辉如受爱人的接吻，窥察得岩石的秘密如看透明的水晶。一切平面都变成立体，一切无情都变成有情，坟墓变成为母胎，活尸也才从母胎中再生。①

对神话的美学功能作出如此热情喷溅和色彩焕烂描述和赞美的，现代学术史上并无第二人。

精神分析学。在现代接受弗洛伊德精神分析学并加以运用，进而阐述文艺美学现象和进行作家研究的，郭沫若是较早的一位。早在1921年写的《〈西厢记〉艺术上的批判与其作者的性格》就是运用精神分析学的论文。他在阐述时不可避免地带有精神分析学传入中国初期的稚嫩和偏颇。例如，他说："照近代精神分析派的学理讲来，这部《西厢记》也可以说是'离比多'的生产——所谓'离比多'是精神的创伤，是个体的性欲由其人之道德性或其它外界的关系所压制而生出的无形伤害。"又说："屈原好象是个独身生活者，他的精神确是有些变态。"蔡文姬是"歇司迭里性的女人"。然而他又认识到："精神分析派学者以性欲生活之缺陷为一切文艺之起源，或许有过当之处。"他运用精神分析学分析《西厢记》作者的美感心态，还是相当精彩和独到的："我们细读《西厢记》一书，可知作者的感觉异常锐敏，几乎到了病态的地步。作者的想象异常丰赡，几乎到了狂人的地步。他在音响之中可以听出色彩出来。你看他叙莺莺听琴说出'其声幽，似落花流水溶溶'，落花的红色，流水的绿色，和两种的动态都听出来了。这分明是种'色听'。"只有用精神分析学才能对《西厢记》作者的艺术感觉和美感心态做出独到的分析和体验。

---

① 郭沫若：《神话的世界》，《文艺论集》，人民文学出版社 1979 年版，第 162 页。

比较文化学。这一问题包含两个层面,一是区域性比较,一是中西方比较。

在区域性比较中,郭沫若知识渊博,运用了地理文化学原理。《〈两周金文辞大系〉序》对南北二系做了分类,从地域范围内做了界定。所谓南系指江淮流域,北系则指黄河流域,进而确定南北二系的文化、审美特征,南文尚华藻,字多秀丽;北文重事实,字多浑厚。他进一步把南北二系与商、周文化、美学联系起来。周人气质偏重现实,商人气质倾向艺术。这些经过比较后所进行的确定是独到的。

郭沫若不仅学富五车,而且贯通中西,运用比较文化学原理和方法绰有馀裕,对中西方艺术、美学特点的概括往往一语中的。其《关良艺术论》写道:

> 中国人和西洋人在生活方式上,艺术的观点上,各有不同,西洋画与中国画在创作的风格上和技巧上,亦相互歧异。凡此亦即分别代表了中国与西洋民族特质。例如中国人好静,所表现于画面上的是恬静,洒脱,淡于功利之念,所表现于画面上的是淡泊,超逸,这说明中国民族性是酷爱和平。西洋民族是一种动的,热情奔放的,甚至于急功好利的,所以西洋画的作风,有粗大的线条,鲜明的轮廓,浓郁的色调,坚实和夸张的性格,读之容易感人媚人。中国画是从内在的灵境出发,从平面中蕴蓄无尽,富于一种潜在的神秘感,西洋画是从外在的实感出发,从立体中发扬无遗,富于一种外铄的印象感。中国画是在某些部分实不及西洋画的技巧,西洋画在大体上,然亦不及中国画的蕴藉。因此中国艺术的价值,殊觉可贵。不过从时代的意义上说,目前的中国是需要动,需要有一种热情奔放的推进力量,需要由"山人""居士"的意境,转变到正视人生的意境,及需要发扬"淡泊明志,宁静致远"的积极作用。

郭沫若通过对中国美学史的研究,通过对中西方美学的比较研究,揭示了包括中国美学在内的东方美学的基本特征:

> 东方人于文学喜欢抒情的东西，喜欢沉潜而有内涵的东西，但要不伤于凝重。那感觉要像玉石般玲珑温润而不像玻璃，要像绿茶般于清甜中带点涩味，而不像咖啡加糖加牛乳。音乐的美也喜欢这种涩味，一切都要有沉潜的美而不尚外表的华丽。喜欢灰青，喜欢忧郁，不是那么过于宏伟，压迫得令人害怕。[①]

现今的美学界对东方美学格调的概括，并没有超出这个论述框架。

一方面郭沫若的美学史研究体现了科学性特征，一方面又有着他所独有的学术个性。这个学术个性体现为他有自己的倾向、锋芒。他所欣赏的是富于蓬勃生机的美学时期和富有时代特色的美学现象、晶体。如前述的青铜器时代，莲鹤方壶。他要求美学上改变“山人”“居士”意境，转变为正视人生的意境。他赞赏孔子删《诗》有“审美的情操”[②]。他赞美《诗》《骚》美学，却对汉赋美学吝于褒扬：“两汉引以为自傲的赋，实际上是一种像两扇大门一样死板的。”[③]历史进化和美学进步不是完全对应的，某些领域的美学、艺术愈向后发展反而愈停滞和失去生机。“尤其在清代末期，可以说是整个地形成了一个大后退。绘画，无论是山水，人物，花卉，虫鱼，差不多都脱离了自然，仅仅在前人的窠臼中，古代作品底摹仿中，作着观念的游戏，和社会生活游离更自不用说。雕塑已沦为最下贱的匠技，不仅盲目于自然与人生，而且盲目于古代的摹拟，一切成品仅存依稀仿佛的形似而失去生命。这是最可悲悯的一环。建筑喘息在因陋就简的不生不死的状况里面。只是些不调和、拙劣的中西混合。工艺品，都一般地堕落了，就以代表清代美术的

---

① 郭沫若：《契诃夫在东方》，《沫若文集》第13卷，人民文学出版社1961年版，第167页。

② 郭沫若：《论古代文学》，《郭沫若古典文学论文集》，上海古籍出版社1982年版，第8页。

③ 郭沫若：《研究民间文学的目的》，《郭沫若古典文学论文集》第41页。

瓷器而论,乾隆以后也就日趋拙劣"[①]。这里对中国艺术的美学发展状况的分析是准确而又精到的,是真正具有"史"的眼光的。

观念和方法上的创新,带来了郭沫若中国美学史研究的创新成果。郭沫若评价王国维的学术"那好像一座崔巍的楼阁,在几千年来的旧学的城垒上,灿然放出了一段异样的光辉"。把这段评价移赠给郭沫若的中国美学史研究特别是先秦美学史研究,也是恰当的。

(原载中国艺术研究院《文艺研究》1992 年第 6 期[头版头条位置],人大复印资料《美学》1993 年第 2 期全文转载。)

① 郭沫若:《美术节展望新美术》,转引自黄侯兴著《郭沫若文艺思想论稿》,天津人民出版社 1985 年版,第 311 页。

新时期小说形式美的演化

一

当代新时期小说创作的一个重要实迹是小说观念出现了审美意义上的演变。这一点我曾以吴文的笔名在《钟山》1984年第4期上发表《新时期小说观念的审美演变》作了论述。观念具有广泛的涵盖意义，众多的范畴在各自的局部范围内的变化带来了整体的变化，因而，新时期小说形式美的演化纳入汪洋恣肆的新时期文学思潮的层层波澜中。

形式美在最初有着一定的实践内容和功利色彩，经过长期的发展会独立化为具有可以独立观照的审美范畴，出现了具有系统质的稳态结构，陈陈相因，代代相传。这种稳态结构在容纳和表现审美意象时有其便利和优越，因而，易为人们所接受，进而转化为人们的审美心理结构。形式美在体现人们的审美心理时产生一定的惯例，但也形成了某种惰性力，这就需要冲越某种桎梏，以期和新的审美心理产生和谐、平衡。而一定的形式美从根本上说，体现了一定时代的审美思潮的需要；当社会实践色彩的审美思潮出现变化，也就决定了形式美的部分或整体的变化。当代新时期的一股审美思潮的勃兴，在某些方面打破了我国古典主义和谐、匀称、整齐一律的形式美学原则。这种形式美学原则既在一定程度上受到西方现代派思潮的影响，又有其实践动因。在现代派的建筑、工艺中反均衡匀称、和谐整齐的倾向否定了古典主义形式的审美理想。与之同时,当代人的审美趣味也在变化。在这样的审美思潮的冲击下,我们不能不看到,中国当代新时期小说的形式美出现了一个不可忽视的变迁,传统的小说形式美学结构正在经受着一场挑战。

二

新时期的社会思潮带有冲发式的特点,审美思潮也是如此。这一思潮是在新旧的两个历史时期交替阶段出现的,它涵茹着无限丰富的社会实践和历史内容,既要深沉地回思过去,又得严肃地面对现实,还应高瞻远瞩地展望未来。而检视过去,又不仅仅地看到十年动乱这一特定的历史时期,而且追本溯源,探究极"左"思潮的源头。堆积如山的生活对象再也没有什么禁区、限制地任作家自由选择和观照,作家在选择、观照对象时的责任感、深邃感都比当代小说史上的任何一个阶段加强了。因而,作为新时期小说的一种美学背景,意识到的历史内容,驳杂丰富的心理内涵,就使得短篇形式显得难以吐纳——容纳和吐露上述的审美内容,而长篇巨制的审美历程又需要有相当的时间作为支付条件。在这样的美学背景下,一方面是中篇形式的拔地而起,小说家族出现了新的姊妹,介乎短、长篇之间,可以扬二者之长,亦可以避二者之短。由于它是较为新颖的小说形式,因而新姊妹的美学性格较少有古老家族的旧习,具有开放性的特征。由于它的审美形式的优势和开放型的性格,使得它可以和诗歌攀亲,亦可以与散文联姻,这样,中篇的审美形式就发挥了更多的美学上的功能。而在这样的美学背景下所形成的逼进势态,便促使稳定性,或者说是具有某种惰力和惯性的短篇形式不能不产生变革。这种变革在某种意义上更为艰难,它无法冲越母腹的形式桎梏,否则,它将不是短篇的形式了。于是,在矛盾中求生存,在限制中求发展,就不能不在短篇的形式外壳下作出新的内探索,这和冲破短篇形式外壳向中篇发展的外探索,是新时期小说形式美学的一点两面。中篇小说的美学样式在新时期以文革前十七年所未曾有过的热烈情景和势态出现。绝非偶然,乃是为审美新思潮的特点及其表现需要所规定的。情绪散文化、诗化的形式，掠影断片式的形式，在表层挥写中蕴含深层内脉的形式，放射型的形式等多元性的结构形式纷呈杂现，如李国文、汪曾祺、王蒙等的小说（这个问题，我们在后面将详加论述）。而固守短篇阵地的陆文夫，还无意于向长篇进军，他潜心的是"小巷人物"的系列"建筑群"，他在短篇形式上的竞争，似乎不像上述的几位作家去广泛地接收别种艺术样式的信息，而是在固有的阵地上对固有的形式进行内处理、内加工，致力于新颖断片的截取，独到角度的透视，把本来就是短的形式还要加以浓缩，在浓缩中求取审美的高容量、多义性。再如林斤澜，他的《青石桥》写山村小店主人一家三代的历史命运，非长篇何能骋其意？但作者却浓缩在一个仅几千言的短篇之中。一方面是中篇式的扩展，一方面是短篇式的压缩，在观照生活，表达主体的审美意识时做到各领千秋，其审美目的的殊途同归，为着更鲜明地传达饱含着时代感的意绪、氛围、情感，使得审美形式所容纳的审美内容的历史感、现实感更为深广。

从中国现代小说史的角度看问题，鲁迅的《阿 Q 正传》滥觞了现代史上的中篇小说。鲁迅之所以取这一审美样式也需要从审美感的社会实践上去说明原因。只有以如此的样式才能容纳巨大的历史意识载体，才能容纳中国国民的沉默而受蹂躏的灵魂。此后，虽有中篇小说出现，但在人们的形式观念中仍然视为短篇，这诚然是观念未变使然，更重要的是中篇小说还未独成美学气候，令人刮目相看。"文革"前的小说界，中篇也显得有些寥落，几为文学史家所忽略。只是在新时期，它才异军突起。众多的中篇纷然出世，特别是优秀作品的崭露头角，改变了全国大型文艺期刊的刊登宗旨，把刊发中篇小说作为头条目标，评奖机构已把它作为单独的门户了，它改变了人们的小说观念。长、短制之外，拔起中篇的劲旅（还有微型小说），使作家在创作中逐步把握它的审美规律，为过去的体裁、样式美学所绝少置喙的领地，如今开拓了新的疆土，提供了新的财富，特别是审美观念的财富。而这一切从根本上说是——会逢其时——新时期的审美思潮孕育着客体、主体所使然。

三

审美形式从根本上说反映的是艺术的时空关系。艺术时间在小说中反映出表象持续关系的纵向构置，而艺术空间在小说中则是反映表象相邻关系的横向构置。时空的结构、横纵的构置，便形成了小说的审美形式机制。在传统小说艺术（并非全部）中，时空的滞留性表现得十分显著。它的单向线性结构无法表现当今复杂的多向生活流程，它的描述的低维功能也无法表现当今的多维生活现象，它的事无巨细均应交代无遗的手法都使当今审美欣赏能力得到大幅度提高的人们觉得多馀，它的单一性更和当今的信息爆炸时代显得不相适应。在现在，许多作家倾心的已不完全是事件的逻辑进程，多是事件的心态反应，作家的心绪蓦然腾跳在意象与意象的非直线因果关系上，于是，传统小说的时空结构形式被打破，作家对时空关系重新加以安排，时空结构重新进行剪辑，将它统一于心波的流程，传统的封闭式形式终于被开放式的结构形式所取而代之。这一形式美学的演变在新时期的小说中取得了最为醒目的特色，也取得了最为多样的形态。

有采取生活中的某一瞬间时态，却细刻深掘，铺衍成文的，如《哦，香雪》。时间仅只一分钟——火车停留在台儿沟车站的一分钟，作者抓住这短短的一分钟表现出蒸腾在时代潮流中的热气和新的信息。以稍纵即逝的时间去包孕空间领域的广漠，其时代感十分显著。有限的时间，有限的篇幅形式内传送出无限的时代意绪和美学精神。这种凝练中求丰富的短篇形式，显示出短篇形式美的功能特点。

有采用口述实录的形式的，如张辛欣、桑烨的《北京人》，以被采访者的谈话借助录音和文字记录的独具一格的形式出现，这在中国小说史上可谓独得先例。作者的“计划是写一百位普通中国人的生活和想法”，从在几家杂志所发表的80多篇来看，作者获得了成功。这里，极少涉墨于通常的环境描述，也没有通常的情节设置，一切都是由被采访者的言谈所组成。而时代的信息、人物的性格却从这些言谈的记录中折射出来。值得称道的是,所有的人物的语言的内容、色彩以致口吻、调门都有着80年代人们的不可混淆的时代特征。例如《我"瓶中的苍蝇"》写南京的一名青年人,他的对时代、社会的看法,对人生的理想烙有这个时代的痕印。作者对于众多的"北京人"的口述实录,似乎没有多少形式的加工,一个"实"字,显示出作者的审美要求。但是,显然地有着某种艺术形式的加工、芟除,却又令人浑然不觉,仿佛一切都是从生活中来的,而其审美效应让人们所感受的生活本体色泽十分浓烈,已难以判明作者进行了多少艺术的制作。整个《北京人》的篇幅集合起来是一个长篇的规模,但整个的时空关系的显示不是如传统的长篇小说那样在事件的推进中引起递入和开扩。作者的审美目标是想显示出长篇小说的宏大特点,传统长篇如《儒林外史》的"虽云长篇,颇同短制"的形式在这里又找不到它存在的身影,这是一种新的形式机制,是从一百个人物的自身所存在的角度出发,进而把他们所放射出的光亮聚拢到一个焦点上——时代、时代的情绪的焦点上,是一种聚合型的形式。这里,作者对小说的时空观念有较为独特的理解和创造。作者形式美学意图的整体观念不是靠作品本身的外观明确显示,而是在审美意图的内在联缀上令人刮目相看。作者这样处理小说形式有着显然的创造意图,不是随意为之。作者是这样说明他们形式美创新的实践原因:

> 新的时代,新的感受和交流的传递,反馈方式,要求有新的文学体例。①

这是一个相当重要的美学说明,说明了形式美演变、创造的最根本的社会、时代因素。

国外的当代小说家的叙事方式可谓五光十色,诸如:第二人称叙述法,主观镜头叙述法,变形叙述法,物的叙述法,法庭作证式叙述法,变

① 张辛欣、桑烨:《〈北京人〉题记》,载《钟山》1985年第1期。

换人称的戏剧台词式叙述法等等。这些叙述方法被引进以后,促使当代新时期的小说叙述法较之“文革”前的十七年较为单一化的现象,产生了很大的变化,日益显示出驳杂纷现的状况。新时期的小说家们有的仍然用我国传统小说的第三人称叙述法,有的运用我国现代小说(实为借鉴西方)的第一人称叙述法,而不少作家则借用外国当代的小说叙述法,并加以新的创造。例如祖慰在为他的中篇小说集写的自序中说他的《被礁石划破的水流》,用的是“录音法”(这一方法跟我们前面提到的《北京人》不尽相类)。作者采访谁,谁就用第一人称叙述,人称遂发生变换。人物的叙述对象不是读者,而是作者。作者可以自由地插话,遂变成了补充叙述者,同时还插入其他音响。多种叙述方式的出现,不同于传统方式,在青年读者中倒有一些吸引力。

新时期小说形式的审美演化,一个重要的标志是形式结构上的放射型结构的出现,倡其先声的是王蒙。关于放射型结构形式问题有一些文章谈到过,但所谈尚欠系统,特别是对这种形式结构产生的实践原因缺少说明,而对于这种形式运用中的不同流派(暂且称之为流派,实际是不同的理解、见解及其运用)还没有细加分辨。首先得从它的基本特征谈起。

放射性的结构形式的出现带来了新时期小说形式的一个重大变化。中国的传统小说结构往往以事件推进的时间顺序为线索,事件本身的逻辑性强,因而中国小说艺术常被称为时间艺术。但放射线的结构的形式线索是心理流程,有时呈圆圈型,互不连续的镜头闪动式地跳跃着,间之以流线型的往返,还有交叉的现象,如同一些放射性的焰火。这种结构形式打破了传统的小说结构的单一性形态,其功不朽。它推进了小说形式向多样化的美的方向的发展,它有力地发掘了人物的内心感受,调动了主人公的浅度、深度意识,以致潜意识,使之尽行畅露。从而,它促进了小说由再现到表现,由客体对象到主观感受的功能质的重大转化。

对于这一新来乍到的小说形式,有人说是来自西方的意识流,有人则以中国小说说明意识流早就有之。其实,不能比附,至于说它来自西方，虽然在某些特征上有相似之类，但其美学内涵甚不相同。这些都未能说到关节处。我觉得还是放射性形式率先运用者的王蒙的话（这番话迟迟到1984年）才说到点子了：

> 这些试作之所以可能，正是由于新旧转折、拨乱反正的前几年的斑驳繁复的现实的冲击。这些冲击使笔者百感交集，一提起笔就觉得各种形象与思绪纷至沓来，有满天开花的爆炸感。①

这就相当深刻地说明了，这一形式美学的原则有着鲜明的实践原因，是为作家的主观感受满天开花的放射所决定和所派生的形式结构上的放射性。而这种主观感受的放射、爆炸又有着特定的时代印记，即"新旧转折、拨乱反正的前几年"。离开了这一时代条件也就无法从根本上寻找到问题的答案，因而，王蒙的这一说明具有强烈的实践美学的色彩。一方面放射性的小说形式有其产生的时代原因，另一方面它作为一种形式，作为一种美，还将超越时代的具体条件，获得自稳的结构形态。于是，形式美又出现了它的延续性。

人们在研究新时期小说放射型的结构形式美时，还似乎有些一概而论，缺乏具体的分辨。其实，它们不尽相同，王蒙所运用的比较典型，张贤亮、谌容、李国文就有点中国化了。对于已经形成传统习惯的中国读者和欣赏者来说，放射性形式确乎难以一下子接受。已形成习惯的审美欣赏趣味，有其稳定性或惯性，因而，在形式美感上的转变只能逐步进行，不能一蹴即就。在结构形式的艺术创新的过程中，一些作家注意融会中、西方的优点长处，尽力满足中国读者的欣赏口味。在这里，张贤亮的话有一定的代表性：

> 在设计结构和故事情节的同时，当然要考虑在技巧上采用什

---

① 王蒙：《生活在召唤文学》，载《文艺报》1984年第1期。

> 么表现方法。现在的小说，一般是故事线加气氛。在《灵与肉》之前我基本上也是采用这种方法的。但是，一篇时间跨度长、情节不曲折的小说再用旧的方法就会显得呆板单调。新的技巧，不外乎是意识流和拼贴画。我个人总觉得意识流还不太适合我国大多数读者的胃口，而拼贴画的跳荡太大，一般读惯了情节连续的故事的读者也难以接受。于是我试用了一种不同于我个人过去使用的技巧——中国式的意识流加中国式的拼贴画。也就是说，意识流要流成情节，拼贴画的画面之间又要有故事的联系。①

在这条中国化的新路上张贤亮、茹志鹃、谌容等人做出了成绩。在他们创作的带有放射性特征的小说形式中，整个故事的时空顺序虽然不时被交错打散，但剪辑过后的拼画，仍然有线索可循；结构虽有高反差，但又不致过于悬殊；自由联想没有过多的随意性，而是更多地和情节相结合。视觉形象和心理形象并重，既非因袭传统，又非照搬西方现代派。这条新路开拓了中国小说形式美的一个新的领地。

四

当代新时期小说形式美的另一个重要演化表现为小说的诗化、散文化。

小说的散文化从根本上说反映了小说的非情节化倾向。中国传统的小说特别是通俗小说是所谓的情节小说，它和戏剧有着很深的渊源关系。十年动乱时期，小说完全戏剧化，阻碍了小说形式的多样性发展。在粉碎"四人帮"后不久，刘心武在谈《班主任》的创作体会时曾批判了小说情节完全戏剧化的倾向。在新时期的作家中，人们逐渐在摆脱传统的闭合式的形式系统，走向开放，小说的散文化就纳入其中。作

① 张贤亮:《心灵和肉体的变化》，见《新时期作家谈创作》，第484～485页。

为新时期散文化的小说作家的汪曾祺，他的“从小喜欢到处走，东看看，西看看”①的积累生活似无定点的方式已含有“散”的特点，而他的形式美学的主张：“信马由缰，为文无法。”②就更带有小说散文化的特征了，而这，又似乎是下引的苏轼的散文美学见解的脱化：“大略如行云流水，初无定质，但常行于所当行，常止于所不可不止，文理自然，姿态横生。”③在汪曾祺的小说中，没有紧张的情节，只是淡淡写来，在出现“突转”“陡变”的当口，作者完全可以运用传统的小说笔法骋墨铺衍，然而作者却不，只是轻敷一笔，略略带过。散文的形散神聚，“无法”中有章法，构成了这一体裁的形式美学的根本特征。它被引入小说，便形成了这样的审美素质：“从分散中求统一，从自由中求规则，从相当自发的、似乎是漫无目的的流露中求思想性。”④需要指出的是，小说的散文化是为着求取审美上的众多效应，不使小说仅只限制在一个传统的形式范畴内，是在突破限制过程中产生美的爆炸力，获得美的力的扩张。又由于以散文的形式、笔调表现生活、描述对象，因而大可灵动自如，不必恪遵传统小说严缝合丝的章法，可以抒情，或作议论，抑或娓娓动听摆“龙门阵”，如邓友梅等人的小说，知识性、趣味性大大加强。其内在形式的曲曲转换，也并非如传统小说开端、发展、高潮、结局的起承转合，而是信马由缰，产生舒张自由的美的魅力。我们又需要指出的是，小说散文化绝非“化”掉小说，“化”掉小说特有的样式美学特点，乃是在突破传统的过于严格的桎梏，求得小说艺术形式美的驳杂纷呈、美妙多姿。

在这里，应该善于吸取小说、散文的审美素质，从而糅合出一种新的审美素质。它是小说，又有散文的特点；它尊重小说的欣赏期待，可又有散文的意绪。《冬天里的春天》作者的纵横潇洒的处理，很有散文的特点，但又尽量把握小说的形式机制。于而龙湖边探访，初得线索，

① 汪曾祺：《〈大淖记事〉是怎样写出来的》，载《读书》1982 年第 8 期。
② 《〈汪曾祺短篇小说选〉自序》，北京出版社 1982 年版。
③ 苏轼：《答谢民师书》，《苏东坡集》后集卷十四，商务印书馆 1958 年版。
④ 王蒙：《漫话小说创作》，上海文艺出版社版。

突被县委王惠平打乱。线索打乱后，再起线头，得知某船家获悉内情，于而龙费尽周折找到此人，此人却并非真知内幕，于是线索又被打断。于而龙好不容易打听到真正的知情人是船夫迟大爷。他踏破铁鞋，赶到迟大爷那里时，迟大爷却被人暗害。于而龙振起精神，探寻到另一条重要线索——被真正黑手王纬宇当年遗弃掉的四姐。眼看真相即将揭晓，矛盾临近解决，四姐却又被暗杀。每一个结构好像是一个圆圈，后一个圆圈似乎是重复着前一个圆圈，其实不然，而是在更高阶段上的发展，圈与圈相连，环与环相扣，渐次推入小说的高潮。这里，既有散文散而不散的特点，又有小说情节波澜的形式特点，从而铸造出一个新质——小说的散文化。

关于小说的诗化问题。孙犁在《小说的抒情手法》中把这解释为"兼小说与诗歌为一体"，可以"时加作者的议论或抒情"。新时期小说的诗化作为一种审美倾向，作家审美情感的层层吐露，超过了对客体对象的委曲描述，作家的审美对象逐步由客体转入主体，转入主体的主观感受。它的审美目标是寻求小说的诗味，它的审美特征是求取多种层次的诗一般的和谐融洽，例如《迷人的海》的表层结构和深层寓意的表里统一——海的气韵和素质；《月食》的空灵的意绪和空濛的境界的和谐——回思、眷顾的迷茫、惆怅。

在诗化的小说中，作品的深层结构中凝聚着深邃的美学意蕴。由于其美学意蕴具有双重性质：特定的时间、空间的如实描绘的具体时空感；象征性意象和传达技巧所产生的超越性的时空感，因而，在这类小说中令人回味的感受显得特别悠深绵长。它们都具备着事外有远致、言外有馀意的审美特质；它们都有一个表层的具象，深层的抽象（艺术的抽象）的表里互相发明的形式结构系统。作者在构思时，整个思维层中有着定向的审美寓意，从而构置成一个象征性的实体。例如李国文《月食》中的月光，邓刚《迷人的海》的海。它们是自然实体，却非自然实体的本身意义所能涵盖，而有着社会的意绪。"月食"只是暂时，月华终将倾泻大地，是作者从自然对象中所获得的审美感受，从而也就升华了作品的历史沉思感。

似自然而又非自然，是这类诗化小说获得美学意蕴并加以升华的契机和腾跃点，如海、月光、河、白雪等等。它们都有一个表里的双层结构形式系统，而底层的意蕴不是以逻辑性的概念显示，也不是以浅露的实体性的形象寓意让人一眼洞穿，乃是在物象到意象的自然过渡和描述中给予人们深味细察的思而得之，其领悟性特强。谌容的《白雪》通篇的雪花的往复飘动，是象征意蕴的层深迭入。作家从雪的自然素质中沟通了描述的主位对象——西坡奶奶的性格素质，从而在审美行程中以暗示方式产生出它的审美素质。小说中的"我"第一次进山适逢大雪弥天，作者尽情描述的是雪的情景、形象；"我"第二次进山，遭到干部非难的西坡奶奶，在纷纷大雪中"坐在那里，纹丝不动，好象决心让雪把自己埋起来"。"我"第三次进山，西坡奶奶已远逝人世，对着团团的飞雪，作者的情感簇涌起来形成迸发："也许，你就是那雪天中的一片，你在天国飞舞，那洁白的雪片就是你火热的身躯化成，为丰润这瘠薄的山地，再献出你无声的辛勤！"作者三进山村，伴随的是三次大雪，伴随的是客体描述向主体抒情的层层发露，诗的意绪分外悠长。在这类诗化的小说中，诗歌的象征、自然人化的特征表现得相当显著，现实对象化，成为人的意识的肯定和实现；对象的人化，成为作家审美情感的依托。

值得称道的是，新时期诗化小说的主体感受的发露，不是从小花小草中觅取浅吟低徊的诗情，而是捕捉具有时代感的诗化精神，在这里，历史感沉淀为现实感，又蒸腾出超时空的精神、意绪。《迷人的海》老海碰子的祖辈为追寻那为错鱼守护的珍异、神奇的海中稀宝已丧身两代了，这是一种精神。老海碰子并未因祖辈的遭遇而就此驻步不前，他脚踏祖辈之路，潜入惊波险涛中。在他身后又走来了新一代的小海碰子。这样，在这一行列里是四代人了。为征服对象如此生生不已，代代相传，就更是一种精神了。小海碰子有着前辈的血色，但他身上明显的亮色不同于前辈的是，从火石山那边取来的现代化的装备，光脚板上戴上橡皮鸭蹼，防鲨的红布，世代海碰子用的渔叉、葫芦为鱼枪、气球所代替。老少海碰子之间也有隔膜，但理想和实践使他们认识到"只有他和他在一起，才能寻求到那个迷人的希望"。于是，一种融合现象在这里出现了，历史、现实、民族精神积淀为“迷人的海”的精神——当代精神。小说的诗化，为当代新时期的小说输入了新的审美素质，增添了新的活力。

五

上述诸种审美现象说明了当代新时期的小说出现了形式美的显著变异。它从宏观方面印证了美是流动的、美在延续中变迁的命题。当审美意识、审美理想出现了变动，或迟或速地引起它的外壳的变化，要冲破固有的外壳向新的审美空间延展、开拓。“五四”时期，传统的小说形式规范受到不同程度的打破，崛起了抒情小说。周作人在《译〈晚间的来客〉的附记》中指出随着新型小说的出现，小说观念也在变化，“正如十七世纪的戏曲的三一律，已经是过时的东西了”。引人注目的是茅盾为萧红的《呼兰河传》中所说的一席话：

> 也许有人会觉得《呼兰河传》不是一部小说。
>
> 他们也许会这样说：没有贯串全书的线索，故事和人物都是零零碎碎，都是片段的，不是整个的有机体。
>
> 也许又有人觉得《呼兰河传》好像自传，却又不完全像自传。
>
> 但是我却觉得正因其不完全像自传，所以更好，更有意义。
>
> 而且我们不也可以说：要点不在《呼兰河传》不像是一部严格意义的小说，而在于它这“不像”之外，还有些别的东西——一些比“像”一部小说更为“诱人”些的东西：它是一篇叙事诗，一幅多彩的风土画，一串凄惋的歌谣。
>
> 有讽刺，也有幽默。开始读时有轻松之感，然而愈读下去心头就会一点一点沉重起来。可是，仍然有美，即使这美有点病态，也仍然不能不使你炫惑。①

① 茅盾：《〈呼兰河传〉序》，《茅盾论创作》，上海文艺出版社 1980 年版，第 335 页。

我们不能脱离具体对象作简单的类比，但茅盾所说的和当代新时期小说的某些现象是何等相似啊！它说明了小说美学史上的某种共同的规律。

汪曾祺认为“太像小说的小说”反使人感到“不大真实”①。这反映了新时期小说家对传统小说形式的某种理解和认识，其审美的趋向性是走向寻常平淡的生活。众多的小说家在开拓着新路，众多的理论和众多的实践成果在倡导和物态化的行程中汇成一种审美倾向，一种新的审美思潮，于是传统的小说形式外壳被冲破，开放性的气息融融扑来。

冲破并非终极目的，乃是为着创造多样性的美，求取对象和主体、内容和形式的新平衡、新融合。正是在这里，它为中国小说美学史灌注了新的血液、生命和活力！

（原载《当代文艺探索》1986 年第 1 期，《新华文摘》1986 年第 10 期全文转载。）

① 《〈汪曾祺短篇小说集〉自序》。

文学当代性的美学思考

每个时代都对它的文学提出当代性的要求，新时期这一要求似乎显得尤其突出。对当代性的解释和理解的过于偏狭，阻碍了这一命题在更宽泛的意义上的理论开拓，也束缚了作家创作实践中的自由。因而，对“当代性”这一问题需要进行审美思辨。关于“当代性”问题，曾引起人们的广泛兴趣，惜所论远欠深入、周全。

文学的“当代性”实际上是文学“现代性”的重要表征。我们应当站在这个思想制高点上加以体认。

一个显著的事实告诉人们，“当代性”的美学观念，在新时期也出现了明显的变迁和演化。它的显著特征表现为对传统审美观念的摆脱，冲决封闭式的樊笼，趋向开放型；表现为对写当前、写中心的挣脱，走向多样化的天地。在“当代性”的问题上，如果不能给以恰当的审美思辨，当代的作家们还谈不上获得了真正的创作自由。“创作自由”作为一种创作局面、环境氛围，不仅是指社会条件而言，而且是指创作的趋向，作家的动力和审美情绪。因而，“当代性”在美学上虽是悄悄却在显著变动的审美意识，就犹如百川之归沧溟般地纳入了新时期的美学大潮中——一股创作自由的美学大潮中，这便是讨论“当代性”的宏观美学意义或谓之曰美学语境。我认为，“当代性”从总体上看，涵盖着多层次、多方位的审美意义，它是流动的，和过去“写当前”的单一性认识是不同的范畴。现在，我们就对“当代性”所涵盖的多层次、多方位意义，进行美学论证。

首先，“当代性”是对于时代生活总信息的总体反馈和感应。莫应丰在《关于〈将军吟〉的创作》中说："作家对于时代，应该是一面镜子；作家对于读者，应该是一个良友；作家对于妖孽，应该是一把尖刀；作家对于明天，应该是一只雄鸡。"这番话相当完整地表述了新时期作家的责任感、使命感。确实，新时期的作家以更新更高的姿态取得了和时代的密切联系。在这种联系中，当年鲁迅所说的作家"感应的神经"显得特别的敏锐。但是，随之而来的一个理论上的是非需要澄清。对时代生活的高度敏感指的是对整个时代信息的反馈，是总体信息的捕捉和探寻，而不是指追逐新闻性的信息。艺术的审美功能和短暂的时用、时效功能不可同日而语。艺术和生活的关系是独特的审美关系，因而作为主体的作家对于客体的生活是一种独特的审美观照，而不是简单的直接性印证，这就需要有主体的审美思辨、审美积淀。我们并不一般地反对，也不一般地提倡文学和生活的同步性。对于同步性的解释不可偏狭和简单化。当代性和同步性之间不能简单地划上等号。当代性确实需要有对于生活的敏感。但这种敏感所触及的不是某一点，而是某一地带，简言之，就是敏感带。这一敏感带凝聚着时代和生活所提出的，人民所迫切需要回答的重大问题。正是在这里，显示出作家对于时代总体信息的追踪、检索的能力。也正是在这里，谌容的《人到中年》在触及中年知识分子这一攸关现代化建设的重大问题时，才会焕发出强烈的当代性色彩。在这以前和在这以后还没有一部相同题材的作品像它那样显示出深重的历史感。它的成就是不能用单一的所谓"同步性"的概念来概括的，而是对于孕育于生活底层具有强烈的敏感特征的重大信息的捕捉和检索。问题还有另一个方面，新闻报道和文学创作的根本区别是前者是实录其事，后者则是审美观照。既是观照，就有作家的审美感受。客体的心灵化，转变为自我感受，然后加以物质传达，将感受外化。这是审美创作的线索，跟时应性的通讯报道完全不同之处。当人们以多种赞词施予《人到中年》时，谌容却说："我写《人到中年》时，并不像有些评论家所说的那样，考虑要'揭示一个具有普遍意义的社会问题'。我只是根据生活中的感受，去写我所熟悉的那些中年知识分子的理想、志趣、甘苦和追求。”[①]这可以说是搔到了问题的痒处。有些反映中年知识分子的报道，其材料确有比《人到中年》更典型的地方，在反映的迅敏上也确有当之无愧的同步性。但是，小说却因融会了作家独特的审美感受获得了新闻、通讯所不能与之相提并论的审美性。这一审美性构成了当代性的有机组成部分。

用题材来限定当代性，在美学上是说不通的。“文化革命”前“写十三年”的口号除了有其政治目的外，也是明显的反美学。在今天，再也不能以行政命令给作家下达指令性的任务，客观环境给作家的创作自由提供了充足的条件，但是，创作自由的获得却有赖于作家自身的争取。把文学等同于新闻，把审美性等同于同步性，并以之认为是当代性的认识，已经成为某种惰性意识积淀到作家的心理结构之中，这样的作家还不能说是获得了真正的创作自由。有些作家公开倡导同步问题，他去身体力行，未尝不可，其出发点，也可理解，但是，作为一种具有规范力的创作口号却未必恰当。审美活动是体验自由、追求自由的活动，正因为如此，它才取得了美的形态的无限丰富性。自由是一种活力、动力，也是一种创造力。用某种界定了的时间和空间去规范作家，其结果只能阻碍作家自身的审美个性和创造力的发展，谈不上有真正的创作自由。当然，为了某种需要去反映某种题材是可以理解的，但是，不能要求作家对生活中发生的所有事件去作追风式的反映。特别在我们今天的时代，生活日新月异，肯定和否定、继承和扬弃不断嬗变更替，生活本身就需要积淀，作家审美观照的意识就更需要积淀。像蒋子龙那样嗅觉灵敏地反映生活，应该赞许，而像汪曾祺那样的作家，也未可厚非。当某种创作口号只有在吻合了作家的个性，使得他在观照生活和发抒感受时，感觉到身心舒畅的审美愉悦，他才算是获得了审美上的自由。当同步性的题材无法让汪曾祺就范，他就从过去的时代去

---

① 谌容:《写在〈人到中年〉放映时》，载《大众电影》1983 年第 2 期。着重号为引者所加。

汲取诗情,而这一诗情又体现了当代意识,我们说,他的作品也具备了当代性。至于蒋子龙,从《乔厂长上任记》到《拜年》再到《燕赵悲歌》,似乎可用"同步性"来概括,其实,未必尽当。这些作品的成就应该归结成我们在本文所归纳的第一个问题——时代生活总信息的总体反馈和感应。

现在论述第二个问题,当代性是对于时代深层意识的感应。我觉得,这是文学"当代性"的一个重要问题。把文学的当代性只是说成迅速地反映生活中发生的事件,而忘记对于时代的内脉——蒸腾和贯通在时代潮流中的意识的审美感应,将会带来很大的偏差。一种新的雷同现象在掀起不久的"改革文学"浪潮中出现了。改革家们大都是有雄图大略而又有雄辩口才的知识分子,他们是改革场中的角斗者,又几乎无一例外地是爱情场上的角逐者,他们周围总有那么几位多情的女子,于是改革加爱情的新套路出现了。张贤亮谈到他的《男人的风格》和李国文《花园街五号》在创作时没有互通构思,"但发表出来以后,竟发现我们书中的主导精神完全相同,人物性格十分相似,甚至人物的某些行为也如出一辙。这种现象,看来只有从他们两人相同的命运、相同的美学观点、相同的理想中去寻找了"。如此的"相同""相似""如出一辙",倒是引起了我们的美学思索。如果仅仅是从题材上去寻求和时代的同步,而不是去发掘时代的深层意识,那么,不谋而合的"如出一辙"也就势所难免。时代的深层意识集结着人类的亘古不尽的历史感,凝冻着人类永恒的心理结构,在这里,社会、历史的深层结构对应了文学作品的深层结构,使得雨果的作品获得了比巴尔扎克的作品更深广的美学意义,也正是在这里,张贤亮的《绿化树》审美价值超过了他的《男人的风格》。在题材的同步性上,《绿化树》根本不及《男人的风格》,但是在发掘时代的深层意识上它却有着引人注目的审美深度。在这个意义上,我们应该对阿城的《棋王》有足够的审美估价。《棋王》之所以在同类的知青生活题材小说中异军突起,就在于作者摆脱了这类题材相因成习的轨道,向人类、历史的深层意识挺进。美作为"人的本质力量的对象化"(马克思语)的命题在这篇小说中得到较为完满的体现。作者的功力、作品的深度，就在于对于“人的本质力量”的发现和肯定。主人公王一生对于棋艺、棋道的如痴如迷的执着、追求，体现出对于历史文化的锲而不舍的探寻精神。这一精神正是超时空的永恒的民族精神。在动乱的年代，它沉淀在历史的深层结构中，沉淀在主人公的心理结构的深层次中。小说作者以王一生这一艺术形象的个体体现了历史的群体意识。当王一生力战群雄，如大将临阵，运筹帷幄，小说中出现了罕见的悲壮美。这一美的形态，不是对壮烈牺牲的描述，也不是对环境氛围的渲染，作者的艺术、审美观点始终瞩目在历史的深层意识上。请看，小说的这一描述：

> 我心里忽然有一种很古的东西涌上来，喉咙紧紧地往上走。读过的书，有的近了，有的远了，模糊了。平时十分佩服的项羽、刘邦都在目瞪口呆，倒是尸横遍野的那些黑脸士兵，从地下爬起来，哑了喉咙，慢慢移动。一个樵夫，提了斧在野唱。忽然又仿佛见了棋呆子的母亲，用一双弱手一页一页地折书页。

这里涌动的是意识，历史意识和现实情绪在这里遇合了。这种“很古的东西”正是“楚虽三户，亡秦必楚”的历史悲壮精神，它渗透到民族文化的心理结构中，并通过王一生这一具体的个体体现出来。苍凉悲慨的艺术格调折射出亘古不尽的历史之光，这才会有小说中的“我”想到项羽、刘邦、樵夫、弱母、黑脸士兵，于是，历史意识转化为现代情绪，民族意识转化为当代精神。王一生从动人心魄的棋道搏击中所领悟到的人生真谛：“人还要有点儿东西，才叫活着。”作为全篇的龙睛，正是小说强烈而又深沉的当代性的精光四射，也正是它远胜于同类题材的作品之所在。

把艺术的审美触须从令人目眩的生活现象中透进一步，深入到历史的深层意识里，是新时期文学的一股值得珍视的审美潮流，它极大地改变了对于“当代性”的陋识，体现了一种审美的新趋向，具有“当代性”的真正的审美内涵的新趋向。在这股审美新潮中，奔腾着“迷人的海”，激荡着“北方的河”，驰骋着“黑骏马”，座落着“远村”，呈露出鲜嫩的“蛤蜊”（邓刚新作名）等。《迷人的海》通篇所描述的只是老少海碰子的际遇，这里没有现实的直接投影。没有通常的社会矛盾，但是，深味小说的审美内涵，可以看出历史意识的波涛如何在这里盘旋，冲发出现实性的浪花。老少海碰子由隔膜到契合，“迎着冉冉升腾的红日……并肩扎进了浪涛滚滚的大海”，以鲜明的意象赋予了象征性的意蕴，它和雄奇壮丽的大海景象，富于暗示性地描述了历史交替时期，历史意识和现实意识的融合。它突破了小说表层意象的时空坐标，显示出强烈的当代性。《北方的河》的审美重心是探求的“河魂”，亦即民族魂。作者所塑造的是历史和文化价值的硕大形象。在河的表层结构中所深潜着的魂——民族魂的深层意识，不正是在今天所需要发扬的当代精神吗？像《远村》的愚昧落后的“拉边套”的婚姻形式中，却透现出劳动者的纯真的情感；在苦难的历程中，却有着民族心理素质的光辉四溢。至于邓刚的新作《蛤蜊》所概括的历史意识更为独特，上升到更高一层的哲学、伦理阶段——善与恶的冲突，集结了人作为族类存在的全部发展过程的一个最基本的矛盾。作者笔挟风霜地抨击了饕餮者们的贪婪、卑微，在主题的思辨独特性上，值得我们进行深长的审美思索。

由上论述，我们可以得出这样一个认识，文学的当代性深层次的要求，应该是对于社会、历史心绪的感应，是对于它的意绪的深刻的哲学、心理学内涵的概括。只有这样，当代性才不会滞留在生活表象的叙事和摹写上，也才能摆脱现实直接性的品格，具有普遍性的品格。具象而又抽象、特殊而又一般，从而产生出审美结构的张力和广延性。

这一切，都对审美主体的作家提出了相应的要求。于是，我们接下来论述第三个问题。

当代性是作家作为当代人的意识观照。如果对这一命题进行通俗性的解释，就是作为当代的作家，他的观念、意识本身如果不具备当代人的先进特点，那么，他写出的作品又怎么能具有当代性呢？在这一问题中，有几个层次需要论述。

如果仅仅根据题材的时空范围和特点来要求文学的当代风貌，那么,历史生活题材、革命历史题材的作品就应该统统束之秘阁了。可见,问题的症结不在这里。在建国以后第一波长篇小说的浪潮中出现的《红日》、《红岩》、《红旗谱》、《青春之歌》,哪一部作品在题材上是和现实同步的?这些当时、至今和未来都有生命力的作品,确实激动了一代人的心灵。那么,它们"当代性"的奥秘何在呢?我以为,不在题材对象,而在审美主体,在于主体的情绪、意识恰恰勾连和对应了那个时期的情绪、意识,吻合了那个时期发扬革命历史传统,奋发有为、坚韧不拔地建设新社会的时代要求。因而,"当代性"的更宽泛的审美理解应该是,主体的情绪、意识和时代情绪、意识的契合。

在新时期出现的历史小说热中,题材的时空观显然跟当代有着悠远的"距离"。然而,作家在发掘历史、民族的意识中有着主体观念的存在。当代是前代的继承和扬弃,作为历史、民族的一般品格和普遍精神在当代不是被废置,而是应该发扬。李自成(《李自成》)坚毅顽强的精神,刘琦、马扩(《金瓯缺》)披肝沥胆的爱国主义精神,张宗禹(《星星草》)的顽强不息的精神,对于当代人难道不是一种激励吗?历史精神难道不应该和当代精神二水合流吗?至于李自成历史悲剧的深重教训,又难道仅仅属于历史,不应该成为当代人的殷鉴吗?我在这里丝毫无意于提倡令人望之生厌的历史小说现代化,忽视历史生活的时空具体性。我所重视的是历史意绪和当代意绪的基本规律的联系。历史小说是立足当代、面向历史,历史小说家的审美理想应该是当代人的审美理想,否则,跟罗贯中又有多少区别呢?(事实上,罗贯中在元末明初处理对于他来说是"历史"的三国题材,又有着他所置身的时代的"当代"意识和审美理想,甚至有些只属于他那个时代的"当代"用语,也不自觉地羼入进来。)

生活和艺术结成一定的审美关系,处理这一关系的途径是审美观照。审美观照离不开审美评判,审美评判的立足点又离不开作为当代人的历史小说家的审美观念,而这一观念当然又受到作家的历史观念及其价值观念的制约。在这里,具有鲜明的当代意识的历史观念和陈旧过时的历史观念,就成了历史小说当代性和非当代性的重要分界线。

例如，中国的历史小说常常碰到民族矛盾的问题。过去的小说家对于突出民族感情的爱国主义内容是应予以充分肯定的，表现了维护汉民族的生存权利，捍卫民族精神文明和文化传统的感情。他们对异族统治者发动掳掠战争的谴责也是应予以充分肯定的。然而，他们程度不等地或不加分析地对异族统治集团的人物一概取蔑视、丑化的情感态度。他们也忽视了崛起的少数民族中代表历史进步的新兴力量，这都是失当的。如果，在正确的历史价值观广泛传播的今天，仍然持这一历史观念作为审美判断的依据，就应该说作品丧失了鲜明的当代性。姚雪垠充分表现了汉民族在捍卫本民族利益上所进行的必要的抵抗战争，歌颂了为民族尽节的英雄，鞭挞了丧失民族气节的叛逆。另一方面，作者的历史、审美观念又不是狭隘的，在正确的历史价值观的光照下，正确地评价了清的最高统治者皇太极统一中国的北方，对伟大中国的整体发展所作出的不可磨灭的贡献。徐兴业的《金瓯缺》中举国上下的有识之士，从手执兵戈的将帅到孤守秦楼的妓女的感情全部卷入民族战争的洪流之中。在小说作者的审美观念中，多民族的中华民族是作为一个统一的整体出现的。作者既歌颂汉民族抵抗外族入侵的战争，又称颂异族抗御汉民族统治的战争；作者既赞美马扩报民族之恨、雪邦家之耻的凛凛正气，又颂扬辽军统帅耶律大石的谋略过人，为保卫本民族而亲冒矢石的英雄行为。显然，这些小说作者在观照历史生活时，是用的当代人崭新的历史意识和审美意识，这样，便使小说作品透现出崭新的亮色——当代性。

每个时代都要负荷前代的历史沉积物，当代新时期也是如此。当代新时期作为新旧更替的时期，在意识观念领域内更呈现出辐射状的复杂结构。既有历史遗物的淤积，又有新的观念的出现。生产的发展，生活节奏的变化，各种现象令人眼花缭乱。“当代性”作为一种审美标尺，无疑要求作家具有本时代的先进的道德观念、价值观念、审美观念，否则，作家用一种老而又老的观念作为审美判断的标准，那就无所谓“当代性”可言。生活是如此复杂，新旧观念是如此地胶着在一起，这就向作家提出了运用先进观念进行审美评价、判断的问题。在新旧交叉的今天，为获得文学的“当代性”，对作家的审美思辨能力提出了比以往任何时期更高、更直接的要求。确实，我们的有些作家由于审美观念的老化，已经在急遽变化的现象面前，显得徬徨、犹豫，以致出现了审美判断上的失误和错位，失去了审美自主能力，这不能不是文学当代性上的一个应该吸取的教训。

为追求文学的当代性，新时期的不少作家用新的时代审美观念来感受新的变动着的时代意识。《哦，春雪》仅仅从火车停靠台儿沟车站一分钟的特定的审美观照的窗口，显示出新时代的精神文明之风已经吹拂着祖国大地。《没有纽扣的红衬衫》的衣着特殊、性格独特的中学生，只有在具备了新的审美观的作者眼中，才不致当作嫌弃的对象加以审美化。《黑骏马》的古老民族、古老草原，很有可能盘旋着古朴遗风，但是，作者以新的审美观念，吹进了一股现代文明之风。激活王兆军审美意识契机的，是那个特殊的出人意表的时域——“拂晓前”。作者霍霍扫视的审美眼光，敏锐地透示了历史巨大负载体的农民意识的惰性和愚昧，他从田家祥这一艺术形象的“个体”上开沟掘井般地挖掘了农民性的“群体”意识：“农民的伟大完成了他的进取，又以农民的渺小完成了他的衰颓。”深邃的历史感在这里凝聚起来了。作者为陈年久远的具有超稳态系统，阻碍现代文明的农民意识敲响了沉睡的“丧钟”。作者能够做出这样深层次的审美洞察，不是别的，而是根源于他鸟瞰历史遗墟的当代意识。

时代在变迁，人的价值观念也在变化，如何对待和判断这一变化着的价值观念是对作家的当代意识、作品的当代性的又一考验。《燕赵悲歌》中大赵庄的雄心勃勃的改革家武耕新因病住进了高干病房（一个低级干部住进高级干部的病房，这种情节设置本身，就显示了蒋子龙对人的价值观念的一种理解），使同病房的高干谢德大为反感，写了一份《以“土皇上”自居向钱看》的内参。如果按照旧的价值观念加以评价，那将会是怎样的呢？但是，蒋子龙却肯定了武耕新，嘲弄了谢德。这种评判标准、审美情感倾向，正显示了一种新的价值定向、新的当代意识。

然而,新时期的有些作品却对历史的馀绪充满了依恋,对古老落后文明的陈迹被铲除表现了焦虑和不安。当传统的小农经济转化为商品化生产时,一些作者却悠然神往于男耕女织和昼作夜息。《鲁班的子孙》对老少两代木匠的道德观念的评价,显然没有融合当代意识的新机。作者对小木匠偷工减料加以否定,但作品的艺术逻辑所显示的客观审美行程,却留给人们这样的印象:这一切都是农村经济搞活带来的。作者对小木匠标价收钱的做法,也表现了否定性的评判态度,就显然是落后于时代了。面对着复杂变动的现实,作者迷惘了,在小说的结尾似一种略带感伤的情调写道:“哦,这个家,这座小院子,明天将会发生什么呢? 明天的故事谁来讲下去……”

确实,新时期的生活是新旧交叉,新时期的文学及其作家的审美观念也是新旧交错,这都使文学的当代性的彻底实现,有着一段相当的距离。歌德在《谈话录》中说得好:“我们周围有光也有颜色,但是我们自己的眼里如果没有光和颜色,也就看不到外面的光和颜色了。”这就告诉我们,实现文学当代性的决定性因素,不是在题材、客体对象,而是在主体的审美观照的意识、理想、情趣上。而创作主体的审美意识、理想、情趣又不是从琐碎的个人欲望中获得,而是从历史的潮流中汲取来的。这就要求作家的审美意识和时代意识互相感应,价值、道德、伦理观念和时代的社会心绪脉息相通,文学观念和时代的历史意识神合默契,从而用时代审美理想对纷繁万态的生活对象做出肯定和扬弃的准确的审美判断。

文学的当代性是一个涵盖面较为宽泛的审美机制,既指客体对象,又指主体意识。这些属于审美内容范畴的素质,同时也指审美形式。如果审美内容具有当代色彩,而审美形式还处于僵化的阶段,仍然不能说文学具备了当代性。于是,我们接着论述第四个问题。

当代性体现在审美形式的变迁上。当 19 世纪的批判现实主义文学进入新的阶段,文学观念出现显著的变化,产生出那个时代的文学当代性的时候,屠格涅夫就说:“应当走另一条路……与老的手法永诀。”托尔斯泰也说:“避免陈腐的手法。”恩格斯更指出:“古代人的性格描绘在今天是不再够用了。”[①]今天，文学的审美观念和审美形式冲破了闭合式，愈来愈传递出开放型的新鲜气息。意识流、心态体、情绪化、报告体、传记体、诗性散文化等等审美形式纷至沓来。这些问题我曾在有关文章中作了论述，这里不再重复。

我所要提出来的是，很少为人们所提及的历史小说的审美形式的变化问题。在有些人看来，审美形式的更变也只是体现在现实题材的作品中间。这仍然是理解上的偏差。按照一般的观念，历史小说理所当然地是运用传统的古旧手法，其实不然。新时期诞生的一些优秀的历史小说已经在打开通向新的审美形式的道路，吸收新的开放气息，扩大自己的版图。例如《李自成》的作者姚雪垠一再表示决不采用章回体的结构，这不是表明了对传统的小说审美形式的扬弃吗？他在形式上独特地创造了“单元共同体”。而单元与单元之间的衔接、勾连，则运用的是电影手法，甚或是蒙太奇手法。《金瓯缺》写亸娘的梦境：“在漆黑之中，在她闭上的眼睛里，仍然出现无数随时变幻着形态的光圈。它们一会儿凝成长方形，一会儿凝成斜方形，一会儿凝成菱角形以及各种更加复杂、无从象形的形态。在各种形态中间，闪烁着水晶一样透明、宝石一样发光的跳动着的光点。在那光圈的中心仍然不时出现一个消瘦的、憔悴的、长满胡子的他。”这就完全是现代电影镜头的描述手法了。该部历史小说对马扩单骑赴死的心态闪示，纵横跳宕，时而朦胧，时而清晰，“在回忆中，时间和空间的距离消失了，早年的旧事想起来很清楚，昨天刚发生过的事情，倒变得十分遥远”。思维的闪动幻变，很有意识流的成分。在一个最易受到传统潮湿气息浸染的历史小说领域，却迎面拂拂扑来如许的新鲜美学气息，这就说明，审美形式的变迁已经在新时期的文学的所有领域体现出来，汇成了一股连天匝地的审美新思潮，导向文学的当代性。文学当代性的关键是作家作为主体的当代审

① 恩格斯：《致斐·拉萨尔》，《马克思恩格斯选集》第 4 卷，人民出版社 1972 年版，第 344 页。

美意识和所使用的当代审美传达手段。

所有这些，归结到一点，就是文学的当代性是具体的流动的审美范畴，是一个具有系统质的审美机制，是内容和形式、对象和主体、个体和群体的统一。它们构成了有序列、多层次的同构和建构的综合关系。把其中的任何一个部分脱离其它条件加以孤立化，是无法对"当代性"问题作出完整的表述的。同时，我们又不应该将"当代性"加以凝固化。事实上，蒋子龙的改革家族的系列小说，陆文夫从《特别法庭》到《围墙》，都显示出文学"当代性"在发展，从浅度层次到二级层次再到深度层次，不断钻探。对于今后的文学作品也应这么看。这个深入的过程，只能说明作家的社会意识、审美理想、审美意识和时代一般的社会意识、审美意识、审美理想的与时俱进。从烂熟的似乎难以为继的题材中迸出令人刮目相看的火花，如《棋王》；从被人忽略的角落，做出别开生面从而振聋发聩的审美选择，如《拂晓前的葬礼》。这些都不能用俗近语："爆冷门"来概括。它说明，随着美的流动，作家的审美触须在感受时代心绪时日见灵敏和深入。而真正具有当代性的文学作品，属于孕育它的那个时代，然而又将属于历史，这就是《红楼梦》、《阿Q正传》至今不朽的原因所在。我想，新时期的一些"当代性"的作品也将会得到这份"史"的荣誉。

（原载《钟山》1985 年第 6 期。收进《江苏文学 50 年》，江苏文艺出版社 1999 年版。）

宋词与“宋词”美学

在进入正式论述之前，先行解题。前一个宋词，即本文的论述对象——作家；后一个“宋词”，是作为文体出现的特定审美样式，也就是人们所习知熟稔的“宋词”。它是宋代文学、美学的标志。“宋词与‘宋词’美学”作为研究论题，是探究作家宋词的文学、美学素养，是探究其历史小说之所以富于文化味、书卷气、审美性的缘由。宋词的文化语境是“宋词”，于是，“宋词”便成为解读宋词的钥匙。

读宋词的历史小说，不是读情节，而是读文词；不是读故事，而是读诗情，读“宋词”。宋词的文化、美学背景是“宋词”。无“宋词”其词则无宋词其人。宋代的文化不在马上，而在闺中，遂孕生出词，词心乃内敛之心、闺阁之心。宋词所写秦淮八艳正是闺阁之中的情感纠葛，用词心为之，便最为恰当。“宋词”也铸合了作为对象主体的秦淮八艳之心，她们的词体运用何等娴熟，更在于她们都有一颗词心，轻柔缠绵、涓秀细微。“宋词”又铸合了作为创作主体的宋词的文化审美心理结构，诚然有英雄气韵，尚有儿女情长。于是“宋词”—秦淮八艳—宋词就出现了心理结构上的链接现象。宋词与“宋词”就是一个有意味的美学现象。

从整个叙述范围和话语来考察，宋词对“宋词”可以说是烂熟于心。诚然宋词亦赋诗填词（他有诗词专集行世），所体现的是他的文化、美学素养及其情怀，这里所说的，不限于此，即词学铸之为词篇，而且指“宋词”铸合、凝化成作为创作身份和创作主体的文化、美学知识结构。前述的宋词历史小说的文化味、书卷气，其根源正在于此。董健先生在《宋词文集》的序言中称宋词《南国烟柳》“是当代文苑不可多得的一部充满文化气息的历史小说。它带着当代文化人的历史感情，借‘名妓’与‘名士’之姻缘，写出了一个充满着‘诗’、充满着‘情’的‘美的世界’，寄托着当代文士对人文精神、自由境界的追求”。宋词是典型的诗人、词人，中国士大夫化的文人。惟其如此，才会以诗情词心写景状物、绘形写神。宋词将“宋词”吸入内蕴，形成了特定的词心，进而与对象相同构，同化对象，遂出现阅读接受主体、审美主体、审美对象的同一化现象。这是宋词与“宋词”命题的基本表述。

小说中触眼即是“宋词”中的名句和经过衍化的情景意象。从历史的事实出发，“宋词”的男女情爱实际上是与妓女的情爱，例如柳永词、秦观词、梦窗词的描述。它构成了中国爱情史上的独特形态。“执手相看泪眼”正是与妓女的分别；“佳期如梦”正是与妓女的情爱愿望；“黄蜂频扑秋千索，有当时纤手香凝”，又正是当年与妓女生活的惆怅回味。秦淮八艳作为名妓，不仅是色，也不仅是艺，而且是才。她们从小所受的文化知识熏陶包括“宋词”在内。在心理结构上，她们通过文化接受，进而与宋代妓女相合。在文化、审美知识结构上，她们能赋诗填词，如柳如是的诗词已远压男性，引得一代文宗钱谦益钦佩不已。尚节崇才成为晚明名妓的共同社会、文化追寻和诉求。与宋代苏轼等人挟妓而游的情景有所不同，复现于晚明的，则是出现一段段风流佳话，诸如柳如是与钱谦益、董小宛与冒辟疆、李香君与侯朝宗，等等。这仅是就最后的归宿而言，此前还有不少名妓名士的感情纠葛缠绕。于是秦淮河畔便出现这样的婚恋时尚：“福慧几生修得到，家家夫婿是东林。”晚明名妓与名士的感情比宋代有了更多和更深的内涵——气节。宋词虽写妓女，却写出品位，写出明末特殊的文化现象和语境、心态。而在情感世界里又总是布满了“宋词”的语境氛围。由此，“宋词”便成为小说的场景和生态场，例如《南国烟柳》中“为助酒兴，柳如是先唱了一首词牌，是姜白石的《疏影》”“她自弹琵琶，又唱了一曲周邦彦的名词《兰陵王·柳》”。这便是“宋词”侑酒。《京华梦》中“洪昇苦笑了一下，说道：‘我是个不合时宜的人，只能和柳耆卿一样：忍把浮名，换了个浅斟低唱’”“玉箫会唱柳永的这首《鹤冲天》，晓得词中还有‘幸有意中人，堪寻访’这样的句子。她瞟了洪昇一眼，正好和洪昇那火热的目光相遇，忙低下头去。”于是，“宋词”在小说中遂化为情人间情感传递的工具。

如果加以定量统计和分析，宋词历史小说中引用量最大，进而化用量最多的是“宋词”，远远超过其他诗词。可见，宋词对“宋词”的熟悉程度，往往是随手拈来，触手成春。写江南灯会，则引稼轩词“东风夜放花千树”；写男女别离，则引柳永词“多情自古伤离别”；写时局，又引稼轩词“落日胡尘”。正因为有如此多的“宋词”阅读量和储存量，他才能随手引例，恰成叙事文字，也才能把“宋词”化解成形态生动、场景鲜亮的景象，变为小说的描述文字。如果加以创作状态的构想，作者在构置某一景观时，必有“宋词”相助，“宋词”必然鲜活地存在于他的思维领域之中。因此，“宋词”为宋词的小说情景再现，输送了汩汩不绝的源头活水。《南国烟柳》中“那是一个盛夏的傍晚，雷雨过后，水阁风凉，吴江离职的周阁老正躺在铺着竹簟的白玉床上小憩”。据作者描述，此一情景正是化用了欧词“柳外轻雷池上雨，雨声滴碎荷声”。又如：“在霏霏梅雨中，船离开了松江城外西水关码头。波涛轻轻拍打着船舷，发出汩汩水声。两岸垂柳，拂水飘绵；连天芳草，一片萋迷。回头看时，隐隐约约只见城墙的轮廓和渐渐亮起的点点烟火。”这里则是化用了柳词“今宵酒醒何处？杨柳岸晓风残月”。其他尚有多处描述，虽不明引“宋词”，但熟词者一眼看出是作者的化用。情境、意境为词，但描述话语却是小说。例如《南国烟柳》“潇潇春雨，一阵疏，一阵紧，落个不歇。时而点点滴滴，时而丝丝线线。黄昏后，显得冷清凄凉。恼人天气，春闺里更添无限愁情”。这是“宋词”中所常常描述的怨春、恼春景象。又如：“苍茫暮色里，细雨寒烟，一片迷濛。正是：芳草天涯，春归无处！”“岁月在漫长的相思中悄悄流逝，虽然两情久长不在朝朝暮暮，但毕竟是一杯喝不完的苦酒。山盟成虚，佳期如梦！”这些话语把“宋词”化解得如水化盐一般，显示出宋词的“宋词”美学素养和移植到小说中的创作审美才能。

“宋词”不仅是一种文体形式，作为阅读对象存在，而且是文化心理的塑造元素。词改变了中国文人的心理内容和结构，出现了新的形态。这就是更为细婉、缠绵、深长，更善于表达情感和两情关系。词塑造了曹雪芹,进而,曹雪芹笔下的贾宝玉、林黛玉又是用词心塑造出来的。同样,柳如是、陈子龙、黄仲则、洪昇、陈端生、纳兰性德等人物则是由宋词用词心塑造出来的。诚然,他们都是词人,对象素质提供了描述基础,但也只是部分而已。艺术形象在本体上是按照审美主体的需要及其理想、愿望、情感塑造出来的。"宋词"大致经历了这样一个发展过程:从最初的红氍毹的侑酒词到情爱词到南北宋时期的抗战文艺词再到晚宋的情爱词,形成词发展的循环链接。言情、情恋是"宋词"的主旋律,不管怎么变更发展,最终回复本体。无情则无"宋词",同样,无情亦无宋词,无宋词之作。情,是宋词最基本的审美主体素质,这就使得他极易与"宋词"接近、靠拢、接受进而融合。宋词的多情,当然使其趋合于"宋词"。宋词的文化审美心理结构整个地就是一部"宋词":多情伤感,丰于情、厚于情、钟于情。"宋词"塑造了宋词的心理结构,宋词遂以之塑造他笔底的人物。这便是宋词的创作生态线。在作者的审美认知中,《京华梦》中的洪昇就是"宋词"中的柳永,他自命"和柳耆卿一样"。《南国烟柳》中的陈子龙既得宋代英雄词之豪放,又得宋代情爱词之婉约。家国为先却又深得儿女情思。当他和柳如是两情相悦后便绵绵不尽。这是将"宋词"两种特征融会起来的典型人物。柳如是是"云间"词派的重要代表,当然也就是"宋词"词风的传承与凝结者。这为创作中链接"宋词"美学提供了便利和基础。宋词在创作情感的通道上把"宋词"审美精神输导给不同的人物,从而形成不同的人物类型,坚执如柳如是,缠绵如董小宛,多情如陈圆圆。除秦淮八艳外,小说中还有《才女》中的才女陈端生,《京华梦》中的吴玉箫。宋词历史小说中女性占据角色主导位置,大多都有一个男女情爱特别是与妓女的情感纠葛,这样的基本状况对宋词把"宋词"情感传入人物,并按照"宋词"情感结构塑造人物大有助益。这里不是传统的英雄美人或才子佳人的套式主题,而是在情感的纽结中表现人物各不相同的感情色彩和特点。

(节选自《史识、诗情及其人文学养——论宋词的历史小说》,原文30000字,原载《文学评论丛刊》2008年第1期。)

赵本夫小说的人性美和宗教意识

人性美的发现和歌颂构成赵本夫小说的主旋律。

主旋律，不是时尚话语的移栽，而是从赵本夫作品中加以定量分析所概括出来的，是量的积累所形成的质的确定。百灵殉唱、十三殉鸟、尚爷殉友，遂成人、禽绝唱。二喜杀人、老马收发、老吕尝鲜、玉子殉情、师长治塘、豌豆远行……这些就是小说中众多的故事，也便是故事中美丽的人性，它们的汇聚，自然就成了主旋律，不同于主流话语的设定语义。而《夏日》中的杨川所做的是人性的唤醒和点化，社科院党委女性副书记韩玲便完成了人性的复苏和回归。赵本夫从普通人性、基本人性、简单人性中揭橥了普遍人性、共同人性、复杂人性，也便完成了文学是人学的小说美学的根本命题，成为其小说的总主题。如细加分析，又有簇簇审美光点。

人性美：审美主体独具只眼的审美新发现。在平头百姓身上发现了易被忽略的美的人性和人情，又从道貌岸然者的身上发现了不易觉察的虚伪和堕落。在当今城市，谁关注于游民(特别是小游民)，谁都见过，但谁都熟视无睹，惟有赵本夫另具只眼。又有谁关注过他们的心思、情感、要求和欲望(包括朦胧初开的性欲望)，惟有赵本刮目相看。安岗。毛眼。小流民。姓氏无考，六亲不知，居无定所，身无来历。但赵本夫在他们的身上发现了人性的美，他们的可爱、豪气、助人等等。《铁笔》中老吕人前、人后，白天、夜晚有着截然的行为，性格矛盾。“天明，依然默默地抄稿、刻字。和夜间判若两人”“老吕平生就一个嗜好：爱尝一口鲜”。作家不是去表现一个分裂的人格，而是去展示那美的另一面，对生活的新鲜兴趣，对生活质量的追求。小说对老吕午夜时分独饮独品一口鲜的叙事，淋漓尽致。作者不是在戏弄人物，而是倾情地欣赏着他人性美的张扬，尽管是在“寂寞人去后”的深夜。

人性美：深度的审美领悟、体验和开掘。如果只是写毛眼的助人为乐、见义勇为，那就浮浅了、表层了。毛眼对其见义勇为行为的原因做了这样的自我解释：“咱们都是这个城市的人了！”他分明有点自豪，但这句话的深层中饱含着辛酸。他希望融入这个城市，但这个城市却客气而又冷酷地拒绝了他。他与野狗都和谐了，这是极具隐喻意义的，隐喻着他与这个他所深眷的城市无法融合与和谐。这个城市不能接受他，他所怀抱的是单相思式的城市主人心理和愿望。这样也就在实际上提出了当今城市化进程中的社会问题，其命题是现实的，也是深刻的。就是那个701室虚幻的女主人，所折射的也是转型时期社会的变化心理。赵本夫对人性美、人情美的叙事是在社会的、时代的语境中实现的，这就带来了作品社会的、时代的亮度和思想的、认知的深度。

人性美：在比照对衬的审美技法中展示。赵本夫的短篇小说总有一个对比性的人物关系框架。这个对比框架以人性美与人性恶，人情美与人情丑为思想内涵。真善美与假恶丑相并存、相比照，却又相消长，构合为赵本夫的思想支点。《铁笔》鞭笞的是那个人性恶的“常委”。《雪夜》抢女人中，与玉子的人性美相对衬的是那个人性丑的高中生。“抢（玉子）她来那夜，金疙瘩就得意地告诉她，她和高中生从外地返家的消息，是高中生传出来的，传到了他那里。那天抢她，不过是虚张声势，给高中生一个台阶”，“她知道受骗了”。《空穴》对乔吉人性丑的揭露是尖利而独到的。乔吉以食为色之诱，“乔吉相信饥饿能摧毁一切尊严”“他知道她会自已脱下来”。于是，颠覆了“饿死事小，失节事大”的传统理念。竹子被乔吉诱奸时的情态描述是惊心动魄的：“当乔吉把竹子抱到床上时，竹子突然翻身抓起桌上那条足有几斤重的熟肉腿，捧着大口大口地啃起来。那时她眼里没有哀伤没有泪水也没有羞耻感，只有贪婪而忙乱的吞咽。乔吉把她所有的内衣扒光并在她身上怎样疯狂动作，都与她无关，也激不起任何的回应。全身除了疲惫和饥饿，已没有别的要求和感觉。"这是令人心灵颤抖的叙事和场面。通过这些,完成了对乔吉人性丑扒皮剔骨般的抽打。赵本夫所叙述的是人性的卑劣、道德的沦丧、性格的委琐,《收发员马万礼的一天》那鬼影绰约般地检索他人信件以拿人话柄揪人辫子的办公室苏主任,不正是这种丑陋的小爬虫吗?赵本夫小说是一个"小",美丑人物都"小",正面素质的小人物中有美的光点和亮点;反面素质的小人物也只是些小做派、小伎俩、小术、小技,是跳蚤式的骚扰,蚊虱般的叮噬。审美主体面带三分笑地蔑视这些小丑类。

人性叙事:主体的价值判断和审美评价,实现价值论与审美论的统一。在人性叙事中,赵本夫作为价值主体和审美主体的态度是鲜明的,取得与读者的共同立场。他让《空穴》中那个十恶不赦的乔吉后来疯了,实际上是中国老百姓朴质、原始、简单的因果报应观的体现。而恰恰在这里,表达了赵本夫的价值主体和审美主体的评价立场和态度是朴质的、原始的、简单的、百姓化的,又正是在这里,体现了赵本夫的可爱和可贵!值得注意的是对人的价值判断有新的标准,即由改革开放所带来和确定的评价标准。如按原来的评价标准,"张山在石柱寮名声原本不好,从十几岁就干些不上规矩的事,比如往村长老且的被窝里塞一条蛇,比如往菩萨身上撒尿,比如往人家牛屁股里插一根柳枝条,比如偷看邻家女人洗澡"。但随着时代、社会的变革,人的价值评价标准也变了:"自从张山后来去山外混了几年,回来就成了一个人物。"赵本夫诚然发掘小民甚至贱民身上闪光的人性美,但不是落后的小市民、农民意识,而是置于改革大潮中加以展示和评判(评判其价值——时代的、社会的),这些在审美中是应予肯定的。更难得的是在细小处所表达的微妙的主体态度。《收发员马万礼的一天》中对于那个有婚外情、屡收情书的文局长和自己给自己汇款有点小虚荣的歌舞团小皮,马万礼"喜欢文局长,也喜欢小皮,他觉得这两个人都怪可怜的"。读者不难看出,这实际上是作者的社会、审美意识,内在地表达了作者的立场、态度和价值伦理判断,是面含三分笑的宽恕与怜悯、理解中的宽容与同情。

解读到这一步,赵本夫短篇小说的审美对象、主旋律主题曲、主体立场态度倾向等，都凸现出来了。但论述至此还只能说是浅尝辄止。小说审美创作三步曲，例如鲁迅小说从《风波》到《阿Q正传》完成了第二步到第三步的飞跃，即从具体的具有社会、时代色彩的叙述到普遍的人类精神的揭示，亦即对辛亥革命失败经验的总结到"画出这样沉默的国民的魂灵来"（鲁迅：《俄文译本〈阿Q正传〉序及著者自叙传略》），也就是"阿Q共名"、精神普遍性命题的探究。从第二步到第三步是作家思想视阈的开阔、主体精神的提升。第三步的出现是小说审美的最后和最高的完成与实现。可惜的是，许多小说家都滞留和阻拦在这第三步的门槛之外了。赵本夫从《卖驴》到《天下无贼》就是到第三步的跨越，即到人文精神、情怀的跨越。也许现实中没有提供现成的第一手的盗贼自愿当保镖的生活样态，尚属于作家的想象事例，但这恰恰体现了赵本夫难能可贵的人文情怀和精神，是赵本夫小说创作成就飞跃的标高。深层的文化语境和文本的具体语境共同构建着作品的深度模式和阅读时空。贺岁片《天下无贼》无疑成倍量地扩大了小说的受众面，但是，却以消解小说原文本的思想深度为代价，所有的中外小说改编命运都难以幸免。

把生殖崇拜文化隐喻当成"有趣"，把小说的事象当成民间山野"趣闻"而津津乐道，把盗贼护镖视作"趣事"而街谈巷议，是对赵本夫小说的阅读误解。赵本夫诚然在小说中有让人忍俊不禁的话语，但他不是爆猛料、抖笑料，而是引导人们去细细体验和深长体味。笑泪之后有严肃的人生主题。赵本夫所演绎的不是人间喜剧，而是人间正剧，甚至人间悲剧。

赵本夫以期许的灼灼目光，祝愿的惓惓心情注视和看待着我们这个社会和人们。他深情地希望和呼唤着社会、人心的美好，他是有着淳朴而纯净、可爱而可贵的社会理想和审美理想的作家，他的审美愿望属于未来时，尚不是现在时。所以，他才会写出《天下无贼》这样的作品。他是于平淡甚至冷静叙事中显示惊心动魄的。人性、人情是赵本夫小说审美的纽带。贼与非贼间竟有着热络的人情。只是她拽整了傻根的衣服，他那"站得像根冰棍心里却热乎乎的眼泪几乎流出来"。又只因叫了一声姐，便令女贼“心里热热的血往上涌”“眼睛湿润了”。盗贼动怜悯之心，警察萌恻隐之意。人性、人情在化解一切，又融合一切。这便是赵本夫的人文观和人本主义。《天下无贼》所展示的是一种期待，是人文精神愿望。于是，小说真正进入了大圆梦境(借用赵本夫小说中的活：“圆他一个美丽的梦。”赵本夫在小说审美中“圆”着他自己——却非个人书写的“一个美丽的梦”)，这是人文境界，也就是审美境界。

赵本夫把人、人性、人情提升到人文情怀和精神的高度来体认。痴信天下无贼的傻根，良心发现、金盆洗手的盗贼，不惜冒犯违纪风险，也要成人之美的警察，组成了人性美、人情美的世界，更有着作家人文情怀和精神的辉扬，从而产生出思想的冲击力和审美的穿透力。

而人文关怀的终极境界便是宗教关怀，人文精神的最高体现是宗教精神。宗教意识的主体境界是文学的最高境界。这不是书写宗教行为、叙述宗教仪式，而是一种主体精神的体现。宗教精神在本质上是引领，是净化，是提升，不是跟随和当在。赵本夫小说内在地存在着崇高而广博的哲学宗教精神和情愫，有着佛的大度、佛的宽容、佛的看破、佛的爱心，他对世道、人心，不是金刚怒目，而是菩萨低眉。

他把生活、民俗、民情、感受、体验，对人的心理的把握和挖掘，融会贯通起来，又活灵活现、入木三分地传达出来。他维护了小说文体的文本属性，完成了小说的叙事方式。

他的小说审美介乎现实与传说之间，生活与民俗之间，既是现实性世界的呈示，若在眉睫之前，却又扑朔迷离，似在臆想之外，例如《绝唱》；现实世界与民间传说的经络交错，增添了小说的审美色调，例如《绝药》。于是，现实、生活构成审美底色，传说、民俗则是敷色，是生活积累与文化积累双重元素发酵的成果，出现形上与形下、具象与抽象、质实与空灵的结合。赵本夫小说独有的思想血色和审美魅力正来自于此。

(节选自《人性、人情及其人文关怀——论赵本夫的短篇小说》，原文 13000 字，原载《评论》2006 年第 4 期。)

价值失范·满纸荒唐·遍体硬伤

——当前长篇历史小说的现状分析之二

我在《中国现代文学论丛》2009年第2期（南京大学中国现代文学研究中心主办、上海人民出版社2009年版）上发表了《历史理性·人文关怀·审美本体——当前长篇历史小说的现状分析之一》，在文章的结尾处写道："当前长篇历史小说尚存在不容忽视的严重问题和缺陷，留待下一篇文章再行解析。"本篇就是完成这一写作任务。

在中国，历史资源汗牛充栋，在多元化、多样性文学类别、风格存在和需求的今天，长篇历史小说与现实题材长篇小说双峰并峙、二水分流。而中国的长篇历史小说的形成先于其他类型的长篇小说，培养和形成了相对应的阅读群体和欣赏习惯，作为硬核结构已沉积在代代相传的阅读记忆中，因此，阅读历史小说，特别是长篇，读者就充满了前结构所形成的阅读期待。而当今长篇历史小说所存在问题之症结恰恰在这里——作者对于应是长篇历史小说叙事机制的形成动源和基因的读者的阅读心理愿望和期待的漠视和无视。他们缺失对历史起码的尊重、敬畏态度。中国是史学大国，作者理应遵守相应的学术和写作规范。但是，他们的胆大没边，令人瞠目结舌。他们以为没有游戏规则，就可以忽悠读者，文学和读者被糟蹋的幅度、程度，莫此为甚！而一些评论界的衮衮诸公，低媚得犹如承欢的"三陪"，遂致势态雪上加霜。宋代诗人陆游有名言曰："文章实公器，当与天下共。"[①]既然成为公共的

---

① 陆游：《喜杨廷秀秘监再入馆》，钱仲联点校《剑南诗稿》第21卷，岳麓书社1998年版，第529页。

存在，就不能不接受公共知识界的检验、评判、议论。通观当前的长篇历史小说所存在的问题，不能不正本清源，做史实、史鉴、史识的学术和创作的“启蒙”工作：回归历史本真，恢复历史生态现场，重建价值评判系统，甚至是价值底线和低线。

一

中国史学对历史学家的综合要求是：胆、识、才、力，缺一不可。清代美学家叶燮把它引入美学，在《原诗·内篇下》中说：“大凡人无才，则心思不出；无胆，则笔墨畏缩；无识，则不能取舍；无力，则不能自成一家。”由此产生了史学—美学，或曰史—诗的建构。诗史，是中国美学对文学成就的最高评价，如杜诗。而四者之中，以识为先，《旧唐书·王勃传》引裴行俭语，“先器识而后文艺”。袁枚引入诗学，在《随园诗话》中说：“作史三长，才、学、识，缺一不可。余谓诗亦如之，而识最先。”识，就是史识；识见，就是价值判断。史识是历史学家、历史小说家思想、精神有无、高低、优劣的标杆。其价值判断的具体标准可以有多种，但总体的标准则为一。这和社会史的进化观相联系。社会体制是民主、自由，还是进一步强化专制、独裁统治，这是评判历史进步性和落后性以至野蛮性的主要价值标准，遑论普世价值。我们无意于对历史价值标准的细则制订，但是，应有基本的历史良知和尺度，不应曲意迎合某种需要。

当前长篇历史小说的一个重大主题是歌颂盛世，特别是康、雍、乾三世。被描述成的图像是：君圣臣贤，反腐倡廉，河清海晏，莺歌燕舞，最高统治者和人民大众的喜怒哀乐无不相通。二月河是始作俑者（出版了“帝王系列”——《落霞三部曲》：《康熙大帝》《雍正皇帝》《乾隆皇帝》，有长江文艺出版社等多个版本、版次，其中《雍正皇帝》，本文所引，据长江文艺出版社 1993 年版），还有中央电视台《百家讲坛》部分节目，朱苏进等编剧的电视连续剧《康熙王朝》掀波扬澜（其中主题歌的一句唱词含意极坏，下面将予以评述），共同造势，小说和荧屏上蹁跹起残忍丑陋的含有强烈民族压迫、民族耻辱性质的马蹄袖文化，对于辛亥前贤，实在是汗颜了。

伴随着清王朝入主中原的铁骑银枪，是超常残酷和超级血腥的武装镇压和思想钳制，对“扬州十日”“嘉定三屠”等事件，人们并没有淡释，仍然保持着鲜活的历史记忆。满族的君主在巩固大一统的政治局面时，表现出了异乎寻常的控制手段，也表现出了异乎寻常的意识形态敏感，给广大知识分子造成的是“避席畏闻文字狱”[①]的极端恐惧和怵惕的社会心理。本来茁壮的明代市民文艺的禾苗突然萎缩，明中叶以后风靡的启蒙主义思潮消歇了声响，两朝更迭时期的民族主义精神也已遗音远逝。在意识形态内全面复古主义的勃兴程度，比之汉族统治者来说，走得更远，焰威更盛。今天的一些历史小说家理应具有的文化批判精神和独立的知识分子立场竟是荡然无存，代之以曲意逢迎、歌功颂德。这是文学精神可悲的倒退。

对千百年来人类和民族的文明所积淀的思想结晶应当表现出现代人所应有的虔诚、尊重的态度。对于人类和民族的经典性文明所表现的这种态度应当构合为现代性的人的素质之一。这就不会乱说康熙，瞎说雍正，戏说乾隆。当以消费时代的消费主义观念和方式对待历史，轻易解构经典，亵渎历史，所形成的是对历史的嘲弄，对文学自身的嘲弄。张扬过去的历史学家都已经抛弃了的东西，“至今已觉不新鲜”[②]了，而现今的一些文学家关于封建政治文化、宫廷文化、权谋文化的描述较之罗贯中已经大大倒退了，对于晚明启蒙主义思想家黄宗羲的《原君》否定君权的思想作了恶劣的颠覆。电视连续剧《康熙王朝》中康熙高唱还要再活五百年，有历史学家就猛烈抨击，他再活五百年，我们今天就还处在水深火热的封建帝制之下。这正是切中要害之言。去共和，复帝制，皇权主义，臣服文化，还要草根百姓吃几遍苦，受几茬罪呢！

---

① 龚自珍：《己亥杂诗》，《龚自珍全集》，上海人民出版社 1975 年版，第 471 页。

② 赵翼：《论诗》，郭绍虞主编《中国历代文论选》第三册，上海古籍出版社 1980 年版，第 497 页。

那些历史小说、历史电视剧的作者已经缺失了最起码的社会历史进化常识。口口声声弘扬历史文化，其实是张扬历史文化的落后面、污秽面。

康、雍、乾三世，所谓“盛世”是以空前专制为前提的。雍正最得中国帝王权术之大成，最擅长以言治罪，最善于下批示整人杀人，他是抄家直至灭门绝户的元凶，世有“抄家皇帝”的恶名，《红楼梦》作者曹雪芹就亲历其灾。数读丁帆先生的《江南悲歌》（岳麓书社 1999 年版），其中有《浩气长存的请命者——金圣叹》《再读金圣叹》。金是吴人，奇才，批《水浒传》、批《西厢记》、批唐诗、批杜诗，现今文学批评史、美学史研究者谁也绕不过他。但是，他死于非命，死于清政府的屠刀之下，死因是和平式地反腐败，“抗粮哭庙”，反县官贪污国有仓粮和打死民众，酿成了政治风波。转录《辛丑纪闻》杀人场面的实况记载：“至辰刻，狱卒于狱中取出罪人，反接，被插斩旗，口含栗木，挟走如飞。亲人观众稍近，则披甲者枪柄刀背乱打。俄而炮声一震，一百二十一人皆毙死。披甲乱驰，群官皆散。法场之上，惟血腥触鼻，身首异处而已。”一次性杀掉 121 人，是为康熙亲政所设的一大祭坛。顺治、康熙、雍正、乾隆四朝，文字狱百馀起，单是乾隆一朝就有八十多起。乾隆的“国学”水平高，更善于吹毛求疵、深文周纳，从蚊脚里挑出象牙来。发生在江苏如东栟茶镇的“一柱楼诗案”就是乾隆亲自过问，一手处理的“杰作”。乾隆解阐其中的诗句：“明朝期振翮，一举去清都。”说：“用朝夕之朝为朝代之朝，不用上清都、到清都而用去清都，其悖逆易见。”他洋洋自得地说：“此种鬼蜮伎俩，岂能逃脱朕之洞察乎！”他派御林军——乾清门侍卫直接到黄海之滨的小镇处理此案。对已死的当事人父子开棺，“挫碎其尸，枭首示众”，把尸体挫碎，该是什么状况，何等情景！还要把死人的脑袋割下来挂到东台县城（当时栟茶属东台县）示众。对其后代统统处以斩刑，连作序的大名鼎鼎的诗人、诗论家沈德潜也受到牵连。而最初接手这一案子，表现出高度政治敏感和酷吏作风的，不是别人，恰恰是在当今荧屏受到热捧的时任江苏学政的刘墉——“刘罗锅”。这起文字狱是彻底的反人性，可惜，丝毫没有引发那些热衷歌颂皇恩浩荡的历史小说家和历史电视剧的作者们置喙的兴趣。这是因为他们的价值取向是逆向的，价值判断是扭曲的。遍行血腥气的文字狱、告密制，令人一夕数惊，窒息了思想、戕害了人才，遂使乾、嘉学派大盛，直接导致了“万马齐喑究可哀”①的局面。所谓盛世又正是直接导致了末世的来临。这样一条历史因果律和历史逻辑链却被抹杀和倒置了。闭关自守的政策，愚昧的万方来朝的帝国心态，大大阻碍和延缓了即便是初始的现代化进程。这是历史学界经过反思的结论和共识。在这样的文化语境中，那些历史小说和历史电视剧的作者为什么视而不见、充耳不闻，对血气加霉气的大辫子文化要嗜痂成癖呢！

中国社会形态的演化是拖泥带水，不彻底的。土地关系是封建制，但是，人却处在奴隶制的形态之中。反封建制，甚至是奴隶制，反专制主义，不是已经成为“明日黄花”的过时课题和任务。这就是历史文化学的核心价值观。然而存在于历史小说创作界和评奖界的怪现象是认同于歌颂专制主义，而对于具有强烈的反专制主义倾向的小说，却弃如路草。王曾瑜先生的《宋代纪实小说系列》:《靖康奇耻》《河洛悲歌》《大江风云》《转战湖汉》《扬威南北》《关山怅望》《忠贯日月》(河南大学出版社 2001～2005 年版)，反封建专制主义的锋芒鲜明而锐利，价值判断正确而深刻，我在前面提到的《历史理性·人文关怀·审美本体》一文中，对其作了充分的评价。可就是这样一部 200 多万字的史诗般的巨制，竟然在第二届长篇历史小说奖中(2007 年)初评未获通过。以此一斑，可见现今名目繁多的文学评奖究竟是什么货色！正义何在，公理何在，起码的价值判断和良知、眼识何在！

二

历史小说自然应对历史真实性提出基本要求，复活历史常态，复原

---

① 龚自珍:《己亥杂诗》,《龚自珍全集》,上海人民出版社 1975 年版，第 521 页。

历史的生态现场。拘泥历史事实，无法展开审美想象，诚不足取。然而，当前的主要倾向，足以引起人们关注的是历史题材作品胡编乱造，腾云驾雾，像随意打扮小女孩似地对待历史，历史的尊严受到亵渎，正确的历史知识遭到践踏。混淆视听，难辨真假，贻害后代，实难估量！晚清小说大家吴趼人说得好："今日读小说者，明日读正史如见故人；昨日读正史而不得入者，今日读小说而如身临其境。"①后人将会把历史小说当成历史知识来接受和传播，因此，不可掉以轻心。

历史小说既然是历史的艺术记录，最起码的对历史时间应有干支纪年，年号或庙号纪年，亦可作公元转换纪年，这是常识，应当遵守。中国第一部长篇历史小说《三国演义》第一回就标明时间："建宁二年四月望日。"但是，二月河的《雍正皇帝》却几无准确纪年，作者有意遮蔽。所以然者何？往深处探究，只有一个解释：其中有猫腻。果不其然！下面摘取其中的一段情节，奇文共欣赏。先从史料的源头考证。遍查《清史稿》的《清世宗(胤禛)本纪》并无胤禛巡视河南水灾的记载，继而又查《清史稿》的《灾异志》也没有发现雍正年间河南水灾的任何文字记载。据此，《雕弓天狼》中第三十四回"黄泛难行舟囿沼泽　金蝉脱壳潜返京师"的小说情节于史无征，显系虚构。它写的是，雍正到河南黄泛区视察灾情，以高度的政治敏感感受到，京城要出大事，手握重兵重权的隆科多和年羹尧内外呼应，企图谋害雍正，发动军事政变。密室策划，调兵遣将，山雨欲来，箭在弦上，连自然界"在静谧中都给人一种不安的感觉"(《雍正皇帝·雕弓天狼》第393页)。雍正洞察一切，他接到"甘陕巡抚将军的密折，风闻一些不三不四的人，在年(羹尧)幕中活动，这次三千军马入京"(《雍正皇帝·雕弓天狼》第401页)，必有阴谋。雍正陷入深长的思索中："万一有不测的事动作起来，自己又该如何处置？"(同上)于是，他英明决策，当机立断，提前结束巡视，火速"潜返京师"。但

① 吴趼人：《〈历史小说〉总序》，郭绍虞主编《中国历代文论选》第四册，上海古籍出版社1980年版，第256页。

他没有直接回到“畅春园”，而是暂留京郊“丰台”，紧张部署反兵变。这番情节纯属臆造，但人们似曾相识，在哪里见过？哦，这不就是“9·13”事件的翻版吗？林彪企图谋害毛泽东，发动政变，毛泽东高瞻远瞩，明察秋毫，洞悉其奸，提前结束巡视，打乱了林彪的计划，然而，他没有直接回到“丰泽园”，和雍正相似到惊人的地步——也是暂留同一地点——京郊“丰台”，紧张部署反政变。对于图谋的年羹尧，说出“天要下雨娘要嫁”的话来，喟叹和无奈（《雍正皇帝·雕弓天狼》第590页；“9·13”毛泽东对于林彪出走，也说了同样的话）……呜呼！这还叫历史小说吗？

对雍正跟其他的皇兄弟，跟拥戴有功的权臣年羹尧、隆科多的矛盾，都做了歪曲性的处理。雍正一身、一生的血腥味。他得帝位后，除对甘愿臣服，为其效力，又身染痨病，绝不构成权力威胁皇十三弟允祥和年少的皇室成员外，不满、不服的，都无所不用其极，演出了一幕幕的宫闱惨剧。但是，小说却写成是，诸兄弟觊觎帝位，主动发难，雍正才不得不反击，小说多次借用和当代“反右”相似的话语：“树欲静而风不止。”说明其原因。主动者和被动者、肇事者和受事者角色、身份、作用完全被颠倒了。对于年、隆的处置，实质上是鸟尽弓藏，兔死狗烹。《雍正皇帝·雕弓天狼》第49回，第586页所写，是一语定罪的经典案例，要解读得稍费笔墨。据《清史稿》卷二百九十五《年羹尧列传》记：“（雍正三年）二月庚午，日月合璧，五星联珠，羹尧疏贺。”赶忙拍马屁，但拍到马蹄上了，雍正逮到一个机会，开始下手了。贺疏中“用‘夕惕朝乾’语”，雍正发雷霆之怒，“责羹尧有意倒置，谕曰：羹尧不以朝乾夕惕许朕，则羹尧青海之功，亦在朕许不许之间而未定也”。于是，以迅雷不及掩耳之势，剥夺年羹尧“抚远大将军”的兵权。究竟是否用词不当，退一万步说，也不该如此处置。我们还得稍微下点释词的功夫，否则，无法看清问题的实质。语源上，《周易·乾》：“君子终日乾乾，夕惕若厉。”孔颖达疏：“终日乾乾，言每恒终竟此日，健健自强，勉力不有止息；夕惕者，谓终竟此日至日后至向夕之时，犹怀忧惕；若厉者，若如也，厉，危也。”后来多在对终日勤勉的古帝王和大臣的颂扬上。如汉代崔寔《大赦赋》:“陛下以苞天之大,承前圣之迹,朝乾乾于万机,夕虔敬以厉惕。”“乾乾”的“乾”省略,如《红楼梦》第十八回“大观园试才题对额　荣国府归省庆元宵”“(贾政道:)虽肝脑涂地,岂能报效于万一。惟朝乾夕惕,忠于厥(其)守。”关键的是,作为一个词组可不可以如雍正大加挞伐的“倒置”——“夕惕朝乾”(像“夕死朝闻”“夕雨朝云”等)——年羹尧的马屁贺疏中的用法呢?回答是肯定的。远远早于清代的唐人吕温《皇帝亲庶政颂》:“亲政维何,夕惕朝乾。”既然祖宗可以用词“倒置”,那么,雍正何以用来定罪,天威震怒呢?只有一个解释:欲加其罪,何患无辞!用过了,就可以卸磨杀驴了!而二月河在引录时竟然两处出错,同一页均写着“夕阳朝乾”。遍查词典,无此词组。一次失误,犹可说也,两次同错,不可说也。

在二月河笔下,雍正是亘古第一贤君圣主,是按照伟大的领袖、导师、统帅、舵手塑造出来,是涂脂抹彩,粉堆起来的。日理万机,宵旰不怠,圣躬勤政,廉洁无私,日思夜虑帝国的兴衰存亡,全心全意为人民服务。雍正对孙嘉淦破格提拔的做法和高见,完全可以和现今的组织路线相媲美(《雍正皇帝·雕弓天狼》第74页)。对田文镜一下子提拔为方面大员、封疆大吏,雍正之宏论,具有当今核心理论的水平(《雍正皇帝·雕弓天狼》第113～114页)。“金无足赤,人无完人”,对雍正是不适用的,他是大大的完人。早在藩邸时,就打土豪(《雍正皇帝·九王夺谪》第11回),分浮财(《雍正皇帝·九王夺谪》第98页)。他对臣下的廉政的训话,是高层次的警示教育(《雍正皇帝·雕弓天狼》第201～202页)。他“为普天下贱民一律脱籍,耕读渔樵,与庶民一律”(《雍正皇帝·雕弓天狼》第226页),很有民权主义思想。他率先垂范,“我德如风,民用如其”,不吃席面,想到普天下还有千千万万的劳苦大众(《雍正皇帝·九王夺谪》第116页)。他既不贪杯又不好色(《雍正皇帝·恨水东逝》第219页)。这是用大量的情节和细节,不厌其烦、无中生有地加以描述的,甚而至于体现到日常用水上。宫女用玉泉山的水给雍正洗脚,这位皇上立刻极其惋惜地说:“水和水不一样,吃茶的水都是从玉泉山用水车拉来的,不该用来洗脚。”(《雍正皇帝·恨水东逝》第392

页)哇噻,这种环保和珍惜资源意识绝对超前,足以“代表”21 世纪“先进生产力的发展要求”!

书中通过人物乔引娣眼中看雍正的饮食:“果然见和刚才待自己的那一份一模一样。她一向以为皇帝吃饭,必定餐餐山珍海味,看十用一的珍馐佳肴,此时不禁一愣。”(《雍正皇帝·恨水东逝》第 42 页)那么,刚才与雍正“一模一样”的晚餐究竟是什么样的呢?“一碗粳米粥、四碟小菜”(《雍正皇帝·恨水东逝》第 39 页)。雍正皇上正是这样克勤克俭,和人民群众同甘共苦,打成一片!他啃的是“饽饽”(《雍正皇帝·雕弓天狼》第 354 页),“一碗京丝挂面,兑上醋姜汁,撒了点蒜花儿,滴了两滴香油”(《雍正皇帝·恨水东逝》第 208～209 页)。“一碗姜醋面片儿……两个小馒头,一碟子老咸菜,再滴两滴香油”(《雍正皇帝·恨水东逝》第 530 页)。他“将剩下的豆芽菜连汤……冲了开水涮得干干净净吃了”(《雍正皇帝·雕弓天狼》第 157 页)。富有四海、万几宸函的天子,过的是贫下中农的生活,这哪里还有什么历史真实性可言!

确实,二月河对雍正的歌功颂德是全方位的,深入到日常生活饮食起居的细胞之中,但可惜的是常常露出了麒麟皮下的马脚来。说得客气一点是宫廷生活知识匮乏,说得尖刻一点是穷措大味道。这倒不禁使人们油然想起了陈寅恪先生对唐代诗人白居易的嘲讽来了。陈先生《元白诗笺证稿》对白居易《长恨歌》“夕殿萤飞思悄然,孤灯挑尽未成眠”笺释,白氏以为宫中点灯比点烛,显示富贵。其实是对宫中生活无知,闹了笑话。陈先生引邵博《闻见后录》(邵氏嘲笑白氏“可笑”)、《南史》、欧阳修《归田录》,进而指出:“夫富贵人烧蜡烛而不点油灯,自昔已然。北宋时又有寇平仲一段故事,宜乎邵氏以此笑乐天也。考乐天之作《长恨歌》在其任翰林学士以前,宫禁夜间情状,自有所未悉,固不必为之讳辨。”“至上皇夜起,独自挑灯,则玄宗虽幽禁极凄凉之景境,谅或不至于是。”[①]北宋晏殊乃富贵宰相、词人,他轻蔑那些富贵的俗文字乃

① 陈寅恪:《元白诗笺证稿》,上海古籍出版社 1978 年版,第 36～37 页。

是“未尝谙富贵者”。由此，“富贵气象”遂成为一审美范畴，是雍容华贵的台阁气态之外现，文学便沿着晏殊的审美方向发展，宋及宋之后的诗话多有阐释。二月河一方面写雍正啃饽饽、吃阳春面，另一方面写其大喝野山参汤，像是喝现今的可口可乐一样。一年四季不离口，不仅自喝，而且赐给臣工当饮料喝。其实，略有中医常识的人都知道，不是什么人都能喝参汤，也不是一年四季都喝。这只能说作者知识稍欠。清代诗论家薛雪在《一瓢诗话》中说：“品高虽披绿蓑青笠，如立万仞之峰，俯视一切；品低即拖绅搢笏，趋走红尘，适足以夸耀乡间而已。”二月河的“帝王系列”长篇历史小说只能难属“品高”一路。少了金玉气，多了蔬笋气，这是二月河按照自己的生活方式和标准来臆测和推想的帝王生活（二月河自陈：“我是土老帽。”①）。“笙歌归院落，灯火下楼台”②，不是文字的卖富，而是对富贵审美，写出的是“富贵气象”，鲁迅先生在《而已集·革命与文学》中有一席名言，说：“真会写富贵气象的，有道：‘笙歌归院落，灯火下楼台。’全不用那些字（金、玉、锦、绮）。”俗话说：“三年做官，才会吃穿。”这是以生活、游历、积累为经验基础和资源的。舍此，没有宫廷生活的知识准备，率尔操觚，硬着头皮写，就会没了富贵气，尽现穷酸相。反之，而皇宫中的描写又尽是焕焕漾漾，金碧辉煌，倒不禁让人想到宋代沈括《梦溪笔谈》卷十四对唐人的一段嘲讽话来：

> 唐人作富贵诗，多纪其奉养器服之盛，乃贫眼所惊耳。如贯休《富贵曲》云：“刻成筝柱雁相挨。”此下里鬻弹者有之，何足道哉！又韦楚老《蚊诗》云：“十幅红绡围夜玉。”十幅红绡为帐，方不及四五尺，不知如何伸脚？此所谓不曾近富儿家。

---

① 《二月河纵论历史小说》，《人民日报》（海外版），2003 年 3 月 3 日。

② 白居易：《宴散》，苏仲翔选注《元白诗选》，古典文学出版社 1957 年版，第 235 页。

这简直是几百年前对着二月河说的！

二月河惟独对帝王的衣冠服饰有着浓厚的兴趣。对王公大臣的衣装惜墨如金，却对帝王用墨如泼。且看他怎么描写的："雍正黑狐皮缎台冠。"（《雍正皇帝·雕弓天狼》第27页）"雍正穿着驼色江绸夹袍，外边罩着绣石青江绸棉金龙褂，项间挂着蜜蜡朝珠，腰间系着金带头线纽带，戴着一顶天鹅绒纱台冠。"（《雍正皇帝·恨水东逝》第600页）乾隆"戴一顶中毛本色貂皮缎台冠，酱色江绸面青颏袍，套一袭貂皮黄面褂，腰间束着金带头线纽带"（《乾隆皇帝·天步艰难》第77页）。皇帝头上戴的是"台冠"，从另一处也得到佐证："乾隆除掉台冠。"（《乾隆皇帝·天步艰难》第97页）清代皇帝究竟是不是戴的劳什子"台冠"？《清史稿》卷一百三，志七十八，《舆服志》二，对其做了明确的分类记载，所好文字不长，还是把它引出来吧，不引证，则不知二月河之造假。

> 皇帝朝冠，冬用熏貂，十一朔至上元用黑狐。上缀朱纬。顶三层，贯东珠各一，皆承以金龙四，饰东珠如其数，上衔大珍珠一。夏织玉草或藤竹丝为之，缘石青片金二层，里用红片金或红纱。上缀朱纬，前缀金佛，饰东珠十五。后缀舍林，饰东珠七，顶如冬制。
>
> 吉服冠，冬用海龙、熏貂、紫貂惟其时，上缀朱纬。顶满花金座，上衔大珍珠一。夏织玉草或藤竹丝为之，红纱绸里，石青片金缘。上缀朱纬。顶如冬吉服冠。
>
> 常服冠，红绒结顶，不加梁，馀如吉服冠。
>
> 行冠，冬用黑狐或黑羊皮、青绒，馀俱如常服冠。夏织藤片竹丝为之。红纱里缘。上缀朱牦。顶及梁皆黄色，前缀珍珠一。

如果二月河先生略作浏览，就不会为雍正、乾隆戴上一顶"台冠"来的。也真是的，二月河造假造到皇帝的头上来了。

三

满目疮痍，遍体鳞伤。用此八字概括某些长篇历史小说作品的存在问题尚不为过。历史知识短缺，文献功夫和准备不足，仓促上阵，胡乱涂鸦，必现硬伤。细加抉剔，自感琐碎，但引经据典，实证指谬，乃古今通用之方法。所以如此，殊非所愿，尚祈读者鉴谅。然非如此，则不能见千疮百孔，即令如此，尚不足以尽现万一。

略加归纳缕析，又可列为以下几种。

史实错乱。作者想当然预设历史场景，按照自身的浅识而不是从历史本真出发，就把未然的写成已然。《剑胆诗魂——辛弃疾》（人民文学出版社 2002 年出版，以下简称《辛弃疾》）写孙象祖派管家贿赂辛弃疾：“‘里面是两千两银子的银票。我家老爷说辛大人政事劳苦，权且补补身子。’说着恭敬地把装银票的信封放在桌子上。”（第 284 页）宋代的货币是铜钱和纸币，根本不是银子，更没有使用汇通汇兑的银票，而用信封装钱则是当今中国行贿官员才有的独特方式。《滕子京谪守巴陵郡》（作家出版社 2004 年出版，以下简称《滕子京》）把“交子”说成是“宋代银票”（第 284 页），不对，其实它就是宋代发行的纸币（见《宋史·食货志》）。鼻烟壶内藏银票，虚衍出一段情节，并由书中人物大谈从汉到宋的鼻烟壶制作情形（第 42 章）。这又错了。鼻烟为明代万历年间由利玛窦传入我国。盛烟之瓶才称之为鼻烟壶，题有“古月轩”者，尤称珍品。清代雍正、乾隆时制作精美，是八旗子弟的玩物，汉、宋根本就没有。该小说写“（宋）仁宗正和吕夷简坐在石桌两侧下象棋”（第 65 页），以及范仲淹和滕子京下象棋（第 176 页）。象棋产生于北宋末年、南宋初年，在宋仁宗时代还没有这一棋类。洪迈《稼轩记》等明明白白载辛弃疾以五十骑驰入敌营，擒捉叛首张安国，但到了小说《辛弃疾》中却变成二十骑、十几人（第 40 页）。历史就这样被随意改写了。

时空倒置。《滕子京》中宋仁宗说：“我的时代就是……流芳百世的长卷《清明上河图》。”（第 51 页）《清明上河图》为北宋末年徽宗时院画家张择端所绘，仁宗年代，其人其画还没有出世。欧阳修谪滁州时始号“醉翁”，时年 40 岁。《醉翁亭记》有言“醉翁之意不在酒”，其本人有《七交》诗为证：“四十未为老，醉翁偶起篇。”但是在《滕子京》中尚是京官还未遭贬，只有 30 来岁的欧阳修就被滕子京口口声声称之为“醉翁”了(第 27 页开始)。“天下兴亡，匹夫有责”，本是明末清初顾炎武首创的名言，小说《辛弃疾》却让宋人说出来了(第 3 页)。《辛弃疾》把著名的《青玉案》(东风夜放花千树)词，说成是写于隆兴元年(1163)左右，辛弃疾任职江阴时(第 78 页)，其实作于淳熙十四年(1187)前，闲居带湖期间。另外，小说又把它说是情爱词，是写给未来夫人的。其实，据梁启超的解读，此是象征词：“自怜幽独，伤心人别有怀抱。”[①]为辛词惯用，表现词人的孤高独处情怀。这已成为词学界的共识，作为自称是纪实性小说的《辛弃疾》理应遵守已有定论的作品系年和基本意象诠释。《滕子京》说宋代已有“《全唐诗》凡十卷三百万言”(第 389 页)。《全唐诗》只是在清康熙年间才由彭求定等人编成。《雍正皇帝·雕弓天狼》第 229 页雍正说：“这钟馗是谁画的？加上这诗，可收进三希堂封存传世。”“三希堂”不是雍正的事，而是乾隆的事。乾隆曾将晋王羲之《快雪时晴帖》、王献之《中秋帖》、王恂《伯远帖》作为稀世珍品在紫禁城养心殿内收藏，命名“三希堂”。儿子后来才有的，倒让老子先用上了，让人绝倒！

植入谬闻。《滕子京》中所谓欧阳修跟大姐夫与前妻所生女张丽鹃通奸事，本是政敌所泼污水，经宋仁宗亲自下令，内廷外官联合调查，推倒了此事，还了欧阳修清白，但作者却在小说中对这一并不成立的绯闻津津乐道，实是玷污古人(第 28 页前后)。

消解史实。《滕子京》把范仲淹说成是“愚钝且官瘾极大”“有政治野心”(第 416 页)。不仅不符合历史人物范仲淹的真实状貌(他是宋代

---

① 梁启超：《艺蘅馆词选》引语，梁令娴编，刘逸生校点《艺蘅馆词选》卷丙，广东人民出版社 1981 年版，第 96 页。

人文精神、人格范式的奠基者之一。宋人对范评价极高,如欧阳修评之曰"学古居今,持方入圆"[①];王安石在范仲淹的祭文中评其"一世之师""由初迄终,名节无疵"[②];朱熹《朱子语录》卷一二九赞"至范文正方厉廉耻,振作士气""至范文正便大厉名节,振作士气""本朝惟范文正公振作士大夫之功为多"。)而且是近乎中伤了。同时,作者为了拔高滕子京就不惜贬抑范仲淹,说范"心理失衡""比不上滕子京",滕比范"胸襟开阔"(第 417 页)等。宋代范公偁的《过庭录》、周辉的《清波杂志》说到滕子京谪守巴陵郡"愤郁颇见辞色",欲"凭栏大恸数场",但小说作者有意抹掉这一点,消解了范仲淹借《岳阳楼记》一文以"规之"的意图和事实,扬滕抑范,是对史实史事的曲解。

张冠李戴。《雍正皇帝·九王夺谪》第 126 页说:"孟子曰治大国如烹小鲜。"一查,不对了,应是老子所言(见《老子·六十章》)。《辛弃疾》把《满江红·敲碎离愁》词说成是其夫人范瑞敏所作(第 110 页),但《全宋词》和《辛弃疾词选》的诸种选本均证明该词为辛弃疾本人的作品。《滕子京》把唐代李白《庐山遥寄卢侍御虚舟》的名句"一生好入(为)名山游"说成滕子京所写(第 69 页)。

古今混淆。《滕子京》第 424 页写范仲淹"改动一处标点符号",古人书写根本不用现代标点符号。1951 年中央人民政府出版总署才公布了"标点符号用法"。同书第 417 页写范仲淹"时不时对(宋)仁宗的干部政策予以攻击",用如此现代的语汇,雷人!

不明词义。《雍正皇帝·雕弓天狼》"内容简介"中写"托孤重臣隆科多……",何谓"托孤"? 指的是以遗孤相托,《三国志·蜀书·先主(刘)备传》:"先主病笃,托孤于丞相(诸葛)亮。"阿斗(刘禅)是独生子,年幼,才有刘备白帝城托孤。康熙的儿子一大串,有三十五个之多,况

---

① 欧阳修:《祭资政范公(仲淹)文》,《范仲淹全集》下,四川大学出版社 2002 年版,第 1238 页。

② 王安石:《祭范颖州(仲淹)文》,《范仲淹全集》下,四川大学出版社 2002 年版,第 1241 页。

且雍正四十四岁继位，人到中年，怎么能用“托孤”一词呢！清代咸丰遗命肃顺等八大臣辅佐其独生子、同治小皇帝，那才叫“托孤”。同书同卷第310页把“美人香草”说成是性别上的女性，女人，错了！自《离骚》以降，此词组被赋予其象征意义，以美人比君王，香草喻君子。王逸：“《离骚》之文，依《诗》取兴，引类譬喻，故善鸟、香草，以配忠贞……灵修、美人，以媲于君。”①这已是古典文学界耳熟能详的基本常识。

随意用语。《雍正皇帝·雕弓天狼》第212页李卫对着雍正说：“主子自想想，这不是他娘的放屁么?”在森严朝堂上，对着九五之尊，臣子怎么可以这样讲话！同书同卷第373、389等页李卫骂道：“娘希匹！”(同书同卷第342页让人物张云程嘴里也冒出“娘希匹”。)真是“拍案惊奇”！分明是蒋介石骂人的专用语，怎么移植到李卫嘴里！蒋介石是宁波人，尚有方言来源和个人特征，可是，查《清史稿·李卫列传》，李卫是徐州铜山人，这是哪码对哪码啊！读者不由得“晕倒”！

引录舛讹。据善本核对，发现《滕子京》第86～87页引录范仲淹《滕公夫人刁氏墓志铭》错有近二十处，把人名和年号名都搞错。第424页引录范仲淹所背诵的屈原《离骚》十行字，掉字错字近十个。第479页引录范仲淹《祭同年滕待制文》掉字错字近十个。第479～480页引录范仲淹《天章阁待制滕君墓志铭》错达二十五处之多。连引录范仲淹著名的《渔家傲》词也竟然掉字(第96页)。恕不一一指误，恍若秋风落叶，扫了一遍又一遍。

编校质劣。《辛弃疾》的常识性、低层次的错误之多，文字和标点的失校率之高，犹似阿Q身上的虱子，捉了一个又一个。

顺带交待两句：《辛弃疾》、《滕子京》都是第二届长篇历史小说评奖入围作品，只是因为有评委当场揭示累累伤痕，才最终未能获奖。《辛弃疾》出版单位：人民文学出版社；《滕子京》出版单位：作家出版社。录

---

① 王逸：《〈离骚经〉序》，郭绍虞主编《中国历代文选》第一册，上海古籍出版社1979年版，第155页。

此存照。

所谓作家学者化的要求，对于历史小说家来说，显得更为切实。倘不具备历史学者的相当学殖、功夫或操作的家什，还是不要贸然进入这一领地为妙，否则，露出的将是满纸硬伤。

在艺术的审美处理方面则主要存在四方面的问题。

题材雷同。单举第二届长篇历史小说评奖的参评作品为例，宋代题材就有八部（二十本）之多，尚不含未参评作品，如江苏文艺出版社2006年版《大宋王朝》等。诚然，宋代是中国历史、文化史上的典型时期，王国维、陈寅恪先生对之评价极高，《宋史》是二十四史中篇幅最长的。但是，过于集合在这条通道上，就显得逼仄，无法打开历史的宏观扇面，撞车现象势所难免。《大宋遗事》（河南文艺出版社2007年版）中有范仲淹，《滕子京》当然也有范仲淹。《王安石》（江西人民出版社2006年版）中诚然有王安石，与之有联系的三苏、司马光等一拨人物则又纷然出现于《大宋遗事》。该小说的第二十回，王安石开始登场，到终结的第一百零八回，主要写的就是这个人物，几乎成了一部王安石传记。赵遵生的《苏东坡》（上海人民出版社2006年版）的中心人物顾名思义是苏东坡，然而，上述作品中的那一批人物也鱼贯而入。第二届参评的这些作家对这些宋代风云人物情有独钟，当然缘由有自，可又跟首届获奖作品颜廷瑞的《汴京风骚》（长江文艺出版社2004年版）不期然相重合，依然是王安石、司马光、苏轼……这是第二届评奖作品的一个突出的现象，也就由此提出题材扩大化的问题。三皇五帝，地阔天长，可入题者恍若过江之鲫，又何必众眼向着一盆粥，盯住一个朝代、几个人物哩！

想象匮乏。由于一些作者的审美想象力贫弱，本来由历史所由提供的富于情节生动性的资料到他们手中却得不到应有的发挥，手笔窘迫，犹如厨师面对上好的原料却做不出好菜一样。洪迈在《稼轩记》中记其密友辛弃疾擒捉张安国的情形，相当精彩："齐虏巧负国，赤手领五十骑，缚取于五万众中，如挟毚兔，束马衔枚，间关西奏淮，至通昼夜不粒食，壮声英概，懦士为之兴起！"这是一次"特种部队"的长途奔袭行为，犹如司马光《资治通鉴》中的《李愬雪夜袭蔡州》，洪迈提供了如此好的情节素材，小说《辛弃疾》却写得平淡无奇，缺失动人的力量，黯然失色，毫不出彩。须知这是辛弃疾一生最大的亮点，而小说又应当具有“采取一端”“生发开去”[①]，铺张扬厉的审美功能。

武侠风味。武侠小说绝非历史小说，分属于两种不同的叙事方式、审美空间和阅读期待。武侠风染，一些历史小说受其影响，即令获奖作品亦难避免。《漕运总督》（北方文艺出版社 2006 年版，为第二届长篇历史小说获奖作品）中仓场总督府的闺秀甘戎俨然就是个神雕侠女：“甘戎性格就像她的名字，喜欢戎装在身，更喜欢挎一柄龙泉宝剑，装扮成一个行侠或侠女的样子。”（第 199 页）她一会儿现身，一会儿潜影。小说中另一个女性人物唐大姑更是来去无踪，神出鬼没，常令人匪夷所思。《雍正皇帝》用的是紫姑刺胤祥的武侠传说（第三十八回）。武侠化是屈就大众阅读需求，降格历史小说品位，削弱了历史小说本来所具有的真实性品格和本体特征。因此，恪遵历史小说所凝冻的叙事规范，就成为作家们需要坚守的领地。

审美倒退。获第六届茅盾文学奖和首届长篇历史小说奖的熊召政的《张居正·木兰歌》（长江文艺出版社 2000 年版）人物之间的对话基本未过关，学生腔很重，没有历史感和个性化特征，并不如评论界所吹捧的那样。熊召政和二月河的历史小说，《滕子京》等都使用了章回体。章回体是长篇通俗小说的体式，既使小说的内容和形式相对独立，又引起读者追读下文的兴趣。以最初的听众，后来的读者的心理需求和特点为依据，它源于民间说话人所运用的挑逗、悬念的形式机制，有其审美的历史进步性。有些长篇小说的回目文字十分考究，如《红楼梦》的“薄命女偏逢薄命郎　葫芦僧乱判葫芦案”“金兰契互剖金兰语　风雨夕闷制风雨词”等。现今的长篇历史小说用章回体以增添历史感觉，增

---

① 鲁迅：《南腔北调集·我怎么做起小说来》，《鲁迅全集》第四卷，人民文学出版社 1958 年版，第 394 页。

加阅读兴趣，自鸣得意，却适得其反。作品不凭自身的情节逻辑和人物的命运吸引人，远远漠视了现今读者的阅读习惯和能力，出现阅读滞后，散发阵阵霉味，是一种落后的形式机制。二月河所撰写的回目文字简直一团糟，天马行空，失却规范，平仄不协，对偶几无，回目文字往往和情节内容脱链，令人不堪卒读。唐浩明的《曾国藩》(湖南文艺出版社2002年版)、《张之洞》(作家出版社2006年版)分获首届、第二届长篇历史小说奖，学术性压过了审美性。《雍正皇帝》的“内容简介”广告词说“以思想为经，艺术为纬”，作“艺术巡礼”，读者“获得美的享受”，实在不敢恭维。冗长的对话，沉闷的氛围，拖沓的情节，无序的节奏，使读者无法“获得美的享受”。

所谓“古为今用”的原则，具有实用主义性质和简单化、庸俗化缺陷，消泯了历史学的独立品格，于是，应用史学、影射史学应运而生。脱略基本的历史联系、复杂情形和时空具体性，纯粹为今所用。视现实的需求而定，再从历史的事件中寻找，简单比附，犹如为历史预设了一个现实的图景、事件和现象。历史仿佛是为千百年后的今天设置的。既无事实，又无逻辑；既无实证，又无品位。中国以史为先所形成的传统、规范、原则、方法、学风荡然无存。为现实“服务论”，实际是为当前政治服务。史学的超越性、衡稳性、权威性甚或存在性，被糟蹋殆尽，代之以随心所欲，信口雌黄，“指令性计划”泛滥成灾。风气既开，祸及史林，史学界遂成重灾区。历史学不再是学问、功夫和积淀，只是一味迎合风向，反正河倾海泻般的中国历史中素材俯拾皆是。而此风大炽，并及文域。历史小说作品也是如此，熊召政认为，“历史小说的功能”是“以古鉴今”①，究其实，还属于“古为今用”的思想体系。历史小说家如同摄影家的马甲口袋一样，需要什么就有什么，随时更变，取其所需，弃其所忌，遂致题材对象、人物选择、价值判断等，统统变味。史学语境，于今

① 张帆：《熊召政：〈张居正〉是“以古鉴今”》，《第一财经日报》2005年12月4日。

无变。如此生态，岂有正品！

再加之“三突出”的隐性影响。在文化年轮上，中国的先锋派、80后的作家，无此经历，不知“三突出”所为何物，而现今活跃在历史题材创作领域的作家大都有那个梦魇年代的生活经历。虽说，“三突出”所谓的文艺创作原则和方法受到了严厉的批判和清算，但是，它有着潜在影响，发挥隐核结构的作用。这些作品基本有英雄崇拜情结，受价值取向和价值判断驱使，在人物谱系的构置、设计、安排上，很容易惯性式地予以接受，作为艺术事实彰显在公众阅读面前。细释熊召政、二月河的历史小说存在这样的倾向：在所有人物中突出正面人物，在正面人物中突出英雄人物，在英雄人物中突出主要英雄人物。群星拱北辰，绿叶扶红花。经过情节推演和人物关系处理，突出的是康熙、雍正、乾隆、张居正。《张居正》在张居正和高拱的反复比较性的描述中，不惜歪曲之能事，给一个真实的历史人物高拱脸上刷白色，往改革人物张居正脸上涂金粉，来形成水落石出、鹤立鸡群的叙事格局。

最近出现于历史小说界的一件事需要提及。晚年姚雪垠参与无聊无谓又无休止的文艺论争，牵制精力却又乐此不疲，致使心高气远、自视甚高的他，无力、无法完成《李自成》全书，就撒手人寰。“文章何处哭秋风”[①]，留下了深重的叹息、遗憾和教训。2008年长江文艺出版社出版了俞汝捷的《李自成》所谓的“精补本”。其中的重要内容是根据姚雪垠生前留下的提纲，补写了第四卷。姚雪垠提纲的主要内容是杏花、春雨，“江南，江南”。姚的整体构思贪大求全，实无岔生江南的必要，于全书是为枝蔓。小说史上的续作多有存在，多为好事者所为，大都狗尾续貂。高鹗续《红楼梦》勉成全书，虽远不及曹氏，但差强人意，遂令红学界承认。但俞汝捷续补《李自成》，内容形式均与姚著气象，实难比肩。孱弱羸萎，玩点小术，摆弄一些如何写诗填词的雕虫小技，无人物的性

① 李贺:《南园十三首·其六》,《〈李贺诗歌集〉注》,上海人民出版社1977年版,第88页。

格生命可言，失去阅读期待。武汉文坛大张旗鼓，广为造势，实是一道风景曲线。

“夥颐！”现今的长篇历史小说批量生产，车载斗量，但良莠不齐，反差甚大，无法跟业已有佳誉定评的作品相颉颃，故难称真正意义上的繁荣，显系文学泡沫。所存在的问题和谬误不堪入目，不可理喻，实属自我作践。

中国是泱泱史学大国，小说家对此情有独钟、兴趣盎然，应是题中之义。总结古今长篇历史小说的创作经验和教训，审视现状，瞻望前景，提出对策性的创作措施，这是下一篇文章的任务。（附记：这篇文章以《胸藏丘壑·诗性叙事·转益多师——当前长篇历史小说的现状分析之三》为题，发表于《中国现代文学论丛》2010 年第 1 期）

（原载《扬子江评论》2009 年第 5 期）

第四编

文艺评论及其他

我写《阿里山纪行》*

1997年7月初，香港刚刚回归，我第一次应邀赴台湾讲学，其主要内容是中国美学和美学史，这是两岸共同的话语母题。因为当时没有"三通"，只得取道香港前往。而香港回归，刚刚挂上五星红旗，加之我也第一次到香港，时空境域给我的感受特别深刻，也特别富于好奇心。什么都想知道，什么都想看看。单是当时使用的傻瓜照相机胶卷就带去了几十个。

两岸三地的统一感，美学学者的审美感，初访者的陌生感及其新鲜感，便构合为我的当时心态。

这里还要提一件事。因为是迎香港回归，台湾故宫博物院陈列了《中英南京条约》的原件，这是中国人民共同关注的大事。大陆一些陈列馆，例如南京静海寺所陈列的影印件根本不是如此。能看到这份原件的大陆人士恐怕为数不多，我有幸能看到，真是适逢其遇。我曾在《扬子晚报》发表文章披露此事。我把条约照片和所写的文章，一并收进我的散文专集《走进台湾》(江苏文艺出版社2006年第1版、2007年修订再版)，该书获紫金山文学奖。看到这份条约的正式文本无疑激起我的民族耻辱感和爱国主义精神。关于当时的心理总背景，这一点应该说到。

---

* 散文《阿里山纪行》发表于《人民日报》1997年12月4日。1999年起入选中学语文教材，至今仍在使用。

台湾有座阿里山，我最早是从改革开放以后流传到祖国大陆的歌曲《高山青》中知道的。“阿里山的小伙壮如山，阿里山的姑娘美如水”的歌词及其优美动听的旋律已是家喻户晓。这首歌几乎成为沟通两岸的音乐通道，也成为我游阿里山的动因。我一提出来，台湾的美学家们便立刻赞同，并选派了几位陪我去游览。

起初，我没有想到写文章，我对阿里山的了解也仅仅停留在《高山青》上。谁知，我所未曾想到的阿里山的美丽景色一下子吸引了我，甚至震撼了我的心灵。于是，创作欲望（还没有形成创作冲动）便萌发了。我想，我应该把阿里山描绘出来，介绍给大陆的读者，让更多的人知道它。以彩笔绘写祖国的大好河山，激发人们的爱国主义热情，应该是爱国主义宣传、教育的重要内容和方式。因此，本文内藏着思想底蕴。

阿里山是由大片的原始森林所构成的，毫无人为加工的痕迹，更无人为破坏的现象。一切都是原生态的。这里体现了台湾人的生态意识和利用生态发展旅游的理念。因此，本文潜隐着的思想意图需要人们去体味。

阿里山既是纯自然形态的，可是它又像一篇文章，极富章法。有面——大片森林，有点——“神木”，点面结合；由缓缓游赏到渐入佳境，层层深入；树阴之浓简直能糅出汁水来，色彩浓郁。于是，自然的“大块文章”和我心中的“文章”便出现同构和融合，这也便是孕育。不断构思、反复思考、复现情景，在一个自己未曾料到的场合、时间，创作冲动出现了——如同分娩是无法精确计算一样——这个场合、时间竟然出现在一次开会听报告中。冲动骤然袭来，如飙风急雨、飞星走电。我只得翻开听报告做记录的笔记本充当稿纸，疾书而成。报告尚未做完，我的文章却已写成。

疾书于前，修润于后。一笔写下来，整篇文章的毛坯出来了，然后便是细作琢磨，反复修改、润色。这可以说是我文学审美素养的一次凝聚和喷发。它是我写的诸多散文中一篇代表作。文章寄给《人民日报》，不到一个星期便发表了。

教材编者认为它是一篇美文，因而入选国标本《语文》教科书，我深感荣幸。

该文选入教材后，读者特别是中学师生纷纷来信。网上有几十个课件、教案。《名作欣赏》杂志载文作为“名作”加以“欣赏”。

我本身是一名学者，我的这篇散文是在我通盘研究中国美学和美学史之后的一次挥发。因为在研究中国美学和美学史中，我阅读了大量的美文文本，形成了积累。“根之茂者其实遂，膏之沃者其光晔”（韩愈：《答李翊书》）。在本文中，读者会看到我在这方面所受到的影响。这种影响如盐入水地融化为文章的有机肌体。诸如“亭午时分”之于郦道元之《三峡》，“深山更深处”“入云深处亦沾衣”之于唐诗，“峰回路转”之于《醉翁亭记》等等，难以一一列举。有些表述貌似无形，内在却有有形的影响。例如结尾的一段中“树多、人少”“树密、阴厚”的描述方式和句式，就受到姚鼐《登泰山记》的影响，诸如“多石、少土”“少杂树，多松”。这不是偶合，因为我在写作这段文字时，就自然而然地想到了《登泰山记》。

我在文章中写道：“忽然间，我觉得，这不就是唐诗中所说的‘入云深处亦沾衣’吗?”这是以顿悟方式，形成思路的突然提升，开拓了文章的境界。作为一种审美方法，有助于形成审美的惊奇感和喜悦感。文章结尾就是用的白居易在《〈新乐府〉序》中所说的审美方式：“卒章显其志。”

有古典文学修养的读者会看出我在谋篇布局、用词运语上是颇具匠心的。

在用词用语上，我多有斟酌推敲。选入教材时，我作了不少修改。我力求使文章用语规范和漂亮。教材编者所做的“探究·练习”认为，本文的语言典雅、凝练、和谐、畅达，具有音乐美和情韵美。

在用词用语上，我只有具备了相当多的古典诗文阅读量，才能运用自如；读者只有取得相应的阅读量，才能无须查阅资料就能体认出来。

我比较注重句式的变化和多样化，我在“阅读和欣赏”古典诗文特别是韩愈散文时便多有会心领略。本文中各类句型交错使用，变化多端。我曾在《小说美学》一书中列专章论述了“节奏美学”，后被选用到江苏的高三语文补充教材中。在《阿里山纪行》中，我很注意节奏。诸如文字的疏密、色彩的浓淡、句式的整散、语调的疾徐，都是颇费筹措，而非漫不经心的。

在篇章结构上，我企图向精致化、精巧型的方向努力。

一线贯穿，首尾呼应。全文的线索便是歌曲《高山青》，起到金线串珠之效。以歌起兴，以歌作结，呼应有方。

逐层深入，摇曳生姿。文中写："不到阿里山，何以能说到了台湾？""不到神木，又何以能说到了阿里山？"这是两个推进文势的句子。借助于它们，文章便呈现出深入之势，有摇曳之感。

文有波澜，笔有情趣。结尾一段，先宕开一笔，又写到"阿里山的姑娘美如水"，然后则转折笔锋，"但整个游程却没有看到"。这一宕一折，便使文笔避免了呆板，产生了波澜。归结出"阿里山的风光美如画"的主旨，这里有跌宕起伏，有章法。文中所写古代小火车和森林火车站，所写森林救护队搞"创收"的情景，都使笔墨带上了情趣。在典雅流丽的文风中添加了三分趣味。

我试图打开这条通道，即把我的研究经验，内化成审美理念和传达手段，再外化为文学审美的创作形态，赋诸美文的书写。

最后要说的是，文本是实地观察和实际感受的结果，体现了十分直接的审美经验品格。文中所写的自然景象如潭水、青苔、森林等，都是我亲眼所见，特别是"神木"被雷劈后的树姿为我在那个特定的时空环境中（仅一个星期）所亲见，现在到阿里山就看不到了。因此，我所拍摄的"神木"照片几成"绝版"。我还采集了"神木"被炸劈后的细碎红桧木，带回大陆，至今香气犹存。我在本文中观察着别人，如"同行者都在深深地吸气，仿佛把整个阿里山的空气都吸进去，又仿佛吸进去以后凝化在体内而不要吐出来"。我又在体验着自己，例如"偶或有如蝉、如蝇、如蚊的声音，侧耳谛听、分辨、捕捉，却又没有"。这就描述了我在当时环境中的感觉经验现象，细致入微。清代王夫之在《薑斋诗话》中说："身之所历，目之所见，是铁门限。"这是不可逾越的。《阿里山纪行》是我"身之所历，目之所见"的产物，因此，它虽是美文，却显得根基扎实。

重要的是，我善于用审美器官来观察和体验，又善于融化古典文学作品。例如文中写道："峰回路转，迂曲穿过一片林区，眼前骤然一亮，出现一泓水潭。"就景象而言，确实如此，为我"所历""所见"，然而，我又化解了《醉翁亭记》"峰回路转，有亭翼然，临于泉上"，形成了审美的惊喜感。若无前者，则描述蹈空；若无后者，则缺少文化气韵，我通过此文，把二者结合起来了。

（原载中国作家协会《中国校园文学》2009年第1期）

我写《〈红楼梦〉的情节波澜》*

广东的"普通高中课程标准实验教科书"《语文》(必修 4)(2004 年版,至今仍在使用),选编了我早年写的《〈红楼梦〉的情节波澜》(原载《红楼梦学刊》1981 年第 3 期)。我真是佩服编者的涉猎面之广,这倒不是选了我的文章,就说他们好。原文较长,近两万字,教材截割下来,取了其中的一节,单独成篇。

从文体分类上说,这是一篇论文。而"红学"论文,不啻汗牛充栋,也不知超过《红楼梦》本身文字的多少倍!那么,我的这篇文章何以会落入原刊物编辑的法眼,获得现教材编者的青睐?这就是要独辟蹊径,用现在的学术话语来说,要有原创性。蹊径何以开辟,原创从何而来?我感到要回归文本,坚守文本。熟读《红楼梦》,通盘了解"红学"文章,就会寻找到一个空白点,进而切入,在别人未做的地方确立了自身的生长点,这就是独辟蹊径,也就是原创。《红楼梦》作为人情小说(据鲁迅先生《中国小说史略》的界定),跟战争小说、神魔小说、武侠小说等不同,使其情节不受重视,因此,我的文章一开始就阐述了这个问题。而最有原创意味的是提出了"情节波澜"的概念。这首先得益于审美发现,慧眼才能识珠;文本烂熟于胸,才能发现隐藏的存在,才能看到别人有待看到的现象。我努力从美学和艺术的视角看问题,因此,它实际上

---

* 《〈红楼梦〉的情节波澜》(节选),2004 年起入选广东高中语文教材,至今仍在使用。

就是一篇美学和艺术的研究文章。我力图从这个目标来打造、打磨它。

命题寻找和确定之后，我就始终围绕中心，展开论证，着力发掘情节是什么内涵，“波澜”有什么特征，并把二者的构合因素连接出来，进而以切合语境的话语加以描述，比如文中写道：“江河东流，时见湍急夺路，时见缓缓流淌，时见静练平展，时见波涛起伏，这是自然的运动规律。社会生活的运动规律也是如此。曹雪芹正是掌握和运用了这一规律，来设计情节的波澜。”这样就形成了切近对象的感觉。课文选择的是《红楼梦》中的一个小高潮——“不肖种种大承笞挞”(第三十三回)作为例证，所做出的分析说明。课文围绕三个基本观点展开论述：“高潮的形成有必然性”“高潮的组织有层次感”“高潮的发生有偶然性”，既是从文本提练、概括所得来的，又富于学理性，这样就出现一个思想亮点，体现了一条重要哲学原理，做到了切题切境；文章开头抒情，开阔舒展，结尾述理，提挈概括，做到了入情入理。

我一开始就把该文作为美文来定位写作的。虽是论文，读起来却是散文，是散文化的诗性论文写作。我尽力写得美：美的感受，美的文笔，美的藻汇。具体地说：

扣合意象。我在写作时始终存在着“波澜”的意象，浮现画面，根据这样生香活意的感性图景，加以描述。进而通过诗意化的再传播，加深人们情理并茂的感受，化理入情，从而，接受的是道理，摇荡的是情感。同时，心中存在“波澜”的意象，就会靠船下篙，就题下笔，例如写贾政对贾宝玉的神色变化的多层次，“微澜起波”到“浪头逐涌”到“矛盾激化了，高潮形成了”“这样的情节波澜起伏隐显，脉络分明，渐次而又迭进地推举上去”。采用这种描述就富于画面感，抽象的事理也就化为具象的情景。

叙议交融。该册课本第 83 页，编者专门谈到叙议的结合问题。“既然评论的对象是作品，总不免要复述作品内容或摘引作品句、段，如何复述和摘引，是很需要技巧的”“如吴功正为了证明曹雪芹组织‘宝玉挨打’这一情节高潮很有层次感，复述了作品中金钏儿投井、雨村临门、忠顺王府索人、贾环飞短流长等情节细节，充分有力地证明了‘宝玉挨打'这一情节高潮如何由导因，再到直接发因，从而一环衔接一环""好的复述，常常是叙议水乳交融"。我的做法是，将复述巧为溶解，于议论夹带情韵，这就会生动有致，不致流于枯燥单调。

审美表述。这一点和美的感受相连接。我是一名美学和美学史研究者，于是长期形成了一种追求：文心从深、文路从细、文笔从美。有自身的感受，即有自身的感情评价，进而通过感性化的话语表达出来。课文中广为运用借喻、比兴、反证、排比、描绘等手段和方法。在描述高潮的层次感、过程性时写道："云是雨的朕兆，从乌云一片到黑云翻墨到电劈雷轰直到大雨滂沱，很有层次。"文章借用这一自然现象来说明："同理，文学作品的高潮作为完整的矛盾运动中的重要阶段，具有前因后果、相互勾连的逻辑层次。"课本的编者（第83页）说："读吴功正的《〈红楼梦〉的情节波澜》感觉是一种艺术享受。"这是对我的鼓励和鞭策。

（原载《语文学习》（上海）2009年第3期）

《走进台湾》获奖感言

我的散文集《走进台湾》获第三届紫金山文学奖，深感评委的青睐，读者的厚爱。我是一名纯学者——借用台湾学界的称呼——“阳春教授”——不担任任何行政职务的教授，犹如没有“浇头”的“阳春面”。先后应邀较长时间赴台讲学和研究。第一次“下海”搞文学创作，而且出版社连续初、修订版印行，也是我第一次获这么高的文学创作奖。

作为重要、敏感题材，国家新闻出版总署委托台办审阅全部书稿，并获顺利通过。出版后，有近20家报刊刊发书评。一位素不相识的作者跟踪发表初版和修订版的评介文章。江苏省教育厅将该书选送全省各中、小学图书馆(室)。

我的45年前大学时代的写作老师就是现在江苏省作协王臻中主席。他的严格要求和耳提亲命，面批作文本，恍如在昨，为我打下扎实的根基，至今仍在源源受用。这次获奖是证例。我是很感恩的。

后来长期从事美学和美学史的研究工作，板凳冷坐、青灯黄卷，跟机括跃如、生香活意的文学创作是完全不同的两种思维形态和方式，通俗地说，一者抽象思维，一者形象思维，二元相悖。学者如若写这种散文要有一份才气，而作家写这种散文得有一份学养。我所实验的是将美学和美学史的研究经验加以创作书写形态的重构，是创作审美层面上的学者和作家的“两栖”整合，古典和现代的有机转化。这是大跨度的“改制”和“转身”，该如何实现？最主要的是学养凝结、知识淤积，化为作家的知识甚至是潜知识结构，然后运用审美素质的最主要元素——观察力、记忆力、表现力加以传达。通过写作的具体实践，我深深感到，学者要懂创作，要搞创作，否则，也是搞不好研究的。无法感同身受、将心比心、设身处地，不能亲身体验，就跟自己的研究对象隔膜生疏，也就无法真正理解和把握。我所心仪的是鲁迅、郭沫若、闻一多、朱自清，既是学者，又是作家，双栖双兼。

这一理念确立以后，我从两方面切入。题材对象上，专注于台湾，专写台湾。这方面还未有同类的作品出版(单篇除外)，所以，中国作家协会副主席高洪波说是"填补了赴台散文的空白"。我利用学者的身份，研究的职业，长期的时空便利，悄悄地干起作家的这份活儿，调整和转换了角色。开放两岸人员往来，经历了从神秘感到现实感，再到审视感的过程。走进台湾的山山水水，市井社会，我是一个大陆人，便带有大陆人的感知，说到底，是大陆人走进台湾。

书写方式上，定位、定格：美学，去台湾就是实地的审美之旅，与我的专业方向一致。而取美学又取晚明一路，却跟现代周作人名士派相区别。我是专意于并写作美学散文小品的，晚明有范式可陈，例如袁宏道的《文漪堂记》，袁中道的《游岳阳楼记》、《爽籁亭记》等。从文体表层来看，显然是游记，却在阐释着一条重要的审美原理；他们诚然在阐释原理，可又用感性盎然的词采加以描述。介乎感性和理性之间，用感性形态表述理知内涵，从而形成了文学体式的创新。我正是这样做的，从审美视域观照对象，原点和趋点均是审美，几乎每一篇作品都揭示出一个审美原理，都印验着审美原理的经验性。诸如自然美学、人文美学、生态美学、比较美学、美的感受性、美感的个别性、美感的多样性、美感的惊奇性、美感的节奏性、美的和谐、美的差异、美的变形化、美的视听味觉感受及其通感，等等。创作主体学养性的涵质支撑起散文的审美骨架。创作主体在观照对象时所获取的是审美启示，而创作主体企图让接受者所得到的也是审美启示。采以感性思维的方式来构建和描述，词色丰赡而清丽，从中揭示逻辑思维层面的理思，产生接受效益。在理念潜渊和感觉显露的双重裹胁和表里互涵中，产生出诗和思在审美形式和哲理思致上的整合。具体而言，我是这样实现上述转化的。

专写台湾，集中题材，而不旁逸斜出。专探一端，开沟掘井，从而四处伸展，这庶几是学者治学方式。

用的是学者采集、记者采访、作者采风的共同、共通的资源积累的方式。金代元好问《论诗三十首》说："眼处心生句自神，暗中摸索总非真。画图临出秦州景，亲到长安有几人？"其论具有普适度。身临其境，亲验、亲历、亲目所见、亲耳所闻，实地、贴近，是最直接的认知方式，也是最直接的经验性、体验性审美方式。我撒了欢地在全岛奔。那些缺席的地方得到了填充，例如《日月潭—车埕—集集》，意外地发现一条旅游线路。真所谓禅语曰"如鱼饮水，冷暖自知"。生活积累、感受，得之深者，自我感觉手笔伸畅，语如溅珠；得之浅者，笔涩墨滞，淡乎寡味。社会、生活是创作的资源，至今仍难掩它那真理般的光辉。这是我深切的亲身感受所得和应验，也是这部作品获奖的基因。应当虔诚而不虚伪、深入而不浅入地善待生活、善待审美，正如刘勰所说："水性虚而沦漪结，木体实而花萼振。"(《文心雕龙·情采》)我长期做学者的学问，其方法便自然透入。书中凡触及文化史、美学史、民俗史、台湾地方史志等，均有史可据。还有文化人类学、历史地理学、比较文化学等，亦有广涉，从而，丰厚的资源溢现出散文的厚实。文化散文之大忌正是那些历史学上的"硬伤"。在这一点上，我保持着敬畏和小心的态度，坚守住我研究美学史所形成的学术规范和基本立场。

该书采用的是学者撰著的结构框架。不是随意结构，信马由缰，而是像学术著作通盘构思，结体严密。全书两大板块：自然，人文；四个层面：风光，风景，风情，风俗。既保持了稳定和平衡，不致偏颇、失衡，又因其体制和形式，反转来带动起内容，互涵互动，达到广角观照，全景展示的审美目的。

在观照、评述美学和美学史对象的过程中，也熏染了自身，形成了审美的学养累积，沉淀了知识涵养。我注目于中国历代美文的解读，坚持美学和美学史研究从文本出发的立场。文本丰富，无疑丰富了主体的审美学养；从文本出发，又无疑形成了以感性眼界观照对象的视阈，也就无疑练就了自己的话语"成色"及其表达，这是完成从研究到创作"两栖"转化的内在基础。我不仅汲取了同一脉源的散文养料，而且广泛借鉴了小说、戏剧笔法。

每一篇的审美着眼点和手法都不一样，力求笔墨多样，融会了多种文化元素。如《淡水古镇》的传统与现代化文化学，《北投温泉》的“天人合一”文化，《指南道宫》的多元宗教文化，《垦丁掠影》“垦”的文化精神，《台湾的小吃》的小吃文化，《台湾的厕所》的厕所文化，《台湾的学术会风》的会议文化，《台湾人的穿着》的服饰文化，《在台湾喝酒》的酒文化，《在“三希堂”喝茶》的茶文化和书法文化，《在台湾乡下吃“大拜拜”》的民俗文化等等。其阅读期待如初版《后记》所说：“这才能映现出坚实的文化支点，托举出审美涵量和社会容量。”调动起人们相似的体验，还应导引人们新的体验，这才是完整的文学审美。

书写方式或叙事、或描述、或抒情、或交错为之；话语笔调或优美、或舒卷、或波俏、或兼而有之。我追求文字的个人温度：体温和笔温、墨温，用温度去温暖别人、温暖读者，使接受者心里油然而升温。这是我所体认的书卷气、文化味。

我多次呼吁：“把美学还给美！”这是从美学的本体性上体认的。就创作而言，散文要有文——文思、文笔、文法。否则，写出来的是字，却未见得是文。每一篇都力图打磨成美文。对语法、修辞、章法保持一种敏感和敬重感。对“韩潮苏海”特别是韩文的节奏美学，对晚明美学小品的充分借鉴，是我的散文审美追求。

（原载《江苏作家》2008 年第 4 期）

读旅日女画家傅益瑶巨型壁画《佛教东渐》图

1996年适逢天台大师智𫖮千四百年远忌大典，被联合国列为世界文化遗产的日本比叡山延历寺盛邀傅益瑶小姐于国宝殿绘作大型壁画《佛教东渐》图，历时四载，夙兴夜寐，手挥目送，终成"正果"。

这是一帧史诗般的大型巨制，在鸿硕无朋的国宝殿中独占一壁，顶天立地，浑浑浩浩，气势磅礴，成为该国宝殿中之一宝，吸引着人们长时间驻足观赏，时发赞声。我有幸于2002年深冬应邀访日，亲见此画，亲闻观者赞语，故对此幅画的感受便更为直接、深切。

把《佛教东渐》图解读为具有史诗般意义，就因为它形象地展现了佛教传入东土的历程。这一历程就是一部历史。画师傅益瑶把这部佛光四射的历史浓缩于画卷之中，遂成佛教史诗画。在佛教东传的历史中，有过唐代鉴真东渡日本，宋代道元来到中国天童寺等著名宗教事例，成为这条宗教链珠中的闪光亮点。画师亦有动人表现，因此此卷画又成为中日佛教交流、文化交流的史诗画。

然而，此卷巨画又并非纯粹的宗教画和宗教历史画，画师是从艺术、绘画审美的视阈去观照，以艺术、绘画审美的手段去表现，这样，它就上升成为绘画的审美艺术品。

因此，此画的聚光点便是佛教和艺术的整合，佛教精神和审美精神的融会。

画卷所展现的东方佛教史堪与一部东方佛教流播学术史相颉颃。菩提树下释迦传经说法，成为画卷的第一笔。鸠摩罗仁跨越天山传经，白马驮经渡江，玄奘西域取经，智𫖮悟法进而创天台宗回日本比叡山，五台山文殊菩萨化身饲羊，鉴真渡海，等等，不仅佛迹显著，而且精神显扬。画师不是罗列佛教东传中的事实，而是深进一层地观照和弘扬这些事实所涵茹的佛教精神，这便显示了画师的眼光和识见的深邃，远远超越了一般的宗教画图。具体而言：其一，突出佛教涵蕴。鉴真渡海，屡败屡行，终致成功，画师以浩瀚的海洋为背景，以航船于波涛中为画面，显示其坚韧不拔、献身宗教和中日文化交流之高尚精神。玄奘取经，行进于千山万水之间，以广袤的沙漠为其作了烘染。佛教的宗教本体精神是崇高，是奉献，对此，画师的体认是准确而深刻的。其二，凸现佛学特点。佛学精神体认的重要方式是“悟”，或渐或顿。天台大师智顗于天台悟法有一幅禅悟的画面，左有火红枫叶，右有青翠竹枝，智顗双手叠胸，静息趺坐，圆融止观，成为生动写照。其三，表现异域风光。日本禅风有异于华夏，画师得其地便，深察和了解到日本的宗教行为方式，画有僧人斗笠芒鞋，托钵巡行的禅风。扣合异域特点，便形成了画卷的独有风光，也便打开了欣赏者的视界。于是，认同感和新鲜感便引发欣赏者去体认佛教精神和佛教东传中在形态、地域上的独特表现。

然而，此卷巨制在本体属性上是艺术品、审美品。以佛教哲学涵义来表现佛教东传的史诗历程，又以审美的文化精神去描画佛教东传的史诗历程，二者的结合便建构为这一大型巨制的基本品格。它的最终落脚点是绘画审美的产物。画师以艺术审美的才能驾驭了这一极易为了宗教而忘记艺术的偏颇性难题。画师的定位是准确无误的，所做的审美追求则是难能可贵的。

胆略过人。傅益瑶的艺术胆略忒大，可谓出类拔萃。这么宏大的史诗题材，她敢于接受和驾驭，举重若轻，非常人所能望其项背。艺高胆才大，胆略反映了她的艺术审美的气魄。她的视域阔大、眼界宏大，她成就的是大气象，用的是大手笔。佛教东传的时域漫长、空间浩大，她胸罗全史，绘写史诗。这是很了不起的。她有绘画之大气，是大家风范；她有豪气，豪气充溢全部史诗。这是她的文化内蕴所致。内心宇宙忒大，方能驾驭忒大的外在宇宙。《西京杂记》载曰：“其（按：指司马相如）友人盛览，字长通，牂牁名士，尝问以作赋，相如曰：‘合綦组以成文，列锦绣而为质。一经一纬，一宫一商，此赋之迹也。赋家之心，苞括宇宙，总揽人物，斯乃得之于内，不可得而传。'"清代刘熙载《艺概·赋概》也说："赋家之心，其大无垠，故能随其所值，赋象斑形。"汉赋之所以能上天穷地，牢笼万物，乃是因为"心"能"苞括宇宙，总揽人物"。"心"之"大"，遂纳"物"之"大"，遂成赋"美"之"大"，从而规范了心态—外物—物化的审美创造路线，体现了审美的基本规律。正因为"赋家之心"是巨大的精神现象，它才能使创作的作品成为巨大的物质载体，络绎奔会着无穷无尽的形象。我认为，用汉大赋的审美创作经验来解读傅益瑶的绘画审美经验，才能把握其真谛所在。她的心是"赋家之心"，她所绘制的这卷巨作乃"赋家之迹"。她是当代绘画领域中的司马相如，这不在性别；她所创作的《佛教东渐》图可以说是绘画中的汉大赋，这不在艺术类别。她在这幅巨制中所创造和洋溢出的是大的美、气象的美，显示了美的数量、美的体积。这是一种庞大的整体美，而非局部的或个别的美，它集中体现了傅益瑶对丰沛盛壮的美的形态和美的气象加以追寻的审美理想和据以驾驭的审美气派。如同书法中有大字一样，她所创构的是大画。这倒不尽然在画幅的大小、长短上，而在于画家的审美视域和心态巨细、宽狭上。她像其父傅抱石先生画巨幅《江山多娇》一样，有大的心——宏大的审美之心。

才情磅礴。我一直认为，对于画要读，而不是一般意义上的看。读画如读书，读出其中的好处，读出其中的滋味。基于此，我们如若细加研读《佛教东渐》图就会觉得，该画又不仅是汉大赋，还是六朝小赋。"汉大赋"在气派上、宏观上，"六朝小赋"在细绘上、微观上。于是，宏微俱有、巨细毕现。据我所知，傅益瑶绘画从不用纸本稿本，她打的是腹稿，稿本在胸中。她的心是牢笼百态的。她用其心构思，静默细思，胸有全画，一旦成熟，焕然泼墨。从起笔到收毫，全由心源驱遣发挥。这是少见的审美传达方式。这就带来了她的画的气韵——还不仅仅是通常意义上的气韵生动，而且是气满神足，满纸烟霞。局部是繁博的，整体上却是完备的。何处该描画何物何景以及必不可缺的宗教人物事件，总是安措得宜。时间是史诗历程，空间则在时间的流程内，置放框架。宗教事件之大者,则重彩浓墨,如鉴真东渡等等,过程性的事件则轻勾淡彩,然而,这倒恰恰成为大小、浓淡、轻重的适度比例,遂构合为绘画美学所独有的节奏。

不要用宗教画来局限傅益瑶,她有多副笔墨,多种审美对象。王安石评杜甫说其"悲欢穷泰,发敛抑扬,疾徐纵横,无所不施"。她所得的是杜少陵的艺术真髓。在《佛教东渐》图中,有山川人物,有草木林莽,画师所描绘的是整个佛教世界。这一切,大多无所凭依,道元为何相,智𫖮成何样,均无记录。画师是凭想象而得,是靠推测而得,是依据她对宗教人物的理解和体认而得,然而一旦成形,僧俗二界便一致首肯:就是这个样子。这便是傅益瑶具有原创意义的想象性审美的现实性效应。往古的宗教人物经由她而定型化,留给人们的也就定格化了。

傅益瑶不是专司一门,而是众类皆长。你说她是宗教画家吗?诚然有画,可又不是,她还有日本民俗画(她的民俗画在日本享有极高声誉)。你又据此说她是民俗画家吗?却又不尽然。她还有许多不同题材的绘画对象纷现于你的眼前。不可用一种物类、一种画类概括傅益瑶的绘画。你说她善画山水吗?可是她笔下的草木却又葳蕤繁茂。你说她善画草木吗?可是她的人物却又栩栩如生。不可从某一个视角来看待这位傅氏之女。你能说她的画是纯粹的中国水墨吗?可是她又吸受了日本的画艺。明摆着的事实是,她的绘画审美对象有许多来自扶桑之地。她根据异域的审美对象加以审美观照和描绘,何能不带此审美品貌和品格呢?还有,你能说她专画单个人物吗?确实如天台山智𫖮,神态毕肖,可是释迦菩提树下传经,那十大弟子就是群体画。群体画中人物各各生机活现,互为呼应,成一不可分割和离开的整体,犹如宋代李龙眠的《罗汉渡江》图。如果扩大开来,傅益瑶的《佛教东渐》图有一个人物是近似的吗?如果再扩大开来,她至今所画的人物有相同的吗?她在人物画上打破了模式化和熟能生巧的艺术惰力、习惯力。她是追求的,她是创新的。再有,你能说她的画属于豪放画派吗?她却婉约得可以。然而,你又能据此说她是婉约画派吗?她又豪放得到家。她是阴柔阳刚得兼、壮美优美皆备。

整体画气韵流走，可是某一局部又是多么细致入微。这正是她的艺术审美慧心。在《佛教东渐》图右下角有一处小流水，人们往往忽略，可是中日内行而细心的画家却对其赞叹不已，认为水之流畅、墨之温润，表现俱足，犹如文章的细节焕发精光一样。读傅氏女之画，要从总体上着眼，立足点要高，左顾右扫，上观下望，然而对局部、细处则要细加审察、细加品味。因为，她的艺术慧心、思绪是布满全局、流溢全画的。看似寻常却奇崛，成如容易却艰辛。读者诸君对一些细部描绘，千万不可忽略，方能不辜负画家的一片深意、一番苦心。傅益瑶善于把她的哲学(包括宗教)、美学理念凝于一点，于此一点上显示出来。例如，鉴真和尚的嘴唇那一抹，傅益瑶凝神聚志多日，最后才写就。这个过程表现为体认进而最终的凝定。嘴唇那一抹，何等精微，又何等精采！犹如萧梁画家张僧繇那画龙之点睛，把鉴真坚毅、自信、安详、容与，虽六渡五败却不改素志的精神表现得十分深刻完美。所谓于细微处见功夫，例如智𫖮“圆融止观”，其形态的微倾前躯，其眼神的略眸下视，着于地而未着，倾其身而未倾，仿佛有精神周流贯通全身，精微而精到。这是对佛学真谛的理解功夫，又是佛学真谛流注画笔的绘画功夫。又所谓于细微处见精神，可举一例。例如玄奘的“法润”，当其辞长安而远行时，背负重任，面对困难，神态刻削而凝重，“法润”略发迟滞。而历尽九九八十一难取经回来，“法润”则显得滋润、饱满，微带喜色。于是，“法润”变化是取经历程的写照，是佛教精神在精微处的出色表现。这些方面，都是需要细细体察和深味的。

傅益瑶在《佛教东渐》图中用哲学宇宙观念审视对象并进而加以结构布局。正如杜甫所说，“乾坤万里眼”，傅益瑶面对如此庞大的史诗，何以形成整体？这便是布局。构思，实为思想。布局结构中何以有内涵，也就是思想，这就需要哲学、美学加以支撑。像《佛教东渐》图，很容易变成单纯的叙事文，最终会成为事件、人物的联缀，从而最终远离、悖反审美，那是画匠所为。傅益瑶的这幅画之所以是杰出的艺术品、审美品，在根本上就是因为她有哲学思想、审美理想。前已说过，中国传统绘画美学讲究“气”，气要圆。傅益瑶之父傅抱石先生曾借鉴杜甫的诗句题画曰:元气淋漓,真宰上诉。元气淋漓、元气圆融,付诸艺术结构就是要周回流通、一气如注。如果从菩提树一直像拉洋片似地拉到比叡山,有何意趣!傅益瑶依照自己的哲学思想、美学思想来审视对象、处理题材,这就是她审美的杰出之处。她以“太极阴阳鱼”图为依据结构这部史诗,阴阳鱼图在本体上是周回流走的,起点端点相合,于是,须弥山便成为《佛教东渐》图总体结构哲学上的“鱼眼”,审美上的“画眼”。在具体的审美描绘过程中,画师用叆叇的白云带作为联结所有画面的景象纽带。这是巧妙而又有依据的,因为云是佛教世界中最常见也是最富于宗教玄秘和渲染色彩、特征的景象。云形成了联结的纽带;云本身的流动性质,又有助于形成整体画卷的贯通。同时,画师又别开生面地用北山之雄伟与南山之秀奇,海洋之壮美与沙漠之广袤,形成对比、呼应之势。傅益瑶还富于深意地对那些或者有名有迹、或者有名无迹、或者有迹无名的景象、人物进行区别性对待,从而描画出不同的状貌、特征,丰富了绘画的艺术形态。傅益瑶作这幅壁画在艺术上、审美上的起点高、定位高,因此跟平面性、装饰性的绘画艺术理念及其方法绝缘、决裂。她的《佛教东渐》图系“景深”型壁画,富于景深感、立体感、层次感。她杜绝了装饰因素,增加了审美因素。这是傅益瑶审美追求之所在。

史诗当然以叙事性为主体,但上品的叙事诗却是叙事与抒情的融合,例如老杜的《北征》“三吏”“三别”等,通观《佛教东渐》图,不惟有事件,不惟有人物,更氤氲着抒情气息,倾注着画师对崇高的佛教精神的称赏。例如文殊菩萨五台山化身饲羊,稚童献花束的画面,其抒情意味十分浓郁,是佛的心声的洋溢,也是画师心声的流露。

唐代韩愈《答李翊书》言道:“本深而末茂,形大而声宏。”对佛教哲学和中国美学的深度把握,融会贯通,举重若轻,进而发诸笔墨之间,是《佛教东渐》图终致“功德圆满”之根本原因所在。

(原载图文版《佛教东渐》图,日本株式会社紫翠会 1997 年版)

取精用宏·经纬纵横·积学储宝

——读朱关田先生《颜真卿年谱》

颜真卿一生历仕唐代四朝，中年讨逆，晚年殉节，政治生涯波澜跌宕；在中国书法史上地位隆崇，成为书品即人品之典范。欧阳修《六一题跋》赞颜真卿曰："忠义之节，明若日月而坚若金石。"其书如三军开帐，凛然生威，与李白的诗、吴道子的画合称盛唐气象之标高。朱关田先生的《颜真卿年谱》（西泠印社出版社2008年版，以下简称《颜谱》）为颜氏撰谱，创构当代书家为古代书家立谱之范例，填补了一大空白；放眼宏观，则成当代谱学之杰构，其意义、价值和所提供的撰谱学术经验重大而多面。

近代学术大师梁启超在《中国近三百年学术史》中说："方志，一方之史也；族谱家谱，一族一家之史也；年谱，一人之史也。三者皆为国史取材之资。而年谱之效用时极宏大。盖历史之大部分，实以少数人之心力创造而成。而社会既产一伟大的天才，其言论行事，恒足以供千百年后辈之感发兴奋，然非有严密之传纪以写其心影，则感兴之力亦不大。此名人年谱之所以可贵也。"年谱是中国史学、文化学的重要资源，有着严格的学术规范和"严密"的学术要求，《颜谱》完全实现了这种规范和达到这种要求。朱关田先生耗时三十年，焚膏继晷，宵旰不怠，勒成此谱，代表了颜真卿研究、当代书学史以致谱学史的最新成就、高端水平。

本体论：取精用宏　《颜谱》洋洋近三十万言，为一人立谱，篇制之巨，可谓宏大；补苴罅漏，探赜索隐，择采精谨，辨析真赝，可谓深微。将主证、旁证，内证、外证，考证、辨证全方位结合，涉及迹考、碑考、帖考、交游考。遍览馆库，官私庋藏，征材繁博，一网打尽。历代典籍、金石丛帖、典章文物、职官制度等等，一应俱全，例如唐代职官制的泛滥（第272页，以下仅注页码数字），颜真卿授吏部侍郎的品级（153），颜真卿的职官考（50）等，均是适例。同时广为征引今人的研究著述，体现最新学术动态。可贵的是不以专书为限，单篇文章亦多有涉及，特别是文名不高，偶发文章者也旁搜远绍，彰显不薄古人亦重今人，资源面前人人平等的精神、气度和学术雅量，甚至是国外学者资料也有采撷，例如在碑考《麻姑仙坛记》中就涉及美国安思远所藏旧拓本（205），这是极为难得的海纳百川的精神。《颜谱》将证明与证伪、指疑与释疑融合一体，将问题意识发挥尽致。

考订缜密。该谱以"上穷碧落下黄泉"的探究精神，寻根问底，穷尽原委；事必其详，言必有据。对谱主逐年考索，绝无阙处；考述深富，无间大小；存佚分明，绝不含混；存则辨析，真赝了然。凭材料立论，依考据取证。世系明晰，逶迤连绵。凡与谱主有所关联者，无一遗漏，均详考细订；露现的人名都穷源，循线索追究。以内证为主，旁证佐助，或认同、推翻内证，或颠覆、否定旁证。分年隶事，线索一旦浮现，则揪住不放，终使隐线变为显线。全谱在在皆是，难尽例举。其中有三大特点需要提出：一是重在内证。根据谱主《守政帖》的一句话："吾去岁中言事得罪。"考出时间：该帖出于大历二年；事由：峡州因言事获罪；地望：赴吉州任上（181）。二是原始发掘。朱先生重视原初的第一次记录和出现的资料，这表明他是在林林总总的资料中追本溯源，最先发现"三江源头"。诸如"韩（择木）、颜（真卿）合作碑版，始见此例""李（阳冰）、颜（真卿）合作碑版，始见此例"（196）。谱中屡次明示"著录首见"字样，值得重视的是，寻求在非碑帖类书中"首见""著录"，例如，"颜惟贞并殷氏两制"（帖）"著录首见（黄庭坚）《山谷题跋》"（151，题跋类）；《守政帖》"著录首见洪迈《容斋四笔》"（180，随笔体），体现了朱先生知识的广博。这里存在第一第二及其更多，首次其次及其更多的替次考辨、确定问题，还有原始资料的使用问题，这是考证中的真学问，传统考证学十分重视第一次发掘和发现的原初性。三是细辟惊人。朱先生心细如发，考证中蛛丝马迹也不漏眼，饾饤芥末亦不放过。其辨毫识微，达到惊人的地步。例如词语“襁褓”误作“褓襁”(126)，时间“五年”误作“三年”(196)，人名“伯成”误作“成伯”(296)等。

剔误稽疑。纠《颜鲁公行状》颜氏理冤狱事发生在“天宝七载”，应是“天宝六载”(62)。纠《宝刻类编》误植《荐福寺碑》颜真卿名，应是“欧阳询旧石”(137)。纠《旧唐书》永泰元年人名“孙退思”之误，应是“孙思退”(166)。纠《新唐书》本传永泰二年颜氏任“吉州司马”误，应是“吉州别驾”(168)。纠《金石录目》人名“韩秀实”误，应是“韩秀弼”(176)。考大历三年“颜真卿所撰智者大师传，当另一篇。斯文冠名颜真卿，未确”，系张冠李戴(181)，等等。这里分别选多类文献例证，旨在说明朱先生运用时覆盖了所征引的资料，决不盲从。主证为主，但不先入为主，而是细加甄别、过滤，择善从之，遇误汰之。在剔误稽考时则有两大特点：一是推翻成说。成说一般是以讹传讹或是约定俗成，流传较广。例如“虎丘剑池”传是颜真卿所书，甚至载入苏州的地方志书和旅游资料中。《颜谱》说：“剑池畔有‘虎丘剑池’四大字，旧传颜真卿书，或以为亦出于是时，惟其风韵全异，今不取。”(211)这一剔误有重大价值。二是推测原因。该谱不是以指出讹误为目的，而是探究所形成的原因，使读者不仅知其然，而且知其所以然。诸如：或因重刻，《画赞碑阴》“盖出(《颜鲁公文集》)重刻之误”(85)；或因碑损，《颜杲卿碑》“宋季赵明诚所见已残，故集本文字多见讹夺，谬误亦显然”(276)；或因装帧，《颜勤礼碑》“故宫博物院本，亦间见夺字……盖出装帧之误”(331)；或因缮写，《朱巨川告》帖，“吴郡开国公”“盖出缮写时笔误”(339)；或因镌刻，《李玄靖碑》“可见当时上石摹勒，刻工仅依点画直斤斤然而不论文字”(310)；或因渔利，《三表》皆为赝品，“后之翻刻，纯在渔利，凡稍具识知者必不屑”(127)等。对今人研究成果的态度亦复如是。例如在考著名的《多宝塔碑》中引录郭沫若《李白与杜甫》，郭氏认为《狂歌行赠四兄》乃岑参所作，后人误以为杜甫诗，《颜谱》考证出其四兄即岑征君(79)。

解疑答疑。《颜谱》不仅拾疑，而且释疑。沿着《多宝塔碑》的考证，不仅补失考的岑参四兄即岑征君之阙，而且考出岑勋、岑参与颜真卿为群从兄弟，又进一步考出颜真卿书《多宝塔碑》出之于岑勋之荐而与岑参有关(79)。

增事踵华。这里包括两个方面的内容：第一方面，自我增容。朱先生已有《唐代书法家年谱》(江苏教育出版社 2001 年版)行世，分别从政治、经济、军事、文学、民俗等各个领域详尽阐述唐代 36 位(包括颜真卿在内)的书家行踪及书迹概况，此著饮誉学界。这次把颜真卿抽绎出来，单独立谱，内容扩充，增订甚广，堂庑更大。第二方面，广为吸收文物考古界的新成果。从《唐代书法家年谱》出版的 2001 年以来，有关颜真卿的书碑有重大发现。2003 年秋，洛阳龙门镇张沟村出土《唐故赵郡君太原王氏墓志铭》(简称《王琳墓志》)。对此，朱先生适时补充到《颜谱》中来，有详实考释，不仅解读丰富，"是志所记甚详，可补阙如"，而且推断精当，徐峤"时守大郡，年职并高，颜真卿以九品前资官而正书其所撰夫人志，其中必有原委"，他推断"颜之与峤乃为群从兄弟，少二十二岁。《王琳墓志》，盖出峤之所请"(54)，言之凿凿，令人折服。这样也就表明了《颜谱》是学术的最新成果，居于前沿位置。

文理推定。这方面，朱先生发挥了文法学、词章学、义理学之优长。诸如"文理迟滞如是，殆出自市井书估之下三流者也"(127)；"故宫博物院本，亦间见夺字，不可句读以致文理不通"(331)。揆之文理，言之成理。

知人论世。清代史学家章学诚在《〈韩柳二先生年谱〉书后》中说，年谱"有补于知人论世之学"。立谱即立人。《颜谱》把撰谱和评传结合起来，要言不烦点示谱主的事迹、行迹、职迹。上元二年谱主在蓬州长史任上，救灾恤，民称其德(147)。大历十年七月，杭、苏、湖、越诸州风灾，散骑常侍萧昕奉命来湖州宣谕，"盖出其托，为恤民减征之事""以安民心，然个中原由实出于州牧之关注民情、恳恳申报与执请者也"(284、285)。大历中"颜公在抚(州)，亦重民事，兴修水利，其功不可没"(335)。立人即立德。对谱主的嵚崎磊落，大为赞颂。"颜、杜(济)为连襟，视右仆射郭英乂清浊如是，其与权相元载者更有墨朱之判矣"(319)。至于敏察安史之乱于青蘋之末，联军讨逆，推为盟主；奉命宣慰李希烈，持节不屈，壮烈殉难，惊天地而掩日月，炳彪史册，该谱均有淋漓尽致的记述。亦以谱主观照时世，例如大历七年“八公斋会”“其斋会之盛烈，莫有与侪，颜真卿亲历其间，奚能无慨？感慨之至，亦见是时佞佛之厉”(225)，折射出唐代的佞佛风气。大历九年，言谱主湖州任上，“湖州一郡，吏员猥多如此，可知有唐自天宝以后，纲纪废坏，职官之滥，已不可收拾”(272)，反映出冗官的腐败现象。

方法论：经纬纵横 《颜谱》以谱主行年为经，交游为纬，建构年谱框架，遂形成云松劲举，枝叶婆娑的格局。以谱主人际交往和文化交流的辏集与辐射，展示出谱主的人脉、人格的重要侧面。“居必择乡，游必就士”(《荀子·劝学》)。谱主一生交游三百馀人，可见其众，是他的一种生活内容和社会、文化交际方式，显示了他的亲和力和凝聚力。早在年轻时就有开(元)天(宝)八士之交(40)。交游中体现谱主的人格魅力。乾元二年，谱主饶州刺史任上，诗人元结来访，与之游预，且规其苟戏，推心置腹，风义蔼然(136)。

该谱交游考独特地展示了谱主的心路历程，其重要特点，就是心志、心态之异，对应着交游对象。前期交游的大多是阳刚诗人，例如高适、岑参等人，则表明谱主积极入世；后期迭遭蹭蹬，心志变化，交游遂大多是阴柔文士，诸如诗僧皎然、茶圣陆羽、道士吴筠、逸士张志和等人。岘山登高，杼山登历，骆驼桥玩月，宴集文士，和诗联句，与王羲之的兰亭集会相媲美。大历八年起任湖州刺史，偶遇书僧怀素，唐代的两位大书法家相与论书，甚见款洽，为之撰写《〈怀素上人草书歌行〉序》称述之(241)。大历九年至湖州，秋八月，张志和自越来访，盛宴待之，从者六十馀人，唱和《渔歌子》，极一时之盛。谱主凡三贬，初同州，次蓬州，复峡州，却不以物喜，不以己悲，撰《守政帖》以明志：“虽贬居远方，终身不耻。”(180)在吉州别驾任上，“怡然自乐，不以谪守远郡为怀”(181)。湖州刺史任上交游竟达一百六十多人，占平生交游总数的一半以上。这一大批游士的思想倾向是淡泊自守、宁静致远。谱主选择了游士，游士亦选择了谱主，双向选择，嘤求友声，因此，朱先生精当地指出了“斯亦可见颜真卿是时已弛政取逸，颓然消沉于世者矣”(272)。于是，就成为“心影”（前引梁启超语）的传照。

交游考中，实是一人一传，成为简略的人物传记，全谱均是这样叙写，不论人物及其地位的重要与否，交游的时间长短与否。例如“会皇甫曾自丹阳来游”（268），谱中就随后介绍皇甫曾的生平事迹；皇甫曾游访“旋即辞归”，时间极短，也仅大历九年一次。这表明凡于人、事，均作一一交代，基于此，谱文的容量密度甚大，可组配、抽绎的空间也就很大。交游考中，诸如游赏唱酬，虽笔墨简洁，却羽人文士的活动，翩然往返，历历如绘。

该谱还交错、穿插进行碑帖考，以突出谱主的主要成就。逐条考订，竟有一百四十五种之多，针脚细密，遂成纵横网络，而对于具体的每一条，也是如此。例如对流传甚广的被认作颜真卿亲书《自书太子少师告》为赝品的一节洋洋洒洒的考证文字，就集中体现了这一特点。从干支历法首考所署日期，“显然讹误”。继而，两据唐制，指谬曰：“给事中以审为读，是僭越职事，不合章程。杨炎署款，不称臣者，更是大不敬。鲁公曾任吏部之职，熟悉三铨之事，且身为礼仪使，有‘深达礼体’之称，对此无礼之事，岂能熟视无睹？”随后，用语例，进一步指谬曰：“《太子少师告》中也不当有此语。”更精妙是采用颜氏世代字法（颜真卿本人也曾在大历九年书丹立石，以示后人）的严格规范，加以证伪：“是告属于雅言，高文大册，理当择正体而书之，但告中（略）……诸字一反常规，并弃正体不用，而择通、俗之体书之。此外，还有‘懿’‘罄’等字写作别体字。”（369、370、371）在这样鱼贯而下、密不透风的考证面前，赝品只能是土崩瓦解。

该谱经纬网络的结构特征还表现在对同时代相关的书家、书事，用简括的语言勾勒出来，侧面烘染，以现当时书坛整体风貌。例如乾元三年，张旭有《千字文》，李阳冰篆书自撰《缙云城隍庙记》（140）。永泰二年，杜甫作《八哀诗》《殿中杨监见示张旭草书图》《李潮八分小篆歌》历颂书家李邕、张旭、韩择木、史惟择、蔡有邻诸人（176）。大历三年，书僧怀素南下投谒徐浩；徐浩正书所撰《李岘墓志》；杜甫作《观公孙大娘弟子舞剑器行》亟颂张旭草书（181）。

渊源论：积学储宝　该谱取得的成就是以谱作者朱关田先生深广的学术根基为文化渊源的。刘勰《文心雕龙·神思》曰："积学以储宝，酌理以富才，研阅以穷照，驯致以怿辞。"朱先生是书法家、篆刻家、书法史学家、书法鉴赏家、浙江省特级专家（相当于两院院士），对隋、唐、五代书法史有精深研究，有多部专著行世。他在书法史学、书史人物、年谱年表、书迹考辨、史料分析等诸多方面，均有深湛研究。他首先是一位知名学者。书法家成就的分水岭，不是别的，而是文化，或者直白了说，书法家最终拚的是文化。有些书家无法成就大气象、大气候，问题就出在文化底蕴上。朱关田先生根本上是文化学家。"腹有诗书气自华"（苏轼：《和董传留别》），苏子之言是至理名言，已故启功老是当世典范。朱关田先生单是颜真卿研究一项，就有《颜真卿传》（上海书画出版社 1990 年版）《中国书法全集·颜真卿》（荣宝斋出版社 1993 年版）《颜真卿》（河北教育出版社 2002 年版）刊行。他专门稽考了颜真卿书迹、著述有一百五十四则。他是海内外颜真卿研究首屈一指的专家。在《颜谱》撰写中又一次得到了成功的实践和印验。

"田野"调查。"田野"调查是文物考古，也是书法史研究的重要方法。从该谱中可以看出，朱先生进行了大量的实地"田野"调查，亲历、亲验、亲证，从直接考察中获得亲身认知。例如对 1985 年陕西省三原县陵前乡三合村出土的《臧怀亮墓志》碑（289），前述的对 2003 年出土的《王琳墓志》碑，都有细致的考订。一看谱文，就可知下了很深的功夫。其他如前述的苏州"虎丘剑池"非颜书；颜真卿在湖州，题有"明月峡""至宋风化几尽，已不复见其神采"（313）等，都是"田野"调查的实例。同时，实读亲看法帖，也属于"田野"调查的一种形式，他看、读《乍奉辞帖》，认为"国家图书馆藏本其'叙本'页误移在'数日'前，以致不可卒读。故宫博物院藏本少末行'廿四日'三字"（366）。

学养丰厚。撰谱绝非"单兵独进"，而是"大兵团作战"，要求文化知识的全面、丰富，文化结构的融容、调遣，形成完整、系统的知识链和结构。《碑阴记》用的是校勘学（265），又用的是装裱学（265）；多处运用职官学（前引）；《翰林学士李公墓碑》用的是制度学（"首题吴道子画，次行李太白赞，末款颜真卿书，皆不合有唐制度，乃重刻时所改，叶氏（奕苞）所谓以旧拓勒石者，盖出之于想当然”，220）；《逍遥楼三字》碑考，用的是习俗学（“格局及题款不合有唐习俗”，201）；《游虎丘诗》用的是避讳学（“二字又不避唐讳，殆为伪托”，211），还广为运用训诂学。

考证是硬功夫，学养是软实力。“操千曲而后晓声，观千剑而后识器”（刘勰：《文心雕龙·知音》）。朱先生长期从事书法文化研究，炼就了鉴赏家的眼识、慧识、锐识，一眼扫描，便知真伪。朱先生对颜书、颜体烂熟于心。谱中处处可见老吏断狱，慧眼识珠，游刃有馀，举重若轻的风采。诸如：“是三大字，书法板滞不类颜真卿平常风貌”（201）；“全不类颜真卿平常手法”（205）；“都不类颜真卿平常书法”（211）；“颜真卿善诗，如《裴将军诗》即出自书，此《慈竹诗》或为自撰，然无大字先例。若出他人，即必伪，鲁公无此习惯”（366）；考《洼尊碑》“颜真卿不善篆书，是时正初至吉州别驾贬所，所谓颜真卿书者，盖误”（368）；考《虎丘剑池四字》“惟其颜书风韵不类，盖重刻失真，抑或亦出于伪托”（368）；考《华严经》“是出传闻，无可征信。其细小如丝，盖出经生之手，非颜真卿笔也”（371），等等。同时，又贯串深长思虑，考《天台山国清寺智者大师传》，“细品之，纯属他人语气，颜真卿所撰智者大师传，当另一篇”（181）“细品之”值得玩味，足显撰者的品赏风貌。

纵观全谱可知，他不是作孤证、险证，而是多证、丛证。多元集资，综合比照。或以石证史，或以史证史。宁可存疑，也不妄断。一经决断，铁板钉钉，万劫不复，不可动摇。借用形式逻辑学的术语，用的是充足理由律。试举《游虎丘诗》（末题“大历五年十二月十日刑部尚书颜真卿题”）考证为例。第一层次，时间不对，大历五年颜真卿还在抚州任上。第二层次，题衔不对，此时颜不是刑部尚书，就不应题此衔。第三层次，地望不对，颜真卿确曾两任刑部尚书，那是在永泰元年和大历十二年，大历五年并无苏州之游。第四层次，唐讳不避，犯了大忌。仅一项，就足以推翻。第五层次，不合颜体，“不类颜真卿平常书法”“风韵全异”。第六层次，下结论：“今不取。”第七层次，推导作伪时间：“是帖宣和内府未收。”赝迹必在宣和之后（211、212）。这样的考证，内证、外证以致形式逻辑无一不是上佳。

于是，全谱精彩纷呈。考证虽是枯燥乏味，但撰者披花拂柳，穿堂入室，引人渐入壶奥，意趣盎然。考《先伯父文稿》剥茧抽丝，细针密线，文字学、校勘学，交错并下，间用逻辑推理，“颜真卿文思不当如是迟钝，事理又不当如是暗昧，且空格预留，故作加添，错讹并出，有意错漏，以示初创，反而画蛇添足，益见粗陋”，文气充畅，最后一锤定音：“是帖盖本自祭文而作伪，出一习颜氏行草书者手笔。”(135)考《颜氏家庙碑》如笋去壳，逐层深入，来龙去脉，一一毕现，也是成功案例(341)。

文字清峻。该谱考订文字全用文言，与引录文风桴鼓相应，峻洁净爽，不虚用一词，不妄下一语，无浮言浪文，无秀藻冗笔，氤氲着书卷气。“盖是”“甚是”“无考”“俟考”“俟细考”“误”“洵误”“显然讹误”等，下字准确。有时点示用意：“谦卑之处，实出自诩。”(224)有时感慨系之：“甚可叹息。”(133)间有金刚怒目，拍案而起：“是帖所云，一派胡言。董氏之题，盖亦为伪。”(371)

该谱借用一书法话语，就是力透纸背。朱先生撰《颜谱》凝神聚志，是高度的创造性精神生产。《庄子·达生》曰：“用志不分，乃凝于神。”稍一分神，则出舛误；略一闪失，追之莫及。沉心息机，黄卷青灯，其中劳苦，难尽言述。工夫在谱外，学殖在谱内。《颜谱》超越前人，示范今人，嘉惠书苑，沾溉文林，为颜学书学拓展了广阔天地，为当代谱学提供了宝贵财富！

（原载《中国书画》2009年第5期）

王曾瑜先生《宋代纪实小说系列》序

我和王曾瑜先生至今尚未谋一面，只是看到他在吉林文史出版社出版的专著中的大照，儒雅风采、书卷气韵，拂拂扑面。我久知他是著名的宋史专家，又是历史小说家，深怀敬意。经著名的明史专家、杂文家王春瑜先生介绍，我和王曾瑜先生密切书信、电邮往来。他把他的历史研究代表著作《岳飞》、《宋高宗》和煌煌巨帙的多卷本长篇历史小说《宋代纪实小说系列》赐贻于我。但凡他已发表和尚未发表的重要论文都寄我，我拜读后遂对他的史学观和文学观略窥一二。“相逢何必曾相识”，只要“心有灵犀一点通”就会“天涯若比邻”。灵魂不通，虽然近在咫尺，却如隔霄壤。王先生资望、学养、阅历、令誉等等均大在我上。他不以我学浅为陋，雅嘱用序，我犹疑逡巡不敢奉呈，只是略述片言只语的阅读心得而已。

唐代刘知几为史学家所确定的主体素质是：才、学、识。《旧唐书·刘子玄（刘知几）传》载，刘知几在回答礼部尚书郑维忠关于“自古以来，文士多而史才少”的原因时，说：“史才须有三长，世无其人，故史才少也。”又说：“三长谓才也、学也、识也。”他具体解释道：“有学而无才，亦犹良田百顷，黄金满籝，而使愚者营生，终不能致于货殖者矣。”另一方面，“如有才而无学，亦犹思兼匠石，巧若公输，而家无楩楠，斧斤终不果成其宫室者矣”。他主张史才须才、学、识三者兼备。《文史通义·文德》说：“史有三才，才、学、识也。”这在中国史学史上极具影响，为史学家所恪遵，并为之终生努力。《文德》进一步给予确认并展开论述：“夫才须学也，学贵识也。才而不学，是为小慧；小慧无识，是为不才。”又说：“夫识，生于心也；才，出于气也；学也者，凝心以养气，炼识而成其才者也。”三者相连，然而他更重“识”。非常值得提起的是，清代美学家袁枚的文学审美论完全接受了刘知几的这一史学思想，连用语都完全一致。袁枚在《随园诗话》卷三中说：“作史三长，才、学、识缺一不可。余谓诗亦如之，而识最先。”其《〈蒋心馀藏园诗〉序》说：“才、学、识三者宜兼。”《〈钱竹初诗〉序》又说：“作史三长，才、学、识……诗则三者宜兼。”可谓反复其言，“三致之焉”，从而将史学家素质位移美学家素质。清代另一位美学家叶燮提出：胆、识、才、力。从语源上看，显然来自刘知几，尽管稍有差异。《原诗·内篇》一开始就说：“大凡人无才，则心思不出；无胆，则笔墨萎缩；无识，则不能取舍；无力，则不能自成一家。”胆、识、才、力，是完整机体。承续史学，导入美学，建构为史学—美学。

王曾瑜先生是胆、识、才、力兼备的历史学家。就史学成就而言，他还是一位难得的马克思主义史学家，完全区别于那些冒牌或挂牌的人物。他对马克思巴黎公社的理论信仰之诚笃、解读之透彻、运用之娴熟，恐怕当今国内学者无有出其右者。王先生每每愤慨于假冒伪劣的史界谬论、坑蒙拐骗的史界人士，对师长亲友则殷殷意切、款款情深，我从他的文章中深有所感、深有所得。王先生是真正学者、纯粹学者、风骨学者。

写到这里，似乎离题万里，实际上桴鼓相应，特别是历史小说家和历史学家紧密相连，跟其他门类的作家还有所不同。就创作层面而言，王曾瑜先生则是一位胆、识、才、力兼备的小说家。王先生等一批职业性的历史学家“操刀”历史小说，实在是对历史小说界吹进了与之俱生的厚实之气和学者之风，对于扭转“戏说”“论坛”风习发挥了拨乱反正的作用。王先生是在出版《岳飞》、《宋高宗》等史学著作和大量的史学论文的基础上进入长篇历史小说创作的。他在《〈宋代纪实小说系列〉自序》中说得好：“用小说的艺术手段反映和表现现代史学研究成果，换言之，是依托现代史学研究写历史小说。”这体现了历史小说创作的时代特色和创作主体的现代性。

坚守历史文化价值体系是史学观进而创作历史小说的文学观的核心。20 世纪八九十年代所形成的对既有历史文化价值观的颠覆，以简单否定历史定评共识为时尚，出现一股思潮。这些作者不是以自由、民主、人的尊严，而是以专制、独裁、人被否定，作为价值评判的尺度。而对于人类和民族的文明所积淀的思想结晶表现出现代人所应有的虔诚、尊重和敬畏的态度，对于人类和民族的经典文化所表现的这种态度应当构合为现代性的人的素质之一。这就不会戏说"红楼"、瞎说"三国"、乱说"论语"。我曾浅涉历史小说评论，发表"当前长篇历史小说的现状分析"的系列文章，其中以《价值失范·满纸荒唐·遍体硬伤》为题（载《扬子江评论》2009 年第 5 期），列数当前长篇历史小说所存在的种种问题。通观当前长篇历史小说的主要倾向，不能不正本清源，做史实、史鉴、史识的学术和创作的"启蒙"工作：回归历史本真，恢复历史生态现场，重建价值评判系统，甚至是价值底线和低线。历史小说家深沉地思考和分辨历史进步性、落后性和历史文化的正负值，极其重要。应当弘扬历史的本体精神意识，以长篇小说的形式追寻、确证历史本真。王曾瑜先生明确地说："我决心通过艺术的形式来让国人真实地了解历史，不忘国耻，从而振奋民族之精神。"（《面对精神抉择的心灵之河》，载《历史学家茶座》第 1 辑，山东人民出版社 2005 年版。以下引此文，不再注明出处）这种鲜明的理念奠定了坚实的创作基石。

王先生说，写历史小说"在动笔前，我是做到了'胸有千壑'，而后才'下笔万言'"。这番话是名言警句！应当成为当今一些历史小说作家的座右铭。所谓胸有丘壑，所谓搜尽奇峰打草稿，是中国绘画美学的重要思想，王先生借用于历史小说的创作审美，可谓合若符契。他言出笔随，"查阅了大量的文献资料，从宋朝的经济、服饰、风俗到使用的语言，都考察得仔仔细细，有根有据"。小说的创作事实印验了他的创作宣言。就连美学史家所关注的宋代美学的特定范畴"韵"也在相关处触及到了，可见文心之细、用笔之实。小说的全部真实性，特别是细节的真实性、风俗的真实性达到惊人的程度，如同恩格斯所评价的巴尔扎克的小说那样。晚清小说大家吴趼人在《〈历史小说〉总序》中说："今日读小说者，明日读正史如见故人；昨日读正史而不得入者，今日读小说而如身临其境。"历史小说应姓"史"。对于王曾瑜先生的这部长篇历史小说，我们完全可以从历史学的角度视为信史、正史来接受，当成科学的历史知识来传播。他牢牢扣合书题的"纪实"用笔。韩愈《答李翊书》云："根之茂者其实遂，膏之沃者其光晔。"证之王先生的这部小说，确然。

历史小说家还应当是思想家，起码是有思想的小说家。植根史料、史实，通过史鉴，凝结成、提练为思想和价值判断、取向，也就是史识。这是长篇历史小说的精髓和灵魂。没有思想或思想低下的历史小说只能是随看随弃的地铁读物或是一堆行尸走肉。历史学和历史小说都应当是思想启示录，不仅是感性的，而且是理性的；不仅人物栩栩如生，而且思想振聋发聩，令人血脉贲张和深长思之。而思想的闪光点又是文化批判精神，是对历史的教训加以剔抉，对历史的负面影响加以揭露，对历史人物的阴暗层面加以鞭鞑，不是廉价的歌功颂德，不是低媚的涂脂抹粉。没有权力崇拜和艳羡心理，有的是严肃的思考和深邃的思虑。王先生表述了他创作长篇历史小说的核心价值观和文化批判观。他说："任何一个时代都要尊重历史，借鉴历史，然而中华专制政治的首恶正是草菅人命，中华古今政治冤狱和残杀，至多至酷至惨。"提练和确立了反专制主义的思想主题。而这一主题在形成之后，王先生把它难能可贵地与实际的小说创作热情融会起来。他说：

> 我写着写着仿佛不是在写岳飞一狱，而是在写古今所有的冤狱，仿佛不是在揭露宋高宗和秦桧，而是在揭露所有杀人不眨眼的专制统治的刽子手，仿佛层出不穷和屠害所造成的全民族的心灵创伤仍在汩汩流血，那种痛苦让我实实在在地验证了这个真理：一旦启开了心扉，写作就不是在写，而是心河滚滚流淌而喷涌。尽管

被岁月沉埋得发暗的血泪也滚滚有声，尽管它的每一个音符都是痛彻肺腑的悲歌和呼号，但倾诉的欲望满足后，谁都能体会虽死犹生的欢悦。

这是不可多得的长篇历史小说创作经验的热血文字，读来令人神旺。既有理性的穿透力，又有感性的激情澎湃；既有思想的深度，又有情绪的感染力，是切身的感受和体验；没有全身心的创作投入，决计无法写得这么真切、深切。

但历史小说并不是单纯的历史教科书，在创作本体上，是生机盎然的审美品。在历史和美学的构合关系上，该部长篇小说卓越地描写了大史诗，绘写了大悲剧。作为美学命题，史诗是宏大叙事，是宏阔境界，是宏放气象，是史和诗的撞击火花，历史真实和审美真实的熔化结晶。单就小说每卷的标题：《靖康奇耻》、《河洛悲歌》、《大江风云》、《转战湖汉》、《扬威南北》、《关山怅望》、《忠贯天日》，就可以看出史诗般的规模。以二百万字的浩大篇幅展开了波澜壮阔的连轴式的艺术画卷，令人手不释卷。小说塑造了众多的人物典型，形成了既具历史本来属性，又具性格生命的形象系谱。

该部小说富于原创性，首开先河，择其数例：第一次展现了宋徽宗父子被掳金地的生活画面，打开了纷繁如织的历史扇面；第一次描绘了女词人李清照南渡后的生活场景；第一次刻画了宋高宗赵构的形象，发掘了作为特定历史时期封建独裁者的残忍、暴戾、虚伪、奸诈、荒淫等全部性格特征。这一形象蕴含着作者深刻的历史理念，进而澄清了历史真相。残害岳飞，传统的看法凶手是秦桧，小说却用大量令人信服的情节、细节，描写了和定格了宋高宗实为主犯、元凶，秦桧则是走狗、帮凶，在杭州岳坟遭万人唾骂的塑像中应当增加赵构，列为首恶。这就雄辩有力地纠偏了历代只反奸臣，不反暴君的认知定势。在当代长篇历史小说创作中，是继姚雪垠《李自成》的崇祯之后，刻画的又一个成功的帝王形象，集中体现了王先生深湛的历史功力和审美水平。全书所写岳飞大悲剧，有思想的内涵，直指封建专制制度，跟《说岳全传》等林林总总的作品,大相径庭。有审美的力度,全书既有金戈铁马,又有风帘翠幕;既有鸩擘海,又有浅斟低唱。情节腾挪跌宕,语言雅洁净爽。总之,该部作品实现了历史科学性与小说审美性的高度融合,足可传世。

略陈管见,遥献芜辞,聊充弁言。

(原载《宋代纪实小说系列》,河南大学出版社、河南文艺出版社2010年版)

后 记

我在本书“代序”中说到刻苦勤奋的治学精神时，有“披星星，戴月亮”句，遂把这本集子定名为《披星戴月集》。

这本选集是从我在海内外发表的400多篇的文章中斟酌再三、反复筛选出来的，大都是现今所谓的重点核心论文(权威期刊)、一般核心论文(核心期刊)，且屡有二次、多次文献转载。既然是选集，就要选择，就须淘洗。初选篇幅和文字大大超过，近百万字，只得割舍，有些论文采用节选的方式。

然而，选本、选集有显而易见的局限，鲁迅先生不满于选本，是很有学术眼光的。但要突破局限，就得胸有全“豹”，了然全集。在有限的文章中力图反映自身的研究全貌和学术风采，体现研究领域的诸多方面，展示自己学术长旅的过程性、阶段性脚印和学术生命的年轮。

我的主打项目是美学和美学史研究，但也笔涉古典文学、近代文学、现代文学、当代文学研究、文学评论等，还有文学创作。

既编选集，就要“回头看”，看各个时期的作品。有的文章，自叹自愧现在写不出来。青年是“唐诗”：“春江潮水连海平”(唐・张若虚《春江花月夜》)；中老年是“宋诗”：“一半秋山带斜阳”(宋・寇准《书河上亭壁》)。中老年思虑绪密，却少了青年的令人神驰的才情洋溢。

“却顾所来径”(唐・李白《下终南山过斛斯山人宿置酒》)。90年代有一年我一人独自发表现今定名的核心论文近20篇，不知在目前该拿多少“超产奖”，然而，有几年却成果寥落。如鱼饮水，冷暖自知；如斯我文，则优劣自明。写作跟着环境走、身体走、心情走，甚或跟着感觉走。时顺、时逆，或涨、或落，积淀、“井喷”，“大年”“小年”，乃人生和学术常态。我们需要共同尊重科研的自身规律和运行节奏。

凤凰出版社副总编辑倪培翔编审亲任责编，何所幸之；促膝晤谈，感何如之！

是为记。

2010 年 10 月 16 日